西安交通大学
XI'AN JIAOTONG UNIVERSITY

研究生"十四五"规划精品系列教材

高级计量经济学

严明义 编著

西安交通大学出版社
XI'AN JIAOTONG UNIVERSITY PRESS

内容提要

本书依据计量经济学的基本理论、目前实证研究中广泛使用的方法，并充分考虑学科研究的前沿与发展趋势，从计量经济学学科的基础理论、热点方法、前沿方法、操作软件、典型案例等五个方面出发，精心选择了内容。全书共分为十六章。本书注重理论与应用有机结合，注重方法学习与上机操作有效衔接。本书既可作为应用经济学、管理学、社会学等专业高年级硕士生和博士生的教材，也可作为相关领域研究人员及实际工作者进行量化分析的参考书。

总体来看，本书的一个特点体现在“新”，介绍了近些年来快速发展的因果识别和政策评估的方法，以及函数性数据的线性回归模型。另一个特点体现在“特”，以学生进行研究的基本理论与论文写作的方法需求为目标设计相关内容，较好地协调了理论性与实用性。

图书在版编目(CIP)数据

高级计量经济学 / 严明义编著. — 西安 ：西安交通大学出版社，2024.11

ISBN 978-7-5693-3740-2

Ⅰ. ①高… Ⅱ. ①严… Ⅲ. ①计量经济学－研究生－教材 Ⅳ. ①F224.0

中国国家版本馆 CIP 数据核字(2024)第 081865 号

书　　名 高级计量经济学
GAOJI JILIANG JINGJIXUE
编　　著 严明义
责任编辑 史菲菲
责任校对 王建洪
装帧设计 伍　胜

出版发行 西安交通大学出版社
(西安市兴庆南路 1 号　邮政编码 710048)
网　　址 http://www.xjtupress.com
电　　话 (029)82668357　82667874(市场营销中心)
(029)82668315(总编办)
传　　真 (029)82668280
印　　刷 西安日报社印务中心

开　　本 787mm×1092mm　1/16　**印张** 21.375　**字数** 536 千字
版次印次 2024 年 11 月第 1 版　2024 年 11 月第 1 次印刷
书　　号 ISBN 978-7-5693-3740-2
定　　价 65.00 元

如发现印装质量问题，请与本社市场营销中心联系。
订购热线：(029)82665248　(029)82667874
投稿热线：(029)82665379
读者信箱：511945393@qq.com

前　言

计量经济学是应用经济学科的核心课程之一，它基于经济理论，通过构建模型、收集数据，实证分析经济变量之间的关系，并被广泛地应用于宏观经济、金融经济、劳动经济、农业经济、教育经济，以及社会学、管理学等诸多领域。随着计算机技术的迅猛发展，人们收集数据的技术和能力迅速提升，获取的数据类型也呈现多样化，具有高维和无穷维特征的数据不胜枚举。因此，现实需要学生熟悉分析这些类型数据的方法，掌握分析的技术与过程。

本书是笔者近三十年来讲授计量经济学课程，从事相关领域研究工作，跟踪数据分析发展与应用动态，并着力体现高阶性、创新性和挑战度后所编著的。在编写过程中，笔者充分考虑了经济学、金融学、管理学、社会学等专业学生的现实与未来需求，兼顾理论、方法、应用和计算机软件操作，从计量经济学学科的基础理论、热点方法、前沿方法、操作软件、典型案例等五个方面出发，科学设计相关内容，审慎筛选案例资料。

本书具有以下几个方面的特点：

第一，思政元素引入。本书中纳入了思政案例，融入了思政元素。

第二，内容完整系统。本书遵循“理论（学科内外基础）＋热点方法＋前沿方法＋应用（软件）”的体系框架，立足人文社科、财经管理类学生实际需求，将高级计量经济学的实用内容向读者完整系统地进行了呈现。

第三，方法动态前瞻。本书针对函数性数据引入了近十多年来备受关注的函数性线性模型，以反映计量经济模型的新发展。

第四，案例启发性强。本书以问题为导向选择案例，既选择我国具有时代背景的问题，如精准扶贫政策成效评估，又选择了国外典型案例以解释所用方法的合理性。

第五，方法应用指导。本书对所涉及的方法设计了案例，分析中多种软件交叉使用，命令执行逐步进行，并对输出结果和细节进行解释，以培养学生应用所学方法解决实际问题的动手能力。

第六，科研过程体现。本书尽力采取简洁易懂的语言，深入浅出进行介绍；在相关内容叙述中，尽量遵循和体现科学研究的过程，以培养学生提出问题、分析问题和解决问题的能力。

建议选用本书的教师注重内容讲授与软件操作相结合，教师可根据专业特点和学时安排灵活选择讲授内容。学生选择本书学习应先行修学高等数学、线性代数、概率论与数理统计，最好具有中级计量经济学基础。本书既可作为应用经济学、管理学、社会学等专业高年级硕士生和博士生的教材，也可作为相关领域研究人员及实际工作者进行量化分析的参考书。

本书的编写得到了西安交通大学研究生“十四五”规划精品系列教材专项计划培育教材项目的资助，在撰写过程中参考和借鉴了相关优秀教材、专著和学术论文，在此向各位作者致以崇高的敬意和衷心的感谢！西安交通大学经济与金融学院统计系赵春艳教授、李聪教授和史美景副教授在本书编写思路、内容体系、写作大纲构建等方面给出了许多建议。史郑新老师撰写了第1章的内容，并对文稿格式进行了处理。笔者的博士研究生宋秦月、曹曦子、马文杰、甘娟娟、王可、李伟平、郭飙，硕士研究生李博霖、焦怡馨、张诗宇、张一泽、张登福、程甲、曹颖等，在资料搜集、整理和编程计算方面做了大量工作。在此，对他们的辛勤付出致以诚挚的感谢！

历经一年多的笔耕不辍，虽书稿写作终得完成，但因本人学识与经验所限，书中内容难免有疏漏与不足，敬请广大读者不吝指正。

西安交通大学经济与金融学院

严明义

2024年6月于古都长安

目 录

第1章　绪论

1.1　计量经济学及其概率方法

1. 计量经济学

“econometrics”(计量经济学)一词由挪威经济学家拉格纳·弗里希(Ragnar Frisch)创造。他是世界计量经济学会的主要创始人之一,《计量经济学》杂志(*Econometrica*)的首任编辑,1969年与荷兰的扬·丁伯根(Jan Tinbergen)共同获得了首届诺贝尔经济学奖。弗里希在第一期《计量经济学》杂志(1933年)上对计量经济学给出了描述性定义:“……其定义隐含在计量经济学学会职责范围的声明中,计量经济学学会是一个国际性学会,致力于发展与统计和数学有关系的经济理论……其主要目标应促进理论与定量、经验与定量有机结合,以研究经济问题……”“但是,对经济学的量化分析涉及几个方面,独自来看其中任何一个方面,不应该与计量经济学相混淆。因此,计量经济学与经济统计绝对不同,它也与我们所说的一般经济理论不同,尽管这些理论中有相当一部分具有数量化特征,计量经济学也不能视为将数学应用于经济学的同义语。经验表明,统计学、经济理论和数学三者对真正理解现代经济生活中数量关系都是必要的(条件),但每一个都不是充分的(条件),这三者的结合才强有力,正是这种结合才构成了计量经济学。”

九十多年来,尽管有些术语在使用中有所演变,但弗里希对计量经济学的这一定义依然适用,我们现在可以说计量经济学将经济模型、数理统计以及经济数据进行有机结合来开展研究。根据关注点的不同,计量经济学总体可分为计量经济理论(econometric theory)和应用计量经济学(applied econometrics)两个方面。前者关注计量经济学工具和方法的发展,以及计量经济学方法性质的研究;后者关注经济模型量化的发展与相关方法的应用问题。

2. 计量经济学的概率方法

挪威经济学家特吕格弗·哈韦尔莫(Trygve Haavelmo)以其开创性地将概率论方法用于计量经济学中,以及对联立经济结构问题的贡献,于1989年获得诺贝尔经济学奖。哈韦尔莫认为数量经济模型必须是概率模型,即我们现在所称的随机模型。确定性模型与观测到的经济量明显不一致,应用确定性模型刻画非确定性数据显然不合逻辑。在经济模型的设计中应明确地纳入随机性,但随机误差不应该简单地添加到确定性模型中使其具有随机性。哈韦尔莫是计量经济学的奠基人之一,他的研究完善了计量经济学的理论基础,对经济学的研究方法产生了深远的影响。如果我们认为一个经济模型是一个概率模型,那么数理统计的理论方法就能够为经济量化分析、估计和推断提供合适有用的工具,也为使用经济模型进行量化分析提供了概率架构。

1.2　经济学实证研究及其范式

关于经济学实证研究的必要性及研究范式的变化，对我们理解计量经济学的作用很有裨益。洪永淼教授对其进行了分析，这部分内容主要参考了洪永淼教授的相关论述。

1. 经济学实证研究

英国古典经济学家亚当·斯密利用近十年的时间创作了著作《国民财富的性质和原因的研究》（简称《国富论》）。《国富论》于1776年首次出版，其中主要采用历史分析方法和逻辑分析方法。九十多年以后，即1867年，马克思《资本论》第一卷出版，所用的方法是我们今天熟知的历史唯物主义和辩证唯物主义。在《资本论》第一卷出版后的十年间，即19世纪70年代，经济学中爆发了一场革命——边际革命，边际革命把效用引入经济学的分析框架中，其研究学派称为边际效用学派。效用其实是一种心理因素，从方法论的角度来看，它将微积分引入经济学的研究中。

经济学小知识

边际革命

19世纪70年代边际效用学派的出现是经济学中爆发了一场全面革命的标志，这场革命被称为边际革命。这场革命使经济学从古典经济学强调的生产、供给和成本，转向现代经济学关注的消费、需求和效用。边际革命从19世纪70年代初开始持续到20世纪初，相继二三十年。边际效用学派的代表人物是英国经济学家杰文斯、洛桑学派的法国经济学家瓦尔拉斯和奥地利学派的门格尔。他们在19世纪70年代初先后出版了各自的代表作，并不约而同地讨论了同一个问题，即价值由什么决定。

20世纪30年代，经济学研究中发生了另一场革命，即我们熟悉的凯恩斯革命。从方法论的角度来看，凯恩斯也开辟了宏观经济学以及经济学实证研究的时代。20世纪50年代，研究者将新古典经济学和凯恩斯革命相结合，其最为核心的部分是理性经济人假设，研究的方法方式很多都是建立在一系列假设基础上的数学推导。近四十年来，经济学研究开始放宽理性经济人假设，例如有限理性假设，它假设经济人不是完全理性的，然后发现了一些非常重要且有趣的现象。

经济学小知识

凯恩斯革命

凯恩斯革命是20世纪30年代经济学领域的一次变革。凯恩斯革命以20世纪30年代经济危机为时代背景，创建以需求管理为中心思想的政府干预收入、分析宏观经济的一次经济学领域的变革，它对西方国家经济的发展以及对经济学的发展都有巨大而深远的影响。

这些分析中使用了定量分析方法。定量分析主要有两种方式，一种方式是数学推演，另一种方式是以数据为基础的实证研究。四十多年来，随着经济全球化的深入发展和数字经济时代的到来，全球创新竞争合作格局正在经历深刻调整，世界经济科学正在发生剧烈变革，推动了研究范式革新，经济学研究方法出现了一个重要的变化，在国外被称为实证革命，即经济学大部分的研究以数据为基础，运用计量经济学方法推断经济变量之间的逻辑关系，特别是因果关系，从而揭示经济发展变化的规律。

根据美国经济学家乔舒亚·D. 安格里斯特(Joshua D. Angrist)等的研究，发表在国际经济学顶级期刊中的实证研究论文占比从20世纪80年代的30%上升到2017年的50%以上。如果再考虑为实证研究提供方法论的理论计量经济学的研究论文(占比在10%左右)，两部分总占比约70%。从这个意义上来讲，实证研究已经成为经济学研究的主要范式。

在国内中文期刊论文发表方面，根据洪永淼等的研究，我国经济学者通过批判性借鉴现代西方经济学中有益的理论成分和研究方法，结合改革开放的现实经济问题，实现了从定性分析向以定量分析(特别是以数据为基础的实证研究)为主的转变，研究的重点领域也呈现多元化、特色化的态势。

2. 实证研究范式

关于研究范式，托马斯·S. 库恩(Thomas S. Kuhn)于1962年出版了《科学革命的结构》(*The Structure of Scientific Revolutions*)，首次提出了研究范式这个术语。通过梳理自然科学的研究会发现，自牛顿以来有两种基本的范式，一种是主要基于理论思维的牛顿范式，另一种是数据驱动研究的开普勒范式。开普勒范式通过对数据的分析寻找科学规律并解决实际问题，例如开普勒通过对天文数据的分析发现了行星的运动规律，即我们所熟悉的开普勒定律。因此，现在经济学的实证研究其实就是开普勒的研究范式，是科学的研究范式。

实证革命的范式之所以会出现，主要是因为这种研究方式是科学的研究方式——任何理论或假说都需要经历这种经验研究，特别是基于数据的验证(evidence base)。在这方面，自然科学已历经了几百年，它的这种经验研究其实就是通过实验与观察以提供所谓的经验验证。包括经济学在内的社会科学，很多都采用这种思维，其被称为思想实践或思想实验。从凯恩斯时代开始，学者们已经以数据为基础开展研究了。因此，这是科学的研究方式。

经济科学各个领域在研究范式上都出现了“实证革命”(empirical revolution)。实证革命是一次研究范式的革新，它的主要成就是经济学中的因果推断，即使用数据和计量工具识别经济变量之间的因果关系，从而对重要的经济理论进行验证，为经济政策制定提供科学决策的依据。随着近年来以大数据和人工智能技术为标志的“数据革命”(data revolution)的兴起，这个研究趋势不断得到加强。目前，实证研究与理论研究已经成为现代经济学研究的两个重要支柱。

关于定量分析的实证研究方法，研究者使用的有实验经济学方法、随机控制实验、自然实验、观测方法、计量经济学的方法等。这些实证方法是不同学科交叉的结果，现在已经广泛应用于经济学、管理学、心理学、社会学、政治学、医学、生物统计学等学科，已经成为很多学科共同的一种研究方式。乔舒亚·安格里斯特和约恩-斯特芬·皮施克(Jörn-Steffen Pischke)在2009年出版的著作《基本无害的计量经济学：实证研究者指南》(*Mostly Harmless Econometrics: An Empiricist's Companion*)中，从方法论的角度指出：应用计量经济学所考虑的问题与其他社会科学或者流行病学所考虑的问题并没有本质上的区别，都是希望基于数据得到有价值的推断，从这个意义来看计量经济学的研究方法已经成为社会科学及其他学科，如流行病学等，共同的一种研究方式。

近十年来，随着信息技术、互联网和移动互联网的不断发展，数据总量正以空前速度爆炸式增长，数据类型极大丰富，纷繁复杂的数据实时可得，人类进入了大数据时代。机器学习及深度学习算法等人工智能方法作为主流方法被广泛应用于训练分析大数据，在人脸识别、预测、医疗、自动驾驶、城市管理、互联网舆情分析等领域取得了显著突破。同时，计量建模与人工智能方法形成互补关系，两者之间的结合与应用为经济学各个领域的发展提供了更加有力的实证研究方法与工具。

1.3 数据及其结构

1. 实验数据与观测数据

计量经济学中的一个常见问题是就一组变量对另一个变量的因果效应进行分析，例如，劳动经济学关注回报与学校教育，在其他变量保持不变时，考虑教育程度的提高引起收入的变化；另一个感兴趣的问题是男性与女性之间的收入差距。

理想情况下，我们可使用实验数据(experimental data)来回答这些问题。在衡量学校教育对收益影响时，我们做一项实验，将学生随机分组，不同受教育水平的孩子被分配到不同的组，然后在孩子们成熟和进入劳动力市场后收集他们的工资数据。各组之间的差异直接测度了受教育水平差异对收入带来的影响。然而，这样的实验会受到谴责，甚至涉及道德层面的问题。因此，在经济学中，非实验室的实验数据集的收集范围一般不大，且难度较大。

大多数经济数据都是观测数据。例如，我们可以记录一个人的受教育水平和工资，依据这些数据可以分析变量的联合分布，并评估联合依赖性。但基于观测数据很难推断因果关系，因为我们无法操纵一个变量，以衡量它对其他变量的直接效应。例如，一个人的受教育水平(至少部分)取决于他自己的选择，可能也会受到个人禀赋和工作态度的影响。事实上，一个人受过高等教育意味着他的能力水平高，也意味着有相对高的工资。

上面讨论说明，仅从观测数据很难推断出因果关系，对因果关系的推断需要识别，而且需要基于很强的假设。

2. 数据的结构

在计量经济学中，现今常见的经济数据集主要有六种类型，即横截面数据、时间序列数据、面板数据、集群(聚类)数据、空间相依数据和函数性数据，它们的区别在于观测之间的依赖结构。

1)横截面数据

横截面数据(cross-sectional data)集中的每个个体都有一个观测值。调查和行政记录是横截面数据的主要典型来源。在典型的调查中，被调查的个体可以是个人、家庭、公司或其他经济代理人。在横截面数据的现代计量经济学研究中，样本容量相当大，且通常假设横截面观测相互独立。

2)时间序列数据

时间序列数据(time series data)按时间顺序记录，其典型的例子有宏观经济总量、价格及利率等。这种数据类型的特点是具有序列相关性。大多数经济总量数据仅在较低频率(年度、季度或月度)可获取，因此其样本容量通常比横截面研究中的数据容量要小得多。一个例外的情况是金融数据，可获取的数据具有高频特性(每周、每天、每小时或按交易)，因此样本容量可能相当大。

3)面板数据

面板数据(panel data)融合了横截面数据和时间序列数据的特征，数据集中有一组随时间的推移反复测量的个体(通常是个人、家庭或公司)，其在建模时假设个体之间相互独立，但给定个体的观测(时间维度)相互依赖。在一些面板数据中，对每个个体进行观测的时期数量较小，而个体的数量较大；而在另一些面板数据中，例如以国家或省份作为测量对象，个体数一般较小，而时间维度的观测数量相对较大。在面板数据的计量经济分析中，一个重要的问题是误差成分的处理。

4)集群(聚类)数据

集群(聚类)样本(clustered samples)在经济学分析中越来越受欢迎，它与面板数据有关。在集群抽样时，观测结果被分为相互独立的“类”，但类内的观测结果允许相互依赖。与面板数据相比较，其主要差异在于集群抽样通常不会明显地对误差成分结构和类内依赖性进行模型化处理，而是关注对任意形式的类内依赖性具有稳健性的推断。

5)空间相依数据

空间相依(spatial dependence)是相互依赖的另一种方式，可以看作是对时间相依的一种推广。观测结果依某种空间量(例如地理接近度)被视为相互依赖。与集群不同，空间模型允许所有观测结果相互依赖。

6)函数性数据

函数性数据(functional data)有多种表现形式，但就其本质来说，它们由函数构成。这些函数的图像可能是光滑的曲线，也可能是不光滑的曲线。许多领域的样本资料往往表现为函数形式，如考古学家挖掘的骨块的形状，不同地区的多期温度、降雨量数据，多个地区、行业或企业多年的年度经济总量，多家商业银行历年的资本结构，不同时间截面多个省市的失业数据，竞买者出价水平，等等。函数性数据较传统的横截面数据、时间序列数据和面板数据具有显著不同的特征，其外在表现往往为一个函数曲线，其本质为数据的产生过程是一个匀滑的函数过程，这也是称其为函数性数据的缘由，也是对函数性数据进行分析的前提假设。由于一个时间序列数据或面板数据可以当作一个观测时点等间隔分布的函数数据来对待，因此，函数性数据类型更一般。

本书主要关注针对横截面数据的模型，其样本观测是相互独立的，这里所谓的相互独立是指不同的(个体)观测之间的关系，而不是变量之间的关系。如果数据是随机收集的，那么将每个观测看作是来自同一分布的抽样具有合理性，并称其为同分布(identically distributed)。如果观测相互独立且具有相同的分布，则称观测数据是独立同分布的(independent and identically distributed，简称为 i. i. d.)，或称为随机样本。本书还涉及了针对面板数据的基本线性回归模型，以及针对函数性数据的函数性线性模型。

1.4 函数性数据实例与函数性变量

读者对上面六种类型数据集的前五种应该比较熟悉，但对函数性数据可能了解甚少，下面通过一个实例说明函数性数据的常见性，并对函数性变量进行解释，为第 16 章的函数性线性模型学习提供支撑。

1. 网上拍卖中竞买者的出价数据

网上拍卖(online auctions,亦称为线上拍卖)中,诸如 eBay、阿里资产及一些艺术品拍卖网站,物品常采用拍卖的方式进行销售。例如,在 eBay 网站,卖家首先注册成为 eBay 用户并通过卖家认证,eBay 服务向导会引导卖家填写物品的拍卖方式及欲拍卖物品的相关信息,这些信息涉及物品的名称、数量、说明、所在地等。卖家随其意愿既可选择所售物品的拍卖方式,以及起标价、一口价和底价(保留价)等,还可选择拍卖的期限,即拍卖持续的时间,如 1 天、3 天、5 天、7 天、10 天、14 天等。

买家在竞买时能够看到拍卖物品的信息,内容涉及物品的说明、出价记录、目前的最高出价、拍卖的剩余时间等。同时,买家还可以看到卖家的信用评价、注册日期等信息,具体情况参见图 1.1。在物品的拍卖过程中,一般会有多位对该物品感兴趣的竞买者对物品出价,拍卖结束时的最高出价者一般会获得该物品。买家在竞标时,拍卖网站要求其每次出价都要比上一个报价至少有一定额度的增加量(不同网站设置有自己的加价规则),即采用英式拍卖(English auction)。买家点击拍卖物品网页下部的拍卖记录(history),可以看到其他竞买者对正在拍卖物品的详细出价记录。网上拍卖的记录数据与传统统计数据有显著的差异,有其独有的特征,具体表现在数据容量大、具有混合性、不等间隔分布及数据密度不均匀等几个方面,详细情况可参考严明义的《函数性数据的分析方法与经济应用》一书。

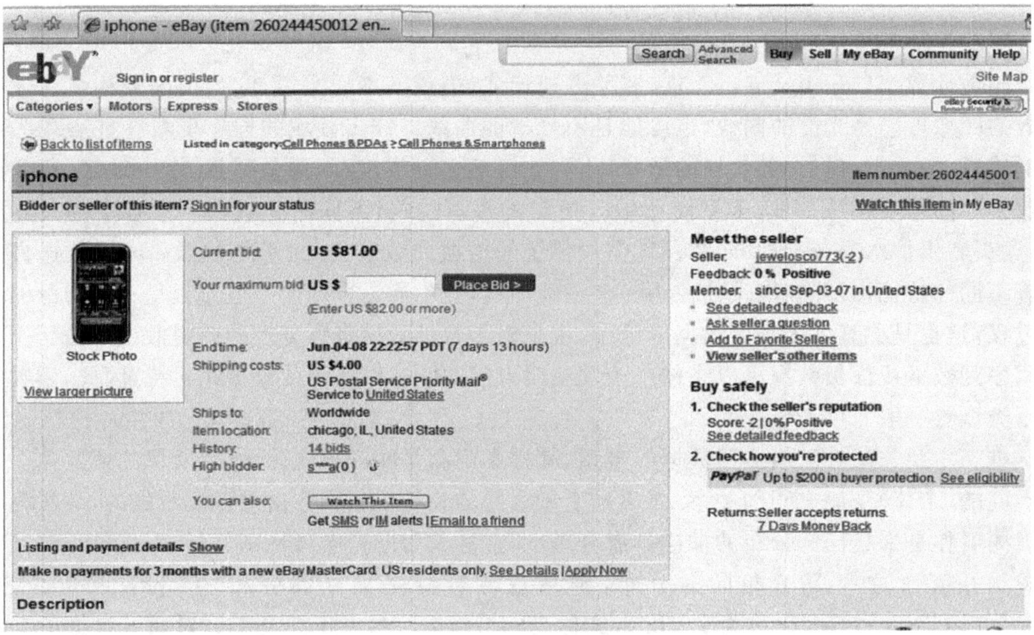

图 1.1 eBay 苹果手机拍卖的网页资料

图 1.2 给出了我们收集的 eBay 7 天期古董类 132 个拍卖 2882 次出价与出价时间的关系图。从图上可以发现出价数据在整个拍卖期内分布不均匀,出价时间点(观察时点)在[0,7]内不等间隔分布,最后一天的出价明显密集,第 3.5 天左右的出价最为稀少。

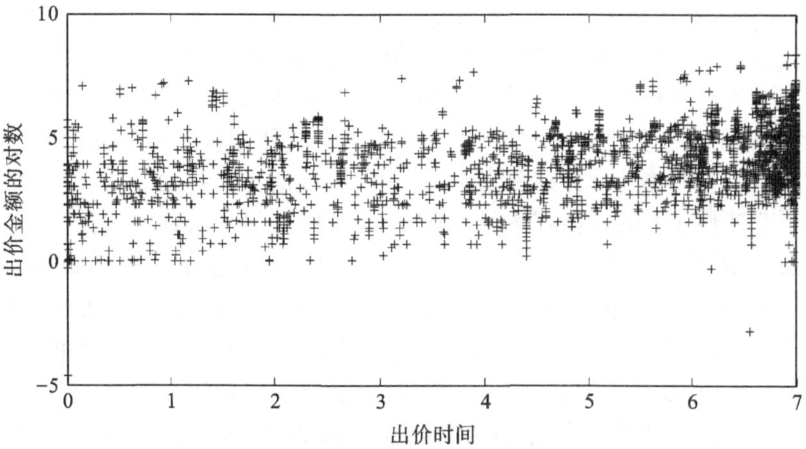

图 1.2　出价金额与出价时间的分布情况

2. 函数性变量与函数性数据

随着数据收集及贮存技术的迅速发展，研究者收集数据的方法和获取的资料形式正在发生较大的变化。许多领域收集的样本资料本身就以函数图像的形式呈现，如考古学家挖掘的骨块形状，医学检测中患者的心电图、头部影像，人们书写的笔迹，犯罪者的指纹和足迹等。有些领域的样本资料，本身虽未呈现函数图像形式，但其随时间变化的特性也使收集的观测数据显示函数性特征，如人体增高数据，不同地区的多期温度、降雨量数据，不同时间截面多个行业的就业数据，不同股票的价格数据，以及网上拍卖中竞买者的出价数据等。

严格来说，如果一个随机变量在无穷维空间或函数空间取值，则称其为一个函数性变量，称其观测为函数性数据。当此变量为一个连续的函数过程（随机曲线）时，可将其表示为 $\{x(t), t \in \Gamma\}$，其中，在一维时 $\Gamma \subset \mathbf{R}^1$，二维时 $\Gamma \subset \mathbf{R}^2$，其余类此。从这个意义来看，函数性变量是无穷维的。

对这一函数过程进行观测，其容量为 N 的样本（N 次实现或 N 条样本路径）记为 $x_i(t)$，$i=1,2,\cdots,N$，它们独立且与 $x(t)$ 具有相同的分布。若对每一个函数 $x_i(t)$ 观测 n_i 次，观测时点记为 t_{ij}，$j=1,2,\cdots,n_i$，函数性数据集由数据对 $\{t_{ij}, x_i(t_{ij})\}$ 组成。这里的观测时点 t_{ij} 对每一个 $x_i(t)$ 的记录可能取相同的值，也可能随不同 $x_i(t)$ 的记录而变化，这与我们在传统数据类型中遇到的情况明显不一样。

在网上拍卖中，竞买者在拍卖期限内的任何时刻都有可能出价，其潜在出价过程是一个连续过程，即竞买者出价数据的内在产生过程是一个连续过程，一个具体拍卖的出价记录可看作是这个过程的一次实现。如果将每一个拍卖中竞买者的出价水平看作其出价时刻的函数，即出价水平函数，则每一个拍卖对应着一条曲线（尽管可能不光滑）。因此，竞买者出价数据具有函数性特征，且其是无穷维的。

1.5　本书内容安排

本书共分为十六章。第 1 章为绪论，分别介绍了计量经济学的定义及随机性本质，阐述了经济学实证研究的必要性和研究范式，解释了目前常见的数据结构，并给出了函数性数据与函数性变量的概念；第 2 章基于条件数学期望，介绍了回归分析、线性回归建模的内容与模型设定；第 3 章在经典假设条件下，讨论了经典的线性回归模型的相关理论与方法；第 4 章对协方差矩阵的四种估计量进一步进行了讨论，并通过实例计算使读者对常见软件的标准误计算原理及变化情况有所了解；第 5 章介绍非线性回归模型，讨论了非线性回归模型、参数估计与假设检验，介绍了非线性函数的数值算法；第 6 章介绍了极大似然估计方法，并对与此有关的似然比(LR)检验、沃尔德(Wald)检验、拉格朗日乘数(LM)检验进行了讨论，最后介绍了广义矩法(GMM)，为后续章节奠定基础；第 7 章是对均值回归的拓展，介绍了线性分位数回归模型、参数估计、假设检验，并采用该方法分析了精准扶贫措施对贫困户不同群体的帮扶效应；第 8 章较为系统地介绍了重复抽样方法，内容包括留一法回归、刀切法与方差的刀切法估计、集群观测的刀切法、自助法与自助方差等；第 9 章至第 11 章为微观计量的相关内容，分别介绍了二值离散选择模型、多项离散选择模型，以及受限被解释变量模型；第 12 章至第 15 章讨论因果效应(处理效应)的相关内容，分别介绍了随机实验策略、回归策略、双重差分法、匹配法、断点回归设计的相关内容，为政策效应评估研究提供方法工具；第 16 章是前沿方法介绍，针对函数性数据概括性介绍了函数性线性模型，以使读者了解计量经济学的前沿方法。本书理论与应用并重，使用多种计量、统计软件对众多案例数据进行了分析，给出了软件操作代码和执行分析的流程，使读者易于操作，同时对分析环节进行了详细解释，以使读者体会到分析问题的思路和研究的细微之处。另外，有些案例选自我国国民经济主战场，以启发读者学以致用，面向国家重大需求解决现实经济问题。

练习题

1. 举例说明经济学理论、数学、统计学对计量经济学的作用。
2. 请说明定量分析包含的两个方面。
3. 举例说明不同类型的数据。
4. 请解释函数性数据与传统数据的本质区别。

第 2 章　一般回归分析与模型设定

在现代计量经济学中，条件数学期望起着十分重要的作用。虽然在对经济问题的计量分析中，条件数学期望并不总是以直接显性的形式呈现，但绝大多数应用计量经济分析的目标是在给定变量(X)的条件下，对一个变量(Y)的数学期望值进行估计或检验。这里的变量 X 常被称为解释变量(explanatory variable)、自变量(independent variable)、回归元(回归量，regressor)、控制变量(control variable)或协变量(covariate)。变量 Y 对应地被称为被解释变量(explained variable)、因变量(dependent variable)、回归子(regressand)、响应变量(response variable)。

本章假设 $\boldsymbol{Z}=(Y,\boldsymbol{X}')'$ 为随机向量，其中 Y 是随机变量且 $E(Y^2)<\infty$，$\boldsymbol{X}$ 是 $k+1$ 维列向量，其第一个分量是常数(一般以 1 表示)，$\boldsymbol{X}'$ 是 $\boldsymbol{X}$ 的转置。给定这些假设，条件数学期望 $E(Y|\boldsymbol{X})$ 存在且有定义。另外，本章及以后有关章节，在不做特别说明的情况下，大写字母表示随机变量或向量，对应的小写字母表示其实现值(观察值)。

2.1　条件概率分布

假设 $(Y,\boldsymbol{X}')'$ 是连续型随机向量，其联合概率密度函数记为 $f(\boldsymbol{x},y)$，$\boldsymbol{X}$ 的边际概率密度分布函数记为 $f_{\boldsymbol{X}}(\boldsymbol{x})=\int_{-\infty}^{\infty} f(\boldsymbol{x},y)\mathrm{d}y$。在 $\boldsymbol{X}=\boldsymbol{x}$ 给定的条件下，Y 的条件概率密度函数定义为

$$f_{Y|\boldsymbol{X}}(y|\boldsymbol{x})=\frac{f(\boldsymbol{x},y)}{f_{\boldsymbol{X}}(\boldsymbol{x})} \tag{2.1}$$

式中，$f_{\boldsymbol{X}}(\boldsymbol{x})>0$。条件概率密度函数完全描述了 Y 如何依赖于 $\boldsymbol{X}$，或者 $\boldsymbol{X}$ 对 Y 的预测关系(predictive relationship)。根据条件概率密度函数，可定义下面的条件矩。

1)条件数学期望或称条件均值(conditional mean)

$$E(Y|\boldsymbol{x})\equiv E(Y|\boldsymbol{X}=\boldsymbol{x})=\int_{-\infty}^{\infty} y f_{Y|\boldsymbol{X}}(y|\boldsymbol{x})\mathrm{d}y \tag{2.2}$$

2)条件方差(conditional variance)

$$\begin{aligned}\mathrm{Var}(Y|\boldsymbol{x}) &\equiv \mathrm{Var}(Y|\boldsymbol{X}=\boldsymbol{x})\\ &=\int_{-\infty}^{\infty}[y-E(Y|\boldsymbol{x})]^2 f_{Y|\boldsymbol{X}}(y|\boldsymbol{x})\mathrm{d}y\\ &=E(Y^2|\boldsymbol{x})-[E(Y|\boldsymbol{x})]^2\end{aligned} \tag{2.3}$$

3)条件偏度(conditional skewness)

$$S(Y|\boldsymbol{x})\equiv\frac{E\{[Y-E(Y|\boldsymbol{x})]^3|\boldsymbol{x}\}}{[\mathrm{Var}(Y|\boldsymbol{x})]^{3/2}} \tag{2.4}$$

4)条件峰度(conditional kurtosis)

$$K(Y|\boldsymbol{x}) \equiv \frac{E\{[Y-E(Y|\boldsymbol{x})]^4|\boldsymbol{x}\}}{[\mathrm{Var}(Y|\boldsymbol{x})]^2} \tag{2.5}$$

5)条件 α -分位数(conditional α-quantile)$Q(\boldsymbol{x},\alpha)$

$$P[Y \leqslant Q(\boldsymbol{x},\alpha)|\boldsymbol{X}=\boldsymbol{x}]=\alpha \in (0,1) \tag{2.6}$$

在特殊情况下,若 $\alpha=1/2$,$Q\left(\boldsymbol{x},\frac{1}{2}\right)$为条件中位数(conditional median),它是在 $\boldsymbol{X}=\boldsymbol{x}$ 的条件下将总体分为两等分的临界点或门槛(threshold)。

上面定义的各阶条件矩的集合是对条件概率分布 $f_{Y|\boldsymbol{X}}(y|\boldsymbol{x})$的一个总体刻画(summary characterization),针对条件矩构建的数学模型称为条件矩计量经济模型。关于条件矩的使用,其取决于所研究问题的本质,很多情况下模型中只需要考虑第一阶条件矩,即条件均值,而在有些情况下需要考虑整个条件分布。在计量经济实践中,模型中最常使用的是前两个条件矩,即条件数学期望和条件方差。

2.2 条件数学期望与回归分析

一阶条件矩 $E(Y|\boldsymbol{X})$,亦称为 Y 对 $\boldsymbol{X}$ 的回归函数(regression function),刻画了被解释变量 Y 和解释变量 $\boldsymbol{X}$ 之间的关系。本节我们首先给出回归函数的定义,其次给出条件数学期望的性质。

定义 2.1 [回归函数] 条件数学期望(均值)$E(Y|\boldsymbol{X})$为 Y 关于 $\boldsymbol{X}$ 的回归函数。

这样定义的回归函数有其经济背景。在 $\boldsymbol{X}$ 和 Y 适当定义的情况下,大多数经济理论仅与条件均值 $E(Y|\boldsymbol{X})$有关。例如,有效市场假说意味着:在给定资产历史信息 I_{t-1} 的条件下,资产的超额收益率 Y_t 的数学期望为零,即 $E(Y_t|I_{t-1})=E(Y_t)$。尽管经济理论可能表明经济变量之间存在某种关系,但其对经济变量的条件均值没有给出一个完全确定的函数形式。因此,对条件均值设定合适的模型非常重要。

概率论中一个非常有用的工具是迭代期望定律(或称期望重复法则),一个重要的特殊情况是关于条件期望 $E(Y|\boldsymbol{X})$的统计特征。

定理 2.1 [迭代期望律(law of iterated expectations)] 对于任何可测的函数 $G(\boldsymbol{X},Y)$,只要 $E[G(\boldsymbol{X},Y)]$存在,则有 $E[G(\boldsymbol{X},Y)]=E\{E[G(\boldsymbol{X},Y)|\boldsymbol{X}]\}$。

证明:仅考虑$(Y,\boldsymbol{X}')'$为连续型随机向量的情形,设$(Y,\boldsymbol{X}')'$的联合概率密度函数为 $f(\boldsymbol{x},y)$,Y 关于 $\boldsymbol{X}$ 的条件概率密度函数为 $f_{Y|\boldsymbol{X}}(y|\boldsymbol{x})$,$\boldsymbol{X}$ 的概率密度函数为 $f_{\boldsymbol{X}}(\boldsymbol{x})$,则 $f(\boldsymbol{x},y)=f_{Y|\boldsymbol{X}}(y|\boldsymbol{x})f_{\boldsymbol{X}}(\boldsymbol{x})$。于是

$$\begin{aligned}
E[G(\boldsymbol{X},Y)] &= \iint_{-\infty}^{\infty} G(\boldsymbol{x},y)f(\boldsymbol{x},y)\mathrm{d}\boldsymbol{x}\mathrm{d}y \\
&= \iint_{-\infty}^{\infty} G(\boldsymbol{x},y)f_{Y|\boldsymbol{X}}(y|\boldsymbol{x})f_{\boldsymbol{X}}(\boldsymbol{x})\mathrm{d}\boldsymbol{x}\mathrm{d}y \\
&= \int\left[\int_{-\infty}^{\infty} G(\boldsymbol{x},y)f_{Y|\boldsymbol{X}}(y|\boldsymbol{x})\mathrm{d}y\right]f_{\boldsymbol{X}}(\boldsymbol{x})\mathrm{d}\boldsymbol{x} \\
&= \int E[G(\boldsymbol{X},Y)|\boldsymbol{X}=\boldsymbol{x}]f_{\boldsymbol{X}}(\boldsymbol{x})\mathrm{d}\boldsymbol{x} \\
&= E\{E[G(\boldsymbol{X},Y)|\boldsymbol{X}]\}
\end{aligned}$$

由定理 2.1 易推出如下定理 2.2。

定理 2.2［简单迭代期望律(simple law of iterated expectations)］　若 $E(Y)<\infty$，则 $E[E(Y|\boldsymbol{X})]=E(Y)$。

简单迭代期望律说明条件期望的期望是无条件期望，换言之，条件均值的均值就是无条件均值。关于条件期望更多的迭代性质参见汉森(Hansen)*Econometrics*(《计量经济学》)一书的 2.7 部分。

$E(Y|\boldsymbol{X})$很重要，下面从统计的角度对其进行解释。假设我们对基于 $\boldsymbol{X}$ 的某个函数 $g(\boldsymbol{X})$预测 Y 感兴趣，并且使用均方误差(mean square error，简称为 MSE)准则(标准)评估 $g(\boldsymbol{X})$逼近 Y 的程度，那么在 MSE 准则下 Y 的最佳预测值就是条件均值。为使读者易于理解，下面进行详细解释。

首先，我们给出 MSE 准则。直观地说，MSE 是预测值与实际值之间偏差平方的均值，具体定义如下：

定义 2.2［MSE 准则］　利用变量 $\boldsymbol{X}$ 的函数 $g(\boldsymbol{X})$预测 Y 的均方误差，定义为

$$\mathrm{MSE}(g)=E[Y-g(\boldsymbol{X})]^2 \tag{2.7}$$

定理 2.3［条件期望的最优性］　条件均值 $E(Y|\boldsymbol{X})$在 MSE 准则下最优，即

$$E(Y|\boldsymbol{X})=\underset{g\in F}{\operatorname{argmin}}\mathrm{MSE}(g)=\underset{g\in F}{\operatorname{argmin}}E[Y-g(\boldsymbol{X})]^2 \tag{2.8}$$

式中，F 是所有可测且平方可积函数的集合，即

$$F=\left\{g:\mathbf{R}^{k+1}\to\mathbf{R}:\int g^2(\boldsymbol{x})f_{\boldsymbol{X}}(\boldsymbol{x})\mathrm{d}\boldsymbol{x}<\infty\right\}$$

证明：通过分解平方偏差进行证明。令 $g_0(\boldsymbol{X})=E(Y|\boldsymbol{X})$，则

$$\begin{aligned}\mathrm{MSE}(g)&=E[Y-g(\boldsymbol{X})]^2\\&=E[Y-g_0(\boldsymbol{X})+g_0(\boldsymbol{X})-g(\boldsymbol{X})]^2\\&=E[Y-g_0(\boldsymbol{X})]^2+E[g_0(\boldsymbol{X})-g(\boldsymbol{X})]^2+2E\{[Y-g_0(\boldsymbol{X})][g_0(\boldsymbol{X})-g(\boldsymbol{X})]\}\\&=E[Y-g_0(\boldsymbol{X})]^2+E[g_0(\boldsymbol{X})-g(\boldsymbol{X})]^2\\&=\text{方差}+\text{偏差}^2\end{aligned}$$

第一项 $E[Y-g_0(\boldsymbol{X})]^2$ 是条件均值预测误差的方差，第二项 $E[g_0(\boldsymbol{X})-g(\boldsymbol{X})]^2$ 是 $g(\boldsymbol{X})$的近似误差 $g(\boldsymbol{X})-g_0(\boldsymbol{X})$平方的均值，简称为偏差平方。如果选择 $g(\boldsymbol{X})=g_0(\boldsymbol{X})=E(Y|\boldsymbol{X})$，则偏差等于零，即此选择使 MSE($g$)达到最小。

在上面的推导中使用了 $E\{[Y-g_0(\boldsymbol{X})][g_0(\boldsymbol{X})-g(\boldsymbol{X})]\}=0$，即交叉乘积项为零。为证明此结论，令 $\varepsilon=Y-g_0(\boldsymbol{X})$，且 $b(\boldsymbol{X})=g_0(\boldsymbol{X})-g(\boldsymbol{X})$。首先考虑 $\varepsilon=Y-g_0(\boldsymbol{X})$的条件均值，可以得到

$$E(\varepsilon|\boldsymbol{X})=E\{Y-g_0(\boldsymbol{X})|\boldsymbol{X}\}=E(Y|\boldsymbol{X})-g_0(\boldsymbol{X})=0 \tag{2.9}$$

式(2.9)也说明 ε 的条件期望不能用 $\boldsymbol{X}$ 的任何函数进行解释。进一步，根据简单迭代期望律有

$$\begin{aligned}E[\varepsilon b(\boldsymbol{X})]&=E\{E[\varepsilon b(\boldsymbol{X})|\boldsymbol{X}]\}\\&=E[E(\varepsilon|\boldsymbol{X})b(\boldsymbol{X})]\\&=E[0\cdot b(\boldsymbol{X})]=0\end{aligned}$$

这里需要说明：

第一，MSE 只是衡量使用 $g(\boldsymbol{X})$预测 Y 优劣程度的一种准则，还有许多其他准则。例如，预测误差的绝对值 $|Y-g(\boldsymbol{X})|$ 的任何增函数都可以用来衡量 $g(\boldsymbol{X})$预测的优劣，最简单的情

况是均值绝对误差(mean absolute error,简称为 MAE),即 $\mathrm{MAE}(g)=E|Y-g(\boldsymbol{X})|$ 也是一个合理的准则。但是,MSE(g)至少有两个优点,一是它使分析更加方便,二是它能够被很好地分解为方差与平方偏差之和,有利于对其进行解释。

第二,采用不同的准则会得到不同的最优解。例如,MAE(g)准则下的最优解是条件中位数,而不是条件均值。

【例 2.1】 设 X 与 Y 的联合概率密度函数为 $f_{XY}(x,y)=\mathrm{e}^{-y}$,$0<x<y<\infty$。试求 $E(Y|X)$ 和 $\mathrm{Var}(Y|X)$。

解:首先求条件概率密度函数 $f_{Y|X}(y|x)$。由于 X 的边缘概率密度函数为

$$f_X(x)=\int_{-\infty}^{\infty} f_{XY}(x,y)\mathrm{d}y=\int_x^{\infty}\mathrm{e}^{-y}\mathrm{d}y=\mathrm{e}^{-x},0<x<\infty$$

因此,对任意的 $x>0$ 有

$$f_{Y|X}(y|x)=\frac{f_{XY}(x,y)}{f_X(x)}=\mathrm{e}^{-(y-x)},0<x<y<\infty$$

根据定义

$$\begin{aligned}E(Y|x)&=\int_{-\infty}^{\infty} y f_{Y|X}(y|x)\mathrm{d}y=\int_x^{\infty} y\mathrm{e}^{-(y-x)}\mathrm{d}y\\&=\mathrm{e}^x\int_x^{\infty} y\mathrm{e}^{-y}\mathrm{d}y=-\mathrm{e}^x\int_x^{\infty} y\mathrm{d}\mathrm{e}^{-y}=1+x\end{aligned}$$

可知,回归函数 $E(Y|X)=1+X$ 是 X 的线性函数。

下一步求 $\mathrm{Var}(Y|X)$,由于

$$\begin{aligned}E(Y^2|x)&=\int_{-\infty}^{\infty} y^2 f_{Y|X}(y|x)\mathrm{d}y=\int_x^{\infty} y^2\mathrm{e}^{-(y-x)}\mathrm{d}y\\&=-\mathrm{e}^x\int_x^{\infty} y^2\mathrm{d}\mathrm{e}^{-y}=(-\mathrm{e}^x)[y^2\mathrm{e}^{-y}|_x^{\infty}-\int_x^{\infty}\mathrm{e}^{-y}\mathrm{d}y^2]\\&=(-\mathrm{e}^x)[0-x^2\mathrm{e}^{-x}-2\int_x^{\infty} y\mathrm{e}^{-y}\mathrm{d}y]\\&=x^2+2\mathrm{e}^x\int_x^{\infty} y\mathrm{e}^{-y}\mathrm{d}y=x^2+2\int_x^{\infty} y\mathrm{e}^{-(y-x)}\mathrm{d}y\\&=x^2+2(1+x)\end{aligned}$$

根据公式

$$\mathrm{Var}(Y|X)=E\{[Y-E(Y|X)]^2|X\}=E(Y^2|X)-[E(Y|X)]^2$$

得

$$\mathrm{Var}(Y|x)=x^2+2(1+x)-(1+x)^2=1$$

由上面条件期望与条件方差的结果发现,给定 X 时 Y 的条件期望是 X 的线性函数,但 Y 的条件方差与 X 的值无关,即 X 对 Y 的条件方差没有影响,这是经典线性回归模型中的一个基本假设。

定理 2.4 [回归等式(regression identity)**]** 给定条件均值 $E(Y|\boldsymbol{X})$,Y 总是可以被表示为

$$Y=E(Y|\boldsymbol{X})+\varepsilon \tag{2.10}$$

式中,ε 为随机误差(扰动)项,且具有性质 $E(\varepsilon|\boldsymbol{X})=0$。

证明:定义 $\varepsilon=Y-E(Y|\boldsymbol{X})$,则有 $Y=E(Y|\boldsymbol{X})+\varepsilon$,其中

$$E(\varepsilon|\boldsymbol{X})=E\{[Y-E(Y|\boldsymbol{X})]|\boldsymbol{X}\}=E(Y|\boldsymbol{X})-E(Y|\boldsymbol{X})=0$$

根据定理 2.4,我们可以进一步得到下面的结论:

第一,回归函数 $E(Y|\boldsymbol{X})$称为信号(signal),其利用 $\boldsymbol{X}$ 的信息可预测 Y 的条件均值。

第二,随机扰动项 ε 也称为噪声(noise),$E(\varepsilon|\boldsymbol{X})=0$ 意味着扰动项 ε 不包含 $\boldsymbol{X}$ 的系统信息,故不能预测 Y 的条件均值。换言之,可用于预测 Y 的条件均值的所有信息已被 $E(Y|\boldsymbol{X})$完全捕捉。另外,$E(\varepsilon|\boldsymbol{X})=0$ 这一条件对模型参数进行有效的经济解释至关重要。

第三,$E(\varepsilon|\boldsymbol{X})=0$ 意味着 ε 的无条件均值为零,即 $E(\varepsilon)=E[E(\varepsilon|\boldsymbol{X})]=0$,且 ε 与 $\boldsymbol{X}$ 正交,即

$$E(\boldsymbol{X}\varepsilon)=E[E(\boldsymbol{X}\varepsilon|\boldsymbol{X})]=E[\boldsymbol{X}E(\varepsilon|\boldsymbol{X})]=E(\boldsymbol{X}\cdot 0)=\boldsymbol{0}$$

事实上,ε 与 $\boldsymbol{X}$ 的任何可测函数都正交,即对于任何 $\boldsymbol{X}$ 的可测函数 $h(\cdot)$,有 $E[\varepsilon h(\boldsymbol{X})]=0$。这说明 $\boldsymbol{X}$ 任何形式的函数 $h(\boldsymbol{X})$都不能用来预测扰动项 ε 的条件均值,即无论 $h(\boldsymbol{X})$是线性还是非线性都对 ε 的条件均值没有预测能力。

第四,有可能 $E(\varepsilon|\boldsymbol{X})=0$ 但 $\mathrm{Var}(\varepsilon|\boldsymbol{X})$却是 $\boldsymbol{X}$ 的函数。如果 $\mathrm{Var}(\varepsilon|\boldsymbol{X})=\sigma^2>0$,我们称 ε 存在条件同方差(conditional homoskedasticity)。在这种情况下,$\boldsymbol{X}$ 不能用来预测 Y 的条件方差。另一方面,如果 $\mathrm{Var}(\varepsilon|\boldsymbol{X})\neq\sigma^2\,(\sigma^2>0)$,我们称存在条件异方差(conditional heteroskedasticity),在这种情况下,$\boldsymbol{X}$ 可用来预测 Y 的条件方差。计量经济学的方法通常会因随机误差项是否存在条件异方差而有所不同,假如存在条件异方差,则传统的 t 检验和 F 检验是无效的,后续章节将对其进行详细讨论。

【例 2.2】 如果 $\varepsilon=\eta\sqrt{\beta_0+\beta_1X^2}$,其中 X 与 η 独立,且 $E(\eta)=0$,$\mathrm{Var}(\eta)=1$。试求 $E(\varepsilon|X)$ 和 $\mathrm{Var}(\varepsilon|X)$。

解:

$$\begin{aligned}E(\varepsilon|X)&=E[\eta\sqrt{\beta_0+\beta_1X^2}\,|X]=\sqrt{\beta_0+\beta_1X^2}\,E(\eta|X)\\&=\sqrt{\beta_0+\beta_1X^2}\,E(\eta)=\sqrt{\beta_0+\beta_1X^2}\cdot 0=0\\\mathrm{Var}(\varepsilon|X)&=E\{[\varepsilon-E(\varepsilon|X)]^2|X\}=E(\varepsilon^2|X)\\&=E[\eta^2(\beta_0+\beta_1X^2)|X]=(\beta_0+\beta_1X^2)E(\eta^2|X)\\&=(\beta_0+\beta_1X^2)\cdot 1=\beta_0+\beta_1X^2\end{aligned}$$

这个例子告诉我们,尽管给定 X 时 ε 的条件均值为 0,但其条件方差依赖于 X。

回归分析(条件均值分析)是计量经济学中最常用的统计方法,它在经济学中有广泛的应用。例如,它可以用来估计经济变量间的关系,检验经济假设,对变量进行预测等。

【例 2.3】 设 Y 表示消费,X 表示可支配收入,则称回归函数 $E(Y|X)=C(X)$为消费函数。边际消费倾向(marginal propensity to consume,简称为 MPC)定义为

$$\mathrm{MPC}=C'(X)=\frac{\mathrm{d}}{\mathrm{d}X}E(Y|X)$$

MPC 是凯恩斯乘数效应分析中的一个重要概念,其大小在宏观经济政策分析和预测中非常重要。当 Y 仅为食物消耗时,恩格尔定律(Engle's law)蕴含 MPC 必须是 X 的减函数。因此,我们可以通过检验 $C'(X)=\mathrm{d}E(Y|X)/\mathrm{d}X$ 是否为 X 的递减函数对恩格尔定律进行检验。

【例 2.4】 设 Y 表示产出,$\boldsymbol{X}$ 表示劳动力、资本和原材料,那么回归函数 $E(Y|\boldsymbol{X})=Q(\boldsymbol{X})$

就是经济学中的生产函数(production function)。这可以用来检验规模报酬不变(constant return to scale,简称为 CRS)的假设,即对于所有的 $\lambda>0, Q(\lambda \boldsymbol{X})=\lambda Q(\boldsymbol{X})$。

【例 2.5】[随机系数过程(random coefficient process)] 假设 $Y=\beta_0+(\beta_1+\beta_2\eta)X+\eta$,其中 X 和 η 独立,且 $E(\eta)=0$,$\mathrm{Var}(\eta)=\sigma_\eta^2$。试求条件均值 $E(Y|X)$ 和条件方差 $\mathrm{Var}(Y|X)$。

解:

$$
\begin{aligned}
E(Y|X) &= \beta_0+E[(\beta_1+\beta_2\eta)X|X]+E(\eta|X)\\
&= \beta_0+\beta_1 X+\beta_2 XE(\eta|X)+E(\eta|X)\\
&= \beta_0+\beta_1 X+\beta_2 XE(\eta)+E(\eta)\\
&= \beta_0+\beta_1 X+\beta_2 X\cdot 0+0\\
&= \beta_0+\beta_1 X\\
\mathrm{Var}(Y|X) &= E\{[Y-E(Y|X)]^2|X\}\\
&= E\{[\beta_0+(\beta_1+\beta_2\eta)X+\eta-\beta_0-\beta_1 X]^2|X\}\\
&= E[(\beta_2 X\eta+\eta)^2|X]\\
&= E[(\beta_2 X+1)^2\eta^2|X]\\
&= (1+\beta_2 X)^2 E(\eta^2|X)\\
&= (1+\beta_2 X)^2 E(\eta^2)\\
&= (1+\beta_2 X)^2\sigma_\eta^2
\end{aligned}
$$

在这个例子中,回归函数 $E(Y|X)$ 是 X 的线性函数 $\beta_0+\beta_1 X$,而条件方差 $\mathrm{Var}(Y|X)$ 却随 X 的变化而变化。随机系数的数据生成过程解释了条件方差可能依赖于变量 X,这个过程可表示为 $Y=\beta_0+\beta_1 X+\varepsilon$,其中 $\varepsilon=(1+\beta_2 X)\eta$。

2.3 线性回归建模

如前所述,我们已经证明 $g_0(\boldsymbol{X})=E(Y|\boldsymbol{X})$ 是 $\min\limits_{g\in F}E[Y-g(\boldsymbol{X})]^2$ 的最优解,其中 F 是所有可测且平方可积的函数构成的集合,即

$$
F=\left\{g:\mathbf{R}^{k+1}\to\mathbf{R}:\int g^2(\boldsymbol{x})f_{\boldsymbol{X}}(\boldsymbol{x})\mathrm{d}\boldsymbol{x}<\infty\right\}
$$

一般情况下,回归函数 $E(Y|\boldsymbol{X})$ 的数学形式是未知的,经济理论通常仅给出 Y 与 $\boldsymbol{X}$ 的定性关系,并未给出具体的函数形式,因此需要用某数学模型来近似 $g_0(\boldsymbol{X})$。这里有两种基本方法,即非参数方法(nonparametric approach)和参数方法(parametric approach)。

1. 非参数方法

非参数方法在建模时对条件均值 $E(Y|\boldsymbol{X})$ 不做任何参数形式的函数设定,而是基于数据本身揭示经济变量之间真实的函数关系。

为了说明非参数方法的基本思想,假设 $g_0(x)$ 是 x 的光滑函数(smooth function),我们可以使用一系列“正交”的基函数 $\{\psi_j(x)\}$(亦称为基函数系统)来描述 $g_0(x)$,即

$$
g_0(x)=\sum_{j=0}^{\infty}\beta_j\psi_j(x)
$$

式中,傅里叶系数(Fourier coefficient)

$$\beta_j=\int_{-\infty}^{\infty} g_0(x)\psi_j(x)\mathrm{d}x$$

是函数 $g_0(x)$ 在基函数 $\psi_j(x)$ 上的投影,同时这些基函数 $\psi_j(x)$ 满足

$$\int_{-\infty}^{\infty}\psi_i(x)\psi_j(x)\mathrm{d}x=\delta_{ij}=\begin{cases}1 & i=j\\ 0 & i\neq j\end{cases}$$

δ_{ij} 称为克罗内克德尔塔函数(Kronecker delta function)。

【例 2.6】 如果设 $g_0(x)=x^2, x\in[-\pi,\pi]$,那么

$$\begin{aligned}g_0(x)&=\frac{\pi^2}{3}-4\left[\cos(x)-\frac{\cos(2x)}{2^2}+\frac{\cos(3x)}{3^2}-\cdots\right]\\&=\frac{\pi^2}{3}-4\sum_{j=1}^{\infty}(-1)^{j-1}\frac{\cos(jx)}{j^2}\end{aligned}$$

【例 2.7】 假设

$$g_0(x)=\begin{cases}-1 & -\pi<x<0\\ 0 & x=0\\ 1 & 0<x<\pi\end{cases}$$

则有

$$\begin{aligned}g_0(x)&=\frac{4}{\pi}\left[\sin(x)+\frac{\sin(3x)}{3}+\frac{\sin(5x)}{5}+\cdots\right]\\&=\frac{4}{\pi}\sum_{j=0}^{\infty}\frac{\sin[(2j+1)x]}{(2j+1)}\end{aligned}$$

不失一般性,假设 $g_0(x)$ 是一个平方可积的函数,那么

$$\begin{aligned}\int_{-\pi}^{\pi}g_0^2(x)\mathrm{d}x&=\sum_{j=0}^{\infty}\sum_{k=0}^{\infty}\beta_j\beta_k\int_{-\pi}^{\pi}\psi_j(x)\psi_k(x)\mathrm{d}x\\&=\sum_{j=0}^{\infty}\sum_{k=0}^{\infty}\beta_j\beta_k\delta_{jk}\\&=\sum_{j=0}^{\infty}\beta_j^2<\infty\end{aligned}$$

上面第二个等式使用了基函数的正交性。因此,当 $j\to\infty$ 时,$\beta_j\to 0$。这样一来,我们可以使用以下有限多项(p 项)的表达式

$$g_p(x)=\sum_{j=0}^{p}\beta_j\psi_j(x)$$

作为 $g_0(x)=\sum_{j=0}^{\infty}\beta_j\psi_j(x)$ 的近似,这种近似的偏差(倚)为

$$B_p(x)=g_0(x)-g_p(x)=\sum_{j=p+1}^{\infty}\beta_j\psi_j(x)$$

如果 p 足够大,近似偏差可忽略不计。但是,实际中系数 $\{\beta_j\}$ 是未知的,因此需要利用数据 $\{Y_i,X_i\}_{i=1}^{n}$ 对它们进行估计,其中 n 是样本容量。为此,考虑线性回归

$$Y_i=\sum_{j=0}^{p}\beta_j\psi_j(X_i)+u_i$$

关于偏差(倚),我们自然希望随着样本容量的增大,$g_p(x)$对$g_0(x)$的近似程度增加,偏差(倚)变小。因此,当$n\to\infty$时,我们要求$p=p(n)\to\infty$,以确保当$n\to\infty$时偏倚$B_p(x)$趋于零。但是,为了在参数估计中不会出现太大的采样变化,我们又不能让p趋于无穷大的速度太快,这需要在$n\to\infty$时,$p/n\to 0$,即p相对于n而言很小。

上面的非参数方法称为非参数序列回归(nonparametric series regression),另一种常用的非参数方法是核估计方法(kernel method),详细讨论参见陈强编著的《高级计量经济学及Stata应用》一书第27章。

2. 参数方法

非参数方法具有灵活性,但为了得到高精度的估计通常需要大容量的数据集,而且几乎不能对结果进行经济解释,例如,我们很难对系数参数$\{\beta_j\}$进行经济解释。在实际中,通常采用对函数集合F进行约束,并在约束的函数集中讨论均方误差最小化问题。

在计量经济学中,一个广泛应用的建模方法是将条件均值$E(Y|\boldsymbol{X})$设定为某种已知的函数形式,但包含少数的未知参数,出于简单且易于理解之考虑,通常用线性函数来近似$g_0(x)$,本书大部分章节讨论的是这种情况,关于$g_0(x)$的非线性情形也可类似处理,见第5章。下面,首先引入线性函数集合或仿射函数(affine function)的概念。

设$\boldsymbol{X}=(1,X_1,\cdots,X_k)'$,$\boldsymbol{\beta}=(\beta_0,\beta_1,\cdots,\beta_k)'$,定义函数类或集合为

$$\begin{aligned}A&=\left\{g:\mathbf{R}^{k+1}\to\mathbf{R}:g(\boldsymbol{X})=\beta_0+\sum_{j=1}^{k}\beta_jX_j,\beta_j\in\mathbf{R}\right\}\\&=\{g:\mathbf{R}^{k+1}\to\mathbf{R}:g(\boldsymbol{X})=\boldsymbol{X}'\boldsymbol{\beta}\}\end{aligned}$$

这里对参数向量$\boldsymbol{\beta}$没有限制,集合(函数类)中的函数形式设定为线性,但$(k+1)$维的系数向量$\boldsymbol{\beta}$是未知的。

须注意的是函数类A中的函数$g(\boldsymbol{X})=\boldsymbol{X}'\boldsymbol{\beta}$关于向量$\boldsymbol{\beta}$是线性的,其关于$\boldsymbol{X}$也是线性的。我们在后面将对$A$进行拓展,使其包含的函数$g(\boldsymbol{X})=\boldsymbol{X}'\boldsymbol{\beta}$关于$\boldsymbol{\beta}$是线性的,有可能关于$\boldsymbol{X}$是非线性的。例如,当$k=1$时,我们可以使$A$包括$g(X)=\beta_0+\beta_1X_1+\beta_2X_1^2$或$g(X)=\beta_0+\beta_1\ln X_1$等$\boldsymbol{X}$的非线性函数。

另一个须注意的是$g(\boldsymbol{X})=\beta_0+\sum_{j=1}^{k}\beta_jX_j$中的截距项$\beta_0$,它与取值为1的变量相对应,而与任何其他随机变量不相关,它描述了Y中不被$\boldsymbol{X}$解释的"平均效应"。

$E(Y|\boldsymbol{X})$的最优性定理2.3告诉我们

$$E(Y|\boldsymbol{X})=\underset{g\in F}{\operatorname{argmin}}\mathrm{MSE}(g)=\underset{g\in F}{\operatorname{argmin}}E[Y-g(\boldsymbol{X})]^2$$

即在所有可测且平方可积的函数集合F中,$E(Y|\boldsymbol{X})$在MSE的意义下最优。下面我们将候选函数$g(\boldsymbol{X})$构成的集合由F变为A,然后寻找使$E[Y-g(\boldsymbol{X})]^2$达到最小的函数,即在线性函数类中寻找最优解。这样一来,最小化问题变为

$$\min_{g\in A}E[Y-g(\boldsymbol{X})]^2=\min_{\boldsymbol{\beta}\in\mathbf{R}^{k+1}}E[Y-\boldsymbol{X}'\boldsymbol{\beta}]^2\tag{2.11}$$

定理2.5[最佳线性最小二乘预测(best linear least square prediction)**]** 设$E(Y^2)<\infty$,$E(\boldsymbol{XX}')$是非奇异(或称非退化)矩阵,则

$$\min_{g\in A}E[Y-g(\boldsymbol{X})]^2=\min_{\boldsymbol{\beta}\in\mathbf{R}^{k+1}}E[Y-\boldsymbol{X}'\boldsymbol{\beta}]^2$$

的最优解是线性函数$g^*(\boldsymbol{X})=\boldsymbol{X}'\boldsymbol{\beta}^*$,其中

$$\boldsymbol{\beta}^* = [E(\boldsymbol{X}\boldsymbol{X}')]^{-1}E(\boldsymbol{X}Y) \tag{2.12}$$

若得到了 $g^*(\boldsymbol{X})=\boldsymbol{X}'\boldsymbol{\beta}^*$，则称其为 Y 的最佳线性最小二乘预测值，称 $\boldsymbol{\beta}^*$ 为最佳最小二乘近似系数向量。

在未证明定理 2.5 之前，我们首先对 $\boldsymbol{\beta}^*$ 的意义进行解释：

第一，当 $E(\boldsymbol{X}\boldsymbol{X}')^{-1}$ 和 $E(\boldsymbol{X}Y)$存在时，无论 $E(Y|\boldsymbol{X})$是线性的还是非线性的，最佳最小二乘近似系数向量 $\boldsymbol{\beta}^*$ 都会被很好地定义。

第二，为了简单和直观，我们考虑一个简单的情况，此时 $\boldsymbol{\beta}=(\beta_0,\beta_1)'$ 且 $\boldsymbol{X}=(1,X_1)'$。然后求出最优斜率系数和截距系数分别为

$$\beta_1^* = \frac{\mathrm{Cov}(Y,X_1)}{\mathrm{Var}(X_1)} \tag{2.13}$$

$$\beta_0^* = E(Y) - \beta_1^* E(X_1) \tag{2.14}$$

因此，最佳最小二乘近似系数 β_1^* 与 $\mathrm{Cov}(Y,X_1)$成正比。换言之，β_1^* 反映了以 $\mathrm{Cov}(Y,X_1)$衡量的 X_1 和 Y 之间的线性依赖关系，但它未反映 $\mathrm{Cov}(Y,X_1)$无法衡量的 Y 和 X_1 的非线性关系。

证明：注意到

$$\min_{g\in A} E[Y-g(\boldsymbol{X})]^2 = \min_{\boldsymbol{\beta}\in\mathbf{R}^{k+1}} E[Y-\boldsymbol{X}'\boldsymbol{\beta}]^2$$

的一阶条件(first order condition，简称为 FOC)为

$$\frac{\mathrm{d}}{\mathrm{d}\boldsymbol{\beta}}E[Y-\boldsymbol{X}'\boldsymbol{\beta}]^2 = \mathbf{0} \tag{2.15}$$

式(2.15)左边为

$$\begin{aligned}\frac{\mathrm{d}}{\mathrm{d}\boldsymbol{\beta}}E[Y-\boldsymbol{X}'\boldsymbol{\beta}]^2 &= E[\frac{\partial}{\partial\boldsymbol{\beta}}(Y-\boldsymbol{X}'\boldsymbol{\beta})^2] \\ &= E[2(Y-\boldsymbol{X}'\boldsymbol{\beta})\frac{\partial}{\partial\boldsymbol{\beta}}(-\boldsymbol{X}'\boldsymbol{\beta})] \\ &= -2E\left[(Y-\boldsymbol{X}'\boldsymbol{\beta})\frac{\partial(\boldsymbol{X}'\boldsymbol{\beta})}{\partial\boldsymbol{\beta}}\right] \\ &= -2E[\boldsymbol{X}(Y-\boldsymbol{X}'\boldsymbol{\beta})]\end{aligned}$$

因此，一阶条件意味着

$$E[\boldsymbol{X}(Y-\boldsymbol{X}'\boldsymbol{\beta}^*)] = \mathbf{0}$$

即

$$E(\boldsymbol{X}Y) - E(\boldsymbol{X}\boldsymbol{X}'\boldsymbol{\beta}^*) = \mathbf{0}$$

或者

$$E(\boldsymbol{X}Y) = E(\boldsymbol{X}\boldsymbol{X}'\boldsymbol{\beta}^*) = E(\boldsymbol{X}\boldsymbol{X}')\boldsymbol{\beta}^* \tag{2.16}$$

用 $E(\boldsymbol{X}\boldsymbol{X}')$的逆矩阵分别左乘式(2.16)两端，得

$$\boldsymbol{\beta}^* = [E(\boldsymbol{X}\boldsymbol{X}')]^{-1}E(\boldsymbol{X}Y)$$

下面，检查二阶条件(second order condition，简称为 SOC)。海塞矩阵(Hessian matrix)

$$\frac{\mathrm{d}^2}{\mathrm{d}\boldsymbol{\beta}\mathrm{d}\boldsymbol{\beta}'}E(Y-\boldsymbol{X}'\boldsymbol{\beta})^2 = 2E(\boldsymbol{X}\boldsymbol{X}') \tag{2.17}$$

在 $E(\boldsymbol{X}\boldsymbol{X}')$非奇异时是正定矩阵(positive definite matrix)。因此，$\boldsymbol{\beta}^*$ 是全局最小解(global minimizer)。

注意，在上面的推导中，条件 $E(Y^2)<\infty$ 是为了确保 $E(Y|\boldsymbol{X})$ 存在并且被很好地定义；要求矩阵

$$E(\boldsymbol{X}\boldsymbol{X}')=\begin{bmatrix} 1 & E(X_1) & E(X_2) & \cdots & E(X_k) \\ E(X_1) & E(X_1^2) & E(X_1X_2) & \cdots & E(X_1X_k) \\ E(X_2) & E(X_2X_1) & E(X_2^2) & \cdots & E(X_2X_k) \\ \vdots & \vdots & \vdots & & \vdots \\ E(X_k) & E(X_kX_1) & E(X_kX_2) & \cdots & E(X_k^2) \end{bmatrix}$$

为非奇异矩阵是为了确保解是整体最小解。另外，一般来说，最佳线性最小二乘预测值

$$g^*(\boldsymbol{X})\equiv \boldsymbol{X}'\boldsymbol{\beta}^* \neq E(Y\mid \boldsymbol{X})$$

在这种情况下，读者可以思考怎么解释 $\boldsymbol{\beta}^*$。

定义 2.3[线性回归模型(linear regression model)**]**　称

$$Y=\boldsymbol{X}'\boldsymbol{\beta}+u,\boldsymbol{\beta}\in \mathbf{R}^{k+1}$$

为 Y 对 $\boldsymbol{X}$ 的线性回归模型，其中 u 是回归模型的误差项。

需注意的是线性回归模型是人为设定的，对于某些 $\boldsymbol{\beta}^0$，我们并不能保证回归函数 $E(Y|\boldsymbol{X})=\boldsymbol{X}'\boldsymbol{\beta}^0$。换句话说，线性模型可能不包含真正的回归函数 $g_0(\boldsymbol{X})=E(Y|\boldsymbol{X})$。

定理 2.6　假设定理 2.5 的条件成立，令

$$Y=\boldsymbol{X}'\boldsymbol{\beta}+u$$

且

$$\boldsymbol{\beta}^*=[E(\boldsymbol{X}\boldsymbol{X}')]^{-1}E(\boldsymbol{X}Y)$$

为最佳线性最小二乘近似系数向量，则 $\boldsymbol{\beta}=\boldsymbol{\beta}^*$ 当且仅当正交条件成立，即 $E(\boldsymbol{X}u)=\mathbf{0}$。

证明：根据线性回归模型得 $u=Y-\boldsymbol{X}'\boldsymbol{\beta}$，于是

$$E(\boldsymbol{X}u)=E(\boldsymbol{X}Y)-E(\boldsymbol{X}\boldsymbol{X}')\boldsymbol{\beta}$$

如果 $\boldsymbol{\beta}=\boldsymbol{\beta}^*$，那么

$$\begin{aligned} E(\boldsymbol{X}u)&=E(\boldsymbol{X}Y)-E(\boldsymbol{X}\boldsymbol{X}')\boldsymbol{\beta}^* \\ &=E(\boldsymbol{X}Y)-E(\boldsymbol{X}\boldsymbol{X}')[E(\boldsymbol{X}\boldsymbol{X}')]^{-1}E(\boldsymbol{X}Y) \\ &=\mathbf{0} \end{aligned}$$

如果 $E(\boldsymbol{X}u)=\mathbf{0}$，那么

$$E(\boldsymbol{X}u)=E(\boldsymbol{X}Y)-E(\boldsymbol{X}\boldsymbol{X}')\boldsymbol{\beta}=\mathbf{0} \tag{2.18}$$

根据式(2.18)和 $E(\boldsymbol{X}\boldsymbol{X}')$ 是非奇异矩阵的条件，可得

$$\boldsymbol{\beta}=[E(\boldsymbol{X}\boldsymbol{X}')]^{-1}E(\boldsymbol{X}Y)=\boldsymbol{\beta}^*$$

这个定理意味着，无论 $E(Y|\boldsymbol{X})$ 关于 $\boldsymbol{X}$ 是线性的还是非线性的，线性回归模型 $Y=\boldsymbol{X}'\boldsymbol{\beta}+u$ 的正交条件 $E(\boldsymbol{X}u)=\mathbf{0}$ 总会成立，当且仅当 $\boldsymbol{\beta}=\boldsymbol{\beta}^*$ 时。这个定理还说明如果 $\boldsymbol{\beta}$ 是最佳线性最小二乘近似系数 $\boldsymbol{\beta}^*$，则误差项 u 必与 $\boldsymbol{X}$ 正交。反过来，如果 $\boldsymbol{X}$ 与 u 正交，则 $\boldsymbol{\beta}$ 必然是最小二乘解。当 $\boldsymbol{X}$ 包含截距项时，正交条件 $E(\boldsymbol{X}u)=\mathbf{0}$ 蕴含着 $E(u)=0$。

条件 $E(\boldsymbol{X}u)=\mathbf{0}$ 与条件 $E(u|\boldsymbol{X})=0$ 完全不同，后者能推出前者，但反之不成立。换言之，$E(u|\boldsymbol{X})=0$ 蕴含着 $E(\boldsymbol{X}u)=\mathbf{0}$，可能存在 $E(\boldsymbol{X}u)=\mathbf{0}$ 但 $E(u|\boldsymbol{X})\neq 0$ 的情况。

例如，设 $u=(X^2-1)+\varepsilon$，其中随机变量 X 和 ε 服从正态分布 $N(0,1)$ 且独立，则有

$$E(u|X)=X^2-1$$

而

$$E(Xu)=E[X(X^2-1)]+E(X\varepsilon)=E(X^3)-E(X)+E(X)E(\varepsilon)=0$$

另外，当 $E(u)=0$ 时，$E(Xu)=\mathrm{Cov}(X,u)$，即正交条件等价于 X 与 u 不相关，这意味着 u 不包含任何可以由 X 的线性函数进行预测的成分。

2.4　条件均值的模型设定

当线性回归模型关于条件均值 $E(Y|\boldsymbol{X})$ 是正确设定时，称系数 $\boldsymbol{\beta}^0$ 为参数真值（true parameter），因为此时它具有明显的经济意义，如边际消费倾向。经济理论并不能保证条件均值 $E(Y|\boldsymbol{X})$ 的数学形式必须是 $\boldsymbol{X}$ 的线性函数，更一般的形式往往是 $\boldsymbol{X}$ 的非线性函数。因此，我们必须谨慎考虑线性形式下回归系数的经济解释。下面，我们分析条件均值下正确模型设定时的特征。

定义 2.4［条件均值模型的正确设定（correct model specification in conditional mean)］称线性回归模型

$$Y=\boldsymbol{X}'\boldsymbol{\beta}+u,\quad \boldsymbol{\beta}\in\mathbf{R}^{k+1}$$

对条件均值 $\boldsymbol{E}(Y|\boldsymbol{X})$ 是正确设定的，如果存在某个参数值 $\boldsymbol{\beta}^0\in\mathbf{R}^{k+1}$，使得

$$E(Y|\boldsymbol{X})=\boldsymbol{X}'\boldsymbol{\beta}^0$$

另外，如果对所有的参数值 $\boldsymbol{\beta}\in\mathbf{R}^{k+1}$，总有

$$E(Y|\boldsymbol{X})\neq\boldsymbol{X}'\boldsymbol{\beta}$$

则称线性回归模型对条件均值 $E(Y|\boldsymbol{X})$ 是错误设定的（misspecified）。

定理 2.7　如果线性回归模型 $Y=\boldsymbol{X}'\boldsymbol{\beta}+u$ 对 $E(Y|\boldsymbol{X})$ 正确设定，则

(1)存在某个参数 $\boldsymbol{\beta}^0$ 和一个随机变量 ε，使 $Y=\boldsymbol{X}'\boldsymbol{\beta}^0+\varepsilon$，其中 $E(\varepsilon|\boldsymbol{X})=0$；

(2)$\boldsymbol{\beta}^*=\boldsymbol{\beta}^0$。

证明：

(1)如果线性回归模型对 $E(Y|\boldsymbol{X})$ 正确设定，则对某个 $\boldsymbol{\beta}^0$ 有 $E(Y|\boldsymbol{X})=\boldsymbol{X}'\boldsymbol{\beta}^0$。另外，由回归等式，我们有 $Y=E(Y|\boldsymbol{X})+\varepsilon$，其中 $E(\varepsilon|\boldsymbol{X})=0$。于是，我们有 $Y=\boldsymbol{X}'\boldsymbol{\beta}^0+\varepsilon$，结论(1)得证。

(2)由于

$$E(\boldsymbol{X}\varepsilon)=E[E(\boldsymbol{X}\varepsilon|\boldsymbol{X})]=E[\boldsymbol{X}E(\varepsilon|\boldsymbol{X})]=E(\boldsymbol{X}\cdot 0)=\boldsymbol{0}$$

这说明对 $Y=\boldsymbol{X}'\boldsymbol{\beta}^0+\varepsilon$ 来说正交条件成立，因此由定理 2.6 可得 $\boldsymbol{\beta}^*=\boldsymbol{\beta}^0$。

由定理 2.7 中的第一个结论可以得到 $E(Y|\boldsymbol{X})=\boldsymbol{X}'\boldsymbol{\beta}^0$。进一步，当模型正确设定时，最佳线性最小二乘近似系数等价于真正的边际效应参数 $\boldsymbol{\beta}^0$。

如果 $Y=\boldsymbol{X}'\boldsymbol{\beta}+u$，其中 $E(\boldsymbol{X}u)=\boldsymbol{0}$，那么这个线性回归模型对 $E(Y|\boldsymbol{X})$ 误设时会出现什么情况？换言之，如果 $E(\boldsymbol{X}u)=\boldsymbol{0}$ 但 $E(u|\boldsymbol{X})\neq 0$ 情况会怎样？为此，对 $Y=\boldsymbol{X}'\boldsymbol{\beta}+u$ 关于 $\boldsymbol{X}$ 求条件期望，得

$$E(Y|\boldsymbol{X})=\boldsymbol{X}'\boldsymbol{\beta}+E(u|\boldsymbol{X})$$

式中，$E(u|\boldsymbol{X})$ 包含 u，该项可以提高利用 $\boldsymbol{X}$ 预测 Y 的条件均值的能力，如果将其忽略则会降低预测能力。这说明在这种情况下，以 MSE 为准则时，模型误设会产生次最优预测（suboptimal prediction），而模型正确设定会得到 MSE 意义下的最优预测。

练习题

1. 假设(X,Y)服从二元正态分布，其联合密度函数为

$$f_{XY}(x,y)=\frac{1}{2\pi\sigma_1\sigma_2\sqrt{1-\rho^2}}\times\exp\left\{-\frac{1}{2(1-\rho^2)}\left[\left(\frac{x-\mu_1}{\sigma_1}\right)^2-2\rho\left(\frac{x-\mu_1}{\sigma_1}\right)\left(\frac{y-\mu_2}{\sigma_2}\right)+\left(\frac{y-\mu_2}{\sigma_2}\right)^2\right]\right\}$$

式中，$-1<\rho<1$；$-\infty<\mu_1,\mu_2<\infty$；$\sigma_1>0$；$\sigma_2<\infty$。试求

(1)$E(Y|\boldsymbol{X})$；

(2)$\mathrm{Var}(Y|\boldsymbol{X})$。

提示：注意使用$\int_{-\infty}^{\infty}\frac{1}{\sqrt{2\pi}}\exp\left(-\frac{x^2}{2}\right)\mathrm{d}x=1$。

2. 假设$Z\equiv(Y,\boldsymbol{X}')'$是一随机向量，$\boldsymbol{X}$是$(k+1)\times 1$随机向量，且条件均值$g_0(\boldsymbol{X})=E(Y|\boldsymbol{X})$存在。如果用$g(\boldsymbol{X})$预测$Y$，且评价标准采用均方误差$\mathrm{MSE}(g)\equiv E[Y-g(\boldsymbol{X})]^2$。

(1)证明Y的最佳预测$g^*(\boldsymbol{X})$[使$\mathrm{MSE}(g)$最小]是条件均值$g_0(\boldsymbol{X})$，$g^*(\boldsymbol{X})=g_0(\boldsymbol{X})$；

(2)如果$\varepsilon\equiv Y-g_0(\boldsymbol{X})$，则$E(\varepsilon|\boldsymbol{X})=0$，并对其进行解释。

3. 习题2中的选取具有一般性。如果我们将$g(\boldsymbol{X})$限制为线性映射$\{g_A(\boldsymbol{X})=\boldsymbol{X}'\boldsymbol{\beta}\}$，其中$\boldsymbol{\beta}$为$(k+1)\times 1$阶参数。这样一来，我们可通过选取参数$\boldsymbol{\beta}$的值而设定一个线性函数$g_A(\boldsymbol{X})$，不同的$\boldsymbol{\beta}$值对应不同的线性函数$g_A(\boldsymbol{X})$。在MSE标准下最佳线性预报$g_A^*$定义为$g_A^*(\boldsymbol{X})\equiv\boldsymbol{X}'\boldsymbol{\beta}^*$，其中$\boldsymbol{\beta}^*=\underset{\boldsymbol{\beta}\in\mathbf{R}^{k+1}}{\operatorname{argmin}}E[Y-\boldsymbol{X}'\boldsymbol{\beta}]^2$称为最优线性近似系数。

(1)证明$\boldsymbol{\beta}^*=[E(\boldsymbol{X}\boldsymbol{X}')]^{-1}E(\boldsymbol{X}Y)$。

(2)若$u^*\equiv Y-\boldsymbol{X}'\boldsymbol{\beta}^*$，证明$E(\boldsymbol{X}u^*)=\boldsymbol{0}$，其中$\boldsymbol{0}$是$(k+1)\times 1$零向量。

(3)如果对某一$\boldsymbol{\beta}^0$有$g_0(\boldsymbol{X})=\boldsymbol{X}'\boldsymbol{\beta}^0$，则称线性模型$g_A(\boldsymbol{X})$对条件均值正确设定，且$\boldsymbol{\beta}^0$是数据产生过程的真实参数。证明$\boldsymbol{\beta}^*=\boldsymbol{\beta}^0$且$E(u^*|\boldsymbol{X})=0$。

(4)如果对于任意的$\boldsymbol{\beta}$，条件均值$g_0(\boldsymbol{X})\neq\boldsymbol{X}'\boldsymbol{\beta}$，则称线性模型$g_A(\boldsymbol{X})$对$g_0(\boldsymbol{X})$错误设定。请问$E(u^*|\boldsymbol{X})=0$正确吗？其含义是什么？

4. 设总消费函数是

$$Y=1+0.5X_1+\frac{1}{4}(X_1^2-1)+\varepsilon$$

式中，$X_1\sim N(0,1)$，$\varepsilon\sim N(0,1)$，且X_1与ε独立。

(1)试求条件均值$g_0(\boldsymbol{X})=E(Y|\boldsymbol{X})$，其中$\boldsymbol{X}=(1,X_1)'$。

(2)试求边际消费倾向$\mathrm{d}g_0(\boldsymbol{X})/\mathrm{d}X_1$。

(3)假设我们使用线性模型$Y=\boldsymbol{X}'\boldsymbol{\beta}+u=\beta_0+\beta_1X_1+u$预测$Y$，其中$\boldsymbol{\beta}=(\beta_0,\beta_1)'$。试求最佳线性近似系数$\boldsymbol{\beta}$和最佳线性预测$g_A^*(\boldsymbol{X})=\boldsymbol{X}'\boldsymbol{\beta}^*$。

(4)试求$\mathrm{d}g_A^*(\boldsymbol{X})/\mathrm{d}X_1$，并与(2)中求出的边际消费倾向进行比较。

5. 设数据产生过程为$Y=0.8X_1X_2+\varepsilon$，其中$X_1\sim N(0,1)$，$X_2\sim N(0,1)$，$\varepsilon\sim N(0,1)$，且X_1、X_2与ε相互独立。记$\boldsymbol{X}=(1,X_1,X_2)'$。

(1)利用 $\boldsymbol{X}$ 的信息可预测 Y 的条件均值 $E(Y|\boldsymbol{X})$ 吗?

(2)如果利用线性回归模型

$$g_A(\boldsymbol{X})=\boldsymbol{X}'\boldsymbol{\beta}+u=\beta_0+\beta_1X_1+\beta_2X_2+u$$

预测 Y,请问这个线性回归模型具有预测能力吗？请解释。

第3章　经典线性回归模型

3.1　基本假设条件

假设 Y_t 是随机变量，$\boldsymbol{X}_t=(1,X_{t1},X_{t2},\cdots,X_{tk})'$ 是 $k+1$ 维列向量，$(Y_t,\boldsymbol{X}_t')'$，$t=1,\cdots,n$ 是样本容量为 n 的随机样本。我们关心的是随机抽样情况下条件均值 $E(Y_t|\boldsymbol{X}_t)$ 的建模问题。在分析中，我们以 $K\equiv k+1$ 表示解释变量的个数(将常数项对应取值为1的变量)，下标 t 表示横截面数据中的个体单位(如公司、省份、国家等)，或时间序列数据中的时期(年、季度、月、周、日等)。下面首先讨论经典线性回归模型理论的基本假设。

假设 3.1 [**线性性**(linearity)]

$$Y_t=\boldsymbol{X}_t'\boldsymbol{\beta}^0+\varepsilon_t,t=1,\cdots,n \tag{3.1}$$

式中，$\boldsymbol{\beta}^0$ 是 $k+1$ 个未知参数构成的列向量；ε_t 是不可观测的随机误差项。

在假设3.1中，需要注意以下几点：

(1)Y_t 是因变量(或称为被解释变量、回归子、响应变量)，$\boldsymbol{X}_t$ 是自变量(或称为解释变量、回归元、协变量或控制变量等)构成的列向量，$\boldsymbol{\beta}^0$ 是 $k+1$ 维的回归系数列向量。如果模型对条件均值 $E(Y_t|\boldsymbol{X}_t)$ 正确设定，即当 $E(\varepsilon_t|\boldsymbol{X}_t)=0$ 时，参数 $\boldsymbol{\beta}^0=\partial E(Y_t|\boldsymbol{X}_t)/\partial\boldsymbol{X}_t$ 可解释为 $\boldsymbol{X}_t$ 对 Y_t 的期望边际效应(expected marginal effect)。

(2)线性性指模型关于回归系数(向量)$\boldsymbol{\beta}^0$ 是线性的，而不是关于 $\boldsymbol{X}_t$ 是线性的。

(3)可采用矩阵工具表示模型：设

$$\boldsymbol{Y}=(Y_1,\cdots,Y_n)',n\times 1$$

$$\boldsymbol{\varepsilon}=(\varepsilon_1,\cdots,\varepsilon_n)',n\times 1$$

$$\boldsymbol{X}=(\boldsymbol{X}_1',\cdots,\boldsymbol{X}_n')',n\times K$$

则有如下矩阵形式的表达式

$$\boldsymbol{Y}=\boldsymbol{X}\boldsymbol{\beta}^0+\boldsymbol{\varepsilon} \tag{3.2}$$

假设 3.2 [**严格外生性**(strict exogeneity)]

$$E(\varepsilon_t|\boldsymbol{X})=E(\varepsilon_t|\boldsymbol{X}_1,\cdots,\boldsymbol{X}_t,\cdots,\boldsymbol{X}_n)=0,t=1,\cdots,n \tag{3.3}$$

这个条件除有其他应用外还意味着模型对 $E(Y_t|\boldsymbol{X}_t)$ 正确设定，基于这个假设可以得到以下结论：

(1)由迭代期望律可得 $E(\varepsilon_t)=0$。

(2)对任意的(t,s)，$t,s=1,\cdots,n$，有

$$E(\boldsymbol{X}_s\varepsilon_t)=E[E(\boldsymbol{X}_s\varepsilon_t|\boldsymbol{X})]=E[\boldsymbol{X}_sE(\varepsilon_t|\boldsymbol{X})]=E(\boldsymbol{X}_s\cdot 0)=\boldsymbol{0}$$

(3)对任意的 $t,s=1,\cdots,n$，$\mathrm{Cov}(\boldsymbol{X}_s,\varepsilon_t)=\boldsymbol{0}$。

结论(3)可利用协方差的定义及 $E(\varepsilon_t)=0$，$E(\boldsymbol{X}_s\varepsilon_t)=\boldsymbol{0}$ 得到，即

$$
\begin{aligned}
\mathrm{Cov}(\boldsymbol{X}_t,\varepsilon_t) &= E[\boldsymbol{X}_s - E(\boldsymbol{X}_s)][\varepsilon_t - E(\varepsilon_t)] \\
&= E[\boldsymbol{X}_s\varepsilon_t - \boldsymbol{X}_s E(\varepsilon_t) - E(\boldsymbol{X}_s)\cdot\varepsilon_t + E(\boldsymbol{X}_s)\cdot E(\varepsilon_t)] \\
&= E(\boldsymbol{X}_s\varepsilon_t) - E(\boldsymbol{X}_s)\cdot E(\varepsilon_t) = \boldsymbol{0}
\end{aligned}
$$

这个结论说明,对同时刻的解释变量与随机误差项来说,它们不相关。由于构成 $\boldsymbol{X}$ 的 $\{\boldsymbol{X}_t\}$ 包括 $s \leqslant t$ 和 $s > t$ 两种情况,因此假设 3.2 实际是要求 ε_t 不依赖于解释变量的过去、现在、未来的所有值。但要注意,这个假设条件将动态时间模型排除在外,因为在这种场合 ε_t 会与解释变量的未来取值相关联。

【例 3.1】 考虑一阶自回归模型 AR(1)

$$Y_t = \beta_0 + \beta_1 Y_{t-1} + \varepsilon_t = X_t'\boldsymbol{\beta} + \varepsilon_t$$

$$\varepsilon_t \sim \text{i. i. d.}\,(0,\sigma^2),\ t = 1,\cdots,n$$

式中,$\boldsymbol{X}_t = (1, Y_{t-1})'$;i. i. d. 是独立同分布的英文缩写。

由于 $\boldsymbol{X}_t$ 与 Y_{t-1} 有关,而 Y_{t-1} 与 ε_{t-1} 有关,但 ε_{t-1} 与 ε_t 不相关,故可得 $E(\boldsymbol{X}_t\varepsilon_t) = E(\boldsymbol{X}_t)\cdot E(\varepsilon_t) = \boldsymbol{0}$。但是,本例中 $E(\boldsymbol{X}_{t+1}\varepsilon_t) \neq \boldsymbol{0}$,因此 $E(\varepsilon_t \mid \boldsymbol{X}_t) \neq 0$,即假设 3.2 不成立。这个例子中解释变量与随机误差项同期不相关,但是不同期却相关,这是动态时间序列线性回归模型的一个特例。

在计量经济学中,对严格外生性还有其他的定义方式。例如,一种定义是假设 ε_t 与 $\boldsymbol{X}$ 独立,另一种是假设 $\boldsymbol{X}$ 不是随机的。前者的定义排除了条件异方差,即 $\mathrm{Var}(\varepsilon_t \mid \boldsymbol{X})$ 随 $\boldsymbol{X}$ 变化的可能性。在假设 3.2 中,由于没有假定 ε_t 与 $\boldsymbol{X}$ 独立,故考虑了条件异方差。

当 $\boldsymbol{X}$ 是非随机时,则 ε_t 与 $\boldsymbol{X}$ 独立,因此,假设 3.2 中 $E(\varepsilon_t \mid \boldsymbol{X}) = E(\varepsilon_t) = 0$;如果 $\boldsymbol{Z}_t = (Y_t, \boldsymbol{X}_t')'$ 是相互独立的随机抽样,即 $\boldsymbol{Z}_t$ 和 $\boldsymbol{Z}_s$ 在 $t \neq s$ 时独立,但 Y_t 和 $\boldsymbol{X}_t$ 可能相关。在这种情况下,可得到

$$E(\varepsilon_t \mid \boldsymbol{X}) = E(\varepsilon_t \mid \boldsymbol{X}_1, \boldsymbol{X}_2, \cdots, \boldsymbol{X}_t, \cdots, \boldsymbol{X}_n) = E(\varepsilon_t \mid \boldsymbol{X}_t) = 0$$

即当 $\boldsymbol{Z}_t = (Y_t, \boldsymbol{X}_t')'(t = 1,\cdots,n)$ 独立同分布时,$E(\varepsilon_t \mid \boldsymbol{X}) = 0$ 等价于 $E(\varepsilon_t \mid \boldsymbol{X}_t) = 0$。

假设 3.3 [**非退化**(nonsingularity)]

(1)$K \times K$ 阶矩阵 $\boldsymbol{X}'\boldsymbol{X}$ 是非退化的。

(2)$K \times K$ 阶矩阵 $\boldsymbol{X}'\boldsymbol{X} = \sum_{t=1}^{n} \boldsymbol{X}_t\boldsymbol{X}_t'$ 的最小特征根 $\lambda_{\min}$ 趋于无穷,即

$$\lambda_{\min}(\boldsymbol{X}'\boldsymbol{X}) \to \infty, n \to \infty \tag{3.4}$$

的概率为 1。

对任意的 $t = 1,\cdots,n$,这个假设中(1)的作用是排除了 $\boldsymbol{X}_t$ 中$(k+1)$个解释变量之间多重共线性(multicollinearity)的可能性。所谓共线性是指至少有一个 $j \in \{0,\cdots,k\}$,变量 $\boldsymbol{X}_{tj}$$(t \in \{1,\cdots,n\})$是其余 $K-1$ 个变量$\{\boldsymbol{X}_{ti}, j \neq i\}$的线性组合。这个假设要求 $\boldsymbol{X}'\boldsymbol{X}$ 是一个非退化矩阵或非奇异矩阵,其等价于要求 $\boldsymbol{X}$ 是一个满秩(full rank)矩阵,秩为 $K = k+1$。因此,我们要求 $K \leqslant n$,即解释变量的个数不超过样本容量。

众所周知,一个矩阵的特征根捕捉了矩阵所含的信息(回忆多元统计分析中主成分分析方法)。假设 3.3 意味着当样本容量 $n \to \infty$ 时可获得新的信息,即 $\boldsymbol{X}_t$ 的值在 t 增大时不应只重复而不变化。直观来看,如果 $\boldsymbol{X}_t$ 的值随 t 不发生变化,则我们很难确定 Y_t 与 $\boldsymbol{X}_t$ 之间的关系。从某种意义来说,我们可称 $\boldsymbol{X}'\boldsymbol{X}$ 为随机样本 $\boldsymbol{X}$ 的信息矩阵,它测度了隐藏在 $\boldsymbol{X}$ 中的信息,事关参数 $\boldsymbol{\beta}^0$ 的估计精度。

假设 3.4［球形误差方差(spherical error variance)］

(1)条件同方差(conditional homoskedasticity)：

$$E(\varepsilon_t^2 \mid \boldsymbol{X}) = \sigma^2 > 0, t = 1, \cdots, n \tag{3.5}$$

(2)条件序列不相关(conditional serial uncorrelatedness)：

$$E(\varepsilon_t \varepsilon_s \mid \boldsymbol{X}) = 0, \quad t, s = 1, \cdots, n, t \neq s \tag{3.6}$$

假设 3.4 可写为 $E(\varepsilon_t \varepsilon_s \mid \boldsymbol{X}) = \sigma^2 \delta_{ts}$，其中，当 $t = s$ 时 $\delta_{ts} = 1$，当 $t \neq s$ 时 $\delta_{ts} = 0$。

如果假设 3.2 即严格外生条件成立，则随机误差项条件同方差，因为

$$\text{Var}(\varepsilon_t \mid \boldsymbol{X}) = E(\varepsilon_t^2 \mid \boldsymbol{X}) - [E(\varepsilon_t \mid \boldsymbol{X})]^2 = E(\varepsilon_t^2 \mid \boldsymbol{X}) = \sigma^2$$

类似地，对所有的 $t \neq s$ 有

$$\text{Cov}(\varepsilon_t, \varepsilon_s \mid \boldsymbol{X}) = E(\varepsilon_t \varepsilon_s \mid \boldsymbol{X}) = 0$$

如果 t 表示个体单元，这意味着横截面不相关；如果 t 表示时间，这意味着序列不相关。为方便计量，将这两种情况均称为$\{\varepsilon_t\}$不存在自相关。

进一步，当假设 3.4 成立时，根据迭代期望率可以证明

$$\text{Var}(\boldsymbol{Y}) = E[\text{Var}(\boldsymbol{Y} \mid \boldsymbol{X})] + \text{Var}[E(\boldsymbol{Y} \mid \boldsymbol{X})]$$

于是有

$$\text{Var}(\varepsilon_t) = E[\text{Var}(\varepsilon_t \mid \boldsymbol{X})] + \text{Var}[E(\varepsilon_t \mid \boldsymbol{X})] = \sigma^2$$

这说明假设 3.4 蕴含着 $\text{Var}(\varepsilon_t) = \sigma^2, t = 1, \cdots, n$，即无条件同方差；类似地有 $\text{Cov}(\varepsilon_t, \varepsilon_s) = 0$，$t \neq s$。

为使用方便考虑，我们可采用矩阵工具表示假设 3.2 和 3.4，它们的矩阵表达式分别为

$$E(\boldsymbol{\varepsilon} \mid \boldsymbol{X}) = \boldsymbol{0}, E(\boldsymbol{\varepsilon}\boldsymbol{\varepsilon}' \mid \boldsymbol{X}) = \sigma^2 \boldsymbol{I}$$

式中，$\boldsymbol{\varepsilon} = (\varepsilon_1, \cdots, \varepsilon_n)'$；$\boldsymbol{I} \equiv \boldsymbol{I}_n$ 为 $n \times n$ 阶单位矩阵(identity matrix)。

需注意的是假设 3.4 成立并不意味着 ε_t 与 $\boldsymbol{X}$ 独立，它只是假设 ε_t 的条件均值与条件方差不依赖于 $\boldsymbol{X}$，但它允许 ε_t 的条件高阶矩(例如偏倚度、峰度等)与 $\boldsymbol{X}$ 有关。

3.2 普通最小二乘估计

这一节讨论利用随机样本$\{Y_t, \boldsymbol{X}_t'\}'(t = 1, \cdots, n)$的观测数据估计未知参数 $\boldsymbol{\beta}^0$ 的方法。

定义 3.1［普通最小二乘估计量(OLS estimator)］ 设假设条件 3.1 至 3.3 成立，定义线性回归模型 $Y_t = \boldsymbol{X}_t'\boldsymbol{\beta} + u_t$ 的残差平方和(sum of squared residuals，简记为 SSR)为

$$\text{SSR}(\boldsymbol{\beta}) \equiv (\boldsymbol{Y} - \boldsymbol{X}\boldsymbol{\beta})'(\boldsymbol{Y} - \boldsymbol{X}\boldsymbol{\beta}) = \sum_{t=1}^{n} (Y_t - \boldsymbol{X}_t'\boldsymbol{\beta})^2 \tag{3.7}$$

于是，普通最小二乘估计量 $\boldsymbol{\beta}$ 是式(3.7)的最小化解，即

$$\hat{\boldsymbol{\beta}} = \underset{\boldsymbol{\beta} \in \mathbf{R}^{k+1}}{\text{argmin}} \text{SSR}(\boldsymbol{\beta})$$

注意式(3.7)，在 SSR($\boldsymbol{\beta}$)中，每一平方项的权重是一样的，即等权重。

定理 3.1［OLS 的存在性］ 在假设 3.1 和 3.3(1)成立时，OLS 估计量 $\hat{\boldsymbol{\beta}}$ 存在，并且为

$$\hat{\boldsymbol{\beta}} = (\boldsymbol{X}'\boldsymbol{X})^{-1}\boldsymbol{X}'\boldsymbol{Y} = \left(\sum_{t=1}^{n} \boldsymbol{X}_t \boldsymbol{X}_t'\right)^{-1} \sum_{t=1}^{n} \boldsymbol{X}_t Y_t = \left(\frac{1}{n}\sum_{t=1}^{n} \boldsymbol{X}_t \boldsymbol{X}_t'\right)^{-1} \frac{1}{n}\sum_{t=1}^{n} \boldsymbol{X}_t Y_t \tag{3.8}$$

最后的表达式在后续章节的渐近分析中经常用到。

证明：利用公式$\partial(\boldsymbol{\alpha}'\boldsymbol{\beta})/\partial\boldsymbol{\beta} = \boldsymbol{\alpha}$(其中 $\boldsymbol{\alpha}$ 和 $\boldsymbol{\beta}$ 为随机列向量)，可得

$$\frac{\mathrm{dSSR}(\boldsymbol{\beta})}{\mathrm{d}\boldsymbol{\beta}}=\frac{\mathrm{d}}{\mathrm{d}\boldsymbol{\beta}}\sum_{t=1}^{n}(Y_t-\boldsymbol{X}_t'\boldsymbol{\beta})^2=\sum_{t=1}^{n}\frac{\mathrm{d}}{\mathrm{d}\boldsymbol{\beta}}(Y_t-\boldsymbol{X}_t'\boldsymbol{\beta})^2$$
$$=\sum_{t=1}^{n}2(Y-\boldsymbol{X}_t'\boldsymbol{\beta})\frac{\mathrm{d}}{\mathrm{d}\boldsymbol{\beta}}(Y_t-\boldsymbol{X}_t'\boldsymbol{\beta})=-2\sum_{t=1}^{n}\boldsymbol{X}_t(Y_t-\boldsymbol{X}_t'\boldsymbol{\beta})$$
$$=-2\boldsymbol{X}'(\boldsymbol{Y}-\boldsymbol{X}\boldsymbol{\beta})$$

OLS 估计量需满足一阶条件，即

$$-2\boldsymbol{X}'(\boldsymbol{Y}-\boldsymbol{X}\hat{\boldsymbol{\beta}})=\boldsymbol{0}$$
$$\boldsymbol{X}'(\boldsymbol{Y}-\boldsymbol{X}\hat{\boldsymbol{\beta}})=\boldsymbol{0}$$
$$\boldsymbol{X}'\boldsymbol{Y}-(\boldsymbol{X}'\boldsymbol{X})\hat{\boldsymbol{\beta}}=\boldsymbol{0}$$

由此可得$(\boldsymbol{X}'\boldsymbol{X})\hat{\boldsymbol{\beta}}=\boldsymbol{X}'\boldsymbol{Y}$。

由假设条件 3.3(1)可知，$\boldsymbol{X}'\boldsymbol{X}$ 是非退化矩阵，因此

$$\hat{\boldsymbol{\beta}}=(\boldsymbol{X}'\boldsymbol{X})^{-1}\boldsymbol{X}'\boldsymbol{Y}$$

下面检查二阶条件，$K\times K$ 阶海塞矩阵为

$$\frac{\partial^2\mathrm{SSR}(\boldsymbol{\beta})}{\partial\boldsymbol{\beta}\partial\boldsymbol{\beta}'}=-2\sum_{t=1}^{n}\frac{\partial}{\partial\boldsymbol{\beta}'}[(Y_t-\boldsymbol{X}_t'\boldsymbol{\beta})\boldsymbol{X}_t]=2\boldsymbol{X}'\boldsymbol{X}$$

给定 $\lambda_{\min}(\boldsymbol{X}'\boldsymbol{X})>0$，海塞矩阵是正定矩阵，因此 $\hat{\boldsymbol{\beta}}$ 为全局最小解。

在上面推导中，为了使 $\hat{\boldsymbol{\beta}}$ 存在，我们要假设 $\boldsymbol{X}'\boldsymbol{X}$ 非退化(列满秩)，即需要假设 3.3(1)，不需要假设条件 $\lambda_{\min}(\boldsymbol{X}'\boldsymbol{X})\to\infty(n\to\infty)$成立。

这里需要说明：第一，称 $\hat{Y}_t=\boldsymbol{X}_t'\hat{\boldsymbol{\beta}}$ 为观测 Y_t 的估计值，或称为拟合值、预测值，称 $e_t=Y_t-\hat{Y}_t$ 为观测值 Y_t 的估计残差，且可分解为

$$\begin{aligned}e_t&=Y_t-\hat{Y}_t=(\boldsymbol{X}_t'\boldsymbol{\beta}^0+\varepsilon_t)-\boldsymbol{X}_t'\hat{\boldsymbol{\beta}}\\&=\varepsilon_t-\boldsymbol{X}_t'(\hat{\boldsymbol{\beta}}-\boldsymbol{\beta}^0)\end{aligned}\tag{3.9}$$

式中，误差项 ε_t 是不可避免的，因样本导致的估计误差 $\boldsymbol{X}_t'(\hat{\boldsymbol{\beta}}-\boldsymbol{\beta}^0)$随样本容量的增大而减小，乃至可以忽略不计。

第二，一阶条件 $\boldsymbol{X}'(\boldsymbol{Y}-\boldsymbol{X}\hat{\boldsymbol{\beta}})=\boldsymbol{0}$ 意味着残差向量 $\boldsymbol{e}=\boldsymbol{Y}-\boldsymbol{X}\hat{\boldsymbol{\beta}}$ 与解释变量 $\boldsymbol{X}$ 正交，即

$$\boldsymbol{X}'\boldsymbol{e}=\sum_{t=1}^{n}\boldsymbol{X}_te_t=\boldsymbol{0}$$

这个性质是 OLS 的本质特征，可由最小化问题 $\min_{\boldsymbol{\beta}\in\mathbb{R}^{k+1}}\mathrm{SSR}(\boldsymbol{\beta})$(残差平方和最小)的一阶条件直接推出，而且无论线性回归模型设定是否正确，即不管 $E(\varepsilon_t|\boldsymbol{X})=0$ 是否成立，该正交性质总是成立的。

下面的引理给出了几个等式关系，它们对分析 $\hat{\boldsymbol{\beta}}$ 的性质非常有用。

引理 3.1 在假设条件 3.1 和 3.3(1)成立时，有

(1)$\boldsymbol{X}'\boldsymbol{e}=\boldsymbol{0}$。

(2)$\hat{\boldsymbol{\beta}}-\boldsymbol{\beta}^0=(\boldsymbol{X}'\boldsymbol{X})^{-1}\boldsymbol{X}'\boldsymbol{\varepsilon}$。

(3)定义 $n\times n$ 投影矩阵(projection matrix)$\boldsymbol{P}=\boldsymbol{X}(\boldsymbol{X}'\boldsymbol{X})^{-1}\boldsymbol{X}'$，并令 $\boldsymbol{M}=\boldsymbol{I}_n-\boldsymbol{P}$，则 $\boldsymbol{P}$ 和 $\boldsymbol{M}$ 均为对称矩阵(symmetric matrix)和幂等矩阵(idempotent matrix)，即 $\boldsymbol{P}=\boldsymbol{P}'$，$\boldsymbol{M}=\boldsymbol{M}'$，

$\boldsymbol{P}^2=\boldsymbol{P},\boldsymbol{M}^2=\boldsymbol{M}$，且 $\boldsymbol{PX}=\boldsymbol{X},\boldsymbol{MX}=\boldsymbol{0}$。

(4)$\mathrm{SSR}(\hat{\boldsymbol{\beta}})=\boldsymbol{e}'\boldsymbol{e}=\boldsymbol{Y}'\boldsymbol{M}\boldsymbol{Y}=\boldsymbol{\varepsilon}'\boldsymbol{M}\boldsymbol{\varepsilon}$。

证明：

(1)由一阶条件即可得 $\boldsymbol{X}'\boldsymbol{e}=\boldsymbol{0}$。

(2)因为 $\hat{\boldsymbol{\beta}}=(\boldsymbol{X}'\boldsymbol{X})^{-1}\boldsymbol{X}'\boldsymbol{Y},\boldsymbol{Y}=\boldsymbol{X}\boldsymbol{\beta}^0+\boldsymbol{\varepsilon}$，所以

$$\hat{\boldsymbol{\beta}}=(\boldsymbol{X}'\boldsymbol{X})^{-1}\boldsymbol{X}'(\boldsymbol{X}\boldsymbol{\beta}^0+\boldsymbol{\varepsilon})=\boldsymbol{\beta}^0+(\boldsymbol{X}'\boldsymbol{X})^{-1}\boldsymbol{X}'\boldsymbol{\varepsilon}$$

由此(2)得证。

(3)由矩阵 $\boldsymbol{P}=\boldsymbol{X}(\boldsymbol{X}'\boldsymbol{X})^{-1}\boldsymbol{X}'$ 可知

$$\boldsymbol{P}^2=\boldsymbol{PP}=[\boldsymbol{X}(\boldsymbol{X}'\boldsymbol{X})^{-1}\boldsymbol{X}'][\boldsymbol{X}(\boldsymbol{X}'\boldsymbol{X})^{-1}\boldsymbol{X}']=\boldsymbol{X}(\boldsymbol{X}'\boldsymbol{X})^{-1}\boldsymbol{X}'=\boldsymbol{P}$$

同理可证 $\boldsymbol{M}^2=\boldsymbol{M}$。进一步，由 $\boldsymbol{P}$ 和 $\boldsymbol{M}$ 的定义可得 $\boldsymbol{PX}=\boldsymbol{X},\boldsymbol{MX}=\boldsymbol{0}$。

(4)由 $\boldsymbol{MX}=\boldsymbol{0}$，有

$$\begin{aligned}\boldsymbol{e}&=\boldsymbol{Y}-\boldsymbol{X}\hat{\boldsymbol{\beta}}=\boldsymbol{Y}-\boldsymbol{X}(\boldsymbol{X}'\boldsymbol{X})^{-1}\boldsymbol{X}'\boldsymbol{Y}=[\boldsymbol{I}_n-\boldsymbol{X}(\boldsymbol{X}'\boldsymbol{X})^{-1}\boldsymbol{X}']\boldsymbol{Y}\\&=\boldsymbol{MY}=\boldsymbol{M}(\boldsymbol{X}\boldsymbol{\beta}^0+\boldsymbol{\varepsilon})=\boldsymbol{M}\boldsymbol{\varepsilon}\end{aligned}$$

故

$$\mathrm{SSR}(\hat{\boldsymbol{\beta}})=\boldsymbol{e}'\boldsymbol{e}=(\boldsymbol{M}\boldsymbol{\varepsilon})'(\boldsymbol{M}\boldsymbol{\varepsilon})=\boldsymbol{\varepsilon}'\boldsymbol{M}^2\boldsymbol{\varepsilon}=\boldsymbol{\varepsilon}'\boldsymbol{M}\boldsymbol{\varepsilon}$$

3.3 拟合优度与模型选择准则

在进行回归分析时，我们关心线性回归模型对观测数据 $\{Y_t\}$ 变化情况的解释能力，即模型与数据的拟合程度如何。因此，我们需要一定的标准和具体测度拟合特征的方法，本节介绍拟合优度与模型选择准则(goodness of fit and model selection criterion)。

1. 非中心化平方复相关系数

非中心化平方复相关系数(uncentered squared multi-correlation coefficient)R_{uc}^2 定义为

$$R_{\mathrm{uc}}^2=\frac{\hat{\boldsymbol{Y}}'\hat{\boldsymbol{Y}}}{\boldsymbol{Y}'\boldsymbol{Y}}=1-\frac{\boldsymbol{e}'\boldsymbol{e}}{\boldsymbol{Y}'\boldsymbol{Y}}\tag{3.10}$$

R_{uc}^2 表示被解释变量 $\{Y_t\}$ 非中心化的样本二次型变化中可以被预测值 $\{\hat{Y}_t\}$ 非中心化的样本二次型变化所解释的比例，且由上面的定义可知 $0\leqslant R_{\mathrm{uc}}^2\leqslant 1$。

2. 中心化平方复相关系数

中心化平方复相关系数(centered squared multi-correlation coefficient)R^2 也称为测定系数或决定系数(coefficient of determination)，其定义为

$$R^2=1-\frac{\sum_{t=1}^{n}e_t^2}{\sum_{t=1}^{n}(Y_t-\bar{Y})^2}\tag{3.11}$$

式中，

$$\bar{Y}=\frac{1}{n}\sum_{t=1}^{n}Y_t$$

是样本均值。

当 $\boldsymbol{X}_t$ 包含截距项时,有下面的正交分解(orthogonal decomposition),即

$$\begin{aligned}\sum_{t=1}^{n}(Y_t-\bar{Y})^2&=\sum_{t=1}^{n}(\hat{Y}_t-\bar{Y}+Y_t-\hat{Y}_t)^2\\&=\sum_{t=1}^{n}(\hat{Y}_t-\bar{Y})^2+\sum_{t=1}^{n}e_t^2+2\sum_{t=1}^{n}(\hat{Y}_t-\bar{Y})e_t\\&=\sum_{t=1}^{n}(\hat{Y}_t-\bar{Y})^2+\sum_{t=1}^{n}e_t^2\end{aligned}$$

其中交叉项

$$\begin{aligned}\sum_{t=1}^{n}(\hat{Y}_t-\bar{Y})e_t&=\sum_{t=1}^{n}\hat{Y}_te_t-\bar{Y}\sum_{t=1}^{n}e_t\\&=\hat{\boldsymbol{\beta}}'\sum_{t=1}^{n}\boldsymbol{X}_te_t-\bar{Y}\sum_{t=1}^{n}e_t(\text{利用 }\hat{Y}_t=\hat{\boldsymbol{\beta}}'\boldsymbol{X}_t)\\&=\hat{\boldsymbol{\beta}}'(\boldsymbol{X}'\boldsymbol{e})-\bar{Y}\sum_{t=1}^{n}e_t\\&=\hat{\boldsymbol{\beta}}'\cdot\boldsymbol{0}-\bar{Y}\cdot 0=0\end{aligned}$$

上面的推导中使用了 $\boldsymbol{X}'\boldsymbol{e}=\boldsymbol{0}$ 和 $\sum_{t=1}^{n}e_t=0$,它们可分别由 OLS 估计的一阶条件与 $\boldsymbol{X}_t$ 包含截距项(即 $\boldsymbol{X}_{0t}=1$)的事实得到。于是

$$R^2=1-\frac{\boldsymbol{e}'\boldsymbol{e}}{\sum_{t=1}^{n}(Y_t-\bar{Y})^2}=\frac{\sum_{t=1}^{n}(Y_t-\bar{Y})^2-\sum_{t=1}^{n}e_t^2}{\sum_{t=1}^{n}(Y_t-\bar{Y})^2}=\frac{\sum_{t=1}^{n}(\hat{Y}_t-\bar{Y})^2}{\sum_{t=1}^{n}(Y_t-\bar{Y})^2}$$

且 $0\leqslant R^2\leqslant 1$。

当 $\boldsymbol{X}_t$ 不包含截距项时,正交分解等式

$$\sum_{t=1}^{n}(Y_t-\bar{Y})^2=\sum_{t=1}^{n}(\hat{Y}_t-\bar{Y})^2+\sum_{t=1}^{n}e_t^2$$

不再成立。在这种情况下,由于交叉项 $2\sum_{t=1}^{n}(\hat{Y}_t-\bar{Y})e_t$ 可能是负的,故导致 R^2 可能取负值。

对于给定的随机样本 $\{Y_t,\boldsymbol{X}_t'\}'(t=1,\cdots,n)$,$R^2$ 随解释变量个数的增加一般会变大,至少不减少,即在线性回归模型中引入更多的解释变量会使 R^2 变大,即使新添加的解释变量对 Y_t 没有真正的解释能力情况也是这样。

定理 3.2　设有随机样本 $\{Y_t,\boldsymbol{X}_t'\}'$,$t=1,\cdots,n$,且 R_1^2 是线性回归模型

$$Y_t=\boldsymbol{X}_t'\boldsymbol{\beta}+u_t$$

的测定系数,R_2^2 是引入更多解释变量的扩展模型

$$Y_t=\widetilde{\boldsymbol{X}}_t'\boldsymbol{\gamma}+v_t$$

的测定系数。其中,$\boldsymbol{X}_t'=(1,X_{t1},X_{t2},\cdots,X_{tk})'$,$\widetilde{\boldsymbol{X}}_t'=(1,X_{t1},X_{t2},\cdots,X_{tk},X_{t,k+1},\cdots,X_{t,k+q})'$,$\boldsymbol{\beta}$ 是 $K\times 1$ 的参数向量,$\boldsymbol{\gamma}$ 是 $(K+q)\times 1$ 的参数向量,$K=k+1$。则 $R_2^2\geqslant R_1^2$。

证明：

根据测定系数的定义，可得到

$$R_1^2 = 1 - \frac{\boldsymbol{e}'\boldsymbol{e}}{\sum_{t=1}^{n}(Y_t - \bar{Y})^2}$$

$$R_2^2 = 1 - \frac{\tilde{\boldsymbol{e}}'\tilde{\boldsymbol{e}}}{\sum_{t=1}^{n}(Y_t - \bar{Y})^2}$$

式中，$\boldsymbol{e}$ 是 $\boldsymbol{Y}$ 对 $\boldsymbol{X}$ 进行回归的残差向量；$\tilde{\boldsymbol{e}}$ 是 $\boldsymbol{Y}$ 对 $\tilde{\boldsymbol{X}}$ 进行回归的残差向量。因此，我们只要能够证明 $\tilde{\boldsymbol{e}}'\tilde{\boldsymbol{e}} \leqslant \boldsymbol{e}'\boldsymbol{e}$ 即可。

由于 $\boldsymbol{\gamma}$ 的 OLS 估计量 $\hat{\boldsymbol{\gamma}} = (\tilde{\boldsymbol{X}}'\tilde{\boldsymbol{X}})^{-1}\tilde{\boldsymbol{X}}'\boldsymbol{Y}$ 是扩展模型的最小化残差平方和，故有

$$\tilde{\boldsymbol{e}}'\tilde{\boldsymbol{e}} = \sum_{t=1}^{n}(Y_t - \tilde{\boldsymbol{X}}_t'\hat{\boldsymbol{\gamma}})^2 \leqslant \sum_{t=1}^{n}(Y_t - \tilde{\boldsymbol{X}}_t'\boldsymbol{\gamma})^2, \boldsymbol{\gamma} \in \mathbf{R}^{K+q}$$

选择 $\boldsymbol{\gamma} = (\hat{\boldsymbol{\beta}}', \mathbf{0}')'$，其中 $\hat{\boldsymbol{\beta}} = (\boldsymbol{X}'\boldsymbol{X})^{-1}\boldsymbol{X}'\boldsymbol{Y}$ 是模型 $Y_t = \boldsymbol{X}_t'\boldsymbol{\beta} + u_t$ 的 OLS 估计量，则

$$\tilde{\boldsymbol{e}}'\tilde{\boldsymbol{e}} \leqslant \sum_{t=1}^{n}\left(Y_t - \sum_{j=0}^{k}\hat{\beta}_j X_{tj} - \sum_{j=k+1}^{k+q} 0 \cdot X_{tj}\right)^2 = \sum_{t=1}^{n}(Y_t - \boldsymbol{X}_t'\hat{\boldsymbol{\beta}})^2 = \boldsymbol{e}'\boldsymbol{e}$$

于是，$R_1^2 \leqslant R_2^2$ 得证。

上述结论说明，将测定系数 R^2 作为模型正确设定的判断准则有其不合理性，不适合用其作为标准对模型进行选择。事实上，测定系数 R^2 的大小与线性回归模型的信噪比(signal to noise ratio)有关，只测度了一种关联性(association)，与因果性无关。这自然就带来了一个问题，什么是合适的模型选择标准？下面介绍两个常用的模型选择标准。

第一个是赤池信息准则(Akaike information criterion，简称为 AIC)。线性回归模型可通过选择合适的解释变量的个数 K，以最小化下面的 AIC 量来选择模型，即最小化

$$\mathrm{AIC} = \ln s^2 + \frac{2K}{n} \tag{3.12}$$

式中，$s^2 = \boldsymbol{e}'\boldsymbol{e}/(n-K)$，是随机误差项方差的无偏估计量；$K = k+1$ 是参数的个数，也是解释变量(含截距项变量)的个数。式中第一项 $\ln s^2$ 测度的是模型的拟合程度，第二项 $2K/n$ 测度的是模型的复杂程度(model complexity)，出现在式中表示对模型复杂程度的惩罚。

第二个是贝叶斯信息准则(Baysian information criterion，简称为 BIC)。线性回归模型可通过选择合适的解释变量的个数 K，以最小化下面的 BIC 量来选择模型，即最小化

$$\mathrm{BIC} = \ln s^2 + \frac{K\ln n}{n} \tag{3.13}$$

AIC 和 BIC 都是试图在模型的拟合度与尽量少选参数之间进行权衡。BIC 对模型复杂程度的度量是采用估计的参数个数相对于样本容量的大小，由于当样本容量 $n \geqslant 7$ 时，$\ln n \geqslant 2$，因此与 AIC 相比较，BIC 加大了对模型复杂程度的惩罚。从模型选择角度来看，BIC 倾向于选择更加简单的线性回归模型，在大样本情况下，基于 BIC 选择的模型更加接近真实模型；而 AIC 无论样本量多大，倾向于接受更多参数的线性回归模型。在统计学中，包含过多参数的模型被称为过度拟合(overfitting)，而包含过少参数的模型被称为不足拟合(underfitting)，或分别称为过拟合和欠拟合。在小样本情况下，上述结论不一定成立。

AIC 与 BIC 的区别主要体现在它们的构建方式上。AIC 倾向于选择具有最优预测能力的模型，相较于 BIC，AIC 选择的参数更多，而 BIC 倾向于选择准确的 K 值。在实践中，AIC 选择的最优模型往往也接近于 BIC 选择的最优模型，通常情况下它们都给出同样的最优模型（洪永淼）。

除以上两个模型选择准则外，我们还可以使用其他的标准，例如调整的 R^2，记为 $\bar{R}^2$，其公式为

$$\bar{R}^2 = 1 - \frac{\boldsymbol{e}'\boldsymbol{e}/(n-K)}{(n-1)^{-1}\sum_{t=1}^{n}(Y_t - \bar{Y})^2}$$

在 $\bar{R}^2$ 中，调整的是自由度，且可以证明

$$\bar{R}^2 = 1 - \frac{n-1}{n-K}(1-R^2)$$

事实上，所有模型的选择准则在构建时都是在误差方差估计 s^2 的某个函数的基础上加入惩罚调整项，其与估计参数的数量有关，而不同标准在于惩罚的程度不同。

大家可能会有一个疑惑，我们有必要对模型进行选择吗？直接设定一个复杂的模型不就解决问题了，但实践中这不是一个好的做法。因为一个复杂的模型包含许多未知参数，在给定数据信息后，估计的参数个数越多，参数估计的精度变得越差。因此，对被解释变量的样本外预测（out-of-sample forecasts）精度将低于简单模型的预测精度。虽然简单模型的预测可能会有更大的偏倚，但因参数数量较小，参数估计会更精确。

3.4　普通最小二乘估计量的性质

在得到了普通最小二乘估计量 $\hat{\boldsymbol{\beta}}$ 后，我们想知道 $\hat{\boldsymbol{\beta}}$ 具有怎样的性质，例如，它是否是 $\boldsymbol{\beta}^0$ 的一个好的估计（无偏性），是否是 $\boldsymbol{\beta}^0$ 最佳的估计（有效性），服从怎样的分布（正态性）等。因为 $\hat{\boldsymbol{\beta}}$ 是随机样本 $\{Y_t, \boldsymbol{X}_t'\}'(t=1,\cdots,n)$ 的函数，故将 $\hat{\boldsymbol{\beta}}$ 的分布常称为 $\hat{\boldsymbol{\beta}}$ 的抽样分布，它在关于 $\hat{\boldsymbol{\beta}}$ 的置信区间估计与假设检验中非常有用。

定义 3.2 ［有效性（efficiency）］　称一个无偏估计量 $\hat{\boldsymbol{\beta}}$ 比另一个无偏估计量 $\hat{\boldsymbol{b}}$ 更有效，如果 $\mathrm{Var}(\hat{\boldsymbol{b}}|\boldsymbol{X}) - \mathrm{Var}(\hat{\boldsymbol{\beta}}|\boldsymbol{X})$ 是非负定矩阵或半正定矩阵（positive semi-definite matrix）。其中，$\hat{\boldsymbol{\beta}} = (\hat{\beta}_0, \hat{\beta}_1 \cdots, \hat{\beta}_k)'$，$\hat{\boldsymbol{b}} = (\hat{b}_0, \hat{b}_1 \cdots, \hat{b}_k)'$。

如果 $\mathrm{Var}(\hat{\boldsymbol{b}}|\boldsymbol{X}) - \mathrm{Var}(\hat{\boldsymbol{\beta}}|\boldsymbol{X})$ 是一个半正定矩阵，则对任意满足 $\boldsymbol{\tau}'\boldsymbol{\tau}=1$ 的 $\boldsymbol{\tau} \in \mathbf{R}^K$，有

$$\boldsymbol{\tau}'[\mathrm{Var}(\hat{\boldsymbol{b}}|\boldsymbol{X}) - \mathrm{Var}(\hat{\boldsymbol{\beta}}|\boldsymbol{X})]\boldsymbol{\tau} \geqslant 0 \tag{3.14}$$

若令 $\boldsymbol{\tau} = (0,1,0,\cdots,0)'$，则可得到 $\mathrm{Var}(\hat{b}_1) - \mathrm{Var}(\hat{\beta}_1) \geqslant 0$。类似地，可得到其他分量也有这种关系。

定理 3.3　若假设条件 3.1、3.3(1)和 3.4 成立，则普通最小二乘估计量具有如下的优良性质。

(1)［无偏性（unbiasedness）］：$E(\hat{\boldsymbol{\beta}}|\boldsymbol{X}) = \boldsymbol{\beta}^0$，且 $E(\hat{\boldsymbol{\beta}}) = \boldsymbol{\beta}^0$。

(2)［方差缩小性（vanishing variance）］：

$$\begin{aligned}\mathrm{Var}(\hat{\boldsymbol{\beta}}|\boldsymbol{X}) &= E\{[\hat{\boldsymbol{\beta}} - E(\hat{\boldsymbol{\beta}}|\boldsymbol{X})][\hat{\boldsymbol{\beta}} - E(\hat{\boldsymbol{\beta}}|\boldsymbol{X})]'|\boldsymbol{X}\} \\ &= E[(\hat{\boldsymbol{\beta}} - \boldsymbol{\beta}^0)(\hat{\boldsymbol{\beta}} - \boldsymbol{\beta}^0)'|\boldsymbol{X}] \\ &= \sigma^2(\boldsymbol{X}'\boldsymbol{X})^{-1}\end{aligned} \tag{3.15}$$

如果假设 3.3(2)也成立，则对任意满足 $\boldsymbol{\tau}'\boldsymbol{\tau}=1$ 的 $\boldsymbol{\tau}\in\mathbf{R}^K$，有

$$\boldsymbol{\tau}'\mathrm{Var}(\hat{\boldsymbol{\beta}}|\boldsymbol{X})\boldsymbol{\tau}\to 0, \text{当 } n\to\infty \text{ 时}$$

(3)[$\boldsymbol{e}$ 与 $\hat{\boldsymbol{\beta}}$ 正交(orthogonality)]：

$$\mathrm{Cov}(\hat{\boldsymbol{\beta}},\boldsymbol{e}|\boldsymbol{X})=E[(\hat{\boldsymbol{\beta}}-\boldsymbol{\beta}^0)\boldsymbol{e}'|\boldsymbol{X}]=\mathbf{0} \tag{3.16}$$

(4)[高斯-马尔可夫(Gauss-Markov)定理]：对 $\boldsymbol{\beta}^0$ 的任意线性无偏估计量 $\hat{\boldsymbol{b}}$，可得到

$$\mathrm{Var}(\hat{\boldsymbol{b}}|\boldsymbol{X})-\mathrm{Var}(\hat{\boldsymbol{\beta}}|\boldsymbol{X})$$

是半正定矩阵。

(5)[方差估计量(variance estimator)]：$s^2=\boldsymbol{e}'\boldsymbol{e}/(n-K)$ 是 $\sigma^2=E(\varepsilon_t^2)$ 的无偏估计量，即 $E(s^2|\boldsymbol{X})=\sigma^2$。

证明：

(1)由 $\hat{\boldsymbol{\beta}}-\boldsymbol{\beta}^0=(\boldsymbol{X}'\boldsymbol{X})^{-1}\boldsymbol{X}'\boldsymbol{\varepsilon}$ 可知

$$\begin{aligned}E[(\hat{\boldsymbol{\beta}}-\boldsymbol{\beta}^0)|\boldsymbol{X}]&=E[(\boldsymbol{X}'\boldsymbol{X})^{-1}\boldsymbol{X}'\boldsymbol{\varepsilon}|\boldsymbol{X}]\\&=(\boldsymbol{X}'\boldsymbol{X})^{-1}\boldsymbol{X}'E(\boldsymbol{\varepsilon}|\boldsymbol{X})\\&=(\boldsymbol{X}'\boldsymbol{X})^{-1}\boldsymbol{X}'\cdot\mathbf{0}=\mathbf{0}\end{aligned}$$

(2)由 $\hat{\boldsymbol{\beta}}-\boldsymbol{\beta}^0=(\boldsymbol{X}'\boldsymbol{X})^{-1}\boldsymbol{X}'\boldsymbol{\varepsilon}$ 和 $E(\boldsymbol{\varepsilon}\boldsymbol{\varepsilon}'|\boldsymbol{X})=\sigma^2\boldsymbol{I}$ 可得

$$\begin{aligned}\mathrm{Var}(\hat{\boldsymbol{\beta}}|\boldsymbol{X})&=E\{[\hat{\boldsymbol{\beta}}-E(\hat{\boldsymbol{\beta}}|\boldsymbol{X})][\hat{\boldsymbol{\beta}}-E(\hat{\boldsymbol{\beta}}|\boldsymbol{X})]'|\boldsymbol{X}\}\\&=E[(\hat{\boldsymbol{\beta}}-\boldsymbol{\beta}^0)(\hat{\boldsymbol{\beta}}-\boldsymbol{\beta}^0)'|\boldsymbol{X}]\\&=E[(\boldsymbol{X}'\boldsymbol{X})^{-1}\boldsymbol{X}'\boldsymbol{\varepsilon}\boldsymbol{\varepsilon}'\boldsymbol{X}(\boldsymbol{X}'\boldsymbol{X})^{-1}|\boldsymbol{X}]\\&=(\boldsymbol{X}'\boldsymbol{X})^{-1}\boldsymbol{X}'\cdot E(\boldsymbol{\varepsilon}\boldsymbol{\varepsilon}'|\boldsymbol{X})\cdot\boldsymbol{X}(\boldsymbol{X}'\boldsymbol{X})^{-1}\\&=\sigma^2(\boldsymbol{X}'\boldsymbol{X})^{-1}\boldsymbol{X}'\boldsymbol{X}(\boldsymbol{X}'\boldsymbol{X})^{-1}\\&=\sigma^2(\boldsymbol{X}'\boldsymbol{X})^{-1}\end{aligned}$$

注意，假设 3.4 是保证上面式子成立的关键条件。

进一步，对任意的 $\boldsymbol{\tau}\in\mathbf{R}^K$，且 $\boldsymbol{\tau}'\boldsymbol{\tau}=1$，有

$$\begin{aligned}\boldsymbol{\tau}'\mathrm{Var}(\hat{\boldsymbol{\beta}}|\boldsymbol{X})\boldsymbol{\tau}&=\sigma^2\boldsymbol{\tau}'(\boldsymbol{X}'\boldsymbol{X})^{-1}\boldsymbol{\tau}\leqslant\sigma^2\boldsymbol{\lambda}_{\max}[(\boldsymbol{X}'\boldsymbol{X})^{-1}]\\&=\sigma^2\boldsymbol{\lambda}_{\min}^{-1}(\boldsymbol{X}'\boldsymbol{X})\to 0, \text{当 } n\to\infty \text{ 时}\end{aligned}$$

注意，假设 3.3(2)保证了当 $n\to\infty$ 时，$\boldsymbol{\lambda}_{\min}(\boldsymbol{X}'\boldsymbol{X})\to\infty$。

(3)由 $\hat{\boldsymbol{\beta}}-\boldsymbol{\beta}^0=(\boldsymbol{X}'\boldsymbol{X})^{-1}\boldsymbol{X}'\boldsymbol{\varepsilon}$ 和 $\boldsymbol{e}=\boldsymbol{Y}-\boldsymbol{X}\hat{\boldsymbol{\beta}}=\boldsymbol{M}\boldsymbol{Y}=\boldsymbol{M}\boldsymbol{\varepsilon}$，$E(\boldsymbol{e}|\boldsymbol{X})=\mathbf{0}$ 及 $\boldsymbol{M}\boldsymbol{X}=\mathbf{0}$，可得

$$\begin{aligned}\mathrm{Cov}(\hat{\boldsymbol{\beta}},\boldsymbol{e}|\boldsymbol{X})&=E\{[\hat{\boldsymbol{\beta}}-E(\hat{\boldsymbol{\beta}}|\boldsymbol{X})][\boldsymbol{e}-E(\boldsymbol{e}|\boldsymbol{X})]'|\boldsymbol{X}\}\\&=E[(\hat{\boldsymbol{\beta}}-\boldsymbol{\beta}^0)\boldsymbol{e}'|\boldsymbol{X}]\\&=E[(\boldsymbol{X}'\boldsymbol{X})^{-1}\boldsymbol{X}'\boldsymbol{\varepsilon}\boldsymbol{\varepsilon}'\boldsymbol{M}|\boldsymbol{X}]\\&=(\boldsymbol{X}'\boldsymbol{X})^{-1}\boldsymbol{X}'E(\boldsymbol{\varepsilon}\boldsymbol{\varepsilon}'|\boldsymbol{X})\boldsymbol{M}\\&=(\boldsymbol{X}'\boldsymbol{X})^{-1}\boldsymbol{X}'\cdot\sigma^2\boldsymbol{I}\cdot\boldsymbol{M}\\&=\sigma^2(\boldsymbol{X}'\boldsymbol{X})^{-1}\boldsymbol{X}'\boldsymbol{M}=\mathbf{0}\end{aligned}$$

由推导过程可以看出，假设 3.4 也是保证 $\hat{\boldsymbol{\beta}}$ 与 $\boldsymbol{e}$ 不相关的关键条件。

(4)设有线性估计量 $\hat{\boldsymbol{b}}=\boldsymbol{C}'\boldsymbol{Y}$，$\boldsymbol{Y}=\boldsymbol{X}\boldsymbol{\beta}^0+\boldsymbol{\varepsilon}$，其中 $\boldsymbol{C}=\boldsymbol{C}(\boldsymbol{X})$ 是可能依赖 $\boldsymbol{X}$ 的 $n\times K$ 矩阵。$\hat{\boldsymbol{b}}=\boldsymbol{C}'\boldsymbol{Y}$ 是 $\boldsymbol{\beta}^0$ 的一个无偏估计量，即

$$E(\hat{\boldsymbol{b}}|\boldsymbol{X})=\boldsymbol{C}'\boldsymbol{X}\boldsymbol{\beta}^0+\boldsymbol{C}'E(\boldsymbol{\varepsilon}|\boldsymbol{X})=\boldsymbol{C}'\boldsymbol{X}\boldsymbol{\beta}^0=\boldsymbol{\beta}^0$$

因此，公式成立当且仅当 $\boldsymbol{C}'\boldsymbol{X}=\boldsymbol{I}$。

下面，求 $\hat{\boldsymbol{b}}$ 的协方差矩阵。由于

$$\hat{\boldsymbol{b}}=\boldsymbol{C}'\boldsymbol{Y}=\boldsymbol{C}'(\boldsymbol{X}\boldsymbol{\beta}^0+\boldsymbol{\varepsilon})=\boldsymbol{C}'\boldsymbol{X}\boldsymbol{\beta}^0+\boldsymbol{C}'\boldsymbol{\varepsilon}=\boldsymbol{\beta}^0+\boldsymbol{C}'\boldsymbol{\varepsilon}$$

于是，$\hat{\boldsymbol{b}}-\boldsymbol{\beta}^0=\boldsymbol{C}'\boldsymbol{\varepsilon}$。进一步有

$$\begin{aligned}\mathrm{Var}(\hat{\boldsymbol{b}}\mid\boldsymbol{X})&=E[(\hat{\boldsymbol{b}}-\boldsymbol{\beta}^0)(\hat{\boldsymbol{b}}-\boldsymbol{\beta}^0)'\mid\boldsymbol{X}]\\&=E[\boldsymbol{C}'\boldsymbol{\varepsilon}\boldsymbol{\varepsilon}'\boldsymbol{C}\mid\boldsymbol{X}]\\&=\boldsymbol{C}'E(\boldsymbol{\varepsilon}\boldsymbol{\varepsilon}'\mid\boldsymbol{X})\boldsymbol{C}\\&=\boldsymbol{C}'\cdot\sigma^2\boldsymbol{I}\cdot\boldsymbol{C}\\&=\sigma^2\boldsymbol{C}'\boldsymbol{C}\end{aligned}$$

由 $\boldsymbol{C}'\boldsymbol{X}=\boldsymbol{I}$ 可得

$$\begin{aligned}\mathrm{Var}(\hat{\boldsymbol{b}}\mid\boldsymbol{X})-\mathrm{Var}(\hat{\boldsymbol{\beta}}\mid\boldsymbol{X})&=\sigma^2\boldsymbol{C}'\boldsymbol{C}-\sigma^2(\boldsymbol{X}'\boldsymbol{X})^{-1}\\&=\sigma^2[\boldsymbol{C}'\boldsymbol{C}-\boldsymbol{C}'\boldsymbol{X}(\boldsymbol{X}'\boldsymbol{X})^{-1}\boldsymbol{X}'\boldsymbol{C}]\\&=\sigma^2\boldsymbol{C}'[\boldsymbol{I}-\boldsymbol{X}(\boldsymbol{X}'\boldsymbol{X})^{-1}\boldsymbol{X}']\boldsymbol{C}\\&=\sigma^2\boldsymbol{C}'\boldsymbol{M}\boldsymbol{C}\\&=\sigma^2\boldsymbol{C}'\boldsymbol{M}'\boldsymbol{M}\boldsymbol{C}\\&=\sigma^2(\boldsymbol{M}\boldsymbol{C})'(\boldsymbol{M}\boldsymbol{C})\\&=\sigma^2\boldsymbol{D}'\boldsymbol{D}\\&=\text{半正定矩阵}\end{aligned}$$

上面推导利用了这样一个事实，即形式为 $\boldsymbol{D}'\boldsymbol{D}$ 的矩阵是半正定矩阵。

(5)现在接着证明 $E[\boldsymbol{e}'\boldsymbol{e}/(n-K)]=\sigma^2$。由于 $\boldsymbol{e}'\boldsymbol{e}=\boldsymbol{\varepsilon}'\boldsymbol{M}\boldsymbol{\varepsilon}$，$\mathrm{tr}(\boldsymbol{AB})=\mathrm{tr}(\boldsymbol{BA})$。这里设 $\boldsymbol{A}=\boldsymbol{\varepsilon}'\boldsymbol{M}$，$\boldsymbol{B}=\boldsymbol{\varepsilon}$。于是有

$$\begin{aligned}E(\boldsymbol{e}'\boldsymbol{e}\mid\boldsymbol{X})&=E(\boldsymbol{\varepsilon}'\boldsymbol{M}\boldsymbol{\varepsilon}\mid\boldsymbol{X})=E[\mathrm{tr}(\boldsymbol{\varepsilon}'\boldsymbol{M}\boldsymbol{\varepsilon})\mid\boldsymbol{X}]\\&=E[\mathrm{tr}(\boldsymbol{\varepsilon}\boldsymbol{\varepsilon}'\boldsymbol{M})\mid\boldsymbol{X}]=\mathrm{tr}[E(\boldsymbol{\varepsilon}\boldsymbol{\varepsilon}'\mid\boldsymbol{X})\boldsymbol{M}]\\&=\mathrm{tr}(\sigma^2\boldsymbol{M})=\sigma^2\mathrm{tr}(\boldsymbol{M})=\sigma^2(n-K)\end{aligned}$$

式中，$\mathrm{tr}(\boldsymbol{M})=n-K$，可通过再次利用 $\mathrm{tr}(\boldsymbol{AB})=\mathrm{tr}(\boldsymbol{BA})$，并设 $\boldsymbol{A}=\boldsymbol{X}(\boldsymbol{X}'\boldsymbol{X})^{-1}$，$\boldsymbol{B}=\boldsymbol{X}'$得到，即

$$\begin{aligned}\mathrm{tr}(\boldsymbol{M})&=\mathrm{tr}(\boldsymbol{I}_n)-\mathrm{tr}(\boldsymbol{X}(\boldsymbol{X}'\boldsymbol{X})^{-1}\boldsymbol{X}')\\&=\mathrm{tr}(\boldsymbol{I}_n)-\mathrm{tr}(\boldsymbol{X}'\boldsymbol{X}(\boldsymbol{X}'\boldsymbol{X})^{-1})=n-K\end{aligned}$$

因此

$$E(s^2\mid\boldsymbol{X})=\frac{E(\boldsymbol{e}'\boldsymbol{e}\mid\boldsymbol{X})}{n-K}=\frac{\sigma^2(n-K)}{n-K}=\sigma^2$$

这样一来，定理 3.3 的全部结论得证。

由定理 3.3 的(1)和(2)可得

$$\begin{aligned}\mathrm{MSE}(\hat{\boldsymbol{\beta}}\mid\boldsymbol{X})&=E[(\hat{\boldsymbol{\beta}}-\boldsymbol{\beta}^0)(\hat{\boldsymbol{\beta}}-\boldsymbol{\beta}^0)'\mid\boldsymbol{X}]\\&=\mathrm{Var}(\hat{\boldsymbol{\beta}}\mid\boldsymbol{X})+[\mathrm{Bias}(\hat{\boldsymbol{\beta}}\mid\boldsymbol{X})][\mathrm{Bias}(\hat{\boldsymbol{\beta}}\mid\boldsymbol{X})]'\\&\to\boldsymbol{0},\text{当 } n\to\infty \text{ 时}\end{aligned}$$

式中，$\mathrm{Bias}(\hat{\boldsymbol{\beta}}\mid\boldsymbol{X})=E(\hat{\boldsymbol{\beta}}\mid\boldsymbol{X})-\boldsymbol{\beta}^0$。这里 MSE 的大小衡量的是估计量 $\hat{\boldsymbol{\beta}}$ 与 $\boldsymbol{\beta}^0$ 接近的程度。

再由定理 3.3 中第(4)个结论可知，$\hat{\boldsymbol{\beta}}$ 是 $\boldsymbol{\beta}^0$ 的最佳线性无偏估计(best linear unbiased estimator，简称为 BLUE)。

3.5 OLS 估计量的抽样分布

为了得到 OLS 估计量 $\hat{\boldsymbol{\beta}}$ 在有限样本下的分布,进一步对随机误差项 $\boldsymbol{\varepsilon}$ 施加正态性假设。

假设 3.5 [条件正态性(conditional normality)] $\boldsymbol{\varepsilon}|\boldsymbol{X}\sim N(\boldsymbol{0},\sigma^2\boldsymbol{I})$。

由于给定 $\boldsymbol{X}$ 的条件下 $\boldsymbol{\varepsilon}$ 的概率密度函数为

$$f(\boldsymbol{\varepsilon}|\boldsymbol{X})=\frac{1}{(\sqrt{2\pi\sigma^2})^n}\exp\left\{-\frac{\boldsymbol{\varepsilon}'\boldsymbol{\varepsilon}}{2\sigma^2}\right\}\triangleq f(\boldsymbol{\varepsilon})$$

这个函数与 $\boldsymbol{X}$ 无关,即 $\boldsymbol{\varepsilon}$ 与 $\boldsymbol{X}$ 相独立。因此,$\boldsymbol{\varepsilon}$ 的任何条件矩均不依赖于 $\boldsymbol{X}$。这样一来,假设 3.5 蕴含了假设 3.2 和假设 3.4,即 $E(\boldsymbol{\varepsilon}|\boldsymbol{X})=\boldsymbol{0},E(\boldsymbol{\varepsilon}\boldsymbol{\varepsilon}'|\boldsymbol{X})=\sigma^2\boldsymbol{I}$。

下面,我们推导 $\hat{\boldsymbol{\beta}}$ 的抽样分布。首先注意

$$\hat{\boldsymbol{\beta}}-\boldsymbol{\beta}^0=(\boldsymbol{X}'\boldsymbol{X})^{-1}\boldsymbol{X}'\boldsymbol{\varepsilon}=(\boldsymbol{X}'\boldsymbol{X})^{-1}\sum_{t=1}^{n}\boldsymbol{X}_t\varepsilon_t=\sum_{t=1}^{n}\boldsymbol{C}_t\varepsilon_t$$

式中,权重矩阵 $\boldsymbol{C}_t=(\boldsymbol{X}'\boldsymbol{X})^{-1}\boldsymbol{X}_t$。因此,在给定 $\boldsymbol{X}$ 时,$\hat{\boldsymbol{\beta}}-\boldsymbol{\beta}^0$ 是 $\boldsymbol{\varepsilon}$ 的线性组合。

定理 3.4 [$\hat{\boldsymbol{\beta}}$ 的正态性] 如果假设 3.1、3.3(1)和 3.5 成立,则

$$(\hat{\boldsymbol{\beta}}-\boldsymbol{\beta}^0)|\boldsymbol{X}\sim N[\boldsymbol{0},\sigma^2(\boldsymbol{X}'\boldsymbol{X})^{-1}] \tag{3.17}$$

证明:由于 $\hat{\boldsymbol{\beta}}-\boldsymbol{\beta}^0$ 是 $\boldsymbol{\varepsilon}$ 的线性组合,故在 $\boldsymbol{\varepsilon}$ 服从多元正态分布时,$\hat{\boldsymbol{\beta}}-\boldsymbol{\beta}^0$ 也服从多元正态分布。

定理 3.5 [$\boldsymbol{R}(\hat{\boldsymbol{\beta}}-\boldsymbol{\beta}^0)$的正态性] 如果假设 3.1、3.3(1)和 3.5 成立,则对任意的 $J\times K$ 非随机矩阵 $\boldsymbol{R}$,有

$$\boldsymbol{R}(\hat{\boldsymbol{\beta}}-\boldsymbol{\beta}^0)|\boldsymbol{X}\sim N[\boldsymbol{0},\sigma^2\boldsymbol{R}(\boldsymbol{X}'\boldsymbol{X})^{-1}\boldsymbol{R}'] \tag{3.18}$$

证明: 由于 $\hat{\boldsymbol{\beta}}-\boldsymbol{\beta}^0$ 的条件分布为正态分布,因此其线性组合 $\boldsymbol{R}(\hat{\boldsymbol{\beta}}-\boldsymbol{\beta}^0)$也服从正态分布,且

$$E[\boldsymbol{R}(\hat{\boldsymbol{\beta}}-\boldsymbol{\beta}^0)|\boldsymbol{X}]=\boldsymbol{R}E[(\hat{\boldsymbol{\beta}}-\boldsymbol{\beta}^0)|\boldsymbol{X}]=\boldsymbol{R}\cdot\boldsymbol{0}=\boldsymbol{0}$$

$$\begin{aligned}\mathrm{Var}[\boldsymbol{R}(\hat{\boldsymbol{\beta}}-\boldsymbol{\beta}^0)|\boldsymbol{X}]&=E\{[\boldsymbol{R}(\hat{\boldsymbol{\beta}}-\boldsymbol{\beta}^0)][\boldsymbol{R}(\hat{\boldsymbol{\beta}}-\boldsymbol{\beta}^0)]'|\boldsymbol{X}\}\\&=E[\boldsymbol{R}(\hat{\boldsymbol{\beta}}-\boldsymbol{\beta}^0)(\hat{\boldsymbol{\beta}}-\boldsymbol{\beta}^0)'\boldsymbol{R}'|\boldsymbol{X}]\\&=\boldsymbol{R}E[(\hat{\boldsymbol{\beta}}-\boldsymbol{\beta}^0)(\hat{\boldsymbol{\beta}}-\boldsymbol{\beta}^0)'|\boldsymbol{X}]\boldsymbol{R}'\\&=\boldsymbol{R}\mathrm{Var}(\hat{\boldsymbol{\beta}}|\boldsymbol{X})\boldsymbol{R}'\\&=\sigma^2\boldsymbol{R}(\boldsymbol{X}'\boldsymbol{X})^{-1}\boldsymbol{R}'\end{aligned}$$

于是

$$\boldsymbol{R}(\hat{\boldsymbol{\beta}}-\boldsymbol{\beta}^0)|\boldsymbol{X}\sim N[\boldsymbol{0},\sigma^2\boldsymbol{R}(\boldsymbol{X}'\boldsymbol{X})^{-1}\boldsymbol{R}']$$

$\boldsymbol{R}(\hat{\boldsymbol{\beta}}-\boldsymbol{\beta}^0)$的抽样分布对于参数的置信区间估计与假设检验很重要。但是,因为 $\mathrm{Var}[\boldsymbol{R}(\hat{\boldsymbol{\beta}}-\boldsymbol{\beta}^0)|\boldsymbol{X}]=\sigma^2\boldsymbol{R}(\boldsymbol{X}'\boldsymbol{X})^{-1}\boldsymbol{R}'$,而 $\mathrm{Var}(\varepsilon_t)=\sigma^2$ 未知,因此需要对 σ^2 进行估计。

3.6 OLS 估计量协方差矩阵的估计

由于 $\mathrm{Var}(\hat{\boldsymbol{\beta}}|\boldsymbol{X})=\sigma^2(\boldsymbol{X}'\boldsymbol{X})^{-1}$,因此需要首先估计 σ^2,下面介绍 $s^2=\boldsymbol{e}'\boldsymbol{e}/(n-K)$的性质及对 σ^2 的估计。

定义 3.3　设$\{Z_i\}_{i=1}^{q}$是独立同分布的标准正态随机变量，则称$\chi^2=\sum_{i=1}^{q}Z_i^2$服从的分布为$\chi_q^2$分布。

对于χ_q^2分布来说，其数学期望和方差分别为

$$E(\chi_q^2)=q, \mathrm{Var}(\chi_q^2)=2q$$

引理 3.2［正态随机变量的二次型(quadratic form of normal random variables)**］**　如果n维随机列向量$\boldsymbol{v}\sim N(\boldsymbol{0},\boldsymbol{I})$，$\boldsymbol{Q}$是$n\times n$的非随机对称幂等矩阵，其秩$q\leqslant n$，则$\boldsymbol{v}'\boldsymbol{Q}\boldsymbol{v}\sim\chi_q^2$。

在具体应用时，若$\boldsymbol{v}=\boldsymbol{\varepsilon}/\sigma\sim N(\boldsymbol{0},\boldsymbol{I})$，$\boldsymbol{Q}=\boldsymbol{M}$，$\mathrm{rank}(\boldsymbol{M})=n-K$，则

$$\frac{\boldsymbol{e}'\boldsymbol{e}}{\sigma^2}|\boldsymbol{X}\sim\chi_{n-K}^2 \tag{3.19}$$

定理 3.6　如果假设 3.1、3.3(1)和 3.5 成立，则

(1)$\dfrac{(n-K)s^2}{\sigma^2}|\boldsymbol{X}=\dfrac{\boldsymbol{e}'\boldsymbol{e}}{\sigma^2}|\boldsymbol{X}\sim\chi_{n-K}^2$；

(2)在给定$\boldsymbol{X}$的条件下，s^2与$\hat{\boldsymbol{\beta}}$相互独立。

证明：

(1)因为$\boldsymbol{e}=\boldsymbol{M}\boldsymbol{\varepsilon}$，所以

$$\frac{\boldsymbol{e}'\boldsymbol{e}}{\sigma^2}=\frac{\boldsymbol{\varepsilon}'\boldsymbol{M}\boldsymbol{\varepsilon}}{\sigma^2}$$

另外，因$\varepsilon|\boldsymbol{X}\sim N(\boldsymbol{0},\sigma^2\boldsymbol{I}_n)$，$\boldsymbol{M}$为幂等矩阵，且其秩为$n-K$，故由引理 3.2 可得

$$\frac{\boldsymbol{e}'\boldsymbol{e}}{\sigma^2}=\frac{\boldsymbol{\varepsilon}'\boldsymbol{M}\boldsymbol{\varepsilon}}{\sigma^2}|\boldsymbol{X}\sim\chi_{n-K}^2$$

(2)由于$s^2=\boldsymbol{e}'\boldsymbol{e}/(n-K)$是$\boldsymbol{e}$的函数，因此仅需要证明$\boldsymbol{e}$与$\hat{\boldsymbol{\beta}}$独立即可，这实际等价于证明$\boldsymbol{e}$与$\hat{\boldsymbol{\beta}}$的联合分布为正态分布，且不相关。

因为

$$[\boldsymbol{e}',(\hat{\boldsymbol{\beta}}-\boldsymbol{\beta}^0)']'=\{(\boldsymbol{M}\boldsymbol{\varepsilon})',[(\boldsymbol{X}'\boldsymbol{X})^{-1}\boldsymbol{X}'\boldsymbol{\varepsilon}]'\}'=[\boldsymbol{\varepsilon}'\boldsymbol{M},\boldsymbol{\varepsilon}'\boldsymbol{X}(\boldsymbol{X}'\boldsymbol{X})^{-1}]'=\begin{bmatrix}\boldsymbol{M}\\(\boldsymbol{X}'\boldsymbol{X})^{-1}\boldsymbol{X}'\end{bmatrix}\boldsymbol{\varepsilon}$$

且$\boldsymbol{\varepsilon}|\boldsymbol{X}\sim N(\boldsymbol{0},\sigma^2\boldsymbol{I}_n)$，故$\boldsymbol{\varepsilon}$的线性组合

$$\begin{bmatrix}\boldsymbol{M}\\(\boldsymbol{X}'\boldsymbol{X})^{-1}\boldsymbol{X}'\end{bmatrix}\boldsymbol{\varepsilon}$$

关于$\boldsymbol{X}$的条件分布为正态分布。另外，根据定理 3.3(3)$\boldsymbol{e}$与$\hat{\boldsymbol{\beta}}$的正交性，即

$$\mathrm{Cov}(\hat{\boldsymbol{\beta}},\boldsymbol{e}|\boldsymbol{X})=\boldsymbol{0}$$

可知$\boldsymbol{e}$与$\hat{\boldsymbol{\beta}}$在给定$\boldsymbol{X}$的条件下不相关，从而有s^2与$\hat{\boldsymbol{\beta}}$相互独立(给定$\boldsymbol{X}$时)。

进一步，根据定理 3.6 还可以得出以下有用的结论：

(1)由定理的第一个结论，可得

$$E\left[\frac{(n-K)s^2}{\sigma^2}|\boldsymbol{X}\right]=n-K$$

$$\frac{(n-K)}{\sigma^2}E(s^2|\boldsymbol{X})=n-K$$

于是，$E(s^2|\boldsymbol{X})=\sigma^2$，即在给定$\boldsymbol{X}$的条件下$s^2$是$\sigma^2$的无偏估计。

(2)由定理的第一个结论还可得到

$$\mathrm{Var}\left[\frac{(n-K)s^2}{\sigma^2}\,|\boldsymbol{X}\right]=2(n-K)$$

即

$$\frac{(n-K)^2}{\sigma^4}\mathrm{Var}(s^2\,|\boldsymbol{X})=2(n-K)$$

于是有

$$\mathrm{Var}(s^2\,|\boldsymbol{X})=\frac{2\sigma^4}{n-K}\rightarrow 0,\text{当 } n\rightarrow\infty \text{ 时}$$

(3)由上面的两个结果可得到 s^2 的条件 MSE 为

$$\mathrm{MSE}(s^2\,|\boldsymbol{X})=E[(s^2-\sigma^2)^2\,|\boldsymbol{X}]=\mathrm{Var}(s^2\,|\boldsymbol{X})+[E(s^2\,|\boldsymbol{X})-\sigma^2]^2\rightarrow 0,\text{当 } n\rightarrow\infty \text{ 时}$$

这说明 s^2 是 σ^2 的一个好的估计量。

(4)s^2 与 $\hat{\boldsymbol{\beta}}$ 相互独立的性质对于获得常用的 t 检验统计量和 F 统计量非常重要。

3.7 模型参数的假设检验

3.7.1 线性约束与假设

本节介绍模型参数线性约束的检验方法。线性约束为

$$\underset{(J\times K)}{\boldsymbol{R}}\quad\underset{(K\times 1)}{\boldsymbol{\beta}^0}=\underset{(J\times 1)}{\boldsymbol{r}} \tag{3.20}$$

式中,$\boldsymbol{R}$ 为选择矩阵;J 是约束条件的个数。这里假设 $J\leqslant K$,即关于参数的约束条件个数不超过未知参数的个数($\boldsymbol{\beta}^0$ 的维数)。需要说明的是,这里关于参数进行的假设检验有一个前提条件,即线性回归模型被正确设定。

现实中,这样的约束很常见,对约束的有效性进行检验常常是分析的目标。

【例 3.2】[转型经济改革效果的评估] 考虑扩展的生产函数

$$\ln Y_t=\beta_0+\beta_1\ln L_t+\beta_2\ln K_t+\beta_3 U_t+\beta_4 S_t+\varepsilon_t$$

式中,U_t 是虚拟变量,反映企业是否有自主权;S_t 为第 t 家企业与国家的利润分成比例。

(1)若欲检验自主权是否对企业生产率产生了效应,可构建原零假设为

$$H_0^{\mathrm{a}}:\beta_3=0$$

这等价于选择

$$\boldsymbol{\beta}^0=(\beta_0,\beta_1,\beta_2,\beta_3,\beta_4)',\boldsymbol{R}=(0,0,0,1,0),\boldsymbol{r}=0$$

从而将上面的假设可写为

$$\boldsymbol{R}\boldsymbol{\beta}^0=\beta_3=0$$

(2)若欲检验利润分成比例是否对企业生产率有效应,可构建原假设为

$$H_0^{\mathrm{b}}:\beta_4=0$$

(3)若欲检验生产技术是否规模报酬不变(constant return to scale),可构建原假设为

$$H_0^{\mathrm{c}}:\beta_1+\beta_2=1$$

其可通过选择

$$\boldsymbol{R}=(0,1,1,0,0),\boldsymbol{r}=1$$

将上面的假设写为 $\boldsymbol{R\beta}^0=\boldsymbol{r}$。

(4)若欲检验自主权与利润分成比例是否对企业生产率产生联合影响，可构建原假设为

$$H_0^{\mathrm{d}}:\beta_3=\beta_4=0$$

这等价于选择

$$\boldsymbol{R}=\begin{pmatrix}0&0&0&1&0\\0&0&0&0&1\end{pmatrix},\boldsymbol{r}=\begin{pmatrix}0\\0\end{pmatrix}$$

这是约束条件个数大于 1 个($J>1$)的例子。

【例 3.3】[未来现期汇率的无偏预测] 考虑线性回归模型

$$S_{t+\tau}=\beta_0+\beta_1F_t(\tau)+\varepsilon_{t+\tau},t=1,\cdots,n$$

式中，$S_{t+\tau}$ 是第 $t+\tau$ 期的现期汇率；$F_t(\tau)$是远期汇率，即 $t+\tau$ 期到期的汇率在第 t 期的外汇价格。原假设为远期汇率 $F_t(\tau)$是现期汇率 $S_{t+\tau}$ 的无偏预测，即 $E(S_{t+\tau}|I_t)=F_t(\tau)$，其中 I_t 是直到第 t 期的历史信息集。给定上面的线性回归模型，这一假设可写为如下的参数假设，即

$$H_0^{\mathrm{e}}:\beta_0=0,\beta_1=1$$

且 $E(\varepsilon_{t+\tau}|I_t)=0$。上述假设等价于选择

$$\boldsymbol{R}=\begin{pmatrix}1&0\\0&1\end{pmatrix},\boldsymbol{r}=\begin{pmatrix}0\\1\end{pmatrix}$$

综上所述，在上面的例子中，相关假设(约束)可通过在 $\boldsymbol{R\beta}^0=\boldsymbol{r}$ 中设定合适的选择矩阵 $\boldsymbol{R}$ 得到。

为了检验假设 $H_0:\boldsymbol{R\beta}^0=\boldsymbol{r}$，考虑统计量 $\boldsymbol{R\hat{\beta}}-\boldsymbol{r}$，检验其是否与零有显著差异。在假设 $\boldsymbol{R\beta}^0=\boldsymbol{r}$ 成立且 $n\to\infty$时，有

$$\boldsymbol{R\hat{\beta}}-\boldsymbol{r}=\boldsymbol{R\hat{\beta}}-\boldsymbol{R\beta}^0=\boldsymbol{R}(\hat{\boldsymbol{\beta}}-\boldsymbol{\beta}^0)\to\boldsymbol{0}$$

这是因为在 MSE 的意义下，当 $n\to\infty$时，$\hat{\boldsymbol{\beta}}-\boldsymbol{\beta}^0\to\boldsymbol{0}$。

当备择假设 $H_1:\boldsymbol{R\beta}^0\neq\boldsymbol{r}$ 成立时，在 MSE 的意义下依然有 $\hat{\boldsymbol{\beta}}-\boldsymbol{\beta}^0\to\boldsymbol{0}$(因为线性回归模型设定正确)。于是，当 $n\to\infty$时，可得到

$$\boldsymbol{R\hat{\beta}}-\boldsymbol{r}=\boldsymbol{R}(\hat{\boldsymbol{\beta}}-\boldsymbol{\beta}^0)+\boldsymbol{R\beta}^0-\boldsymbol{r}\to\boldsymbol{R\beta}^0-\boldsymbol{r}\neq\boldsymbol{0}$$

即 $\boldsymbol{R\hat{\beta}}-\boldsymbol{r}$ 不收敛于 $\boldsymbol{0}$。注意，这里的收敛是指 MSE 意义上的收敛。

上面关于 $\boldsymbol{R\hat{\beta}}-\boldsymbol{r}$ 的分析说明，在原假设 H_0 和备择假设 H_1 下，$\boldsymbol{R\hat{\beta}}-\boldsymbol{r}$ 具有不同的行为。这样一来，我们就可通过检验 $\boldsymbol{R\hat{\beta}}-\boldsymbol{r}$ 是否与 $\boldsymbol{0}$ 有显著的差异来检验 H_0 是否成立。如果 $\boldsymbol{R\hat{\beta}}-\boldsymbol{r}$ 接近于 $\boldsymbol{0}$，则没有证据拒绝原假设 H_0；如果 $\boldsymbol{R\hat{\beta}}-\boldsymbol{r}$ 显著地远离 $\boldsymbol{0}$，则可拒绝原假设 H_0。

为了判断 $\boldsymbol{R\hat{\beta}}-\boldsymbol{r}$ 与 $\boldsymbol{0}$ 之间是否存在显著差异，需要一个判断法则，如设定一个临界值，然后比较 $\boldsymbol{R\hat{\beta}}-\boldsymbol{r}$ 与临界值的相对大小。一方面来看，因为 $\boldsymbol{R\hat{\beta}}-\boldsymbol{r}$ 是一个随机向量，其可取很多值，甚至可能取无穷多个值；另一方面来看，给定随机样本$\{Y_t,\boldsymbol{X}_t'\}$产生的数据仅是 $\boldsymbol{R\hat{\beta}}-\boldsymbol{r}$ 的一次实现。因此，需要应用其抽样分布的临界值来判断 $\boldsymbol{R\hat{\beta}}-\boldsymbol{r}$ 的一个实现值与 $\boldsymbol{0}$ 是否接近，该临界值依赖于样本容量 n 和事先设定的显著性水平 $\alpha\in(0,1)$。

下面，在原假设成立时推导 $\boldsymbol{R\hat{\beta}}-\boldsymbol{r}$ 的抽样分布。根据定理 3.5 有

$$\boldsymbol{R}(\hat{\boldsymbol{\beta}}-\boldsymbol{\beta}^0)|\boldsymbol{X}\sim N[\boldsymbol{0},\sigma^2\boldsymbol{R}(\boldsymbol{X}'\boldsymbol{X})^{-1}\boldsymbol{R}']$$

因此，在给定 $\boldsymbol{X}$ 的条件下，可得

$$\boldsymbol{R}\hat{\boldsymbol{\beta}}-\boldsymbol{r}=\boldsymbol{R}(\hat{\boldsymbol{\beta}}-\boldsymbol{\beta}^0)+\boldsymbol{R}\boldsymbol{\beta}^0-\boldsymbol{r}\sim N[\boldsymbol{R}\boldsymbol{\beta}^0-\boldsymbol{r},\sigma^2\boldsymbol{R}(\boldsymbol{X}'\boldsymbol{X})^{-1}\boldsymbol{R}']$$

由此可得出结论：在假设 3.1、3.3(1)、3.5 和 $H_0:\boldsymbol{R}\boldsymbol{\beta}^0=\boldsymbol{r}$ 成立时，对于每一个 $n>K$ 有

$$(\boldsymbol{R}\hat{\boldsymbol{\beta}}-\boldsymbol{r})|\boldsymbol{X}\sim N[\boldsymbol{0},\sigma^2\boldsymbol{R}(\boldsymbol{X}'\boldsymbol{X})^{-1}\boldsymbol{R}']$$

式中，协方差矩阵 $\mathrm{Var}(\boldsymbol{R}\hat{\boldsymbol{\beta}}|\boldsymbol{X})=\sigma^2\boldsymbol{R}(\boldsymbol{X}'\boldsymbol{X})^{-1}\boldsymbol{R}'$ 是一个 $J\times J$ 矩阵。由于 σ^2 未知，故由 $\boldsymbol{R}\hat{\boldsymbol{\beta}}-\boldsymbol{r}$ 的分布得不到临界值，因此 $\boldsymbol{R}\hat{\boldsymbol{\beta}}-\boldsymbol{r}$ 不能用作检验 H_0 的统计量。具体的检验统计量需要进一步讨论，且检验统计量会随 $J=1$ 或 $J>1$ 而有所不同，下面分别进行分析。

3.7.2 第一种情况：$J=1$ 时的检验（t 检验）

在原假设成立时，由于 $(\boldsymbol{R}\hat{\boldsymbol{\beta}}-\boldsymbol{r})|\boldsymbol{X}\sim N[\boldsymbol{0},\sigma^2\boldsymbol{R}(\boldsymbol{X}'\boldsymbol{X})^{-1}\boldsymbol{R}']$，当 $J=1$ 时，条件方差

$$\mathrm{Var}[(\boldsymbol{R}\hat{\boldsymbol{\beta}}-\boldsymbol{r})|\boldsymbol{X}]=\sigma^2\boldsymbol{R}(\boldsymbol{X}'\boldsymbol{X})^{-1}\boldsymbol{R}'$$

是一个标量。于是，给定 $\boldsymbol{X}$ 的条件分布是

$$\frac{\boldsymbol{R}\hat{\boldsymbol{\beta}}-\boldsymbol{r}}{\sqrt{\mathrm{Var}(\boldsymbol{R}\hat{\boldsymbol{\beta}}-\boldsymbol{r})}}=\frac{\boldsymbol{R}\hat{\boldsymbol{\beta}}-\boldsymbol{r}}{\sqrt{\sigma^2\boldsymbol{R}(\boldsymbol{X}'\boldsymbol{X})^{-1}\boldsymbol{R}'}}\sim N(0,1)$$

由于标准正态分布与 $\boldsymbol{X}$ 无关，因此

$$\frac{\boldsymbol{R}\hat{\boldsymbol{\beta}}-\boldsymbol{r}}{\sqrt{\sigma^2\boldsymbol{R}(\boldsymbol{X}'\boldsymbol{X})^{-1}\boldsymbol{R}'}}$$

的无条件分布依然服从 $N(0,1)$。

然而，由于 σ^2 未知，上面的表达式还不能作为检验统计量。一个自然的想法是用 σ^2 的无偏估计量 s^2 替代 σ^2，得到

$$T=\frac{\boldsymbol{R}\hat{\boldsymbol{\beta}}-\boldsymbol{r}}{\sqrt{s^2\boldsymbol{R}(\boldsymbol{X}'\boldsymbol{X})^{-1}\boldsymbol{R}'}}$$

但这个统计量不再服从正态分布。进一步进行变换，得到

$$T=\frac{\boldsymbol{R}\hat{\boldsymbol{\beta}}-\boldsymbol{r}}{\sqrt{s^2\boldsymbol{R}(\boldsymbol{X}'\boldsymbol{X})^{-1}\boldsymbol{R}'}}=\frac{\boldsymbol{R}\hat{\boldsymbol{\beta}}-\boldsymbol{r}}{\sqrt{\sigma^2\boldsymbol{R}(\boldsymbol{X}'\boldsymbol{X})^{-1}\boldsymbol{R}'}}\Bigg/\sqrt{\frac{(n-K)s^2}{\sigma^2}/(n-K)}$$

由于在给定 $\boldsymbol{X}$ 的条件下，有

$$\frac{\boldsymbol{R}\hat{\boldsymbol{\beta}}-\boldsymbol{r}}{\sqrt{\sigma^2\boldsymbol{R}(\boldsymbol{X}'\boldsymbol{X})^{-1}\boldsymbol{R}'}}\sim N(0,1),\frac{(n-K)s^2}{\sigma^2}\sim\chi^2_{n-K}$$

且给定 $\boldsymbol{X}$ 时 $\hat{\boldsymbol{\beta}}$ 与 s^2 相互独立，从而 T 的表达式中分子与分母也独立。于是，根据 t 分布的定义，可得

$$T=\frac{\boldsymbol{R}\hat{\boldsymbol{\beta}}-\boldsymbol{r}}{\sqrt{s^2\boldsymbol{R}(\boldsymbol{X}'\boldsymbol{X})^{-1}\boldsymbol{R}'}}\sim t_{n-K}\tag{3.21}$$

式中，t_{n-K} 表示自由度为 $n-K$ 的 t 分布①；T 称为 t 统计量。

定义 3.4 [t **分布**（t distribution）] 设 $Z\sim N(0,1)$，$V\sim\chi^2_q$，Z 和 V 独立，则称

$$\frac{Z}{\sqrt{V/q}}\sim t_q$$

① 该分布亦称为“学生氏”t 分布，它最早由格西特（W. S. Gosset）以笔名“Student”（学生）提出并发表。

t 分布与正态分布之间有这样的关系，即当自由度 $q \to \infty$ 时，$t_q \xrightarrow{d} N(0,1)$。其中"$\xrightarrow{d}$"表示依分布收敛(convergence in distribution)。于是，有

$$T = \frac{\boldsymbol{R}\hat{\boldsymbol{\beta}} - \boldsymbol{r}}{\sqrt{s^2 \boldsymbol{R}(\boldsymbol{X}'\boldsymbol{X})^{-1}\boldsymbol{R}'}} \xrightarrow{d} N(0,1)\text{，当 } n \to \infty \text{ 时}$$

这个结论非常有用，当样本容量 n 很大时，t_{n-K} 与 $N(0,1)$ 的临界值非常接近，几乎没有差异。因此，在大样本情况下，可以使用标准正态分布的临界值。

为了使读者对依分布收敛有更深刻的理解，下面给出其定义。

定义 3.5［依分布收敛］　设 $\{\boldsymbol{Z}_n, n=1,2,\cdots\}$ 是一列随机变量或向量，分布函数为 $F_n(z)=P(\boldsymbol{Z}_n \leqslant z)$，$\boldsymbol{Z}$ 是随机变量或向量，其分布函数为 $F(z)=P(\boldsymbol{Z} \leqslant z)$，与 n 无关。称 $\boldsymbol{Z}_n$ 依分布收敛于 $\boldsymbol{Z}$，如果在分布函数 $F(z)$ 任意的连续点，分布函数 $F_n(z)$ 的值均收敛于分布函数 $F(z)$ 的值，即

$$\lim_{n \to \infty} F_n(z) = F(z)$$

或写为

$$F_n(z) \to F(z)\text{，当 } n \to \infty \text{ 时}$$

记为 $\boldsymbol{Z}_n \xrightarrow{d} \boldsymbol{Z}$，并称 $\boldsymbol{Z}$ 的分布是 $\boldsymbol{Z}_n$ 的渐近分布或极限分布。

实际应用中，$\boldsymbol{Z}_n$ 可以是一个检验统计量或参数估计量，在有限样本下，其分布 $F_n(z)$ 一般未知或很复杂，但是 $F(z)$ 却已知或简单［如 $N(0,1)$］，这样一来只要 $\boldsymbol{Z}_n \xrightarrow{d} \boldsymbol{Z}$，我们就可用 $F(z)$ 近似 $F_n(z)$。这种做法会给我们的分析带来方便，但也有缺陷，即在有限样本场合，这种近似可能不够好，其近似程度的高低取决于数据的产生过程和样本容量。

【例 3.4】　设 $\{\varepsilon_n, n=1,2,\cdots\}$ 独立同分布，其分布函数为 $F(z)$。若随机变量 ε 的分布函数也是 $F(z)$，则 $\varepsilon_n \xrightarrow{d} \varepsilon$。

3.7.3　t 检验决策规则

在具体应用时，可利用临界值的 t 检验决策规则(decision rule of a t-test using critical value)。

(1)对于给定的显著水平(significance level) $\alpha \in (0,1)$(或称为检验水平)，如果 $|T| > C_{t_{n-K,\alpha/2}}$，则拒绝 $H_0: \boldsymbol{R}\boldsymbol{\beta}^0 = \boldsymbol{r}$。其中 $C_{t_{n-K,\alpha/2}}$ 是 t_{n-K} 分布在 $\alpha/2$ 水平上的临界值，亦称为上尾临界值(upper-tailed critical value)，它由

$$P[t_{n-K} > C_{t_{n-K,\alpha/2}}] = \alpha/2$$

或

$$P[|t_{n-K}| > C_{t_{n-K,\alpha/2}}] = \alpha$$

求得。

(2)如果 $|T| \leqslant C_{t_{n-K,\alpha/2}}$，则在显著水平 α 上接受原假设 H_0。

在进行假设检验时，一般会犯两类错误。一类是 H_0 为真但遭到拒绝，即弃真，称其为"第Ⅰ类错误"。显著水平 α 就是犯第Ⅰ类错误的概率，一般取为 10%、5%和 1%。设定了显著水平 α，我们就基本量化了对犯第Ⅰ类错误的容忍度。

另一类错误是 H_0 不为真(为假)，但我们却没有拒绝它，即取伪，称其为"第Ⅱ类错误"。对于已经选定的显著水平 α，自然想使犯第Ⅱ类错误的概率达到最小，或者想对所有有意义的

对立情况使检验的功效(power of test)最大,即使 1−P(犯第Ⅱ类错误)或使

$$P[|T|>C_{t_{n-K,\alpha/2}}|H_0\text{ 为假}]$$

达到最大。

理想的情况是同时最小化第Ⅰ类错误和第Ⅱ类错误,但对应给定的有限样本,这很难做到。实际应用中,我们通常先设定犯第Ⅰ类错误的水平 α,然后再最小化犯第Ⅱ类错误的概率。

另一个等价的决策规则是利用统计量 T 的 p 值。设数据集 $\boldsymbol{z}^n=\{y_t,\boldsymbol{x}_t'\}_{t=1}^n$ 是随机样本 $\boldsymbol{Z}^n=\{Y_t,\boldsymbol{X}_t'\}_{t=1}^n$ 的一次实现,我们可以计算统计量 T 的值,即

$$T(\boldsymbol{z}^n)=\frac{\boldsymbol{R}\hat{\boldsymbol{\beta}}-\boldsymbol{r}}{\sqrt{s^2\boldsymbol{R}(\boldsymbol{x}'\boldsymbol{x})^{-1}\boldsymbol{R}'}}$$

或进一步写为

$$T(\boldsymbol{z}^n)=\frac{\boldsymbol{R}(\boldsymbol{x}'\boldsymbol{x})^{-1}\boldsymbol{x}'\boldsymbol{y}-\boldsymbol{r}}{\sqrt{s^2\boldsymbol{R}(\boldsymbol{x}'\boldsymbol{x})^{-1}\boldsymbol{R}'}} \tag{3.22}$$

称概率值

$$p(\boldsymbol{z}^n)=P[|t_{n-K}|>|T(\boldsymbol{z}^n)|]$$

为检验统计量 T 在给定$\{Y_t,\boldsymbol{X}_t'\}_{t=1}^n=\{y_t,\boldsymbol{x}_t'\}_{t=1}^n$ 时的 p 值。其中,t_{n-K} 是服从 t 分布的随机变量,其自由度为 $n-K$;$T(\boldsymbol{z}^n)$是统计量 T 的一次取值(一次实现)。

由 p 值的定义可知,它是随机变量 t_{n-K} 的绝对值大于统计量的实现值 $T(\boldsymbol{z}^n)$的绝对值的尾部概率,这个值是进行检验后而不能拒绝 H_0 的最大显著水平。在实际应用中,如果选择的显著水平 α 小于计算出的 p 值,则不能拒绝 H_0;如果选择的显著水平 α 大于计算出的 p 值,则表明原假设 H_0 有可能为假。因此,有了 p 值,我们可在任何显著水平上进行检验。

对 p 值还可以进行另一种解释,即它是 t_{n-K} 落入分布尾部的概率,表示在 H_0 成立时,随机变量 t_{n-K} 的绝对值大于统计量的绝对值$|T(\boldsymbol{z}^n)|$的概率会很小,一般而言,小的 p 值提供了拒绝 H_0 的证据。

由此可知,与临界值相比 p 值提供了更多的信息,许多分析软件的输出结果都报告了 p 值。使用 p 值的决策规则可表示如下:①如果 $p(\boldsymbol{z}^n)<\alpha$,则在显著水平 α 上拒绝 H_0;②如果 $p(\boldsymbol{z}^n)\geqslant\alpha$,则在显著水平 α 上接受 H_0。

为了使读者对假设检验中的统计功效、效应量及其应用争论有所了解,下面给出简单的引申阅读资料。

引申阅读资料

1. 统计功效

统计功效(statistical power)是统计学中的一个重要概念,也是一个十分有用的测度指标。它是指在假设检验中,拒绝原假设后,接受正确的对立假设(备择假设)的概率,即 1−P(犯第Ⅱ类错误)。国外的许多教科书中对统计功效有比较详细的讨论,国内出版的教科书中对此也有涉及。

实践中,统计功效大量地应用于医学、生物学、生态学和人文社会科学等方面的统计

检验中。例如，在国外抽样调查设计方案中，对统计功效的要求如同对显著性水平 α 一样，是不可缺少的内容。因为在进行统计检验时，我们既要控制第Ⅰ类错误，又要控制第Ⅱ类错误，满足双重控制条件下的样本量才是更有效的样本量。统计功效的大小取决于多种因素，包括检验的类型、样本容量、显著性水平、单侧双侧，以及抽样误差的状况。统计功效分析是综合考虑以上诸多因素后进行的分析。

一些统计软件，如 SAS、SPSS 等虽都有计算统计功效的功能，但由于它们不是功效分析的专用统计软件，因而在使用中有不少局限，如在使用范围、检验类型、文件切换、提供的使用说明等方面，与专门的功效分析统计软件相比都存在一定的差距。另外，一般统计软件在计算统计功效时也不够简便，这使功效的应用受到了限制。

鉴于统计功效在统计和实际应用中的重要性，国外学术机构和商业公司对统计功效的软件开发进行了大量投入，已研制出不少专门的分析软件，其中有些是免费提供的，大家可以从网上查找并下载使用(如 GPower)。

2. 效应量

简单来讲，在统计检验中 p 值是定性的，只是确定了差异是否存在，而效应量或效果量(effect size)是定量的，能够提供差异程度的大小。

效应量是反映效应程度大小的统计量，代表变量之间的紧密或差异程度。效应量可分为简单效应量、标准化效应量和相关效应量。简单效应量通常是处理组与对照组平均值之差。美国心理学会(APA)建议，当简单效应量具有实际意义时(如 3 个月的运动减肥干预可以减少脂肪多少千克)，可考虑采用简单效应量。但是，简单效应量会受量纲、整体变异程度等因素的影响，不便进行研究间的比较。标准化效应量则通过标准化数据解决了这些问题。相关效应量则是指自变量与因变量的相关程度，如决定系数等。许多研究论文往往会报告结果的简单效应量和相关效应量，如在多元回归分析中应报告决定系数或调整的决定系数。据不完全统计，针对不同的统计方法所构建的效应量超过了 60 种，因此随着效应量报告在各学科期刊的推广，如何合理选择和计算效应量成为不同学科研究者必须面对的问题。

3. 实际应用

目前，鉴于 p 值在检验时出现的问题，一些国际顶级期刊如《自然》(*Nature*)要求对研究的样本容量做出解释，以证明结论具有足够的功效。《自然》也提供了具体的指导方针，建议在样本量小的情况下应该进行哪些测试。其他一些期刊，如《英国外科学杂志》(*British Journal of Surgery*)要求稿件必须包含明确的功效计算法。另有期刊如《分子遗传学和新陈代谢》(*Molecular Genetics and Metabolism*)更明确表明："递交的稿件若没有附加功效的计算，将一概被拒绝，并在未经审核的情况下退还给作者。"美国心理学会在心理学研究报告准则中，强力推荐作者在稿件内的研究方法部分阐明对功效的分析。

2009 年《临床流行病学杂志》(*Journal of Clinical Epidemiology*)上的一篇论文[①]对发表在顶尖临床医学杂志(如《柳叶刀》《新英格兰医学杂志》《英国医学杂志》)上的 389

① TSANG R, COLLEY L, LYND L D. Inadequate statistical power to detect clinically significant differences in adverse event rates in randomized controlled trials[J]. Journal of Clinical Epidemiology, 2009, 62(6): 609-616.

篇研究药物副作用的论文进行了分析，发现这些论文中报告了阴性结果(即没有显著区别)的研究的统计功效只有0.07～0.37。简单地说，即使副作用真的存在，这些研究也只有7%到37%的可能性能够得到相应的具有显著性的结果。

实践中，在进行研究设计时，必须考虑四个必要的因素，即样本容量、效应量、显著水平、统计功效。统计功效与前面三个因素的数值大小有关，给定前三个因素的数值，我们就能计算统计功效的数值。因此，要提高统计功效，在研究中应先考虑前三个要素，并沿着这三条途径进行改进，具体方法可参考有关文献。

在实际应用中，若研究报告包含功效的计算解释说明，则使阅读者能够评估研究的可行性。

【例 3.5】 如果欲检验 $H_0^a:\beta_3=0$，取 $\boldsymbol{R}=(0,0,0,1,0)$，记 $s^2\boldsymbol{R}(\boldsymbol{X}'\boldsymbol{X})^{-1}\boldsymbol{R}'$ 为 $S_{\hat{\beta}_3}^2$，它是 $\mathrm{Var}(\hat{\beta}_3|\boldsymbol{X})$ 的估计量。于是，检验的 T 统计量可写为

$$T=\frac{\boldsymbol{R}\hat{\boldsymbol{\beta}}-\boldsymbol{r}}{\sqrt{s^2\boldsymbol{R}(\boldsymbol{X}'\boldsymbol{X})^{-1}\boldsymbol{R}'}}=\frac{\hat{\beta}_3}{\sqrt{S_{\hat{\beta}_3}^2}}\sim t_{n-K}$$

【例 3.6】 如果欲检验规模报酬不变，原假设为 $H_0^c:\beta_1+\beta_2=1$，取 $\boldsymbol{R}=(0,1,1,0,0)$，$\boldsymbol{r}=1$。于是有

$$\begin{aligned}s^2\boldsymbol{R}(\boldsymbol{X}'\boldsymbol{X})^{-1}\boldsymbol{R}'&=S_{\hat{\beta}_1}^2+S_{\hat{\beta}_2}^2+2\hat{\mathrm{Cov}}(\hat{\beta}_1,\hat{\beta}_2|\boldsymbol{X})\\&=[s^2(\boldsymbol{X}'\boldsymbol{X})^{-1}]_{(2,2)}+[s^2(\boldsymbol{X}'\boldsymbol{X})^{-1}]_{(3,3)}+2[s^2(\boldsymbol{X}'\boldsymbol{X})^{-1}]_{(2,3)}\\&\triangleq S_{\hat{\beta}_1+\hat{\beta}_2}^2\end{aligned}$$

式中，$[s^2(\boldsymbol{X}'\boldsymbol{X})^{-1}]_{(2,2)}$ 表示矩阵 $s^2(\boldsymbol{X}'\boldsymbol{X})^{-1}$ (2,2)位置上的元素，其他意义类似；$\hat{\mathrm{Cov}}(\hat{\beta}_1,\hat{\beta}_2|\boldsymbol{X})$ 是 $\hat{\beta}_1$ 和 $\hat{\beta}_2$ 的条件协方差 $\mathrm{Cov}(\hat{\beta}_1,\hat{\beta}_2|\boldsymbol{X})$ 的估计量；$S_{\hat{\beta}_1+\hat{\beta}_2}^2$ 是 $\mathrm{Var}(\hat{\beta}_1+\hat{\beta}_2|\boldsymbol{X})$ 的估计量。这样一来，此例中检验的 T 统计量变为

$$T=\frac{\boldsymbol{R}\hat{\boldsymbol{\beta}}-\boldsymbol{r}}{\sqrt{s^2\boldsymbol{R}(\boldsymbol{X}'\boldsymbol{X})^{-1}\boldsymbol{R}'}}=\frac{\hat{\beta}_1+\hat{\beta}_2-1}{S_{\hat{\beta}_1+\hat{\beta}_2}}\sim t_{n-K}$$

3.7.4 第二种情况：$J>1$ 时的检验(F 检验)

由上面讨论可知，只有一个约束条件($J=1$)时可采用 t 检验，检验用的统计量为

$$T=\frac{\boldsymbol{R}\hat{\boldsymbol{\beta}}-\boldsymbol{r}}{\sqrt{s^2\boldsymbol{R}(\boldsymbol{X}'\boldsymbol{X})^{-1}\boldsymbol{R}'}}$$

下面，考虑约束条件多于1个($J>1$)情况下的检验问题。

引理 3.3 如果 $\boldsymbol{Z}\sim N(\boldsymbol{0},\boldsymbol{V})$，其中协方差矩阵 $\boldsymbol{V}=\mathrm{Var}(\boldsymbol{Z})$ 是一个 $J\times J$ 的非退化矩阵，则 $\boldsymbol{Z}'\boldsymbol{V}^{-1}\boldsymbol{Z}\sim\chi_J^2$。

证明：由于矩阵 $\boldsymbol{V}$ 对称且是一个正定矩阵，故可以找到一个对称且可逆的矩阵 $\boldsymbol{V}^{1/2}$，使得

$$\boldsymbol{V}^{1/2}\boldsymbol{V}^{1/2}=\boldsymbol{V}$$
$$\boldsymbol{V}^{-1/2}\boldsymbol{V}^{-1/2}=\boldsymbol{V}^{-1}$$

令 $\boldsymbol{Y}=\boldsymbol{V}^{-1/2}\boldsymbol{Z}$，有

$$
\begin{aligned}
E(\boldsymbol{Y}) &= \boldsymbol{0} \\
\operatorname{Var}(\boldsymbol{Y}) &= E\{[\boldsymbol{Y}-E(\boldsymbol{Y})][\boldsymbol{Y}-E(\boldsymbol{Y})]'\} \\
&= E(\boldsymbol{YY}') \\
&= E(\boldsymbol{V}^{-1/2}\boldsymbol{ZZ}'\boldsymbol{V}^{-1/2}) \\
&= \boldsymbol{V}^{-1/2}E(\boldsymbol{ZZ}')\boldsymbol{V}^{-1/2} \\
&= \boldsymbol{V}^{-1/2}\boldsymbol{V}\boldsymbol{V}^{-1/2} \\
&= \boldsymbol{V}^{-1/2}\boldsymbol{V}^{1/2}\boldsymbol{V}^{1/2}\boldsymbol{V}^{-1/2} \\
&= \boldsymbol{I}
\end{aligned}
$$

因此，$\boldsymbol{Y}\sim N(\boldsymbol{0},\boldsymbol{I})$。由此可得 $\boldsymbol{Y}'\boldsymbol{Y}\sim\chi_J^2$，从而由

$$\boldsymbol{Z}'\boldsymbol{V}^{-1}\boldsymbol{Z}=(\boldsymbol{V}^{-1/2}\boldsymbol{Z})'(\boldsymbol{V}^{-1/2}\boldsymbol{Z})=\boldsymbol{Y}'\boldsymbol{Y}$$

可证引理结论。

在假设 H_0 成立时，前面已得到

$$(\boldsymbol{R}\hat{\boldsymbol{\beta}}-\boldsymbol{r})\,|\,\boldsymbol{X}\sim N[0,\sigma^2\boldsymbol{R}(\boldsymbol{X}'\boldsymbol{X})^{-1}\boldsymbol{R}']$$

于是，由引理 3.3 可得

$$(\boldsymbol{R}\hat{\boldsymbol{\beta}}-\boldsymbol{r})'[\sigma^2\boldsymbol{R}(\boldsymbol{X}'\boldsymbol{X})^{-1}\boldsymbol{R}']^{-1}(\boldsymbol{R}\hat{\boldsymbol{\beta}}-\boldsymbol{r})\,|\,\boldsymbol{X}\sim\chi_J^2$$

或

$$\frac{(\boldsymbol{R}\hat{\boldsymbol{\beta}}-\boldsymbol{r})'[\boldsymbol{R}(\boldsymbol{X}'\boldsymbol{X})^{-1}\boldsymbol{R}']^{-1}(\boldsymbol{R}\hat{\boldsymbol{\beta}}-\boldsymbol{r})}{\sigma^2}\,|\,\boldsymbol{X}\sim\chi_J^2$$

由于 χ_J^2 不依赖 $\boldsymbol{X}$，因此

$$\frac{(\boldsymbol{R}\hat{\boldsymbol{\beta}}-\boldsymbol{r})'[\boldsymbol{R}(\boldsymbol{X}'\boldsymbol{X})^{-1}\boldsymbol{R}']^{-1}(\boldsymbol{R}\hat{\boldsymbol{\beta}}-\boldsymbol{r})}{\sigma^2}\sim\chi_J^2 \tag{3.23}$$

用 s^2 替代 σ^2，式(3.23)左边变为

$$\frac{(\boldsymbol{R}\hat{\boldsymbol{\beta}}-\boldsymbol{r})'[\boldsymbol{R}(\boldsymbol{X}'\boldsymbol{X})^{-1}\boldsymbol{R}']^{-1}(\boldsymbol{R}\hat{\boldsymbol{\beta}}-\boldsymbol{r})}{s^2} \tag{3.24}$$

但需注意，在用 s^2 替代 σ^2 后，上面的二次型不再服从卡方分布。因此，在有限样本情况下，寻找上述统计量的精确分布就显得很重要。进一步对式(3.24)进行分析，发现当 $n>K$ 时，有

$$
\begin{aligned}
&\frac{(\boldsymbol{R}\hat{\boldsymbol{\beta}}-\boldsymbol{r})'[\boldsymbol{R}(\boldsymbol{X}'\boldsymbol{X})^{-1}\boldsymbol{R}']^{-1}(\boldsymbol{R}\hat{\boldsymbol{\beta}}-\boldsymbol{r})}{s^2} \\
&= J\cdot\frac{\{(\boldsymbol{R}\hat{\boldsymbol{\beta}}-\boldsymbol{r})'[\boldsymbol{R}(\boldsymbol{X}'\boldsymbol{X})^{-1}\boldsymbol{R}']^{-1}(\boldsymbol{R}\hat{\boldsymbol{\beta}}-\boldsymbol{r})/\sigma^2\}/J}{[(n-K)s^2/\sigma^2]/(n-K)} \\
&\sim J\cdot\frac{\chi_J^2/J}{\chi_{n-K}^2/(n-K)} \\
&\sim J\cdot F_{J,n-K}
\end{aligned}
$$

式中，$F_{J,n-K}$ 表示第一自由度为 J、第二自由度为 $n-K$ 的 F 分布。

上面的统计量之所以服从 F 分布，需要回顾一下 F 分布的定义。

定义 3.6　设随机变量 U 和 V 相互独立，且 $U\sim\chi_p^2$，$V\sim\chi_q^2$，则称

$$\frac{U/p}{V/q}$$

服从第一自由度为 p、第二自由度为 q 的 F 分布，并记为

$$\frac{U/p}{V/q} \sim F_{p,q}$$

F 分布具有如下性质：

(1)如果 $F \sim F_{p,q}$，则 $F^{-1} \sim F_{q,p}$；

(2)$t_q^2 \sim F_{1,q}$。这说明当 $J=1$ 时，使用 t 检验和 F 检验将会得到完全相同的结论。

根据 F 分布的定义，我们易证如下的定理：

定理 3.7 若假设 3.1、3.3(1)和 3.5 成立，$n>K$，则当 $H_0:\boldsymbol{R\beta}^0=\boldsymbol{r}$ 成立时，有

$$F=\frac{(\boldsymbol{R\hat{\beta}}-\boldsymbol{r})'[\boldsymbol{R}(\boldsymbol{X}'\boldsymbol{X})^{-1}\boldsymbol{R}']^{-1}(\boldsymbol{R\hat{\beta}}-\boldsymbol{r})/J}{s^2} \sim F_{J,n-K} \tag{3.25}$$

进一步考虑 F 统计量的计算问题，我们有下面的定理：

定理 3.8 若假设 3.1 和 3.3(1)成立，$\mathrm{SSR}_u=\boldsymbol{e}'\boldsymbol{e}$ 是未受约束模型 $\boldsymbol{Y}=\boldsymbol{X\beta}^0+\boldsymbol{\varepsilon}$ 的残差平方和，$\mathrm{SSR}_r=\tilde{\boldsymbol{e}}'\tilde{\boldsymbol{e}}$ 是受约束模型 $\boldsymbol{Y}=\boldsymbol{X\beta}^0+\boldsymbol{\varepsilon}$（约束条件为 $\boldsymbol{R\beta}^0=\boldsymbol{r}$）的残差平方和，则 F 检验的统计量可写为

$$F=\frac{(\tilde{\boldsymbol{e}}'\tilde{\boldsymbol{e}}-\boldsymbol{e}'\boldsymbol{e})/J}{\boldsymbol{e}'\boldsymbol{e}/(n-K)} \sim F_{J,n-K} \tag{3.26}$$

证明： 设 $\tilde{\boldsymbol{\beta}}$ 是受约束模型的 OLS 估计量，即

$$\tilde{\boldsymbol{\beta}}=\underset{\boldsymbol{\beta}\in\mathbf{R}^K}{\arg\min}(\boldsymbol{Y}-\boldsymbol{X\beta})'(\boldsymbol{Y}-\boldsymbol{X\beta})$$

约束条件为 $\boldsymbol{R\beta}^0=\boldsymbol{r}$。

构建拉格朗日函数(Lagrangian function)，即

$$L(\boldsymbol{\beta},\boldsymbol{\lambda})=(\boldsymbol{Y}-\boldsymbol{X\beta})'(\boldsymbol{Y}-\boldsymbol{X\beta})+2\boldsymbol{\lambda}'(\boldsymbol{r}-\boldsymbol{R\beta})$$

式中，$\boldsymbol{\lambda}$ 为 $J\times 1$ 向量。上述函数的一阶条件为

$$\left.\frac{\partial L(\boldsymbol{\beta},\boldsymbol{\lambda})}{\partial\boldsymbol{\beta}}\right|_{\boldsymbol{\beta}=\tilde{\boldsymbol{\beta}}}=-2\boldsymbol{X}'(\boldsymbol{Y}-\boldsymbol{X}\tilde{\boldsymbol{\beta}})-2\boldsymbol{R}'\boldsymbol{\lambda}=\boldsymbol{0} \tag{3.27}$$

对式(3.27)两端左乘$(\boldsymbol{X}'\boldsymbol{X})^{-1}$，得

$$(\boldsymbol{X}'\boldsymbol{X})^{-1}\boldsymbol{X}'\boldsymbol{Y}-(\boldsymbol{X}'\boldsymbol{X})^{-1}\boldsymbol{X}'\boldsymbol{X}\tilde{\boldsymbol{\beta}}+(\boldsymbol{X}'\boldsymbol{X})^{-1}\boldsymbol{R}'\boldsymbol{\lambda}=\boldsymbol{0}$$

由于 $\hat{\boldsymbol{\beta}}=(\boldsymbol{X}'\boldsymbol{X})^{-1}\boldsymbol{X}'\boldsymbol{Y}$，故

$$\hat{\boldsymbol{\beta}}-\tilde{\boldsymbol{\beta}}+(\boldsymbol{X}'\boldsymbol{X})^{-1}\boldsymbol{R}'\boldsymbol{\lambda}=\boldsymbol{0}$$

进一步，对 $\boldsymbol{\lambda}$ 求导有

$$\left.\frac{\partial L(\boldsymbol{\beta},\boldsymbol{\lambda})}{\partial\boldsymbol{\lambda}}\right|_{\boldsymbol{\beta}=\tilde{\boldsymbol{\beta}}}=\boldsymbol{r}-\boldsymbol{R}\tilde{\boldsymbol{\beta}}=\boldsymbol{0}$$

从而 $\boldsymbol{R}\tilde{\boldsymbol{\beta}}=\boldsymbol{r}$。

综合以上结论，可得

$$-(\hat{\boldsymbol{\beta}}-\tilde{\boldsymbol{\beta}})=(\boldsymbol{X}'\boldsymbol{X})^{-1}\boldsymbol{R}'\boldsymbol{\lambda}$$

$$\boldsymbol{R}(\boldsymbol{X}'\boldsymbol{X})^{-1}\boldsymbol{R}'\boldsymbol{\lambda}=-\boldsymbol{R}(\hat{\boldsymbol{\beta}}-\tilde{\boldsymbol{\beta}})$$

于是拉格朗日乘子为

$$\boldsymbol{\lambda}=-[\boldsymbol{R}(\boldsymbol{X}'\boldsymbol{X})^{-1}\boldsymbol{R}']^{-1}\boldsymbol{R}(\hat{\boldsymbol{\beta}}-\tilde{\boldsymbol{\beta}})=-[\boldsymbol{R}(\boldsymbol{X}'\boldsymbol{X})^{-1}\boldsymbol{R}']^{-1}(\boldsymbol{R}\hat{\boldsymbol{\beta}}-\boldsymbol{r})$$

继而有

$$\hat{\boldsymbol{\beta}}-\tilde{\boldsymbol{\beta}}=(\boldsymbol{X}'\boldsymbol{X})^{-1}\boldsymbol{R}'[\boldsymbol{R}(\boldsymbol{X}'\boldsymbol{X})^{-1}\boldsymbol{R}']^{-1}(\boldsymbol{R}\hat{\boldsymbol{\beta}}-\boldsymbol{r})$$

由于受约束模型的残差向量为

$$\tilde{\boldsymbol{e}}=\boldsymbol{Y}-\boldsymbol{X}\tilde{\boldsymbol{\beta}}=\boldsymbol{Y}-\boldsymbol{X}\hat{\boldsymbol{\beta}}+\boldsymbol{X}(\hat{\boldsymbol{\beta}}-\tilde{\boldsymbol{\beta}})=\boldsymbol{e}+\boldsymbol{X}(\hat{\boldsymbol{\beta}}-\tilde{\boldsymbol{\beta}})$$

因此

$$\tilde{\boldsymbol{e}}'\tilde{\boldsymbol{e}}=\boldsymbol{e}'\boldsymbol{e}+(\hat{\boldsymbol{\beta}}-\tilde{\boldsymbol{\beta}})'\boldsymbol{X}'\boldsymbol{X}(\hat{\boldsymbol{\beta}}-\tilde{\boldsymbol{\beta}})=\boldsymbol{e}'\boldsymbol{e}+(\boldsymbol{R}\hat{\boldsymbol{\beta}}-\boldsymbol{r})'[\boldsymbol{R}(\boldsymbol{X}'\boldsymbol{X})^{-1}\boldsymbol{R}']^{-1}(\boldsymbol{R}\hat{\boldsymbol{\beta}}-\boldsymbol{r})$$

于是，$(\boldsymbol{R}\hat{\boldsymbol{\beta}}-\boldsymbol{r})'[\boldsymbol{R}(\boldsymbol{X}'\boldsymbol{X})^{-1}\boldsymbol{R}']^{-1}(\boldsymbol{R}\hat{\boldsymbol{\beta}}-\boldsymbol{r})=\tilde{\boldsymbol{e}}'\tilde{\boldsymbol{e}}-\boldsymbol{e}'\boldsymbol{e}$。这样一来，有

$$F=\frac{(\boldsymbol{R}\hat{\boldsymbol{\beta}}-\boldsymbol{r})'[\boldsymbol{R}(\boldsymbol{X}'\boldsymbol{X})^{-1}\boldsymbol{R}']^{-1}(\boldsymbol{R}\hat{\boldsymbol{\beta}}-\boldsymbol{r})/J}{s^2}=\frac{(\tilde{\boldsymbol{e}}'\tilde{\boldsymbol{e}}-\boldsymbol{e}'\boldsymbol{e})/J}{\boldsymbol{e}'\boldsymbol{e}/(n-K)}$$

证毕。

注意，上面已得到

$$\boldsymbol{\lambda}=-[\boldsymbol{R}(\boldsymbol{X}'\boldsymbol{X})^{-1}\boldsymbol{R}']^{-1}(\boldsymbol{R}\hat{\boldsymbol{\beta}}-\boldsymbol{r})$$

由此可知，$\boldsymbol{\lambda}$ 描述了 $\boldsymbol{R}\hat{\boldsymbol{\beta}}$ 与 $\boldsymbol{r}$ 的偏离程度，或者说 $\boldsymbol{\lambda}$ 度量了 $\boldsymbol{R}\hat{\boldsymbol{\beta}}-\boldsymbol{r}$ 是否显著地异于 0。

下面考虑在样本容量 $n\to\infty$ 时 F 统计量的分布。在 H_0 成立时，二次型

$$(\boldsymbol{R}\hat{\boldsymbol{\beta}}-\boldsymbol{r})'[\sigma^2\boldsymbol{R}(\boldsymbol{X}'\boldsymbol{X})^{-1}\boldsymbol{R}']^{-1}(\boldsymbol{R}\hat{\boldsymbol{\beta}}-\boldsymbol{r})\sim\chi_J^2$$

前面已证明，在有限样本情况下，$J\cdot F=(\boldsymbol{R}\hat{\boldsymbol{\beta}}-\boldsymbol{r})'[s^2\boldsymbol{R}(\boldsymbol{X}'\boldsymbol{X})^{-1}\boldsymbol{R}']^{-1}(\boldsymbol{R}\hat{\boldsymbol{\beta}}-\boldsymbol{r})$ 不再服从 χ_J^2 分布。但下面的定理说明，当 $n\to\infty$ 时，$J\cdot F\xrightarrow{d}\chi_J^2$。换言之，当 $n\to\infty$ 时，$J\cdot F$ 的极限分布与二次型

$$(\boldsymbol{R}\hat{\boldsymbol{\beta}}-\boldsymbol{r})'[\sigma^2\boldsymbol{R}(\boldsymbol{X}'\boldsymbol{X})^{-1}\boldsymbol{R}']^{-1}(\boldsymbol{R}\hat{\boldsymbol{\beta}}-\boldsymbol{r})$$

的分布一致。

定理 3.9　若假设 3.1、3.3(1)和 3.5 成立，则当 $H_0:\boldsymbol{R}\boldsymbol{\beta}^0=\boldsymbol{r}$ 成立且 $n\to\infty$ 时，Wald 检验统计量

$$W=\frac{(\boldsymbol{R}\hat{\boldsymbol{\beta}}-\boldsymbol{r})'[\boldsymbol{R}(\boldsymbol{X}'\boldsymbol{X})^{-1}\boldsymbol{R}']^{-1}(\boldsymbol{R}\hat{\boldsymbol{\beta}}-\boldsymbol{r})}{s^2}=J\cdot F\xrightarrow{d}\chi_J^2$$

证明：考虑 Slutsky(斯卢茨基)定理：若当 $n\to\infty$ 时，$Z_n\xrightarrow{d}Z$ 且 $a_n\xrightarrow{p}a$，$b_n\xrightarrow{p}b$，则 $a_n+b_nZ_n\xrightarrow{d}a+bZ$。

令

$$Z_n=\frac{(\boldsymbol{R}\hat{\boldsymbol{\beta}}-\boldsymbol{r})'[\boldsymbol{R}(\boldsymbol{X}'\boldsymbol{X})^{-1}\boldsymbol{R}']^{-1}(\boldsymbol{R}\hat{\boldsymbol{\beta}}-\boldsymbol{r})}{\sigma^2},Z\sim\chi_J^2,$$

$$a_n=0,a=0$$

$$b_n=\sigma^2/s^2,b=1$$

则 $W=a_n+b_nZ_n$。

另外，在给定的假设下，由于

$$(n-K)\frac{s^2}{\sigma^2}\sim\chi_{n-K}^2$$

因此

$$E(s^2)=\sigma^2$$

$$\mathrm{Var}(s^2)=\frac{2\sigma^4}{n-K}$$

从而当 $n\to\infty$ 时，有

$$E(s^2-\sigma^2)^2=\frac{2\sigma^4}{n-K}\to 0$$

即 $s^2\xrightarrow{q.m.}\sigma^2$，继而有 $s^2\xrightarrow{p}\sigma^2$（均方收敛蕴含依概率收敛）。

根据以上结果，并注意 $W=a_n+b_nZ_n$，定理得证。

进一步，利用结论：若 $Z_n\xrightarrow{p}Z$，$g(\cdot)$ 为连续函数，则 $g(Z_n)\xrightarrow{p}g(Z)$，还可得到 $s\xrightarrow{p}\sigma$。

3.8 模型参数性检验的应用

3.8.1 所有解释变量联合显著性的检验

考虑模型

$$Y_t=\boldsymbol{X}_t'\boldsymbol{\beta}^0+\varepsilon_t=\beta_0^0+\sum_{j=1}^{k}\beta_j^0X_{jt}+\varepsilon_t \tag{3.28}$$

目的是检验除了截距项之外所有解释变量 $X_1,X_2,\cdots,X_k$ 对被解释变量 Y 的联合影响。构建的原假设为

$$H_0:\beta_j^0=0，对所有的\ j=1,\cdots,k$$

其表示所有解释变量均对 Y 不产生影响。备择假设为

$$H_{\mathrm{A}}:至少存在某个\ j(j=1,\cdots,k),\beta_j^0\neq 0$$

于是，无约束模型为 $Y_t=\boldsymbol{X}_t'\boldsymbol{\beta}^0+\varepsilon_t$，受约束模型为 $Y_t=\beta_0^0+\varepsilon_t$，检验使用的 F 统计量 $F\sim F_{k,n-(k+1)}$。这里问题的关键是在 H_0 成立时求 $\tilde{\boldsymbol{e}}'\tilde{\boldsymbol{e}}$。

在 H_0 成立时，受约束模型的 OLS 估计量为 $\tilde{\boldsymbol{\beta}}=(\bar{Y},0,\cdots,0)'$，其中 $\bar{Y}$ 为被解释变量 Y 的 n 次观测 $\{Y_t\}_{t=1}^n$ 的样本均值。从而有

$$\tilde{\boldsymbol{e}}=\boldsymbol{Y}-\boldsymbol{X}\tilde{\boldsymbol{\beta}}=\boldsymbol{Y}-\bar{Y}\mathbf{1}$$

$$\tilde{\boldsymbol{e}}'\tilde{\boldsymbol{e}}=(\boldsymbol{Y}-\bar{Y}\mathbf{1})'(\boldsymbol{Y}-\bar{Y}\mathbf{1})$$

式中，向量 $\mathbf{1}$ 由 n 个 1 构成，即 $\mathbf{1}=(1,1,\cdots,1)'$。

根据测定系数 R^2 的定义，有

$$R^2=1-\frac{\boldsymbol{e}'\boldsymbol{e}}{(\boldsymbol{Y}-\bar{Y}\mathbf{1})'(\boldsymbol{Y}-\bar{Y}\mathbf{1})}=1-\frac{\boldsymbol{e}'\boldsymbol{e}}{\tilde{\boldsymbol{e}}'\tilde{\boldsymbol{e}}}$$

继而有

$$F=\frac{(\tilde{\boldsymbol{e}}'\tilde{\boldsymbol{e}}-\boldsymbol{e}'\boldsymbol{e})/k}{\boldsymbol{e}'\boldsymbol{e}/(n-k-1)}=\frac{\tilde{\boldsymbol{e}}'\tilde{\boldsymbol{e}}\left(1-\dfrac{\boldsymbol{e}'\boldsymbol{e}}{\tilde{\boldsymbol{e}}'\tilde{\boldsymbol{e}}}\right)\Big/k}{\boldsymbol{e}'\boldsymbol{e}/(n-k-1)}=\frac{\left(1-\dfrac{\boldsymbol{e}'\boldsymbol{e}}{\tilde{\boldsymbol{e}}'\tilde{\boldsymbol{e}}}\right)\Big/k}{\dfrac{\boldsymbol{e}'\boldsymbol{e}}{\tilde{\boldsymbol{e}}'\tilde{\boldsymbol{e}}}\Big/(n-k-1)}=\frac{R^2/k}{(1-R^2)/(n-k-1)} \tag{3.29}$$

这样一来，检验联合假设 $H_0:\beta_j^0=0$（对所有的 $j=1,\cdots,k$）时，只需要估计无约束模型，并得到其测定系数 R^2。这里要强调的是，式(3.29)仅在检验除截距项外所有解释变量的系数都为 0 的原假设时才能适用。

【例 3.7】［**有效市场假说的检验**］　假设 Y_t 是汇率在第 t 期的收益率，I_{t-1} 是第 $t-1$ 期前汇率的历史信息集。有效市场假说的经典版本可表述为

$$E(Y_t|I_{t-1})=E(Y_t)$$

为了检验汇率的历史信息可否用于预测未来的汇率变动，设定线性回归模型为

$$Y_t=\boldsymbol{X}_t'\boldsymbol{\beta}^0+\varepsilon_t$$

式中，$\boldsymbol{X}_t=(1,Y_{t-1},\cdots,Y_{t-k})'$。这实际是一个 k 阶自回归模型，在有效市场假说下，有

$$H_0:\beta_j^0=0\text{，对所有的 } j=1,\cdots,k$$

如果备择假设

$$H_A\text{：至少存在某个 } j(j=1,\cdots,k),\beta_j^0\neq 0$$

成立，则可利用汇率的历史信息预测未来的汇率变动。

在应用线性回归模型检验有效市场假说时，若 H_0 未被拒绝，如何进行合理的解释？需要注意的是在有效市场假说与 H_0 之间存在一定的差异，线性回归模型只是有效市场假说检验方法中的一种。有可能存在这样一种情况，即 Y_t 与 $Y_{t-1},\cdots,Y_{t-k}$ 之间的关系呈现非线性关系，而不是线性关系。因此，使用 F 检验发现没有拒绝 H_0，只是说明没有发现拒绝有效市场假说的证据，并不能据此立即得出有效市场假说成立的结论。这一点在检验原始经济假设时值得注意，一定要分析原始经济假设与参数假设 H_0 之间可能存在的差异性。

严格来看，经典计量经济学理论的严格外生性［假设 3.2：$E(\varepsilon_t|\boldsymbol{X})=0$］排除了使用 F 检验验证市场有效性的可能性，因为本例中的线性回归模型是一个动态时间序列回归模型，严格外生性条件不成立。但是，在时间序列的线性回归模型分析中，可证明在条件同方差假设与大样本条件下，可以得到

$$k\cdot F=\frac{R^2}{(1-R^2)/(n-k-1)}\xrightarrow{d}\chi_k^2\text{，当 } n\to\infty \text{ 时}$$

事实上，当 n 非常大时，可使用下面更简单的统计量对有效市场假说进行检验：

$$(n-k-1)R^2\xrightarrow{d}\chi_k^2$$

尽管该结果无须假设 3.5（条件正态分布），但仍需要条件同方差假设。由于模型中包含有 Y_t 的滞后项 $Y_{t-1},\cdots,Y_{t-k}$，因此条件同方差假设实际上排除了自回归条件异方差(ARCH)的可能性，而高频金融时间序列数据一般存在显著的 ARCH 效应。

【例 3.8】［**消费函数的影响效应检验**］　设 Y_t 表示消费额，X_{1t} 表示劳动力收入，X_{2t} 表示流动性资产额。研究收集了连续 25 年的数据，并采用 OLS 估计法得到消费函数的估计方程为

$$\hat{Y}_t=33.88-26.00X_{1t}+6.71X_{2t},R^2=0.742,n=25$$
$$[1.77]\quad[-0.74]\quad[0.77]$$

式中，括号中的数字为 t 统计量值。

假设我们对劳动力收入或流动性资产是否对消费有影响感兴趣，则可以使用 F 检验。本例中

$$F=\frac{R^2/2}{(1-R^2)/(n-3)}=(0.742/2)/[(1-0.742)/(25-3)]=31.636$$

检验统计量 $F \sim F_{2,22}$，当显著水平为5%时，临界值为4.38。因此，在5%的显著水平上拒绝原假设，即拒绝劳动力收入和流动性资产均对消费没有影响的联合假设。但是，单独来看，劳动力收入和流动性资产两个变量都不显著。

3.8.2 遗漏变量检验或无效检验

令 $\boldsymbol{X}_t=(\boldsymbol{X}_t^{(1)\prime},\boldsymbol{X}_t^{(2)\prime})'$，其中 $\boldsymbol{X}_t^{(1)}$ 为 k_1+1 维列向量，$\boldsymbol{X}_t^{(2)}$ 为 k_2 维列向量。若 Y_t 的条件均值 $E(Y_t|\boldsymbol{X}_t)=E(Y_t|\boldsymbol{X}_t^{(1)})$，则解释变量 $\boldsymbol{X}_t^{(2)}$ 对于 Y_t 的条件均值没有解释力；若 $E(Y_t|\boldsymbol{X}_t)\neq E(Y_t|\boldsymbol{X}_t^{(1)})$，则 $\boldsymbol{X}_t^{(2)}$ 对于 Y_t 的条件均值有解释力。当 $\boldsymbol{X}_t^{(2)}$ 对 Y_t 的条件均值有解释力，但未包含在回归模型中时，称 $\boldsymbol{X}_t^{(2)}$ 为遗漏变量(omitted variables)。我们的问题是：如何在线性回归模型的框架下检验 $\boldsymbol{X}_t^{(2)}$ 是否为遗漏变量，或检验是否应该添加或剔除一些解释变量。

考虑受约束线性回归模型

$$Y_t=\beta_0+\beta_1X_{1t}+\cdots+\beta_{k_1}X_{k_1t}+\varepsilon_t \tag{3.30}$$

假设有另外 k_2 个变量 $\boldsymbol{X}_t^{(2)}=(X_{(k_1+1)t},\cdots,X_{(k_1+k_2)t})'$ 被引入模型中，因此有扩展的线性回归模型(未受约束模型)为

$$Y_t=\beta_0+\beta_1X_{1t}+\cdots+\beta_{k_1}X_{k_1t}+\beta_{k_1+1}X_{(k_1+1)t}+\cdots+\beta_{(k_1+k_2)}X_{(k_1+k_2)t}+\varepsilon_t \tag{3.31}$$

原假设为新增变量对 Y_t 无影响，即

$$H_0:\beta_{k_1+1}=\beta_{k_1+2}=\cdots=\beta_{k_1+k_2}=0$$

备择假设为至少存在一个新增变量 X_{jt} 对 Y_t 有影响，即

$$H_A:\beta_j\neq 0, j\in\{k_1+1,\cdots,k_1+k_2\}$$

F 检验统计量为

$$F=\frac{(\tilde{e}'\tilde{e}-e'e)/k_2}{e'e/(n-k_1-k_2-1)}\sim F_{k_2,n-(k_1+k_2+1)}$$

当原假设 H_0 被拒绝时，说明有些解释变量本应包括在模型中，但被遗漏了；而当原假设 H_0 不能被拒绝时，不能断言模型不存在遗漏变量问题，因为新增变量对 Y_t 可能存在非线性影响，设定的线性回归模型并不能捕捉到这种影响。

【例3.9】[经济改革效应检验] 考虑扩展的生产函数模型

$$\ln Y_t=\beta_0+\beta_1\ln L_t+\beta_2\ln K_t+\beta_3U_t+\beta_4S_t+\beta_5M_t+\varepsilon_t$$

式中，U_t 表示企业是否有自主权的虚拟变量；S_t 是企业与国家的利润分成比例；M_t 表示企业是否更换经理的虚拟变量。

原假设为这三项改革均无效果，即

$$H_0:\beta_3=\beta_4=\beta_5=0$$

利用 F 统计量可对此假设进行检验，当 H_0 成立时，$F\sim F_{3,n-6}$。若拒绝 H_0，则说明有推翻原始经济假说的证据，即三项改革中至少有一项是有效的。若不能拒绝 H_0，则只能说明没有发现推翻原始经济假说的证据，但并不能断言改革无效用。因为 U_t、S_t 和 M_t 对 Y_t 条件均值的影响可能会呈现非线性性，而设定的模型并未反映这种非线性影响。

【例3.10】[结构变化或机制转换检验] 考虑下面的线性回归模型

$$Y_t=\beta_0+\beta_1X_{1t}+\varepsilon_t$$

式中，t 表示时间。出于简单化的考虑，假设 X_{1t} 与 ε_t 相互独立。若在 $t=t_0$ 后，经济发生了突然的结构性变化，故考虑下面扩展的线性回归模型

$$Y_t=(\beta_0+\alpha_0 D_t)+(\beta_1+\alpha_1 D_t)X_{1t}+\varepsilon_t=\beta_0+\beta_1 X_{1t}+\alpha_0 D_t+\alpha_1(D_t X_{1t})+\varepsilon_t$$

式中，变量 D_t 是表示经济结构变化的虚拟变量，当 $t>t_0$ 时，$D_t=1$，反之 $D_t=0$。

如果没有发生结构变化，原假设为

$$H_0:\alpha_0=\alpha_1=0$$

备择假设为

$$H_A:\alpha_0\neq 0 \text{ 或 } \alpha_1\neq 0$$

检验用的 F 统计量为 $F\sim F_{2,n-4}$。若备择假设成立，则 Y_t 条件均值存在结构变化。这个检验由邹至庄于 1960 年率先提出，文献中称为邹氏检验(Chou test)。

3.8.3 参数线性约束检验

【例 3.11】[规模报酬不变检验] 考虑例 3.9 中的扩展生产函数模型，即

$$\ln Y_t=\beta_0+\beta_1\ln L_t+\beta_2\ln K_t+\beta_3 U_t+\beta_4 S_t+\beta_5 M_t+\varepsilon_t$$

在线性回归模型框架下，检验规模报酬不变等价于检验假设

$$H_0:\beta_1+\beta_2=1$$

备择假设为

$$H_A:\beta_1+\beta_2\neq 1$$

当 $H_0:\beta_1+\beta_2=1$ 成立时，受约束回归模型为

$$\ln Y_t=\beta_0+\beta_1\ln L_t+(1-\beta_1)\ln K_t+\beta_3 U_t+\beta_4 S_t+\beta_5 M_t+\varepsilon_t$$

或等价地写为

$$\ln(Y_t/K_t)=\beta_0+\beta_1\ln(L_t/K_t)+\beta_3 U_t+\beta_4 S_t+\beta_5 M_t+\varepsilon_t$$

检验用的 F 检验统计量为 $F\sim F_{1,n-6}$。注意，由于该例只有一个约束条件，故也可采用 t 检验。

【例 3.12】 考虑工资函数模型

$$W_t=\beta_0+\beta_1 P_t+\beta_2 P_{t-1}+\beta_3 U_t+\beta_4 V_t+\beta_5 W_{t-1}+\varepsilon_t$$

式中，W_t 表示工资；P_t 表示商品价格；U_t 表示失业率；V_t 表示空缺岗位状况。

原假设为

$$H_0:\beta_1+\beta_2=0,\ \beta_3+\beta_4=0,\ \beta_5=1$$

本例中，受约束模型为

$$\Delta W_t=\beta_0+\beta_1\Delta P_t+\beta_4 D_t+\varepsilon_t$$

式中，$\Delta W_t=W_t-W_{t-1}$，$\Delta P_t=P_t-P_{t-1}$，$D_t=V_t-U_t$。D_t 描述了就业市场状况(就业供应过剩情况)，检验 H_0 的统计量为 $F\sim F_{3,n-6}$。

3.9 广义最小二乘估计

本章前面的讨论基于经典的假设条件，关键的一个假设是 $\boldsymbol{\varepsilon}|\boldsymbol{X}\sim N(\boldsymbol{0},\sigma^2\boldsymbol{I})$，其意味着随机误差项同方差且不相关。如果某些假设条件不成立，则上面介绍的有些方法和结论将不再成立。本节放宽假设 3.5 中的条件，在更宽泛的条件下考虑最小二乘估计及其性质。

假设 3.6 设 $\boldsymbol{\varepsilon}|\boldsymbol{X}\sim N(\boldsymbol{0},\sigma^2\boldsymbol{V})$，其中 $0<\sigma^2<\infty$ 且未知，$\boldsymbol{V}=\boldsymbol{V}(\boldsymbol{X})=(V_{ij})$ 是对称的 $n\times n$

阶正定矩阵。

在假设 3.6 成立时,有

$$\mathrm{Var}(\boldsymbol{\varepsilon}\mid\boldsymbol{X})=\sigma^2\boldsymbol{V}(\boldsymbol{X}) \tag{3.32}$$

$\boldsymbol{\varepsilon}=(\varepsilon_1,\varepsilon_2,\cdots,\varepsilon_n)'$的分量满足

$$E(\varepsilon_t\mid\boldsymbol{X})=0$$
$$\mathrm{Var}(\varepsilon_t\mid\boldsymbol{X})=\sigma^2V_{tt}(\boldsymbol{X})$$
$$\mathrm{Cov}(\varepsilon_t,\varepsilon_s\mid\boldsymbol{X})=\sigma^2V_{ts}(\boldsymbol{X})$$

式中,$t=1,2,\cdots,n$。

与假设条件 3.5 相比较,假设条件 3.6 允许随机误差项存在条件异方差和序列相关。我们想知道,当假设条件从 3.5 转变为更加宽泛的条件 3.6 后,前面求得的 OLS 估计量 $\hat{\boldsymbol{\beta}}$ 具有怎样的统计性质?

定理 3.10　当假设条件 3.1、3.3(1)和 3.6 成立时,则有

(1)$E(\hat{\boldsymbol{\beta}}\mid\boldsymbol{X})=\boldsymbol{\beta}^0$;

(2)$\mathrm{Var}(\hat{\boldsymbol{\beta}}\mid\boldsymbol{X})=\sigma^2(\boldsymbol{X}'\boldsymbol{X})^{-1}\boldsymbol{X}'\boldsymbol{V}\boldsymbol{X}(\boldsymbol{X}'\boldsymbol{X})^{-1}\neq\sigma^2(\boldsymbol{X}'\boldsymbol{X})^{-1}$;

(3)$(\hat{\boldsymbol{\beta}}-\boldsymbol{\beta}^0)\mid\boldsymbol{X}\sim N[\boldsymbol{0},\sigma^2(\boldsymbol{X}'\boldsymbol{X})^{-1}\boldsymbol{X}'\boldsymbol{V}\boldsymbol{X}(\boldsymbol{X}'\boldsymbol{X})^{-1}]$;

(4)$\mathrm{Cov}(\hat{\boldsymbol{\beta}},\boldsymbol{e}\mid\boldsymbol{X})\neq\boldsymbol{0}$。

证明:

(1)由 $\hat{\boldsymbol{\beta}}-\boldsymbol{\beta}_0=(\boldsymbol{X}'\boldsymbol{X})^{-1}\boldsymbol{X}'\boldsymbol{\varepsilon}$,得

$$E[(\hat{\boldsymbol{\beta}}-\boldsymbol{\beta}_0)\mid\boldsymbol{X}]=(\boldsymbol{X}'\boldsymbol{X})^{-1}\boldsymbol{X}'E(\boldsymbol{\varepsilon}\mid\boldsymbol{X})=\boldsymbol{0}$$

故有 $E(\hat{\boldsymbol{\beta}}\mid\boldsymbol{X})=\boldsymbol{\beta}^0$,即 $\hat{\boldsymbol{\beta}}$ 依然具有无偏性。

(2)

$$\begin{aligned}\mathrm{Var}(\hat{\boldsymbol{\beta}}\mid\boldsymbol{X})&=\mathrm{Var}[(\boldsymbol{X}'\boldsymbol{X})^{-1}\boldsymbol{X}'\boldsymbol{Y}\mid\boldsymbol{X}]\\&=(\boldsymbol{X}'\boldsymbol{X})^{-1}\boldsymbol{X}'\cdot\mathrm{Var}(\boldsymbol{\varepsilon}\mid\boldsymbol{X})\cdot\boldsymbol{X}(\boldsymbol{X}'\boldsymbol{X})^{-1}\\&=\sigma^2(\boldsymbol{X}'\boldsymbol{X})^{-1}\boldsymbol{X}'\boldsymbol{V}\boldsymbol{X}(\boldsymbol{X}'\boldsymbol{X})^{-1}\\&\neq\sigma^2(\boldsymbol{X}'\boldsymbol{X})^{-1}\end{aligned}$$

这个结果说明 $\hat{\boldsymbol{\beta}}$ 的协方差矩阵不是其最有效时的 $\sigma^2(\boldsymbol{X}'\boldsymbol{X})^{-1}$,故 $\hat{\boldsymbol{\beta}}$ 虽然也是线性无偏的,但其不是 $\boldsymbol{\beta}^0$ 的最有效估计。另外,由于 $\mathrm{Var}(\boldsymbol{\varepsilon}\mid\boldsymbol{X})\neq\sigma^2\boldsymbol{I}$,因此无法进一步简化上述表达式。

(3)由于给定 $\boldsymbol{X}$ 的条件下,$\hat{\boldsymbol{\beta}}-\boldsymbol{\beta}_0=(\boldsymbol{X}'\boldsymbol{X})^{-1}\boldsymbol{X}'\boldsymbol{\varepsilon}$,这说明 $\hat{\boldsymbol{\beta}}-\boldsymbol{\beta}_0$ 是 $\boldsymbol{\varepsilon}$ 的线性组合。根据无偏性和多元正态分布及其数字特征的性质,易得

$$(\hat{\boldsymbol{\beta}}-\boldsymbol{\beta}^0)\mid\boldsymbol{X}\sim N[\boldsymbol{0},\sigma^2(\boldsymbol{X}'\boldsymbol{X})^{-1}\boldsymbol{X}'\boldsymbol{V}\boldsymbol{X}(\boldsymbol{X}'\boldsymbol{X})^{-1}]$$

(4)因为 $\boldsymbol{X}'\boldsymbol{V}\boldsymbol{M}\neq\boldsymbol{0}$,故有

$$\begin{aligned}\mathrm{Cov}(\hat{\boldsymbol{\beta}},\boldsymbol{e}\mid\boldsymbol{X})&=E[(\hat{\boldsymbol{\beta}}-\boldsymbol{\beta}^0)\boldsymbol{e}'\mid\boldsymbol{X}]\\&=E[(\boldsymbol{X}'\boldsymbol{X})^{-1}\boldsymbol{X}'\boldsymbol{\varepsilon}\boldsymbol{\varepsilon}'\boldsymbol{M}\mid\boldsymbol{X}]\\&=(\boldsymbol{X}'\boldsymbol{X})^{-1}\boldsymbol{X}'E(\boldsymbol{\varepsilon}\boldsymbol{\varepsilon}'\mid\boldsymbol{X})\boldsymbol{M}\\&=\sigma^2(\boldsymbol{X}'\boldsymbol{X})^{-1}\boldsymbol{X}'\boldsymbol{V}\boldsymbol{M}\neq\boldsymbol{0}\end{aligned}$$

由于随机误差项不再同方差[$\mathrm{Var}(\varepsilon_t\mid\boldsymbol{X})\neq\sigma^2$],且存在自相关[$\mathrm{Cov}(\varepsilon_t,\varepsilon_s\mid\boldsymbol{X})\neq0$],故导致 OLS 估计量 $\hat{\boldsymbol{\beta}}$ 与残差向量 $\boldsymbol{e}=\boldsymbol{Y}-\hat{\boldsymbol{Y}}$ 存在相关性。

定理 3.10 表明,假设条件 3.6 成立时,OLS 估计量 $\hat{\boldsymbol{\beta}}$ 依然是无偏的,而且当 $n\to\infty$ 时,可以证明 $\hat{\boldsymbol{\beta}}$ 的协方差矩阵趋向于 $\boldsymbol{0}$。因此,它在 MSE 的意义上收敛于 $\boldsymbol{\beta}^0$。但是,在假设 3.6 下,

OLS 估计量 $\hat{\boldsymbol{\beta}}$ 的协方差矩阵不再是简单形式的 $\sigma^2(\boldsymbol{X}'\boldsymbol{X})^{-1}$，而是具有较复杂形式的 $\sigma^2(\boldsymbol{X}'\boldsymbol{X})^{-1}\boldsymbol{X}'\boldsymbol{V}\boldsymbol{X}(\boldsymbol{X}'\boldsymbol{X})^{-1}$，因此基于简单形式 $\sigma^2(\boldsymbol{X}'\boldsymbol{X})^{-1}$ 构建的 t 检验和 F 检验均无效。

由于给定 $\boldsymbol{X}$ 的条件下，$\hat{\boldsymbol{\beta}}$ 与 $\boldsymbol{e}$ 不相互独立，经典的 t 检验和 F 检验统计量定义中要求分子与分母独立的条件得不到满足。因此，即便使用正确的协方差矩阵 $\sigma^2(\boldsymbol{X}'\boldsymbol{X})^{-1}\boldsymbol{X}'\boldsymbol{V}\boldsymbol{X}(\boldsymbol{X}'\boldsymbol{X})^{-1}$ 的一致估计量，仍然无法在有限样本情况下构建服从 t 分布和 F 分布的检验统计量。

为了解决以上问题，下面考虑一种新的估计方法，称其为广义最小二乘(generalized least square，简称为 GLS)估计。

引理 3.4　对于任意的对称正定矩阵 $\boldsymbol{V}$，总可以将其分解为

$$\boldsymbol{V}^{-1}=\boldsymbol{C}'\boldsymbol{C}$$

$$\boldsymbol{V}=\boldsymbol{C}^{-1}(\boldsymbol{C}')^{-1}$$

式中，$\boldsymbol{C}$ 是一个 $n\times n$ 的非奇异矩阵。

上面的公式称为乔列斯基分解(Cholesky factorization)，不过这里的矩阵 $\boldsymbol{C}$ 可能是非对称的。

考虑线性回归模型

$$\boldsymbol{Y}=\boldsymbol{X}\boldsymbol{\beta}^0+\boldsymbol{\varepsilon}$$

用矩阵 $\boldsymbol{C}$ 同时左乘公式两端，得

$$\boldsymbol{C}\boldsymbol{Y}=\boldsymbol{C}\boldsymbol{X}\boldsymbol{\beta}^0+\boldsymbol{C}\boldsymbol{\varepsilon}$$

或记为

$$\boldsymbol{Y}^*=\boldsymbol{X}^*\boldsymbol{\beta}^0+\boldsymbol{\varepsilon}^* \tag{3.33}$$

式中，$\boldsymbol{Y}^*=\boldsymbol{C}\boldsymbol{Y}$，$\boldsymbol{X}^*=\boldsymbol{C}\boldsymbol{X}$，$\boldsymbol{\varepsilon}^*=\boldsymbol{C}\boldsymbol{\varepsilon}$。变换后模型的 OLS 估计量为

$$\hat{\boldsymbol{\beta}}^*=(\boldsymbol{X}^{*\prime}\boldsymbol{X}^*)^{-1}\boldsymbol{X}^{*\prime}\boldsymbol{Y}^*=(\boldsymbol{X}'\boldsymbol{C}'\boldsymbol{C}\boldsymbol{X})^{-1}(\boldsymbol{X}'\boldsymbol{C}'\boldsymbol{C}\boldsymbol{Y})=(\boldsymbol{X}'\boldsymbol{V}^{-1}\boldsymbol{X})^{-1}\boldsymbol{X}'\boldsymbol{V}^{-1}\boldsymbol{Y} \tag{3.34}$$

称这个估计为广义最小二乘估计量。

为了探讨广义最小二乘估计量的性质，首先考虑式(3.33)随机误差项 $\boldsymbol{\varepsilon}^*$ 的条件期望和条件方差。由 $\boldsymbol{\varepsilon}^*=\boldsymbol{C}\boldsymbol{\varepsilon}$ 及假设 3.6 容易得到

$$E(\boldsymbol{\varepsilon}^*|\boldsymbol{X})=E(\boldsymbol{C}\boldsymbol{\varepsilon}|\boldsymbol{X})=\boldsymbol{C}E(\boldsymbol{\varepsilon}|\boldsymbol{X})=\boldsymbol{0}$$

$$\begin{aligned}\mathrm{Var}(\boldsymbol{\varepsilon}^*|\boldsymbol{X})&=E[\boldsymbol{\varepsilon}^*\boldsymbol{\varepsilon}^{*\prime}|\boldsymbol{X}]\\&=E[\boldsymbol{C}\boldsymbol{\varepsilon}\boldsymbol{\varepsilon}'\boldsymbol{C}'|\boldsymbol{X}]\\&=\boldsymbol{C}E(\boldsymbol{\varepsilon}\boldsymbol{\varepsilon}'|\boldsymbol{X})\boldsymbol{C}'\\&=\sigma^2\boldsymbol{C}\boldsymbol{V}\boldsymbol{C}'\\&=\sigma^2\boldsymbol{C}[\boldsymbol{C}^{-1}(\boldsymbol{C}')^{-1}]\boldsymbol{C}'\\&=\sigma^2\boldsymbol{I}\end{aligned}$$

于是，$\boldsymbol{\varepsilon}^*|\boldsymbol{X}\sim N(\boldsymbol{0},\sigma^2\boldsymbol{I})$。这说明上述变换使得新的随机误差项 $\boldsymbol{\varepsilon}^*$ 变为条件同方差，不存在自相关性，且服从正态分布。假设对于 ε_t 来说，它具有一个较大的方差 σ_t^2。变换 $\varepsilon_t^*=\boldsymbol{C}\varepsilon_t$ 将通过对 ε_t 除以其条件标准差，从而使 ε_t^* 变为条件同方差。另外，该变换也改变了 ε_t 和 $\varepsilon_s(t\neq s)$的关系，消除了$\{\varepsilon_t\}$可能存在的自相关。因此，GLS 估计量在高斯-马尔可夫意义上是 $\boldsymbol{\beta}^0$ 的最佳线性最小二乘估计量。

定理 3.11　当假设 3.1、3.3(1)和 3.6 成立时，有

(1)$E(\hat{\boldsymbol{\beta}}^*|\boldsymbol{X})=\boldsymbol{\beta}^0$；

(2)$\mathrm{Var}(\hat{\boldsymbol{\beta}}^*|\boldsymbol{X})=\sigma^2(\boldsymbol{X}^{*\prime}\boldsymbol{X}^*)^{-1}$；

(3)$\mathrm{Cov}(\hat{\boldsymbol{\beta}}^*, \boldsymbol{e}^* | \boldsymbol{X}) = \boldsymbol{0}$,其中 $\boldsymbol{e}^* = \boldsymbol{Y}^* - \boldsymbol{X}^* \hat{\boldsymbol{\beta}}^*$;

(4)GLS 估计量 $\hat{\boldsymbol{\beta}}^*$ 为最佳线性无偏估计;

(5)$E(s^{*2} | \boldsymbol{X}) = \sigma^2$,其中 $s^{*2} = \boldsymbol{e}^{*\prime}\boldsymbol{e}^* / (n-K)$。

证明:

(1)GLS 估计量是变换后模型 $\boldsymbol{Y}^* = \boldsymbol{X}^* \boldsymbol{\beta}^0 + \boldsymbol{\varepsilon}^*$ 的 OLS 估计量,这个模型满足经典回归模型假设中的 3.1、3.3(1)和 3.5,$\boldsymbol{\varepsilon}^* | \boldsymbol{X}^* \sim N(\boldsymbol{0}, \sigma^2 \boldsymbol{I})$。因此,结论(1)至(5)成立。证毕。

由于 GLS 估计量 $\hat{\boldsymbol{\beta}}^*$ 是最佳线性无偏估计量,且与 OLS 估计量 $\hat{\boldsymbol{\beta}}$ 存在差异,即

$$\hat{\boldsymbol{\beta}}^* = (\boldsymbol{X}'\boldsymbol{V}^{-1}\boldsymbol{X})^{-1}\boldsymbol{X}'\boldsymbol{V}^{-1}\boldsymbol{Y} \neq (\boldsymbol{X}'\boldsymbol{X})^{-1}\boldsymbol{X}'\boldsymbol{Y} = \hat{\boldsymbol{\beta}}$$

故 OLS 估计量 $\hat{\boldsymbol{\beta}}$ 不可能是最佳线性无偏估计量。

因为 $\hat{\boldsymbol{\beta}}^*$ 是变换后模型 $\boldsymbol{Y}^* = \boldsymbol{X}^* \boldsymbol{\beta}^0 + \boldsymbol{\varepsilon}^*$ 的 OLS 估计量,而且在给定 $\boldsymbol{X}$ 的条件下,变换后模型的随机误差项满足 $\boldsymbol{\varepsilon}^* \sim N(\boldsymbol{0}, \sigma^2 \boldsymbol{I})$,所以 t 检验和 F 检验依然可用,只不过其形式变为

$$T^* = \frac{\boldsymbol{R}\hat{\boldsymbol{\beta}}^* - \boldsymbol{r}}{\sqrt{s^{*2}\boldsymbol{R}(\boldsymbol{X}^{*\prime}\boldsymbol{X}^*)^{-1}\boldsymbol{R}'}} \sim t_{n-K} \tag{3.35}$$

$$F^* = \frac{(\boldsymbol{R}\hat{\boldsymbol{\beta}}^* - \boldsymbol{r})'[\boldsymbol{R}(\boldsymbol{X}^{*\prime}\boldsymbol{X}^*)^{-1}\boldsymbol{R}']^{-1}(\boldsymbol{R}\hat{\boldsymbol{\beta}}^* - \boldsymbol{r})/J}{s^{*2}} \sim F_{J,n-K} \tag{3.36}$$

GLS 估计对我们的一个重要启示是:在线性回归模型中,对条件异方差和自相关进行适当处理,可以得到有效的估计。但是,由于 $\mathrm{Var}(\boldsymbol{\varepsilon} | \boldsymbol{X}) = \sigma^2 \mathbf{V}$ 中的 $\mathbf{V}$ 通常是未知的,因此实践中 GLS 估计通常不可行。对此至少有两种解决方法,下面分别进行介绍。

1. 适应性可行 GLS 估计

在一些情况下,如果附加若干假设条件,我们可以使用非参数估计量 $\hat{\mathbf{V}}$ 来代替未知矩阵 $\mathbf{V}$,从而可得到适应性可行 GLS(adaptive feasible GLS)估计量,即

$$\hat{\boldsymbol{\beta}}_{\mathrm{a}}^* = (\boldsymbol{X}'\hat{\mathbf{V}}^{-1}\boldsymbol{X})^{-1}\boldsymbol{X}'\hat{\mathbf{V}}^{-1}\boldsymbol{Y}$$

式中,$\hat{\mathbf{V}}$ 是 $\mathbf{V}$ 的一个估计量。

因为 $\mathbf{V}$ 是一个 $n \times n$ 的未知矩阵,而且仅有 n 个样本点,若不对 $\mathbf{V}$ 的形式施加一定的限制,则不可能使用 n 个样本点一致地估计出 $\mathbf{V}$。例如,可以假设

$$\sigma^2 \mathbf{V} = \mathrm{diag}\{\sigma_1^2(\boldsymbol{X}), \cdots, \sigma_n^2(\boldsymbol{X})\} = \mathrm{diag}\{\sigma^2(\boldsymbol{X}_1), \cdots, \sigma^2(\boldsymbol{X}_n)\}$$

式中,$\mathrm{diag}\{\cdot\}$是一个 $n \times n$ 的对角矩阵,但 $\sigma^2(\boldsymbol{X}_t) = E(\varepsilon_t^2 | \boldsymbol{X})$的函数形式是未知的。当$\{\varepsilon_t\}$不存在自相关时,即 $\mathrm{Cov}(\varepsilon_t, \varepsilon_s | \boldsymbol{X}) = 0 (t \neq s)$时,$\sigma^2 \mathbf{V}$ 将是一个对角矩阵。在这些条件下,可使用非参数估计量 $\hat{\sigma}^2(\boldsymbol{x})$,这个估计量在 MSE 意义下会随着样本容量 n 的增大而趋近于$\sigma^2(\boldsymbol{x})$。

关于非参数估计量 $\hat{\sigma}^2(\boldsymbol{x})$,可以使用核估计

$$\hat{\sigma}^2(\boldsymbol{x}) = \frac{1}{n}\sum_{t=1}^{n} e_t^2 \frac{1}{b} K\left(\frac{\boldsymbol{x} - \boldsymbol{X}_t}{b}\right) \xrightarrow{p} \sigma^2(\boldsymbol{x})$$

式中,e_t 是估计的残差;$K(\cdot)$是一个给定对称密度的核函数$\left[\text{如 } K(u) = (2\pi)^{-1/2}\exp\left(-\frac{1}{2}u^2\right)\right]$;当 $n \to \infty$时,$b = b(n)$是窗宽,即 $b \to 0$,$nb \to \infty$。

由于 $\hat{\sigma}^2(\boldsymbol{x})$是估计量,适应性可行 GLS 估计量 $\hat{\boldsymbol{\beta}}_{\mathrm{a}}^*$ 的有限样本分布与方差 $\mathbf{V}$ 的形式已知时得到的 GLS 估计量 $\hat{\boldsymbol{\beta}}_{\mathrm{a}}^*$ 的有限样本分布不同,这是因为估计量 $\hat{\mathbf{V}}$ 的抽样误差会对估计量 $\hat{\boldsymbol{\beta}}_{\mathrm{a}}^*$ 造成一定影响。但是在一定的正则条件下,$\hat{\boldsymbol{\beta}}_{\mathrm{a}}^*$ 将与 $\hat{\boldsymbol{\beta}}^*$ 具有相同的渐近性质,例如 $\hat{\boldsymbol{\beta}}_{\mathrm{a}}^*$ 的

MSE 近似等于 $\hat{\boldsymbol{\beta}}^*$ 的 MSE，即第一阶段对条件方差函数 $\sigma^2(\boldsymbol{x})$ 的估计对 $\hat{\boldsymbol{\beta}}_a^*$ 的渐近分布没有影响。

2. 异方差一致性协方差矩阵估计

在 $\mathrm{Var}(\boldsymbol{\varepsilon}|\boldsymbol{X})=\sigma^2\boldsymbol{V}$ 的形式未知时，仍可使用 OLS 估计量 $\hat{\boldsymbol{\beta}}$。根据正确的方差公式

$$\mathrm{Var}(\hat{\boldsymbol{\beta}}|\boldsymbol{X})=\sigma^2(\boldsymbol{X}'\boldsymbol{X})^{-1}\boldsymbol{X}'\boldsymbol{V}\boldsymbol{X}(\boldsymbol{X}'\boldsymbol{X})^{-1} \tag{3.37}$$

可构造 $\mathrm{Var}(\hat{\boldsymbol{\beta}}|\boldsymbol{X})$ 的一致估计量。经典的 t 和 F 检验将不再适用，因为它们基于不正确的 $\mathrm{Var}(\hat{\boldsymbol{\beta}}|\boldsymbol{X})$ 形式。但是，通过使用正确的 $\mathrm{Var}(\hat{\boldsymbol{\beta}}|\boldsymbol{X})$ 估计量，可构造修正的检验统计量，如 t 和 F 或 Wald 检验可以通过使用正确的 $\mathrm{Var}(\hat{\boldsymbol{\beta}}|\boldsymbol{X})$ 一致估计量来获得。

在 $\mathrm{Var}(\hat{\boldsymbol{\beta}}|\boldsymbol{X})$ 正确的公式(3.37)中，关键是估计 $K\times K$ 阶未知矩阵 $\sigma^2\boldsymbol{X}'\boldsymbol{V}\boldsymbol{X}$，而不是估计 $n\times n$ 阶未知矩阵 $\boldsymbol{V}$，解释变量的个数远远小于样本容量 n。但是，在这种情况下只能使用渐近分布理论。

假设

$$E(\boldsymbol{\varepsilon}\boldsymbol{\varepsilon}'|\boldsymbol{X})=\sigma^2\boldsymbol{V}=\mathrm{diag}\{\sigma_1^2(\boldsymbol{X}_1),\sigma_2^2(\boldsymbol{X}_2),\cdots,\sigma_n^2(\boldsymbol{X}_n)\}$$

当 $\{\varepsilon_t\}$ 不存在条件自相关时，即 $\mathrm{Cov}(\varepsilon_t,\varepsilon_s|\boldsymbol{X})=0(t\neq s)$，可直接估计 $K\times K$ 阶矩阵 $\sigma^2\boldsymbol{X}'\boldsymbol{V}\boldsymbol{X}$，而不是估计每一个 $\sigma_t^2(\boldsymbol{X}_t)$。

由于当 $\{\varepsilon_t\}$ 不存在条件自相关时，$\sigma^2\boldsymbol{X}'\boldsymbol{V}\boldsymbol{X}=\sum_{t=1}^{n}\boldsymbol{X}_t\boldsymbol{X}_t'\sigma_t^2(\boldsymbol{X}_t)$，因此，估计 $\sigma^2\boldsymbol{X}'\boldsymbol{V}\boldsymbol{X}$ 的一个可行的估计量为

$$\boldsymbol{X}'\boldsymbol{D}(\boldsymbol{e})\boldsymbol{D}(\boldsymbol{e})'\boldsymbol{X}=\sum_{t=1}^{n}\boldsymbol{X}_t\boldsymbol{X}_t'e_t^2$$

式中，$\boldsymbol{D}(\boldsymbol{e})=\mathrm{diag}(e_1,e_2,\cdots,e_n)$。于是，可用估计量

$$(\boldsymbol{X}'\boldsymbol{X})^{-1}\boldsymbol{X}'\boldsymbol{D}(\boldsymbol{e})\boldsymbol{D}(\boldsymbol{e})'\boldsymbol{X}(\boldsymbol{X}'\boldsymbol{X})^{-1} \tag{3.38}$$

估计 $\mathrm{Var}(\hat{\boldsymbol{\beta}}|\boldsymbol{X})$。这个估计量称为怀特(White)异方差一致性协方差矩阵估计量(heteroskedasticity-consisitent-variance-covariance matrix estimator)，它是在条件异方差情形下也适用的协方差矩阵估计量，更多讨论见洪永淼的《高级计量经济学》第四章。

另外，需注意的是这里无法得到有限样本下的 t_{n-K} 分布和 $F_{J,n-K}$ 的分布。在假设 3.6 成立时，由于 $\mathrm{Cov}(\hat{\boldsymbol{\beta}},\boldsymbol{e}|\boldsymbol{X})\neq\boldsymbol{0}$，即在给定 $\boldsymbol{X}$ 的条件下 $\hat{\boldsymbol{\beta}}$ 与 $\boldsymbol{e}$ 相互独立不满足，因此虽然可用式(3.38)估计 $\mathrm{Var}(\hat{\boldsymbol{\beta}}|\boldsymbol{X})$，但是下面两个式子

$$\frac{\boldsymbol{R}\hat{\boldsymbol{\beta}}-\boldsymbol{r}}{\sqrt{\boldsymbol{R}(\boldsymbol{X}'\boldsymbol{X})^{-1}\boldsymbol{X}'\boldsymbol{D}(\boldsymbol{e})\boldsymbol{D}(\boldsymbol{e})'\boldsymbol{X}(\boldsymbol{X}'\boldsymbol{X})^{-1}\boldsymbol{R}'}}$$

$$(\boldsymbol{R}\hat{\boldsymbol{\beta}}-\boldsymbol{r})'[\boldsymbol{R}(\boldsymbol{X}'\boldsymbol{X})^{-1}\boldsymbol{X}'\boldsymbol{D}(\boldsymbol{e})\boldsymbol{D}(\boldsymbol{e})'\boldsymbol{X}(\boldsymbol{X}'\boldsymbol{X})^{-1}\boldsymbol{R}']^{-1}(\boldsymbol{R}\hat{\boldsymbol{\beta}}-\boldsymbol{r})/J$$

中的分子与分母不再独立，因而它们分别不再服从 t_{n-K} 分布($J=1$)和 $F_{J,n-K}$ 分布($J>1$)。但是，当 $n\to\infty$ 且 $J=1$ 时，有

$$\frac{\boldsymbol{R}\hat{\boldsymbol{\beta}}-\boldsymbol{r}}{\sqrt{\boldsymbol{R}(\boldsymbol{X}'\boldsymbol{X})^{-1}\boldsymbol{X}'\boldsymbol{D}(\boldsymbol{e})\boldsymbol{D}(\boldsymbol{e})'\boldsymbol{X}(\boldsymbol{X}'\boldsymbol{X})^{-1}\boldsymbol{R}'}}\xrightarrow{d}N(0,1)$$

这说明虽然不能得到 t_{n-K} 分布，但因使用了正确的方差估计量，可获得渐近正态分布，并称这个为稳健 t 检验(robust t-test)。

当 $n\to\infty$ 且 $J>1$ 时，有

$$(\boldsymbol{R}\hat{\boldsymbol{\beta}}-\boldsymbol{r})[\boldsymbol{R}(\boldsymbol{X}'\boldsymbol{X})^{-1}\boldsymbol{X}'\boldsymbol{D}(\boldsymbol{e})\boldsymbol{D}(\boldsymbol{e})'\boldsymbol{X}(\boldsymbol{X}'\boldsymbol{X})^{-1}\boldsymbol{R}']^{-1}(\boldsymbol{R}\hat{\boldsymbol{\beta}}-\boldsymbol{r})/J \xrightarrow{d} \chi_J^2$$

这同样说明，虽然不能得到 $F_{J,n-K}$ 分布，但因使用了正确的方差估计量，可获得渐近 χ_J^2 分布，并称这个为稳健沃尔德检验(robust Wald test)。

上面介绍的两种可行方法要求$\{\varepsilon_t\}$不存在条件自相关。事实上，即使存在未知形式的条件异方差和自相关，仍然可以对 $\sigma^2\boldsymbol{X}'\boldsymbol{V}\boldsymbol{X}$ 很好地进行估计，这称为异方差和自相关一致性协方差矩阵估计(heteroskedasticity and autocorrelation consistent variance-covariance matrix estimator)，详细讨论见洪永淼的《高级计量经济学》第六章。

练习题

1. 考虑线性回归模型

$$Y_t=\boldsymbol{X}_t'\boldsymbol{\beta}^0+\varepsilon_t, t=1,\cdots,n$$

式中，$\boldsymbol{X}_t=(X_{0t},X_{1t})'=(1, X_{1t})'$，$\varepsilon_t$ 为随机误差项。令 $\hat{\rho}$ 表示 Y_t 和 X_{1t} 之间的样本相关系数，即

$$\hat{\rho}=\frac{\sum_{t=1}^{n}x_{1t}y_t}{\sqrt{\sum_{t=1}^{n}x_{1t}^2\sum_{t=1}^{n}y_t^2}}$$

式中，$y_t=Y_t-\overline{Y}$，$x_{1t}=X_{1t}-\overline{X}_1$，$\overline{Y}$ 和 $\overline{X}_1$ 分别是$\{Y_t\}_{t=1}^n$ 和$\{X_{1t}\}_{t=1}^n$ 的样本均值。证明模型的测定系数 $R^2=\hat{\rho}^2$。

2. 考虑线性回归模型

$$Y_t=\boldsymbol{X}_t'\boldsymbol{\beta}^0+u_t, t=1,\cdots,n$$

式中，$u_t=\sigma(\boldsymbol{X}_t)\varepsilon_t$，$\{\boldsymbol{X}_t\}$是一个非随机序列，$\sigma(\boldsymbol{X}_t)$是 $\boldsymbol{X}_t$ 的一个正函数，其使

$$\boldsymbol{\Omega}=\begin{pmatrix}\sigma^2(\boldsymbol{X}_1) & 0 & 0 & \cdots & 0\\ 0 & \sigma^2(\boldsymbol{X}_2) & 0 & \cdots & 0\\ 0 & 0 & \sigma^2(\boldsymbol{X}_3) & \cdots & 0\\ \vdots & \vdots & \vdots & & \vdots\\ 0 & 0 & 0 & \cdots & \sigma^2(\boldsymbol{X}_n)\end{pmatrix}=\boldsymbol{\Omega}^{\frac{1}{2}}\boldsymbol{\Omega}^{\frac{1}{2}}$$

式中

$$\boldsymbol{\Omega}^{\frac{1}{2}}=\begin{pmatrix}\sigma(\boldsymbol{X}_1) & 0 & 0 & \cdots & 0\\ 0 & \sigma(\boldsymbol{X}_2) & 0 & \cdots & 0\\ 0 & 0 & \sigma(\boldsymbol{X}_3) & \cdots & 0\\ \vdots & \vdots & \vdots & & \vdots\\ 0 & 0 & 0 & \cdots & \sigma(\boldsymbol{X}_n)\end{pmatrix}$$

对于 $t=1,\cdots,n$，假设诸 ε_t 独立且服从 $N(0,1)$，则 $u_t\sim N(0,\sigma^2(\boldsymbol{X}_t))$。这与经典线性回归假设 3.5 不同，因为此处的$\{u_t\}$存在条件异方差。令 $\hat{\boldsymbol{\beta}}$ 表示 $\boldsymbol{\beta}^0$ 的 OLS 估计量。

(1)$\hat{\boldsymbol{\beta}}$ 是 $\boldsymbol{\beta}^0$ 的无偏估计量吗?

(2)证明：$\mathrm{Var}(\hat{\boldsymbol{\beta}})=(\boldsymbol{X}'\boldsymbol{X})^{-1}\boldsymbol{X}'\boldsymbol{\Omega}\boldsymbol{X}(\boldsymbol{X}'\boldsymbol{X})^{-1}$。

继续考虑另一个估计量

$$\tilde{\boldsymbol{\beta}}=(\boldsymbol{X}'\boldsymbol{\Omega}^{-1}\boldsymbol{X})^{-1}\boldsymbol{X}'\boldsymbol{\Omega}^{-1}\boldsymbol{Y}=\left[\sum_{t=1}^{n}\sigma^{-2}(\boldsymbol{X}_t)\boldsymbol{X}_t\boldsymbol{X}_t'\right]^{-1}\sum_{t=1}^{n}\sigma^{-2}(\boldsymbol{X}_t)\boldsymbol{X}_tY_t$$

(3)$\tilde{\boldsymbol{\beta}}$ 是 $\boldsymbol{\beta}^0$ 的无偏估计量吗？

(4)证明：$\mathrm{Var}(\tilde{\boldsymbol{\beta}})=(\boldsymbol{X}'\boldsymbol{\Omega}^{-1}\boldsymbol{X})^{-1}$。

(5)$\mathrm{Var}(\hat{\boldsymbol{\beta}})-\mathrm{Var}(\tilde{\boldsymbol{\beta}})$是半负定矩阵吗？估计量 $\hat{\boldsymbol{\beta}}$ 和 $\tilde{\boldsymbol{\beta}}$ 哪一个更有效？

(6)$\tilde{\boldsymbol{\beta}}$ 是 $\boldsymbol{\beta}^0$ 的最佳线性无偏估计量吗？

提示：解决这一问题有许多方法，一种简单的方法是考虑变换模型，即

$$Y_t^*=\boldsymbol{X}_t^{*\prime}\boldsymbol{\beta}^0+\varepsilon_t,t=1,\cdots,n$$

式中，$Y_t^*=Y_t/\sigma(\boldsymbol{X}_t)$，$\boldsymbol{X}_t^*=\boldsymbol{X}_t/\sigma(\boldsymbol{X}_t)$。采用矩阵工具，上述模型可被写为 $\boldsymbol{Y}^*=\boldsymbol{X}^*\boldsymbol{\beta}^0+\boldsymbol{\varepsilon}$，其中 $\boldsymbol{Y}^*=\boldsymbol{\Omega}^{-\frac{1}{2}}\boldsymbol{Y}$ 是 $n\times1$ 向量，$\boldsymbol{X}^*=\boldsymbol{\Omega}^{-\frac{1}{2}}\boldsymbol{X}$ 是 $n\times k$ 矩阵。

(7)构造两个关于原假设 $H_0:\beta_2^0=0$ 的检验统计量。一个检验基于 $\hat{\boldsymbol{\beta}}$，另一个检验基于 $\tilde{\boldsymbol{\beta}}$。当 H_0 成立时，所构造的检验统计量的有限样本分布分别是什么？有限样本下哪一个检验更有效？

(8)为检验原假设 $H_0:\boldsymbol{R\beta}^0=\boldsymbol{r}$，构造两个检验统计量，其中 $\boldsymbol{R}$ 是 $J\times K$ 满秩矩阵，$\boldsymbol{r}$ 是 $J\times1$ 向量，且 $J\leqslant K$。一个检验基于 $\hat{\boldsymbol{\beta}}$，另一个检验基于 $\tilde{\boldsymbol{\beta}}$。当原假设 $H_0:\boldsymbol{R\beta}^0=\boldsymbol{r}$ 成立时，所构造的检验统计量的有限样本分布分别是什么？

3. 考虑线性回归模型

$$Y_t=\boldsymbol{X}_t'\boldsymbol{\beta}^0+\varepsilon_t=\beta_0^0+\sum_{j=1}^{k}\beta_j^0X_{jt}+\varepsilon_t,t=1,\cdots,n$$

若假设 3.1 和 3.3(1)成立，现欲检验

$$H_0:\beta_1^0=\beta_3^0=\cdots=\beta_k^0=0$$

检验的 F 统计量为

$$F=\frac{(\tilde{\boldsymbol{e}}'\tilde{\boldsymbol{e}}-\boldsymbol{e}'\boldsymbol{e})/k}{\boldsymbol{e}'\boldsymbol{e}/(n-k-1)}$$

式中，$\boldsymbol{e}'\boldsymbol{e}$ 是未受约束回归模型的残差平方和；$\tilde{\boldsymbol{e}}'\tilde{\boldsymbol{e}}$ 是受约束回归模型 $Y_t=\beta_0^0+\varepsilon_t$ 的残差平方和。

(1)证明：在假设 3.1 和 3.3(1)成立时，有

$$F=\frac{R^2/k}{(1-R^2)/(n-k-1)}$$

式中，R^2 是未受约束模型的测定系数。

(2)若进一步假设 3.5 成立，证明在原假设 H_0 成立且 $n\to\infty$时，有

$$(n-k-1)R^2\xrightarrow{d}\chi_k^2$$

4. 假设 $\boldsymbol{X}'\boldsymbol{X}$ 是一个 $K\times K$ 矩阵，$\boldsymbol{V}$ 是一个 $n\times n$ 矩阵，$\boldsymbol{X}'\boldsymbol{X}$ 和 $\boldsymbol{V}$ 是非奇异矩阵，当 $n\to\infty$时，最小的特征值 $\lambda_{\min}(\boldsymbol{X}'\boldsymbol{X})\to\infty$，另有 $0<c\leqslant\lambda_{\min}(\boldsymbol{V})\leqslant\lambda_{\max}(\boldsymbol{V})\leqslant C<\infty$。证明：对于任意满足 $\boldsymbol{\tau}'\boldsymbol{\tau}=1$ 的 $\boldsymbol{\tau}\in\mathbf{R}^K$，当 $n\to\infty$时，有

$$\boldsymbol{\tau}'(\boldsymbol{X}'\boldsymbol{X})^{-1}\boldsymbol{X}'\boldsymbol{V}\boldsymbol{X}(\boldsymbol{X}'\boldsymbol{X})^{-1}\boldsymbol{\tau}\to0$$

第 4 章　协方差矩阵估计量的进一步讨论

4.1　杠杆值

设有随机向量$(Y,\boldsymbol{X}')\in\mathbf{R}\times\mathbf{R}^K$ $(K=k+1)$，其 n 次随机观测为$\{(Y_i,\boldsymbol{X}_i')\}$，$i=1,2,\cdots,n$。在第 3 章中，我们假设其模型为$\boldsymbol{Y}=\boldsymbol{X}\boldsymbol{\beta}+\boldsymbol{\varepsilon}$，其中

$$\boldsymbol{Y}=\begin{pmatrix}Y_1\\Y_2\\\vdots\\Y_n\end{pmatrix},\boldsymbol{X}=\begin{pmatrix}\boldsymbol{X}_1'\\\boldsymbol{X}_2'\\\vdots\\\boldsymbol{X}_n'\end{pmatrix},\boldsymbol{\beta}=\begin{pmatrix}\beta_0\\\beta_1\\\vdots\\\beta_k\end{pmatrix},\boldsymbol{\varepsilon}=\begin{pmatrix}\varepsilon_1\\\varepsilon_2\\\vdots\\\varepsilon_n\end{pmatrix}\tag{4.1}$$

参数的 OLS 估计量为 $\hat{\boldsymbol{\beta}}=(\boldsymbol{X}'\boldsymbol{X})^{-1}\boldsymbol{X}'\boldsymbol{Y}$。投影矩阵为 $\boldsymbol{P}=\boldsymbol{X}(\boldsymbol{X}\boldsymbol{X}')^{-1}\boldsymbol{X}'$，变量矩阵 $\boldsymbol{X}$ 的杠杆值(leverage values)定义为投影矩阵主对角线上的元素。这样的值有 n 个，记为 h_{ii} $(i=1,2,\cdots,n)$。因为

$$\boldsymbol{P}=\begin{pmatrix}\boldsymbol{X}_1'\\\boldsymbol{X}_2'\\\vdots\\\boldsymbol{X}_n'\end{pmatrix}(\boldsymbol{X}'\boldsymbol{X})^{-1}(\boldsymbol{X}_1,\boldsymbol{X}_2,\cdots,\boldsymbol{X}_n)$$

所以

$$h_{ii}=\boldsymbol{X}_i'(\boldsymbol{X}'\boldsymbol{X})^{-1}\boldsymbol{X}_i\tag{4.2}$$

杠杆值 h_{ii} 是解释变量观察值向量 $\boldsymbol{X}_i$ 的标准化长度，它常用于最小二乘回归的代数与统计分析，以及留一法回归、强影响点(异常值)、稳健协方差矩阵估计和交叉验证中。杠杆值衡量的是第 i 个观察值 $\boldsymbol{X}_i$ 相对于样本中其他值的异常程度。当 $\boldsymbol{X}_i$ 与其他样本值差异很大时，h_{ii} 会较大。

杠杆值具有以下的性质，其证明见汉森的 *Econometrics* 一书。

(1)$0\leqslant h_{ii}\leqslant 1$；

(2)如果 $\boldsymbol{X}$ 包含截距项，则 $h_{ii}\geqslant 1/n$；

(3) $\sum_{i=1}^{n}h_{ii}=k+1=K$。

衡量整体不寻常程度的一个方法是采用最大杠杆值，即

$$\bar{h}=\max_{1\leqslant i\leqslant n}h_{ii}$$

当杠杆值彼此大致相等时，通常称回归设计是平衡的。从杠杆值的第三个性质可以推出完全平衡意味着 $h_{ii}=\bar{h}=K/n$。当解释变量都是正交的虚拟变量时，每个变量出现 0 和 1 的次数都相同，这是完全平衡的一个例子。如果某些杠杆值与其他杠杆值差异较大，则称回归设

计是不平衡的。最极端的情况是 $\bar{h}=1$，当有一个虚拟变量，它在样本中仅在一次观察中取 1 时，则会发生这种情况。

一般来说，没有理由对杠杆值进行检查，因为杠杆值是否平衡、不平衡或高度不平衡，一般不会带来什么问题。但是，杠杆值很大并且接近 1 这一事实会提示我们在考虑与杠杆值有关的方法时，如稳健协方差矩阵估计和交叉验证，应该考虑到这一点。

4.2　同方差情况下协方差矩阵的估计

为了进行统计推断，我们需要知道最小二乘估计量协方差矩阵的估计量。在线性回归模型满足同方差的条件下，估计量的协方差矩阵具有简单的形式(见定理 3.3)，即

$$\boldsymbol{V}_{\boldsymbol{\beta}}^{0}=\sigma^{2}(\boldsymbol{X}'\boldsymbol{X})^{-1}$$

其取决于标量 σ^2 是否已知。通常使用最多的是基于 σ^2 的无偏估计量构建协方差矩阵估计量

$$\hat{V}_{\boldsymbol{\beta}}^{0}=(\boldsymbol{X}'\boldsymbol{X})^{-1}s^{2} \tag{4.3}$$

式中，$s^2=\dfrac{1}{n-K}\sum\limits_{i=1}^{n}e_i^2$。

因为 $E(s^2\mid\boldsymbol{X})=\sigma^2$，继而有 $E(s^2)=\sigma^2$，即 s^2 是 σ^2 的无偏估计。s^2 被称为 σ^2 的偏倚校正估计量(bias-corrected estimator)。进一步，我们可得到

$$E(\hat{\boldsymbol{V}}_{\boldsymbol{\beta}}^{0}\mid\boldsymbol{X})=(\boldsymbol{X}'\boldsymbol{X})^{-1}E(s^2\mid\boldsymbol{X})=(\boldsymbol{X}'\boldsymbol{X})^{-1}\sigma^2=\boldsymbol{V}_{\boldsymbol{\beta}}^{0}$$

多年来，这个协方差矩阵估计量一直是应用计量经济学中主要使用的估计量，并且是大多数回归软件包中的默认方法。例如，除非指定了替代方案，否则 Stata 在线性回归中默认使用协方差矩阵估计量。

关于 σ^2 的无偏估计量，需说明的是 s^2 并不是构造 σ^2 无偏估计量的唯一途径，另一个构建思路是基于标准化残差(standardized residual)，即 $\bar{e}_i=(1-h_{ii})^{-1/2}e_i$。估计量为

$$\bar{\sigma}^2=\frac{1}{n}\sum_{i=1}^{n}\bar{e}_i^2=\frac{1}{n}\sum_{i=1}^{n}(1-h_{ii})^{-1}e_i^2$$

可以证明 $E(\bar{\sigma}^2\mid\boldsymbol{X})=\sigma^2$，因此 $E(\bar{\sigma}^2)=\sigma^2$(在线性回归模型满足同方差的条件下)。

4.3　异方差情况下协方差矩阵的估计

如果回归误差项具有异方差性，而我们使用估计量 $\hat{\boldsymbol{V}}_{\boldsymbol{\beta}}^{0}$，则其与基于正确协方差矩阵

$$\boldsymbol{V}_{\boldsymbol{\beta}}=(\boldsymbol{X}'\boldsymbol{X})^{-1}(\boldsymbol{X}'\boldsymbol{D}\boldsymbol{X})(\boldsymbol{X}'\boldsymbol{X})^{-1},\boldsymbol{D}=\mathrm{diag}(\sigma_1^2,\sigma_2^2,\cdots,\sigma_n^2)$$

得到的估计量存在很大偏差。例如，若 $k=1$，$\sigma_i^2=X_i^2$，且 $E(X)=0$，最小二乘估计量的真实方差与同方差情况下的方差估计量期望值之比为

$$\frac{\boldsymbol{V}_{\boldsymbol{\beta}}}{E(\hat{\boldsymbol{V}}_{\boldsymbol{\beta}}^{0}\mid\boldsymbol{X})}=\frac{\sum\limits_{i=1}^{n}X_i^4}{\sigma^2\sum\limits_{i=1}^{n}X_i^2}\approx\frac{E(X^4)}{[E(X^2)]^2}\triangleq\kappa$$

[这里使用了一个事实，$\sigma_i^2=X_i^2$ 蕴含着 $\sigma^2=E(\sigma_i^2)=E(X^2)$]。常数 κ 是标准化的解释变量 X 的四阶矩(或峰度)，并且可以是大于 1 的任何数字。例如，若 $X\sim N(0,\sigma^2)$，则 $\kappa=3$，因此，真

实方差 $\boldsymbol{V}_{\boldsymbol{\beta}}$ 约是同方差情况下方差估计量 $\hat{\boldsymbol{V}}_{\boldsymbol{\beta}}^{0}$ 期望值的 3 倍。在有些情况下 κ 会更大，如利用当前人口调查(current population survey，简称为 CPS)数据集中的工资变量(wage)数据(见汉森的 *Econometrics* 一书第 3.22 节)，可计算得到 κ 值为 30。因此，若条件方差为 $\sigma_i^2=X_i^2(\text{wage}^2)$，则真实方差 $\boldsymbol{V}_{\boldsymbol{\beta}}$ 约是同方差情况下方差估计量 $\hat{\boldsymbol{V}}_{\boldsymbol{\beta}}^{0}$ 期望值的 30 倍。

虽然这是一个极端情况，但它说明了当同方差假设得不到满足时，经典的协方差矩阵估计量可能会带来很大的偏差。下面，我们介绍如何在异方差情况下构造协方差矩阵的估计量。

由于协方差矩阵的一般形式是 $\boldsymbol{V}_{\boldsymbol{\beta}}=(\boldsymbol{X}'\boldsymbol{X})^{-1}(\boldsymbol{X}'\boldsymbol{D}\boldsymbol{X})(\boldsymbol{X}'\boldsymbol{X})^{-1}$，而

$$\boldsymbol{D}=\text{diag}(\sigma_1^2,\sigma_2^2,\cdots,\sigma_n^2)=E(\boldsymbol{\varepsilon}\boldsymbol{\varepsilon}'\mid\boldsymbol{X})=E(\widetilde{\boldsymbol{D}}\mid\boldsymbol{X})$$

式中，$\widetilde{\boldsymbol{D}}=\text{diag}(\varepsilon_1^2,\varepsilon_2^2,\cdots,\varepsilon_n^2)$。因此，$\widetilde{\boldsymbol{D}}$ 是协方差矩阵 $\boldsymbol{D}$ 的条件无偏估计量。如果 $\varepsilon_1^2,\varepsilon_2^2,\cdots,\varepsilon_n^2$ 的值可得，则可以构建 $\boldsymbol{V}_{\boldsymbol{\beta}}$ 的无偏估计量，即

$$\hat{\boldsymbol{V}}_{\boldsymbol{\beta}}^{\text{ideal}}=(\boldsymbol{X}'\boldsymbol{X})^{-1}(\boldsymbol{X}'\widetilde{\boldsymbol{D}}\boldsymbol{X})(\boldsymbol{X}'\boldsymbol{X})^{-1}=(\boldsymbol{X}'\boldsymbol{X})^{-1}\left(\sum_{i=1}^{n}\boldsymbol{X}_i\boldsymbol{X}_i'\varepsilon_i^2\right)(\boldsymbol{X}'\boldsymbol{X})^{-1}$$

由

$$\begin{aligned}E(\hat{\boldsymbol{V}}_{\boldsymbol{\beta}}^{\text{ideal}}\mid\boldsymbol{X})&=(\boldsymbol{X}'\boldsymbol{X})^{-1}\left[\sum_{i=1}^{n}\boldsymbol{X}_i\boldsymbol{X}_i'E(\varepsilon_i^2\mid\boldsymbol{X})\right](\boldsymbol{X}'\boldsymbol{X})^{-1}\\&=(\boldsymbol{X}'\boldsymbol{X})^{-1}\left[\sum_{i=1}^{n}\boldsymbol{X}_i\boldsymbol{X}_i'\sigma_i^2\right](\boldsymbol{X}'\boldsymbol{X})^{-1}\\&=(\boldsymbol{X}'\boldsymbol{X})^{-1}(\boldsymbol{X}'\boldsymbol{D}\boldsymbol{X})(\boldsymbol{X}'\boldsymbol{X})^{-1}\\&=\boldsymbol{V}_{\boldsymbol{\beta}}\end{aligned}$$

可以得到 $\hat{\boldsymbol{V}}_{\boldsymbol{\beta}}^{\text{ideal}}$ 是 $\boldsymbol{V}_{\boldsymbol{\beta}}$ 的无偏估计。

由于 $\varepsilon_1^2,\varepsilon_2^2,\cdots,\varepsilon_n^2$ 不可观测，因此 $\hat{\boldsymbol{V}}_{\boldsymbol{\beta}}^{\text{ideal}}$ 并不是可行的估计量，但可以使用残差的平方 e_i^2 替代 $\varepsilon_i^2(i=1,2,\cdots,n)$，从而得到如下估计量：

$$\hat{\boldsymbol{V}}_{\boldsymbol{\beta}}^{\text{HC0}}=(\boldsymbol{X}'\boldsymbol{X})^{-1}\left(\sum_{i=1}^{n}\boldsymbol{X}_i\boldsymbol{X}_i'e_i^2\right)(\boldsymbol{X}'\boldsymbol{X})^{-1}\tag{4.4}$$

式中，上标“HC”意指“异方差一致”(heteroskedasticity-consistent)，“HC0”指这个估计量是基准的异方差一致协方差矩阵估计量。下面的估计量是对这个估计量进行改造而构建出来的。

在同方差情况下，我们可以得到 $\text{Var}(e_i\mid\boldsymbol{X})=E(e_i^2\mid\boldsymbol{X})=(1-h_{ii})\sigma^2(i=1,2,\cdots,n)$(见本章练习题 4)，因此 e_i^2 不是 σ^2 的无偏估计，且偏向于 0。另外，由 $\sigma^2=E(\varepsilon^2)$ 可得到 σ^2 的矩法估计量(method of moments estimator，简称为 MME)为

$$\hat{\sigma}^2=\frac{1}{n}\sum_{i=1}^{n}e_i^2$$

因此，σ^2 的无偏估计量

$$s^2=\frac{1}{n-K}\sum_{i=1}^{n}e_i^2$$

与矩法估计量 $\hat{\sigma}^2$ 的关系为

$$s^2=\frac{n}{n-K}\hat{\sigma}^2$$

基于这种关系，构建如下的统计量：

$$\hat{\boldsymbol{V}}_{\boldsymbol{\beta}}^{\mathrm{HC1}}=\frac{n}{n-K}(\boldsymbol{X}'\boldsymbol{X})^{-1}\left(\sum_{i=1}^{n}\boldsymbol{X}_i\boldsymbol{X}'_i e_i^2\right)(\boldsymbol{X}'\boldsymbol{X})^{-1} \tag{4.5}$$

式中，$n/(n-K)$为标量调整量，通常建议使用 HC1 而不是未调整的 HC0 估计量。

另一种构建协方差矩阵估计量的途径是基于标准化残差 $\bar{e}_i=(1-h_{ii})^{-1/2}e_i$，或预报残差(或称留一法残差)

$$\tilde{e}_i=Y_i-\boldsymbol{X}'_i\hat{\boldsymbol{\beta}}_{(-i)}=e_i(1-h_{ii})^{-1}$$

式中，$\hat{\boldsymbol{\beta}}_{(-i)}$为参数的留一法估计(详细讨论见第 8 章 8.2 部分)。由此可分别构建如下“HC2”和“HC3”估计量：

$$\hat{\boldsymbol{V}}_{\boldsymbol{\beta}}^{\mathrm{HC2}}=(\boldsymbol{X}'\boldsymbol{X})^{-1}\left(\sum_{i=1}^{n}\boldsymbol{X}_i\boldsymbol{X}'_i\bar{e}_i^2\right)(\boldsymbol{X}'\boldsymbol{X})^{-1}=(\boldsymbol{X}'\boldsymbol{X})^{-1}\left[\sum_{i=1}^{n}(1-h_{ii})^{-1}\boldsymbol{X}_i\boldsymbol{X}'_i e_i^2\right](\boldsymbol{X}'\boldsymbol{X})^{-1} \tag{4.6}$$

$$\hat{\boldsymbol{V}}_{\boldsymbol{\beta}}^{\mathrm{HC3}}=(\boldsymbol{X}'\boldsymbol{X})^{-1}\left(\sum_{i=1}^{n}\boldsymbol{X}_i\boldsymbol{X}'_i\tilde{e}_i^2\right)(\boldsymbol{X}'\boldsymbol{X})^{-1}=(\boldsymbol{X}'\boldsymbol{X})^{-1}\left[\sum_{i=1}^{n}(1-h_{ii})^{-2}\boldsymbol{X}_i\boldsymbol{X}'_i e_i^2\right](\boldsymbol{X}'\boldsymbol{X})^{-1} \tag{4.7}$$

上面给出的协方差矩阵的四个估计量 HC0、HC1、HC2 和 HC3 统称为稳健、异方差一致，或异方差稳健(heteroskedasticity-robust)协方差矩阵估计量。HC0 估计量由艾克(Eicker)率先给出，并由怀特引入计量经济学，故有时也被称为艾克-怀特(Eicker-White)或怀特协方差矩阵估计量。HC1 中的自由度调整是欣克利(Hinkley)推荐的，在 Stata 中默认的是稳健协方差矩阵估计量，可通过“,r”选项实现，是当前应用计量经济学实践中最流行的协方差矩阵估计量。HC2 估计量由霍恩和邓肯(Horn & Duncan)引入，在 Stata 中可选择“vce(hc2)”进行操作。HC3 估计量由麦金侬(MacKinnon)和怀特基于刀切法原理推导而来，安德鲁斯(Andrews)基于留一交叉验证(leave-one-out cross-validation)原理进行了推导，在 Stata 中可选择“vce(hc3)”进行操作。

由于$(1-h_{ii})^{-2}>(1-h_{ii})^{-1}>1$，因此

$$\hat{\boldsymbol{V}}_{\boldsymbol{\beta}}^{\mathrm{HC0}}<\hat{\boldsymbol{V}}_{\boldsymbol{\beta}}^{\mathrm{HC2}}<\hat{\boldsymbol{V}}_{\boldsymbol{\beta}}^{\mathrm{HC3}} \tag{4.8}$$

注意，这里矩阵的大小，如 $\boldsymbol{A}<\boldsymbol{B}$ 是指 $\boldsymbol{B}-\boldsymbol{A}$ 为正定矩阵。

一般而言，协方差矩阵估计量的偏差较复杂，但在同方差假设下情况会简化。例如，根据 $\mathrm{Var}(e_i|\boldsymbol{X})=E(e_i^2|\boldsymbol{X})=(1-h_{ii})\sigma^2$，可得

$$\begin{aligned}E(\hat{\boldsymbol{V}}_{\boldsymbol{\beta}}^{\mathrm{HC0}}|\boldsymbol{X})&=(\boldsymbol{X}'\boldsymbol{X})^{-1}\left[\sum_{i=1}^{n}\boldsymbol{X}_i\boldsymbol{X}'_iE(e_i^2|\boldsymbol{X})\right](\boldsymbol{X}'\boldsymbol{X})^{-1}\\&=(\boldsymbol{X}'\boldsymbol{X})^{-1}\left[\sum_{i=1}^{n}\boldsymbol{X}_i\boldsymbol{X}'_i(1-h_{ii})\sigma^2\right](\boldsymbol{X}'\boldsymbol{X})^{-1}\\&=(\boldsymbol{X}'\boldsymbol{X})^{-1}\sigma^2-(\boldsymbol{X}'\boldsymbol{X})^{-1}\left[\sum_{i=1}^{n}\boldsymbol{X}_i\boldsymbol{X}'_ih_{ii}\right](\boldsymbol{X}'\boldsymbol{X})^{-1}\sigma^2\\&<(\boldsymbol{X}'\boldsymbol{X})^{-1}\sigma^2=\boldsymbol{V}_{\boldsymbol{\beta}}\end{aligned}$$

这个结果表明 $\hat{\boldsymbol{V}}_{\boldsymbol{\beta}}^{\mathrm{HC0}}$ 偏向于零(biased towards zero)。进一步，类似以上推导，在同方差情况下，可以得到 HC2 估计量是无偏的，即

$$E(\hat{\boldsymbol{V}}_{\boldsymbol{\beta}}^{\mathrm{HC2}}|\boldsymbol{X})=(\boldsymbol{X}'\boldsymbol{X})^{-1}\sigma^2=\boldsymbol{V}_{\boldsymbol{\beta}} \tag{4.9}$$

大家可能会有些困惑,即在同方差假设下比较异方差稳健估计量的偏差似乎很奇怪,但它确实给了我们一个比较的基础。另一个有趣的计算表明,在一般情况下(即在不假设同方差的情况下),HC3 估计量偏离零(biased away from zero)。事实上,根据预测误差的定义

$$\tilde{e}_i = Y_i - \boldsymbol{X}_i'\hat{\boldsymbol{\beta}}_{(-i)} = \varepsilon_i - \boldsymbol{X}_i'(\hat{\boldsymbol{\beta}}_{(-i)} - \boldsymbol{\beta})$$

可得

$$\tilde{e}_i^2 = \varepsilon_i^2 - 2\boldsymbol{X}_i'(\hat{\boldsymbol{\beta}}_{(-i)} - \boldsymbol{\beta})\varepsilon_i + [\boldsymbol{X}_i'(\hat{\boldsymbol{\beta}}_{(-i)} - \boldsymbol{\beta})]^2$$

由于 ε_i 和 $\hat{\boldsymbol{\beta}}_{(-i)}$ 是不相重叠观测的函数,故它们相互独立。因此,可得到

$$E[(\hat{\boldsymbol{\beta}}_{(-i)} - \boldsymbol{\beta})\varepsilon_i \mid \boldsymbol{X}] = \boldsymbol{0}$$

进一步有

$$\begin{aligned}E[\tilde{e}_i^2 \mid \boldsymbol{X}] &= E[\varepsilon_i^2 \mid \boldsymbol{X}] - 2\boldsymbol{X}_i'E[(\hat{\boldsymbol{\beta}}_{(-i)} - \boldsymbol{\beta})\varepsilon_i \mid \boldsymbol{X}] + E\{[\boldsymbol{X}_i'(\hat{\boldsymbol{\beta}}_{(-i)} - \boldsymbol{\beta})]^2 \mid \boldsymbol{X}\} \\ &= \sigma_i^2 + E\{[\boldsymbol{X}_i'(\hat{\boldsymbol{\beta}}_{(-i)} - \boldsymbol{\beta})]^2 \mid \boldsymbol{X}\} \\ &\geqslant \sigma_i^2\end{aligned}$$

由此可得

$$\begin{aligned}E(\hat{\boldsymbol{V}}_{\boldsymbol{\beta}}^{\mathrm{HC3}} \mid \boldsymbol{X}) &= (\boldsymbol{X}'\boldsymbol{X})^{-1}\left[\sum_{i=1}^{n}\boldsymbol{X}_i\boldsymbol{X}_i'E(\tilde{e}_i^2 \mid \boldsymbol{X})\right](\boldsymbol{X}'\boldsymbol{X})^{-1} \\ &\geqslant (\boldsymbol{X}'\boldsymbol{X})^{-1}\left[\sum_{i=1}^{n}\boldsymbol{X}_i\boldsymbol{X}_i'\sigma_i^2\right](\boldsymbol{X}'\boldsymbol{X})^{-1} = \boldsymbol{V}_{\boldsymbol{\beta}}\end{aligned}$$

这个结果说明,从均值的意义来看,HC3 估计量相对保守,在任意观察 $\boldsymbol{X}$ 下它比正确方差略大。

综上,前面介绍了五个协方差矩阵估计量,包括同方差估计量 $\hat{\boldsymbol{V}}_{\boldsymbol{\beta}}^{0}$ 以及四个 HC 估计量。实际应用中应该如何进行选择呢?经典的同方差估计量 $\hat{\boldsymbol{V}}_{\boldsymbol{\beta}}^{0}$ 通常是一个比较糟糕的选择,因为它只在同方差情况下才能使用,而这个条件一般难以满足。由于这个原因,当代计量经济学研究中通常不使用这个统计量。遗憾的是,标准回归软件包将 $\hat{\boldsymbol{V}}_{\boldsymbol{\beta}}^{0}$ 作为默认选择,因此研究者必须考虑选择一个稳健的协方差矩阵估计量。

在四个稳健估计量中,HC1 最为常用,它是 Stata 中默认的稳健协方差矩阵选项。然而,HC2 和 HC3 应是首选估计量,HC2 在同方差假设下具有无偏性,而 HC3 对任意的观察 $\boldsymbol{X}$ 来说都显保守。在大多数应用中,HC1、HC2 和 HC3 具有相似性,在这种情况下怎么选择无关紧要。但是,当样本中至少有一个观测的杠杆值 h_{ii} 较大时,这些估计量的值可能会出现很大差异。我们可以通过比较 $\hat{\boldsymbol{V}}_{\boldsymbol{\beta}}^{\mathrm{HC1}}$、$\hat{\boldsymbol{V}}_{\boldsymbol{\beta}}^{\mathrm{HC2}}$、$\hat{\boldsymbol{V}}_{\boldsymbol{\beta}}^{\mathrm{HC3}}$ 的公式[式(4.5)、式(4.6)和式(4.7)]理解这一点,并注意观察含有杠杆值 h_{ii} 项的差异。如果有一个观测值的杠杆值 h_{ii} 接近于 1,那么 $(1-h_{ii})^{-1}$ 和 $(1-h_{ii})^{-2}$ 将会很大,在协方差矩阵公式中对这个观测值赋予的权重将会很大。

4.4 标准误的计算

$\hat{\boldsymbol{V}}_{\boldsymbol{\beta}}$ 为参数向量 $\boldsymbol{\beta}$ 估计量 $\hat{\boldsymbol{\beta}}$ 的协方差矩阵估计量,$\hat{\boldsymbol{\beta}}$ 中第 j 个分量的标准误是矩阵 $\hat{\boldsymbol{V}}_{\boldsymbol{\beta}}$ 主对角线上第 j 个元素 $\hat{\boldsymbol{V}}_{\beta_j}$ 的平方根,即

$$s(\hat{\beta}_j) = \sqrt{\hat{V}_{\beta_j}} \triangleq \sqrt{[\hat{\boldsymbol{V}}_{\boldsymbol{\beta}}]_{jj}}$$

当 $\hat{\boldsymbol{V}}_{\boldsymbol{\beta}}$ 是经典的协方差矩阵估计量 $\hat{\boldsymbol{V}}_{\boldsymbol{\beta}}^0=(\boldsymbol{X}'\boldsymbol{X})^{-1}s^2$ 时，有

$$s(\hat{\beta}_j)=s\sqrt{[(\boldsymbol{X}'\boldsymbol{X})^{-1}]_{jj}} \tag{4.10}$$

由于协方差矩阵有多个估计量，故估计量分量的标准误自然也不唯一。因此，了解研究者在他们的研究工作中使用什么样的协方差矩阵估计量很重要，同样重要的是要认识到一个特定的标准误可能在模型的一组假设下适用，但在另一组假设下却不适用。

例如，在对工资(对数)与受教育年限的回归分析中(数据见表 8.1 第 3 列和第 4 列)，经计算得到 $s^2=0.160$，以及

$$\sum_{i=1}^{20}\boldsymbol{X}_iY_i=\begin{pmatrix}995.86\\62.64\end{pmatrix},\ \sum_{i=1}^{20}\boldsymbol{X}_i\boldsymbol{X}_i'=\begin{pmatrix}5010 & 314\\314 & 20\end{pmatrix}$$

$$\left(\sum_{i=1}^{20}\boldsymbol{X}_i\boldsymbol{X}_i'\right)^{-1}=\begin{pmatrix}0.0125 & -0.196\\-0.196 & 3.124\end{pmatrix}$$

于是，可得到同方差情况下协方差矩阵的估计量为

$$\hat{\boldsymbol{V}}_{\boldsymbol{\beta}}^0=\begin{pmatrix}5010 & 314\\314 & 20\end{pmatrix}^{-1}0.160=\begin{pmatrix}0.002 & -0.031\\-0.031 & 0.499\end{pmatrix}$$

进一步，计算得到

$$\sum_{i=1}^{n}(1-h_{ii})^{-1}\boldsymbol{X}_i\boldsymbol{X}_i'e_i^2=\begin{pmatrix}763.26 & 48.513\\48.513 & 3.1078\end{pmatrix}$$

故由式(4.6)可得

$$\begin{aligned}\hat{\boldsymbol{V}}_{\boldsymbol{\beta}}^{\mathrm{HC2}}&=\begin{pmatrix}5010 & 314\\314 & 20\end{pmatrix}^{-1}\begin{pmatrix}763.26 & 48.513\\48.513 & 3.1078\end{pmatrix}\begin{pmatrix}5010 & 314\\314 & 20\end{pmatrix}^{-1}\\&=\begin{pmatrix}0.001 & -0.015\\-0.015 & 0.243\end{pmatrix}\end{aligned} \tag{4.11}$$

标准误是上面矩阵主对角线上元素的平方根，分别为 0.031 和 0.493。我们还可以使用其他公式计算标准误，其结果见表 4.1。

表 4.1　不同估计量公式计算的标准误

估计量公式	教育	截距项
同方差 (4.3)	0.045	0.707
HC0 (4.4)	0.029	0.461
HC1 (4.5)	0.030	0.486
HC2 (4.6)	0.031	0.493
HC3 (4.7)	0.033	0.527

观察表 4.1 发现，同方差情况下估计量的标准误与其他标准误明显不同(本例中更大)。尽管 HC3 标准误大于其他标准误，但稳健标准误之间彼此相差不大。

上面的计算可使用统计软件，命令代码如下。需说明的是下面的命令代码改编自汉森 *Econometrics* 一书，读者可基于表 8.1 中的数据参照运行。

Stata 命令代码

```
* Homoskedastic formula (4.3):
```

```
.reg wage education experience exp2 if (mnwf = = 1)
* HC1 formula (4.5):
.reg wage education experience exp2 if (mnwf = = 1),r
* HC2 formula (4.6):
.reg wage education experience exp2 if (mnwf = = 1), vce(hc2)
* HC3 formula (4.7):
.reg wage education experience exp2 if (mnwf = = 1), vce(hc3)
```

R 命令代码

```
n <- nrow(y)
k<- ncol(x)
a<- n/(n-K)
sig2<- (t(e) %*% e)/(n-K)
u1<- x*(e%*%matrix(1,1,K))
u2<- x*((e/sqrt(1-leverage))%*%matrix(1,1,K))
u3<- x*((e/(1-leverage))%*%matrix(1,1,K))
xx<- solve(t(x)%*%x)
v0<- xx*sig2
v1<- xx %*% (t(u1)%*%u1) %*%xx
v1a<- a * xx %*% (t(u1)%*%u1) %*% xx
v2<- xx %*% (t(u2)%*%u2) %*% xx
v3<- xx %*% (t(u3)%*%u3) %*% xx
s0<- sqrt(diag(v0))       # Homoskedastic formula
s1<- sqrt(diag(v1))       # HC0
s1a<- sqrt(diag(v1a))     # HC1
s2<- sqrt(diag(v2))       # HC2
s3<- sqrt(diag(v3))       # HC3
```

MATLAB 代码

```
[n,k] = size(x);
a = n/(n-K);
sig2 = (e'*e)/(n-K);
u1 = x.*(e*ones(1,K));u2 = x.*((e./sqrt(1-leverage))*ones(1,K));
u3 = x.*((e./(1-leverage))*ones(1,k));xx = inv(x'*x);
v0 = xx*sig2;
v1 = xx*(u1'*u1)*xx;
v1a = a*xx*(u1'*u1)*xx;
v2 = xx*(u2'*u2)*xx;
v3 = xx*(u3'*u3)*xx;
s0 = sqrt(diag(v0));      # Homoskedastic formula
s1 = sqrt(diag(v1));      # HC0 formula
```

```
s1a = sqrt(diag(v1a));          # HC1 formula
s2 = sqrt(diag(v2));            # HC2 formula
s3 = sqrt(diag(v3));            # HC3 formula
```

4.5　存在稀疏虚拟变量时协方差矩阵的估计

异方差稳健协方差矩阵估计量在有些情况下可能会非常不精确，一种情况是存在稀疏虚拟变量(sparse dummy variables)，即一个虚拟变量只有极少数观测，且其值取 1 或 0。在这些情况下，协方差矩阵的一个分量仅根据这些少数观测值进行估计，导致估计值不精确，这种情况对使用者来说在实际中难以发现。

为了对这个问题清晰地进行描述，设 D 是一个虚拟变量，其取值为 1 或 0，包含这个虚拟变量的回归模型为

$$Y=\beta_1 D+\beta_2+\varepsilon \tag{4.12}$$

观察到 $D=1$ 的个数记为 $n_i=\sum_{i=1}^{n} D_i$，观察到 $D=0$ 的个数为 $n_2=n-n_1$。如果 n_1 或 n_2 小，则称设计是稀疏的。

为了简化分析，考虑 $n_1=1$ 的极端情况，其思路可扩展至 $n_1>1$ 但较小的场合。

对于上面的回归模型，可以在条件同方差的简单假设下，求出系数的最小二乘估计量的协方差矩阵为

$$\boldsymbol{V}_{\boldsymbol{\beta}}=\sigma^2(\boldsymbol{X}'\boldsymbol{X})^{-1}=\sigma^2\begin{pmatrix}1 & 1\\ 1 & n\end{pmatrix}^{-1}=\frac{\sigma^2}{n-1}\begin{pmatrix}n & -1\\ -1 & 1\end{pmatrix}$$

特别地，虚拟变量系数估计量的方差为

$$V_{\beta_1}=\sigma^2\frac{n}{n-1}$$

由于系数 β_1 是根据单个观测值估计的，因此其方差粗略地讲不受样本容量的影响。但应注意的一个重要问题是，在存在稀疏虚拟变量的情况下，无论样本容量如何，某些系数的估计量会不精确，仅凭大样本不足以确保估计的精确度。

例如，考虑标准的 HC1 协方差矩阵估计量(式(4.5))。因回归模型完全拟合了观察 $D_i=1$，因此相应的残差 $e_i=0$，从而对于所有的 i 来说 $D_i e_i=0$($D_i=0$ 或 $e_i=0$)。于是，有

$$\sum_{i=1}^{n}X_iX_i'e_i=\begin{pmatrix}0 & 0\\ 0 & \sum_{i=1}^{n}e_i^2\end{pmatrix}=\begin{pmatrix}0 & 0\\ 0 & (n-2)s^2\end{pmatrix}$$

式中，$s^2(n-2)^{-1}\sum_{i=1}^{n}e_i^2$ 是误差项方差 σ^2 的无偏估计。这样一来，有

$$\hat{\boldsymbol{V}}_{\boldsymbol{\beta}}^{\mathrm{HC1}}=\left(\frac{n}{n-2}\right)\frac{1}{(n-1)^2}\begin{pmatrix}n & -1\\ -1 & 1\end{pmatrix}\begin{pmatrix}0 & 0\\ 0 & (n-2)s^2\end{pmatrix}\begin{pmatrix}n & -1\\ -1 & 1\end{pmatrix}=s^2\frac{n}{(n-1)^2}\begin{pmatrix}1 & -1\\ -1 & 1\end{pmatrix}$$

于是，V_{β_1} 的估计量为

$$\hat{V}_{\beta_1}^{\mathrm{HC1}}=s^2\frac{n}{(n-1)^2}$$

其数学期望为

$$E(\hat{V}_{\hat{\beta}_1}^{\mathrm{HC1}})=\sigma^2\frac{n}{(n-1)^2}=\frac{V_{\hat{\beta}_1}}{n-1}\ll V_{\hat{\beta}_1}$$

这说明，方差估计量 $\hat{V}_{\hat{\beta}_1}^{\mathrm{HC1}}$ 与 $V_{\hat{\beta}_1}$ 偏倚非常大。基于此计算的方差和标准误小得令人误解，方差估计值不正确地陈述了 $\hat{\beta}_1$ 的精度。$\hat{V}_{\hat{\beta}_1}^{\mathrm{HC1}}$ 有偏的事实不太可能被应用者注意到，因为输出报告中没有任何信息提醒大家应注意该问题。

第二个看待这个问题的方式是考虑系数之和 $\theta=\beta_1+\beta_2$ 的估计量 $\hat{\theta}=\hat{\beta}_1+\hat{\beta}_2$，该估计量的真实方差为 σ^2（见练习题 6）。然而，方差估计量 $\hat{V}_{\hat{\theta}_1}^{\mathrm{HC1}}=0$（$\hat{\boldsymbol{V}}_{\hat{\boldsymbol{\beta}}}^{\mathrm{HC1}}$ 矩阵中四个元素之和），这与真实方差 σ^2 偏倚很大。

另外，还可以从杠杆值的视角分析这个问题。$D_i=1$ 的单一观察的杠杆值为

$$h_{ii}=\frac{1}{n-1}(1\quad 1)\begin{pmatrix} n & -1 \\ -1 & 1 \end{pmatrix}\begin{pmatrix} 1 \\ 1 \end{pmatrix}=1$$

这是一个极端的杠杆值。

一个可行的解决方案是使用无偏估计量 $\hat{V}_{\hat{\beta}_1}^{\mathrm{HC2}}$（在同方差情形无偏）或保守估计量 $\hat{V}_{\hat{\beta}_1}^{\mathrm{HC3}}$ 代替有偏的协方差矩阵估计量 $\hat{V}_{\hat{\beta}_1}^{\mathrm{HC1}}$。但是，在 $n_1=1$ 的极端稀疏场合，这两种方法都无法实现，因为 $h_{ii}=1$ 时，对于任何观察 $\hat{V}_{\hat{\beta}_1}^{\mathrm{HC2}}$ 和 $\hat{V}_{\hat{\beta}_1}^{\mathrm{HC3}}$ 都不能计算（在其他情况下适用）。对于仅有的一个观察，当 $h_{ii}=1$ 时，$\hat{V}_{\hat{\beta}_1}^{\mathrm{HC2}}$ 和 $\hat{V}_{\hat{\beta}_1}^{\mathrm{HC3}}$ 都不能被计算，在这种情况下，无偏的协方差矩阵估计似乎不可能得到。目前尚不清楚是否有避免这种情况的最佳做法，一种可能性是计算最大杠杆值，如果它非常大，则使用几种不同的方法计算标准误，然后观察计算结果的变化情况。

练习题

1. 请解释杠杆值及其意义。

2. 请说明 $\hat{\boldsymbol{V}}_{\hat{\boldsymbol{\beta}}}^{\mathrm{HC2}}$ 是如何对 $\hat{\boldsymbol{V}}_{\hat{\boldsymbol{\beta}}}^{\mathrm{HC0}}$ 进行调整的？

3. 请解释 $\hat{\boldsymbol{V}}_{\hat{\boldsymbol{\beta}}}^{\mathrm{HC0}}<\hat{\boldsymbol{V}}_{\hat{\boldsymbol{\beta}}}^{\mathrm{HC2}}<\hat{\boldsymbol{V}}_{\hat{\boldsymbol{\beta}}}^{\mathrm{HC3}}$。

4. 设线性回归模型为 $\boldsymbol{Y}=\boldsymbol{X\beta}+\boldsymbol{\varepsilon}$，其中符号的意义见式(4.1)，$e_i=Y_i-\hat{Y}_i(i=1,2,\cdots,n)$ 为残差。当 $\mathrm{Var}(\boldsymbol{\varepsilon}|\boldsymbol{X})=\sigma^2\boldsymbol{I}$ 时，证明 $\mathrm{Var}(e_i|\boldsymbol{X})=E(e_i^2|\boldsymbol{X})=(1-h_{ii})\sigma^2$。

5. 在条件同方差情况下，证明式(4.9)成立，即 $E(\hat{\boldsymbol{V}}_{\hat{\boldsymbol{\beta}}}^{\mathrm{HC2}}|\boldsymbol{X})=(\boldsymbol{X}'\boldsymbol{X})^{-1}\sigma^2=\boldsymbol{V}_{\hat{\boldsymbol{\beta}}}$。

6. 根据

$$\boldsymbol{V}_{\hat{\boldsymbol{\beta}}}=\frac{\sigma^2}{n-1}\begin{pmatrix} n & -1 \\ -1 & 1 \end{pmatrix}$$

证明 $\theta=\beta_1+\beta_2$ 估计量 $\hat{\theta}=\hat{\beta}_1+\hat{\beta}_2$ 的方差为 σ^2。

第 5 章　非线性回归模型

5.1　非线性回归模型及其基本假设

非线性回归分析是线性回归分析的扩展，也是传统计量经济学的结构模型分析法。由于非线性回归的参数估计涉及非线性优化问题，计算比较困难，推断和预测的可靠性也要差一些，因此传统计量经济学较少研究非线性回归。

20 世纪七八十年代以来，随着计算机技术的发展，非线性回归的参数估计计算困难得到了克服，统计推断和预测分析技术也有很大发展。这些方面的变化使得非线性回归分析开始受到更多的重视，现在已经基本形成了与线性回归分析相对应的、比较完整的回归分析和检验、预测分析方法体系。

经济变量的线性关系只是经济变量关系中的特例，现实中经济变量的关系大多是非线性的。当然，有些非线性变量关系常常可以通过数学变换转化为线性回归模型，然后再运用线性回归分析的方法进行分析。但是，仍然有不少非线性关系无法进行这种变换。例如，若两个经济变量之间的关系为

$$Y = \alpha + \beta X^{\gamma} + \varepsilon \tag{5.1}$$

式中，α，β，γ 为未知参数；ε 为随机误差项(扰动项)。

因为在解释变量的指数位置有一个未知参数 γ，使得 Y 与 X 之间构成非线性关系，而且该非线性模型无法通过数学变换转化为线性模型。

此外，计量经济分析者经常会忽略随机误差项的作用方式问题，但实际上非线性模型的转换不仅涉及趋势性部分，也涉及随机误差部分，因此误差项的作用方式对于非线性模型的转化是非常重要的。有些非线性关系就是因为误差项是可加而不是可乘的，从而导致不能利用对数变换进行转化。例如，若常见的柯布-道格拉斯生产函数中的随机误差项是可加而不是可乘的，即

$$Y = AK^{\alpha}L^{\beta} + \varepsilon \tag{5.2}$$

式中，A，α，β 为未知参数；ε 为随机误差项。该模型就不能通过数学变换转化为线性模型。

上述两种情况具有相当普遍的意义，实际中存在着许多非线性经济变量关系模型，它们无法通过数学变换转化为线性模型。更进一步，即使非线性变量关系可以通过数学变换转化为线性模型，也可能造成模型随机误差项性质的改变，如同方差性质不再成立等。对于这种情况，常常也是直接作为非线性模型进行分析比较有利。

虽然非线性模型在函数形式和参数位置等方面与线性模型有明显差异，但它们在描述经济现象和数据背后的内在规律性这一点上并没有很大差别，因此非线性模型计量经济分析的基本思路与线性模型是相似的，仍然可以以回归分析为基础理论。我们仍然认为生成经济数据的客观规律是存在的，经济现象是这些规律的表现形式。具体来说，就是确定非线性模型的

函数形式和估计模型中未知参数的数值。因此,非线性计量经济分析也称为非线性回归分析。

单方程非线性计量经济模型的一般形式可以用下面的随机函数表示,即

$$Y=f(X_1,\cdots,X_k;\beta_1,\cdots,\beta_p)+\varepsilon \tag{5.3}$$

式中,$X_1,\cdots,X_k$ 是模型中的解释变量,$\beta_1,\cdots,\beta_p$ 是未知参数,通常 p 大于k;函数 f 是一个非线性函数;ε 是模型的随机误差项。

如果收集了变量 $Y,X_1,\cdots,X_k$ 的 n 次观察数据$\{Y_i,X_{i1},\cdots,X_{ik}\}$,$i=1,2,\cdots,n$,$\varepsilon_i$ 是第 i 次观测的误差。令

$$\boldsymbol{Y}=(Y_1,Y_2,\cdots,Y_n)'$$

$$\boldsymbol{X}=\begin{pmatrix} X_{11} & X_{12} & \cdots & X_{1k} \\ X_{21} & X_{22} & \cdots & X_{2k} \\ \vdots & \vdots & & \vdots \\ X_{n1} & X_{n2} & \cdots & X_{nk} \end{pmatrix}$$

$$\boldsymbol{\beta}=(\beta_1,\beta_2,\cdots,\beta_p)'$$

$$\boldsymbol{\varepsilon}=(\varepsilon_1,\varepsilon_2,\cdots,\varepsilon_n)'$$

则式(5.3)可用矩阵工具表示为

$$\boldsymbol{Y}=f(\boldsymbol{X},\boldsymbol{\beta})+\boldsymbol{\varepsilon} \tag{5.4}$$

式(5.3)和式(5.4)表明,非线性模型同样由确定性变量关系表示的趋势性部分和随机误差项两个部分组成。

与线性模型相似,一般也需要对非线性回归模型做一些基本假设。非线性模型关于模型函数形式和参数的假设与线性模型相似,第一条假设是模型具有上述非线性函数形式,关于随机误差项的假设也是满足 $E(\boldsymbol{\varepsilon})=\boldsymbol{0}$,$\mathrm{Var}(\boldsymbol{\varepsilon})=\sigma^2\boldsymbol{I}$,而且可以要求服从正态分布,即 $\boldsymbol{\varepsilon}\sim N(\boldsymbol{0},\sigma^2\boldsymbol{I})$。其中,$\boldsymbol{I}$ 为 n 阶单位矩阵。

5.2 非线性回归模型参数的估计

参数估计也是非线性回归分析的核心环节,非线性回归分析参数估计的方法也有多种,基本方法同样是参数最小二乘估计和极大似然估计。当非线性回归模型的随机误差项服从正态分布时,除了误差方差的估计以外,非线性回归的极大似然估计与最小二乘估计也是相同的。因此,本节主要介绍非线性回归模型参数的最小二乘估计 $\hat{\boldsymbol{\beta}}$,亦称为非线性最小二乘估计。$\boldsymbol{\beta}$ 的非线性最小二乘估计是使

$$S(\boldsymbol{\beta})=[\boldsymbol{Y}-f(\boldsymbol{X},\boldsymbol{\beta})]'[\boldsymbol{Y}-f(\boldsymbol{X},\boldsymbol{\beta})] \tag{5.5}$$

达到极小的 $\boldsymbol{\beta}$ 值,记为 $\hat{\boldsymbol{\beta}}=(\hat{\beta}_1,\cdots,\hat{\beta}_p)'$。为了方便起见,在下面的讨论中将上述最优化问题的目标函数 $S(\boldsymbol{\beta})$称为最小二乘函数。

当模型只有一个待估计参数时,最小二乘函数是模型唯一参数的一元函数;当待估计参数有多个时,则是参数向量 $\boldsymbol{\beta}$ 的函数。

该最小化问题在数学形式上与线性回归分析的最小化问题相似,不同之处是其中的回归函数 f 是参数的非线性函数而不是线性函数,因此类似于线性回归参数估计的正规方程组不再是线性方程组,一般无法通过解析的方法求解,必须采用某种搜索或迭代运算的非线性优化方法获得参数估计值。

实际上，非线性最小二乘估计引出了对非线性优化的需要，极大似然估计量的计算等也需要用到非线性优化分析。为此，下面介绍几种基本的非线性优化数值方法。

5.2.1　格点搜索法

这个方法比直接搜索法效率更高，是适用于参数的取值范围为连续区间（区域）的一种搜索方法。格点搜索法不是简单地把所有可能的参数水平组合都代入最小二乘函数 $S(\boldsymbol{\beta})$ 中计算函数值，而是根据某种规则选择部分参数水平（或组合）代入最小二乘函数进行试算。

1. 单参数情况

以只有一个参数 $\boldsymbol{\beta}$ 的非线性回归为例，为了找出使最小二乘函数 $S(\boldsymbol{\beta})$ 取最小值的参数水平 $\hat{\boldsymbol{\beta}}$，运用下面的方法进行搜索。

首先，将参数 $\boldsymbol{\beta}$ 的可能取值区间 $[a,b]$ 分为 10 等份，它们的端点分别为 $a, a+0.1(b-a), a+0.2(b-a), \cdots, a+0.9(b-a), b$。把这些端点坐标分别代入最小二乘函数求出函数值，找出上述所有端点坐标中使 $S(\boldsymbol{\beta})$ 取得最小值的一个，将其记为 $a+[i(b-a)]/10$。

其次，将区间

$$\left[a+\frac{(i-1)(b-a)}{10}, a+\frac{(i+1)(b-a)}{10}\right]$$

分为 10 等份，再把这些端点坐标分别代入最小二乘函数 $S(\boldsymbol{\beta})$ 中，并求出相应的函数值，找出其中使 $S(\boldsymbol{\beta})$ 取得最小值的一个。

上述过程反复进行，直到参数取值的范围不断缩小，满足精度要求的收敛标准，最后得到的使最小二乘函数值最小的参数水平即欲求的参数估计值。

根据上述思路不难发现，在所考虑的参数估计值范围 $[a,b]$ 内，如果非线性模型的最小二乘函数 $S(\boldsymbol{\beta})$ 是参数 $\boldsymbol{\beta}$ 的严格下凸函数时，上述搜索方法是有效的，会很快收敛，找到基本符合最小二乘要求的参数估计值，且每步计算的函数值只有 10 个左右。若通过三五次反复细分格点就能得到收敛结果（这在大多数情况下都能成立），则最多只需要计算几十个函数值，计算工作量不算大。若最小二乘函数的情况比较复杂，不是严格下凸函数时，则上述搜索方法的有效性不一定有保证。因为，在这种情况下往往没有唯一的极值点和最优点，不能保证搜索一定会收敛，或一定会收敛到整体最小值。

2. 多参数情况

单参数情况下的搜索方法很容易推广到两个或更多参数的情况。以两个参数 (β_1, β_2) 的情况为例，格点搜索法如下。

首先，把两个参数 β_1 和 β_2 的取值范围都进行 10 等分，得到了如图 5.1 所示的许多格点。把这些格点坐标参数水平代入最小二乘函数 $S(\boldsymbol{\beta})$，计算出相应的函数值，找出其中取得最小函数值的一组参数水平，假设为图中的 (β_1^1, β_2^1) 点。

其次，将 (β_1^1, β_2^1) 周围的 4 个小格构成的区域两边分别 10 等分，得到更小的格点，再把这些格点的坐标代入最小二乘函数 $S(\boldsymbol{\beta})$ 计算函数值，继而找出上述格点坐标中使最小二乘函数取最小值的点 (β_1^2, β_2^2)。

上述步骤重复进行，直至达到需要的精度或收敛标准，最后得到的使最小二乘函数最小的格点坐标就是要找的参数估计值。

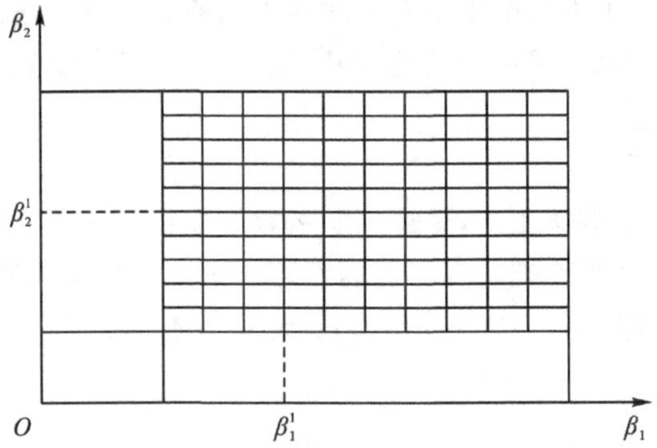

图 5.1　两个参数格点搜索法示意图

一般来说,格点搜索法也主要适用于参数个数较少和最小二乘函数是严格下凸的情况。当参数个数更多时,需要搜索的格点数量会增加得很快。对于有多个极值点的比较复杂的最小二乘函数,格点搜索法不一定能顺利找到最小二乘函数的解。因此,这个方法是比较原始和低效率的,即使现代计算机的高速运算能力已经解决了大量运算导致的计算负担,该方法仍然很少使用。但是,格点搜索法对发展其他更有效的方法具有启示意义。

5.2.2　最陡爬坡法

最陡爬坡法是常用的非线性最优化数值方法之一,其基本思路是:从一个初始参数值出发,在一个给定半径的圆周上找使目标函数最大(或最小)的一组参数值,然后再以该组参数值为出发点重复上述搜索过程,直至收敛。

设需要估计的仍然是最小二乘函数 $S(\boldsymbol{\beta})$ 中的参数向量 $\boldsymbol{\beta}$,最陡爬坡法就是先以某种规则、方法,或者任意设定参数向量的一个初始估计 $\boldsymbol{\beta}^{(0)}$,然后根据某种规则给定一个搜索半径,找出在这个搜索半径上对 $\boldsymbol{\beta}^{(0)}$ 的一个最优改进,记为 $\boldsymbol{\beta}^{(1)}$。这意味着在满足 $\boldsymbol{\beta}^{(1)}$ 与 $\boldsymbol{\beta}^{(0)}$ 之间距离固定的约束条件下,求使 $S(\boldsymbol{\beta})$ 取最小值的 $\boldsymbol{\beta}^{(1)}$,具体表示为在条件

$$\|\boldsymbol{\beta}^{(1)}-\boldsymbol{\beta}^{(0)}\|^2=(\boldsymbol{\beta}^{(1)}-\boldsymbol{\beta}^{(0)})'(\boldsymbol{\beta}^{(1)}-\boldsymbol{\beta}^{(0)})=k \tag{5.6}$$

下,寻找 $\boldsymbol{\beta}^{(1)}$ 使

$$\min_{\boldsymbol{\beta}} S(\boldsymbol{\beta})=S(\boldsymbol{\beta}^{(1)}) \tag{5.7}$$

式中,k 为常数。

求这个约束最小值问题的解需要构造拉格朗日函数,即

$$L(\boldsymbol{\beta}^{(1)})=S(\boldsymbol{\beta}^{(1)})+\lambda[k-(\boldsymbol{\beta}^{(1)}-\boldsymbol{\beta}^{(0)})'(\boldsymbol{\beta}^{(1)}-\boldsymbol{\beta}^{(0)})] \tag{5.8}$$

式中,λ 代表拉格朗日乘子。将拉格朗日函数对 $\boldsymbol{\beta}^{(1)}$ 求偏导数,并令其为零,得到

$$\left.\frac{\partial S(\boldsymbol{\beta})}{\partial \boldsymbol{\beta}}\right|_{\boldsymbol{\beta}=\boldsymbol{\beta}^{(1)}}-(2\lambda)(\boldsymbol{\beta}^{(1)}-\boldsymbol{\beta}^{(0)})=\mathbf{0} \tag{5.9}$$

设 $\boldsymbol{g}(\boldsymbol{\beta})$ 表示 $S(\boldsymbol{\beta})$ 的梯度向量,则由式(5.9)得到

$$\boldsymbol{\beta}^{(1)}-\boldsymbol{\beta}^{(0)}=\frac{1}{2\lambda}\boldsymbol{g}(\boldsymbol{\beta}^{(1)})$$

即

$$\boldsymbol{\beta}^{(1)}=\boldsymbol{\beta}^{(0)}+\frac{1}{2\lambda}\boldsymbol{g}(\boldsymbol{\beta}^{(1)}) \tag{5.10}$$

这意味着 $\boldsymbol{\beta}^{(1)}$ 就是从 $\boldsymbol{\beta}^{(0)}$ 出发，向梯度 $\boldsymbol{g}(\boldsymbol{\beta}^{(1)})$ 的方向移动，移动的步长为 $d=\frac{1}{2\lambda}$。梯度向量给出了目标函数从原始点出发增加最陡的方向；最优步长 d 的选择通常使用格子搜索法。

上述方法存在问题，因为 $\boldsymbol{\beta}^{(1)}$ 是未知的，因此无法得到 $\boldsymbol{g}(\boldsymbol{\beta}^{(1)})$。但是，如果每次只移动一小步（取很小的 k），那么 $\boldsymbol{g}(\boldsymbol{\beta}^{(0)})$ 可以很好地近似 $\boldsymbol{g}(\boldsymbol{\beta}^{(1)})$ 的值。

上述过程显然可以反复进行，即把得到的 $\boldsymbol{\beta}^{(1)}$ 作为新的 $\boldsymbol{\beta}^{(0)}$，或新的出发点，再在一个给定半径的圆周上重新进行最优改进搜索，找出使目标函数最小的一组参数值 $\boldsymbol{\beta}^{(2)}$，如此反复直到收敛。

收敛性一般有三个判断方法：对于给定的收敛标准，①梯度向量 $\boldsymbol{g}(\boldsymbol{\beta}^{(m)})$ 离零向量充分近；② $\boldsymbol{\beta}^{(m)}$ 与 $\boldsymbol{\beta}^{(m+1)}$ 之间距离充分小；③ $S(\boldsymbol{\beta}^{(m)})$ 与 $S(\boldsymbol{\beta}^{(m+1)})$ 之间差距充分小。当然对于给定步长的搜索，第②条不能应用。

一般来说，当函数有唯一的局部极值时，从任意初始值出发都会收敛，但当有多个局部极值时则有可能不会收敛到整体最优值。因此，在运用这种迭代算法时必须谨慎。

5.2.3　高斯-牛顿法

该方法是常用的非线性函数最优化迭代算法之一，其基本思路是：非线性最小二乘估计的问题在于最小二乘函数 $S(\boldsymbol{\beta})$ 中的 f，即式(5.4)中的趋势部分不是参数向量的线性函数，因此最优化问题

$$\min_{\beta_1,\cdots,\beta_p} S(\boldsymbol{\beta})=[\boldsymbol{Y}-f(\boldsymbol{X},\hat{\boldsymbol{\beta}})]'[\boldsymbol{Y}-f(\boldsymbol{X},\hat{\boldsymbol{\beta}})] \tag{5.11}$$

的求解存在计算上的困难。

当 f 连续可微时，可以在某组参数初始值处进行一阶泰勒级数展开，得到 f 的线性近似，把这个线性近似函数代入最小二乘函数得到参数的二次函数，克服参数估计计算的困难。但一阶泰勒级数展开得到的近似函数与原函数是有差异的，故用上述级数展开近似的方法得到的参数估计也有偏差，偏差程度与泰勒级数展开的初始值与参数真实值的偏差程度有关。

提高参数估计准确程度的途径是改进泰勒级数展开的初始值，其方法是把已经得到的参数估计作为新的参数初始值，重新进行泰勒级数展开和参数估计。这种方法可以反复运用，直到得到比较理想的参数估计值，这种求非线性回归参数估计的迭代算法被称为高斯-牛顿法。

从高斯-牛顿法的本质来看，在非线性回归分析中，高斯-牛顿法实质上就是非线性模型本身的反复线性化和线性回归，适用对象是不能通过初等数学变换转化为线性模型，但具有连续可微函数性质，可以利用一阶泰勒级数展开强制转换为线性模型的非线性模型。下面，给出高斯-牛顿法的技术线路。

对于非线性回归模型

$$\boldsymbol{Y}=f(\boldsymbol{X},\boldsymbol{\beta})+\boldsymbol{\varepsilon}$$

首先，取一组参数初始值（初始值选择方法后面讨论），记为 $\hat{\boldsymbol{\beta}}_0=(\hat{\beta}_{10},\cdots,\hat{\beta}_{p0})'$。

其次，将上述非线性函数在 $\hat{\boldsymbol{\beta}}_0$ 处对参数 $\boldsymbol{\beta}=(\beta_1,\cdots,\beta_p)'$ 做泰勒级数展开，并只取其中的线性项而忽略高次项，得到

$$\boldsymbol{Y}=f(\boldsymbol{X},\hat{\boldsymbol{\beta}}_0)+\left.\frac{\partial f}{\partial\beta_1}\right|_{\boldsymbol{\beta}=\hat{\boldsymbol{\beta}}_0}(\beta_1-\hat{\beta}_{10})+\cdots+\left.\frac{\partial f}{\partial\beta_p}\right|_{\boldsymbol{\beta}=\hat{\boldsymbol{\beta}}_0}(\beta_p-\hat{\beta}_{p0})+\boldsymbol{\varepsilon}^* \tag{5.12}$$

式中,误差 $\boldsymbol{\varepsilon}^*$ 为原模型误差项 $\boldsymbol{\varepsilon}$ 与泰勒级数展开的高阶项之和。整理上述展开式得到

$$\boldsymbol{Y}-f(\boldsymbol{X},\hat{\boldsymbol{\beta}}_0)+\sum_{i=1}^{p}\frac{\partial f}{\partial\beta_i}\bigg|_{\boldsymbol{\beta}=\boldsymbol{\beta}_0}\cdot\hat{\beta}_{i0}=\sum_{i=1}^{p}\frac{\partial f}{\partial\beta_i}\bigg|_{\boldsymbol{\beta}=\boldsymbol{\beta}_0}\cdot\hat{\beta}_i+\boldsymbol{\varepsilon}^* \tag{5.13}$$

若令

$$\boldsymbol{M}=\boldsymbol{Y}-f(\boldsymbol{X},\hat{\boldsymbol{\beta}}_0)+\sum_{i=1}^{p}\frac{\partial f}{\partial\beta_i}\bigg|_{\boldsymbol{\beta}=\boldsymbol{\beta}_0}\cdot\hat{\beta}_{i0} \tag{5.14}$$

$$\boldsymbol{Z}_i=\frac{\partial f}{\partial\beta_i}\bigg|_{\boldsymbol{\beta}=\boldsymbol{\beta}_0} \tag{5.15}$$

将式(5.14)和式(5.15)代入式(5.13),模型变为

$$\boldsymbol{M}=\beta_1\boldsymbol{Z}_1+\beta_2\boldsymbol{Z}_2+\cdots+\beta_p\boldsymbol{Z}_p+\boldsymbol{\varepsilon}^* \tag{5.16}$$

显然这是一个 $\boldsymbol{M}$ 对 $\boldsymbol{Z}_1,\cdots,\boldsymbol{Z}_p$ 的线性回归模型,可以用线性回归的最小二乘法对参数 $\beta_1,\cdots,\beta_p$ 进行估计,记估计值为 $\hat{\beta}_{11},\cdots,\hat{\beta}_{p1}$。

将估计值 $\hat{\beta}_{11},\cdots,\hat{\beta}_{p1}$ 作为新的初始值再次进行泰勒级数展开,进行同样的变换和线性回归,得到一组新的参数估计值 $\hat{\beta}_{12},\cdots,\hat{\beta}_{p2}$。将 $\hat{\beta}_{12},\cdots,\hat{\beta}_{p2}$ 作为参数初始值与带有较大盲目性的原参数初始值相比较,前者与真实参数值的近似程度更高,因此新参数估计值一般会更好,也就是说参数估计的精度得到了提高。

重复运用上述方法进行线性化近似和线性回归,直到参数估计值收敛或满足要求的精度,或者不严格地说是直到参数估计值不再有大的变化。将最后的 $\hat{\boldsymbol{\beta}}_j=(\hat{\beta}_{1j},\cdots,\hat{\beta}_{pj})'$ 作为原非线性回归模型的参数估计值。

5.2.4 牛顿-拉夫森法

这个方法可以看作高斯-牛顿法的改进非线性回归迭代算法,称为牛顿-拉夫森法(Newton-Raphson method)。牛顿-拉夫森法的基本思想也是利用泰勒级数展开进行近似,通过迭代运算寻找最小二乘函数最优解的数值算法。但是,牛顿-拉夫森法不是对模型非线性函数 f 本身做线性近似,而是直接对最小二乘函数做二阶泰勒级数展开近似。

1. 单参数情形

首先对单参数情形进行讨论,单参数回归模型为

$$\boldsymbol{Y}=f(\boldsymbol{X},\beta)+\boldsymbol{\varepsilon} \tag{5.17}$$

问题是如何找 β 的值,使得

$$S(\beta)=[\boldsymbol{Y}-f(\boldsymbol{X},\beta)]'[\boldsymbol{Y}-f(\boldsymbol{X},\beta)] \tag{5.18}$$

达到最小。

高斯-牛顿法是用 $f(\boldsymbol{X},\beta)$ 在初始值 $\hat{\beta}_0$ 处的一阶泰勒级数展开对 $f(\boldsymbol{X},\beta)$ 进行近似。牛顿-拉夫森法是以 $S(\beta)$ 在初始值 $\hat{\beta}_0$ 处的二阶泰勒级数展开对 $S(\beta)$ 进行近似,即

$$S(\beta)\approx S(\hat{\beta}_0)+\frac{\mathrm{d}S}{\mathrm{d}\beta}\bigg|_{\beta=\hat{\beta}_0}\cdot(\beta-\hat{\beta}_0)+\frac{1}{2}\frac{\mathrm{d}^2S}{\mathrm{d}\beta^2}\bigg|_{\beta=\hat{\beta}_0}\cdot(\beta-\hat{\beta}_0)^2 \tag{5.19}$$

令

$$h(\hat{\beta}_0)=\frac{\mathrm{d}^2S}{\mathrm{d}\beta^2}\bigg|_{\beta=\hat{\beta}_0}$$

并对式(5.19)关于 β 求导，得到

$$\frac{\mathrm{d}S}{\mathrm{d}\beta} \approx \left.\frac{\mathrm{d}S}{\mathrm{d}\beta}\right|_{\beta=\hat{\beta}_0} + h(\hat{\beta}_0)\cdot(\beta-\hat{\beta}_0) \tag{5.20}$$

令这个导数为 0，并解出 β，得到 β 的第一个值，记为 $\hat{\beta}_1$，即

$$\hat{\beta}_1 = \hat{\beta}_0 - h^{-1}(\hat{\beta}_0)\cdot\left.\frac{\mathrm{d}S}{\mathrm{d}\beta}\right|_{\beta=\hat{\beta}_0} \tag{5.21}$$

这里应该注意，如果 $S(\beta)$是二次的，那么 $\hat{\beta}_1$ 确实是最小平方估计值。在通常的非线性情形中，$S(\beta)$不是二次函数，这样 $\hat{\beta}_1$ 也就不是最小值，因为式(5.21)表示的仅仅是一个近似值。重复上述过程，β 的第 n 个值可以表示为

$$\hat{\beta}_n = \hat{\beta}_{n-1} - h^{-1}(\hat{\beta}_{n-1})\cdot\left.\frac{\mathrm{d}S}{\mathrm{d}\beta}\right|_{\beta=\hat{\beta}_{n-1}} \tag{5.22}$$

如果此过程在 $\hat{\beta}_n=\hat{\beta}_{n-1}$ 的意义上收敛，那么 $\mathrm{d}S/\mathrm{d}\beta|_{\beta=\hat{\beta}_{n-1}}=0$ 一定为真，这是取极小值(或极大值)的必要条件。然而，实际中如何知道式(5.22)是否收敛到极小值？即使得到了极小值，又如何判断所求得的极小值是局部还是总体的？

实际上，如果二阶导数 $h(\hat{\beta}_0)$等于零，则此算法将使点 $\hat{\beta}_0$ 向极小值的方向逼近。为了避免在迭代的过程中跃过极小值，可以引进一个可变系数 t_{n-1} 来调整步长，这样对式(5.22)进行修正，得到

$$\hat{\beta}_n = \hat{\beta}_{n-1} - t_{n-1}h^{-1}(\hat{\beta}_{n-1})\cdot\left.\frac{\mathrm{d}S}{\mathrm{d}\beta}\right|_{\beta=\hat{\beta}_{n-1}} \tag{5.23}$$

在每一次迭代中，可以求得 t_{n-1} 使 $S(\beta_n)<S(\beta_{n-1})$。为了明确极小值是局部还是总体的，必须试用大量不同的初始值。

2. 多参数情形

多参数非线性模型最小二乘估计方法与上类似。设多参数非线性模型的参数向量为 $\boldsymbol{\beta}=(\beta_1,\cdots,\beta_n)'$，参数估计向量为 $\hat{\boldsymbol{\beta}}=(\hat{\beta}_1,\cdots,\hat{\beta}_p)'$，那么非线性最小二乘估计的残差平方和为

$$S(\boldsymbol{\beta})=[\boldsymbol{Y}-f(\boldsymbol{X},\boldsymbol{\beta})]'[\boldsymbol{Y}-f(\boldsymbol{X},\boldsymbol{\beta})]$$

以 $S(\boldsymbol{\beta})$在初始值 $\hat{\boldsymbol{\beta}}_0$ 处的二阶泰勒级数展开替代 $S(\boldsymbol{\beta})$，即

$$S(\boldsymbol{\beta}) \approx S(\hat{\boldsymbol{\beta}}_0) + \left.\frac{\partial S}{\partial \boldsymbol{\beta}}\right|_{\boldsymbol{\beta}=\hat{\boldsymbol{\beta}}_0}\cdot(\boldsymbol{\beta}-\hat{\boldsymbol{\beta}}_0) + \frac{1}{2}\left[(\boldsymbol{\beta}-\hat{\boldsymbol{\beta}}_0)'\frac{\partial f}{\partial \boldsymbol{\beta}}\right]^2 S(\boldsymbol{\beta})|_{\boldsymbol{\beta}=\hat{\boldsymbol{\beta}}_0} \tag{5.24}$$

式中

$$\boldsymbol{\beta}-\hat{\boldsymbol{\beta}}_0=(\beta_1-\hat{\beta}_{10},\cdots,\beta_p-\hat{\beta}_{p0})'$$

$$\frac{\partial f}{\partial \boldsymbol{\beta}}=\left(\frac{\partial f}{\partial \beta_1},\cdots,\frac{\partial f}{\partial \beta_p}\right)'$$

最小二乘函数 $S(\boldsymbol{\beta})$的梯度向量为

$$\left.\frac{\partial S}{\partial \boldsymbol{\beta}}\right|_{\boldsymbol{\beta}=\hat{\boldsymbol{\beta}}_0}=\left.\left(\frac{\partial S}{\partial \beta_1},\cdots,\frac{\partial S}{\partial \beta_p}\right)'\right|_{\boldsymbol{\beta}=\hat{\boldsymbol{\beta}}_0}$$

对式(5.24)两端关于 $\boldsymbol{\beta}$ 求导，得到

$$\frac{\partial S}{\partial \boldsymbol{\beta}} \approx \left.\frac{\partial S}{\partial \boldsymbol{\beta}}\right|_{\boldsymbol{\beta}=\hat{\boldsymbol{\beta}}_0} + \boldsymbol{h}(\hat{\boldsymbol{\beta}}_0)\cdot(\boldsymbol{\beta}-\hat{\boldsymbol{\beta}}_0) \tag{5.25}$$

式中，$\boldsymbol{h}(\hat{\boldsymbol{\beta}})$是 $S(\boldsymbol{\beta})$在 $\hat{\boldsymbol{\beta}}_0$ 处的二阶导数矩阵，为海塞矩阵，即

$$\boldsymbol{h}(\boldsymbol{\beta}_0)=\frac{\partial^2 S}{\partial\boldsymbol{\beta}\partial\boldsymbol{\beta}'}\bigg|_{\boldsymbol{\beta}=\boldsymbol{\beta}_0}=\left.\begin{pmatrix}\frac{\partial^2 S}{\partial\beta_1^2} & \cdots & \frac{\partial^2 S}{\partial\beta_1\partial\beta_p}\\ \vdots & & \vdots\\ \frac{\partial^2 S}{\partial\beta_p\partial\beta_1} & \cdots & \frac{\partial^2 S}{\partial\beta_p^2}\end{pmatrix}\right|_{\boldsymbol{\beta}=\boldsymbol{\beta}_0}$$

令式(5.25)等于零,并解出 $\boldsymbol{\beta}$,得到 $\boldsymbol{\beta}$ 的第一个值,记为 $\hat{\boldsymbol{\beta}}_1$,即

$$\hat{\boldsymbol{\beta}}_1=\hat{\boldsymbol{\beta}}_0-\boldsymbol{h}^{-1}(\hat{\boldsymbol{\beta}}_0)\cdot\frac{\mathrm{d}S}{\mathrm{d}\boldsymbol{\beta}}\bigg|_{\boldsymbol{\beta}=\boldsymbol{\beta}_0}\tag{5.26}$$

重复上述过程,$\boldsymbol{\beta}$ 的第 n 个值可以表示为

$$\hat{\boldsymbol{\beta}}_n=\hat{\boldsymbol{\beta}}_{n-1}-\boldsymbol{h}^{-1}(\hat{\boldsymbol{\beta}}_{n-1})\cdot\frac{\mathrm{d}S}{\mathrm{d}\boldsymbol{\beta}}\bigg|_{\boldsymbol{\beta}=\boldsymbol{\beta}_{n-1}}\tag{5.27}$$

由此可见,牛顿-拉夫森法的迭代运算相当于在前一个参数估计向量的基础上,按单位移动幅度(通常称为“步长”)搜索更好的参数估计值,因此牛顿-拉夫森法也是一种搜索法。牛顿-拉夫森法的优点是搜索方向和步长的确定比较科学,故找到满足精度要求的最优解的搜索次数一般要少一些。

牛顿-拉夫森方法也存在缺点,其迭代运算中需要反复计算梯度向量,特别是海塞矩阵的逆矩阵,因此计算量很大。事实上,人们在实际应用中通常并不按照牛顿-拉夫森法进行搜索,而是根据一些简单法则确定搜索的步长,如“双向线性搜索法”就是其中常用的方法之一。

5.3 迭代算法的初值和收敛性

泰勒级数展开近似或其他迭代运算都涉及初始值的选择和迭代收敛性的问题,在用迭代方法进行参数估计时,这两个问题显得尤为重要。

1. 初始值的选择

理论上,在目标函数的性质(凸性和连续可微)比较有利时,不管初始值如何选择,非线性优化的迭代运算最终都会收敛到唯一的最优解。例如,若最小二乘函数具备整体严格下凸的性质,则不管从哪一组初始值出发进行迭代都会收敛到这个唯一的最优水平。但在现实中,最小二乘函数并不一定都能满足整体唯一最优解的条件,在这种情况下,从不同的初始值出发并不能保证都会收敛到同样的结果。

因此,在利用迭代算法对非线性回归参数进行估计时,初始值的选择是一个值得重视的问题。但参数初始值的选择并没有一般法则,正确的初始值选择原则是:尽量接近参数真实值或最终估计值,最好是参数真实值的一致估计。但是,该原则的实用价值不大,因为参数真实值未知,而一致估计量正是我们要求出的最小二乘估计量。

为了克服初始值选择的困难,实践中常常运用如下的经验方法。

1)基于参数的经济意义

一般经济回归模型的参数都有比较明确的经济意义,它们通常的取值范围可以作为选择参数初始值的参考。例如,在柯布-道格拉斯生产函数模型 $Q=\beta_1K^{\beta_2}L^{\beta_3}+\varepsilon$ 中,关于 β_2 和 β_3 的取值可以根据它们分别是资本和劳动的产出弹性的意义,利用现实经济中这两个弹性的数

值特征来确定并设置初始值。

2)基于模型函数的特定点信息

非线性回归模型的函数及其导函数在原点或者其他特定点的形态和水平，一般会对参数初始值的选择提供帮助。例如，函数 $Y=g(X,\beta)=\beta_1+\beta_2 e^{-\beta_3(X-10)}$，当 $X=10$ 时，$Y=\beta_1+\beta_2$；当 $X\rightarrow+\infty$ 时，函数有渐近线 $Y=\beta_1$(设 $\beta_3>0$)。根据这些特定函数值或函数性质所隐含的模型参数的取值范围或数值等，可以确定非线性回归迭代运算时参数的初始值。

3)降维法

降维法是根据某些先验信息和经验，先令模型中的某个参数取特定数值，从而得到可以进行线性回归的线性模型，然后把对其进行线性回归得到的其他参数估计值及前述某参数的特定值，一起作为非线性回归的初始值。

例如，考虑消费函数 $C=\alpha+\beta Y^{\gamma}+\varepsilon$，其中，$Y$ 表示总收入，C 表示消费，α,β,γ 是该模型的三个参数，β 相当于“边际消费倾向”，γ 则可理解为“消费的收入弹性”。

当参数 $\gamma=1$ 时，上述非线性模型就退化为一个线性模型，即

$$C=\alpha+\beta Y+\varepsilon$$

对这个线性模型进行回归，得到 α,β 的参数估计值 $\hat{\alpha}$ 和 $\hat{\beta}$，然后将 $\alpha_0=\hat{\alpha},\beta_0=\hat{\beta},\gamma_0=1$ 作为原非线性模型参数估计迭代运算的一组初始值。这种方法称为“降维法”，因为令原模型的一个参数 $\gamma_0=1$ 使得模型的未知参数数量减少了一个。

这里需要说明的是，由于不合适的初始值可能会导致迭代运算收敛的困难，而且在最小二乘函数非整体下凸时，可能会收敛于局部而非整体最优解，并且理论上也没有选择好的参数初始值以及避免上述问题的一般性方法，因此从几组不同的初始值出发，重复进行迭代运算以相互印证和验算，可能是避免失误的有效途径。如果从某组参数初始值出发无法得到收敛的结果，或者从不同的初始值出发得到的收敛值不同，那么一方面可能是选择的算法有问题，不适合所分析的模型，此时可考虑改用其他方法估计参数；另一方面则可能是模型本身存在问题，即模型不适合描述数据的真实情况，此时必须改用其他模型。

2. 迭代算法的收敛性

非线性优化迭代运算的收敛性也是值得考虑的问题。理论上，非线性优化的迭代运算应该在梯度向量等于零，也就是满足最优化的一阶条件处终止。但这在实际中通常做不到，因为函数和导数的计算都有累积的舍入误差，而且理论上要实现真正的最优往往需要多次，甚至无穷次反复迭代。因此，迭代算法一般是以某种收敛标准作为终止迭代的信号，而不是真正满足一阶条件。判断收敛和终止迭代并没有一致被接受的共同标准，常用的标准主要有以下三个。

第一，目标函数(最小二乘函数)的改进已小于给定的小正数，即 $|S(\boldsymbol{\beta}^{i+1})-S(\boldsymbol{\beta}^{i})|\leqslant\varepsilon$，$\varepsilon$ 为给定的任意小正数。

第二，参数值的变化小于给定的小正数。当模型只有一个参数时为 $\|\boldsymbol{\beta}^{i+1}-\boldsymbol{\beta}^{i}\|\leqslant\varepsilon$。

第三，梯度向量的模长小于给定的小正数，即 $\|\boldsymbol{g}(\boldsymbol{\beta}^{i+1})\|\leqslant\varepsilon$。

这些标准都有合理性，也可替代使用。但是，这些不同标准相互之间没有明显的优劣关系，在不同情况下的使用情况也不同。一般来说，同时用这几个标准进行判断是比较有利的。

高斯-牛顿法、牛顿-拉夫森法，以及其他非线性回归参数估计方法，均包含迭代搜索过程，这些迭代搜索法并没有严格的优劣关系，有些方法收敛可能好一些，收敛速度较快，但另一些

方法则计算量较小；有时一种算法不收敛，而另一种算法却能容易找出最优解；甚至在理论上相当不严密的方法有时候也可能相当有效。人们往往无法知道一种方法之所以有效的实际原因，也很难事先知道对于某个具体问题究竟哪种方法最有效。因此，在大多数情况下，可尝试使用不同的迭代搜索方法。

5.4 非线性回归模型评价与假设检验

在得到非线性回归参数估计值和回归方程以后，也必须对回归结果和模型假设的正确性进行评判。评判非线性回归的基本方法也包括回归拟合度评价、模型总体和参数显著性检验等，非线性模型参数的显著性检验常常隐含模型非线性的检验。由于即使非线性回归模型的误差项有好的性质，参数估计量也不具备 BLUE 估计等理想性质，因此对非线性回归的评价和检验，除了不涉及参数估计量分布性质的测定系数外，一般要麻烦一些，而且可靠性较差。

1. 测定系数

反映线性回归模型拟合程度的测定系数和调整的测定系数为

$$R^2 = 1 - \frac{\sum_{i=1}^{n} e_i^2}{\sum_{i=1}^{n}(Y_i - \bar{Y})^2} \tag{5.28}$$

$$\bar{R}^2 = 1 - \frac{n-1}{n-p}(1 - R^2) \tag{5.29}$$

式中，p 为参数向量的维数。由于这里不涉及参数估计量的分布性质，也不需要做以这些分布性质为基础的假设检验，因此非线性导致的问题并不影响该统计量在评价回归方程拟合度方面的作用，仍然是评价非线性模型合理程度的基本指标。

2. t 检验和总体显著性 F 检验

线性回归分析中检验变量和方程显著性的检验方法，在非线性回归中都会遇到困难，这是因为无法利用回归残差得到误差项 ε 方差 σ^2 的无偏估计，即使非线性模型的误差项 ε 服从零均值的正态分布，非线性回归的参数估计量及残差 $e_i = Y_i - f(X_{i1}, \cdots, X_{ik}; \hat{\beta}_1, \cdots, \hat{\beta}_p)$ 也不像线性回归中的参数估计和回归残差那样服从正态分布，因此残差平方和不服从 χ^2 分布，参数估计量不服从正态分布，所以标准的 t 检验和 F 检验都无法应用。

若非线性回归时运用高斯-牛顿法估计参数，则可以把线性回归的 t 和 F 检验应用到迭代过程中的最后一次线性近似(见 5.2.3 节)。一般来说，经过反复迭代得到的线性化模型应该能提供非线性模型的一个比较好的近似，因此上述想法有其合理性。事实上，运用线性化方法的非线性估计的计算机程序，通常会计算最后一次线性化的 t 统计量、F 统计量等指标。

另外，虽然非线性回归参数估计没有线性回归参数估计的性质，但由参数估计值构造的相似的 t 统计量在大样本情况下依然渐近服从 t 分布。因此，利用线性近似最后一次迭代得到的残差标准差，可以作为非线性回归误差项方差的近似，也能利用该统计量进行参数的显著性检验，或者参数取特定值的假设检验。

3. 参数约束的渐近 F 检验

除了对高斯-牛顿法非线性回归可以利用最后一次线性近似的 t 检验以外，检验非线性模

型参数的显著性还有其他的方法。渐近 F 检验就是其中的一种方法。渐近 F 检验的统计量为

$$F(g,n-k)=\frac{[S(\boldsymbol{\beta}_R)-S(\boldsymbol{\beta})]/g}{S(\boldsymbol{\beta})/(n-k)} \tag{5.30}$$

式中，$\boldsymbol{\beta}$ 是未对非线性模型参数施加约束时的参数估计；$\boldsymbol{\beta}_R$ 则是对模型的某些参数施加零假设约束后的参数估计；$S(\boldsymbol{\beta})$ 和 $S(\boldsymbol{\beta}_R)$ 分别是对应两种参数估计的残差平方和；g 是零约束参数的个数。

很显然，如果施加零约束的参数本身对模型的影响没有显著性，那么上述 F 统计量的数值会很小；如果这些施加零约束的参数对模型的影响是明显的，那么该统计量的数值会偏大。因此，可以基于该统计量的大小对模型参数的显著性进行检验。

虽然上述 F 统计量与线性回归模型的 F 统计量形式是相似的，但因模型是非线性的，因此 $S(\boldsymbol{\beta})$ 和 $S(\boldsymbol{\beta}_R)$ 并不服从 χ^2 分布，该统计量并不严格服从 F 分布，只是近似服从 F 分布。在样本容量较大时，该统计量的分布与 F 分布很接近。我们可以利用服从 F 分布的统计量检验参数的显著性，但检验结果的准确程度会受到一定影响，运用时应该加以注意。

4. 参数显著性的似然比检验

似然比检验是另一种非线性模型参数显著性的检验方法。似然比检验的统计量为

$$\lambda=-2[\ln L(\boldsymbol{\beta}_R)-\ln L(\boldsymbol{\beta})]=-2\ln\frac{L(\boldsymbol{\beta}_R)}{L(\boldsymbol{\beta})} \tag{5.31}$$

式中，$\boldsymbol{\beta}$ 与 $\boldsymbol{\beta}_R$ 的含义同前面 F 检验统计量；$L(\boldsymbol{\beta})$ 与 $L(\boldsymbol{\beta}_R)$ 则分别是它们各自对应的非线性模型被解释变量的似然函数值。

若非线性模型的误差项服从均值为 0 的正态分布，那么上述统计量中的对数似然函数为

$$\ln L(\boldsymbol{\beta})=-\frac{n}{2}\left[1+\ln(2\pi)+\ln\left(\frac{\boldsymbol{e}'\boldsymbol{e}}{n}\right)\right] \tag{5.32}$$

式中，$\boldsymbol{e}$ 是残差向量。如果参数估计采用的是极大似然估计，那么其中的 $\boldsymbol{e}'\boldsymbol{e}/n$ 实际上就是误差方差的估计。

在参数受约束时，模型的对数似然函数为

$$\ln L(\boldsymbol{\beta}_R)=-\frac{n}{2}\left[1+\ln(2\pi)+\ln\left(\frac{\boldsymbol{e}'_R\boldsymbol{e}_R}{n}\right)\right] \tag{5.33}$$

因此，统计量 λ 为

$$\lambda=n\left[\ln\left(\frac{\boldsymbol{e}'\boldsymbol{e}}{n}\right)-\ln\left(\frac{\boldsymbol{e}'_R\boldsymbol{e}_R}{n}\right)\right]=n\ln\left(\frac{\boldsymbol{e}'\boldsymbol{e}}{\boldsymbol{e}'_R\boldsymbol{e}_R}\right) \tag{5.34}$$

对于大样本来说，该统计量渐近服从自由度为约束个数 g 的 χ^2 分布，因此可以根据 χ^2 分布检验 λ 的显著性。当该统计量比给定显著水平的 χ^2 分布临界值大时，拒绝零假设，认为所检验的参数或约束是显著的，否则认为检验的参数是不显著的。

除了上述检验方法以外，非线性回归还有其他一些检验方法，如沃尔德检验和拉格朗日乘数检验，详细讨论见第 6 章。

练习题

1. 非线性回归分析的研究对象是什么？需要运用非线性回归分析的经济变量关系有什么

特点？

2. 用高斯-牛顿法和牛顿-拉夫森法迭代估计非线性回归估计量时，参数的初始值是否可以任意选择？为什么？

3. 设消费函数的形式为

$$C=\beta_0+\beta_1 Y^{\gamma}+\varepsilon$$

式中，Y 表示总收入；C 表示总消费额；β_0，β_1 和 γ 是未知参数。收集某地区连续 33 年的总消费和收入数据，具体见表 5.1。

表 5.1 某地区总消费和收入数据 单位：万元

年份编号	Y	C	年份编号	Y	C	年份编号	Y	C
1	791.8	733.2	12	1170.2	1069.0	23	1896.6	1674.0
2	819.0	748.7	13	1207.3	1108.4	24	1931.7	1711.9
3	844.3	771.4	14	1291.0	1170.6	25	2001.0	1803.9
4	880.0	802.5	15	1365.7	1236.4	26	2066.6	1883.8
5	894.0	822.7	16	1431.3	1298.9	27	2167.4	1961.0
6	944.5	873.8	17	1493.2	1337.7	28	2212.6	2004.4
7	989.4	899.8	18	1551.3	1405.9	29	2214.3	2000.4
8	1012.1	919.7	19	1599.8	1456.7	30	2248.6	2024.2
9	1028.8	932.9	20	1688.1	1492.0	31	2261.5	2050.7
10	1067.2	979.4	21	1728.4	1538.8	32	2334.6	2145.9
11	1091.1	1005.1	22	1797.4	1621.9	33	2468.4	2239.9

(1)当 $\gamma=1$ 时，估计模型并解释其经济意义。

(2)以 $\gamma=1$ 时所得到的参数估计作为初始值，采用高斯-牛顿迭代方法估计回归模型的参数。

第6章　基于ML估计的检验与GMM估计

极大似然估计(maximum likelihood estimation，简称为MLE)法是现代计量经济学中非常重要且应用广泛的方法之一，该方法最初由德国数学家高斯(Gauss)于1821年提出。费希尔(R. A. Fisher)在1922年再次提出了极大似然估计的思想并探讨了其性质，使之得到了广泛的研究和应用。当总体分布(如概率密度函数)已知时，极大似然估计是一种常用的估计方法。其主要优点是：在所有一致的、渐近正态的估计量中，MLE是渐近最优的；其主要缺点是需要假设特定的概率密度函数形式，它的小样本性质也比较一般。

除普通最小二乘法(OLS)外，极大似然估计法和广义矩法(generalized method of moments，简称为GMM)也是计量经济学中估计参数的重要方法，它们适用于大样本情况下参数的估计，具有优良的大样本性质。

极大似然估计广泛应用于现代计量经济学的许多领域，基于极大似然估计的假设检验，如似然比(likelihood ratio，简称为LR)检验、沃尔德(Wald)检验和拉格朗日乘数(Lagrange multiplier，简称为LM)检验，在时间序列分析及微观经济计量模型中都有许多应用。

6.1　极大似然估计法

极大似然估计法的应用虽然没有普通最小二乘法广泛，但它是一个具有更强理论性质的点估计方法，它以极大似然原理为基础，通过概率密度函数或者分布律来估计总体参数。

对于一些特殊类型的计量经济模型，如后面章节介绍的logit和probit模型，最小二乘法不再适用，极大似然估计法成为首选的估计方法。

1. 极大似然估计法的思想

极大似然估计法的出发点是已知被观测现象的分布，但不知道其参数。极大似然估计法用得到观测值(样本)最高概率的那些参数的值来估计该分布的参数，从而提供一种用于估计分布参数的方法。

【例6.1】 设有一枚不匀称的硬币，我们关心的是每次抛掷该硬币出现正面的概率 p。抛掷该硬币 N 次，假设得到 N_1 次正面，$N-N_1$ 次反面。由于每次抛掷硬币都是相互独立的，根据二项分布的定义，出现这样一个样本的概率为

$$P(N_1\text{ 次正面})=\mathrm{C}_N^{N_1}p^{N_1}(1-p)^{N-N_1} \tag{6.1}$$

式中的表达式可看作未知参数 p 的函数，称其为似然函数(likelihood function)，并记为 $L(p)$。对 p 的极大似然估计意味着选择使似然函数达到最大的 p 值，从而得到 p 的极大似然估计量。

实际计算中，极大化似然函数的对数往往比较方便，这引出了对数似然函数，即

$$\ln L(p)=\ln \mathrm{C}_N^{N_1}+N_1\ln p+(N-N_1)\ln(1-p) \tag{6.2}$$

式(6.2)达到极大的一阶条件是

$$\frac{\mathrm{d}\ln L(p)}{\mathrm{d}p}=\frac{N_1}{p}-\frac{N-N_1}{1-p}=0 \tag{6.3}$$

解之得到 p 的极大似然估计为

$$\hat{p}=N_1/N \tag{6.4}$$

2. 极大似然估计法技术原理的数学描述

下面，采用一般化的数学语言来解释极大似然估计法的基本技术原理，以及参数的估计过程。

设 $f(x,\boldsymbol{\theta})$是随机变量 X 的密度函数，其中 $\boldsymbol{\theta}$ 是该分布的未知参数，若有一随机样本 X_1，X_2，…，X_n，则 $\boldsymbol{\theta}$ 的极大似然估计值是具有产生该观测样本的最高概率的那个 $\boldsymbol{\theta}$ 值，换言之，$\boldsymbol{\theta}$ 的极大似然估计值是使密度函数 $f(x,\boldsymbol{\theta})$达到最大的值。

由于总体分布有离散型和连续型之分，离散型分布通过分布律构造似然函数，而连续型分布通过概率密度函数构造似然函数，因此二者是有区别的，下面分别进行讨论。

1)离散型分布极大似然估计法的技术原理

若总体的分布为离散型分布，容易求得样本 $X_1,X_2,\cdots,X_n$ 取到观察值 $x_1,x_2,\cdots,x_n$ 的概率，即事件$\{X_1=x_1,X_2=x_2,\cdots,X_n=x_n\}$发生的概率为

$$L(\boldsymbol{\theta})=L(x_1,x_2,\cdots,x_n;\boldsymbol{\theta})=\prod_{i=1}^{n}p(x_i;\boldsymbol{\theta}) \tag{6.5}$$

式中，$\boldsymbol{\theta}=(\theta_1,\theta_2,\cdots,\theta_k)'$是待估参数向量。

这一概率随 $\boldsymbol{\theta}$ 的取值而变化，它是 $\boldsymbol{\theta}$ 的函数。$L(\boldsymbol{\theta})$被称为样本的似然函数。极大似然估计法就是在 $\boldsymbol{\theta}$ 可能的取值范围内，选择使似然函数 $L(x_1,x_2,\cdots,x_n;\boldsymbol{\theta})$达到最大的参数值 $\hat{\boldsymbol{\theta}}$，并将其作为参数 $\boldsymbol{\theta}$ 的估计值，即求 $\hat{\boldsymbol{\theta}}$，使其满足

$$L(x_1,x_2,\cdots,x_n;\hat{\boldsymbol{\theta}})=\max_{\boldsymbol{\theta}} L(x_1,x_2,\cdots,x_n;\boldsymbol{\theta}) \tag{6.6}$$

一般通过微分的方法求 $\hat{\boldsymbol{\theta}}$，即令$\partial L(\boldsymbol{\theta})/\partial\boldsymbol{\theta}=\mathbf{0}$ 进行求解，有时候也可通过迭代法来求 $\hat{\boldsymbol{\theta}}$，具体的计算方法根据总体服从的分布来确定。

这样得到的 $\hat{\boldsymbol{\theta}}$ 称为参数 $\boldsymbol{\theta}$ 的极大似然估计值，而相应的统计量通常记为 $\hat{\boldsymbol{\theta}}_{\mathrm{ML}}$，称为参数 $\boldsymbol{\theta}$ 的极大似然估计量。

2)连续型分布极大似然估计法的技术原理

若总体为连续型分布，其概率密度函数为 $f(x,\boldsymbol{\theta})$，且其数学形式已知，其中 $\boldsymbol{\theta}=(\theta_1,\theta_2,\cdots,\theta_k)'$是待估计的参数向量。设 $X_1,X_2,\cdots,X_n$ 是抽自总体的随机样本，则 $X_1,X_2,\cdots,X_n$ 的联合概率密度为 $\prod_{i=1}^{n}f(x_i,\boldsymbol{\theta})$。设 $x_1,x_2,\cdots,x_n$ 是随机样本的一次实现(一组观测值)，则随机点$(X_1,X_2,\cdots,X_n)$落在点$(x_1,x_2,\cdots,x_n)$的邻域内的概率可近似地表示为$\prod_{i=1}^{n}f(x_i,\boldsymbol{\theta})\mathrm{d}x$，其值随 $\boldsymbol{\theta}$ 的取值而变化。

与离散型的情况一样，选择 $\boldsymbol{\theta}$ 使$\prod_{i=1}^{n}f(x_i,\boldsymbol{\theta})\mathrm{d}x$ 取到极大值，但$\prod_{i=1}^{n}\mathrm{d}x$ 不随 $\boldsymbol{\theta}$ 而变，故只需考虑函数

$$L(\boldsymbol{\theta})=L(x_1,x_2,\cdots,x_n;\boldsymbol{\theta})=\prod_{i=1}^{n}f(x_i,\boldsymbol{\theta})$$

的极大值。称 $L(\boldsymbol{\theta})$ 为样本的似然函数。若

$$L(x_1,x_2,\cdots,x_n;\hat{\boldsymbol{\theta}})=\max_{\boldsymbol{\theta}}L(x_1,x_2,\cdots,x_n;\boldsymbol{\theta})$$

则称 $\hat{\boldsymbol{\theta}}$ 为 $\boldsymbol{\theta}$ 的极大似然估计量，记为 $\hat{\boldsymbol{\theta}}_{\mathrm{ML}}$。

通常情况下，$L(\boldsymbol{\theta})$ 关于 $\boldsymbol{\theta}$ 可导，这时 $\hat{\boldsymbol{\theta}}$ 可从方程 $\partial L(\boldsymbol{\theta})/\partial\boldsymbol{\theta}=\mathbf{0}$ 解得。因为 $L(\boldsymbol{\theta})$ 与 $\ln L(\boldsymbol{\theta})$ 具有相同的极值点，故 $\boldsymbol{\theta}$ 的极大似然估计值 $\hat{\boldsymbol{\theta}}$ 通常可更方便地从方程 $\partial\ln L(\boldsymbol{\theta})/\partial\boldsymbol{\theta}=\mathbf{0}$ 求得，其中 $\ln L(\boldsymbol{\theta})$ 称为对数似然函数。

为了后面表述方便，将对数似然函数的一阶导数向量记为 $S(\boldsymbol{\theta})$，即 $S(\boldsymbol{\theta})=\partial\ln L(\boldsymbol{\theta})/\partial\boldsymbol{\theta}$，并称 $S(\boldsymbol{\theta})$ 为得分(score)向量或梯度向量。这样一来，$\boldsymbol{\theta}$ 的极大似然估计通过求解 $S(\boldsymbol{\theta})=\mathbf{0}$ 得到，故称 $S(\boldsymbol{\theta})=\mathbf{0}$ 为似然方程。

3. 极大似然估计量的性质

极大似然估计量的优势在于它们的大样本性质(渐近性质)，在大样本理论中，极大似然估计量扮演了一个中心角色。为介绍这些渐近性质，用 $\hat{\boldsymbol{\theta}}_{\mathrm{ML}}$ 表示参数向量 $\boldsymbol{\theta}$ 的极大似然估计量。

如果似然函数被正确设定，在弱正则条件下，可以证明极大似然估计量具有以下渐近性质。

(1)一致性：$\hat{\boldsymbol{\theta}}_{\mathrm{ML}}$ 是 $\boldsymbol{\theta}$ 的一致估计量，即 $p\lim\hat{\boldsymbol{\theta}}_{\mathrm{ML}}=\boldsymbol{\theta}$ 或 $\hat{\boldsymbol{\theta}}_{\mathrm{ML}}\xrightarrow{P}\boldsymbol{\theta}$。

(2)渐近有效性：$\hat{\boldsymbol{\theta}}_{\mathrm{ML}}$ 渐近有效且达到所有一致估计量的克拉默-拉奥(Cramèr-Rao)下界，即在所有一致的、渐近正态的估计量(consistent asymptotically normal estimators)中具有最小方差。

(3)渐近正态性：$\hat{\boldsymbol{\theta}}_{\mathrm{ML}}\xrightarrow{d}N[\boldsymbol{\theta},\boldsymbol{V}(\boldsymbol{\theta})]$，即 $\hat{\boldsymbol{\theta}}_{\mathrm{ML}}$ 渐近服从正态分布，其中 $\boldsymbol{V}$ 是渐近协方差矩阵。

协方差矩阵 $\boldsymbol{V}$ 由对数似然函数决定，为了说明这一点，引入信息矩阵(information matrix)的概念。信息矩阵定义为

$$\boldsymbol{I}(\boldsymbol{\theta})=-E\left(\frac{\partial^2\ln L(\boldsymbol{\theta})}{\partial\boldsymbol{\theta}\partial\boldsymbol{\theta}'}\right)$$

在适当的正则条件下，可以证明极大似然估计量的渐近协方差矩阵等于信息矩阵的逆矩阵，即 $\boldsymbol{V}=[\boldsymbol{I}(\boldsymbol{\theta})]^{-1}$。

(4)不变性：设 $g(\boldsymbol{\theta})$ 是 $\boldsymbol{\theta}$ 的一个连续函数，则 $g(\boldsymbol{\theta})$ 的极大似然估计量为 $g(\hat{\boldsymbol{\theta}}_{\mathrm{ML}})$。

不变性有两方面的实际意义：第一，如果一组参数已经得到了估计，需要进一步估计它们的函数，则不需要重新估计模型。第二，不变性暗示我们可以按照喜欢的方式自由地重新参数化一个似然函数，以简化估计过程。

4. 线性回归模型的极大似然估计

我们在随机扰动项服从正态分布的假设下分别讨论双变量线性回归模型和多元线性回归模型的极大似然估计。

1)双变量线性回归模型的极大似然估计

设双变量线性回归模型为

$$Y_t = \alpha + \beta X_t + u_t, t = 1, 2, \cdots, n$$

式中,α 和 β 为待估参数;u_t 为随机误差项。对随机误差项的假设为

$$E(u_i) = 0, E(u_i^2) = \sigma^2, E(u_i u_j) = 0 \quad i \neq j, u_i \sim N(0, \sigma^2) \tag{6.7}$$

即随机误差项具有 0 均值、同方差、不相关和服从正态分布的性质。

根据以上假设可知

$$Y_t \sim N(\alpha + \beta X_t, \sigma^2)$$

因此,Y_t 的概率密度函数为

$$f_{Y_t} = \frac{1}{\sigma\sqrt{2\pi}} \exp\left\{-\frac{1}{2\sigma^2}(Y_t - \alpha - \beta X_t)^2\right\} \tag{6.8}$$

由于$\{Y_t\}$独立同分布,因此联合概率密度函数,即似然函数为

$$L(\alpha, \beta, \sigma^2) = \prod_{t=1}^{n} f_{Y_t} = \left(\frac{1}{\sigma\sqrt{2\pi}}\right)^n \exp\left\{-\frac{1}{2\sigma^2}\sum_{t=1}^{n}(Y_t - \alpha - \beta X_t)^2\right\} \tag{6.9}$$

对数似然函数为

$$\ln L(\alpha, \beta, \sigma^2) = -\frac{n}{2}\ln(2\pi) - \frac{n}{2}\ln\sigma^2 - \sum_{t=1}^{n}\frac{(Y_t - \alpha - \beta X_t)^2}{2\sigma^2}$$

令

$$\frac{\partial \ln L(\alpha, \beta, \sigma^2)}{\partial \alpha} = 0$$

$$\frac{\partial \ln L(\alpha, \beta, \sigma^2)}{\partial \beta} = 0$$

$$\frac{\partial \ln L(\alpha, \beta, \sigma^2)}{\partial \sigma^2} = 0$$

得极大似然估计量 $\hat{\alpha}_{\mathrm{ML}}$、$\hat{\beta}_{\mathrm{ML}}$ 和 $\hat{\sigma}^2_{\mathrm{ML}}$ 满足的方程为

$$\sum_{t=1}^{n} Y_t = n\hat{\alpha}_{\mathrm{ML}} + \hat{\beta}_{\mathrm{ML}}\sum_{t=1}^{n} X_t$$

$$\sum_{t=1}^{n} X_t Y_t = \hat{\alpha}_{\mathrm{ML}}\sum_{t=1}^{n} X_t + \hat{\beta}_{\mathrm{ML}}\sum_{t=1}^{n} X_t^2$$

$$\hat{\sigma}^2_{\mathrm{ML}} = \frac{\sum_{t=1}^{n}(Y_t - \hat{\alpha}_{\mathrm{ML}} - \hat{\beta}_{\mathrm{ML}} X_t)^2}{n} \tag{6.10}$$

不难看出,式(6.10)前两个等式与用普通最小二乘法得出的正规方程相同,故有

$$\hat{\alpha}_{\mathrm{ML}} = \hat{\alpha}_{\mathrm{OLS}}, \hat{\beta}_{\mathrm{ML}} = \hat{\beta}_{\mathrm{OLS}}$$

但最后一个等式表明,误差的方差 σ^2 的极大似然估计量 $\hat{\sigma}^2_{\mathrm{ML}}$ 与最小二乘估计量不同,最小二乘估计量

$$\hat{\sigma}^2_{\mathrm{OLS}} = \frac{\sum_{t=1}^{n} e_t^2}{n-2} = \frac{\sum_{t=1}^{n}(Y_t - \hat{\alpha} - \hat{\beta} X_t)^2}{n-2} \tag{6.11}$$

是一个无偏估计量。而极大似然估计量 $\hat{\sigma}_{\text{ML}}^2$ 的数学期望为

$$E(\hat{\sigma}_{\text{ML}}^2)=E\left(\frac{1}{n}\sum_{t=1}^{n}e_t^2\right)=\frac{(n-2)\sigma^2}{n}=\sigma^2-\frac{2\sigma^2}{n}$$

这表明 $\hat{\sigma}_{\text{ML}}^2$ 是一个有偏估计量。由于当样本容量 n 趋向无穷时，有

$$\sigma^2-\frac{2\sigma^2}{n}\to\sigma^2$$

因此，$\hat{\sigma}_{\text{ML}}^2$ 是一个渐近无偏估计量。

2)多元线性回归模型的极大似然估计

设多元线性回归模型为

$$Y_t=\boldsymbol{X}_t'\boldsymbol{\beta}+\varepsilon_t,\quad t=1,2,\cdots,n$$

其矩阵形式为

$$\boldsymbol{Y}=\boldsymbol{X\beta}+\boldsymbol{\varepsilon}$$

式中

$$\boldsymbol{Y}=(Y_1,\cdots,Y_n)',n\times 1$$
$$\boldsymbol{\varepsilon}=(\varepsilon_1,\cdots,\varepsilon_n)',n\times 1$$
$$\boldsymbol{X}=(\boldsymbol{X}_1,\cdots,\boldsymbol{X}_n)',n\times K$$

随机误差项满足如下条件

$$E(\boldsymbol{\varepsilon})=\boldsymbol{0}$$
$$E(\boldsymbol{\varepsilon\varepsilon}')=\sigma^2\boldsymbol{I}$$
$$\boldsymbol{\varepsilon}\sim N(\boldsymbol{0},\sigma^2\boldsymbol{I})\tag{6.12}$$

根据以上假设有

$$Y_t\sim N(\boldsymbol{X}_t'\boldsymbol{\beta},\sigma^2)$$

因此，Y_t 的概率密度函数为

$$f_{Y_t}=\frac{1}{\sigma\sqrt{2\pi}}\exp\left[-\frac{1}{2\sigma^2}(Y_t-\boldsymbol{X}_t'\boldsymbol{\beta})^2\right],t=1,2,\cdots,n$$

由于$\{Y_t\}$独立同分布，因此联合概率密度函数，即似然函数为

$$\begin{aligned}L(\boldsymbol{\beta},\sigma^2)&=\prod_{t=1}^{n}f_{Y_t}=\left(\frac{1}{\sigma\sqrt{2\pi}}\right)^n\exp\left[-\frac{1}{2\sigma^2}\sum_{t=1}^{n}(Y_t-\boldsymbol{X}_t'\boldsymbol{\beta})^2\right]\\&=\left(\frac{1}{\sigma\sqrt{2\pi}}\right)^n\exp\left[-\frac{1}{2\sigma^2}(\boldsymbol{Y}-\boldsymbol{X\beta})'(\boldsymbol{Y}-\boldsymbol{X\beta})\right]\end{aligned}\tag{6.13}$$

其对数似然函数为

$$\ln L(\boldsymbol{\beta},\sigma^2)=-\frac{n}{2}\ln(2\pi\sigma^2)-\frac{(\boldsymbol{Y}-\boldsymbol{X\beta})'(\boldsymbol{Y}-\boldsymbol{X\beta})}{2\sigma^2}\tag{6.14}$$

注意到式(6.14)中右边第二项的分子对应残差平方和，故

$$\begin{aligned}\text{SSR}&=\boldsymbol{e}'\boldsymbol{e}=(\boldsymbol{Y}-\boldsymbol{X\beta})'(\boldsymbol{Y}-\boldsymbol{X\beta})\\&=\boldsymbol{Y}'\boldsymbol{Y}-\boldsymbol{Y}'\boldsymbol{X\beta}-\boldsymbol{\beta}'\boldsymbol{X}'\boldsymbol{Y}+\boldsymbol{\beta}'\boldsymbol{X}'\boldsymbol{X\beta}\\&=\boldsymbol{Y}'\boldsymbol{Y}-2\boldsymbol{Y}'\boldsymbol{X\beta}+\boldsymbol{\beta}'\boldsymbol{X}'\boldsymbol{X\beta}\end{aligned}\tag{6.15}$$

这里最后一个等号成立是因为第二行中所有各项都是标量，且中间两项互为转置矩阵，因而相等。

SSR 对 $\boldsymbol{\beta}$ 微分，得

$$\frac{\partial \mathrm{SSR}}{\partial \boldsymbol{\beta}} = -2\boldsymbol{X}'\boldsymbol{Y} + 2\boldsymbol{X}'\boldsymbol{X}\boldsymbol{\beta}$$

这里用到了矩阵微分的以下两个公式：

(1)$\partial \boldsymbol{a}'\boldsymbol{b}/\partial \boldsymbol{b} = \boldsymbol{a}$

(2)$\partial(\boldsymbol{b}'\boldsymbol{A}\boldsymbol{b})/\partial \boldsymbol{b} = (\boldsymbol{A}+\boldsymbol{A}')\boldsymbol{b} = 2\boldsymbol{A}\boldsymbol{b}$，第二个等号成立的条件是 $\boldsymbol{A}$ 为对称矩阵。

于是，使对数似然函数达到极大的一阶条件为

$$\frac{\partial \ln L(\boldsymbol{\beta},\sigma^2)}{\partial \boldsymbol{\beta}} = \frac{2\boldsymbol{X}'\boldsymbol{Y} - 2\boldsymbol{X}'\boldsymbol{X}\boldsymbol{\beta}}{2\sigma^2} = \boldsymbol{0}$$

$$\frac{\partial \ln L(\boldsymbol{\beta},\sigma^2)}{\partial \sigma^2} = \frac{(\boldsymbol{Y}-\boldsymbol{X}\boldsymbol{\beta})'(\boldsymbol{Y}-\boldsymbol{X}\boldsymbol{\beta})}{2\sigma^4} - \frac{n}{2\sigma^2} = 0$$

解此方程组，得

$$\hat{\boldsymbol{\beta}}_{\mathrm{ML}} = (\boldsymbol{X}'\boldsymbol{X})^{-1}\boldsymbol{X}'\boldsymbol{Y} \tag{6.16}$$

$$\hat{\sigma}^2_{\mathrm{ML}} = \frac{(\boldsymbol{Y}-\boldsymbol{X}\boldsymbol{\beta})'(\boldsymbol{Y}-\boldsymbol{X}\boldsymbol{\beta})}{n} = \frac{\boldsymbol{e}'\boldsymbol{e}}{n} \tag{6.17}$$

因此，在随机误差项满足经典假设条件的情况下，$\boldsymbol{\beta}$ 的极大似然估计量与普通最小二乘估计量相同，方差 σ^2 的极大似然估计量 $\hat{\sigma}^2_{\mathrm{ML}}$ 与 OLS 估计量则不同，因为方差 σ^2 的 OLS 估计量为

$$\hat{\sigma}^2_{\mathrm{OLS}} = \frac{(\boldsymbol{Y}-\boldsymbol{X}\boldsymbol{\beta})'(\boldsymbol{Y}-\boldsymbol{X}\boldsymbol{\beta})}{n-k-1} \tag{6.18}$$

$\hat{\sigma}^2_{\mathrm{OLS}}$ 是无偏的，而 $\hat{\sigma}^2_{\mathrm{ML}}$ 是有偏的，但在大样本下渐近无偏。

将这些极大似然估计量代入似然函数，就得到 $\ln L$ 的极大值，即

$$\begin{aligned}\ln L(\hat{\boldsymbol{\beta}}_{\mathrm{ML}},\hat{\sigma}^2_{\mathrm{ML}}) &= -\frac{n}{2}\ln(2\pi\hat{\sigma}^2_{\mathrm{ML}}) - \frac{\boldsymbol{e}'\boldsymbol{e}}{2\hat{\sigma}^2_{\mathrm{ML}}} \\ &= -\frac{n}{2}\ln(2\pi) - \frac{n}{2}\ln\left(\frac{\boldsymbol{e}'\boldsymbol{e}}{n}\right) - \frac{n}{2} \\ &= 常数 - \frac{n}{2}\ln(\boldsymbol{e}'\boldsymbol{e})\end{aligned} \tag{6.19}$$

为了得到无偏估计量的 Cramèr-Rao 下界，需要先计算信息矩阵，即

$$I(\boldsymbol{\beta},\sigma^2) = -E\begin{bmatrix}\dfrac{\partial^2 \ln L}{\partial \boldsymbol{\beta}\partial \boldsymbol{\beta}'} & \dfrac{\partial^2 \ln L}{\partial \boldsymbol{\beta}\partial \sigma^2} \\ \dfrac{\partial^2 \ln L}{\partial \sigma^2 \partial \boldsymbol{\beta}'} & \dfrac{\partial^2 \ln L}{\partial \sigma^2 \partial \sigma^2}\end{bmatrix}$$

通过对矩阵中各项二阶偏导数的计算得到

$$\boldsymbol{I}(\boldsymbol{\beta},\sigma^2) = -E\begin{bmatrix}(\boldsymbol{X}'\boldsymbol{X})/\sigma^2 & 0 \\ 0 & n/2\sigma^4\end{bmatrix}$$

信息矩阵是按 $\boldsymbol{\beta}$ 和 σ^2 分块对角的，这是误差项为正态分布的回归模型的一个重要性质，意味着 Cramèr-Rao 下界为

$$\boldsymbol{I}^{-1}(\boldsymbol{\beta},\sigma^2) = -E\begin{bmatrix}\sigma^2(\boldsymbol{X}'\boldsymbol{X})^{-1} & 0 \\ 0 & 2\sigma^4/n\end{bmatrix} \tag{6.20}$$

值得注意的是 $\hat{\boldsymbol{\beta}}_{\mathrm{ML}}=\hat{\boldsymbol{\beta}}_{\mathrm{OLS}}$ 达到了 Cramèr-Rao 下界。在正态性的假设下，$\hat{\boldsymbol{\beta}}_{\mathrm{OLS}}$ 是最小方差无偏估计量，这表明 $\hat{\boldsymbol{\beta}}_{\mathrm{OLS}}$ 在所有无偏估计量而不仅仅是线性无偏估计量中方差最小。

6.2　似然比检验、沃尔德检验和拉格朗日乘数检验

似然比检验、沃尔德检验和拉格朗日乘数检验是三种基于极大似然法的大样本检验方法。前面介绍的 F 检验适用于检验经典的线性回归模型的线性约束条件。如果施加于模型的约束是非线性的，模型存在参数非线性，或者随机误差项的分布不服从正态分布，F 检验就不再适用，通常需要采用上述三种检验方法中的一种来检验约束条件是否成立。这三种检验方法是渐近等价的，与这些检验相联系的统计量的小样本分布未知，但它们每一种都渐近服从自由度为约束条件个数的 χ^2 分布。

假设已经通过极大似然估计方法估计出 $\boldsymbol{\theta}$，对于给定的 $\boldsymbol{\theta}$，现在欲检验以下关于参数约束的假设：

$$H_0:\ g(\boldsymbol{\theta})=\mathbf{0},\ H_{\mathrm{A}}:g(\boldsymbol{\theta})\neq\mathbf{0}$$

式中，$g(\boldsymbol{\theta})$是关于 $\boldsymbol{\theta}$ 可导的 p 维向量。

对这个假设通常有三种常用的检验方法，即似然比检验、沃尔德检验及拉格朗日乘数检验。本部分分别介绍这三种渐近性检验。须注意，只有在确保估计量一致性和渐近正态性的条件下，这三种检验给出的分布结果才是有效的。

1. 似然比检验

如果约束条件 $g(\boldsymbol{\theta})=\mathbf{0}$ 为真，则在施加约束条件的情况下，似然函数 $L(\boldsymbol{x},\boldsymbol{\theta})$的极大值 $L(\boldsymbol{x},\tilde{\boldsymbol{\theta}})$不应当显著小于参数无约束条件下似然函数的极大值 $L(\boldsymbol{x},\hat{\boldsymbol{\theta}})$，其中，$\hat{\boldsymbol{\theta}}$ 表示无参数约束条件下似然函数取极大值时对应的估计量，$\tilde{\boldsymbol{\theta}}$ 表示施加参数约束条件后似然函数取极大值时对应的估计量。因此，似然比检验要检验的是 $L(\boldsymbol{x},\tilde{\boldsymbol{\theta}})/L(\boldsymbol{x},\hat{\boldsymbol{\theta}})$是否接近 1。

似然比定义为有约束条件下似然函数的极大值 $L(\boldsymbol{x},\tilde{\boldsymbol{\theta}})$与无约束条件下似然函数的极大值 $L(\boldsymbol{x},\hat{\boldsymbol{\theta}})$之比，即 $\lambda=L(\boldsymbol{x},\tilde{\boldsymbol{\theta}})/L(\boldsymbol{x},\hat{\boldsymbol{\theta}})$。由于约束条件下目标函数的极大值不可能超过无约束条件下目标函数的极大值，且两个似然函数的极大值都是正的，故似然比 λ 一定介于 0 和 1 之间。

似然比检验的基本原理是：如果约束有效，λ 值应靠近 1；如果约束无效，似然比中分子可能比分母小许多，λ 值应靠近 0。因此，当 λ 值较小时，我们有理由怀疑约束的有效性。

似然比检验的统计量定义为

$$\mathrm{LR}=-2\ln\lambda=2[L(\boldsymbol{x},\hat{\boldsymbol{\theta}})-\ln L(\boldsymbol{x},\tilde{\boldsymbol{\theta}})]\xrightarrow{d}\chi_p^2 \tag{6.21}$$

对于给定的显著水平，若 $\mathrm{LR}>\chi_p^2$ 分布的临界值，则拒绝原假设，说明参数约束无效。若 $\mathrm{LR}\leqslant\chi_p^2$ 分布的临界值，则不能拒绝原假设，说明参数约束 $g(\boldsymbol{\theta})=\mathbf{0}$ 有效。

2. 沃尔德检验

在实践中，似然比检验需要估计约束和无约束情况下的参数向量，也就是说，既要进行约束回归，又要进行无约束回归。在复杂模型中，其中的一个估计值可能很难计算。幸运的是，有两个可供选择的方法，即沃尔德检验和拉格朗日乘数检验，可以解决这个问题。这两个检验只需要估计约束和无约束参数向量中的一个。

沃尔德检验的基本原理是：如果约束 $g(\boldsymbol{\theta})=\mathbf{0}$ 是有效的，则在没有该约束条件下估计出的 $\hat{\boldsymbol{\theta}}$，应渐近地满足 $g(\hat{\boldsymbol{\theta}})\approx\mathbf{0}$，$g(\hat{\boldsymbol{\theta}})$ 应该接近于 0，因为极大似然估计量是一致的。对于无约束估计量 $\hat{\boldsymbol{\theta}}$，在其真值 $\boldsymbol{\theta}$ 处，当 $\hat{\boldsymbol{\theta}}-\boldsymbol{\theta}$ 很小时，对 $g(\hat{\boldsymbol{\theta}})$ 进行一阶泰勒展开，可得

$$g(\hat{\boldsymbol{\theta}})\approx g(\boldsymbol{\theta})+\frac{\partial g(\boldsymbol{\theta})}{\partial\boldsymbol{\theta}'}(\hat{\boldsymbol{\theta}}-\boldsymbol{\theta})$$

于是有

$$g(\hat{\boldsymbol{\theta}})-g(\boldsymbol{\theta})=\frac{\partial g(\boldsymbol{\theta})}{\partial\boldsymbol{\theta}'}(\hat{\boldsymbol{\theta}}-\boldsymbol{\theta})$$

因为

$$\hat{\boldsymbol{\theta}}-\boldsymbol{\theta}\xrightarrow{d}N[\mathbf{0},\mathrm{Var}(\boldsymbol{\theta})]$$
$$g(\boldsymbol{\theta})=\mathbf{0},\ \mathrm{Var}(\boldsymbol{\theta})=\boldsymbol{I}^{-1}(\boldsymbol{\theta})$$

所以

$$g(\hat{\boldsymbol{\theta}})-g(\boldsymbol{\theta})=g(\hat{\boldsymbol{\theta}})-\mathbf{0}\xrightarrow{d}\frac{\partial g(\boldsymbol{\theta})}{\partial\boldsymbol{\theta}'}N[\mathbf{0},\mathrm{Var}(\boldsymbol{\theta})]$$

或

$$g(\boldsymbol{\theta})-g(\boldsymbol{\theta})\xrightarrow{d}N\left[\mathbf{0},\left(\frac{\partial g(\boldsymbol{\theta})}{\partial\boldsymbol{\theta}'}\right)\mathrm{Var}(\boldsymbol{\theta})\left(\frac{\partial g(\boldsymbol{\theta})}{\partial\boldsymbol{\theta}'}\right)'\right] \tag{6.22}$$

式(6.22)所表述的方法通常称为 delta(德尔塔)法。在 $\hat{\boldsymbol{\theta}}$ 处，$\mathrm{Var}[g(\hat{\boldsymbol{\theta}})]$的计算结果为

$$\mathrm{Var}[g(\hat{\boldsymbol{\theta}})]=\left(\frac{\partial g(\hat{\boldsymbol{\theta}})}{\partial\boldsymbol{\theta}'}\right)\mathrm{Var}(\hat{\boldsymbol{\theta}})\left(\frac{\partial g(\hat{\boldsymbol{\theta}})}{\partial\boldsymbol{\theta}'}\right)'$$

一般地，若 $\boldsymbol{Z}\sim N_p(\boldsymbol{\mu},\boldsymbol{\Sigma})$，则$(\boldsymbol{Z}-\boldsymbol{\mu})'\boldsymbol{\Sigma}^{-1}(\boldsymbol{Z}-\boldsymbol{\mu})\sim\chi_p^2$。于是，可构造沃尔德统计量为

$$\begin{aligned}W&=[g(\hat{\boldsymbol{\theta}})]'\{\mathrm{Var}[g(\hat{\boldsymbol{\theta}})]\}^{-1}[g(\hat{\boldsymbol{\theta}})]=[g(\hat{\boldsymbol{\theta}})]'\left[\left(\frac{\partial g(\hat{\boldsymbol{\theta}})}{\partial\boldsymbol{\theta}'}\right)\mathrm{Var}(\hat{\boldsymbol{\theta}})\left(\frac{\partial g(\hat{\boldsymbol{\theta}})}{\partial\boldsymbol{\theta}'}\right)'\right]^{-1}[g(\hat{\boldsymbol{\theta}})]\\&=[g(\hat{\boldsymbol{\theta}})]'\left[\left(\frac{\partial g(\hat{\boldsymbol{\theta}})}{\partial\boldsymbol{\theta}'}\right)\boldsymbol{I}^{-1}(\hat{\boldsymbol{\theta}})\left(\frac{\partial g(\hat{\boldsymbol{\theta}})}{\partial\boldsymbol{\theta}'}\right)'\right]^{-1}[g(\hat{\boldsymbol{\theta}})]\xrightarrow{d}\chi_p^2\end{aligned} \tag{6.23}$$

对于给定的显著水平，如果 $W>\chi_p^2$ 分布的临界值，则拒绝零假设，说明参数约束无效；如果 $W\leqslant\chi_p^2$ 分布的临界值，则不拒绝零假设 $g(\boldsymbol{\theta})=\mathbf{0}$，说明参数约束有效。

3. 拉格朗日乘数检验

拉格朗日乘数检验，亦称为得分检验。该检验基于约束模型，无须对无约束模型的参数进行估计。若 $\tilde{\boldsymbol{\theta}}$ 表示施加参数约束条件 $g(\boldsymbol{\theta})=\mathbf{0}$ 后似然函数取最大值时对应的估计量，在约束条件下，作为目标函数的对数似然函数应为下面的拉格朗日函数，即

$$\ln L_R(\boldsymbol{x},\boldsymbol{\theta})=\ln L(\boldsymbol{x},\boldsymbol{\theta})+\boldsymbol{\lambda}'g(\boldsymbol{\theta})$$

式中，$\boldsymbol{\lambda}$ 为拉格朗日乘数向量。

约束化最大问题的解就是下面方程组的解，方程组为

$$\frac{\partial\ln L_R(\boldsymbol{x},\boldsymbol{\theta})}{\partial\boldsymbol{\theta}}=\frac{\partial\ln L(\boldsymbol{x},\boldsymbol{\theta})}{\partial\boldsymbol{\theta}}+\left(\frac{\partial g(\boldsymbol{\theta})}{\partial\boldsymbol{\theta}'}\right)'\boldsymbol{\lambda}=\mathbf{0}$$

$$\frac{\partial\ln L(\boldsymbol{x},\boldsymbol{\theta})}{\partial\boldsymbol{\lambda}}=g(\boldsymbol{\theta})=\mathbf{0}$$

拉格朗日乘数检验的基本原理是：若约束成立，则加上 $\boldsymbol{\lambda}'g(\boldsymbol{\theta})$不会造成对数似然函数极

大值的显著差异。这意味着在一阶条件下，$\boldsymbol{\lambda}'g(\boldsymbol{\theta})$应该很小，特别是 $\boldsymbol{\lambda}$ 应该很小，也应该趋于 0。于是，拉格朗日乘数检验就是在有约束估计量 $\tilde{\boldsymbol{\theta}}$ 处，通过检验得分向量$\partial\ln L(\boldsymbol{x},\tilde{\boldsymbol{\theta}})/\partial\boldsymbol{\theta}$ 是否趋近于零来检验约束是否有效，故此检验也被称为得分检验。

一阶导数向量的方差是信息矩阵 $\boldsymbol{I}(\boldsymbol{\theta})$，用它来计算极大似然估计量的渐近协方差矩阵。拉格朗日乘数检验的统计量为

$$\mathrm{LM}=\left(\frac{\partial\ln L_R}{\partial\tilde{\boldsymbol{\theta}}}\right)'[\boldsymbol{I}(\tilde{\boldsymbol{\theta}})]^{-1}\left(\frac{\partial\ln L_R}{\partial\tilde{\boldsymbol{\theta}}}\right)\xrightarrow{d}\chi_p^2 \tag{6.24}$$

4. 三种检验法的选择

当面临具有相同渐近性质的几种统计量时，计量经济学家通常根据它们的小样本性质来进行选择。然而实践中关于似然比检验、沃尔德检验和拉格朗日乘数检验的选择，计算成本往往起着关键作用。

计算似然比检验的统计量，$\boldsymbol{\theta}$ 的约束和无约束估计值都要计算，如果两者都不难计算，则似然比检验是三种检验中最具吸引力的，而计算沃尔德检验统计量仅需要无约束估计值。如果约束估计值的计算比较困难，而无约束估计值计算不困难，如约束条件是非线性的情况，则沃尔德检验统计量应成为首选。计算拉格朗日乘数检验的统计量仅需约束估计值，如果约束估计值的计算比较容易，而无约束估计值的计算困难，例如施加约束后使非线性模型转换成线性模型的情况，则拉格朗日乘数检验的统计量应成为首选。在计算量不是问题的情况下，应选择似然比检验。

一般地，只有在少数简单的情况下，解析方法才能给出对数似然函数一阶条件的解。在大多数情况下，需要采用数值最大化方法进行求解。数值最大化方法的基本思路是：构造一个关于 $\hat{\boldsymbol{\theta}}$ 的不同猜测序列，关于每一个猜测比较 $L(\boldsymbol{x},\boldsymbol{\theta})$的值，从这些值中寻找一个使 $L(\boldsymbol{x},\boldsymbol{\theta})$达到最大的 $\hat{\boldsymbol{\theta}}$ 值。常见的三种数值算法，如格点搜索法、最陡爬坡法、牛顿-拉夫森法，参见第 5 章的介绍。

6.3　广义矩法估计

普通最小二乘法和极大似然估计法等方法本身都有其局限性。普通最小二乘法必须在遵循经典假设的条件下才具有优良的性质，在异方差和序列相关等违背基本假设的情况下，普通最小二乘法将不再是最佳线性无偏估计量。极大似然估计法应用的前提是需要知道产生数据的分布，而在使用极大似然估计法进行估计时，分布假定难免存在人为因素，一旦分布设定错误，MLE 通常是有偏的。

广义矩法估计可以不考虑随机误差项的准确分布信息，且允许随机误差项存在异方差和自相关等违背经典假设的情况，在很多方面具有独特的优势。

广义矩法是一种大样本估计方法，在大样本情况下广义矩法估计量渐近有效。普通最小二乘法、极大似然估计法和工具变量(instrumental variable，简称为 VI)法等许多估计方法都可以看作广义矩估计的特例。

1. 矩估计法

矩估计法(method of moments，简称为 MM)是广义矩法的基础。

1)矩估计原理

一般来说，样本统计量中的每一个都有它的总体对应物，例如样本均值对应总体期望值，

样本方差对应总体方差。因此，一个自然的想法是采用样本矩对总体的未知参数进行估计。

设有总体 X(随机变量)，$X_1,X_2,\cdots,X_n$ 是来自 X 的随机样本，连续型总体和离散型总体的前 k 阶矩($l=1,2,\cdots,k$)分别定义为

$$\mu_l=E(X^l)=\int_{-\infty}^{\infty}x^l f(x,\boldsymbol{\theta})\mathrm{d}x \tag{6.25}$$

$$\mu_l=E(X^l)=\sum_{i=1}^{n}x_i^l P(X=x_i,\boldsymbol{\theta}) \tag{6.26}$$

式中，总体 X 为连续型随机变量时，$f(x,\boldsymbol{\theta})$ 为其概率密度函数；总体 X 为离散型随机变量时，$P(X=x_i,\boldsymbol{\theta})$ 为 X 取 x_i 值的概率($i=1,2,\cdots,n$)；$\boldsymbol{\theta}$ 是参数向量，$\boldsymbol{\theta}=(\theta_1,\theta_2,\cdots,\theta_k)'$。

总体矩是 $\boldsymbol{\theta}$ 的函数，即将参数融入各阶总体矩中。经过变换，设参数与各阶总体矩的函数关系为

$$\begin{cases}f_1(\mu_1,\mu_2,\cdots,\mu_k)=g_1(\theta_1,\theta_2,\cdots,\theta_k)\\ f_2(\mu_1,\mu_2,\cdots,\mu_k)=g_2(\theta_1,\theta_2,\cdots,\theta_k)\\ \cdots\cdots\cdots\cdots\\ f_k(\mu_1,\mu_2,\cdots,\mu_k)=g_k(\theta_1,\theta_2,\cdots,\theta_k)\end{cases}$$

则得到一个包含 k 个未知参数 $\theta_1,\theta_2,\cdots,\theta_k$ 的方程组。理论上，从上述方程组可解出 $\theta_1,\theta_2,\cdots,\theta_k$，设其解可表达为

$$\begin{cases}\theta_1=h_1(\mu_1,\mu_2,\cdots,\mu_k)\\ \theta_2=h_2(\mu_1,\mu_2,\cdots,\mu_k)\\ \cdots\cdots\cdots\cdots\\ \theta_k=h_k(\mu_1,\mu_2,\cdots,\mu_k)\end{cases}$$

上面方程组中各等式的右边由总体矩构成，因其包含未知参数，故只是表述了参数的理论解。实际中，l 阶样本矩 $S_l(l=1,2,\cdots,k)$ 依概率收敛于相应的总体矩 μ_l，样本矩的连续函数依概率收敛于相应总体矩的连续函数，因此，可用样本矩 S_l 作为相应的总体矩的估计量，而以样本矩的连续函数作为相应的总体矩的连续函数的估计量。用 S_l 分别替代方程组中的 μ_l，得到 θ_l 的估计量为

$$\hat{\theta}_l=h_l(S_1,S_2,\cdots,S_k),\ l=1,2,\cdots,k$$

这种估计方法称为矩估计法。

【例 6.2】 设 $X\sim N(\mu,\sigma^2)$，参数 μ 和 σ^2 未知，$X_1,X_2,\cdots,X_n$ 为抽自总体的样本，试用矩估计法求参数 μ、σ^2 的估计量 $\hat{\mu}$ 和 $\hat{\sigma}^2$。

解：样本的一阶和二阶原点矩分别为

$$S_1=\frac{1}{n}\sum_{i=1}^{n}X_i,S_2=\frac{1}{n}\sum_{i=1}^{n}X_i^2$$

因为矩估计用样本矩替代总体矩，所以总体的一阶和二阶原点矩 $\mu_1=E(X)$ 和 $\mu_2=E(X^2)$ 的矩的估计量为

$$\hat{\mu}_1=S_1=\frac{1}{n}\sum_{i=1}^{n}X_i$$

$$\hat{\mu}_2=S_2=\frac{1}{n}\sum_{i=1}^{n}X_i^2$$

对于正态总体，μ 和 σ^2 分别为总体的均值和方差，均值和方差与总体的一阶和二阶原点矩的函数关系为

$$E(X)=\mu, \sigma^2=E(X^2)-\mu^2$$

所以根据矩估计，可求得正态总体参数的估计量。

2）OLS 和 ML 估计量的矩估计特性

考虑经典线性回归模型的 OLS 估计量，该模型的一个重要假设条件是解释变量与扰动项无关(见假设 3.2 的解释)，即

$$E(\boldsymbol{X}_i\varepsilon_i)=E[\boldsymbol{X}_i(Y_i-\boldsymbol{X}_i'\boldsymbol{\beta})]=\boldsymbol{0}$$

这组矩条件对应的样本矩为

$$\frac{1}{n}\sum_{i=1}^{n}\boldsymbol{X}_i e_i=\frac{1}{n}\sum_{i=1}^{n}\boldsymbol{X}_i(Y_i-\boldsymbol{X}_i'\hat{\boldsymbol{\beta}})=\boldsymbol{0} \tag{6.27}$$

$\boldsymbol{\beta}$ 的估计量是满足这些矩条件的 $\hat{\boldsymbol{\beta}}$。不难看出，这些矩条件正好是 OLS 估计量的正规方程，因此 OLS 估计量是矩估计量。

极大似然估计量是通过对数似然的导数等于零得到的，对于满足正则条件的密度函数，有

$$E\left[\frac{\partial \ln L(\boldsymbol{\theta})}{\partial \boldsymbol{\theta}}\right]=E\left[\frac{\partial \ln f(y_i,\boldsymbol{\theta})}{\partial \boldsymbol{\theta}}\right]=\boldsymbol{0} \tag{6.28}$$

式中，$f(\cdot)$为概率密度函数，$\boldsymbol{\theta}$ 是参数向量。通过令式(6.28)对应的样本矩等于零来求极大似然估计量，即

$$\frac{1}{n}\frac{\partial \ln L}{\partial \hat{\boldsymbol{\theta}}}=\frac{1}{n}\sum_{i=1}^{n}\frac{\partial \ln f(y_i,\hat{\boldsymbol{\theta}})}{\partial \hat{\boldsymbol{\theta}}}=\boldsymbol{0} \tag{6.29}$$

由此可知，极大似然估计量也可以通过一组矩条件用矩估计法导出。

2. 广义矩法

在矩估计中，矩条件的个数恰好等于要估计参数的数目，即方程个数等于未知参数的个数，所以存在未知参数的唯一解。如果矩条件的数目大于参数的个数，就引出了广义矩法。广义矩法直接从模型所施加的矩条件来估计模型，这些矩条件有时是线性的，但多数情况下是非线性的。

矩条件的一般形式为

$$E\begin{pmatrix} f_1(Y_t,\boldsymbol{X}_t,\boldsymbol{Z}_t,\boldsymbol{\theta}) \\ f_2(Y_t,\boldsymbol{X}_t,\boldsymbol{Z}_t,\boldsymbol{\theta}) \\ \vdots \\ f_R(Y_t,\boldsymbol{X}_t,\boldsymbol{Z}_t,\boldsymbol{\theta}) \end{pmatrix}=\begin{pmatrix} 0 \\ 0 \\ \vdots \\ 0 \end{pmatrix} \tag{6.30}$$

为了表述的方便，将式(6.30)写为

$$E[f(Y_t,\boldsymbol{X}_t,\boldsymbol{Z}_t,\boldsymbol{\theta})]=\boldsymbol{0} \tag{6.31}$$

式中，$f(\cdot)$表示有 R 个分量的向量函数；$\boldsymbol{\theta}$ 为 k 维未知参数向量，$\boldsymbol{\theta}=(\theta_1,\theta_2,\cdots,\theta_k)'$；$Y_t$，$\boldsymbol{X}_t$，$\boldsymbol{Z}_t$ 为模型中的全部变量，如 $\boldsymbol{X}_t$ 为解释变量向量，$\boldsymbol{Z}_t$ 为工具变量向量等。

为了估计 $\boldsymbol{\theta}$，考虑式(6.31)对应的样本矩，即

$$g_n(\boldsymbol{\theta})=\frac{1}{n}\sum_{t=1}^{n}f(Y_t,\boldsymbol{X}_t,\boldsymbol{Z}_t,\boldsymbol{\theta})$$

如果矩条件的个数 R 等于未知参数的个数 R，则有可能令 $E[f(Y_t, \boldsymbol{X}_t, \boldsymbol{Z}_t, \boldsymbol{\theta})]$ 中的 R 个分量等于 0，求得 $\boldsymbol{\theta}$ 的唯一解，得到一个一致估计量；若 $f(\cdot)$ 是 $\boldsymbol{\theta}$ 的非线性函数，则可能得不到解析解；如果矩条件的个数小于参数的个数，则参数向量 $\boldsymbol{\theta}$ 不可识别；如果矩条件的个数大于参数的个数，即 $R>k$，则无法通过令 $g_n(\boldsymbol{\theta})=\dfrac{1}{n}\sum\limits_{t=1}^{n} f(Y_t, \boldsymbol{X}_t, \boldsymbol{Z}_t, \boldsymbol{\theta})$ 等于 0 求得唯一解，因为方程数目多于变量的个数。

1）广义矩估计方法概要

在矩条件的个数大于参数的个数（$R>k$），如工具变量的个数多于原解释变量数目的情况下，则不能通过设定 $E[f(Y_t, \boldsymbol{X}_t, \boldsymbol{Z}_t, \boldsymbol{\theta})]=\mathbf{0}$ 来唯一确定参数向量 $\boldsymbol{\theta}$ 的估计量，为了充分利用 R 个矩条件的信息，我们只能转而借助最优化方法的思路，选择使得样本矩向量从总体上尽可能接近于零的 $\boldsymbol{\theta}$ 的估计量，这就是广义矩估计方法的思路。

具体的做法是将加权平方和（亦称为距离函数）

$$Q_n(\boldsymbol{\theta}) = g_n(\boldsymbol{\theta})' \boldsymbol{W}_n g_n(\boldsymbol{\theta}) \tag{6.32}$$

作为目标函数，求出使该目标函数达到最小的 $\boldsymbol{\theta}$ 的值 $\hat{\boldsymbol{\theta}}$，就得到了广义矩估计量。

式(6.32)中，$\boldsymbol{W}_n$ 为任意正定矩阵，称为权矩阵，假设它收敛于一个常数矩阵 $\boldsymbol{W}$，即 $p\lim \boldsymbol{W}_n=\boldsymbol{W}$。权矩阵可能依赖于数据，但不是 $\boldsymbol{\theta}$ 的函数。权矩阵在某种意义上反映了诸矩条件在距离函数中所占的权重，因此可以考虑将它设定为一个对角矩阵，其对角线元素是各个矩的方差的倒数。

综上所述，在矩条件的个数大于参数个数的情况下，参数的估计问题转化为一个最小化问题，即

$$\min_{\boldsymbol{\theta}} Q_n(\boldsymbol{\theta}) = \min_{\boldsymbol{\theta}} [g_n(\boldsymbol{\theta})' \boldsymbol{W}_n g_n(\boldsymbol{\theta})]$$

求解此最优化问题，得到的估计量就是广义矩估计量。

尽管一般情况下无法得到它的解析解，但在某些弱正则条件下，可以证明广义矩估计量是一致和渐近正态的。实践中，通常采用数值解法求解上面的最小化问题，以得到广义矩估计量。

需注意的是，不同的权矩阵 $\boldsymbol{W}_n$ 会导致不同的一致估计量，其渐近协方差矩阵不同。为了得到最小协方差矩阵，必须选择合适的权矩阵，称与此最小协方差矩阵对应的权矩阵为最优权矩阵，用 $\boldsymbol{W}_n^{\mathrm{OPT}}$ 表示。在不存在自相关的情况下，它是样本矩的协方差矩阵的逆矩阵，即

$$\boldsymbol{W}_n^{\mathrm{OPT}} = \{E[f(Y_t, \boldsymbol{X}_t, \boldsymbol{Z}_t, \boldsymbol{\theta}) f(Y_t, \boldsymbol{X}_t, \boldsymbol{Z}_t, \boldsymbol{\theta})']\}^{-1} \tag{6.33}$$

$\boldsymbol{W}_n^{\mathrm{OPT}}$ 一般依赖于未知参数向量 $\boldsymbol{\theta}$，因此在没有得到参数估计量 $\boldsymbol{\theta}$ 以前，这个权矩阵只是理论上的一个最优权矩阵。

在实际应用中，为了得到最优权矩阵，采用下面的两步估计法：

第一步，先选择一个与参数向量 $\boldsymbol{\theta}$ 无关的权矩阵，例如单位矩阵，得到 $\boldsymbol{\theta}$ 的一个一致估计量 $\hat{\boldsymbol{\theta}}_{[1]}$，然后用 $\hat{\boldsymbol{\theta}}_{[1]}$ 求出最优权矩阵的一致估计值，即

$$\boldsymbol{W}_n^{\mathrm{OPT}} = \left[n^{-1}\sum_{t=1}^{n} f(Y_t, \boldsymbol{X}_t, \boldsymbol{Z}_t, \hat{\boldsymbol{\theta}}_{[1]}) f(Y_t, \boldsymbol{X}_t, \boldsymbol{Z}_t, \hat{\boldsymbol{\theta}}_{[1]})'\right]^{-1} \tag{6.34}$$

第二步，求出一致有效的（最优）广义矩估计量 $\hat{\boldsymbol{\theta}}_{\mathrm{GMM}}$，即

$$\hat{\boldsymbol{\theta}}_{\mathrm{GMM}} = \operatorname{argmin}[g_n(\boldsymbol{\theta})' \boldsymbol{W}_n^{\mathrm{OPT}} g_n(\boldsymbol{\theta})] \tag{6.35}$$

其渐近分布由式(6.36)给出,即

$$\sqrt{n}(\hat{\boldsymbol{\theta}}_{\mathrm{GMM}}-\boldsymbol{\theta}) \xrightarrow{d} N(\mathbf{0},\boldsymbol{V}) \tag{6.36}$$

式(6.36)中的渐近协方差矩阵为

$$\boldsymbol{V}=(\boldsymbol{D}\boldsymbol{W}_n^{\mathrm{OPT}}\boldsymbol{D}')^{-1}$$

式中,$\boldsymbol{D}$ 是 $k \times R$ 导数矩阵,即

$$\boldsymbol{D}=E\left[\frac{\partial f(Y_t,\boldsymbol{X}_t,\boldsymbol{Z}_t,\boldsymbol{\theta})}{\partial \boldsymbol{\theta}'}\right]$$

关于广义矩法的更多详细讨论请参考洪永淼的《高级计量经济学》和李雪松的《高级经济计量学》。

2)广义矩法的优点

与其他估计法相比,广义矩法的优点体现在:第一,它无须正态分布之类的分布假设,广义矩估计量的一致性仅取决于矩条件的正确设定。第二,广义矩估计量为很多类似估计量,如OLS、工具变量等的分析提供了一个统一的框架。第三,广义矩估计量为那些传统估计方法计算困难,特别是模型无法解析求解的情况,提供了一种方便的方法。第四,它允许研究者规定经济上有意义的一组矩,或者认为是对经济或统计模型的误设定不灵敏的一组矩。

练习题

1. 试述极大似然法的原理。
2. 试述极大似然估计量的优良性质。
3. 请解释经典的线性回归模型系数的 $\hat{\boldsymbol{\beta}}_{\mathrm{ML}}$ 与 $\hat{\boldsymbol{\beta}}_{\mathrm{OLS}}$ 的关系。
4. 证明:经典的线性回归模型系数的估计 $\hat{\boldsymbol{\beta}}_{\mathrm{OLS}}$ 在所有线性无偏估计量中方差最小。
5. 请说明广义矩法的优点。

第 7 章　分位数回归

计量经济学分析的一个目标是估计一个变量 X 对另一个变量 Y 的影响，条件均值是测度这种影响效应的一个方法。另一种可供选择的方法是条件中位数(conditional median)和条件分位数(conditional quantile)，本章将在 Y 具有连续分布的情况下展开讨论，因为在这种情况下分位数是唯一确定的。

如果随机误差项服从正态分布，最小二乘法可以给出一致、有效的估计量，运算速度也快。然而，实际中常会遇到误差项不服从正态分布的情形，如在样本中有几个奇异点(离群点)的情况下，使用最小二乘法可能会带来严重的后果。如果舍弃奇异点，一般应该有足够充分的理由。另外，人们在长期的数据分析实践中发现，当估计的条件均值函数有价值时，一个解释变量的偏效应在一个总体的不同部分(子总体)可能会很不相同，分位数回归能够帮助我们对这种情况进行分析，因此它是实证研究中广受欢迎的一种方法。肯克(Koenker)和巴塞特(Bassett)提出了分位数回归(quantile regression)，肯克给出了更新的处理方法。张伯雷(Chamberlain) 和布钦斯基(Buchinsky) 关于美国工资分配变化的研究是分位数回归应用的一个很好范例。

7.1　中位数回归

7.1.1　条件中位数和线性中位数回归模型

变量 Y 的中位数(median)$m=\text{med}(Y)$满足 $P(Y\leqslant m)=P(Y\geqslant m)=1/2$。例如，某地区农户家庭年人均纯收入的中位数是 1 万元，则有一半家庭年人均纯收入不超过 1 万元，有一半家庭年人均纯收入超过 1 万元。当收入分布对称时，收入的中位数与其平均值相同，但当分布不对称时，它们会不同。

在本教材中，我们主要关注条件关系，例如条件均值是子总体的期望值。类似地，我们将条件中位数定义为子总体的中位数。

定义 7.1　在变量 $\boldsymbol{X}=\boldsymbol{x}$ 的条件下，满足 $P(Y\leqslant m(\boldsymbol{x})\mid\boldsymbol{X}=\boldsymbol{x})=1/2$ 的 $m(\boldsymbol{x})$称为变量 Y 的条件中位数，并记为 $m(\boldsymbol{x})=\text{med}(Y\mid\boldsymbol{X}=\boldsymbol{x})$。

我们可以将变量 Y 与 $\boldsymbol{X}$ 的关系用中位数回归模型(median regression model)进行表示，即

$$Y=m(\boldsymbol{X})+\varepsilon$$
$$\text{med}(\varepsilon\mid\boldsymbol{X})=0$$

式中，$m(\boldsymbol{X})$是随机变量 $\boldsymbol{X}$ 给定时的条件中位数；误差项 ε 表示变量 Y 与其条件中位数的偏离，其条件中位数为零。

$m(\boldsymbol{X})$为中位数回归函数(median regression function)。一般来说，$m(\boldsymbol{X})$可以有不同的

函数形式，但出于应用方便的考虑，我们将重点关注 $m(\boldsymbol{X})$ 关于参数的线性形式，于是有线性中位数回归模型

$$Y=\boldsymbol{X}'\boldsymbol{\beta}+\varepsilon$$
$$\operatorname{med}(\varepsilon\,|\,\boldsymbol{X})=0 \tag{7.1}$$

上述模型等价地说明 $\operatorname{med}(Y|\boldsymbol{X})=\boldsymbol{X}'\boldsymbol{\beta}$。由于真正的中位数回归函数不一定是线性的，因此线性假设是有必要的。该模型类似于一般的线性回归模型，但有所不同，中位数和均值回归模型中的系数不一定彼此相等。

关于参数 $\boldsymbol{\beta}$ 的估计，其最小二乘估计量的导出基于一个事实，即均值是均方误差(亦称为期望平方损失)的最优解。下面给出中位数的类似性质。

定义符号函数(sign function)为

$$\frac{\mathrm{d}}{\mathrm{d}x}|x|=\operatorname{sgn}(x)=\begin{cases}I(x>0)-I(x<0), & x\neq 0\\ 0, & x=0\end{cases}$$

式中，$I(\cdot)$ 称为示性函数(指针函数、指标函数)，有些教材也使用 $1(\cdot)$ 记号。

关于中位数和条件中位数有下面一些结论。

定理 7.1　假设 Y 的分布是连续的，则以下结论成立：

(1)中位数 m 满足

$$E[\operatorname{sgn}(Y-m)]=0 \tag{7.2}$$

(2)如果附加假设 $E|Y|<\infty$，则

$$m=\underset{\theta}{\operatorname{argmin}}E(|Y-\theta|) \tag{7.3}$$

(3)给定 $\boldsymbol{X}=\boldsymbol{x}$ 的条件下，若 Y 的条件分布函数 $F(y|\boldsymbol{x})$ 关于 y 连续，则中位数误差 $\varepsilon=Y-m(\boldsymbol{x})$ 满足

$$E[\operatorname{sgn}(\varepsilon)\,|\,\boldsymbol{X}]=0 \tag{7.4}$$

(4)如果附加假设 $E|Y|<\infty$，则条件中位数满足

$$m(\boldsymbol{x})=\underset{\theta}{\operatorname{argmin}}E(|Y-\theta|\,|\,\boldsymbol{X}=\boldsymbol{x}) \tag{7.5}$$

(5)如果 Y 和 $\boldsymbol{X}$ 满足线性中位数回归模型式(7.1)，且 $E|Y|<\infty$，则系数参数 $\boldsymbol{\beta}$ 满足

$$\boldsymbol{\beta}=\underset{\boldsymbol{b}}{\operatorname{argmin}}E(|Y-\boldsymbol{X}'\boldsymbol{b}|) \tag{7.6}$$

证明：

(1)因为 $P(Y=m)=0$，又

$$\begin{aligned}E[\operatorname{sgn}(Y-m)]=0&=E[I(Y>m)]-E[I(Y<m)]\\&=P(Y>m)-P(Y<m)\\&=\frac{1}{2}-\frac{1}{2}=0\end{aligned}$$

故结论(1)得证。

(2)由于

$$\frac{\mathrm{d}}{\mathrm{d}\theta}E(|Y-\theta|)=E\left(\frac{\mathrm{d}}{\mathrm{d}\theta}|Y-\theta|\right)=-E[\operatorname{sgn}(Y-\theta)]$$

当 $\theta=m$ 时，$E[\operatorname{sgn}(Y-\theta)]=0$，因此最优化的一阶条件成立。又因为 $E[\operatorname{sgn}(Y-\theta)]=1-2P(Y<\theta)$ 是 θ 的递减函数，二阶条件说明中位数 m 是唯一的最小值。故结论(2)得证。

类似上面的推导过程，将分布函数替换为条件分布可证明结论(3)和结论(4)。在假设

med$(Y|\boldsymbol{X})=\boldsymbol{X}'\boldsymbol{\beta}$ 下，类似结论(4)可证明结论(5)。

式(7.6)非常重要，它表明中位数回归系数 $\boldsymbol{\beta}$ 是变量 Y 与其预测值 $\boldsymbol{X}'\boldsymbol{\beta}$ 之差绝对值的数学期望这个最小化问题的最优解。这个结果类似于均值回归中的系数使均值平方误差最小，从损失的视角来看，它度量了预测误差的大小。但是，均值回归中的均方损失（expected squared loss）函数与中位数回归中的损失函数不同，其特征是均方损失对小误差施加较小的惩罚，而对大误差施加较大的惩罚。这两个损失函数都具有对称性，因此对正负误差一视同仁。

在应用中，我们应该将线性模型视为一种有用的近似，为了使线性中位数回归模型确实是一种近似，将模型中的系数 $\boldsymbol{\beta}$ 定义为最佳线性中位数预测子（best linear median predictor），即

$$\boldsymbol{\beta} \triangleq \underset{b}{\operatorname{argmin}} E(|Y-\boldsymbol{X}'\boldsymbol{b}|) \tag{7.7}$$

当 $E|Y|<\infty$ 且条件中位数是线性函数时，式(7.7)得到的 $\boldsymbol{\beta}$ 是真实的条件中位数系数。最小化的一阶条件意味着

$$E[\boldsymbol{X}\operatorname{sgn}(\varepsilon)]=\boldsymbol{0} \tag{7.8}$$

这里得到的 $E[\operatorname{sgn}(\varepsilon)|\boldsymbol{X}]=0$ 和 $E[\boldsymbol{X}\operatorname{sgn}(\varepsilon)]=\boldsymbol{0}$ 分别在一般中位数回归与线性中位数的情况下成立，$E[\boldsymbol{X}\operatorname{sgn}(\varepsilon)]=\boldsymbol{0}$ 类似于一般条件均值时的 $E(\varepsilon|\boldsymbol{X})=\boldsymbol{0}$ 与线性回归时的 $E(\boldsymbol{X}\varepsilon)=\boldsymbol{0}$。

7.1.2 最小绝对偏差

定理 7.1 说明线性中位数回归模型中的系数 $\boldsymbol{\beta}$ 是通过最小化均值绝对误差 $M(\boldsymbol{\beta})=E(|Y-\boldsymbol{X}'\boldsymbol{\beta}|)$ 得到的，其对应的样本形式为

$$M_n(\boldsymbol{\beta})=\frac{1}{n}\sum_{i=1}^{n}|Y_i-\boldsymbol{X}_i'\boldsymbol{\beta}| \tag{7.9}$$

$\boldsymbol{\beta}$ 的估计量 $\hat{\boldsymbol{\beta}}$ 通过对式(7.9)最小化而得到，即

$$\hat{\boldsymbol{\beta}}=\underset{\boldsymbol{\beta}}{\operatorname{argmin}} M_n(\boldsymbol{\beta})$$

我们称这个估计量为 $\boldsymbol{\beta}$ 的最小绝对偏差（least absolute deviations，简称为 LAD）估计量，称 $\hat{m}(\boldsymbol{X})=\boldsymbol{X}'\hat{\boldsymbol{\beta}}$ 为中位数回归估计量。LAD 估计量没有解析解，因此必须通过数值最小化获得。

LAD 残差为 $e_i=Y_i-\boldsymbol{X}_i'\hat{\boldsymbol{\beta}}$，它们具有如下的性质：

$$\frac{1}{n}\sum_{i=1}^{n}\boldsymbol{X}_i\operatorname{sgn}(e_i)\approx\boldsymbol{0}$$

7.2 分位数回归模型

本节主要内容包括分位数回归的概念、分位数回归系数的估计方法、分位数回归系数的检验方法、模型的拟合优度检验、分位数回归的优良性（与最小二乘法比较）。

分位数回归的思想最早由 Koenker 和 Bassett 提出，它是对古典条件均值模型为基础的最小二乘的拓展。普通最小二乘法是利用因变量的条件均值来建模，通过使残差平方和达到最小来获得回归参数的估计。分位数回归则利用因变量的条件分位数来建模，通过最小化加

权的残差绝对值之和来估计回归参数，因此也可以称为"加权的最小一乘回归法"。

7.2.1　分位数与分位数回归模型

分位数是四分位数(quartile)、十分位数(decile)、百分位数(percentile)等的总称。如果把总体做等分，就可以得到分位数。例如，一个学生在一次测试中的成绩比 $100\times\tau\%$ 的学生成绩高，而比其余 $100\times(1-\tau)\%$ 的学生成绩低，那么他的成绩就处于 τ 分位。

7.1 节介绍的中位数是将总体二等分，四分位数意味着将总体四等分。类似地，五分位数将总体五等分，十分位数将总体十等分，百分位数将总体一百等分。

定义 7.2　设随机变量 Y 的分布函数为 $F(y)=P(Y\leqslant y)$，则 Y 的第 $\tau(\tau\in(0,1))$ 分位数为

$$F^{-1}(\tau)=\inf\{y:F(y)\geqslant\tau\} \tag{7.10}$$

式中，中位数可以表示为 $F^{-1}(1/2)$。

一般来说，分布函数的性质会决定分位数的存在性和唯一性，上面采用下确界的方式给出的分位数的定义保证了分位数存在和唯一，特别当分布函数 $F(y)$ 为严格递增的函数时，如连续型分布，讨论会更加方便。亦有教材将分位数定义为 $\sup\{y:F(y)<\tau\}(\tau\in(0,1))$，可以证明这与定义 7.2 等价。

关于分位数还有如下一些性质，这些性质对理解后面分位数回归参数估计量的性质很有帮助。

性质 7.1　单调性：设 $0<\tau_1<\tau_2<1$，$F^{-1}(\tau_1)$ 是 $F(y)$ 的 τ_1 分位数，$F^{-1}(\tau_2)$ 是 $F(y)$ 的 τ_2 分位数，则 $F^{-1}(\tau_1)\leqslant F^{-1}(\tau_2)$，即 $F^{-1}(\tau)$ 关于 τ 单调不减。

性质 7.2　保线性性：如果随机变量 $Z=\alpha Y+\mu$，其中 $\alpha>0,\mu\in\mathbf{R}$。$F_Z^{-1}(\tau)$ 和 $F_Y^{-1}(\tau)$ 分别为变量 Z 和 Y 的 τ 分位数，则 $F_Z^{-1}(\tau)=\alpha F_Y^{-1}(\tau)+\mu$。

性质 7.3　设连续型随机变量 Y 的密度函数为偶函数，其 τ 分位数为 $F^{-1}(\tau)$，则 τ 分位数与 $1-\tau$ 分位数之间的关系为 $F^{-1}(\tau)=-F^{-1}(1-\tau)$。

性质 7.4　设随机变量 Y 的分布函数为 $F(y)$，$E(Y)$ 存在，则 $E(Y)=\int_0^1 F^{-1}(\tau)\mathrm{d}\tau$。

对于 Y 的一组随机样本 $\{y_1,y_2,\cdots,y_n\}$，样本均值是 $\min\sum_{i=1}^{n}(y_i-\xi)^2$ 的最优解，即 OLS 回归实际上就是均值回归。由式(7.3)可知，样本中位数是最小化的残差绝对值之和(最小绝对偏差)的解，即 $F^{-1}(1/2)=\underset{\xi\in\mathbf{R}}{\operatorname{argmin}}\sum_{i=1}^{n}|y_i-\xi|$。

对于其他的第 τ 分位数，我们可以求解

$$\min_{\xi\in\mathbf{R}}\sum_{i=1}^{n}\rho_\tau(y_i-\xi) \tag{7.11}$$

它可等价地表示为

$$\min_{\xi\in\mathbf{R}}\Big[\sum_{i\in\{i:y_i\geqslant\xi\}}\tau|y_i-\xi|+\sum_{i\in\{i:y_i<\xi\}}(1-\tau)|y_i-\xi|\Big] \tag{7.12}$$

式中，$\rho_\tau(z)=\tau zI(\geqslant 0)-(1-\tau)zI(z<0)$。$\rho_\tau(\cdot)$ 称为"检查函数"或"校验函数"(check function)，它也可写为

$$\rho_\tau(z)=[\tau-I(z<0)]z=\begin{cases}\tau z, & z\geqslant 0\\ -(1-\tau)z, & z<0\end{cases}$$

由于检查函数的图形类似于“√”，因此也常被称为“打钩函数”。

我们还对条件分布的分位数感兴趣，故引入如下定义。

定义 7.3　Y 的第 τ 条件分位数是满足式(7.13)的值 $q_\tau(\boldsymbol{x})$，即

$$P(Y\leqslant q_\tau(\boldsymbol{x})\,|\,\boldsymbol{X}=\boldsymbol{x})=\tau \tag{7.13}$$

并记为 $q_\tau(\boldsymbol{x})=Q_\tau(Y|\boldsymbol{X}=\boldsymbol{x})$。在分位数算子的意义下，$q_\tau(\boldsymbol{x})$亦称为条件分位数回归函数。

设随机变量 Y 的分布函数 $F(y)=P(Y\leqslant y)$是连续的，变量 Y 在给定变量或向量 $\boldsymbol{X}=\boldsymbol{x}$ 时，其条件分布函数为 $F(y|\boldsymbol{X}=\boldsymbol{x})=P(Y\leqslant y|\boldsymbol{X}=\boldsymbol{x})$，于是有

$$F(q_\tau(\boldsymbol{x})\,|\,\boldsymbol{X}=\boldsymbol{x})=P(Y\leqslant q_\tau(\boldsymbol{x})\,|\,\boldsymbol{X}=\boldsymbol{x})=\tau$$

因此，$q_\tau(\boldsymbol{x})$也可定义为 $q_\tau(\boldsymbol{x})=\inf\{y:F(y|\boldsymbol{X}=\boldsymbol{x})\geqslant\tau\}\triangleq F_Y^{-1}(\tau|\boldsymbol{X}=\boldsymbol{x})$。

条件分位数回归函数 $q_\tau(\boldsymbol{x})$关于其自变量可以有不同的形式，它关于 τ 单调递增，即如果 $\tau_1<\tau_2$，则对所有的 $\boldsymbol{x}$ 来说 $q_{\tau_1}(\boldsymbol{x})\leqslant q_{\tau_2}(\boldsymbol{x})$。

类似中位数回归模型，可定义分位数回归模型为

$$Y=q_\tau(\boldsymbol{X})+\varepsilon$$
$$Q_\tau(\varepsilon\,|\,\boldsymbol{X})=0$$

分位数回归模型的一个重要特征是误差项 ε 不以零为中心，而是它的第 τ 个分位数是零。这是一种规范化处理，但须指出：当从均值回归转到分位数回归，以及在分位数之间变动时，截距项的含义会发生变化。

当条件分位数回归函数 $q_\tau(\boldsymbol{x})$具有线性形式时，有线性分位数回归模型(linear quantile regression model)

$$\begin{aligned}&Y=\boldsymbol{X}'\boldsymbol{\beta}_\tau+\varepsilon\\&Q_\tau(\varepsilon\,|\,\boldsymbol{X})=0\end{aligned}\tag{7.14}$$

当 $x\neq 0$ 时，设 $\Psi_\tau(x)=\dfrac{\mathrm{d}}{\mathrm{d}x}\rho_\tau(x)=\tau-I(x<0)$，其中

$$\begin{aligned}\rho_\tau(x)&=\begin{cases}\tau x, & x\geqslant 0\\ -(1-\tau)x, & x<0\end{cases}\\&=[\tau-I(x<0)]x\end{aligned}\tag{7.15}$$

下面，介绍分位数回归函数的性质，见定理 7.2。

定理 7.2　假设 Y 的分布是连续的，则有如下结论：

(1)分位数 q_τ 满足

$$E[\Psi_\tau(Y-q_\tau)]=0 \tag{7.16}$$

(2)如果附加假设 $E|Y|<\infty$，则

$$q_\tau=\underset{\theta}{\operatorname{argmin}}E[\rho_\tau(Y-\theta)] \tag{7.17}$$

(3)给定 $\boldsymbol{X}=\boldsymbol{x}$ 的条件下，Y 的条件分布函数 $F(y|\boldsymbol{x})$关于 y 连续，则条件分位数误差 $\varepsilon=Y-q_\tau(\boldsymbol{x})$满足

$$E[\Psi_\tau(\varepsilon)\,|\,\boldsymbol{X}]=0 \tag{7.18}$$

(4)如果附加假设 $E|Y|<\infty$，则条件分位数函数满足

$$q_\tau(\boldsymbol{x}) = \underset{\theta}{\arg\min} E[\rho_\tau(Y-\theta) \mid \boldsymbol{X}=\boldsymbol{x}] \tag{7.19}$$

(5)如果 Y 和 $\boldsymbol{X}$ 满足线性分位数回归模型式(7.14)，且 $E|Y|<\infty$，则系数参数 $\boldsymbol{\beta}$ 满足

$$\boldsymbol{\beta} = \underset{\boldsymbol{b}}{\arg\min} E[\rho_\tau(Y-\boldsymbol{X}'\boldsymbol{b})] \tag{7.20}$$

证明：

(1)由于 $P(Y=q_\tau)=0$，所以

$$E[\Psi_\tau(Y-q_\tau)] = \tau - P(Y<q_\tau) = 0$$

故结论(1)得证。

(2)因为

$$\frac{\mathrm{d}}{\mathrm{d}\theta}E[\rho_\tau(Y-\theta)] = E\left[\frac{\mathrm{d}}{\mathrm{d}\theta}\rho_\tau(Y-\theta)\right] = -E[\Psi_\tau(Y-\theta)] \tag{7.21}$$

当 $\theta=q_\tau$ 时，式(7.21)最后一个等式等于 0，因此最优化的一阶条件成立。又因为 $E[\Psi_\tau(Y-\theta)]=\tau-P(Y<\theta)$ 是 θ 的递减函数，二阶条件说明分位数 q_τ 是唯一的最小值。故结论(2)得证。

类似上面的推导过程，将分布函数替换为条件分布可证明结论(3)和结论(4)。在假设 $Q_\tau(Y|\boldsymbol{X})=\boldsymbol{X}'\boldsymbol{\beta}$ 下，类似结论(4)可证明结论(5)。

式(7.20)表明分位数回归系数 $\boldsymbol{\beta}$ 是变量 Y 与其预测值 $\boldsymbol{X}'\boldsymbol{\beta}$ 之间的均值检查函数距离最小化问题的最优解，它将分位数回归与中位数回归、均值回归统一并联系在一起。如同分位数回归与中位数回归一样，我们将线性模型视为一种有用的近似，因此，一般地将系数 $\boldsymbol{\beta}$ 定义为最佳线性分位数预测子(best linear quantile predictor)，即

$$\boldsymbol{\beta}_\tau \triangleq \underset{\boldsymbol{b}}{\arg\min} E[\rho_\tau(Y-\boldsymbol{X}'\boldsymbol{b})] \tag{7.22}$$

当 $E|Y|<\infty$ 且条件分位数是线性函数时，式(7.22)得到的 $\boldsymbol{\beta}_\tau$ 等于真实的条件分位数系数。最小化的一阶条件意味着

$$E[\boldsymbol{X}\Psi_\tau(\varepsilon)] = \boldsymbol{0}$$

检查函数 $\rho_\tau(z)=\tau z I(z>0)-(1-\tau)zI(z<0)$ 分别对正数和负数赋予一个权重，但是这两个权重不同，这种不对称加权能将条件分位数挑选出来(我们没法看到这一事实，可以证明，参看 Koenker 的 *Quantile Regression* 一书)。由此可以看出，与最小二乘估计通过最小化均方误差来拟合 Y 的线性模型一样，分位数回归通过使用不对称的损失函数 $\rho_\tau(\cdot)$ 来拟合 Y 的线性模型。

7.2.2　分位数回归模型的估计与检验

1. 分位数回归模型参数的估计思路

定理 7.2 说明了线性分位数回归模型系数 $\boldsymbol{\beta}_\tau$ 是均值检查函数损失

$$M(\boldsymbol{\beta},\tau) = E[\rho_\tau(Y-\boldsymbol{X}'\boldsymbol{\beta})]$$

的最小化解，这个函数的样本形式为

$$M_n(\boldsymbol{\beta},\tau) = \frac{1}{n}\sum_{i=1}^{n}\rho_\tau(Y_i-\boldsymbol{X}_i'\boldsymbol{\beta})$$

由于 $\boldsymbol{\beta}_\tau$ 使 $M(\boldsymbol{\beta},\tau)$ 最小化，因此其估计量 $\hat{\boldsymbol{\beta}}_\tau$ 是 $M_n(\boldsymbol{\beta},\tau)$ 的最小化解，即

$$\hat{\boldsymbol{\beta}}_\tau = \underset{\boldsymbol{\beta}}{\arg\min} M_n(\boldsymbol{\beta},\tau) = \underset{\boldsymbol{\beta}}{\arg\min}\sum_{i=1}^{n}\rho_\tau(Y_i-\boldsymbol{X}_i'\boldsymbol{\beta})$$

对于任意的 $\tau\in(0,1)$，$\hat{\boldsymbol{\beta}}_\tau$ 称为第 τ 分位数下回归系数的估计。分位数回归的残差 $e_i(\tau)=Y_i-\boldsymbol{X}_i'\hat{\boldsymbol{\beta}}_\tau$ 满足如下的近似关系，即

$$\frac{1}{n}\sum_{i=1}^{n}\boldsymbol{X}_i\Psi_\tau(e_i(\tau))\approx\boldsymbol{0} \tag{7.23}$$

2. 分位数回归模型参数的估计方法

由于分位数回归函数没有明确的解析形式，因此分位数回归的有关估计量很难计算，再加之检查函数在原点处关于参数 $\boldsymbol{\beta}$ 的导数出现左右导数不等的情况，使检查函数在原点处不可导，从而很难使用 MLE、GMM 等标准的数值优化算法对参数进行估计。

实践中，可以通过求解一个线性规划问题来计算分位数回归估计量，也可采用经典的最小距离(classical minimum distance，简称为 CMD)估计方法。将

$$\hat{\boldsymbol{\beta}}_\tau=\underset{\boldsymbol{\beta}}{\arg\min}\sum_{i=1}^{n}\rho_\tau(Y_i-\boldsymbol{X}_i'\boldsymbol{\beta})$$

转化为一个线性规划问题。求解这个线性规划的算法主要有如下几种：

(1)单纯形算法(simplex method)：估计出来的参数具有很好的稳定性，但是在处理大型数据集时运算速度会显著降低。

(2)内点算法(interior point method)：对于那些具有大量观测值和少量变量的数据集运算效率很高。

(3)平滑算法(smoothing method)：在理论上比较简单，它适合处理具有大量观测值以及很多变量的数据集。

(4)其他方法：如自适应方法(adaptive method)等。

关于分位数回归参数的区间估计方法，常用的有以下三种方法：

(1)直接估计法(direct estimation method)：依据估计出来的回归分位系数的渐进正态性来计算置信区间。比较有代表性的是 sparsity 算法，它是一种最直接且运算速度也最快的算法，但该算法得到的估计值对于随机误差项服从独立同分布的假设十分敏感。

(2)秩得分法(rank score method)：比较简单，但是对于大型数据处理效率较低。

(3)重复抽样法(resampling method)：使用了 MCMB(Markov chain marginal bootstrap)算法，这种算法能够进行高效率的运算，大大节省了运算时间。重复抽样法能够克服直接估计法和秩得分法的缺陷，但是在小样本情况下求得的参数估计值不稳定。

在 Stata 软件中，分位数回归是通过“qreg”实现的；在 R 软件中，分位数回归由 quantreg 包中的“rq”实现。关于重复抽样法的详细介绍见第 8 章。

3. 分位数回归参数的显著性检验方法

在分位数回归模型中，设 $\boldsymbol{\beta}_\tau=(\boldsymbol{\beta}_1'(\tau),\boldsymbol{\beta}_2'(\tau))'$ 为 p 维参数列向量，其中 $\boldsymbol{\beta}_1(\tau)\in\mathbf{R}^q$，$\boldsymbol{\beta}_2(\tau)\in\mathbf{R}^{p-q}$。肯克和马查多(Machado)提出了检验假设 $H_0:\boldsymbol{\beta}_2(\tau)=\boldsymbol{0}$ 的两个统计量 $T_{\mathrm{LR}}(\tau)$ 和 $T_{\mathrm{W}}(\tau)$，在原假设成立时它们都服从 χ_q^2，因此可用它们来检验回归系数的显著性。

4. 分位数回归模型的拟合优度

肯克和马查多依据最小二乘回归中衡量拟合优度的测定系数 R^2 的构建思路，给出了分

位数回归中拟合优度的测度方法，定义为 $R^1(\tau)$，且 $0\leqslant R^1(\tau)\leqslant 1$。

最小二乘回归中的 R^2 依据残差平方和度量了回归平方和占总离差平方和的比重，而 $R^1(\tau)$ 则是利用残差绝对值的加权和，度量了在某个分位数下分位数回归的拟合效果。因此，它刻画的不是整个分布的拟合情况，而是某个分位数下的局部拟合效果。

7.2.3 线性分位数回归参数估计量的性质

首先，给出分位数回归估计量的一致性。设

$$\boldsymbol{\beta}_\tau = \underset{\boldsymbol{b}}{\operatorname{argmin}} \sum_{i=1}^{n} \rho_\tau(Y - \boldsymbol{X}'\boldsymbol{b})$$

$$\varepsilon = Y - \boldsymbol{X}'\boldsymbol{\beta}_\tau$$

$f_\tau(\varepsilon|\boldsymbol{x})$ 表示给定 $\boldsymbol{X}=\boldsymbol{x}$ 时 ε 的条件密度函数，可以证明下面的定理成立。

定理 7.3　假设 $(Y_i, \boldsymbol{X}_i)(i=1,2,\cdots,n)$ 独立同分布，$E|Y|<\infty$，$E(\|\boldsymbol{X}\|^2)<\infty$，$f_\tau(\varepsilon|\boldsymbol{x})$ 存在且 $f_\tau(\varepsilon|\boldsymbol{x})\leqslant D<\infty$，参数 $\boldsymbol{\beta}$ 的空间是紧致的，对于任意的 $\tau\in(0,1)$，其满足

$$\boldsymbol{Q}_\tau \triangleq E[\boldsymbol{X}\boldsymbol{X}' f_\tau(0|\boldsymbol{X})] > \boldsymbol{0} \tag{7.24}$$

则当 $n\to\infty$ 时，$\hat{\boldsymbol{\beta}} \xrightarrow{P} \boldsymbol{\beta}_\tau$。

由定理 7.3 可知，在较宽泛的假设下分位数回归估计量是最佳线性分位数系数的一致估计量。式(7.24)是为了使系数唯一确定的条件，其成立的一个充分条件是假设条件密度函数 $f_\tau(\varepsilon|\boldsymbol{x})$ 在 $\varepsilon=0$ 处与 $\boldsymbol{x}$ 无关，于是 $f_\tau(0|\boldsymbol{x})=f_\tau(0)$，且

$$\boldsymbol{Q}_\tau = E(\boldsymbol{X}\boldsymbol{X}') f_\tau(0) \tag{7.25}$$

当 $E[\boldsymbol{X}\boldsymbol{X}']>\boldsymbol{0}$ 和 $f_\tau(0)>0$ 时，式(7.24)成立。条件密度函数 $f_\tau(\varepsilon|\boldsymbol{x})$ 在 $\varepsilon=0$ 处与 $\boldsymbol{x}$ 无关的假设亦称为分位数独立性(quantile independence)，它是中位数或分位数回归早期研究文献中的常用假设，但在 ε 与 $\boldsymbol{X}$ 独立的狭义上下文之外没有意义。因此，我们要尽可能避免式(7.25)，仅看作是一种简化。

关于分位数回归估计量的渐进分布，具体见定理 7.4。

定理 7.4　在定理 7.3 假设的基础上，进一步假设 $f_\tau(\varepsilon|\boldsymbol{X})$ 关于 ε 连续，$\boldsymbol{\beta}_\tau$ 是参数空间的内点。当 $n\to\infty$ 时，

$$\sqrt{n}(\hat{\boldsymbol{\beta}}_\tau - \boldsymbol{\beta}_\tau) \xrightarrow{d} N(\boldsymbol{0}, \boldsymbol{V}_\tau)$$

式中，$\boldsymbol{V}_\tau=\boldsymbol{Q}_\tau^{-1}\boldsymbol{\Omega}_\tau\boldsymbol{Q}_\tau^{-1}$，$\boldsymbol{\Omega}_\tau=E(\boldsymbol{X}\boldsymbol{X}'\Psi_\tau^2)$，$\Psi_\tau=\tau-I(Y<\boldsymbol{X}'\boldsymbol{\beta}_\tau)$。

定理 7.4 表明分位数回归估计量渐进服从正态分布，渐近正态性不依赖于模型的正确设定，因此它广泛适用于实际中线性模型作为一种近似的情形。

在模型正确设定时，上面的协方差矩阵会得到简化。如果 $Q_\tau(Y|\boldsymbol{X})=\boldsymbol{X}'\boldsymbol{\beta}_\tau$，则可证明

$$E(\Psi_\tau^2|\boldsymbol{X}) = \tau(1-\tau)$$

于是，$\boldsymbol{\Omega}_\tau=\tau(1-\tau)\boldsymbol{Q}$，其中 $\boldsymbol{Q}=E(\boldsymbol{X}\boldsymbol{X}')$。

综合考虑式(7.25)的 $\boldsymbol{Q}_\tau=E(\boldsymbol{X}\boldsymbol{X}')f_\tau(0)$，我们有三种场合下的渐近协方差矩阵：

(1)一般场合：$\boldsymbol{V}_\tau=\boldsymbol{Q}_\tau^{-1}\boldsymbol{\Omega}_\tau\boldsymbol{Q}_\tau^{-1}$；

(2)模型正确设定场合：$\boldsymbol{V}_\tau^c=\tau(1-\tau)\boldsymbol{Q}_\tau^{-1}\boldsymbol{Q}\boldsymbol{Q}_\tau^{-1}$；

(3)分位数独立场合：$\boldsymbol{V}_\tau^0=\dfrac{\tau(1-\tau)}{f_\tau^2(0)}\boldsymbol{Q}^{-1}$。

在这三个渐近协方差矩阵公式中，分位数独立场合的 $\boldsymbol{V}_\tau^0$ 类似于同方差情况下最小二乘估计量的协方差矩阵。虽然 $\boldsymbol{V}_\tau$ 是一般适用的公式，但在对分位数回归估计量的精度进行分析时，简化的公式 $\boldsymbol{V}_\tau^0$ 更易进行直观解释。$\boldsymbol{V}_\tau^0$ 与最小二乘估计量的协方差矩阵是 $E[\boldsymbol{XX}']^{-1}$ 的一个标量变换相似，它也继承了最小二乘估计量的相关性质：在 $\boldsymbol{X}$ 具有较大的方差且较低的共线性程度时，$\hat{\boldsymbol{\beta}}_\tau$ 更有效。事实上，观察协方差矩阵 $\boldsymbol{V}_\tau^0$，它与 $f_\tau^2(0)$ 成反比，因而当密度函数在 0 处的值较大时，即条件分布在第 $\tau\in(0,1)$ 个分位数附近聚集了许多观测值时，估计量 $\hat{\boldsymbol{\beta}}_\tau$ 会更有效。反之，当第 τ 个分位数附近聚集的观测值很少时，$f_\tau^2(0)$ 会很小，从而 $\boldsymbol{V}_\tau^0$ 变大。这种关系还可使用误差项 ε 的标准差 σ 来表达。设 $u=\varepsilon/\sigma$，表示单位方差的误差，其密度函数为 $g_\tau(x)=\sigma f_\tau(\sigma u)$，则

$$\boldsymbol{V}_\tau^0=\frac{\tau(1-\tau)}{g_\tau^2(0)}\sigma^2[E(\boldsymbol{XX}^{-1})]^{-1}$$

这是同方差情况下最小二乘估计量协方差矩阵的一个变换。

关于线性分位数回归参数估计量 $\hat{\boldsymbol{\beta}}_\tau$ 还有下面的性质。

设第 τ 个分位数的线性回归模型为

$$y_i=\boldsymbol{x}_i'\boldsymbol{\beta}_\tau+\varepsilon_i,\ i=1,\cdots,n$$

式中，ε_i 的第 τ 个分位数是零。

$\boldsymbol{\beta}_\tau$ 的估计量为

$$\hat{\boldsymbol{\beta}}_\tau(y,\boldsymbol{X})=\underset{\boldsymbol{\beta}}{\operatorname{argmin}}\sum_{i=1}^{n}\rho_\tau(y_i-\boldsymbol{x}_i'\boldsymbol{\beta}) \tag{7.26}$$

回归分位数为

$$\hat{Q}_\tau(Y|\boldsymbol{X})=\boldsymbol{X}'\hat{\boldsymbol{\beta}}_\tau \tag{7.27}$$

(1)尺度不变性：对于任意的 $a>0$，

$$\hat{\boldsymbol{\beta}}_\tau(ay,\boldsymbol{X})=a\hat{\boldsymbol{\beta}}_\tau(y,\boldsymbol{X}) \tag{7.28}$$

$$\hat{\boldsymbol{\beta}}(-ay,\boldsymbol{X})=a\hat{\boldsymbol{\beta}}_{1-\tau}(y,\boldsymbol{X}) \tag{7.29}$$

(2)参数平移性：对于任意适合运算的列向量 $\boldsymbol{\gamma}$，

$$\hat{\boldsymbol{\beta}}_\tau(y+\boldsymbol{X\gamma},\boldsymbol{X})=\hat{\boldsymbol{\beta}}_\tau(y,\boldsymbol{X})+\boldsymbol{\gamma} \tag{7.30}$$

(3)设计的重新参数化：对于任意的 $|\mathbf{A}|\neq 0$，

$$\hat{\boldsymbol{\beta}}_\tau(y,\boldsymbol{AX})=\boldsymbol{A}^{-1}\hat{\boldsymbol{\beta}}_\tau(y,\boldsymbol{X}) \tag{7.31}$$

(4)单调变换：对于单调函数 $h(\cdot)$，有

$$Q_\tau(h(Y)|\boldsymbol{X})=h(Q_\tau(Y|\boldsymbol{X})) \tag{7.32}$$

7.2.4 线性分位数回归估计量渐近协方差矩阵的估计

关于渐近协方差矩阵 $\boldsymbol{V}_\tau=\boldsymbol{Q}_\tau^{-1}\boldsymbol{\Omega}_\tau\boldsymbol{Q}_\tau^{-1}$ 的估计有多种方法，其中最简单的方法是基于分位数独立性假设，于是在得到观察 $(Y_i,\boldsymbol{X}_i)(i=1,2,\cdots,n)$ 后有

$$\hat{\boldsymbol{V}}_\tau^0=\frac{\tau(1-\tau)}{\hat{f}_\tau^2(0)}\hat{\boldsymbol{Q}}^{-1} \tag{7.33}$$

$$\hat{Q}=\frac{1}{n}\sum_{i=1}^{n}\boldsymbol{X}_i\boldsymbol{X}'_i$$

式中，$\hat{f}_\tau^2(0)$是 $f_\tau^2(0)$的非参数估计量。

在模型正确设定时，$\boldsymbol{V}_\tau^c$ 的估计量为

$$\hat{\boldsymbol{V}}_\tau^c=\tau(1-\tau)\hat{\boldsymbol{Q}}_\tau^{-1}\hat{\boldsymbol{Q}}\hat{\boldsymbol{Q}}_\tau^{-1} \tag{7.34}$$

式中，$\hat{\boldsymbol{Q}}_\tau$ 是 $\boldsymbol{Q}_\tau$ 的非参数估计量。在给定窗宽 h 时，$\boldsymbol{Q}_\tau$ 的一个可行估计为

$$\hat{\boldsymbol{Q}}_\tau=\frac{1}{2nh}\sum_{i=1}^{n}\boldsymbol{X}_i\boldsymbol{X}'_i I(|e_i|<h)$$

在允许模型误设时，$\boldsymbol{V}_\tau=\boldsymbol{Q}_\tau^{-1}\boldsymbol{\Omega}_\tau\boldsymbol{Q}_\tau^{-1}$ 的估计量为

$$\hat{\boldsymbol{V}}_\tau=\hat{\boldsymbol{Q}}_\tau^{-1}\hat{\boldsymbol{\Omega}}_\tau\hat{\boldsymbol{Q}}_\tau^{-1} \tag{7.35}$$

$$\hat{\boldsymbol{\Omega}}_\tau=\frac{1}{h}\sum_{i=1}^{n}\boldsymbol{X}_i\boldsymbol{X}'_i\hat{\boldsymbol{\Psi}}_{i\tau}^2$$

$$\hat{\boldsymbol{\Psi}}_{i\tau}=\tau-I(Y_i<\boldsymbol{X}'_i\hat{\boldsymbol{\beta}}_\tau)$$

上面介绍的三种渐近协方差矩阵估计方法 $\hat{\boldsymbol{V}}_\tau^0$、$\hat{\boldsymbol{V}}_\tau^c$ 和 $\hat{\boldsymbol{V}}_\tau$ 中，应避免使用经典的估计量 $\hat{\boldsymbol{V}}_\tau^0$，其缘由与避免使用经典的同方差情况下最小二乘估计量协方差矩阵的估计量相同。关于两个稳健估计量，理论上来看 $\hat{\boldsymbol{V}}_\tau$ 是最佳选择，因为它不需要模型正确设定的要求，但不幸的是它在标准软件包中没有编程。因此，具体应用时推荐使用估计量 $\hat{\boldsymbol{V}}_\tau^c$。

分位数回归协方差矩阵、标准误和置信区间的最常见估计方法是自助法，传统的非参数自助法适用于一般模型，允许模型误设，自助方差是对 $\hat{\boldsymbol{V}}_\tau$ 的一个估计量。

在 Stata 软件中，分位数回归使用 qreg 实现，默认的标准误是 $\hat{\boldsymbol{V}}_\tau^0$。使用"vce(robust)"计算 $\hat{\boldsymbol{V}}_\tau^c$，而关于协方差矩阵估计量 $\hat{\boldsymbol{V}}_\tau$ 软件不能计算。关于自助标准误和置信区间的计算，使用"bootstrap，reps(#)：qreg y x"命令。在自助(bootstrap)命令后面使用"estat-bootstrap"命令则可生成 BC 百分位置信区间。

在 R 软件中，分位数回归由 quantreg 包中的函数"rq"实现，默认的标准误是 $\hat{\boldsymbol{V}}_\tau^c$，对协方差矩阵估计量 $\hat{\boldsymbol{V}}_\tau$ 软件不能计算。对于自助(bootstrap)标准误，一种方法是将选项 se="boot"与"summary"命令一起使用。目前，quantreg 软件包不包含自助(bootstrap)百分位置信区间的计算。

7.2.5　分位数回归与普通最小二乘回归的比较

综上所述，分位数回归与普通最小二乘回归的异同详见表 7.1，两者的差异主要体现在几个方面。第一，关于模型假设，普通最小二乘回归(OLS)法要求模型满足经典的假设条件，而分位数回归(QR)法仅要求误差项 ε 满足 $Q_\tau(\varepsilon|\boldsymbol{X})=0$。第二，关于计算量，OLS 法求解简单，而 QR 法相对复杂，计算量较大，但因计算机技术的发展，其也不难完成。第三，关于估计量的优良性，两者各有优越性。由于 QR 法在模型的假设方面要求较少，较易得到满足，特别是其估计方法(加权最小一乘估计方法)决定了其估计具有较强的稳健性。

表 7.1 分位数回归与普通最小二乘回归比较

比较内容	普通最小二乘估计	分位数回归估计
基本思想	使估计的方程与样本数据之间的距离最短	与普通最小二乘估计法相同
目的	基于数学模型对客观世界变量间的不确定关系进行量化分析	与普通最小二乘估计法相同
原理	以均值为基准,求解最短距离	以不同的分位数为基准,求解最短距离
算法	最小二乘法	加权最小一乘法
前提假设	误差项独立、正态、同方差	误差项在关注的分位数是零
对假设的要求	假设强	假设弱
检验类型	参数检验	非参数检验
体现的信息	仅体现总体的平均信息	体现整个分布的各部分信息
极端值影响	受极端值的影响	不受极端值的影响
异方差的影响	影响大	影响小
拟合曲线情况	仅拟合一条曲线	可以拟合一簇曲线
计算方法	求偏导解行列式,算法完备	自助(bootstrap)方法估计标准误,多种算法求解目标函数

7.3 分位数回归的应用与分析

前面已经说明,统计计量软件 Stata 和 R 中均包含了一些分位数回归的命令,提供了进行分位数回归的基本功能。比较专业的分位数回归软件是 R 软件,由于 R 软件可免费下载,所有软件包均共享,且随时更新,因此应用较为广泛。有关 R 软件的详细介绍可参见网站 http://www.r-project.org,分位数回归的软件包是 quantreg。

【例 7.1】 德国统计学家恩斯特·恩格尔在 1857 年发表的一篇论文中,通过分析他记录的 235 个比利时家庭(工资收入为其家庭生活的来源)的家庭收入和食品支出情况,阐述了一个流芳后世的恩格尔定律:随着家庭收入增加,收入中用于食品方面的支出比例将逐渐减少。反映这一定律的系数被称为恩格尔系数,即

恩格尔系数(%)=(食品支出总额/家庭消费支出总额)×100%

在 R 软件中,分位数回归理论的奠基人之一肯克编写了一个专门进行分位数回归的软件包 quantreg,并基于此对收集的数据进行分析,且可选择输出多个分位数回归结果,具体如图 7.1 所示。图 7.1 中的 6 条实直线表示线性分位数回归直线,从下到上依次分别对应分位数 0.05、0.1、0.25、0.75、0.9、0.95 的回归直线,其中长虚线表示中位数回归线,短虚线表示均值回归线(OLS 估计结果)。

图 7.1 清晰地呈现了家庭食品支出随家庭收入增长而增长的趋势,不同分位数值的分位数回归直线之间的间隙先窄后宽,中位数回归直线位于最小二乘法所得的均值回归直线之上。这说明食品支出是左偏的;分位数回归直线左侧之间间隙较窄,意味着数据点比较密集;而分位数回归直线右侧之间间隙较大,意味着数据点比较稀疏且拖尾。

从图 7.1 上还可清楚看出,中位数回归直线的位置与基于 OLS 估计获得的直线位置显著不同,这说明条件密度具有不对称性,也说明 OLS 估计显然受到两个异常点(高家庭收入、低

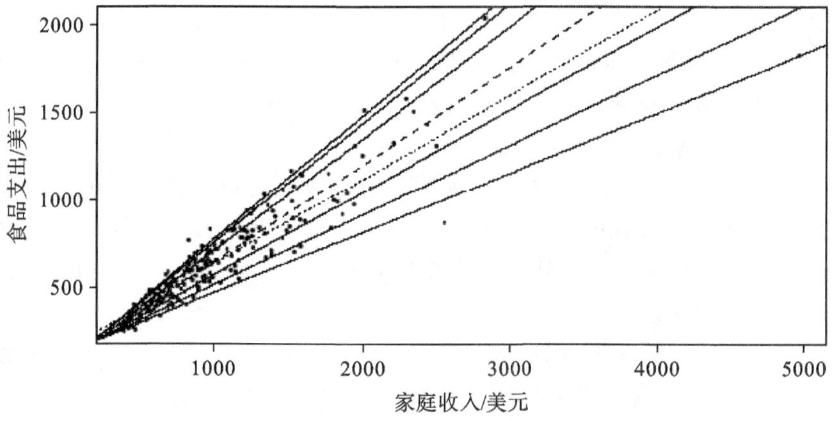

图 7.1　不同分位数回归线

食品支出)的较大影响,这种不稳健结果表明最小二乘法对贫穷家庭的食品支出预测能力差,常常低估了他们的恩格尔系数,高估了他们的生活质量。

【例 7.2】　为了进一步了解分位数回归的应用,现以工资分布为例进行介绍。20 世纪 80 和 90 年代,在不同受教育水平组成的群组之间的总体收入差距有显著扩大,但我们并不清楚在具有相同受教育水平和工作经验的群体内部,工资水平是如何变化的?表 7.2 报告了使用 1980 年、1990 年和 2000 年人口普查数据进行分位数回归后估计出的受教育水平参数。用来构造这些估计值的模型控制了种族,以及潜在的劳动力市场经验(定义为年龄减去受教育年限再减去 6)的二次项。表 7.2 来自安格里斯特和皮施克,原表改编自安格里斯特、切尔诺茹科夫(Chernozhukov)和费尔南德斯-瓦尔(Fernández-Val)。该表中间部分报告了对数工资模型中受教育水平回报的分位数函数估计值,同时在表最右边两列报告了最小二乘估计以便对照。样本包含的个体是美国本土出生的年龄在 40～49 岁的白人和黑人男性,表中第二、三、四列分别报告了样本容量、工资对数的均值和标准差。表中括号里的数值是估计的标准误,所有模型都控制了种族和潜在的市场经验,在针对 2000 年人口普查数据的估计值中使用了抽样加权。

表 7.2　对 1980 年、1990 年、2000 年人口普查数据中教育程度进行分位数回归的结果

普查年份	样本容量	均值	标准差	分位数回归					最小二乘回归	
				0.1	0.25	0.5	0.75	0.9	系数	MSE
1980	65203	6.4	0.67	0.074 (0.002)	0.074 (0.001)	0.068 (0.001)	0.070 (0.001)	0.079 (0.001)	0.072 (0.001)	0.63
1990	86785	6.46	0.69	0.112 (0.003)	0.110 (0.001)	0.106 (0.001)	0.111 (0.001)	0.137 (0.003)	0.114 (0.001)	0.64
2000	97397	6.5	0.75	0.092 (0.002)	0.105 (0.001)	0.111 (0.001)	0.120 (0.001)	0.157 (0.004)	0.114 (0.001)	0.69

从表 7.2 可以看出,条件中位数回归与最小二乘回归的系数估计值接近。如基于 1980 年人口普查数据所得到的最小二乘估计值为 0.072,与使用相同数据得到的分位数回归估计值 0.068 相差不大。如果给定协方差后工资对数的分布是对称的,也就是说条件中位数等于条

件均值，那我们预期上面提到的两个估计值应该相等。另外值得注意的是，在1980年人口普查数据中，不同分位数水平下得到的系数大致相同。多接受一年的教育可以让工资中位数增加6.8%，当条件工资的分位数水平变得更高或者更低时，多接受一年教育带来该分位数水平上工资的增加稍微高一些，分别是0.070和0.074。

虽然1980年和1990年之间，受教育水平对工资分位数的影响快速上升，例如受教育水平对工资中位数的影响达到0.106，相应的系数的最小二乘估计为0.114，但1990年人口普查收入的分位数还是呈现出相对稳定的特征。受教育水平带来最大影响的分位数是上十分位数，其系数为0.137，而其他的分位数回归系数则处于0.11附近。

如果受教育水平对工资的影响类似于一种"位移"，那么我们可以预期不同分位数下的系数是相同的，即更高的受教育水平会提高平均工资，工资分布的其他部分同步移动(也就是说具有相同受教育水平的群体内部，工资差异不会发生改变)。关于这一特征，可通过下面的简单推导予以说明。

假设对数工资Y_i可以用经典线性正态回归模型描述为

$$Y_i=\boldsymbol{X}'_i\boldsymbol{\beta}+\varepsilon,\ E(Y_i\,|\,\boldsymbol{X}_i)=\boldsymbol{X}'_i\boldsymbol{\beta}$$

$$Y_i\sim N(\boldsymbol{X}'_i\boldsymbol{\beta},\sigma_\varepsilon^2)\tag{7.36}$$

由于

$$P[Y_i-\boldsymbol{X}'_i\boldsymbol{\beta}<\sigma_\varepsilon\Phi^{-1}(\tau)\,|\,\boldsymbol{X}_i]=\tau$$

式中，$\Phi^{-1}(\tau)$为标准正态分布的第τ分位数。于是，条件分位数回归函数为

$$Q_\tau(Y_i\,|\,\boldsymbol{X}_i)=\boldsymbol{X}'_i\boldsymbol{\beta}+\sigma_\varepsilon\Phi^{-1}(\tau)$$

这意味着，如果不考虑变化的截距项$\sigma_\varepsilon\Phi^{-1}(\tau)$，在每个分位数水平上，分位数回归系数都是相同的。同方差性意味着不论大学毕业还是高中毕业，对数工资条件分布的离散程度都不会发生变化。表7.2中针对1980年和1990年人口普查数据得到的结果与这一推导结果基本吻合。

与根据1980年和1990年人口普查数据估计的分位数回归系数的特征相比，由2000年人口普查数据估计而得的不同分位数下的回归系数差异明显，特别是处在分布右尾的那部分收入水平。对下十分位数而言，多接受一年教育使收入水平增加9.2%；对中位收入水平来说，多接受一年教育会使收入水平增加11.1%；对上十分位数而言，该增长效应为15.7%。

因此，除了在1980年和1990年人口普查数据中显示的总体不平等水平在上升之外，到2000年，这种不平等还随受教育水平的提高而提高，即随着分位数水平的提高，教育对收入的影响也在增加，这意味着随着受教育水平的提高，工资分布的离差也变大。这一发展趋势成为劳动经济学家经常讨论的主题，他们特别关注劳动力市场是否出现了根本性的变化或者制度变迁。

为了分析分位数回归系数和条件方差之间的联系，将异方差性引入经典正态分布回归模型，可以得到递增的分位数回归系数。假设

$$Y_i\sim N(\boldsymbol{X}'_i\boldsymbol{\beta},\delta^2(\boldsymbol{X}_i))$$

式中，$\delta^2(\boldsymbol{X}_i)=(\boldsymbol{\lambda}'\boldsymbol{X}_i)^2$，$\boldsymbol{\lambda}$为正系数向量且满足$\boldsymbol{\lambda}'\boldsymbol{X}_i>0$。由于

$$P[Y_i-\boldsymbol{X}'_i\boldsymbol{\beta}<(\boldsymbol{\lambda}'\boldsymbol{X}_i)\Phi^{-1}(\tau)\,|\,\boldsymbol{X}_i]=\tau$$

于是，条件分位数回归函数为

$$Q_\tau(Y_i\,|\,\boldsymbol{X}_i)=\boldsymbol{X}'_i\boldsymbol{\beta}+(\boldsymbol{\lambda}'\boldsymbol{X}_i)\Phi^{-1}(\tau)=\boldsymbol{X}'_i[\boldsymbol{\beta}+\boldsymbol{\lambda}\Phi^{-1}(\tau)]\tag{7.37}$$

因此，在各个分位数水平上$\boldsymbol{\beta}_\tau=\boldsymbol{\beta}+\boldsymbol{\lambda}\Phi^{-1}(\tau)$，分位数回归系数都提高了。

综上所述，表 7.2 很简洁地概括了两个关于群体内不平等发生变化的故事。首先，从 2000 年人口普查中得到的结果显示，随着受教育水平的提高，不平等水平急剧上升。但是，这种不平等的上升是不对称的，而且在工资分布的右尾部分表现尤为明显。其次，这种不平等的发展变化是一种新特征，与之形成对照的是 1980 年和 1990 年，其受教育水平以一种近似于简单"位移"的方式对工资分布产生影响。

7.4　精准扶贫措施成效的分位数回归分析

7.4.1　问题描述、变量选择与模型构建

为了分析精准扶贫措施对贫困户不同群体的帮扶效应，有研究将精准帮扶措施分为内源性扶贫措施和外源性扶贫措施。基于精准扶贫政策和具体的帮扶措施，并经过指标筛选，该研究从内源性扶贫措施、外源性扶贫措施及人力资本三个方面(维度)梳理并提炼了影响贫困农户收入的因素。出于数据可得性的考虑，该研究以家庭为个体，将贫困户家庭年收入的对数作为被解释变量，刻画七项精准扶贫措施的指标作为解释变量，具体包括产业扶贫收入的对数、教育扶贫奖助总金额的对数、是否受益于创业就业措施、是否为易地搬迁户、医疗报销费用的对数、兜底保障补助金额的对数以及生态补偿金的对数。选取人力资本方面的家庭劳动力数量、劳动力文化程度、劳动力健康状况三个变量作为控制变量。相关变量的定义和赋值见表 7.3。

表 7.3　变量的定义与赋值

变量类别	变量名称	变量符号	变量定义
内源性扶贫措施	产业扶贫	X_1	产业扶贫收入的对数(单位:元)
	教育扶贫	X_2	教育扶贫奖助总金额的对数(单位:元)
	创业就业	X_3	是否受益于创业就业措施(是=1,否=0)
外源性扶贫措施	易地搬迁	X_4	是否为易地搬迁户(是=1,否=0)
	健康扶贫	X_5	医疗报销费用的对数(单位:元)
	兜底保障	X_6	兜底保障补助金额的对数(单位:元)
	生态补偿	X_7	生态补偿金的对数(单位:元)
人力资本	劳动力数量	X_8	家庭中有劳动能力的人数(单位:人)
	劳动力文化程度	X_9	大专及以上=4,高中=3,初中=2,小学及以下=1
	劳动力健康状况	X_{10}	健康=6,长期慢性病=5,患有大病=4,残疾=3,长期慢性病+残疾=2,患有大病+残疾=1

被解释变量为家庭年收入的对数，体现精准扶贫措施成效。解释变量包括体现内源性扶贫措施、外源性扶贫措施两个方面的七个变量，以及人力资本方面的三个控制变量。以贫困户家庭年收入的 0.75、0.5、0.25 三个分位数分别代表高、中、低三个家庭收入群体，研究中构建的分位数回归模型为

$$\ln Y_i = \beta_0 + \beta_1 \ln X_1 + \beta_2 \ln X_2 + \beta_3 X_3 + \beta_4 X_4 + \beta_5 \ln X_5 + \beta_6 \ln X_6 + \beta_7 \ln X_7 + \beta_8 X_8 + \beta_9 X_9 + \beta_{10} X_{10} + \varepsilon_i \tag{7.38}$$

式中，$\ln Y_i$ 表示家庭收入的对数，β_1 为其系数，其他项意义类此解释；ε_i 为随机误差项。关于

家庭劳动力文化程度 X_9 和劳动力健康状况 X_{10} 的取值，由于文化程度较高、健康状况较好的劳动力往往是家庭中的主要劳动力，是家庭的经济支柱，因此当家庭中劳动力数量大于 1 时，以文化程度最高的劳动力的文化程度代表该家庭的劳动力文化程度，以健康状况最好的劳动力的健康状况代表该家庭的劳动力健康状况。

7.4.2 分位数回归结果与分析

采用式(7.38)对收集到的 1840 户家庭 2019 年的相关变量数据进行分位数回归，回归结果见表 7.4。为进行比较，表中加入了多元线性回归模型的 OLS 估计结果(均值回归)，反映了各变量对家庭收入在平均水平上的影响。QR_25 代表 0.25 分位数水平上的回归结果，反映了低收入群体的情况；QR_50 代表 0.5 分位数水平上的回归结果，反映了中等收入群体的情况；QR_75 代表 0.75 分位数水平上的回归结果，反映了高收入群体的情况。

表 7.4 分位数回归结果

变量名称	OLS	QR_25	QR_50	QR_75
	家庭收入	家庭收入	家庭收入	家庭收入
产业扶贫	0.0183***	0.0166***	0.0252***	0.0200***
	(0.0034)	(0.0035)	(0.0038)	(0.0043)
教育扶贫	0.0144***	0.0208***	0.0184***	0.0114***
	(0.0031)	(0.0036)	(0.0039)	(0.0044)
创业就业	0.0539**	0.0637***	0.0593**	0.0621**
	(0.0225)	(0.0243)	(0.0263)	(0.0296)
易地搬迁	0.0453**	0.0019	0.0327	0.0695**
	(0.0196)	(0.0225)	(0.0243)	(0.0274)
健康扶贫	0.0053*	0.0002	0.0028	0.0021
	(0.0028)	(0.0031)	(0.0034)	(0.0038)
兜底保障	0.0042*	0.0122***	0.0048	0.0021
	(0.0025)	(0.0028)	(0.0030)	(0.0040)
生态补偿	0.0047	0.0009	0.0013	0.0032
	(0.0041)	(0.0046)	(0.0050)	(0.0056)
劳动力数量	0.2510***	0.2640***	0.2500***	0.2270***
	(0.0106)	(0.0123)	(0.0133)	(0.0150)
劳动力文化程度	0.0689***	0.0386***	0.0823***	0.0671***
	(0.0116)	(0.0134)	(0.0144)	(0.0163)
劳动力健康状况	0.1400***	0.0629***	0.0936***	0.2050***
	(0.0103)	(0.0121)	(0.0131)	(0.0148)
常数	8.3100***	8.5870***	8.5190***	8.2300***
	(0.0557)	(0.0708)	(0.0764)	(0.0862)
R^2	0.6380	0.4893	0.4258	0.3454

注：表中的*、**和***分别表示在 10%、5%和 1%的水平上显著；括号中的值为稳健标准误。

观察表 7.4 发现，在 OLS 回归中，除生态补偿外，其他措施变量均在 10%的显著性水平上显著。其中，变量是否受益于创业就业措施的解释能力较强，参加培训的贫困户要比不参加的家庭对数收入平均高出 5.39%，说明参加创业就业培训可使农户家庭收入提高。其次是易地搬迁措施，说明接受易地搬迁的贫困户要比没有参与此项措施的贫困户家庭对数收入平均高出 4.53%。再次是产业扶贫措施的效应，贫困户家庭产业扶贫收入每增加 100 元，家庭总收入的对数平均增加 1.83 元。

在 0.25 分位数上，即对于低收入家庭群体来说，产业扶贫、教育扶贫、创业就业、兜底保障四项措施对应的变量均在 1%的显著性水平上显著，其中创业就业措施的效应最大，参加培训比不参加培训的家庭对数收入高出 6.37%。

在 0.5 分位数上，即对中等收入家庭群体来说，产业扶贫、教育扶贫、创业就业措施对应的变量均在 5%的显著性水平上显著，说明这些措施对中等收入家庭群体的帮扶效应显著。其中创业就业措施的影响效应最大，参加培训比不参加培训的家庭对数收入高出 5.93%。

在 0.75 分位数上，即对高收入家庭群体来说，产业扶贫、教育扶贫、创业就业、易地搬迁四项措施对应的变量均在 5%的显著性水平上显著，其中易地搬迁措施对高收入家庭群体收入的帮扶效应最大，接受易地搬迁措施比没有参与此项措施的家庭对数收入高出 6.95%。其次是创业就业措施，参加培训比不参加培训的家庭对数收入高出 6.21%。

最后，进一步分析同一项措施对不同家庭群体的影响。具体来看，产业扶贫措施对中等收入家庭群体的帮扶效应最大，产业扶贫收入每增加 100 元，家庭总收入的对数会增加 2.52 元，但整体来看，产业扶贫措施对三个家庭群体收入的影响差异不大，小于 1%，这说明产业扶贫措施对各群体家庭收入的作用都很强。教育扶贫措施对低收入家庭群体收入的影响最大，对高收入家庭群体收入的影响最小。创业就业措施对三个家庭群体收入的影响基本持平，其对低收入家庭群体的增收效果更大一些。易地搬迁措施仅对于高收入家庭群体在 5%的显著性水平上显著，这可能与其有自我搬迁能力有关。搬迁是将贫困人口从自然灾害频发、自然资源不足的地区迁到生态环境较好、资源较丰富的地区，以解决“一方水土养不了一方人”的问题，重点在于搬迁后的持续帮扶，确保搬迁对象有业可就，此措施对于高收入家庭群体的显著影响说明了易地搬迁应结合产业扶贫、创业就业等措施，有力提升中低收入家庭群体的增收效果。兜底保障扶贫措施仅对低收入家庭群体收入有显著的作用，这符合实际情况，因为该项措施的实施是有条件的，贫困户应满足享受低保的条件，而满足条件的一般是家庭收入低的贫困户，所以此项措施的作用集中体现在低收入家庭群体。

7.4.3　表 7.4 分位数回归结果的 Stata 输出命令

在 Stata 命令窗口，首先输入数据(打开数据集)，为了将 OLS 与 0.25、0.5 和 0.75 分位数水平上的回归系数估计和稳健标准误结果列入同一表格进行比较，执行下面的命令：

```
.qui reg y x1 x2 x3 x4 x5 x6 x7 x8 x9 x10,r
.est sto OLS
.qui qreg y x1 x2 x3 x4 x5 x6 x7 x8 x9 x10,q(.25 )
.est sto QR_25
.qui qreg y x1 x2 x3 x4 x5 x6 x7 x8 x9 x10,q(.5)
.est sto QR_50
```

```
.qui qreg y x1 x2 x3 x4 x5 x6 x7 x8 x9 x10,q(.75)
.est sto QR_75
.esttab OLS QR_25 QR_50 QR_75,se mtitles star( * 0.1 * * 0.05 * * * 0.01)
.outreg2[OLS QR_25 QR_50 QR_75] using 表 7.4.doc
```

输出结果编辑汇总于表 7.4。注意,“outreg2”允许用户根据需要自定义输出,如添加额外的统计量或调整输出的格式。为了使用命令“outreg2”,需要首先安装“estout”包,这是一个可选的扩展包,其提供了“outreg2”命令,安装命令为“ssc install estout”。

我们还可基于自助法计算分位数回归的标准误,为使结果可复制,应先设置种子值(具体解释见第 8 章 8.8 部分)。另外,为了得到自助标准误,先进行中位数回归,命令为

```
.set seed 10101
.bsqreg y x1 x2 x3 x4 x5 x6 x7 x8 x9 x10,reps(500) q(.5)
```

为同时得到 0.25、0.5 和 0.75 分位数水平上回归系数估计的自助标准误,可执行命令:

```
.set seed 10101
.sqreg y x1 x2 x3 x4 x5 x6 x7 x8 x9 x10,reps(500) q(.25 .5 .75) nodots
```

其中,“nodots”表示不显示自助过程中的点。

以上分析为对式(7.38)的基本分析,进一步还可以对不同分位数(本例中为 0.25、0.5 和 0.75)回归的系数及置信区间进行绘图比较,也可对不同分位数回归的系数估计结果是否相等进行检验。在 Stata 中,首先下载非官方命令“grqreg”(表示 graph quantile regression),然后安装该命令,执行命令为

```
.net install grqreg.pkg
```

安装 grqreg 后,继续进行如下操作:

```
.set seed #
.bsqreg y x1 x2 x3 x4 x5 x6 x7 x8 x9 x10,reps( # ) q(.5)
.grqreg, cons ci ols olsci
```

其中,选择项“cons”表示对常数项也进行比较,选择项“ci”表示包括估计系数 95%的置信区间,选择项“ols”表示以 OLS 估计系数作为参照系,选择项“olsci”表示提供 OLS 估计系数 95%的置信区间。若要检验三个分位数回归中,产业扶贫变量(X_1)的系数是否相等,可执行命令

```
.test [q25 = q50 = q75]:x1
```

若还想对其他解释变量的系数是否相等进行检验,可调整变量名类此命令执行。

练习题

1. 简述分位数回归函数。
2. 试述变量的分位数与变量分布的关系。
3. 试述分位数回归估计量渐近协方差矩阵的三种形式。
4. 试述分位数回归与普通最小二乘回归估计的联系与区别。
5. 证明 $E[\mathrm{sgn}(Y-\theta)]=1-2P(Y<\theta)$,且关于 θ 递减。
6. 证明定理 7.1 中的结论(3)。

7. 证明定理 7.1 中的结论(4)。

8. 证明定理 7.1 中的结论(5)。

9. 试用图示的方法说明均值回归中的均方损失函数与中位数回归中的损失函数的特征。

10. 设 $Q_\tau(Y|\boldsymbol{X})=\boldsymbol{X}'\boldsymbol{\beta}_\tau$，$\Psi_\tau(x)=\frac{\mathrm{d}}{\mathrm{d}x}\rho_\tau(x)=\tau-I(x<0)$，证明 $E(\Psi_\tau^2|\boldsymbol{X})=\tau(1-\tau)$。

11. 请选择一个经济问题，收集相关数据，基于 Stata 或 R 软件对数据进行分位数回归分析，并对估计结果进行讨论。

第 8 章　重复抽样方法

在前面关于线性回归的讨论中，使用的统计推断方法可概括为两类，一类是基于确定分布函数的精确推断方法，一类是基于渐近分布函数的渐近推断方法。这两类方法各有优缺点。精确推断方法为分析提供了一个非常有用的基准，但它的理论基于回归模型的同方差、正态分布等严格假设，这些假设往往与实际不符。渐近推断方法提供了一种更加灵活的分布理论，但它显然是一种近似方法，在实践中其精确程度具有不确定性。

本章介绍另一类统计推断方法——重复抽样方法(resampling methods)，即从数据的经验分布中提取抽样信息。这些方法有效且适用面广，较之精确推断方法和渐近推断方法一般更加精确。但是，重复抽样方法也有缺点，一是通常需要更多的计算能力，二是更具挑战性。

8.1　问题引入

在统计学和计量经济学中使用的重复抽样方法有刀切法(jackknife method)和自助法(bootstrap method)两类，后者在计量经济学研究中更为常用。从方法涉及的分布函数视角来看，刀切法中的经验分布函数基于原始数据集的诸多留一法估计量(leave-one-out estimators)得到，该方法常用于方差的估计。自助法中涉及的经验分布函数来自估计量，这些估计量的计算是基于对原始数据集采取有放回抽样所得到的独立同分布样本。另外，自助抽样还有其他变体，如参数抽样和残差抽样。自助法通常用于方差估计、置信区间构建和假设检验。

为了说明重复抽样方法的现实需要，先考虑下面的教育与收入问题。

【例 8.1】　表 8.1 是 20 个被调查者(观察个体)的工资、受教育年限等资料。表 8.1 中的列是各个观察个体在相关变量上的观察值，其中第二列是工资(年总收入除以工作时间)，第三列是工资的自然对数，第四列是受教育年限；第五列和第六列是对变量的进一步变换，即受教育年限的平方，以及受教育年限与工资对数的乘积；表中最下面一行是相应列元素的加总。

设 y_i 表示第 i 个人的对数工资，$\boldsymbol{X}_i$ 为第 i 个人的受教育年限和截距项($i=1,2,\cdots,20$)，构建下面的线性回归模型：

$$\ln(\text{工资}) = \beta_0 + \beta_1 \times \text{受教育年限} + \varepsilon$$

根据表 8.1 中的数据，使用 OLS 估计量公式得到

$$\hat{\boldsymbol{\beta}} = \begin{pmatrix} \hat{\beta}_0 \\ \hat{\beta}_1 \end{pmatrix} = \begin{pmatrix} 0.698 \\ 0.155 \end{pmatrix}$$

使用协方差矩阵的异方差一致估计量可得到系数估计的标准差，即渐近标准误，包含估计标准误的估计方程为

$$\ln(\text{工资}) = 0.698 + 0.155 \times \text{受教育年限} + e$$
$$(0.031) \qquad (0.493)$$
$$\hat{\sigma}^2 = 0.144$$
$$(0.043)$$

式中，e 为残差项，括号中的值为渐近标准误。

表 8.1　20 个被调查者的工资、受教育年限及有关资料

观测个体	工资/美元	工资对数	受教育年限/年	受教育年限的平方	受教育年限×工资对数
1	37.93	3.64	18	324	65.44
2	40.87	3.71	18	324	66.79
3	14.18	2.65	13	169	34.48
4	16.83	2.82	16	256	45.17
5	33.17	3.50	16	256	56.03
6	29.81	3.39	18	324	61.11
7	54.62	4.00	16	256	64.00
8	43.08	3.76	18	324	67.73
9	14.42	2.67	12	144	32.03
10	14.90	2.70	16	256	43.23
11	21.63	3.07	18	324	55.44
12	11.09	2.41	16	256	38.50
13	10.00	2.30	13	169	29.93
14	31.73	3.46	14	196	48.40
15	11.06	2.40	12	144	28.84
16	18.75	2.93	16	256	46.90
17	27.35	3.31	14	196	46.32
18	24.04	3.18	16	256	50.76
19	36.06	3.59	18	324	64.53
20	23.08	3.14	16	256	50.22
合计	515	62.64	314	5010	995.86

注：该表数据由 Hansen 的 *Econometrics* 一书中表 3.1 整理而来。

现在重点关注回归中的四个估计量，前两个是系数的估计 $\hat{\beta}_0$ 和 $\hat{\beta}_1$，第三个是方差的估计量 $\hat{\sigma}^2$，第四个是对一个受过 16 年教育的人（大学毕业生）的工资预期，它是参数的非线性函数。在误差项 ε 与受教育年限相互独立的简单假设下，可得到预期工资水平 μ 为

$$\begin{aligned}\mu &= E(\text{工资} \mid \text{受教育年限} = 16)\\ &= E[\exp(\beta_0 + 16\beta_1 + \varepsilon)]\\ &= \exp(\beta_0 + 16\beta_1)E(\exp(\varepsilon))\\ &= \exp(\beta_0 + 16\beta_1 + \sigma^2/2)\end{aligned}$$

假设 $\varepsilon \sim N(0,\sigma^2)$，在这种情况下，由生成函数(generating function)可以得到 $E(\exp(\varepsilon))=\sigma^2/2$。由此可以看出，接受了16年教育的人的工资水平预期是回归系数和方差参数的非线性函数，其估计是使用式中未知参数的点估计替代相应的参数，即

$$\hat{\mu}=\exp(\hat{\beta}_0+16\hat{\beta}_1+\hat{\sigma}^2/2)=25.80$$

(2.29)

$\hat{\mu}$ 的标准误可以通过扩展 $\hat{\sigma}^2$ 和斜率项估计的联合渐近分布，并应用delta方法得到，即渐近标准误为2.29。

我们感兴趣的是上述四个估计量标准误的计算以及参数置信区间的构建，且使用的方法超越通常精确的和渐近近似的方法，特别是在小样本情况下，使用稳健协方差矩阵估计和非线性变换。但是，这里存在一个挑战，即标准的软件包(如Stata)给出了系数估计量 $\hat{\beta}_0$ 和 $\hat{\beta}_1$ 的标准误及系数估计的非线性光滑函数，但没有给出方差估计量 $\hat{\sigma}^2$ 及其函数(如 $\hat{\mu}$)的标准误计算。因此，下面介绍相关的估计方法。

8.2 留一法回归

有许多统计方法，例如残差分析、刀切方差估计、交叉验证、两步估计、留出法评估(hold-out sample evaluation)，它们利用了基于子样本构建的估计量。特别地，有一种情况是排除一个观察结果，然后对其余所有观测结果重复进行回归计算，其被称为留一(leave-one-out，简称为LOO)法回归。

下面，我们考虑留一法OLS估计量。具体来说，回归系数的留一法最小二乘估计量是基于原始样本中排除单个观测后的样本得到的最小二乘估计量，即

$$\hat{\boldsymbol{\beta}}_{(-i)}=(\boldsymbol{X}'_{(-i)}\boldsymbol{X}_{(-i)})^{-1}\boldsymbol{X}'_{(-i)}\boldsymbol{Y}_{(-i)}$$

式中，$\boldsymbol{X}_{(-i)}$ 和 $\boldsymbol{Y}_{(-i)}$ 是原始数据矩阵中剔除第 i 行(第 i 次观测)后的数据矩阵；$\hat{\boldsymbol{\beta}}_{(-i)}$ 表示剔除第 i 次观测后得到的估计量。由于我们有 n 次观测，因此这样的估计量有 n 个。

Y_i 的留一法预测值(leave-one-out predicted value)记为 $\tilde{Y}_i=\boldsymbol{X}_i'\hat{\boldsymbol{\beta}}_{(-i)}$，其是基于剔除第 i 次观测后的数据估计回归系数 $\boldsymbol{\beta}$，再结合 $\boldsymbol{X}_i$ 预测 Y_i。注意，在 $\tilde{Y}_i$ 的计算中未使用 Y_i 的信息，所以 $\tilde{Y}_i$ 是真正的预测值，与此不同的是拟合值 $\hat{Y}_i$，它的计算与 Y_i 有关。

留一法残差(leave-one-out residual)[或称为预测误差(prediction error)、预测残差(prediction residual)]定义为解释变量的实测值与其留一法预测值之差，即

$$\tilde{e}_i=Y_i-\tilde{Y}_i$$

于是，可以得到回归系数的留一法最小二乘估计量与预测残差的关系为

$$\hat{\boldsymbol{\beta}}_{(-i)}=\hat{\boldsymbol{\beta}}-(\boldsymbol{X}'\boldsymbol{X})^{-1}\boldsymbol{X}_i\tilde{e}_i \tag{8.1}$$

且

$$\tilde{e}_i=(1-h_{ii})^{-1}e_i \tag{8.2}$$

式中，h_{ii} 为杠杆值；e_i 为基于OLS估计计算的残差。具体证明见Hansen的 *Econometrics* 一书的定理3.7。

式(8.1)表明，我们可以通过简单的线性运算来计算系数的留一法最小二乘估计量，而不需要分别进行 n 个回归来计算。观察式(8.2)可以发现另一个有趣的特征，留一法残差(预测

残差)$\tilde{e}_i$ 是最小二乘残差 e_i 的一个简单变换,这个变换与杠杆值 h_{ii} 有关。当 h_{ii} 较小时,$\tilde{e}_i$ 与 e_i 近似相等;当 h_{ii} 较大时,$\tilde{e}_i$ 与 e_i 差异较大。这说明 OLS 残差与留一法残差之间的差异取决于杠杆值的大小,即 $\boldsymbol{X}_i$ 的不寻常程度。

8.3　刀切法与方差的刀切法估计

刀切法是自助法的特例,每个自助子样本(bootstrap subsample)都包含列表中除一个原始元素之外的所有元素。例如,若原始列表有 10 个元素,那么就有 10 个刀切子样本。实际中需要多少自助子样本,对此没有明确的答案。经验法则是尝试 100 次,然后 1000 次,查看结构是否有很大变化。

刀切法估计(jackknife estimation)是采用排除一个或称留一法对估计量的矩进行估计。设有样本容量为 n 的随机样本,待估计的参数(向量)为 $\boldsymbol{\theta}$,其估计量为 $\hat{\boldsymbol{\theta}}$,它是样本容量 n 的函数。记估计量 $\hat{\boldsymbol{\theta}}$ 的方差为 $\boldsymbol{V}_{\boldsymbol{\theta}}=\mathrm{Var}(\hat{\boldsymbol{\theta}})$,$\hat{\boldsymbol{\theta}}_{(-i)}$ 为留一法估计量,它是剔除样本中第 i 个观测后由 $\hat{\boldsymbol{\theta}}$ 的公式计算出来的量值。图基将 $\boldsymbol{V}_{\boldsymbol{\theta}}$ 的刀切估计量(Tukey's jackknife estimator)定义为留一估计量样本方差的一个尺度变换,即

$$\hat{\boldsymbol{V}}_{\boldsymbol{\theta}}^{\text{jack}}=\frac{n-1}{n}\sum_{i=1}^{n}(\hat{\boldsymbol{\theta}}_{(-i)}-\bar{\boldsymbol{\theta}})(\hat{\boldsymbol{\theta}}_{(-i)}-\bar{\boldsymbol{\theta}})' \tag{8.3}$$

式中,$\bar{\boldsymbol{\theta}}$ 为留一法估计量的样本均值,即

$$\bar{\boldsymbol{\theta}}=\frac{1}{n}\sum_{i=1}^{n}\hat{\boldsymbol{\theta}}_{(-i)}$$

如果 $\boldsymbol{\theta}$ 为一标量,则其估计量 $\hat{\boldsymbol{\theta}}$ 的刀切标准误为

$$s_{\boldsymbol{\theta}}^{\text{jack}}=\sqrt{\hat{\boldsymbol{V}}_{\boldsymbol{\theta}}^{\text{jack}}}$$

刀切法估计量 $\hat{\boldsymbol{V}}_{\boldsymbol{\theta}}^{\text{jack}}$ 具有易于计算的优点,不需要精确或者渐进的计算方法,但其缺点是需要 n 个单独的估计,在某些情况下会产生计算负担。在有些情况下,$\hat{\boldsymbol{V}}_{\boldsymbol{\theta}}^{\text{jack}}$ 类似于稳健的渐近方差矩阵估计量,因此,刀切法估计量的诱人之处是其既可以用于明确的渐近方差公式不可获取的情形,也可用于检查渐近公式的可靠性。

为了使读者能够直观地理解 $\hat{\boldsymbol{V}}_{\boldsymbol{\theta}}^{\text{jack}}$ 的公式,下面以样本均值方差的刀切法估计量为例进行推导。考虑

$$\bar{y}=\frac{1}{n}\sum_{i=1}^{n}y_i$$

其留一法估计为

$$\bar{y}_{(-i)}=\frac{1}{n-1}\sum_{j\neq i}y_j=\frac{n}{n-1}\bar{y}-\frac{1}{n-1}y_i \tag{8.4}$$

留一法估计的样本均值为

$$\frac{1}{n}\sum_{i=1}^{n}\bar{y}_{(-i)}=\frac{n}{n-1}\bar{y}-\frac{1}{n-1}\bar{y}=\bar{y}$$

其差异为

$$\bar{y}_{(-i)}-\bar{y}=\frac{n}{n-1}\bar{y}-\frac{1}{n-1}y_i-\bar{y}=\frac{1}{n-1}(\bar{y}-y_i)$$

于是

$$\hat{V}_{\bar{y}}^{\text{jack}}=\frac{n-1}{n}\sum_{i=1}^{n}\left(\frac{1}{n-1}\right)^{2}(\bar{y}-y_i)(\bar{y}-y_i)'$$

$$=\frac{1}{n}\left(\frac{1}{n-1}\right)\sum_{i=1}^{n}(\bar{y}-y_i)(\bar{y}-y_i)' \tag{8.5}$$

这与通常的 $\bar{y}$ 的方差估计量是一样的。图基在 $\boldsymbol{V}_{\boldsymbol{\theta}}$ 的刀切估计量 $\hat{\boldsymbol{V}}_{\boldsymbol{\theta}}^{\text{jact}}$ 中引入$(n-1)/n$,就会使 $\hat{V}_{\bar{y}}^{\text{jack}}$ 与通常的方差估计量相同,即对于样本均值来说,其方差的刀切法估计量等同于通常的估计量。

回忆式(8.1),回归系数的留一法最小二乘估计量与预测残差的关系为

$$\hat{\boldsymbol{\beta}}_{(-i)}=\hat{\boldsymbol{\beta}}-(\boldsymbol{X}'\boldsymbol{X})^{-1}\boldsymbol{X}_i\tilde{e}_i$$

由此可得留一法最小二乘估计量的样本均值为

$$\bar{\boldsymbol{\beta}}=\hat{\boldsymbol{\beta}}-(\boldsymbol{X}'\boldsymbol{X})^{-1}\tilde{\boldsymbol{\mu}}$$

式中,$\tilde{\boldsymbol{\mu}}=n^{-1}\sum_{i=1}^{n}\boldsymbol{X}_i\tilde{e}_i$。这样一来有

$$\hat{\boldsymbol{\beta}}_{(-i)}-\bar{\boldsymbol{\beta}}=-(\boldsymbol{X}'\boldsymbol{X})^{-1}(\boldsymbol{X}_i\tilde{e}_i-\tilde{\boldsymbol{\mu}})$$

$\hat{\boldsymbol{\beta}}$ 方差的刀切估计量为

$$\hat{\boldsymbol{V}}_{\boldsymbol{\beta}}^{\text{jack}}=\frac{n-1}{n}\sum_{i=1}^{n}(\hat{\boldsymbol{\beta}}_{(-i)}-\bar{\boldsymbol{\beta}})(\hat{\boldsymbol{\beta}}_{(-i)}-\bar{\boldsymbol{\beta}})'$$

$$=\frac{n-1}{n}(\boldsymbol{X}'\boldsymbol{X})^{-1}\left(\sum_{i=1}^{n}\boldsymbol{X}_i\boldsymbol{X}_i'\tilde{e}_i^2-n\tilde{\boldsymbol{\mu}}\tilde{\boldsymbol{\mu}}'\right)(\boldsymbol{X}'\boldsymbol{X})^{-1}$$

$$=\frac{n-1}{n}\hat{\boldsymbol{V}}_{\boldsymbol{\beta}}^{\text{HC3}}-(n-1)(\boldsymbol{X}'\boldsymbol{X})^{-1}\tilde{\boldsymbol{\mu}}\tilde{\boldsymbol{\mu}}'(\boldsymbol{X}'\boldsymbol{X})^{-1} \tag{8.6}$$

进一步,考虑最小二乘估计量 $\hat{\boldsymbol{\beta}}$ 函数的刀切法估计量。设 $\boldsymbol{\theta}=r(\boldsymbol{\beta})$,$\hat{\boldsymbol{\theta}}=r(\hat{\boldsymbol{\beta}})$。$\boldsymbol{\theta}$ 的留一法估计量为

$$\hat{\boldsymbol{\theta}}_{(-i)}=\boldsymbol{r}(\hat{\boldsymbol{\beta}}_{(-i)})=\boldsymbol{r}(\hat{\boldsymbol{\beta}}-(\boldsymbol{X}'\boldsymbol{X})^{-1}\boldsymbol{X}_i\tilde{e}_i)\approx\hat{\boldsymbol{\theta}}-\hat{\boldsymbol{R}}'(\boldsymbol{X}'\boldsymbol{X})^{-1}\boldsymbol{X}_i\tilde{e}_i$$

最后一式的近似由均值展开(mean-value expansion)得到,其中,$\hat{\boldsymbol{\theta}}=r(\hat{\boldsymbol{\beta}})$,$\hat{\boldsymbol{R}}=(\partial/\partial\boldsymbol{\beta})\boldsymbol{r}(\hat{\boldsymbol{\beta}})'$。由于 $\hat{\boldsymbol{\beta}}_{(-i)}$ 是 $\boldsymbol{\beta}$ 的一致估计量,因此近似式在大样本下成立。于是,$\hat{\boldsymbol{\theta}}$ 的刀切法方差估计量

$$\hat{\boldsymbol{V}}_{\boldsymbol{\theta}}^{\text{jack}}=\frac{n-1}{n}\sum_{i=1}^{n}(\hat{\boldsymbol{\theta}}_{(-i)}-\bar{\boldsymbol{\theta}})(\hat{\boldsymbol{\theta}}_{(-i)}-\bar{\boldsymbol{\theta}})'$$

$$=\frac{n-1}{n}\hat{\boldsymbol{R}}'(\boldsymbol{X}'\boldsymbol{X})^{-1}\left(\sum_{i=1}^{n}\boldsymbol{X}_i\boldsymbol{X}_i'\tilde{e}_i^2-n\tilde{\boldsymbol{\mu}}\tilde{\boldsymbol{\mu}}'\right)(\boldsymbol{X}'\boldsymbol{X})^{-1}\hat{\boldsymbol{R}}$$

$$=\hat{\boldsymbol{R}}'\hat{\boldsymbol{V}}_{\boldsymbol{\beta}}^{\text{jack}}\hat{\boldsymbol{R}}$$

$$\approx\hat{\boldsymbol{R}}'\tilde{\boldsymbol{V}}_{\boldsymbol{\beta}}\hat{\boldsymbol{R}} \tag{8.7}$$

式(8.7)表明 $\hat{\boldsymbol{\theta}}$ 的刀切法方差估计量近似为一个渐近的 delta 方法估计量。虽然这是一个渐近近似,但它再次表明刀切法产生了一个与渐近方法产生的估计量渐近相似的估计量。尽管事实如此,但刀切法估计量在计算时并不需要考虑渐近理论,以及不需要计算 $r(\boldsymbol{\beta})$ 的导数。

【例 8.2】 为了比较方差的刀切法估计量与渐近方法产生的估计量,根据例 8.1 中 20 个

观测数据，分别计算四个参数 β_0、β_1、σ^2 和 μ 的 20 个留一法估计值，结果见表 8.2 的第二至第五列。这些值样本方差的平方根为刀切标准误(jackknife standard error)，见表 8.2 中倒数第二行。最后一行给出的是例 8.1 中求出的渐近标准误，以便进行比较。

表 8.2　留一法估计量和刀切标准误差

观测个体	$\hat{\beta}_{0(-i)}$	$\hat{\beta}_{1(-i)}$	$\hat{\sigma}^2_{(-i)}$	$\hat{\mu}_{(-i)}$
1	0.150	0.764	0.150	25.63
2	0.148	0.798	0.149	25.48
3	0.153	0.739	0.151	25.97
4	0.156	0.695	0.144	26.31
5	0.154	0.701	0.146	25.38
6	0.158	0.655	0.151	26.05
7	0.152	0.705	0.114	24.32
8	0.146	0.822	0.147	25.37
9	0.162	0.588	0.151	25.75
10	0.157	0.693	0.139	26.40
11	0.168	0.510	0.141	26.40
12	0.158	0.691	0.118	26.48
13	0.139	0.974	0.141	26.56
14	0.169	0.451	0.131	26.26
15	0.146	0.852	0.150	24.93
16	0.156	0.696	0.148	26.06
17	0.165	0.513	0.140	25.22
18	0.155	0.698	0.151	25.90
19	0.152	0.742	0.151	25.73
20	0.155	0.697	0.151	25.95
s^{jack}	0.032	0.514	0.046	2.39
s^{asy}	0.031	0.493	0.043	2.29

观察表 8.2 发现，四个参数刀切法估计量的刀切标准误和渐近标准误的值非常接近，这有力互证了两个标准误估计的可信度。$\hat{\beta}_1$ 和 $\hat{\mu}$ 标准误估计值的差异最大，它们的刀切标准误较渐近标准误大，但未超过 4.5%。由此可以看出，刀切法是一种简单灵活的计算方差及标准误的方法，其既回避了渐近和精确方法计算的技术要求，又能够在许多情况下得到与渐近 delta 方法估计非常近似的估计结果，特别在渐近标准误不可得或难以计算的情况下，刀切法的应用更具有吸引力。另外，它们也可用于对渐近 delta 法计算结果的合理性进行检查。

在 Stata 软件中，许多模型中系数估计的刀切标准误可简单地使用 vce(jackknife)计算，对于系数或其他估计量的非线性函数，可以将 jacknife 命令与任何其他命令进行组合以得到刀切标准误。

为了读者易于理解，下面给出计算表 8.2 中列出的刀切标准误值的 Stata 命令：

```
.reg wage education, vce(jackknife)
.jackknife (e(rss)/e(N)): reg wage education
.jackknife exp(16 * _b[education] + _b[_cons] + e(rss)/e(N)/2): ///
 reg wage education
```

上面的命令中，第一行命令是基于刀切法计算最小二乘估计的标准误，第二行命令是基于刀切法计算方差估计量 $\hat{\sigma}^2$ 的标准误，第三行命令是对估计量 $\hat{\mu}$ 进行类似的操作。

8.4 集群观测的刀切法

8.4.1 集群抽样与协方差矩阵的估计

线性回归分析的基本假设中要求样本为简单随机样本，即样本中的观察独立同分布，如果样本中的个体以某种方式存在关联，则可能违背这个假设。例如，样本中的个体是人员，但他们是邻居、同村村民、学校同学，或者个体是特定行业的公司等。在这些情况下，个体的决策可能相互关联，不再具有独立性。个体之间的这种相互影响会使推断变得复杂，因此需要专门进行处理。目前，一种处理相互依赖观察的流行方法被称为集群或聚类相依（clustered dependence），它假设观察个体被分组为“集群”或“类别”（例如学校、村庄等）。

为了使读者理解集群的概念，下面通过一个具体的例子进行说明。埃丝特·迪弗洛（Esther Duflo）、帕斯卡利娜·迪帕（Pascaline Dupas）和迈克尔·克雷默（Michael Kremer）通过随机实验（randomized experiment）方法跟踪研究教育成效（根据初始考试成绩分配学生），他们的数据集摘录见 Hansen 的 *Econometrics* 一书。

2005 年，肯尼亚 140 所小学获得了额外聘请一名一年级教师的资助，以减少班级规模。在一半的学校（随机选择）里，学校根据学生的初始成绩（跟踪对象）分配教室；在另一半学校里，学生被随机分配教室。在迪弗洛、迪帕和克雷默的分析中，他们将注意力集中于最初只有一个一年级班级的 121 所学校。迪弗洛、迪帕和克雷默的论文中的主要回归模型为

$$S_{ig} = -0.071 + 0.138T_g + \varepsilon_{ig} \tag{8.8}$$

式中，S_{ig} 是学校 g 中第 i 个学生的标准化考试成绩（归一化为均值 0 和方差 1）；T_g 是虚拟变量，如果学校 g 被跟踪，其取值为 1，否则为 0。OLS 估计结果显示，被跟踪学校学生的考试成绩总体提高了约 0.14 个标准差，这个值很有指导意义。

下面，我们考虑上述模型的更一般形式，其中常被采用的形式为

$$S_{ig} = \alpha + \gamma T_g + \boldsymbol{X}'_{ig}\boldsymbol{\beta} + \varepsilon_{ig} \tag{8.9}$$

式中，$\boldsymbol{X}_{ig}$ 是一组控制学生特征的变量，包括年龄、性别和初试成绩；ε_{ig} 是随机误差项。

由于在同一学校中学生的成绩可能是相关的，学生成绩也可能受到当地人口特征、教师和同学的影响，因而学生的成绩存在依赖性，这就对应用经典线性回归模型带来困难。然而，这些担忧并未表明学生成绩在学校之间是相关的，因此基于学生成绩在学校之间相互独立进行建模似乎是合理的。我们将具有这种特征的关联性称为集群相依。

在集群相依场合，为描述方便，将观测记为$(Y_{ig}, \boldsymbol{X}'_{ig})$，其中 $g=1,2,\cdots,G$ 表示集群（抽样单元），$i=1,2,\cdots,n_g$ 表示第 g 个集群（类）中的个体，每个类中包含的观察个体数 n_g 会因集

群而异。这里共有 G 个类，观察数据总容量为 $n=\sum_{g=1}^{G}n_g$。在上面肯尼亚学校教育的例子中，用于估计的样本中集群（学校）的数量为 $G=121$，每所学校的学生数量从 19 到 62 不等，观察总数为 $n=5795$。

设被解释变量观察构成的 n_g 维列向量为 $\boldsymbol{Y}_g=(Y_{1g},Y_{2g},\cdots,Y_{n_g g})'$，第 g 个集群中的 k 个解释变量观察构成的 $n_g\times k$ 矩阵为 $\boldsymbol{X}_g=(\boldsymbol{X}_{1g},\boldsymbol{X}_{2g},\cdots,\boldsymbol{X}_{n_g g})'$。个体层面线性回归模型的表达形式为

$$Y_{ig}=\boldsymbol{X}'_{ig}\boldsymbol{\beta}+\varepsilon_{ig}$$

集群层面线性回归模型的表达形式为

$$\boldsymbol{Y}_g=\boldsymbol{X}_g\boldsymbol{\beta}+\boldsymbol{\varepsilon}_g,g=1,2,\cdots,G \tag{8.10}$$

式中，$\boldsymbol{\varepsilon}_g=(\varepsilon_{1g},\varepsilon_{2g},\cdots,\varepsilon_{n_g g})'$是 $n_g\times 1$ 误差向量。我们还可以将观察堆叠为一个全样本矩阵，并将模型写成 $\boldsymbol{Y}=\boldsymbol{X\beta}+\boldsymbol{\varepsilon}$ 的形式。系数参数 $\boldsymbol{\beta}$ 的 OLS 估计量为

$$\hat{\boldsymbol{\beta}}=\Big(\sum_{g=1}^{G}\sum_{i=1}^{n_g}\boldsymbol{X}_{ig}\boldsymbol{X}'_{ig}\Big)^{-1}\Big(\sum_{g=1}^{G}\sum_{i=1}^{n_g}\boldsymbol{X}_{ig}Y_{ig}\Big)=\Big(\sum_{g=1}^{G}\boldsymbol{X}'_g\boldsymbol{X}_g\Big)^{-1}\Big(\sum_{g=1}^{G}\boldsymbol{X}'_gY_g\Big)=(\boldsymbol{X}'\boldsymbol{X})^{-1}(\boldsymbol{X}'Y) \tag{8.11}$$

个体层面的残差为 $e_{ig}=Y_{ig}-\boldsymbol{X}'_{ig}\hat{\boldsymbol{\beta}}$，集群层面的残差为 $e_g=\boldsymbol{Y}_g-\boldsymbol{X}_g\hat{\boldsymbol{\beta}}$。

在一般规范的集群回归分析中，假设研究者已知有关集群的信息，并且集群与集群之间的观察相互独立，即假设各集群$(\boldsymbol{Y}_g,\boldsymbol{X}_g)(g=1,2,\cdots,G)$相互独立。在我们讨论的例子中，集群是学校，在其他常见的应用中，集群相依体现在各个教室、家庭、村庄、地区或更大的抽样单元（如行业或省份）。具体如何选择集群取决于研究者，其应综合考虑应用场景、数据的性质，以及观察之间的依赖结构信息和假设。

式(8.10)为一个线性回归模型的条件是假设 $E(\boldsymbol{\varepsilon}_g|\boldsymbol{X}_g)=\boldsymbol{0}$ 成立，这与假设个体层面误差的条件均值为零相同，即 $E(\varepsilon_{ig}|\boldsymbol{X}_g)=0$，或给定 $\boldsymbol{X}_g$ 时 $\boldsymbol{Y}_g$ 的条件期望函数是线性的。在样本观察独立场合，$E(\boldsymbol{\varepsilon}_g|\boldsymbol{X}_g)=\boldsymbol{0}$ 意味着线性回归模型被正确设定。在聚类（集群）回归模型中要求各个解释变量 $\boldsymbol{X}_{ig}$ 的设定都已考虑了集群内的所有交互效应。

在回归模型式(8.8)，即 $S_{ig}=-0.071+0.138T_g+\varepsilon_{ig}$ 中，因为回归中的跟踪变量在集群层面是虚拟变量，所以条件均值必须是线性的，并且集群误差项满足条件均值为零。在个体特征受到控制的模型中，即

$$S_{ig}=\alpha+\gamma T_g+\boldsymbol{X}'_{ig}\boldsymbol{\beta}+\varepsilon_{ig}$$

$E(\boldsymbol{\varepsilon}_g|\boldsymbol{X}_g)=\boldsymbol{0}$ 需要任何学生的成绩不受同一学校内其他学生的个体特征（如年龄、性别和初始考试成绩）的影响。

在 $E(\boldsymbol{\varepsilon}_g|\boldsymbol{X}_g)=\boldsymbol{0}$ 时，可以求出 OLS 估计量的均值。根据式(8.11)可得

$$\begin{aligned}\hat{\boldsymbol{\beta}}&=\Big(\sum_{g=1}^{G}\boldsymbol{X}'_g\boldsymbol{X}_g\Big)^{-1}\Big(\sum_{g=1}^{G}\boldsymbol{X}'_gY_g\Big)=\Big(\sum_{g=1}^{G}\boldsymbol{X}'_g\boldsymbol{X}_g\Big)^{-1}\Big[\sum_{g=1}^{G}\boldsymbol{X}'_g(\boldsymbol{X}_g\boldsymbol{\beta}+\boldsymbol{\varepsilon}_g)\Big]\\&=\boldsymbol{\beta}+\Big(\sum_{g=1}^{G}\boldsymbol{X}'_g\boldsymbol{X}_g\Big)^{-1}\Big(\sum_{g=1}^{G}\boldsymbol{X}'_g\boldsymbol{\varepsilon}_g\Big)\end{aligned}$$

即

$$\hat{\boldsymbol{\beta}}-\boldsymbol{\beta}=\Big(\sum_{g=1}^{G}\boldsymbol{X}'_g\boldsymbol{X}_g\Big)^{-1}\Big(\sum_{g=1}^{G}\boldsymbol{X}'_g\boldsymbol{\varepsilon}_g\Big)$$

于是有

$$\boldsymbol{E}(\hat{\boldsymbol{\beta}}-\boldsymbol{\beta}|\boldsymbol{X})=\left(\sum_{g=1}^{G}\boldsymbol{X}'_g\boldsymbol{X}_g\right)^{-1}\left[\sum_{g=1}^{G}\boldsymbol{X}'_gE(\boldsymbol{\varepsilon}_g|\boldsymbol{X})\right]=\left(\sum_{g=1}^{G}\boldsymbol{X}'_g\boldsymbol{X}_g\right)^{-1}\left[\sum_{g=1}^{G}\boldsymbol{X}'_gE(\boldsymbol{\varepsilon}_g|\boldsymbol{X}_g)\right]=\mathbf{0}$$

上面推导中,第一个等式利用了线性性,第二个等式利用了集群回归假设,即各集群$(\boldsymbol{Y}_g,\boldsymbol{X}_g)$$(g=1,2,\cdots,G)$相互独立。这说明下面的定理成立。

定理 8.1　对于集群线性回归模型$\boldsymbol{Y}_g=\boldsymbol{X}_g\boldsymbol{\beta}+\boldsymbol{\varepsilon}_g$,如果各集群$(\boldsymbol{Y}_g,\boldsymbol{X}_g)(g=1,2,\cdots,G)$相互独立,且$E(\boldsymbol{\varepsilon}_g|\boldsymbol{X}_g)=\mathbf{0}$,则$\boldsymbol{E}(\hat{\boldsymbol{\beta}}|\boldsymbol{X})=\boldsymbol{\beta}$。

下面,我们考虑$\hat{\boldsymbol{\beta}}$的协方差矩阵。设$n_g\times n_g$矩阵$\boldsymbol{\Sigma}_g=E(\boldsymbol{\varepsilon}_g\boldsymbol{\varepsilon}_g'|\boldsymbol{X}_g)$,它是第$g$个集群中随机误差向量的条件协方差矩阵,由于集群与集群之间的观察相互独立,所以有

$$\begin{aligned}\mathrm{Var}\left[\left(\sum_{g=1}^{G}\boldsymbol{X}'_g\boldsymbol{\varepsilon}_g\right)|\boldsymbol{X}\right]&=\sum_{g=1}^{G}\mathrm{Var}(\boldsymbol{X}'_g\boldsymbol{\varepsilon}_g|\boldsymbol{X})\\&=\sum_{g=1}^{G}\boldsymbol{X}'_g\left[E(\boldsymbol{\varepsilon}_g\boldsymbol{\varepsilon}'_g|\boldsymbol{X})\right]\boldsymbol{X}_g\\&=\sum_{g=1}^{G}\boldsymbol{X}'_g\boldsymbol{\Sigma}_g\boldsymbol{X}_g\\&\triangleq\Omega_n\end{aligned}\tag{8.12}$$

由此可得

$$\boldsymbol{V}_{\hat{\beta}}=\mathrm{Var}(\hat{\boldsymbol{\beta}})=(\boldsymbol{X}'\boldsymbol{X})^{-1}\Omega_n(\boldsymbol{X}'\boldsymbol{X})^{-1}\tag{8.13}$$

这个结果与独立观察场合$\hat{\boldsymbol{\beta}}$的协方差矩阵的公式不一样,这是因集群内个体观察相关所致,其差异的大小取决于集群内观测值之间的相关程度和集群内个体观察的数量。为了看清楚这一点,假设所有集群具有同样多的个体观察数量$(n_g=N)$,$E(\varepsilon_{ig}^2|\boldsymbol{X}_g)=\sigma^2$,$E(\varepsilon_{ig}\varepsilon_{lg}|\boldsymbol{X}_g)=\sigma^2\rho(l\neq i)$,且$\boldsymbol{X}_{ig}$在其集群内保持不变。在这种情况下,OLS 估计量正确的协方差矩阵为①

$$\boldsymbol{V}_{\hat{\beta}}=(\boldsymbol{X}'\boldsymbol{X})^{-1}\sigma^2[1+\rho(N-1)]\tag{8.14}$$

如果$\rho>0$,正确的协方差矩阵是通常情况下协方差矩阵的约ρN倍。在肯尼亚学校教育的例子中,集群平均规模为 48,如果$\rho=0.25$,则这意味着正确的协方差矩阵比传统公式求出的结果高出 12 倍,从而正确的标准误是传统公式计算结果的 3 倍多。这个差异很大,不应被忽视。

阿雷拉诺(Arellano)提出了一种聚类-稳健协方差矩阵估计量,它是怀特估计量的扩展。怀特估计量的思路是误差的平方满足$E(\varepsilon_i^2|\boldsymbol{X}_i)=\sigma_i^2$(误差平方无偏),类似地,在集群相依时,矩阵$\boldsymbol{\varepsilon}_g\boldsymbol{\varepsilon}_g'$满足$E(\boldsymbol{\varepsilon}_g\boldsymbol{\varepsilon}_g'|\boldsymbol{X}_g)=\boldsymbol{\Sigma}_g$,这样一来,式(8.12)中$\Omega_n$的一个无偏估计量为$\tilde{\Omega}_n=\sum_{g=1}^{G}\boldsymbol{X}_g'\boldsymbol{\varepsilon}_g\boldsymbol{\varepsilon}_g'\boldsymbol{X}_g$。但这个估计量是不可行的,我们可以基于 OLS 估计出的残差向量代替未知的误差向量获得阿雷拉诺估计量,即

$$\hat{\Omega}_n=\sum_{g=1}^{G}\boldsymbol{X}'_g\boldsymbol{e}_g\boldsymbol{e}'_g\boldsymbol{X}_g=\sum_{g=1}^{G}\sum_{i=1}^{n_g}\sum_{l=1}^{n_g}\boldsymbol{X}_{ig}\boldsymbol{X}'_{lg}e_{ig}e_{lg}=\sum_{g=1}^{G}\left(\sum_{i=1}^{n_g}\boldsymbol{X}_{ig}e_{ig}\right)\left(\sum_{l=1}^{n_g}\boldsymbol{X}_{lg}e_{lg}\right)'\tag{8.15}$$

上面给出了计算估计量$\hat{\Omega}_n$的三个等价表达式,最后一个将$\hat{\Omega}_n$表示为集群和的形式

① 这个公式由莫尔顿(Moulton)提出。

$\left(\sum_{l=1}^{n_g} \boldsymbol{X}_{lg} e_{lg}\right)$，它是讨论的例子中编写 R 和 MATLAB 代码的公式依据。

于是，根据式(8.12)和式(8.13)可得集群(聚类)协方差矩阵估计量(cluster covariance matrix estimator)的一个自然形式为

$$\hat{\boldsymbol{V}}_{\boldsymbol{\beta}} = a_n (\boldsymbol{X}'\boldsymbol{X})^{-1} \hat{\Omega}_n (\boldsymbol{X}'\boldsymbol{X})^{-1} \tag{8.16}$$

式中，a_n 是对有限样本的适当调整，在 Stata cluster 命令中使用的 a_n 为

$$a_n = \left(\frac{n-1}{n-K}\right)\left(\frac{G}{G-1}\right) \tag{8.17}$$

因子 $G/(G-1)$ 是克里斯·汉森(Chris Hansen)在集群规模相同的情况下推导出来的，以在集群数量 G 较小时提升估计量的效果。因子 $(n-1)/(n-K)$ $(K=k+1)$ 是一个特殊的推广，它与式(4.5)中使用的调整量有关，因为当 $G=n$ 时 a_n 简化为 $a_n=n/(n-K)$。

另外一个构建聚类稳健协方差矩阵估计量的方法是基于集群层级的预测残差，即 $\tilde{\boldsymbol{e}}_g = \boldsymbol{Y}_g - \boldsymbol{X}_g \hat{\boldsymbol{\beta}}_{(-g)}$，其中 $\hat{\boldsymbol{\beta}}_{(-g)}$ 是剔除集群 g 的观察后得到的最小二乘估计量。可以证明(参考 Hansen 的 *Econometrics* 一书的 3.20 节)

$$\tilde{\boldsymbol{e}}_g = (\boldsymbol{I}_{n_g} - \boldsymbol{X}_g (\boldsymbol{X}'\boldsymbol{X})^{-1} \boldsymbol{X}'_g)^{-1} \boldsymbol{e}_g \tag{8.18}$$

$$\hat{\boldsymbol{\beta}}_{(-g)} = \hat{\boldsymbol{\beta}} - \boldsymbol{X}_g (\boldsymbol{X}'\boldsymbol{X})^{-1} \boldsymbol{X}'_g \tilde{\boldsymbol{e}}_g \tag{8.19}$$

于是，稳健协方差矩阵估计量为

$$\hat{\boldsymbol{V}}_{\boldsymbol{\beta}}^{\mathrm{CR3}} = (\boldsymbol{X}'\boldsymbol{X})^{-1} \left(\sum_{g=1}^{G} \boldsymbol{X}'_g \tilde{\boldsymbol{e}}_g \tilde{\boldsymbol{e}}'_g \boldsymbol{X}_g\right) (\boldsymbol{X}'\boldsymbol{X})^{-1} \tag{8.20}$$

式中，上标“CR”是指聚类-稳健(cluster-robust)，“CR3”指的是公式类似 HC3 估计量的表达式。

$\hat{\boldsymbol{\beta}}$ 的协方差矩阵的留一聚类刀切估计量为

$$\hat{\boldsymbol{V}}_{\boldsymbol{\beta}}^{\mathrm{jack}} = \frac{G-1}{G} \sum_{g=1}^{G} (\hat{\boldsymbol{\beta}}_{(-g)} - \bar{\boldsymbol{\beta}})(\hat{\boldsymbol{\beta}}_{(-g)} - \bar{\boldsymbol{\beta}})'$$

式中，$\bar{\boldsymbol{\beta}}$ 为参数向量留一法估计量的样本均值(集群层级)，即

$$\bar{\boldsymbol{\beta}} = \frac{1}{G} \sum_{g=1}^{G} \hat{\boldsymbol{\beta}}_{(-g)}$$

亦称 $\hat{\boldsymbol{V}}_{\boldsymbol{\beta}}^{\mathrm{jack}}$ 为协方差矩阵的聚类稳健刀切估计量(cluster-robust jackknife estimator)。

与异方差稳健情形类似，可以证明在 $\hat{\boldsymbol{V}}_{\boldsymbol{\beta}}$ 的条件期望超过 $\boldsymbol{V}_{\boldsymbol{\beta}}$ 的意义下，CR3 是 $\boldsymbol{V}_{\boldsymbol{\beta}}$ 的保守估计量。然而，由于式(8.18)中集群层级的预测残差不能以简单的线性运算进行计算，可能需要循环(跨集群的)计算，因此这个协方差矩阵估计量的计算可能显得麻烦些。

以肯尼亚学校教育为例，学生测试成绩关于学校跟踪虚拟变量的回归为

$$\begin{gathered} S_{ig} = -0.071 + 0.138 T_g + \varepsilon_{ig} \\ (0.019) \quad (0.026) \\ [0.054] \quad [0.078] \end{gathered} \tag{8.21}$$

式中，给出了两类标准误，圆括号中给出的是通常的稳健标准误，方括号中是聚类标准误，其中聚类是学校层级的集群。

由上面的两类标准误的值可以看到，聚类稳健标准误大约是通常稳健标准误的 3 倍。因

此，系数的置信区间在很大程度上会受到协方差矩阵估计量选择的影响。为了大家使用软件方便，我们对讨论的例子给出了 Stata、R 和 MATLAB 中生成具有聚类标准误的回归结果所需的代码。

Stata 代码

```
* Load data:
.use "DDK2011.dta"
* Standard the test score variable to have mean zero and unit variance:
.egen testscore = std(totalscore)
* Regression with standard errors clustered at the school level:
.reg testscore tracking, cluster(schoolid)
```

R 代码

```
# Load the data and create variables
data<- read.table("DDK2011.txt",header = TRUE,sep = "\ t")
y<- scale(as.matrix(data $ totalscore))
n<- nrow(y)
x<- cbind(as.matrix(data $ tracking),matrix(1,n,1))
schoolid<- as.matrix(data $ schoolid)
k<- ncol(x)
xx<- t(x) % * % x
invx<- solve(xx)
beta<- solve(xx,t(x) % * % y)
xe<- x * rep(y - x % * % beta,times = k)
# Clustered robust standard error
xe_sum<- rowsum(xe,schoolid)
G<- nrow(xe_sum)
omega<- t(xe_sum) % * % xe_sum
scale<- G/(G - 1) * (n - 1)/(n - K)
V_clustered<- scale * invx % * % omega % * % invx
se_clustered<- sqrt(diag(V_clustered))
print(beta)
print(se_clustered)
```

MATLAB 代码

```
% Load the data and create variables
data = xlsread('DDK2011.xlsx');
schoolid = data(:,2);
tracking = data(:,7);
totalscore = data(:,62);
y = (totalscore-mean(totalscore))./std(totalscore);
x = [tracking,ones(size(y,1),1)];
```

```
[n,K] = size(x);
xx = x′ * x;
invx = inv(xx);
beta = xx\(x′ * y)
e = y - x * beta;
% Clustered robust standard error
[schools,~,schoolidx] = unique(schoolid);
G = size(schools,1);
cluster_sums = zeros(G,k);
for j = 1:k
cluster_sums(:,j) = accumarray(schoolidx,x(:,j).*e);
end
omega = cluster_sums′ * cluster_sums;
scale = G/(G - 1) * (n - 1)/(n - K);
V_clustered = scale * invx * omega * invx;
se_clustered = sqrt(diag(V_clustered));
display(beta);
display(se_clustered);
```

从以上三个软件的代码可以看到，MATLAB 软件对聚类标准误的计算比其他两个软件麻烦些，但仍然可以简单执行一些代码进行计算。这个例子中使用 accumarray 命令，该命令类似于 R 中的"rowsum"命令，但只能应用于向量(因此是回归变量之间的循环)。如果 clusterid 变量是索引(indices)形式，则效果最佳(这就是为什么原始的 schoolid 变量在 schoolidx 中被转换为索引的原因)。注意在应用这些命令时应谨慎小心。

8.4.2　关于集群样本量的讨论

在本部分，我们对计量经济学实践中的聚类稳健推断给出一些忠告和一般性建议。需说明的是直到最近，关于聚类稳健方法性质的理论研究还非常少，但随着理论研究的深入和发展，这些建议可能会变得不合时宜。

在许多方面，可将聚类稳健推断(cluster-robust inference)类似于异方差稳健推断(heteroskedaticity-robust inference)来看待，其中聚类稳健情况下的"聚类"(集群)类似于异方差稳健情形的"个体观察"。特别地，有效样本量(effective sample size)可视为集群数目，而不是"样本容量"n。这是因为聚类稳健协方差矩阵估计量有效地将每个集群(聚类)视为单个观测，并基于集群均值间的变化(变异)情况来估计协方差矩阵。因此，如果只有 $G=50$ 个集群，则其推断可被视为(充其量)类似于具有 $n=50$ 个观测值的异方差稳健推断。当解释变量的个数较多(例如 $k=20$)时，情况会变得不理想，因为这种情况下协方差矩阵的估计会不精确。

另外，大多数聚类稳健理论(例如，克里斯・汉森的研究)都假设集群具有同质性，包括假设集群规模相同。这是一个非常重要的简化，当违背这些假设时，例如，当集群规模大小差异很大时，其回归与具有极高异质性的异方差情形大体类同。集群之和的方差与集群规模成比例，因此如果集群规模具有异质性，则集群和的方差也将是异质的。这对有限样本推断会产生很大的影响,当集群异质时,聚类稳健推断类似于具有高度异方差观测的异方差稳健推断。

实际中,具有较小集群数量且集群规模不同的情况经常出现。如果集群的数量较小,并且每个集群中个体观测的个数差异很大,那么应该非常谨慎地解释推断结果。许多关于集群数据的实证研究都是在省际层面进行的,这意味着有 31 个集群(如中国)或 50 个集群(如美国),由于各省份(州)人口数量差异较大,各省份(州)中个体观测数量差异也很大。因此,当阅读采用个体层面的数据但聚集在省份(州)层面的实证研究文献时,应该谨慎小心,并认识到这相当于用少量极其异质的观察进行推断。

当对跟踪研究中的处理效应感兴趣时,会出现更复杂的情况,如 8.4.1 节给出的学校跟踪的例子。在许多情况下,如迪弗洛、迪帕和克雷默的研究,人们关注的是集群层面(例如学校)的处理效应,而大多数情况下处理组的集群数量相对于集群总数量较小,极端情况下处理组可能只包含一个集群。基于上述解释,这些研究可被解释为等同于具有稀疏虚拟变量的异方差稳健推断。在稀疏虚拟变量场合,标准误的估计值可能会不合理地变小,在有单个处理集群的极端情况下(如只跟踪了一所学校),跟踪变量的系数估计将非常不精确,但其聚类标准误却小得令人费解。一般来说,分析中得到的标准误会大大低估参数估计的不精确性。

8.4.3 关于集群层级的选择

在集群稳健推断情况下引发的一个实际问题是"我们应该在什么层级进行聚合"。在一些例子中,研究者可以在非常精细的低层级进行聚类(例如家庭或教室),或者在更高的层级进行聚类(如社区、学校、城镇、县或省份)。关于合理的集群层级的确定,实践中有一个经验法则,但目前鲜有规范的确定方法可供参考。

首先,假设集群依赖性被忽略,或在较精细的低层级存在相依性(例如,按家庭而非村庄集群),则方差估计量将出现偏差,因为它们遗漏了协方差项。由于通常存在正相关,这表明标准误会变小,从而对显著性和精确度给出虚假信息。

其次,假设集群依赖性施加在过高的聚合层级(例如,按省份而不是村庄进行聚合),这不会造成偏差,但是方差估计会附加许多其他成分,因此协方差矩阵估计量的精度将很差。这意味着得到的标准误不精确,较之低层级上的聚合更随机。

以上分析表明,在采用聚类稳健方法估计协方差矩阵时,存在偏差和方差之间的权衡。根据目前的理论,我们尚不清楚该怎么办。须强调的是,现在还没有确定聚类稳健推断"正确"层级的方法,但这是一个非常有趣的问题,值得对其进行探讨。

在实证实践中,许多人注意到,"集群很重要,无论是否考虑集群都会导致标准误发生很大变化。因此,应该只报告聚类标准误就可以了。"这个说法存在缺陷,我们不知道为什么在一个具体的实证研究中,标准误会在考虑集群时发生变化。一种可能性是,因考虑了集群而减少了偏差,因此更加准确。另一种可能性是因考虑了集群而增加了采样噪声,因此降低了精确度。事实上,这两种情况很可能都存在。

在任何情况下,研究者都应该知道计算中使用的集群数量,并将集群数量视为评估推断的有效样本量。例如,如果 $G=20$,则应将其视为一个容量非常小的样本。

为了说明合理的集群层级选择,继续考虑迪弗洛、迪帕和克雷默的实证研究。他们报告了学校层面集群的标准误,该应用中使用了 111 所学校。因此,$G=111$ 是有效样本本量。观察人数(学生)在 19 至 62 人之间,具有同质性,这看起来是聚类方差估计的一个良好平衡的实例。

然而，可以设想在不同的聚合层级上进行集群，如考虑在一个较低层级(教室层级)进行集群，但因每个学校只有一个教室，故这个研究中无法给出聚类方差估计。若考虑更高层级的集群，例如“区域”，然而因其研究中考虑的只有 9 个区域，因此按区域聚合时，有效样本量为 $G=9$，这将导致产生不精确的标准误。综合以上分析，在这个例子中，正如作者所做的那样，在学校层面进行集群确实是一个谨慎明智的选择。

8.5　自助法及其原理

8.5.1　自助法及其与蒙特卡洛法的区别

自助法是一个非常实用的推断方法，该方法源于埃弗龙(Efron)的开创性工作。有几种方法可以用来描述或定义自助法，它也有几种不同的形式，本教材主要介绍基本的非参数自助法。该方法是借助计算机对原始有限样本而不是总体进行重复抽样(有放回抽样)，以产生一系列“新”的样本，从而估计出估计量的样本分布、标准误、置信区间，或者构造假设检验的统计方法，也被译为“自举法”“拔靴法”。四十多年来，包括埃弗龙在内的许多统计学家和经济学家做了大量的研究，实践证明自助法在解决实际问题时有着广泛的应用。

bootstrap 原意是“靴袢”，即缝在靴子后跟上缘，穿靴时便于往上提的圈形吊带。因为德国童话《吹牛大王历险记》中闵希豪生男爵拽自己的靴袢把自己拉出沼泽的故事，后来人们就用 bootstrapping，简称为 booting，指不借助外力的自我维系过程。

现在关于自助法的教科书和专著很多，例如霍尔(Hall)的 *The Bootstrap and Edgeworth Expansion*，埃弗龙和蒂伯沙拉尼(Tibshirani)的 *An Introduction to the Bootstrap*，邵和屠(Shao & Tu)的 *The Jackknife and Bootstrap*，以及戴维森(Davison)和欣克利的 *Bootstrap Methods and their Application*。该方法在计量经济学领域的应用回顾见霍尔和霍洛威茨(Horowitz)的研究。

自助法与蒙特卡洛(Monte Carlo，简称 MC)法不同，它们之间有一个本质的差异。蒙特卡洛法中的抽样来自给定的总体分布，即事先设定数据生成过程，而自助法的抽样基于已观测数据的经验分布，其优点在于不必知道数据的生成过程，这一点显著地区别于蒙特卡洛法。

8.5.2　自助法的理论基础

自助法可以看作从经验分布中重复进行抽样，它的理论基础或其成立的前提条件是经验分布函数的收敛性。假设$\{\boldsymbol{Y}_1,\boldsymbol{Y}_2,\cdots,\boldsymbol{Y}_n\}$是来自总体分布为 $F(\boldsymbol{y})$ 的随机样本，总体分布 $F(\boldsymbol{y})$ 的经验分布函数 $F_n(\boldsymbol{y})$(empirical distribution function)定义为

$$F_n(\boldsymbol{y})=\frac{1}{n}\sum_{i=1}^{n}I(\boldsymbol{Y}_i\leqslant\boldsymbol{y}) \tag{8.22}$$

在一维情况下，容易发现：无论总体分布函数 $F(\boldsymbol{y})$ 连续还是离散，经验分布函数的形式是阶梯函数(step function)，在每个 $\boldsymbol{Y}_i$ 处有一个跳跃。事实上，式(8.22)是随机变量 Y 的分布函数 $F(y)$ 的矩估计，因为 $F(y)=P(Y\leqslant y)=E(I(Y\leqslant y))$。

一般情况下，可以证明对任意的 $\boldsymbol{y}$ 有

$$F_n(\boldsymbol{y})\xrightarrow{P}F(\boldsymbol{y})$$

即当样本容量越大时，经验分布函数 $F_n(\boldsymbol{y})$ 越接近于总体分布函数 $F(\boldsymbol{y})$，乃至收敛，这也说明经验分布函数 $F_n(\boldsymbol{y})$ 是总体分布函数 $F(\boldsymbol{y})$ 的一致估计量。

对于任意的样本，经验分布函数是一个有用的分布函数，它也具有非减、右连续、极限在 0 与 1 之间的性质。这个分布是离散的，其在每个观察处增加 $1/n$。由于经验分布函数 $F_n(\boldsymbol{y})$ 不依赖总体分布 $F(\boldsymbol{y})$ 的先验信息，因此 $F_n(\boldsymbol{y})$ 是一个非参数估计量。

进一步，对于一维样本 $\{y_1, y_2, \cdots, y_n\}$，可定义经验分位数(empirical quantile) $\hat{q}_\tau$，即

$$\hat{q}_\tau = \inf\{y: F_n(y) \geqslant \tau\}$$

如果将 $\{y_1, y_2, \cdots, y_n\}$ 排序，记其顺序统计量为 $\{y_{(1)}, y_{(2)}, \cdots, y_{(n)}\}$，设 $j=[n\tau]$(表示 $n\tau$ 最大的整数)，则 $y_{(j)}$ 是第 τ 经验分位数，即 $\hat{q}_\tau = y_{(j)}$。可以证明，若 $y_1, y_2, \cdots, y_n$ 独立同分布，且其分布函数 $F(y)$ 严格单调递增，则经验分位数 $\hat{q}_\tau$ 是总体分布 $F(y)$ 分位数 q_τ 的一致估计量，即当 $n \to \infty$ 时，有

$$\hat{q}_\tau \xrightarrow{P} q_\tau$$

8.5.3 自助法的原理与类型

自助法在计量经济学中有很好的应用，其常被用于以下场合：第一，估计量的标准差很难找到解析方法或者根本不可能找到；第二，渐进理论对某一估计量的精确性所能提供的指引作用差，希望寻找其他更好的有限样本近似方法。

用数学的语言来说，自助法的原理可描述如下：

设有原始数据集 $\mathcal{L} = \{(X_1, Y_1), (X_2, Y_2), \cdots, (X_n, Y_n)\}$，关注的对象是 θ，θ 可以是样本均值、样本方差、样本相关系数、回归系数，或其他统计估计量。

第一步，通过有放回抽样，从原始数据集 $\mathcal{L}$ 中随机抽取容量为 n 的样本，记为 $\mathcal{L}_1 = \boldsymbol{B}_0[1;\mathcal{L}]$，例如，$\mathcal{L}_1$ 可能是

$$\mathcal{L}_1 = \boldsymbol{B}_0[1;\mathcal{L}] = \{(X_1, Y_1), (X_2, Y_2), \cdots, (X_n, Y_n)\}$$

或可能是

$$\mathcal{L}_1 = \boldsymbol{B}_0[1;\mathcal{L}] = \{(X_2, Y_2), (X_2, Y_2), \cdots, (X_n, Y_n)\}$$

等等。

第二步，基于 $\mathcal{L}_1$ 计算 θ，计算结果记为 θ_1。

第三步，重复前两步，分别得到 $\mathcal{L}_2 = \boldsymbol{B}_0[2;\mathcal{L}]$，并计算得到 θ_2，……，$\mathcal{L}_k = \boldsymbol{B}_0[k;\mathcal{L}]$，并计算得到 θ_k，$k=1,2,\cdots$。

称上面的 $\mathcal{L}_1, \mathcal{L}_2, \cdots$ 分别为自助子样本，若重复抽样 B 次达到要求，则可得到 B 个自助子样本 $\mathcal{L}_1, \mathcal{L}_2, \cdots, \mathcal{L}_B$，对应计算出的 θ 值分别为 $\theta_1, \theta_2, \cdots, \theta_B$。每个自助子样本中的元素数量与原始数据集中元素的数量相同，因采取的是有放回抽样，所以有些元素是重复的。若采取不放回抽样，则会得到与原始数据集一样的样本，只不过元素顺序不同。

在得到 $\{\theta_1, \theta_2, \cdots, \theta_B\}$ 之后，我们就可以基于这些值绘制直方图，对 θ 的概率分布有一个概念性认知，继而可以了解 θ 的均值、方差、偏度等。

根据自助法的操作程序，其可以分为三类，即非参数自助法、参数自助法和残差自助法。

(1)非参数自助法(nonparametric bootstrap)。这种类型的自助法亦称为经验分布自助法，是前面介绍的将原始样本进行有放回的随机抽样，是最简单且最常见的自助法。对回归模

型来说，自助法具体表现为对被解释变量和所有解释变量成对进行抽样，故亦称为成对自助法(paired bootstrap)。

(2)参数自助法(parametric bootstrap)。这种类型的自助法假设已知总体分布函数的形式，设为 $F(u,\theta)$，其中参数 θ 未知。首先估计得到 θ 的估计量 $\hat{\theta}$(如可用极大似然估计法)，然后从总体 $F(u,\hat{\theta})$ 中重复进行抽样。这个方法使用的前提条件是总体分布函数的形式设定较正确可信，在这种情况下，参数自助法较非参数自助法更加有效率。

(3)残差自助法(residual bootstrap)。设有回归模型 $Y_i=g(\boldsymbol{X}_i,\boldsymbol{\beta})+\varepsilon_i, i=1,2,\cdots,n$。首先估计参数 $\boldsymbol{\beta}$ 得到 $\hat{\boldsymbol{\beta}}$，继而得到残差 $e_i=Y_i-g(\boldsymbol{X}_i,\hat{\boldsymbol{\beta}})$。其次，将自助法用于残差集合 $\{e_1,e_2,\cdots,e_n\}$，得到残差自助样本 $\{e_1^*,e_2^*,\cdots,e_n^*\}$。最后，根据 $\{e_1^*,e_2^*,\cdots,e_n^*\}$ 计算相应的 $Y_i^*=g(\boldsymbol{X}_i,\hat{\boldsymbol{\beta}})+e_i^*$，继而得到被解释变量和所有解释变量的成对自助样本 $(Y_i^*,\boldsymbol{X}_i), i=1,2,\cdots,n$。

8.5.4　自助法实现过程例解

为了读者易于理解，下面以表 8.1 的数据为例，说明自助法的实现过程。该数据集有 $n=20$ 个观测值，从其服从的分布中随机采样意味着从该表中随机选择一行，这与从集合 $\{1,2,\cdots,20\}$ 中随机选择一个整数相同。这里的关键是如何实现随机选择，以 MATLAB 为例，该软件有一个随机整数生成器(函数 randi)，我们随意选择 13 作为种子(seed)，在 MATLAB 命令行窗口输入代码：

```
rng(13,'twister')
randi([1 20],1,1)
```

我们得到随机抽取到的整数 16。这意味着抽到表 8.1 中的第 16 个观测值，查看表 8.1，发现这是一个工资为 18.75 美元、受教育年限为 16 年的个体。在 MATLAB 命令窗口继续执行命令 randi([1 20],1,1)，这次得到 5。这意味着本次抽到表 8.1 中的第 5 个观测值，其对应表 8.1 中一个工资为 33.17 美元、受教育年限为 16 年的个体。继续重复这个过程，直到抽取到 $n=20$ 个整数。于是，我们得到一组数字序号对应的随机观测，即得到了第一个自助子样本。这个样本所含个体的序号为

$$\{16,5,17,20,20,10,13,16,13,15,1,6,2,18,8,14,6,7,1,8\}$$

注意，在这个样本中，第 1、6、8、13、16、20 对应的个体观察在自助子样本中各出现两次，第 3、4、9、11、12、19 对应的个体观察没有出现。事实上，这是使用自助法无法避免的情况，因为采用的是有放回的抽样。另外，大家可能会思考这样一个问题：单个观察结果在自助子样本中至少出现一次的概率是多少？注意到 n 个个体观测(元素)各自出现一次的概率为 $1/n$，不出现的概率为 $1-(1/n)$，n 次抽取都不出现的概率为 $[1-(1/n)]^n$。因此，一个个体至少被抽到一次的概率，或一个个体观察出现在自助子样本中的概率为

$$P=1-\left(1-\frac{1}{n}\right)^n \to 1-e^{-1}\approx 0.632 \tag{8.23}$$

在 $n\to\infty$ 时上述极限成立。即使 n 很小，近似值为 0.632 也是非常好的结果。例如，当 $n=20$ 时，由式(8.23)可得概率值为 0.641。这个结果表明，一个单独的观察结果出现在自助子样本中的概率接近 2/3。

综上可知，自助子样本是从原始样本中随机抽取 20 个观测值构成的数据集。一般情况下，我们用 (Y_i^*,X_i^*) 表示第 i 个自助观测值，用 $\{(Y_1^*,X_1^*),\cdots,(Y_n^*,X_n^*)\}$ 表示自助子样本。

若 Y 表示对数工资，观察表 8.1 的数据，可得到前面抽到的自助子样本数据为

$$\{(Y_1^*, X_1^*), \cdots, (Y_n^*, X_n^*)\} = \{(2.93, 16), (3.50, 16), \cdots, (3.76, 18)\}$$

对自助子样本使用最小二乘估计公式，可得到对数工资关于受教育年限回归系数的自助估计 $\hat{\beta}^* = (\hat{\beta}_0^*, \hat{\beta}_1^*)'$。与此类似，还可对自助子样本使用 σ^2 和 μ 的估计量公式，进一步得到它们的自助估计 $\hat{\sigma}^{2*}$ 和 $\hat{\mu}^*$。若将四个参数记为 $\boldsymbol{\theta} = (\beta_0, \beta_1, \sigma^2, \mu)'$，其自助估计量记为 $\hat{\boldsymbol{\theta}}^* = (\hat{\beta}_0^*, \hat{\beta}_1^*, \hat{\sigma}^{2*}, \hat{\mu}^*)'$，针对上述自助子样本，$\hat{\boldsymbol{\theta}}^* = (0.113, 0.195, 0.107, 26.7)'$，这个结果是自助估计量 $\hat{\boldsymbol{\theta}}^*$ 分布的第一次抽样。

如上所述，$\hat{\boldsymbol{\theta}}^*$ 的估计值是基于对原始数据进行独立抽取而得到的估计量分布的一次随机抽样，但仅通过一次抽样，能获取的自助估计分布信息相对较少，因此需要多次抽样。为了区分这些抽样，我们在下标中使用 $b(b=1, \cdots, B)$ 表示不同的自助子样本，并将基于相应自助子样本计算而得的估计值记为 $\hat{\boldsymbol{\theta}}^*(b)$。这样一来，上面已经得到了

$$\hat{\boldsymbol{\theta}}^*(1) = (0.113, 0.195, 0.107, 26.7)'$$

为了说明这个过程，再继续随机抽取 20 个整数得到第二个自助子样本，这个样本所含个体的序号为{19,5,7,19,1,2,13,18,1,15,17,2,14,11,10,20,1,5,15,7}。基于第二个自助子样本再次估计四个参数，得到

$$\hat{\boldsymbol{\theta}}^*(2) = (0.52, 0.175, 0.124, 29.3)'$$

这个结果是自助估计量分布的第二次抽样。重复上述过程 B 次，保存参数估计 $\hat{\boldsymbol{\theta}}^*(b)$，我们就得到了一个新的自助抽样数据集

$$\{\hat{\boldsymbol{\theta}}^*(b): b = 1, 2, \cdots, B\}$$

根据抽样过程，这些自助子样本是独立且同分布的。

通常称自助抽样的次数 B 为“自助重复次数”(number of bootstrap replications)。B 一般的选择是 1000、5000 和 10000，我们将在 8.8 节讨论 B 的选择，大体来看，B 越大估计会越精确，但计算成本也会增加。例如，Hansen 设置 $B=10000$，并绘制了一万次抽样中自助估计 $\hat{\beta}_1^*$ 和 $\hat{\mu}^*$ 的分布密度，分别如图 8.1 和图 8.2 所示，图中的虚线表示相应参数的点估计值。由图 8.1 可以看出，$\hat{\beta}_1^*$ 的分布略微向左偏。

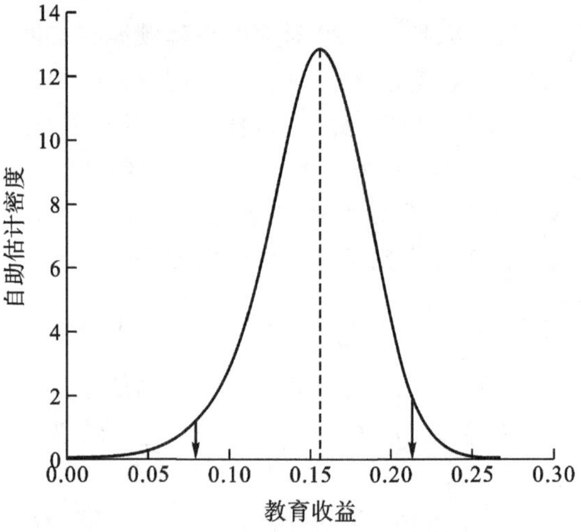

图 8.1 $\hat{\beta}_1^*$ 的自助分布

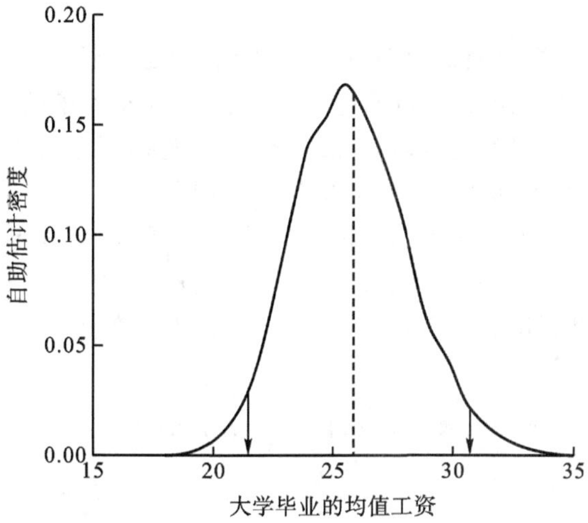

图 8.2　$\hat{\mu}^*$ 的自助分布

8.6　自助方差和标准误

在得到了自助抽样的数据集后，就可以估计自助分布的有关参数，获得分布的有关特征。一个估计量 $\hat{\boldsymbol{\theta}}$ 的自助方差估计(bootstrap estimator of variance)是自助抽样数据集$\{\hat{\boldsymbol{\theta}}^*(b)\}$ $(b=1,2,\cdots,B)$的样本方差，即

$$\hat{\boldsymbol{V}}_{\boldsymbol{\theta}}^{\text{boot}}=\frac{1}{B-1}\sum_{b=1}^{B}[\hat{\boldsymbol{\theta}}^*(b)-\overline{\boldsymbol{\theta}}^*][\hat{\boldsymbol{\theta}}^*(b)-\overline{\boldsymbol{\theta}}^*]' \tag{8.24}$$

$$\overline{\boldsymbol{\theta}}^*=\frac{1}{B}\sum_{b=1}^{B}\hat{\boldsymbol{\theta}}^*(b)$$

当估计量 $\hat{\boldsymbol{\theta}}$ 为标量时，记其为 $\hat{\theta}$，其自助标准误(bootstrap standard error)是自助方差估计量的算术平方根，即

$$s_{\hat{\theta}}^{\text{boot}}=\sqrt{\hat{V}_{\hat{\theta}}^{\text{boot}}}$$

这个量的计算非常简单，是计量经济学中最常用的自助方法。关于自助方差估计量更多的讨论见 Hansen 的 *Econometrics* 一书，在许多情况下，最好使用自助方差的修正估计量(trimmed estimator)。

标准误通常被用来刻画估计的精度，也常用于构造置信区间。例如，正态近似的自助置信区间(normal-approximation bootstrap confidence interval)为

$$C^{\text{nb}}=[\hat{\theta}-z_{1-\alpha/2}s_{\hat{\theta}}^{\text{boot}},\ \hat{\theta}+z_{1-\alpha/2}s_{\hat{\theta}}^{\text{boot}}]$$

式中，$z_{1-\alpha/2}$ 是标准正态分布 $N(0,1)$的 $1-\alpha/2$ 分位数。区间 C^{nb} 在形式上与渐近置信区间相同，但这里用自助标准误替代了渐近标准误。在使用自助方法计算标准误时，C^{nb} 是 Stata 中默认的置信区间。然而，因为它依赖近似的正态分布，所以选择这个置信区间通常不好，它在有限样本中可能不准确。另一个计算同样简单的方法是偏差校正百分位方法(bias-corrected percentile method)，其表现更好。一般来说，自助标准误可用来估计精度，而不是作

为工具来构建置信区间。

由于自助重复次数 B 是有限的，所有诸如 $\hat{V}_{\hat{\theta}}^{\text{boot}}$ 的自助统计量是估计量，因而具有随机性，故它们的值会随着 B 的选择和模拟的运行(这取决于模拟种子的设置)而变化。因此，在其他研究者对前人研究结果进行复制时，一般得不到与先前研究完全相同的自助标准误，其结果应该是相似的(接近模拟的抽样误差)，但并不完全相同。

表 8.3 给出了 8.1 节中四个参数的估计结果，包括渐近、刀切和自助标准误，另外还给出了四个参数的百分位置信区间，具体构建方法在 8.7 节介绍。观察表 8.3 可以看出，自助标准误与渐近标准误以及刀切标准误非常接近，最大的差异出现在 $\hat{\beta}_0$ 列，其中自助标准误 0.548 比渐近标准误 0.493 约大 11%。

表 8.3 标准误估计方法比较

名称	$\hat{\beta}_0$	$\hat{\beta}_1$	$\hat{\sigma}^2$	$\hat{\mu}^2$
估计值	0.698	0.155	0.144	25.80
渐近标准误	(0.493)	(0.031)	(0.043)	(2.29)
刀切法标准误	(0.514)	(0.032)	(0.046)	(2.39)
自助标准误	(0.548)	(0.034)	(0.041)	(2.39)
95%百分位区间	[−0.27, 1.91]	[0.08, 0.21]	[0.06, 0.22]	[21.4, 30.7]

注：该表改编自 Hansen 的 *Econometrics* 一书表 10.2。

在 Stata 中，模型中系数估计的自助标准误可选择命令"vce(bootstrap, raps(#))"进行计算，其中"#"是自助重复的次数。对于系数的非线性函数或其他估计量，"bootstrap"命令可以与其他命令相结合以得到自助标准误，命令"bstrap"和"bs"与"bootstrap"相同。为了说明这一点，下面给出用于计算表 8.3 中自助标准误的 Stata 命令：

```
.reg wage education if mbf12 = = 1, vce(bootstrap, reps(10000))
.bs (e(rss)/e(N)), reps(10000): reg wage education if mbf12 = = 1
.bs (exp(16 * _b[education] + _b[_cons] + e(rss)/e(N)/2)), reps(10000): ///
reg wage education if mbf12 = = 1
```

注意，"if mbf12==1"是在 DDK2011 数据集(见 Hansen 的 *Econometrics* 一书)中选择本例分析对象数据的命令。

8.7 百分位区间和自助假设检验

8.7.1 百分位区间

自助方法的第二个最常见应用是构建置信区间，且有多种自助方法可用来构建置信区间，其中一种常用且简单的方法是基于自助分布的分位数，构建的区间称为百分位区间(percentile interval)。

大家已经知道了自助法的原理(见 8.5.3 部分)，该方法为参数向量 $\boldsymbol{\theta}$ 的估计创建了一个独立同分布的自助样本，基于此样本得到了参数 $\boldsymbol{\theta}$ 估计量 $\hat{\boldsymbol{\theta}}$ 的 B 个估计$\{\hat{\boldsymbol{\theta}}_1^*, \hat{\boldsymbol{\theta}}_2^*, \cdots, \hat{\boldsymbol{\theta}}_B^*\}$。下面，重点讨论参数 $\boldsymbol{\theta}$ 为标量 θ(注意粗细体区别)的情况，其估计记为$\{\hat{\theta}_1^*, \hat{\theta}_2^*, \cdots, \hat{\theta}_B^*\}$。

对于任意的 $0<\alpha<1$,可以计算这些自助估计的经验分位数 q_α^*,这个值是指有 $n\alpha$ 个自助估计值小于 q_α^*,一般通过取 $\hat{\theta}_b^*$ 的第 $n\alpha$ 个顺序统计量来获得。百分位自助的 $100(1-\alpha)\%$ 置信区间为

$$C^{\mathrm{pc}}=[q_{\alpha/2}^*,q_{1-\alpha/2}^*]$$

例如,如果 $B=1000$,$\alpha=0.05$,并且使用经验分位数估计,则 $C^{\mathrm{pc}}=[\hat{\theta}_{(25)}^*,\hat{\theta}_{(975)}^*]$。为了说明这一点,观察图 8.1 和图 8.2,$\hat{\beta}_1^*$ 和 $\hat{\mu}^*$ 自助分布的 0.025 和 0.975 分位数如图中箭头所示,箭头之间是 95%的百分位数区间。

百分位区间的优点是不需要计算标准误,这在渐近标准误计算复杂、烦琐或未知的情况下非常方便。与计算自助标准误相比,C^{PC} 的计算量较小。

百分位区间有一个非常实用的性质,即它具有变换映射(transformation-respecting)性质。设有一个单调的参数变换 $m(\theta)$,$m(\theta)$的百分位区间是 θ 的百分位区间的 $m(\theta)$变换,换言之,如果$[q_{\alpha/2}^*,q_{1-\alpha/2}^*]$是 θ 的百分位区间,那么$[m(q_{\alpha/2}^*),m(q_{1-\alpha/2}^*)]$是 $m(\theta)$的百分位区间。这一性质直接来自样本分位数的等变异性(同方差性),许多置信区间方法,如 delta 方法渐近区间和正态近似区间 C^{nb},都不具有类似性质。

为了说明变换映射性质的实用性,考虑方差 σ^2。在有些情况下,需要报告方差 σ^2 的情况,而在有些情况下,需要报告标准差 σ 的情况。这样一来,研究者可能对 σ^2 或 σ 的置信区间感兴趣。例如,基于表 8.3 计算得出 σ^2 的 95%的渐近正态置信区间为$[0.144\pm1.96\times0.043]$,即$[0.060,0.228]$,通过平方根变换,可得到 σ 的置信区间应为$[0.244,0.477]$。但是,Hansen 得到 $\hat{\sigma}=0.379$ 的 delta 方法标准误为 0.057,从而 σ 的渐近 95%置信区间为$[0.265,0.493]$,这个结果与上是不同的,这表明 delta 方法不具有变换映射性。相比之下,σ^2 的 95%百分位区间为$[0.062,0.220]$,σ 的 95%百分位区间为$[0.249,0.469]$,这与 σ^2 区间的平方根相同。

表 8.3 报告了四个估计量的自助百分位区间。在 Stata 中,在执行自助法计算标准误的命令后,可以使用命令“estat bootstrap, percentile”或命令“estat bootstrap, all”获得百分位置信区间。

8.7.2 自助假设检验

t 检验是检验假设 $H_0:\theta=\theta_0$ 和 $H_1:\theta\neq\theta_0$ 最常见的方法,当 t 统计量 $T=(\hat{\theta}-\theta_0)/s(\hat{\theta})$ 的绝对值偏大时,我们拒绝 H_0 接受 H_1,其中 $\hat{\theta}$ 是参数 θ 的估计值,$s(\hat{\theta})$是 $\hat{\theta}$ 的标准差。在采用自助法进行的检验中,我们使用自助原理计算临界值,这种检验称为自助假设检验(bootstrap hypothesis test)。

设有一个自助样本,利用此样本计算得到自助估计 $\hat{\theta}^*$ 和标准差 $s(\hat{\theta}^*)$,在获得这些值后,可得到自助 t 统计量 $T^*=(\hat{\theta}^*-\hat{\theta})/s(\hat{\theta}^*)$。这个自助 t 统计量有两个重要的特征:一是 T^* 是以样本估计值 $\hat{\theta}$ 而不是假设的真值 θ_0 为中心,这是因为 $\hat{\theta}$ 在自助法规则里是真值,在自助法的抽样框中,t 统计量的分布必须以真值为中心。二是 T^* 的计算要使用自助标准差 $s(\hat{\theta}^*)$,这允许自助法在标准误的估计中融入随机性。

在实际应用中,一个常见错误是自助统计量未能正确地以 $\hat{\theta}$ 为中心,其产生的缘由是通常欲检验的原假设为 $H_0:\theta=0$,检验的统计量是 $T=\hat{\theta}/s(\hat{\theta})$,因而可能直接错误地认为自助 t 统计量为 $T^*=\hat{\theta}^*/s(\hat{\theta}^*)$,其实正确的自助统计量应是 $T^*=(\hat{\theta}^*-\hat{\theta})/s(\hat{\theta}^*)$。

自助抽样 B 次得到 $T^*(b)=(\hat{\theta}^*(b)-\hat{\theta})/s(\hat{\theta}^*(b))$，$b=1,\cdots,B$。设对应显著水平 α 的自助临界值为 $q_{1-\alpha}^*$，其中 q_α^* 是得到的自助 $T^*(b)$ 值的绝对值 $|T^*(b)|$ 的第 α 分位数，如果 $|T|>q_{1-\alpha}^*$，则拒绝接受 $H_0:\theta=\theta_0$；如果 $|T|\leqslant q_{1-\alpha}^*$，则无证据表明 θ 与 θ_0 存在显著差异。

然而，一般情况下报告 p 值比报告临界值更常用，p 值为 $p=1-G_n(|T|)$，其中 $G_n(\cdot)$是统计量 $|T|$ 在原假设成立时的分布。类似可定义自助的 p 值，它被定义为 $p^*=1-G_n^*(|T|)$，其中 $G_n^*(\cdot)$是 $|T^*|$ 的自助分布。根据自助法原理，这个值由式(8.25)得到：

$$p^*=\frac{1}{B}\sum_{b=1}^{B}I\{|T^*(b)|>|T|\} \tag{8.25}$$

即 p^* 是自助 t 统计量数据集 $\{T^*(b)\}$ 中其值大于观测得到的 t 统计量值的占比。直观地来说，我们想知道当零假设成立时，观测到的统计量 T 有多“不寻常”。自助法是从 T^* 的分布(这是对 T 的未知分布的近似)中产生大量独立抽样，如果 $|T^*|$ 超过 $|T|$ 的百分比非常小，例如是 1%，则 $|T|$ 是一个“异常”大的值。反之，如果这个百分比很大，比如是 15%，那么就不能将 $|T|$ 解释为异常大的值。

自助法检验还可以用于单侧测验。在这种情况下，当备择假设是 $H_1:\theta>\theta_0$ 时，自助临界值由其成立时分布的上尾计算得到；当备择假设是 $H_1:\theta<\theta_0$ 时，自助临界值由其成立时分布的下尾计算得到。自助法检验还可以用于其他统计量的检验，例如当标准误不可用或不可靠时，可以使用非学生氏统计量(non-studentized statistic) $T=\hat{\theta}-\theta_0$，其对应的自助统计量为 $T^*=\hat{\theta}^*-\hat{\theta}$。设 q_α^* 为自助统计量 $|\hat{\theta}^*(b)-\hat{\theta}|$ 的第 α 分位数，若 $|\hat{\theta}-\theta_0|>q_{1-\alpha}^*$，则一个自助检验在 $100\alpha\%$ 的显著水平上拒绝原假设 $H_0:\theta=\theta_0$。自助检验的 p 值为

$$p^*=\frac{1}{B}\sum_{b=1}^{B}I\{|\hat{\theta}^*(b)-\hat{\theta}|>|\hat{\theta}-\theta_0|\}$$

关于自助临界值，我们有如下结果：假设 ζ 是一连续的分布函数，且

$$T=\frac{\hat{\theta}-\theta}{s(\hat{\theta})}\xrightarrow{d}\zeta,\quad T^*=\frac{\hat{\theta}^*-\hat{\theta}}{s(\hat{\theta}^*)}\xrightarrow{d^*}\zeta$$

则可证明自助临界值 $q_{1-\alpha}^*\xrightarrow{P}q_{1-\alpha}$，其中 $q_{1-\alpha}$ 是 $|\zeta|$ 的第 $1-\alpha$ 分位数，且当 $n\to\infty$ 时，$P(|T|>q_{1-\alpha}^*|H_0)\to\alpha$。

8.8 自助重复次数和种子值的设置

8.8.1 自助重复次数的设置

在使用自助法时，怎么确定需要多少次重复呢？事实上，关于自助抽样数或自助重复次数 B 没有一个准确的答案，这需要在精度和计算成本之间进行权衡。计算成本关于自助重复次数 B 基本是线性增加的，而精度(无论是标准误差还是 p 值)与 $B^{-1/2}$ 成正比，因此提高精度需要较大的自助重复次数 B，导致较高的计算成本。

在大多数实证研究中，初期的许多探索性试算和研究并不要求完全准确，但当正式进入研究的最终环节时，其结果应是精确的。因此，似乎合理可行的做法是使用渐近方法，或对适度数量的自助重复数据使用自助方法，以进行例行计算，而在最终版本的计算中设置较大的自助

重复次数 B。特别是对于最终的计算，B 值需要达到 10000，至少不能低于 1000。相反地，在进行快速试算时，如果只是进行粗略的估计，则 B 值即使低至 100 也足够。为了减少计算成本，Stata 默认 $B=50$。对于 5% 的显著水平，若使用自助法计算标准误，则可取 $B=400$；若进行区间估计或假设检验，则可取 $B=999$，这是卡梅伦和特里维迪（Cameron & Trivedi）的建议。

考虑自助法精度的一个思路来源于 p 值，自助 p^* 值是 B 次伯努利抽样的平均值。p^* 的模拟估计量的方差为 $p^*(1-p^*)/B$，它的上界为 $1/(4B)$。假如欲以 95% 的概率使 p 值在其真值 0.01 的范围内，标准差应低于 0.005，即方差小于 0.005^2，于是需要 $B\geqslant 10000$。

Stata 默认 $B=50$，这对于验证程序是否可以运行很有用，但对于实证研究报告不是一个好的选择，一定要确保将 B 值设置为真正满足要求的数值。

8.8.2 自助法种子值的设置

由于计算机根据一个确定的算法规则产生随机数，因此产生的不是真正的随机数，而是伪随机数，但由这些算法生成的随机数序列与真正的随机序列难以区分，在自助法的应用中不必担心。

然而，这种方法需要一个被称为种子的初始值。一些软件包，例如 Stata 和 MATLAB，会设置默认的种子值，且在每次启动软件时重新设置默认值，这样就生成了一组不同的伪随机数，导致运行的结果出现不同。

R 软件包有另一种不同的实现方式。当 R 软件包加载时，随机数种子通过电脑时钟生成（这形成了一个本质上是随机的起始种子）。因此，如果在 R 软件中运行一个自助程序，退出、重新启动、再运行，那么将得到一组不同的随机抽样，从而产生一个不同的自助结果。

软件允许用户自己设定种子值。在 Stata 中，这个命令是“set seed ＃”；在 MATLAB 中，这个命令是“rng(＃)”；在 R 中，这个命令是“set. seed(＃)”。如果一个种子值在一个程序文件的开头被设置成一个特定的数，那么每次运行程序时，都会生成完全相同的伪随机数。在这种情况下，自助计算的结果（标准误或假设检验）在计算机的运行过程中都是相同的。

通过在程序文件中设置种子值以使自助法计算结果可复制成为许多研究者的选择，他们在程序文件一开始就设置种子值，以使得到相同的数值结果。

然而，对种子值进行固定应该谨慎进行，这在研究完成后环节（最后的计算）可能是一个明智的选择，但对于初期研究中的快速计算却不是一个明智的选择。如果初始环节的重复抽样次数较少，例如 $B=100$，则自助法的计算结果可能不精确。在这种情况下，设置种子值会使研究者在一次又一次的程序运行中获得相同的标准误和检验结果，给人一种自助结果稳定和精确的错觉。与此不同，如果每次运行程序时使用不同的种子，那么自助结果在不同轮的运行中可能会有所不同，这样研究者会观察到这些不同的运行结果，从而为结果缺乏精确性提供重要且有意义的信息。这个问题的一种解决方法是根据当前时钟来设置种子，在 MATLAB 中，使用命令“rng(‘shuffle’)”；在 R 中，使用命令“set. seed(seed=NULL)”；Stata 中没有这个命令选项。

根据上面的分析，我们推荐一种在实证研究中设置自助法种子值的方法。对于实证研究初期的例行快速计算和探索性分析，不要在程序中设置固定的自助法种子值。当研究进入最后阶段，进行最终的计算以输出最终版报告时，将种子任意选择为一个特定的值，进而设置

$B=10000$，这样一来计算结果对种子值就不敏感了。

练习题

1. 什么是留一法回归？

2. 试述刀切法的原理。

3. 试述自助法的原理。

4. 什么是集群相依？

5. 试述自助法的理论基础。

6. 实证研究中如何设置自助法种子值？

7. 若 $\hat{\boldsymbol{\beta}}$ 的协方差矩阵的刀切估计量为 $\hat{\mathbf{V}}_{\hat{\boldsymbol{\beta}}}^{\text{jack}}$，$\hat{\boldsymbol{\theta}}=\boldsymbol{\alpha}+\mathbf{A}\hat{\boldsymbol{\beta}}$，其中 $\boldsymbol{\alpha}$ 和 $\mathbf{A}$ 是大小适合运算的常量，证明 $\hat{\boldsymbol{\theta}}$ 的协方差矩阵的刀切估计量 $\hat{\mathbf{V}}_{\hat{\boldsymbol{\theta}}}^{\text{jack}}=\mathbf{A}\hat{\mathbf{V}}_{\hat{\boldsymbol{\beta}}}^{\text{jack}}\mathbf{A}'$。

8. 若 $\hat{\boldsymbol{\beta}}$ 的协方差矩阵的自助估计量为 $\hat{\mathbf{V}}_{\hat{\boldsymbol{\beta}}}^{\text{boot}}$，$\hat{\boldsymbol{\theta}}=\boldsymbol{a}+\mathbf{A}\hat{\boldsymbol{\beta}}$，其中 $\boldsymbol{a}$ 和 $\mathbf{A}$ 是大小适合运算的常量，证明 $\hat{\boldsymbol{\theta}}$ 的协方差矩阵的自助估计量 $\hat{\mathbf{V}}_{\hat{\boldsymbol{\theta}}}^{\text{boot}}=\mathbf{A}\hat{\mathbf{V}}_{\hat{\boldsymbol{\beta}}}^{\text{boot}}\mathbf{A}'$。

9. 若 β 的百分位区间为 $[D_l, D_u]$，证明 $a+c\beta$ 的百分位区间为 $[a+cD_l, a+cD_u]$。

10. 请选择一个社会、经济问题，收集数据并采用相关统计软件，设置自助法种子值，对关注的目标量使用自助法进行计算。

第9章　二值离散选择模型

经典的经济计量模型都假定因变量是连续的,但是在现实的经济决策中经常面临许多选择问题。人们需要在可供选择的有限多个方案中做出选择,与通常被解释变量是连续变量的假设相反,此时被解释变量只取有限多个离散的值。例如,在投资决策中,人们是投资股票还是房地产,这是一个二值选择(binary choice);人们对交通工具的选择,如选择乘坐地铁、公共汽车、出租车或者自驾,这是一个多值选择(multiple choice)。以这样的决策结果作为被解释变量建立的计量经济模型,称为离散被解释变量模型(models with discrete dependent variables),或者称为离散选择模型(discrete choice model,简称为 DCM),也有文献称为定性反应模型(qualitative response model)。根据离散被解释变量的取值情况,离散选择模型可分为二值选择模型(binary choice model)和多项或多值选择模型(multiple choice model)。在有些问题中,被解释变量的取值只能是非负整数,例如脱贫户数、企业申请的专利件数、汽车着火车辆数、病毒感染检验为阳性的人数等,这些数据称为计数数据(count data),被解释变量取这样的值时,其本质也是离散的。

离散选择模型起源于费克纳(Fechner)于 1860 年进行的动物条件二值反射研究,沃纳(Warner)于 1962 年首次将其应用于经济领域,研究公共交通工具和私人交通工具的选择问题。20 世纪七八十年代,离散选择模型被普遍应用于经济布局、企业定点、交通问题、就业问题、购买决策等经济决策领域。从离散选择模型的研究文献来看,模型估计方法主要发展于 20 世纪 80 年代初期。本章和第 10 章分别介绍二值离散选择模型和多项离散选择模型。

9.1　二值选择问题与响应概率

在离散选择模型中,最简单的情形是在两个可供选择的方案中选择其一,此时被解释变量只取两个值,故称为二值选择模型。在实际生活中,我们经常遇到二值选择问题。例如,在买新能源车与买燃油车的选择中,买新能源车记为 1,买燃油车记为 0。买什么类型的车与两类因素有关系:一类是车本身所具有的属性,如价格、型号、大小、续航里程等;另一类是决策者所具有的属性,如收入水平、年龄、对新能源车与传统燃油车的偏好程度等。我们欲研究买车类型与收入之间的关系,即研究具有某一收入水平的个体买新能源车的可能性。因此,二值选择模型的目的是研究具有给定特征的个体做某种而不做另一种选择的概率,也称为响应概率(response probability)。

二值选择建模的传统方法(以及一般的受限因变量模型)是使用极大似然估计的参数化方法,也有大量文献使用半参数估计。近年来,应用实践倾向于通过最小二乘估计线性概率模型。

设随机变量 $Y\in\{0,1\}$,$\boldsymbol{X}\in\mathbf{R}^k$ 为 k 维行向量。Y 关于 $\boldsymbol{X}$ 的响应概率为

$$P(\boldsymbol{x})=P(Y=1\mid\boldsymbol{X}=\boldsymbol{x})=E(Y\mid\boldsymbol{X}=\boldsymbol{x})$$

响应概率完全描述了条件分布。响应概率的边际效应为

$$\frac{\partial}{\partial \boldsymbol{x}}P(\boldsymbol{x})=\frac{\partial}{\partial \boldsymbol{x}}P(Y=1|\boldsymbol{X}=\boldsymbol{x})=\frac{\partial}{\partial \boldsymbol{x}}E(Y|\boldsymbol{X}=\boldsymbol{x})$$

它是回归函数的导数,在经济应用中常受到关注。

从回归的框架来看,变量 Y 和 $\boldsymbol{X}$ 满足如下关系:

$$Y=P(\boldsymbol{X})+\varepsilon,\ E(\varepsilon|\boldsymbol{X})=0$$

注意这里的 ε 不同于经典的线性回归中的随机误差项,它服从条件两点分布,即

$$\varepsilon=\begin{cases}1-P(\boldsymbol{X}), & \text{依概率 } P(\boldsymbol{X})\\ P(\boldsymbol{X}), & \text{依概率 } 1-P(\boldsymbol{X})\end{cases} \tag{9.1}$$

因为

$$\text{Var}(\varepsilon|\boldsymbol{X})=P(\boldsymbol{X})[1-P(\boldsymbol{X})] \tag{9.2}$$

所以,ε 的条件方差具有异方差性。

9.2 二值选择的线性概率模型与潜变量模型

1. 线性概率模型

为了深刻地理解二值选择模型,首先从最简单的线性概率模型(linear probability model,简称为 LPM)开始讨论。设线性概率模型的回归形式为

$$y_i=\beta_1x_{1i}+\beta_2x_{2i}+\cdots+\beta_kx_{ki}+\varepsilon_i,\ i=1,2,\cdots,n \tag{9.3}$$

或表示为

$$y_i=\boldsymbol{x}_i\boldsymbol{\beta}+\varepsilon_i,\ i=1,2,\cdots,n \tag{9.4}$$

式中,$\boldsymbol{x}_i=(x_{1i},x_{2i},\cdots,x_{ki})$;$\boldsymbol{\beta}=(\beta_1,\beta_2,\cdots,\beta_k)'$;$n$ 是样本容量;k 是解释变量个数;x_i 为第 i 个个体特征的取值。例如,x_1 表示收入,x_2 表示汽车的价格,x_3 表示消费者的偏好等。设 y_i 表示取值为 0 和 1 的离散型随机变量,即

$$y_i=\begin{cases}1 & \text{如果做出的是第一种选择(如买新能源车)}\\ 0 & \text{如果做出的是第二种选择(如买燃油车)}\end{cases}$$

式(9.3)和式(9.4)中的 ε_i 为相互独立且均值为 0 的随机误差项。

令 $p_i=P(y_i=1)$,那么 $1-p_i=P(y_i=0)$,于是

$$E(y_i)=1\times P(y_i=1)+0\times P(y_i=0)=p_i \tag{9.5}$$

又因为 $E(\varepsilon_i)=0$,所以 $E(y_i)=\boldsymbol{x}_i\boldsymbol{\beta}$,从而有

$$E(y_i)=p_i=P(y_i=1)=\boldsymbol{x}_i\boldsymbol{\beta} \tag{9.6}$$

与式(9.1)中的响应概率比较,此处的响应概率 $P(\boldsymbol{x}_i)=\boldsymbol{x}_i\boldsymbol{\beta}$,是系数参数的线性形式。另外,观察式(9.6)发现:

(1)只有当 $\boldsymbol{x}_i\boldsymbol{\beta}$ 的取值在(0,1)时才成立,否则就会产生矛盾,而在实际应用时很可能超出这个范围。因此,线性概率模型常常写成下面的形式:

$$p_i=\begin{cases}\boldsymbol{x}_i\boldsymbol{\beta} & 0<\boldsymbol{x}_i\boldsymbol{\beta}<1\\ 1 & \boldsymbol{x}_i\boldsymbol{\beta}\geqslant 1\\ 0 & \boldsymbol{x}_i\boldsymbol{\beta}\leqslant 0\end{cases} \tag{9.7}$$

此时就可以把被解释变量看成是一个概率。

(2)误差项的方差为

$$E(\varepsilon_i^2)=(1-\boldsymbol{x}_i\boldsymbol{\beta})^2 p_i+(-\boldsymbol{x}_i\boldsymbol{\beta})^2(1-p_i)=p_i(1-p_i) \tag{9.8}$$

或

$$\sigma_i^2=E(\varepsilon_i^2)=E(y_i)[1-E(y_i)] \tag{9.9}$$

误差项应该服从两点分布,而不是经典线性回归分析通常假定的正态分布。

由此可以看出,误差项具有异方差性,异方差性使得参数估计不再是有效的。修正异方差的一个方法是使用加权最小二乘估计,但加权最小二乘法无法保证预测值 $\hat{y}_i=\boldsymbol{x}_i\hat{\boldsymbol{\beta}}$ 在(0,1)之内,这是线性概率模型的一个严重缺陷。

由于存在上述两个方面的问题,因此线性概率模型式(9.3)或式(9.4)不能作为实际研究二值选择问题的模型。鉴于此,考虑对线性概率模型进行一些变换,由此引出下面要讨论的潜变量模型。

2. 潜变量模型

假设有一个未被观察到的潜在变量 y_i^*,它与 $\boldsymbol{x}_i$ 之间具有线性关系,即有潜变量模型(latent variable model)为

$$y_i^*=\boldsymbol{x}_i\boldsymbol{\beta}+u_i^* \tag{9.10}$$

式中,u_i^* 是误差项。y_i 和 y_i^* 的关系如下:

$$y_i=\begin{cases}1, & y_i^*>0\\ 0, & y_i^*\leqslant 0\end{cases} \tag{9.11}$$

即当 y_i^* 大于临界值 0 时,$y_i=1$;y_i^* 小于等于 0 时,$y_i=0$。这里把临界值选为 0,但事实上只要 $\boldsymbol{x}_i$ 包含有常数项,临界值的选择无关紧要,所以不妨设为 0。于是有

$$\begin{aligned}P(y_i=1|\boldsymbol{x}_i,\boldsymbol{\beta})&=P(y_i^*>0)=P(u_i^*>-\boldsymbol{x}_i\boldsymbol{\beta})=1-F(-\boldsymbol{x}_i\boldsymbol{\beta})\\ P(y_i=0|\boldsymbol{x}_i,\boldsymbol{\beta})&=P(y_i^*\leqslant 0)=P(u_i^*\leqslant-\boldsymbol{x}_i\boldsymbol{\beta})=F(-\boldsymbol{x}_i\boldsymbol{\beta})\end{aligned} \tag{9.12}$$

式中,$F(\cdot)$是 u_i^* 的分布函数,要求它是一个连续且单调递增的函数。因此,原始的回归模型可以看作是如下的一个回归模型:

$$y_i=1-F(-\boldsymbol{x}_i\boldsymbol{\beta})+\varepsilon_i \tag{9.13}$$

即是 y_i 关于它的条件均值的一个回归。

潜变量模型的产生有其实际背景,为此考虑随机效应模型。

【例 9.1】 考虑公共交通工具和私人交通工具的选择问题。假设决策者 i 选择公共交通工具的效用为 U_i^1(决策者 i 选择 1 的效用),该效用为随机变量,不可观测,其与公共交通工具的属性和决策者的属性有关,即

$$U_i^1=\boldsymbol{x}_i\boldsymbol{\beta}^{(1)}+u_i^1$$

与上类似,决策者 i 选择私人交通工具的效用为 U_i^0(决策者 i 选择 0 的效用),该效用也为随机变量,不可观测,其与私人交通工具的属性和决策者的属性有关,即

$$U_i^0=\boldsymbol{x}_i\boldsymbol{\beta}^{(0)}+u_i^0$$

由于在上面的模型中,效用是不可观测的,我们能够观测到的是选择结果,即 1 和 0。但对理性的决策者来说,如果不可观测的效用 $U_i^1\geqslant U_i^0$,则决策者选择公共交通工具;反之,如果不可观测的 $U_i^1<U_i^0$,则决策者选择私人交通工具。将上面两个模型相减,得

$$U_i^1-U_i^0=\boldsymbol{x}_i(\boldsymbol{\beta}^{(1)}-\boldsymbol{\beta}^{(0)})+(u_i^1-u_i^0)$$

令

$$y_i^* = U_i^1 - U_i^0, \boldsymbol{\beta} = \boldsymbol{\beta}^{(1)} - \boldsymbol{\beta}^{(0)}, u_i^* = u_i^1 - u_i^0$$

则有

$$y_i^* = \boldsymbol{x}_i \boldsymbol{\beta} + u_i^*$$

于是得到了式(9.10)的潜变量模型。这里的 $y_i^* = U_i^1 - U_i^0$ 是不可观测的，所以随机效应模型亦被称为潜变量模型。

分布函数的类型决定了二值选择模型的类型，根据分布函数 $F(\cdot)$ 的不同，二值选择模型可以有不同的类型。常见的二值选择模型如表 9.1 所示。

表 9.1　常见的二值选择模型

u_i^* 对应的分布	分布函数 $F(\cdot)$	相应的二值选择模型
标准正态分布	$\Phi(x)$	probit 模型
逻辑分布	$e^x/(1+e^x)$	logit 模型
极值分布	$1-\exp(-e^x)$	extreme 模型

由于标准正态分布和逻辑分布是对称的分布，因此 $1-F(-\boldsymbol{x}_i\boldsymbol{\beta})=F(\boldsymbol{x}_i\boldsymbol{\beta})$，于是式(9.12)可改写为

$$P(y_i = 1 | \boldsymbol{x}_i, \boldsymbol{\beta}) = 1 - F(-\boldsymbol{x}_i\boldsymbol{\beta}) = F(\boldsymbol{x}_i\boldsymbol{\beta}) \tag{9.14}$$

$$P(y_i = 0 | \boldsymbol{x}_i, \boldsymbol{\beta}) = F(-\boldsymbol{x}_i\boldsymbol{\beta}) = 1 - F(\boldsymbol{x}_i\boldsymbol{\beta}) \tag{9.15}$$

probit 模型使用的是标准正态分布，可通过中心极限定理加以判断。这是进行二值选择分析时的一个常用模型，它简单、易于使用、易于解释，并且基于经典的正态分布。logit 模型也可以用类似于正态分布的方法加以判断，而且形式上更加简单，它也是二值选择分析的一个常用模型。由于逻辑分布函数与正态分布函数具有相似的图形特征（适当缩放），其密度函数关于纵轴线对称，均值为 0，但方差为 $\pi^2/3$，密度函数的尾部分布较标准正态分布更厚一些，更接近于自由度为 7 的 t 分布。因此，probit 和 logit 模型通常对响应概率和边际效应产生相似的估计。另外，由于逻辑分布函数在参数估计时不需求解分布函数的反函数，而标准正态分布需要，因此关于 logit 模型的计算较 probit 模型更为方便快捷。

probit 和 logit 在统计分析中有着悠久的历史。probit 一词是切斯特 · 布利斯(Chester Bliss)在 1934 年命名的，是“概率单位(probability unit)”的缩写。logistic 一词早在 1838 年就由比利时数学家维尔赫斯特(Verhulst)提出，他将逻辑函数作为一个修正的指数增长模型引入。据推测，他类比对数(logarithmic)创造了逻辑(logistic)这个术语。1944 年，约瑟夫 · 伯克森(Joseph Berkson)基于逻辑分布函数提出了一个二值选择模型，他将逻辑分布作为近似正态分布的一种方便的计算方法。由于模型与 probit 类似，伯克森称他的模型为 logit 模型。

9.3　二值选择模型的估计

由于式(9.10)的被解释变量不可观测，显然不能使用最小二乘法估计该模型，对于二值选择模型一般采用极大似然估计法。似然函数为

$$L = \prod_{y_i=0} [1 - F(\boldsymbol{x}_i\boldsymbol{\beta})] \prod_{y_t=1} F(\boldsymbol{x}_i\boldsymbol{\beta}) \tag{9.16}$$

等价表示为

$$L=\prod_{i=1}^{n}[F(\boldsymbol{x}_i\boldsymbol{\beta})]^{y_i}[1-F(\boldsymbol{x}_i\boldsymbol{\beta})]^{1-y_i} \tag{9.17}$$

对数似然函数为

$$\ln L=\sum_{i=1}^{n}\{y_i\ln F(\boldsymbol{x}_i,\boldsymbol{\beta})+(1-y_i)\ln[1-F(\boldsymbol{x}_i,\boldsymbol{\beta})]\} \tag{9.18}$$

对数似然函数最大化的一阶条件为

$$\frac{\partial\ln L}{\partial\boldsymbol{\beta}}=\sum_{i=1}^{n}\left[\frac{y_if_i}{F_i}+(1-y_i)\frac{-f_i}{1-F_i}\right]\boldsymbol{x}_i=\mathbf{0} \tag{9.19}$$

式中，f_i 为概率密度函数。如果已知分布函数和密度函数的表达式及样本数据，求解该方程组，就可以得到模型参数的极大似然估计量。例如，将上述三种分布函数和密度函数代入式(9.19)就可以得到三种模型参数的极大似然估计。但是，式(9.19) 通常是非线性的，需用迭代法进行求解。李子奈和叶阿忠在重复观测值可得与不可得两种场合，分别就二值 probit 模型和 logit 模型参数的估计进行了讨论。

1. 二值 probit 离散选择模型参数的估计

1)重复观测值不可得情形

所谓“重复观测值不可得”是指对每个决策者只有一个观测值，即使有多个观测值，也将其看成多个不同的决策者。

标准正态分布的概率分布函数为

$$F(t)=\int_{-\infty}^{t}(2\pi)^{-\frac{1}{2}}\exp(-x^2/2)\mathrm{d}x \tag{9.20}$$

其密度函数为

$$f(x)=(2\pi)^{-\frac{1}{2}}\exp(-x^2/2) \tag{9.21}$$

在重复观测值不可以得到的情况下，式(9.19)可写为

$$\begin{aligned}\frac{\partial\ln L}{\partial\boldsymbol{\beta}}&=\sum_{i=1}^{n}\left[\frac{y_if_i}{F_i}+(1-y_i)\frac{-f_i}{1-F_i}\right]\boldsymbol{x}_i\\&=\sum_{y_i=0}\frac{-f_i}{1-F_i}\boldsymbol{x}_i+\sum_{y_i=1}\frac{f_i}{F_i}\boldsymbol{x}_i\\&=\sum_{i=1}^{n}\left(\frac{q_if(q_i\boldsymbol{x}_i\boldsymbol{\beta})}{F(q_i\boldsymbol{x}_i\boldsymbol{\beta})}\right)\boldsymbol{x}_i\\&=\sum_{i=1}^{n}\lambda_i\boldsymbol{x}_i=\mathbf{0}\end{aligned} \tag{9.22}$$

式中，

$$q_i=2y_i-1,\lambda_i=\frac{q_if(q_i\boldsymbol{x}_i\boldsymbol{\beta})}{F(q_i\boldsymbol{x}_i\boldsymbol{\beta})}$$

式(9.22)是关于参数向量 $\boldsymbol{\beta}$ 的一个非线性函数，没有显式解(explicit solution)，需采用完全信息极大似然法中所采用的迭代方法。由于对数似然函数是光滑的凹函数，具有已知的一阶和二阶导数，因此数值优化可直接进行。EViews 软件可以对 probit 模型进行估计。Stata

软件中，使用“probit”命令可得到参数 $\boldsymbol{\beta}$ 的极大似然估计。R 软件中，使用命令：

```
glm(Y~X,family = binomial(link = "probit"))
```

2)重复观测值可得情形

现实中，重复观测可得的情况理论上是存在的，即对每个决策者来说有多个重复的观测值。例如，在外部交通环境不变的情况下，某个人对交通工具的选择具有重复性，这样会得到重复的观测值。在这种情况下，可以采用广义最小二乘法估计二值选择模型。

假设对第 i 个决策者可重复观测 n_i 次，他选择 $y_i=1$ 的次数占比为 p_i，那么可以将 p_i 作为真实概率 P_i 的一个估计量。于是，有

$$p_i = P_i + \varepsilon_i = F(\boldsymbol{x}_i\boldsymbol{\beta}) + \varepsilon_i \tag{9.23}$$

$$E(\varepsilon_i) = 0$$

$$\mathrm{Var}(\varepsilon_i) = p_i(1-p_i)/n_i$$

对于式(9.20)的标准正态分布函数，定义“观测到的”“概率单位”为

$$v_i = F^{-1}(p_i) = F^{-1}(P_i + \varepsilon_i) \tag{9.24}$$

式中，$F^{-1}(\cdot)$是标准正态分布函数的反函数。由于使用了概率单位一词，因此有些文献也将 probit 模型称为概率单位模型。对式(9.24)进行一阶泰勒展开，得

$$F^{-1}(P_i+\varepsilon_i) = F^{-1}(P_i) + \frac{\varepsilon_i}{f(F^{-1}(P_i))}$$

于是，式(9.24)变为

$$v_i = F^{-1}(P_i) + u_i$$

式中

$$u_i = \frac{\varepsilon_i}{f(F^{-1}(P_i))}$$

从而由 $E(\varepsilon_i)=0$ 得

$$E(u_i) = 0$$

$$\mathrm{Var}(u_i) = \frac{P_i(1-P_i)}{n_i[f(F^{-1}(P_i))]^2}$$

因为

$$F^{-1}(P_i) = \boldsymbol{x}_i\boldsymbol{\beta}$$

故有

$$v_i = \boldsymbol{x}_i\boldsymbol{\beta} + u_i$$

其矩阵形式为

$$\mathbf{V} = \boldsymbol{X\beta} + \boldsymbol{U} \tag{9.25}$$

式中

$$\mathbf{V} = \begin{pmatrix} v_1 \\ v_2 \\ \vdots \\ v_{n_i} \end{pmatrix}, \boldsymbol{X} = \begin{pmatrix} \boldsymbol{x}_1 \\ \boldsymbol{x}_2 \\ \vdots \\ \boldsymbol{x}_{n_i} \end{pmatrix}, \boldsymbol{U} = \begin{pmatrix} u_1 \\ u_2 \\ \vdots \\ u_{n_i} \end{pmatrix}$$

对式(9.25)使用广义最小二乘法进行估计，得

$$\hat{\boldsymbol{\beta}} = (\boldsymbol{X}'\boldsymbol{\Omega}^{-1}\boldsymbol{X})^{-1}\boldsymbol{X}'\boldsymbol{\Omega}^{-1}\boldsymbol{V}$$

式中，$\boldsymbol{\Omega}$ 为 $\boldsymbol{U}$ 的协方差矩阵，实际估计中用其估计量替代，即

$$\hat{\boldsymbol{\beta}} = (\boldsymbol{X}'\hat{\boldsymbol{\Omega}}^{-1}\boldsymbol{X})^{-1}\boldsymbol{X}'\hat{\boldsymbol{\Omega}}^{-1}\boldsymbol{V} \tag{9.26}$$

$\hat{\boldsymbol{\Omega}}$ 由 P_i 的估计量 p_i 构成。为了提高估计质量，可采用迭代方法反复获取 P_i 的估计量。

式(9.26)中 $\boldsymbol{V}$ 的观测值通过求解标准正态分布函数

$$p_i = \int_{-\infty}^{v_i} (2\pi)^{-1/2} \exp(-t^2/2)\mathrm{d}t$$

的反函数得到，其中 p_i 由实际观测得到。为了使 p_i 观测值比较可信，一般要对各决策者进行一定次数(例如 10 次左右)的观测。

2. 二值 logit 离散选择模型的参数估计

当决策者的选择依据效用最大化进行时，具有极限值的逻辑分布对其分析来说较好，即应用 logit 模型。逻辑分布的概率分布函数是

$$F(t) = \frac{1}{1+\mathrm{e}^{-t}} \tag{9.27}$$

其概率密度函数为

$$f(t) = \frac{\mathrm{e}^{-t}}{(1+\mathrm{e}^{-t})^2} \tag{9.28}$$

将式(9.27)改写为

$$F(t) = \frac{\mathrm{e}^{t}}{1+\mathrm{e}^{t}} \triangleq \Lambda(t) \tag{9.29}$$

于是，式(9.28)可表示为

$$f(t) = \frac{\mathrm{e}^{-t}}{(1+\mathrm{e}^{-t})^2} = \Lambda(t)(1-\Lambda(t)) \tag{9.30}$$

1) 重复观测值不可得情形

在重复观测值不可以得到的情况下，式(9.19)可写为

$$\begin{aligned}\frac{\partial \ln L}{\partial \boldsymbol{\beta}} &= \sum_{i=1}^{n}\left[\frac{y_i f_i}{F_i} + (1-y_i)\frac{-f_i}{1-F_i}\right]\boldsymbol{x}_i \\ &= \sum_{i=1}^{n}\{y_i[1-\Lambda(\boldsymbol{x}_i\boldsymbol{\beta})] + (1-y_i)[-\Lambda(\boldsymbol{x}_i\boldsymbol{\beta})]\}\boldsymbol{x}_i \\ &= \sum_{i=1}^{n}[y_i - \Lambda(\boldsymbol{x}_i\boldsymbol{\beta})]\boldsymbol{x}_i = \boldsymbol{0}\end{aligned} \tag{9.31}$$

式(9.31)是关于参数向量 $\boldsymbol{\beta}$ 的一个非线性函数，不能直接求解，需采用完全信息极大似然法中所采用的迭代方法。EViews 软件可以对 logit 模型进行估计。Stata 软件中，使用“logit”命令可得到参数 $\boldsymbol{\beta}$ 的极大似然估计。R 软件中，使用命令：

```
glm(Y～X,family = binomial(link = "logit"))
```

2) 重复观测值可得情形

在重复观测值可得的情况下，同样可以采用广义最小二乘法估计二值 logit 选择模型。由

$$F(t) = \frac{1}{1+\mathrm{e}^{-t}}$$

可得

$$\frac{F(t)}{1-F(t)}=\mathrm{e}^{t} \tag{9.32}$$

与前面类似，同样假设对第 i 个决策者可重复观测 n_i 次，他选择 $y_i=1$ 的次数占比为 p_i，那么可以将 p_i 作为真实概率 P_i 的一个估计量。于是，有

$$p_i=P_i+\varepsilon_i=F(\boldsymbol{x}_i\boldsymbol{\beta})+\varepsilon_i \tag{9.33}$$

$$E(\varepsilon_i)=0$$

$$\mathrm{Var}(\varepsilon_i)=p_i(1-p_i)/n_i$$

利用重复观测得到的 p_i 构造 $p_i/(1-p_i)$，称其为“成败比”，这也是为什么有些文献称 logit 模型为“对数成败比模型”的缘由。对 $p_i/(1-p_i)$ 取对数并在 P_i 处进行一阶泰勒展开，得

$$\ln\left(\frac{p_i}{1-p_i}\right)\approx\ln\left(\frac{P_i}{1-P_i}\right)+\frac{\varepsilon_i}{P_i(1-P_i)} \tag{9.34}$$

注意，这里使用了 $\ln[p_i/(1-p_i)]$ 在 P_i 处的一阶导数，即

$$\frac{\mathrm{d}}{\mathrm{d}p_i}\ln\left(\frac{p_i}{1-p_i}\right)\Bigg|_{P_i}=\frac{1}{P_i(1-P_i)}$$

将 $P_i=F(\boldsymbol{x}_i\boldsymbol{\beta})$ 代入式(9.34)即得

$$\ln\left(\frac{p_i}{1-p_i}\right)\approx\ln\left(\frac{F(\boldsymbol{x}_i\boldsymbol{\beta})}{1-F(\boldsymbol{x}_i\boldsymbol{\beta})}\right)+\frac{\varepsilon_i}{F(\boldsymbol{x}_i\boldsymbol{\beta})[1-F(\boldsymbol{x}_i\boldsymbol{\beta})]}$$

再由式(9.32)可得

$$\frac{F(\boldsymbol{x}_i\boldsymbol{\beta})}{1-F(\boldsymbol{x}_i\boldsymbol{\beta})}=\mathrm{e}^{\boldsymbol{x}_i\boldsymbol{\beta}}$$

因此，有

$$\ln\left(\frac{p_i}{1-p_i}\right)\approx\boldsymbol{x}_i\boldsymbol{\beta}+\frac{\varepsilon_i}{F(\boldsymbol{x}_i\boldsymbol{\beta})[1-F(\boldsymbol{x}_i\boldsymbol{\beta})]} \tag{9.35}$$

令

$$v_i=\ln\left(\frac{p_i}{1-p_i}\right)$$

$$u_i=\frac{\varepsilon_i}{F(\boldsymbol{x}_i\boldsymbol{\beta})[1-F(\boldsymbol{x}_i\boldsymbol{\beta})]}$$

则有

$$v_i=\boldsymbol{x}_i\boldsymbol{\beta}+u_i$$

类似可得与式(9.25)相似的形式

$$\boldsymbol{V}=\boldsymbol{X}\boldsymbol{\beta}+\boldsymbol{U} \tag{9.36}$$

对式(9.36)使用广义最小二乘法进行估计，得

$$\hat{\boldsymbol{\beta}}=(\boldsymbol{X}'\boldsymbol{\Omega}^{-1}\boldsymbol{X})^{-1}\boldsymbol{X}'\boldsymbol{\Omega}^{-1}\boldsymbol{V}$$

式中，$\boldsymbol{\Omega}$ 为 $\boldsymbol{U}$ 的协方差矩阵，实际估计中用其估计量替代，即

$$\hat{\boldsymbol{\beta}}=(\boldsymbol{X}'\hat{\boldsymbol{\Omega}}^{-1}\boldsymbol{X})^{-1}\boldsymbol{X}'\hat{\boldsymbol{\Omega}}^{-1}\boldsymbol{V} \tag{9.37}$$

$\hat{\boldsymbol{\Omega}}$ 由 P_i 的估计量 p_i 构成。为了提高估计质量，可采用迭代方法反复获取 P_i 的估计量。$\boldsymbol{V}$ 的观测值不需要求解逻辑概率分布函数的反函数，由实际观测得到的 p_i 直接计算。注意将

其与式(9.24)相比较,我们会发现这里关于 $\boldsymbol{V}$ 的计算较之 probit 模型相对方便。

3. 边际效应

为了解释二值离散选择模型中系数 $\boldsymbol{\beta}$ 的意义,对前面介绍的潜变量模型中的字母去掉下标,从总体上探讨变量之间的关系。假设有一个未被观察到的潜在变量 y^*,它与 $\boldsymbol{x}=(x_1, x_2, \cdots, x_k)$(分量为连续变量)之间具有线性关系,即

$$y^* = \boldsymbol{x\beta} + u^* \tag{9.38}$$

式中,$\boldsymbol{\beta}=(\beta_1, \beta_2, \cdots, \beta_k)'$;$u^*$ 是误差项。y 和 y^* 的关系为

$$y = \begin{cases} 1, & y^* > 0 \\ 0, & y^* \leqslant 0 \end{cases} \tag{9.39}$$

类似式(9.14)可得到

$$P(y=1|\boldsymbol{x}, \boldsymbol{\beta}) = P(y^* > 0) = 1 - F(-\boldsymbol{x\beta}) = F(\boldsymbol{x\beta})$$

式中,$F(\cdot)$是 u^* 的分布函数。我们要求它是一个连续且单调递增的函数,其概率密度函数 $f(\cdot)$具有对称性。于是有

$$\frac{\partial}{\partial x_j} P(y=1|\boldsymbol{x}, \boldsymbol{\beta}) = \left[\frac{\partial}{\partial x_j} F(\boldsymbol{x\beta})\right] \cdot \left(\frac{\partial}{\partial x_j} \boldsymbol{x\beta}\right) = f(\boldsymbol{x\beta}) \cdot \beta_j \tag{9.40}$$

由此可知,β_j 与经典线性回归中系数的意义不同,并未体现边际效应。另外,由于 probit 模型和 logit 模型的概率密度函数不同,因此两个模型中的系数 $\boldsymbol{\beta}$,从而其估计量 $\hat{\boldsymbol{\beta}}$ 不能直接进行比较,边际效应也不再是常数,它会随解释变量的变化而变化。因此,对于边际效应引入下面的概念:

(1)平均边际效应(average marginal effect),即对每个观测值分别计算边际效应,然后求这些边际效应的算术平均值。

(2)样本均值处的边际效应(marginal effect at mean),即在样本均值 $\bar{\boldsymbol{x}}=(\bar{x}_1, \bar{x}_2, \cdots, \bar{x}_k)$ 处计算边际效应。

(3)代表值处的边际效应(marginal effect at a representative value),即给定一个代表值 $\boldsymbol{x}^{(0)}$,在 $\boldsymbol{x}=\boldsymbol{x}^{(0)}$ 处计算边际效应。

从计算结果来看,上述三种边际效应的值可能出现较大差异。传统上,因算术平均值计算简便,故一般计算样本均值处的边际效应。但是,在非线性模型中,样本均值处的个体行为并非是样本中各个体的平均行为。在政策分析中,使用平均边际效应(Stata 默认的方法)或某代表值处的边际效应通常更有意义。

关于边际效应的计算,Stata 中给出了相应命令。若想计算所有解释变量的平均边际效应,则使用命令:

```
margins,dydx( * )
```

若想计算所有解释变量在样本均值处的边际效应,则使用命令:

```
margins,dydx( * ) atmeans
```

若想计算所有解释变量在 $x_1=0$ 处的边际效应,则使用命令:

```
margins,dydx( * ) at(x1 = 0)
```

若想计算解释变量在 x_1 的平均边际效应,则使用命令:

```
margins,dydx(x1)
```

注意,上面命令中的“*”代表所有解释变量。

虽然二值离散选择模型中的系数 $\boldsymbol{\beta}$ 不是边际效应,但在 logit 模型中,它却能够解释成败比(概率比)。令 $p=P(y=1|\boldsymbol{x},\boldsymbol{\beta})=F(\boldsymbol{x\beta})$,当 $F(\cdot)$ 为逻辑分布时,利用式(9.32),即

$$\frac{F(t)}{1-F(t)}=\mathrm{e}^{t}$$

可得

$$\frac{p}{1-p}=\mathrm{e}^{\boldsymbol{x\beta}} \tag{9.41}$$

即

$$\ln\left(\frac{p}{1-p}\right)=\boldsymbol{x\beta} \tag{9.42}$$

式中,$p/(1-p)$ 为成败比,亦称为概率比或相对风险。对式(9.42)两端关于变量 x_j $(j=1,\cdots,k)$ 求导,得到

$$\frac{\partial}{\partial x_j}\ln\left(\frac{p}{1-p}\right)=\frac{\partial}{\partial x_j}(\boldsymbol{x\beta})=\beta_j \tag{9.43}$$

即 β_j 表示 x_j 每增加 1 个单位导致对数成败比的边际变化。换一个视角,β_j 也可被视为半弹性,即 x_j 每增加 1 个单位导致成败比变化的百分比。例如,$\beta_j=0.25$ 意味着 x_j 每增加 1 个单位导致成败比增加 25%。

我们还可从另一个角度观察 β_j 的意义。让 x_j 增加 1 个单位变为 x_j+1,相应的 p 变为 p^*,则利用式(9.41)易得

$$\left(\frac{p^*}{1-p^*}\right)\bigg/\left(\frac{p}{1-p}\right)=\mathrm{e}^{\beta_j} \tag{9.44}$$

由此可知,β_j 表示 x_j 每增加 1 个单位导致成败比变化的倍数。例如,若 $\beta_j=0.12$,则 $\mathrm{e}^{\beta_j}=1.13$,这意味着 x_j 每增加 1 个单位导致新成败比是原成败比的 1.13 倍,或成败比增加 13%。Stata 中称 e^{β_j} 为概率比,有些研究者(尤其是生物统计领域)偏好使用 e^{β_j}。当 β_j 在 0 附近时,若将 e^{β_j} 进行一阶泰勒展开,则有 $\mathrm{e}^{\beta_j}-1\approx\beta_j$。于是,这个结果与式(9.43)一样,即两种方法在这种情况下等价。

以上分析针对的是 logit 模型,对于 probit 模型 β_j 不能进行类似解释,这是 probit 模型的一个劣势。

关于弹性的计算,Stata 中给出了相应命令。若想计算平均弹性,则使用命令:

```
margins,eyex(*)
```

若想计算平均半弹性(x 变化 1 单位引起 y 变化的百分数),则使用命令:

```
margins,eydx(*)
```

若想计算平均半弹性(x 变化 1%引起 y 变化的单位数),则使用命令:

```
margins,dyex(*)
```

注意,上面命令中的“*”代表所有解释变量。

4. 二值离散选择模型参数估计的误差

对于 probit 模型和 logit 模型来说,如果分布函数设定不正确,则为准极大似然估计

(QMLE)。由于二值离散选择模型的分布为两点分布,故在条件期望函数 $E(y|\boldsymbol{x},\boldsymbol{\beta})=F(\boldsymbol{x\beta})$ 成立时,参数 $\boldsymbol{\beta}$ 的极大似然估计具有一致性。由于两点分布的特殊性,在独立同分布情况下,只要 $E(y|\boldsymbol{x},\boldsymbol{\beta})=F(\boldsymbol{x\beta})$ 成立,则稳健标准误等于极大似然估计的普通标准误。因此,在模型正确设定的情况下,一般不需要计算稳健标准误,当然使用稳健标准误也没有什么坏处。

如果不存在 $\boldsymbol{\beta}$ 使 $E(y|\boldsymbol{x},\boldsymbol{\beta})=F(\boldsymbol{x\beta})$ 成立,即 $E(y|\boldsymbol{x},\boldsymbol{\beta})\neq F(\boldsymbol{x\beta})$,则模型设定不正确。在这种情况下,对 probit 模型和 logit 模型来说,参数 $\boldsymbol{\beta}$ 的极大似然估计不具有一致性,此时使用稳健标准误没有多大意义,仅提高了错误参数标准误估计的精确性。但是,如果计算得到的稳健标准误与普通标准误相差悬殊,据此可粗略判断模型设定不正确。另外,如果样本中的个体观察不满足独立同分布,则可采用集群抽样的方法(见 8.4.1),这种情况下应使用聚类稳健标准误。

关于二值离散选择模型参数估计误差的计算,Stata 软件中使用的命令格式为

对 probit 模型:probit y x1 x2 x3,r

对 logit 模型:logit y x1 x2 x3,or vce(cluster clustvar)

其中,选择项"r"表示使用稳健标准误;选择项"or"表示显示概率比(不显示系数),使用稳健标准误;选择项"vce(cluster clustvar)"表示使用以"clustvar"为聚类变量的聚类稳健标准误。

在模型估计完成后,可使用 Stata 中以下命令进行预测,并计算正确预测的百分比。若想计算发生概率的预测值 $\hat{y}$,并记为 yhat,则使用命令:

```
predict yhat
```

若想计算正确预测的百分比,则使用命令:

```
estat class
```

上述命令中的"class"表示 classification。

9.4　二值选择模型的应用

【例 9.2】　某商业银行从历史贷款客户中随机抽取 78 个客户,根据设计的指标体系分别计算它们的"商业信用支持度"(CC)和"市场竞争地位等级"(CM)。其中,商业信用支持度刻画客户的财务状况,该值越大表示客户的财务状况越差;市场竞争地位等级刻画客户的市场状况,该值越大表示客户的市场状况越佳。对这些客户的贷款的结果(JG)采用二值离散变量,1 表示贷款成功,0 表示贷款失败。目的是研究 JG 与 CC、CM 之间的关系,并为正确贷款决策提供支持。相关指标的数据见表 9.2。表中 JGF 表示使用构建的模型计算客户贷款成功的概率。

表 9.2　贷款客户数据

JG	CC	CM	JGF	JG	CC	CM	JGF	JG	CC	CM	JGF
0	125.0	−2	0.0000	0	1500	−2	0.0000	0	54.00	−1	0.0000
0	599.0	−2	0.0000	0	96.00	0	0.0000	1	42.00	2	1.0000
0	100.0	−2	0.0000	1	−8.000	0	1.0000	0	42.00	0	0.0209

续表

JG	CC	CM	JGF	JG	CC	CM	JGF	JG	CC	CM	JGF
0	160.0	−2	0.0000	0	375.0	−2	0.0000	1	18.00	2	1.0000
0	46.00	−2	0.0000	0	42.00	−1	6.5×10^{-13}	0	80.00	1	6.4×10^{-12}
0	80.00	−2	0.0000	1	5.000	2	1.0000	1	−5.000	0	1.0000
0	133.0	−2	0.0000	0	172.0	−2	0.0000	0	326.0	2	0.0000
0	350.0	−1	0.0000	1	−8.000	0	1.0000	0	261.0	1	0.0000
1	23.00	0	0.9979	0	89.00	−2	0.0000	1	−2.000	−1	0.9999
0	60.00	−2	0.0000	0	128.0	−2	0.0000	0	14.00	−2	3.9×10^{-7}
0	70.00	−1	0.0000	1	6.000	0	1.0000	1	22.00	0	0.9991
1	−8.000	0	1.0000	0	150.0	−1	0.0000	0	113.0	1	0.0000
0	400.0	−2	0.0000	1	54.00	2	1.0000	1	42.00	1	0.9987
0	72.00	0	0.0000	0	28.00	−2	0.0000	1	57.00	2	0.9999
0	120.0	−1	0.0000	1	25.00	0	0.9906	0	146.0	0	0.0000
1	40.00	1	0.9998	1	23.00	0	0.9979	1	15.00	0	1.0000
1	35.00	1	0.9999	1	14.00	0	1.0000	0	26.00	−2	4.4×10^{-16}
1	26.00	1	1.0000	0	49.00	−1	0.0000	0	89.00	−2	0.0000
1	15.00	−1	0.4472	0	14.00	−1	0.5498	1	5.000	1	1.0000
0	69.00	−1	0.0000	0	61.00	0	2.1×10^{-12}	1	−9.000	−1	1.0000
0	107.0	1	0.0000	1	40.00	2	1.0000	1	4.000	1	1.0000
1	29.00	1	1.0000	0	30.00	−2	0.0000	0	54.00	−2	0.0000
1	2.000	1	1.0000	0	112.0	−1	0.0000	1	32.00	1	1.0000
1	37.00	1	0.9999	0	78.00	−2	0.0000	0	54.00	0	1.4×10^{-7}
0	53.00	−1	0.0000	1	0.000	0	1.0000	0	131.0	−2	0.0000
0	194.0	0	0.0000	0	131.0	−2	0.0000	1	15.00	0	1.0000

注：该例数据来源于李子奈、叶阿忠《高级应用计量经济学》一书表4.2.1。

1. 基于EViews的二值离散选择模型参数的估计

1)probit模型的EViews输出结果

采用EViews软件利用probit模型对本例数据进行分析。probit模型EViews软件操作与输出结果分别如图9.1至图9.3所示。

如果有一个新客户，根据客户资料，计算其“商业信用支持度”(CC)和“市场竞争地位等级”(CM)，并代入估计方程，就可以得到该客户贷款成功的概率，这样据此就决定是否对其给予贷款。

2)logit模型的EViews输出结果

与上述过程相同，采用EViews软件利用logit模型对本例数据进行分析。logit模型EViews软件操作与输出结果分别如图9.4至图9.6所示。

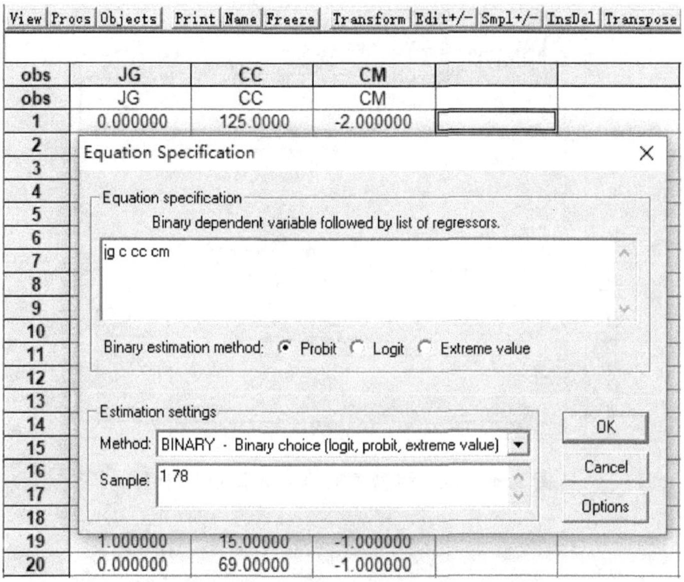

图 9.1　probit 模型 EViews 操作窗口截图

View | Procs | Objects | Print | Name | Freeze | Estimate | Forecast | Stats | Resids

Dependent Variable: JG
Method: ML - Binary Probit (Quadratic hill climbing)
Date: 10/09/23 Time: 11:44
Sample: 1 78
Included observations: 78
Convergence achieved after 13 iterations
Covariance matrix computed using second derivatives

Variable	Coefficient	Std. Error	z-Statistic	Prob.
C	8.797358	7.544067	1.166129	0.2436
CC	-0.257882	0.228894	-1.126642	0.2599
CM	5.061789	4.458482	1.135317	0.2562

Mean dependent var	0.410256	S.D. dependent var	0.495064
S.E. of regression	0.090067	Akaike info criterion	0.118973
Sum squared resid	0.608402	Schwarz criterion	0.209616
Log likelihood	-1.639954	Hannan-Quinn criter.	0.155259
Restr. log likelihood	-52.80224	Avg. log likelihood	-0.021025
LR statistic (2 df)	102.3246	McFadden R-squared	0.968942
Probability(LR stat)	0.000000		

Obs with Dep=0	46	Total obs	78
Obs with Dep=1	32		

图 9.2　probit 模型 EViews 输出结果截图

View | Procs | Objects | Print | Name | Freeze | Estimate | Forecast | Stats | Resids

```
Estimation Command:
=====================
BINARY(D=N) JG C CC CM

Estimation Equation:
=====================
JG = 1-@CNORM(-(C(1) + C(2)*CC + C(3)*CM))

Substituted Coefficients:
=====================
JG = 1-@CNORM(-(8.797358365 - 0.2578816621*CC + 5.061788659*CM))
```

图 9.3　probit 模型 EViews 估计方程输出截图

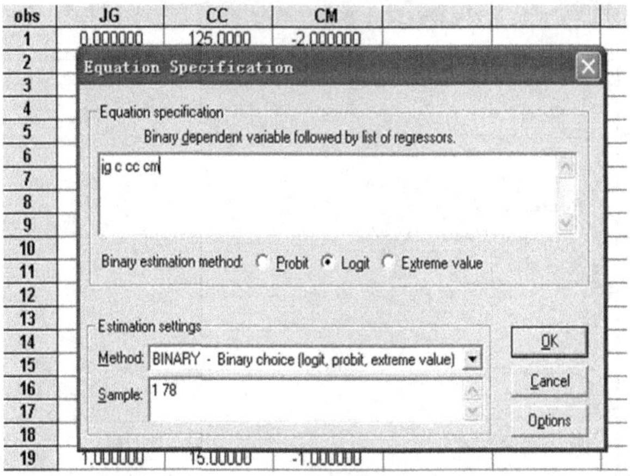

图 9.4　logit 模型 EViews 操作窗口截图

View | Procs | Objects | Print | Name | Freeze | Estimate | Forecast | Stats | Resids

Dependent Variable: JG
Method: ML - Binary Logit (Newton-Raphson)
Date: 11/10/05 Time: 16:53
Sample: 1 78
Included observations: 78
Convergence achieved after 13 iterations
Covariance matrix computed using second derivatives

Variable	Coefficient	Std. Error	z-Statistic	Prob.
C	16.11426	14.56353	1.106481	0.2685
CC	-0.465035	0.431760	-1.077068	0.2814
CM	9.379903	8.712437	1.076611	0.2817

Mean dependent var	0.410256	S.D. dependent var	0.495064
S.E. of regression	0.091187	Akaike info criterion	0.120325
Sum squared resid	0.623629	Schwarz criterion	0.210968
Log likelihood	-1.692674	Hannan-Quinn criter.	0.156611
Restr. log likelihood	-52.80224	Avg. log likelihood	-0.021701
LR statistic (2 df)	102.2191	McFadden R-squared	0.967943
Probability(LR stat)	0.000000		
Obs with Dep=0	46	Total obs	78
Obs with Dep=1	32		

图 9.5　logit 模型 EViews 输出结果截图

View | Procs | Objects | Print | Name | Freeze | Estimate | Forecast | Stats | Resids

```
Estimation Command:
=====================
BINARY(D=L,R) JG C CC CM

Estimation Equation:
=====================
JG = 1-@LOGIT(-(C(1) + C(2)*CC + C(3)*CM))

Substituted Coefficients:
=====================
JG = 1-@LOGIT(-(16.11426399 - 0.4650347429*CC + 9.379903458*CM))
```

图 9.6　logit 模型 EViews 估计方程输出截图

2. 基于 Stata 的二值离散选择模型参数的估计

基于 Stata 软件分别使用 probit 模型和 logit 模型对本例数据进行分析。probit 模型 Stata 软件操作命令为

```
.use "C:\Users\ Desktop\例 9.2 - 贷款申请数据.dta"
.probit JG CC CM
```

执行命令，输出结果如图 9.7 所示。

```
Probit regression                                       Number of obs =     78
                                                        LR chi2(2)    = 102.32
                                                        Prob > chi2   = 0.0000
Log likelihood = -1.6399538                             Pseudo R2     = 0.9689

------------------------------------------------------------------------------
          JG | Coefficient  Std. err.      z    P>|z|     [95% conf. interval]
-------------+----------------------------------------------------------------
          CC |  -.2578817   .2288942    -1.13   0.260     -.706506    .1907427
          CM |   5.061789   4.458483     1.14   0.256    -3.676677    13.80025
       _cons |   8.797358   7.544069     1.17   0.244    -5.988746    23.58346
------------------------------------------------------------------------------
Note: 42 failures and 16 successes completely determined.
```

图 9.7　probit 模型 Stata 输出结果

logit 模型 Stata 软件操作命令为

```
.logit JG CC CM
```

执行命令，输出结果如图 9.8 所示。

```
Logistic regression                                     Number of obs =     78
                                                        LR chi2(2)    = 102.22
                                                        Prob > chi2   = 0.0000
Log likelihood = -1.6926735                             Pseudo R2     = 0.9679

------------------------------------------------------------------------------
          JG | Coefficient  Std. err.      z    P>|z|     [95% conf. interval]
-------------+----------------------------------------------------------------
          CC |  -.4650345   .4317654    -1.08   0.281    -1.311279    .3812102
          CM |     9.3799   8.712551     1.08   0.282    -7.696386    26.45619
       _cons |   16.11426   14.56372     1.11   0.269    -12.43012    44.65863
------------------------------------------------------------------------------
Note: 33 failures and 9 successes completely determined.
```

图 9.8　logit 模型 Stata 输出结果

对上面不同模型的软件输出结果进行比较发现，模型参数的估计值虽有差异，但其 z 统计量的值及其他对应项的值差异很小。

3. 基于 R 的二值离散选择模型参数的估计

我们还可以基于 R 软件分别使用 probit 模型和 logit 模型对本例数据进行分析。probit 模型 R 软件操作命令如下：

```
library(readxl)
newdata<- read_excel("例 9.2 贷款申请数据集.xlsx")
View(newdata)
probit_model<- glm(JG ~ CC + CM, data = newdata, family = binomial(link =
```

```
"probit"))
    summary(probit_model)
```

logit 模型 R 软件操作命令如下：

```
    library(readxl)
    newdata<- read_excel("例 9.2 贷款申请数据集.xlsx")
    View(newdata)
    logit_model <- glm(JG ~ CC + CM, data = newdata, family = binomial(link =
"logit"))
    summary(logit_model)
```

执行以上命令后即可输出相关结果，请读者利用例 9.2 数据练习操作。

9.5　二值离散选择模型的检验

与经典线性回归分析一样，在对二值离散选择模型估计后，还要对估计出的模型进行检验，主要检验的项目包括拟合优度检验、方程显著性检验、变量显著性检验、预测(回代结果)检验、异方差性检验及省略变量检验等。其中，变量显著性检验的思路与检验统计量与经典线性回归部分相似，但异方差性、省略变量的检验原理及检验统计量较为复杂，因此本部分主要简单介绍拟合优度检验、方程显著性检验、预测(回代)效果检验，以及异方差性与省略变量的检验。

需要注意的是，经典线性回归模型的估计方法主要以最小二乘法为基础，检验采用的统计量多以残差平方为基础进行构建。然而，诸如离散选择模型的非经典计量经济模型的估计主要使用极大似然估计法，故有关检验统计量的构建基于似然函数，例如 6.2 中介绍的似然比统计量、沃尔德统计量，以及拉格朗日乘数统计量等。

1. 拟合优度的测度

对 probit 模型和 logit 模型来说，由于没有类似经典线性回归中的平方和分解公式，故无法计算 R^2，但分析软件通常采用各种准 R^2 测度拟合优度。其中，最常用的是麦克法登(McFadden)提出的准 R^2(McFadden R-squared)。

关于麦克法登的准 R^2，软件输出结果中的表述是 McFadden R-squared 或 Pseudo R2，其定义为

$$\text{麦克法登准 } R^2 = 1 - \frac{\ln L}{\ln L_0} \tag{9.45}$$

式中，$\ln L$ 表示欲估计模型(原始模型)的对数似然函数值；$\ln L_0$ 则表示只有常数项的模型的对数似然函数值。根据对数似然函数的表达式可知 $\ln L$ 与 $\ln L_0$ 均为负，且通常 $|\ln L| < |\ln L_0|$，因而 $0 <$ 准 $R^2 < 1$。如果解释变量均无解释能力，即模型完全不拟合样本数据，那么 $L = L_0$，故准 $R^2 = 0$；如果模型完全拟合样本数据，那么 $L = 1$，故准 $R^2 = 1$。但实际中，对 probit 模型和 logit 模型来说，$\ln L$ 不能达到 0，因为这要求当 $y_i = 1$ 时估计的概率都等于 1，当 $y_i = 0$ 时估计的概率都等于 0。总而言之，准 R^2 可以作为检验模型拟合优度的统计量，其值越接近于 1，模型的拟合程度越高。

例如，图 9.7 和图 9.8 分别报告了 Stata 输出的 probit 模型的准 R^2（Pseudo R2）为 0.9689，logit 模型的准 R^2（Pseudo R2）为 0.9679。图 9.2 和图 9.5 分别报告了 EViews 输出的两个模型拟合程度的准 R^2（McFadden R-squared）。以 EViews 估计的 probit 模型（图 9.2）为例，$\ln L_1=-1.639954$，$\ln L_0=-52.80224$，故麦克法登的准 $R^2=0.968942$，读者可将其代入式(9.45)进行验算。

2. 方程的显著性检验

方程的显著性检验即变量的联合检验，检验的原假设为：$H_0:\boldsymbol{\beta}=\mathbf{0}$，或以分量的形式表示为 $H_0:\beta_1=\beta_2=\cdots=\beta_k=0$，备择假设为 $H_1:\beta_1,\beta_2,\cdots,\beta_k$ 不全为零。检验用的统计量为似然比统计量，即

$$\mathrm{LR}=-2(\ln L_0-\ln L)\sim \chi^2(k) \tag{9.46}$$

式中，$\ln L$ 与 $\ln L_0$ 的意义同上。当原假设 H_0 成立时，$\ln L$ 与 $\ln L_0$ 差异较小，从而 LR 值偏小，而原假设 H_0 不成立时，$\ln L$ 与 $\ln L_0$ 差异偏大，从而 LR 值偏大。因此，偏大的 LR 值倾向于拒绝原假设。

以例 9.2 中 probit 模型的估计结果为例，$\ln L_1=-1.639954$，$\ln L_0=-52.80224$，计算得到 LR=102.3246（图 9.2 中的 LR statistic）。查 χ^2 分布表得 $\chi^2_{0.01}(2)=9.21$，故在 0.01 的显著水平上，方程通过显著性检验。

3. 模型预测效果检验

模型预测效果检验实际上是检验模型正确预测的效果，也称为回代效果检验。该检验是在二值离散选择模型被估计后，将样本中所有个体的解释变量观测值代入估计出的模型，计算对应每个个体的被解释变量取 1 的概率（预测概率），然后将其与每个个体被解释变量的实际观测值进行比较，获得正确预测的百分比，并借此判断模型的预测效果或回代效果。

例 9.2 中二值离散选择模型的回代结果见表 9.2 中的 JGF 列。观察 JG 列和 JGF 列数据发现，有 2 个客户的预测概率与原始结果出现不一致，其余全部一致。出现不一致的 2 个客户中，一个的原始结果取 1 而预测概率为 0.4472，另一个的原始结果取 0 而预测概率为 0.5498。这样看来，模型正确预测率为 97.44%。

应用 Stata 软件可计算例 9.2 中模型预测概率和正确预测的百分比。输入命令“predict JGF”可得到表 9.2 中的 JGF 列，输入命令“estat class”可得到模型正确预测的百分比。图 9.9 给出了由 Stata 计算的例 9.2 中 probit 模型正确预测案例数与正确预测的百分比，这里 0.50 作为临界值点。

关于模型预测效果或回代效果的判断涉及临界值的选择，不同的临界值选择会得到不同的正确预测百分比。通常确定临界值的方法有朴素方法、先验方法和最优方法。朴素方法是以 0.50 为临界值的方法，该方法适合样本中两种选择（1 和 0）比例大体相同的情况。在例 9.2 中，被解释变量 JG 取 1 和 0 的客户数目分别为 32 和 46，差异较大，因此临界值选择不适合采用该方法。先验方法采用样本中被解释变量的观察值取 1 的所有个体的占比作为临界值。例 9.2 中，被解释变量 JG 取 1 的客户（贷款成功）的占比是 0.41(32/78)。但是，该方法适合样本包含全部个体的情形，而例 9.2 中的 78 个客户仅是银行所有贷款客户中的极少数，所以临界值选择也不适合采用该方法。最优方法是基于“犯第一类错误最小”的原则确定临界值。例 9.2 中，如果以 0.50 为临界值，则有两个客户犯第一类错误，即出现“弃真”。如果以 0.41 为

Probit model for JG

Classified	True D	True ~D	Total
+	31	1	32
-	1	45	46
Total	32	46	78

Classified + if predicted Pr(D) >= .5

Correctly classified 97.44%

图 9.9　probit 模型预测结果

临界值，则出现“弃真”的客户只有 1 个。所以，以 0.41 作为临界值比较合适。

4. 省略变量检验

在二值离散选择模型中，如果省略或遗漏了一个变量，且这个变量与模型中保留的变量不是正交的，这种省略是否恰当，是否合适？它会对参数估计量产生怎样的影响？下面以类似经典线性回归模型中变量显著性的 t 检验思路对其进行分析。设有以下假设：

$$H_0: \boldsymbol{Y}^* = \boldsymbol{X}_1\boldsymbol{\beta}_1 + \boldsymbol{\varepsilon}^*,\ H_1: \boldsymbol{Y}^* = \boldsymbol{X}_1\boldsymbol{\beta}_1 + \boldsymbol{X}_2\boldsymbol{\beta}_2 + \boldsymbol{\varepsilon}^*$$

事实上，假设 H_1 中的模型为未受约束的模型，假设 H_0 中的模型为受约束的模型，省略或遗漏了 $\boldsymbol{X}_2$。

检验这个假设可选择的统计量为 Wald 统计量、LR 统计量和 LM 统计量，具体计算方法如下：

$$W = \hat{\boldsymbol{\beta}}'_2 \boldsymbol{V}_2^{-1} \hat{\boldsymbol{\beta}}_2 \tag{9.47}$$

式中，$\boldsymbol{V}_2 = \mathrm{AsyVar}(\hat{\boldsymbol{\beta}}_2)$，是估计量 $\hat{\boldsymbol{\beta}}_2$ 的渐近协方差矩阵。

$$\mathrm{LR} = -2(\ln \hat{L}_0 - \ln \hat{L}_1) \tag{9.48}$$

式中，$\hat{L}_0$、$\hat{L}_1$ 分别为 H_0 和 H_1 成立时的似然函数值。

$$\mathrm{LM} = \boldsymbol{g}'_0 \boldsymbol{V}_0^{-1} \boldsymbol{g}_0 \tag{9.49}$$

式中，$\boldsymbol{g}_0$ 是 H_1 成立时的对数似然函数关于参数估计量的一阶导数向量，用 H_0 情形下的极大似然函数参数估计量代入计算；$\boldsymbol{V}_0$ 是 H_1 成立时参数极大似然估计量的协方差矩阵估计量。

上面三个统计量都渐近服从 χ^2 分布，其自由度为 $\boldsymbol{X}_2$ 所含变量的个数。利用 EViews 软件，检验的具体过程如下：第一步，对约束模型进行估计；第二步，选择系数检验，选择省略变量(LR 检验)；第三步，引入省略变量，如 $\boldsymbol{X}_2$，点击确定；第四步，选择上述统计量(如 LR 统计量)进行计算，对于给定的显著水平查卡方分布表得到临界值，如果计算得到的统计量的值大于临界值，则拒绝原假设。

在例 9.2 中，若省略变量 CC，只保留变量 CM，检验过程如下：

第一步，对约束模型进行估计，EViews 输出结果见图 9.10。

第二步，选择省略的变量 CC，选择“View/Coefficient Tests → Omitted Variables-Likelihood Ratio...”，如图 9.11 所示。

第三步，引入省略变量 CC，如图 9.12 所示。点击 OK(确定)后，输出结果如图 9.13 所示。

第四步，计算 LR 统计量。本例中，由图 9.10 得到 $\ln\hat{L}_0=-34.24254$，由图 9.13 得到 $\ln\hat{L}_1=-1.639954$，于是 $\mathrm{LR}=-2(\ln\hat{L}_0-\ln\hat{L}_1)=65.20518$。给定显著水平 0.01，查卡方分布表得到临界值为 6.635，统计量的值大于临界值，故拒绝原假设，即变量 CC 显著。事实上，图 9.13 给出了对数似然比的值，且其 p 值小于 0.01。

View | Procs | Objects | Print | Name | Freeze | Estimate | Forecast | Stats | Resids

Dependent Variable: JG
Method: ML - Binary Probit (Quadratic hill climbing)
Date: 10/09/23 Time: 12:23
Sample: 1 78
Included observations: 78
Convergence achieved after 4 iterations
Covariance matrix computed using second derivatives

Variable	Coefficient	Std. Error	z-Statistic	Prob.
C	-0.026200	0.174034	-0.150546	0.8803
CM	0.819570	0.159892	5.125770	0.0000

Mean dependent var	0.410256	S.D. dependent var	0.495064
S.E. of regression	0.385953	Akaike info criterion	0.929296
Sum squared resid	11.32097	Schwarz criterion	0.989724
Log likelihood	-34.24254	Hannan-Quinn criter.	0.953487
Restr. log likelihood	-52.80224	Avg. log likelihood	-0.439007
LR statistic (1 df)	37.11939	McFadden R-squared	0.351494
Probability(LR stat)	1.11E-09		

Obs with Dep=0	46	Total obs	78
Obs with Dep=1	32		

图 9.10　约束模型 EViews 估计结果截图

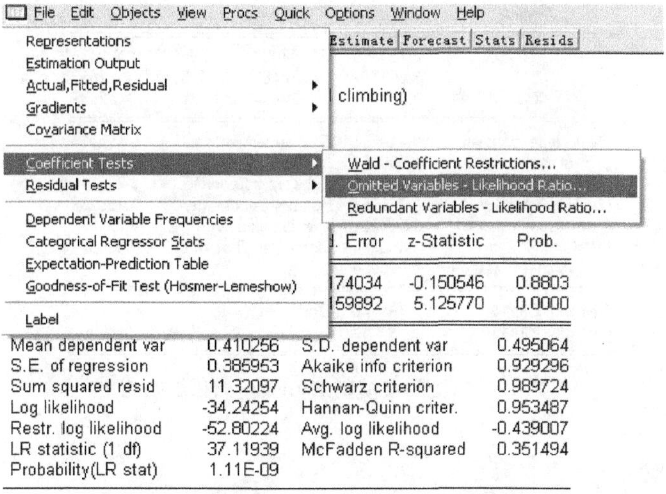

图 9.11　EViews 选择系数检验截图

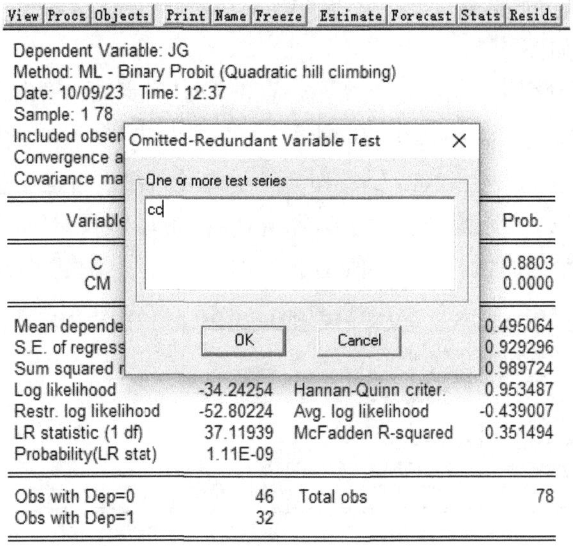

图 9.12　引入省略变量 CC 示意图

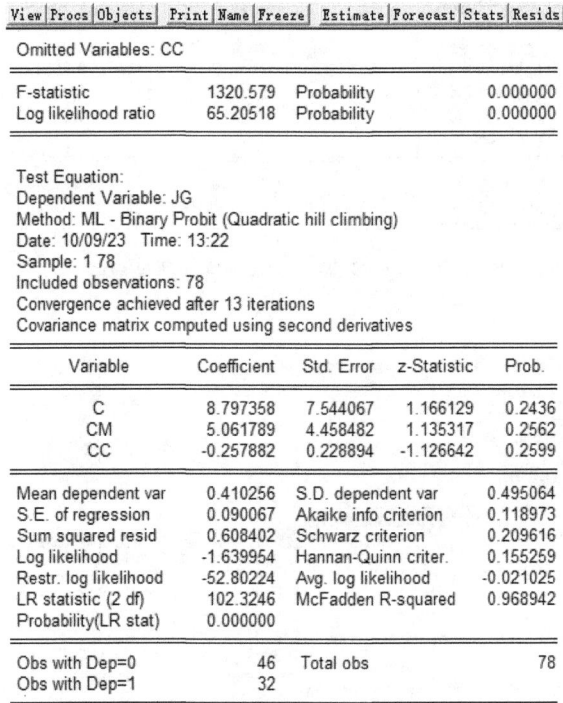

View Procs Objects Print Name Freeze Estimate Forecast Stats Resids

Omitted Variables: CC

F-statistic	1320.579	Probability	0.000000
Log likelihood ratio	65.20518	Probability	0.000000

Test Equation:
Dependent Variable: JG
Method: ML - Binary Probit (Quadratic hill climbing)
Date: 10/09/23 Time: 13:22
Sample: 1 78
Included observations: 78
Convergence achieved after 13 iterations
Covariance matrix computed using second derivatives

Variable	Coefficient	Std. Error	z-Statistic	Prob.
C	8.797358	7.544067	1.166129	0.2436
CM	5.061789	4.458482	1.135317	0.2562
CC	-0.257882	0.228894	-1.126642	0.2599

Mean dependent var	0.410256	S.D. dependent var	0.495064
S.E. of regression	0.090067	Akaike info criterion	0.118973
Sum squared resid	0.608402	Schwarz criterion	0.209616
Log likelihood	-1.639954	Hannan-Quinn criter.	0.155259
Restr. log likelihood	-52.80224	Avg. log likelihood	-0.021025
LR statistic (2 df)	102.3246	McFadden R-squared	0.968942
Probability(LR stat)	0.000000		

Obs with Dep=0	46	Total obs	78
Obs with Dep=1	32		

图 9.13　未受约束模型 EViews 估计结果截图

5. 异方差性检验

一般而言，截面数据容易存在异方差性。标准的 probit 模型和 logit 模型假设随机误差项同方差，具体应用中如何进行判断呢？我们可以采用似然比检验。

对于 probit 模型，构建原假设 H_0 为

$$H_0: P(y=1|\boldsymbol{x}_i,\boldsymbol{\beta}) = \Phi(\boldsymbol{x}_i\boldsymbol{\beta}/\sigma) \tag{9.50}$$

式中，误差项的标准差 $\sigma=1$，即同方差。备择假设 H_1 为

$$H_1: P(y=1|\boldsymbol{x}_i,\boldsymbol{\beta}) = \Phi(\boldsymbol{x}_i\boldsymbol{\beta}/\sigma_i) \tag{9.51}$$

式中，$\sigma_i^2=\mathrm{Var}(\varepsilon_i)$ 是误差项的方差，即体现存在异方差。进一步，假设 σ_i^2 依赖 $m\times 1$ 维外生变量 $\boldsymbol{Z}$，系数 $\boldsymbol{\delta}$ 为 m 维列向量，异方差结构为

$$\sigma_i^2=\mathrm{Var}(\varepsilon_i|\boldsymbol{x},\boldsymbol{Z})=\exp(\boldsymbol{Z}_i'\boldsymbol{\delta}) \tag{9.52}$$

这里的变量 $\boldsymbol{Z}$ 与解释变量可以有部分重叠，或者包含 $\boldsymbol{x}$，但不包含常数项[①]。对式(9.52)两端取对数得

$$\ln\sigma_i^2=\boldsymbol{Z}_i'\boldsymbol{\delta} \tag{9.53}$$

这样一来，可以将异方差的检验转变为检验 $H_{01}:\boldsymbol{\delta}=\boldsymbol{0}$ 的约束检验问题。

在 Stata 中，称 $\ln\sigma_i^2$ 为“lnsigma2”。在异方差情况下，同样写出似然函数，并估计式(9.51)和式(9.53)的条件方差方程。对 probit 模型进行异方差估计的命令为

```
hetprob y x1 x2 x3,het(varlist)
```

其中，选择项“het(varlist)”是指定对误差项有影响的所有变量。Stata 的输出结果汇报了对 $H_{01}:\boldsymbol{\delta}=\boldsymbol{0}$ 进行似然比检验的结果，即检验式(9.53)条件方差方程的联合显著性。若接受 $H_{01}:\boldsymbol{\delta}=\boldsymbol{0}$，则可采用同方差的 probit 模型，否则应采用异方差的 probit 模型。

以例 9.2 数据为例，在 Stata 中输入命令：

```
. hetprob JG CC CM,het(CC CM) nolog
```

执行命令后可得到如图 9.14 所示结果。图 9.14 中间部分为原方程估计结果，下部分为条件方差方程(lnsigma2)的估计结果。图中最后一行显示的是似然比检验的 p 值，其值为 0.9208，故未拒绝同方差假设。

```
Heteroskedastic probit model                    Number of obs      =        78
                                                Zero outcomes      =        46
                                                Nonzero outcomes   =        32

                                                Wald chi2(2)       =      0.16
Log likelihood = -1.557495                      Prob > chi2        =    0.9226
```

JG	Coefficient	Std. err.	z	P>|z|	[95% conf.	interval]
JG						
CC	-.2233215	.556439	-0.40	0.688	-1.313922	.8672789
CM	4.556595	11.7628	0.39	0.698	-18.49808	27.61127
_cons	7.796994	19.3647	0.40	0.687	-30.15712	45.7511
lnsigma						
CC	-.0124455	.0799525	-0.16	0.876	-.1691495	.1442585
CM	-.3853944	1.603919	-0.24	0.810	-3.529017	2.758228

```
LR test of lnsigma=0: chi2(2) = 0.16                   Prob > chi2 = 0.9208
```

图 9.14　probit 模型异方差检验

① 若包含常数项，将会使诸误差项的方差同比例变化，致使常数项无法识别。

一般情况下，大多数模型存在异方差，如果模型出现异方差，可以不对异方差进行检验，采用 White 修正的标准差估计值。若使用 EViewsr 软件，点击菜单栏里的“Quick/Estimate Equation”，在“Equation Specification”对话框中点击右下角的“Option”，在出现的“Estimation Options”对话框中，选择“Robust Covariances”，再点击“Huber/White”，具体如图 9.15 所示。最后点击 OK，输出结果如图 9.16 所示。为便于比较，该图右上角的文本框中给出了图 9.2 probit 模型系数参数与标准差等估计结果。观察发现，系数的估计值一样，但其标准差不一样。

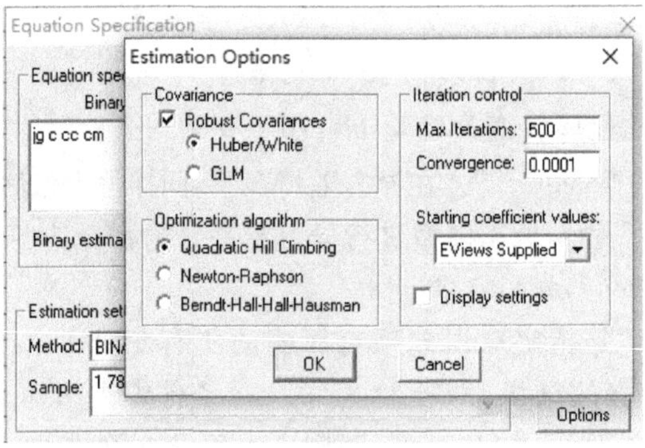

图 9.15　EViews 中 White 修正标准差估计操作窗口截图

View | Procs | Objects | Print | Name | Freeze | Estimate | Forecast | Stats | Resids

Dependent Variable: JG
Method: ML - Binary Probit (Quadratic hill climbing)
Date: 10/09/23   Time: 13:50
Sample: 1 78
Included observations: 78
Convergence achieved after 13 iterations
QML (Huber/White) standard errors & covariance

Coefficient	Std. Error	z-Statistic	Prob.
8.797358	7.544067	1.166129	0.2436
-0.257882	0.228894	-1.126642	0.2599
5.061789	4.458482	1.135317	0.2562

Variable	Coefficient	Std. Error	z-Statistic	Prob.
C	8.797358	1.350230	6.515451	0.0000
CC	-0.257882	0.044167	-5.838766	0.0000
CM	5.061789	1.005360	5.034801	0.0000

Mean dependent var	0.410256	S.D. dependent var	0.495064
S.E. of regression	0.090067	Akaike info criterion	0.118973
Sum squared resid	0.608402	Schwarz criterion	0.209616
Log likelihood	-1.639954	Hannan-Quinn criter.	0.155259
Restr. log likelihood	-52.80224	Avg. log likelihood	-0.021025
LR statistic (2 df)	102.3246	McFadden R-squared	0.968942
Probability(LR stat)	0.000000		
Obs with Dep=0	46	Total obs	78
Obs with Dep=1	32		

图 9.16　EViews 软件 White 修正标准差估计输出结果截图

关于估计选项(图 9.15)，因为采用迭代法求极大似然函数的最大值，所以选项可以从估计选项中设定估计算法与迭代限制。估计选项对话框有以下几项设置：

(1)稳健标准差(robust standard errors)。对二值被解释变量模型而言，EViews 允许使用准-极大似然函数(Huber/White)或广义线性模型(GLM)方法估计标准误差。观察图 9.15

的 Robust Covariances 栏，可从两种方法中选择一种。

(2)初始值。EViews 的默认值是使用经验运算法则选择出来的，适用于二值选择模型的每一种类型。

(3)估计算法。在“Optimization algorithm”栏中选择进行优化的算法。EViews 默认使用“Quadratic Hill Climbing”方法得到参数估计，该算法使用对数似然分析二阶导数的矩阵来形成迭代和计算估计的系数协方差矩阵。“Newton-Raphson”方法也使用二阶导数，“Berndt-Hall-Hall-Hausman”方法使用一阶导数，既确定迭代更新，又确定协方差矩阵估计。

关于二值离散选择模型的更多讨论，如半参数二值选择(semiparametric binary choice)、工具变量 probit、二值离散面板模型(binary choice panel model)的讨论见 Hansen 的 *Econometrics* 一书，涉及二值离散模型估计的稀有事件偏差、内生变量的 probit 模型、双变量 probit 模型等的讨论见陈强的《高级计量经济学及 Stata 应用》一书。

练习题

1. 二值离散选择问题为什么要使用潜变量模型？
2. 试述线性概率模型的缺陷。
3. 试述二值离散选择模型边际效应的概念与类型。
4. logit 模型和 probit 模型中系数的成败比解释存在什么差异？
5. 对于逻辑分布函数 $\Lambda(x)=(1+\mathrm{e}^{-x})^{-1}$，证明 $\frac{\mathrm{d}}{\mathrm{d}x}\Lambda(x)=\Lambda(x)[1-\Lambda(x)]$。
6. 请选择一个社会、经济二值选择问题，收集数据并采用相关统计软件进行分析。

第 10 章　多项离散选择模型

现实中，我们经常遇到多项(值)选择问题，这是最普遍的选择现象，决策者按照效用最大原则在可行的方案中进行选择。例如：①一个人面临多种职业选择，将可供选择的职业排队，可用 0、1、2、3 表示，影响选择的因素有不同职业的收入、工作时间、发展前景和个人偏好等；②不同的消费者对纯电动汽车的喜好程度不同，如十分喜欢、一般喜欢、无所谓、一般厌恶和十分厌恶，可分别用 0、1、2、3、4 表示，影响消费者喜好的因素有汽车的价格、续航里程、补电方便性、性能、个人收入及使用场景等；③一个人到单位上班选择的交通方式，如自驾、乘坐出租车、乘坐公交车、坐地铁或者骑自行车。这三个例子代表了多项选择问题的不同类型。前两个例子属于排序选择问题，所谓“排序”是指在各个选择项之间有一定的顺序或级别种类；第三个例子只是同一个决策者面临多种选择，多种选择之间没有排序，不属于排序选择问题，也称为无序选择问题。排序选择问题与一般的无序选择问题不同，决策者做出某种选择并不意味实现了效用最大化，可能是一定约束条件下的无奈选择。

本章介绍多项选择模型，内容包括简单多项 logit 模型、条件 logit 模型、嵌套 logit 模型、混合 logit 模型、多项 probit 模型、排序选择模型、计数模型等模型的分析方法和软件操作。

10.1　多项响应与多项 logit 模型

在多项离散选择模型中，由于多项 probit 模型需要对多元正态分布的整体进行评价，其应用会受到限制。与之不同的是，逻辑分布更适用于效用最大化的分布选择，且 logit 模型的似然函数具有快速可靠收敛的特性，特别当方案或者决策个体数量较大时，其计算比较简便。因此，在实际应用中，一般都采用多项 logit 模型进行分析。

10.1.1　多项响应

在第 9 章的二值离散选择模型中，基于潜变量模型(效用模型)将选择问题转化为效用可以进行比较的问题，克服了直接以选择结果作为被解释变量的模型(线性概率模型)的缺陷。因此，在构建一般多项选择模型中继续沿用这一思路。

设有一个多项随机变量 Y，其取值通常记为 $Y\in\{1,2,\cdots,M\}$。集合中的元素通常被称为备选方案。在大多数应用中，备选方案呈现分类特征(汽车、自行车、飞机、火车)且没有顺序。当回归没有解释变量时，模型可由 M 个概率 $P_j=P(Y=j)$ 完整地描述。当获得了多项随机变量 Y 的影响变量(解释变量)$\boldsymbol{X}\in\mathbf{R}^k$ 时($\boldsymbol{X}$ 为 k 维列向量)，给定 $\boldsymbol{X}$ 时 Y 的条件分布可由响应概率描述，即

$$P_j(\boldsymbol{x})=P(Y=j\mid\boldsymbol{X}=\boldsymbol{x})$$

响应概率可采用非参数方法识别，并且可以是 $\boldsymbol{x}$ 的任意函数。

根据潜在效用模型，选择第 j 个方案的效用为

$$U_j^* = \boldsymbol{X}'\boldsymbol{\beta}_j + \varepsilon_j^*,\quad j=1,2,\cdots,M \tag{10.1}$$

式中，$\boldsymbol{\beta}_j$ 为回归系数向量；ε_j^* 为选择方案的特定误差。$\boldsymbol{\beta}_j$ 描述了 $\boldsymbol{X}$ 如何影响决策者选择第 j 个方案的效用；ε_j^* 是决策者个体特定误差，反映了影响个体效用的不可观测的因素。

在潜在效用模型中，关于方案选择有一个假设，即一个决策者（个体）选择第 j 个方案遵循效用最大原则。例如，一个决策者（个体）选择第 j 个方案，如果对所有的 $l=1,2,\cdots,M$，$U_j^* \geqslant U_l^*$，则 $Y=j$。在效用模型中，解释变量包含所有对方案选择产生影响的因素，其可分为两类，一类是决策者的属性因素，一类是备选方案的属性因素。但是，在许多现实问题中，备选方案的属性因素一般会随着方案的不同而变化。例如，在不同的交通方式选择中，交通费用、耗费时间、安全程度等随不同的交通方式而变化；在商品选择中，不同商品的价格或制造成本不同；等等。在决策者的属性因素中，有些随交通方式的不同而变化，有些因素却保持不变，例如对交通方式的偏好会随方案变化，而决策者的年龄、收入、健康状况等不会随方案的不同而变化。因此，下面的讨论分为两种情形：一种情形是解释变量 $\boldsymbol{X}$ 特定于决策个体而不特定于备选方案，即解释变量只随决策个体变化；另一种情形是解释变量 $\boldsymbol{X}$ 既特定于决策个体，同时又特定于备选方案，即解释变量既随决策个体变化，又随备选方案变化。对应上述情形一的多项 logit 模型，在有些文献中被称为“简单”多项 logit 模型、“名义”多项 logit 模型，或多项“纯” logit 模型。

10.1.2　多项 logit 模型

简单的多项 logit 模型（multinomial logit model）是

$$P_j(\boldsymbol{x}) = P(Y=j \mid \boldsymbol{X}=\boldsymbol{x}) = \frac{\exp(\boldsymbol{x}'\boldsymbol{\beta}_j)}{\sum_{l=1}^{M}\exp(\boldsymbol{x}'\boldsymbol{\beta}_l)} \tag{10.2}$$

该模型包括二值 logit 模型作为特例。这里称式（10.2）为简单多项 logit 模型，以将其与下一节的条件 logit 模型区分开来。

定义 10.1　Ⅰ型极值分布函数（type Ⅰ extreme value distribution function）为

$$F(\varepsilon) = \exp[-\exp(-\varepsilon)]$$

定义 10.2　广义极值（generalized extreme value，简称为 GEV）分布的联合分布为

$$F(\varepsilon_1,\varepsilon_2,\cdots,\varepsilon_M) = \exp\left\{-\left[\sum_{j=1}^{M}\exp\left(-\frac{\varepsilon_j}{\tau}\right)\right]^{\tau}\right\},\quad 0<\tau\leqslant 1 \tag{10.3}$$

当 $M=1,\tau=1$ 时，GEV 分布简化为Ⅰ型极值分布；当 $M>1,\tau=1$ 时，GEV 分布等于相互独立的Ⅰ型极值分布的乘积；当 $M>1,\tau<1$ 时，服从 GEV 分布的随机变量相关，其相关系数等于 $1-\tau^2$［参见科茨（Kotz）和纳德拉贾（Nadarajah）的 *Extreme Value Distributions: Theory and Applications*（《极值分布：理论与应用》）一书］。参数 τ 被称为相异参数或不相似参数（dissimilarity parameter）。式（10.3）是麦克法登引入的 GEV 分布的一个特例。根据麦克法登的研究有如下的结论。

定理 10.1　假设选择方案 j 的效用为 $U_j^* = \boldsymbol{X}'\boldsymbol{\beta}_j + \varepsilon_j^*$ $(j=1,2,\cdots,M)$，误差向量 $(\varepsilon_1,\varepsilon_2,\cdots,\varepsilon_M)$ 服从 GEV 分布，则响应概率为

$$P_j(\boldsymbol{x}) = \frac{\exp(\boldsymbol{x}'\boldsymbol{\beta}_j/\tau)}{\sum_{l=1}^{M}\exp(\boldsymbol{x}'\boldsymbol{\beta}_l/\tau)}$$

如果随机误差项 $\varepsilon_1,\varepsilon_2,\cdots,\varepsilon_M$ 独立同分布于Ⅰ型极值分布，则响应概率为简单的多项 logit 模型，这是定理 10.1 经常被提及和最为常用的含义。

在现代离散选择建模中，效用服从极值分布是一个常用的假设，这样做使得定理 10.1 可以被调用来推导选择概率是多项 logit。这个假设的使用是为了代数推导的方便，而不是因为人们认为效用实际上服从极值分布。

观察式(10.1)会发现，如果添加 $\boldsymbol{X}'\boldsymbol{\gamma}$（$\boldsymbol{\gamma}$ 为常向量）到式(10.1)，即将 $\boldsymbol{\beta}_j$ 变为 $\boldsymbol{\beta}_j+\boldsymbol{\gamma}$，则根据效用大小所做的选择不变，这说明 $\boldsymbol{\beta}_j$ 不可单独识别(separately identified)，充其量只能识别其差异 $\boldsymbol{\beta}_j-\boldsymbol{\beta}_l$。一般通过施行规范化（或标准化）处理来实现识别，通常将某一方案（例如方案 1）作为基准方案(base alternative)或参照方案，令其系数 $\boldsymbol{\beta}_1=\mathbf{0}$，报告的系数 $\boldsymbol{\beta}_j$ 应解释为相对于基准方案的差异。在这种情况下，决策者选择第 j 个方案的概率为

$$P_j(\boldsymbol{x})=P(Y=j|\boldsymbol{X}=\boldsymbol{x})=\begin{cases}\dfrac{1}{1+\sum\limits_{l=2}^{M}\exp(\boldsymbol{x}'\boldsymbol{\beta}_l)}, & j=1\\[2ex] \dfrac{\exp(\boldsymbol{x}'\boldsymbol{\beta}_j)}{1+\sum\limits_{l=2}^{M}\exp(\boldsymbol{x}'\boldsymbol{\beta}_l)}, & j=2,\cdots,M\end{cases} \tag{10.4}$$

式中，以方案 $j=1$ 作为基准方案。

采用极大似然估计法对式(10.4)进行估计。假设得到了 n 个决策者在 M 个方案中的样本观察 $\{y_i,\boldsymbol{x}_i\}$，决策者 i 选择第 j 个方案的效用为

$$U_{ij}^*=\boldsymbol{x}_i'\boldsymbol{\beta}_j+\varepsilon_{ij}^*,\quad i=1,2,\cdots,n,\quad j=1,2,\cdots,M$$

式中，解释变量 $\boldsymbol{x}_i$ 只随决策个体 i 变化。

决策者 i 的似然函数为

$$L_i(\boldsymbol{\beta})=L_i(\boldsymbol{\beta}_1,\boldsymbol{\beta}_2,\cdots,\boldsymbol{\beta}_M)=\prod_{j=1}^{M}[P(y_i=j|\boldsymbol{x}_i)]^{I(y_i=j)} \tag{10.5}$$

式中，$\boldsymbol{\beta}=(\boldsymbol{\beta}_1,\boldsymbol{\beta}_2,\cdots,\boldsymbol{\beta}_M)$。所有 n 个决策者的似然函数为

$$L(\boldsymbol{\beta})=L(\boldsymbol{\beta}_1,\boldsymbol{\beta}_2,\cdots,\boldsymbol{\beta}_M)=\prod_{i=1}^{n}\prod_{j=1}^{M}[P(y_i=j|\boldsymbol{x}_i)]^{I(y_i=j)} \tag{10.6}$$

其对数似然函数为

$$\ln(\boldsymbol{\beta})=\sum_{i=1}^{n}\sum_{j=1}^{M}I(y_i=j)\cdot\ln[P(y_i=j|\boldsymbol{x}_i)] \tag{10.7}$$

式中，$I(\cdot)$为示性函数。

将对数似然函数式(10.7)最大化，可得到 $\boldsymbol{\beta}=(\boldsymbol{\beta}_1,\boldsymbol{\beta}_2,\cdots,\boldsymbol{\beta}_M)$ 的极大似然估计 $\hat{\boldsymbol{\beta}}=(\hat{\boldsymbol{\beta}}_1,\hat{\boldsymbol{\beta}}_2,\cdots,\hat{\boldsymbol{\beta}}_M)$，即

$$\hat{\boldsymbol{\beta}}=(\hat{\boldsymbol{\beta}}_1,\hat{\boldsymbol{\beta}}_2,\cdots,\hat{\boldsymbol{\beta}}_M)=\operatorname{argmax}\ln(\boldsymbol{\beta})$$

这个最优化问题没有代数解，所以需要用数值方法。多项选择模型的系数比较难以解释，因此在实际应用中，比较有用的做法是考虑和报告边际效应，即

$$\boldsymbol{\delta}_j(\boldsymbol{x})=\frac{\partial}{\partial\boldsymbol{x}}P_j(\boldsymbol{x})=P_j(\boldsymbol{x})\left[\boldsymbol{\beta}_j-\sum_{l=1}^{M}\boldsymbol{\beta}_lP_l(\boldsymbol{x})\right] \tag{10.8}$$

其估计为

$$\hat{\boldsymbol{\delta}}_j(\boldsymbol{x})=\hat{P}_j(\boldsymbol{x})\left[\hat{\boldsymbol{\beta}}_j-\sum_{l=1}^{M}\hat{\boldsymbol{\beta}}_l\hat{P}_l(\boldsymbol{x})\right]$$

平均边际效应 $\mathrm{AME}_j=E[\boldsymbol{\delta}_j(\boldsymbol{x})]$可由 n 个决策者在第 j 个方案上的边际效应的算术平均值进行估计，即

$$\widehat{\mathrm{AME}}_j=\frac{1}{n}\sum_{i=1}^{n}\hat{\boldsymbol{\delta}}_j(\boldsymbol{x}_i) \tag{10.9}$$

在 Stata 软件中，多项 logit 模型可使用“mlogit”命令来实现，概率使用“predict”命令计算，平均边际效应使用命令“margins，dydx”计算。在 R 软件中，多项 logit 模型使用“mlogit”命令实现。

10.1.3　条件 logit 模型

10.1.2 小节讨论了解释变量不随备选方案变化的情形，下面讨论解释变量随备选方案变化的情况。针对这种情况，麦克法登在 20 世纪 70 年代进行了研究，并提出了选择模型，他将其称为条件 logit 模型(conditional logit model)。

假设决策者 i 选择第 j 个方案的效用为

$$U_{ij}^*=\boldsymbol{x}_{ij}'\boldsymbol{\beta}+\varepsilon_{ij}^*,\quad i=1,2,\cdots,n,\quad j=1,2,\cdots,M \tag{10.10}$$

式中，解释变量 $\boldsymbol{x}_{ij}$ 既随决策个体 i 变化，又随备选方案 j 变化。注意上面模型中的系数 $\boldsymbol{\beta}$ 对备选方案来说都一样，即其表明 $\boldsymbol{x}_{ij}$ 对随机效用的影响不随方案变化。例如，交通耗费时间随乘车者与交通方式选择而变，但过长的交通耗费时间带来的负效用对所有交通方式来说是一致的。

为了进一步解释多项 logit 模型和条件 logit 模型之间的差异，再次考虑前面解释变量 $\boldsymbol{x}_i$ 只随决策个体 i 变化情况下的模型，即

$$U_{ij}^*=\boldsymbol{x}_i'\boldsymbol{\beta}_j+\varepsilon_{ij}^*,\quad i=1,2,\cdots,n,\quad j=1,2,\cdots,M$$

它描述了一个特定方案(如已婚或离婚)的效用如何受到年龄等变量的影响，这就要求每个备选方案都有一个单独的系数才能描述影响。与之相反，式(10.10)描述了备选方案(如火车或汽车)的效用如何受到成本和时间等因素的影响，这些变量在备选方案中具有共同的含义，因此对系数施加共同的限制似乎是合理的。

类似简单多项 logit 模型的讨论，决策个体 i 选择方案 j 的概率为

$$P(y_i=j\mid\boldsymbol{x}_{ij})=\frac{\exp(\boldsymbol{x}_{ij}'\boldsymbol{\beta})}{\sum_{l=1}^{M}\exp(\boldsymbol{x}_{il}'\boldsymbol{\beta})} \tag{10.11}$$

该模型就是条件 logit 模型，亦称为麦克法登选择模型(McFadden’s choice model)①。该模型的估计方法与简单多项 logit 模型类似，也是基于极大似然估计法得到系数的估计 $\hat{\boldsymbol{\beta}}$。与多项 logit 模型不同的是，因方案的变化不影响系数 $\boldsymbol{\beta}$，所以不必选择基准方案，也不需要将 $\boldsymbol{\beta}$ 的某些部分标准化为 0。

关于多项离散选择模型的检验，其与二值选择模型检验既相似又不同。相似之处是其也要对模型进行拟合优度检验、总体显著性检验和预测效果检验(回代效果检验)；不同之处是对

① 丹尼尔·麦克法登在离散选择领域做出了开创性贡献，他与詹姆斯·赫克曼(James Heckman)一起荣获了 2000 年诺贝尔经济学奖。

于多项离散选择模型还需要对不同选择方案之间的独立性进行检验，以及是否可以将某些选项进行合并检验。一般的应用软件都具有这些检验功能，后面的例题中将进行介绍。

10.2 混合 logit 模型与无关方案独立性

关于简单多项 logit 模型和条件 logit 模型，前者的解释变量不随方案变化，而后者的解释变量随方案变化。下面，考虑这两种情况同时出现的情形。

1. 混合 logit 模型

假设决策者 i 选择第 j 个方案的效用为

$$U_{ij}^{*}=\boldsymbol{x}_{ij}'\boldsymbol{\beta}+\boldsymbol{Z}_i'\boldsymbol{\gamma}_j+\varepsilon_{ij}^{*},\quad i=1,2,\cdots,n,\quad j=1,2,\cdots,M \tag{10.12}$$

式中，解释变量 $\boldsymbol{x}_{ij}$ 既随决策个体 i 变化，又随备选方案 j 变化，但解释变量 $\boldsymbol{Z}_i$ 只随决策个体 i 变化。与前面推导过程相似，可得

$$P(y_i=j|\boldsymbol{x}_{ij})=\frac{\exp(\boldsymbol{x}_{ij}'\boldsymbol{\beta}+\boldsymbol{Z}_i'\boldsymbol{\gamma}_j)}{\sum_{l=1}^{M}\exp(\boldsymbol{x}_{ij}'\boldsymbol{\beta}+\boldsymbol{Z}_i'\boldsymbol{\gamma}_l)} \tag{10.13}$$

文献中称该模型为混合 logit(mixed logit)模型，但在 Hansen 的 *Econometrics* 一书和 Stata 软件中仍然称其为条件 logit 模型。为了使该模型的系数可识别，也需要将某一方案(例如方案 1)作为基准方案或参照方案，令其系数 $\boldsymbol{\beta}_1=\boldsymbol{0}$。

关于上述三种模型的选择，如果备选方案本身的特征属性不重要，或其数据收集存在困难，通常选用简单多项 logit 模型。如果备选方案本身的特征属性需要考虑，则应选用条件 logit 模型或混合 logit 模型。关于标准误的选择，由于这些模型中被解释变量的分布服从多项分布，一般使用普通标准误即可，不必使用稳健标准误，这一点类似二值选择模型。但是，如果数据为集群抽样而得，则应选用聚类稳健标准误，Stata 命令为"vce(cluster clustvar)"。

关于系数的解释，在多项 logit 模型和混合 logit 模型中，对系数估计 $\hat{\boldsymbol{\beta}}$ 的解释与基准方案有关，其选择可根据相关理论或方便程度。例如，在简单多项 logit 模型中，若假设方案 1 或方案 $j\neq1$ 必然发生，则方案 j 发生的条件概率为

$$P(y=j\,|\,y=1\text{ 或 }j)=\frac{P(y=j)}{P(y=1)+P(y=j)}=\frac{\exp[\boldsymbol{x}_i'(\boldsymbol{\beta}_j-\boldsymbol{\beta}_1)]}{1+\exp[\boldsymbol{x}_i'(\boldsymbol{\beta}_j-\boldsymbol{\beta}_1)]}$$

若以方案 1 作为基准方案，令 $\boldsymbol{\beta}_1=\boldsymbol{0}$，则

$$P(y=j\,|\,y=1\text{ 或 }j)=\frac{\exp(\boldsymbol{x}_i'\boldsymbol{\beta}_j)}{1+\exp(\boldsymbol{x}_i'\boldsymbol{\beta}_j)} \tag{10.14}$$

式(10.14)与二值 logit 模型具有完全相同的形式。成败比或称相对风险(概率比)为

$$\frac{P(y=j)}{P(y=1)}=\exp(\boldsymbol{x}_i'\boldsymbol{\beta}_j)$$

对数成败比为

$$\ln\left[\frac{P(y=j)}{P(y=1)}\right]=\boldsymbol{x}_i'\boldsymbol{\beta}_j$$

2. 无关方案独立性假设

从式(10.14)可以看出，条件概率只与方案 1 和方案 $j\neq1$ 有关，与除此之外的其他方案无

关。换言之,若在多项 logit 模型中关注任意两个方案,则其模型与二值 logit 模型相同,这种性质称为"无关方案独立性"(independence of irrelevant alternatives,简称为 IIA)假设。类似推导会发现,条件 logit 模型也具有这种特征,即满足 IIA 假设。这一性质与多项 logit 模型密切相关,因为后者是卢斯(Luce)从 IIA 假设中公理化地推导出来的。但是,现实中这种假设很强,从理性决策者的行为来看,这个假设也有其不合理性。例如,考虑一个交通方式选择问题,备选方案为汽车、火车和飞机,如果 IIA 条件满足,则可能意味着选择火车的概率与选择汽车的概率之比不受机票价格的影响。这种情况在决策个体认为三种交通方式具有同等类似程度的替代性时有意义,而当火车和飞机具有更高程度的替代性时,此假设没有意义,因为较低的机票价格可能会使决策个体降低选择火车出行的概率,但不影响他们选择汽车出行的概率。总而言之,如果不同方案之间的选择具有基本相同的类似程度,则 IIA 假设一般不满足,这是三种模型共同的缺陷。

3. 无关方案独立性的检验

关于无关方案独立性假设是否成立需要进行检验,一种检验方法是豪斯曼(Hausman)检验,其思想是:若无关方案独立性假设成立,则剔除某个方案不影响其他方案参数的一致估计,仅仅降低了效率。换言之,在无关方案独立性假设成立的条件下,基于剔除某个方案后的子样本估计的系数值(设为 $\boldsymbol{\beta}_R$)与基于原样本估计的系数值(设为 $\boldsymbol{\beta}_F$,其不含剔除方案对应的系数)不应存在大的差异。基于此思路,豪斯曼和麦克法登构建了检验用的统计量为

$$(\hat{\boldsymbol{\beta}}_R-\hat{\boldsymbol{\beta}}_F)'[\widehat{\mathrm{Var}}(\hat{\boldsymbol{\beta}}_R)-\widehat{\mathrm{Var}}(\hat{\boldsymbol{\beta}}_F)]^{-1}(\hat{\boldsymbol{\beta}}_R-\hat{\boldsymbol{\beta}}_F)\xrightarrow{d}\chi^2(m) \tag{10.15}$$

式中,m 是 $\hat{\boldsymbol{\beta}}_R$ 的维数。

检验无关方案独立性假设的另一种方法由斯莫尔(Small)和萧(Hsiao)给出。但是,郑(Cheng)和朗(Long)利用蒙特卡洛方法发现,两种方法得到的估计量缺乏优良的小样本性质,即有限样本下两种方法得到的估计量的真实分布与式(10.15)的渐近分布相差甚远,因此其结论仅具有参考价值。事实上,两者的结论可能或发生矛盾。

4. Stata 软件操作

在 Stata 中,估计多项选择模型所使用的数据格式与解释变量的类型有关。针对所有解释变量都随个体而变的多项 logit 模型和多项 probit 模型,应使用"宽形格式"(wide form),即同一个体的所有数据都呈现在 Stata 数据表格的同一行。与之不同,针对条件 logit 模型与混合 logit 模型,因其存在随备选方案变化的解释变量,故应使用"长形格式"(long form),即同一个体的数据呈现在 Stata 数据表格的多行,对应备选的多个方案(每个方案占一行)。在 Stata 中,可通过命令"reshape"在宽形与长形格式之间转换,具体参考陈强的《高级计量经济学及 Stata 应用》一书。

Stata 执行多项 logit 模型的命令:

```
mlogit y x1 x2 x3,rrr base(#)
```

其中,选择项"base(#)"用于指定基准(参照)方案,若未指定,软件默认使用观测值最多的方案作为基准方案。选择项"rrr"表示汇报相对风险比率(relative risk ratio,简称为 RRR),即汇报 $e^{\boldsymbol{\beta}_j}$ 而不是 $\boldsymbol{\beta}_j$。

在对多项 logit 模型进行估计后,可通过非官方命令"mlogtest"检验无关方案独立性假

设,具体如下:

```
net install sg155   //下载安装命令 mlogtest①
mlogtest,hausman base
mlogtest,smhsiao base
```

其中,选择项“hausman”表示进行豪斯曼检验;选择项“smhsiao”表示进行 Small-Hsiao 检验;选择项“base”表示在检验中剔除基准方案后,以剩余方案中观测值最多的方案作为基准方案的检验。

Stata 执行多项 probit 模型的命令:

```
mprobit y x1 x2 x3,rrr base(#)
```

Stata 执行条件 logit 模型的命令:

```
clogit y x1 x2 x3,group(varname) or
```

其中,必选项“group(varname)”用于指定由归属同一个体的观测值构成的组,这是因为数据使用长形格式;选择项“or”表示汇报成败比(概率比)。“clogit”命令不能处理只随个体变化的解释变量。

Stata 执行混合 logit 模型的命令:

```
asclogit y x1 x2 x3,case(varname) alternatives(varname) casevars(varname)
base(#) or
```

其中,命令“asclogit”表示随方案变化的条件 logit(alternatives-specific conditional logit);必选项“case(varname)”用于指定个体(case);必选项“alternatives(varname)”用于指定方案(数据使用长形格式);选择项“casevars(varname)”表示仅随个体变化的解释变量;选择项“base(#)”用于指定基准(参照)方案;选择项“or”表示汇报成败比(概率比)。

10.3 嵌套 logit 模型

前面的讨论已经说明多项 logit 模型、条件 logit 模型,以及混合 logit 模型都需满足无关方案独立性假设。但是,现实中选择方案之间常常类似,所以无关方案独立性假设得不到满足,于是这些模型的应用就受到了限制。嵌套 logit(nested logit)模型通过将备选方案分组来规避不满足 IIA 假设问题,它是将相似的方案进行归组,允许同组内的备选方案相互关联,但不同组的方案不相关。

设所有备选方案分为 J 个组,每个组包含 M_j 个备选方案。用 j 表示组,k 表示组内的备选方案,jk 表示特定的一个备选方案。解释变量 $\boldsymbol{Z}_j$ 表示随组变化(不随组内方案变化)的变量,其系数记为 $\boldsymbol{\gamma}_j$;解释变量 $\boldsymbol{x}_{jk}$ 表示随组及组内备选方案同时变化的变量,其系数记为 $\boldsymbol{\beta}$(注意其不随 j 和 k 变化)。决策者个体 i 选择第 j 组中的第 k 个备选方案的效用为

$$U_{jk}^{*}=\boldsymbol{x}_{jk}'\boldsymbol{\beta}+\boldsymbol{Z}_j'\boldsymbol{\gamma}_j+\varepsilon_{jk},\quad j=1,2,\cdots,J,\quad k=1,2,\cdots,M_j \tag{10.16}$$

该模型假设决策者个体选择方案 jk 的效用 U_{jk}^{*} 最高。注意,出于简便考虑,式(10.16)略去了表示决策者个体的下标 i。

麦克法登的嵌套 logit 模型(McFadden's nested logit model)假设随机误差项 ε_{jk} 的联合

① 亦可输入命令 findit sg155 搜索下载地址。

分布服从广义极值分布，其累积分布函数为

$$F(\varepsilon_{11},\cdots,\varepsilon_{1M_1},\cdots;\varepsilon_{J1},\cdots,\varepsilon_{JM_J})=\exp\left\{-\sum_{j=1}^{J}\left[\sum_{k=1}^{M_j}\exp\left(\frac{\varepsilon_{jk}}{\tau_j}\right)\right]^{\tau_j}\right\} \tag{10.17}$$

这个分布是定义 10.2 广义极值分布的推广，是 J 个式(10.3)所示分布的乘积，每个分布的相异参数为 $0<\tau_j\leqslant 1$，意味着每组内的诸随机误差项服从相异参数为 τ_j 的 GEV 分布，组与组之间的随机误差项相互独立。这里的 $\tau_j=\sqrt{1-\mathrm{Corr}(\varepsilon_{jk},\varepsilon_{jl})}$，其与相关系数存在反向变动关系，在 Stata 中记为 tau。如果对于所有分组都有 $\tau_j=1(j=1,2,\cdots,J)$，则所有备选方案对应的随机误差项相互独立，满足无关方案独立性假设，问题也变为多项 logit、条件 logit 或混合 logit 的情形。如果对某一组 j 有 $\tau_j<1$，则第 j 组内的误差相关，但与其他组的误差不相关。如果一个组只包含一个方案，则不能确定相异参数，所以应该设置为 1。

根据以上假设和分析，可以证明选择第 j 组第 k 个方案的概率为

$$P_{jk}=P_j\cdot P_{k|j}=\frac{\exp(\boldsymbol{Z}_j'\boldsymbol{\gamma}_j+\tau_j I_j)}{\sum_{d=1}^{J}\exp(\boldsymbol{Z}_d'\boldsymbol{\gamma}_d+\tau_d I_d)}\cdot\frac{\exp(\boldsymbol{x}_{jk}'\boldsymbol{\beta}/\tau_j)}{\sum_{m=1}^{M_j}\exp(\boldsymbol{x}_{jm}'\boldsymbol{\beta}/\tau_j)} \tag{10.18}$$

式中，P_j 表示选择第 j 组的概率；$P_{k|j}$ 表示在选择了第 j 组的情况下选择第 k 个方案的条件概率。I_j 的定义为

$$I_j=\ln\left[\sum_{m=1}^{M_j}\exp(\boldsymbol{x}_{jm}'\boldsymbol{\beta}/\tau_j)\right] \tag{10.19}$$

式中，I_j 为包含价值(inclusive value)或对数和(log-sum)。

由式(10.18)可写出基于全样本的对数似然函数

$$\ln(\boldsymbol{\theta})=\sum_{i=1}^{n}\sum_{j=1}^{J}\sum_{k=1}^{M_j}I(y_i=jk)\cdot[\ln P_{k|j}(\boldsymbol{\theta})+\ln P_j(\boldsymbol{\theta})]$$

式中，$\boldsymbol{\theta}$ 表示所有参数组成的向量。最大化上面的似然函数可得到 $\boldsymbol{\theta}$ 的极大似然估计量 $\hat{\boldsymbol{\theta}}$，但 $\hat{\boldsymbol{\theta}}$ 缺乏代数解，需采用数值方法得到。这种方法得到的极大似然估计也称为全息极大似然(full information maximum likelihood，简称为 FIML)估计；还可以对 P_j 和 $P_{k|j}$ 分步进行极大似然估计，称为有限信息极大似然(limited information maximum likelihood，简称为 LIML)估计，但其与 FIML 相比缺乏效率。

在进行了全息极大似然估计后，可采用似然比检验对假设

$$H_0:\tau_1=\tau_2=\cdots=\tau_J=1$$

进行检验。若接受原假设，则认为无关方案独立性假设成立，不需要使用嵌套 logit 模型，可直接采用多项 logit 模型、条件 logit 模型或混合 logit 模型。

关于嵌套 logit 模型的构建与解释，有文献采用树形结构(决策树)，将关注的目标对象看作树根，如交通工具；将备选方案分组看作树干，如分为公共交通与私人交通，也称为第一层(level1)；将全部方案看作树枝，如公交车、地铁、自驾车、滴滴叫车等，也称为第二层(level2)。当然，也可以将嵌套树形结构的层级多层化，如在树枝上再设树杈，但估计原理一样。

在实际中，如果需要将不随备选方案发生变化的个体特征作为解释变量纳入模型，则式(10.16)变为

$$U_{jk}^*=\boldsymbol{x}_{jk}'\boldsymbol{\beta}+\boldsymbol{Z}_j'\boldsymbol{\gamma}_j+\boldsymbol{W}'\boldsymbol{\delta}_{jk}+\varepsilon_{jk},\quad j=1,2,\cdots,J,\quad k=1,2,\cdots,M_j \tag{10.20}$$

式中，$\boldsymbol{W}$ 是表示个体特征不随方案变化的变量，其他符号的意义同式(10.16)。在 Stata 中，若

系数仅随组 j 变化(如 $\boldsymbol{\gamma}_j$),则将其归于"level1 equation",简记为 level1;若系数随组 j 和方案 k 同时变化(如 $\boldsymbol{\delta}_{jk}$),则将其归于"level2 equation",简记为 level2;若系数随组 j 和方案 k 都不变(如 $\boldsymbol{\beta}$),则直接将其归属于模型本身。当然,上面出于解释的目的给出的是 Stata 的称谓,整个模型实际是一起估计的,只有一个方程。

关于嵌套 logit 模型的估计,在 Stata 中先要定义树形嵌套结构,命令为

```
nlogitgen newaltvar = altvar (branchlist) [, [no]log]
```

其中,"altvar"是原先定义方案的变量;"newaltvar"为新定义的方案分组变量;"branchlist"定义树枝的分组归类。

执行嵌套 logit 模型估计的命令为

```
nlogit y x1 x2 x3 ||lev1_equation|| lev2_equation,case(varname) base(#)
notree
```

其中,"x1 x2 x3"为随方案而变的变量(随变量数量调整),其系数相当于 $\boldsymbol{\beta}$,不随 j 和 k 变化;"||"为分隔符(delimiter);"lev1_equation"用于指定系数随树干(level1,组)而不随树枝(level2,方案)变化的解释变量,其系数相当于 $\boldsymbol{\gamma}_j$,仅随组 j 变化;"lev2_equation"用于指定系数既随树干(level1,组)又随树枝(level2,方案)变化的解释变量,其系数相当于 $\boldsymbol{\delta}_{jk}$。必选项"case(varname)"用于指定个体,选择项"base(#)"用于指定基准方案,选择项"notree"表示不显示树形结构(软件默认显示该结构)。

10.4 简单多项 probit 模型

简单多项 probit 模型和简单条件多项 probit 模型是潜在效用模型

$$U_j^* = \boldsymbol{W}'\boldsymbol{\beta}_j + \varepsilon_j^* \tag{10.21}$$

或

$$U_j^* = \boldsymbol{W}'\boldsymbol{\beta}_j + \boldsymbol{x}_j'\boldsymbol{\gamma} + \varepsilon_j^* \tag{10.22}$$

的结合。其中,解释变量 $\boldsymbol{W}$ 不随方案变化,$\boldsymbol{x}_j$ 随方案变化。误差项 ε_j^* 独立同分布于 $N(0,1)$。除误差项服从标准正态分布而不是极值分布外,模型形式与多项 logit 模型和条件 logit 模型一样。

简单多项 probit 模型不完全满足无关方案独立性假设,但其性质与无关方案独立性假设相似。该模型假设误差项是独立的,因此不允许有两种选择,例如"红色公交车"与"蓝色公交车"是相近替代品。这意味着在实践中,简单多项 probit 模型将产生类似于简单多项 logit 模型的结果。

其模型系数的识别与多项 logit 模型相同。系数 $\boldsymbol{\beta}_j$ 和 $\boldsymbol{\gamma}$ 仅在尺度上可识别(identified up to scale),系数 $\boldsymbol{\beta}_j$ 仅相对于基准方案可识别。

响应概率 $P_j(\boldsymbol{W},\boldsymbol{x})$ 没有解析形式,但其能以积分的形式进行表示,见定理 10.2,其证明见 Hansen 的 *Econometrics* 一书的 26.13 部分。

定理 10.2 在简单多项 probit 和简单条件多项 probit 模型中,概率 $P_j(\boldsymbol{W},\boldsymbol{x})$ 为

$$P_j(\boldsymbol{W},\boldsymbol{x}) = \int_{-\infty}^{\infty} \prod_{l \neq j} \Phi(\boldsymbol{W}'(\boldsymbol{\beta}_j - \boldsymbol{\beta}_l) + (\boldsymbol{x}_j - \boldsymbol{x}_l)'\boldsymbol{\gamma} + v)\phi(v)\mathrm{d}v \tag{10.23}$$

式中,$\Phi(v)$ 和 $\phi(v)$ 分别是正态分布的分布函数与密度函数。

设参数 $\boldsymbol{\theta}=(\boldsymbol{\beta}_1,\cdots,\boldsymbol{\beta}_J,\boldsymbol{\gamma})$，在得到变量的观测值$\{y_i,\boldsymbol{W}_i,\boldsymbol{x}_i\}(i=1,2,\cdots,n)$后，可得对数似然函数为

$$\ln(\boldsymbol{\theta})=\sum_{i=1}^{n}\sum_{j=1}^{J}I(y_i=j)\cdot\ln P_j(\boldsymbol{W}_i,\boldsymbol{x}_i|\boldsymbol{\theta})$$

最大化上面的似然函数可得到 $\boldsymbol{\theta}$ 的极大似然估计量 $\hat{\boldsymbol{\theta}}$。

10.5　排序选择模型

有些变量的取值(响应)具有类别特征，但与前面不同的是这些类别(备选方案)之间存在顺序。虽然可以采用常规的多项离散模型(例如多项 logit 模型或多项 probit 模型)进行处理，但其忽略了顺序结构，因而不是有效的方法。

排序响应(ordered response)分析的常规方法也是基于潜变量模型，即

$$Y^*=\boldsymbol{x}'\boldsymbol{\beta}+\varepsilon^* \tag{10.24}$$
$$\varepsilon^*\sim F$$

式中，$\boldsymbol{x}$ 不含截距项；F 为随机误差项 ε^* 的分布函数。设 Y 取 $M+1$ 个值，分别记为 0,1,2,…,M，顺序门槛值(ordered thresholds)记为 $c_1<c_2<\cdots<c_M$。变量 Y 可以通过 Y^* 按式(10.25)得到：

$$Y=\begin{cases}0 & \text{如果 } Y^*\leqslant c_1\\ 1 & \text{如果 } c_1<Y^*\leqslant c_2\\ 2 & \text{如果 } c_2<Y^*\leqslant c_3\\ \cdots\cdots & \\ M & \text{如果 } c_M<Y^*\end{cases} \tag{10.25}$$

在排序选择分析中，假设随机误差项 ε^* 的分布函数 $F(\cdot)$已知，实践中常采用正态分布或逻辑分布。当 ε^* 服从正态分布时，模型称为排序 probit 模型；当 ε^* 服从逻辑分布时，模型称为排序 logit 模型。

基于上面的假设和解释，可得到排序响应概率为

$$\begin{aligned}P_j(\boldsymbol{x})&=P(Y=j|\boldsymbol{x})\\&=P(c_j<Y^*\leqslant c_{j+1}|\boldsymbol{x})\\&=P(c_j<\boldsymbol{x}'\boldsymbol{\beta}+\varepsilon^*\leqslant c_{j+1}|\boldsymbol{x})\\&=P(c_j-\boldsymbol{x}'\boldsymbol{\beta}<\varepsilon^*\leqslant c_{j+1}-\boldsymbol{x}'\boldsymbol{\beta}|\boldsymbol{x})\\&=F(c_{j+1}-\boldsymbol{x}'\boldsymbol{\beta})-F(c_j-\boldsymbol{x}'\boldsymbol{\beta})\end{aligned} \tag{10.26}$$

在门槛值最小和最大的特殊情况下，排序响应概率为

$$P_0(\boldsymbol{x})=P(Y=0|\boldsymbol{x})=F(c_1-\boldsymbol{x}'\boldsymbol{\beta})$$
$$P_M(\boldsymbol{x})=P(Y=M|\boldsymbol{x})=1-F(c_M-\boldsymbol{x}'\boldsymbol{\beta})$$

由上面的结果易得累积响应概率(cumulative response probabilities)为

$$P(Y\leqslant j|\boldsymbol{x})=F(c_{j+1}-\boldsymbol{x}'\boldsymbol{\beta})$$

边际效应为

$$\frac{\partial}{\partial\boldsymbol{x}}P_j(\boldsymbol{x})=\frac{\partial}{\partial\boldsymbol{x}}[F(c_{j+1}-\boldsymbol{x}'\boldsymbol{\beta})-F(c_j-\boldsymbol{x}'\boldsymbol{\beta})]$$

$$=\boldsymbol{\beta}[f(c_j-\boldsymbol{x}'\boldsymbol{\beta})-f(c_{j+1}-\boldsymbol{x}'\boldsymbol{\beta})] \tag{10.27}$$

式中，$f(\cdot)$是ε^*分布函数$F(\cdot)$的导数，即概率密度函数。

边际累积效应(marginal cumulative effects)为

$$\frac{\partial}{\partial \boldsymbol{x}}P(Y\leqslant j\mid \boldsymbol{x})=-\boldsymbol{\beta}f(c_{j+1}-\boldsymbol{x}'\boldsymbol{\beta}) \tag{10.28}$$

设参数$\boldsymbol{\theta}=(\boldsymbol{\beta}',c_1,\cdots,c_M)'$，在得到变量的观测值$\{y_i,\boldsymbol{x}_i\}(i=1,2,\cdots,n)$后，可得对数似然函数为

$$\ln L(\boldsymbol{\theta})=\sum_{i=1}^{n}\sum_{j=0}^{J}I(y_i=j)\cdot\ln P_j(\boldsymbol{x}_i|\boldsymbol{\theta})$$

最大化上面的似然函数可得到$\boldsymbol{\theta}$的极大似然估计量$\hat{\boldsymbol{\theta}}$。

Stata 软件中，对排序 probit 模型和排序 logit 模型进行估计的命令分别是“oprobit”和“ologit”。

10.6 计数模型

10.6.1 计数数据与模型

计数数据(count data)是指变量的观测值为非负整数的数据。例如，被解释变量Y表示事件发生的数目，如返贫人数、就诊次数、事故次数、专利注册次数、缺勤次数或银行倒闭次数等。变量Y的取值特征是离散的整数$\{0,1,2,\cdots\}$，并且数值较小，取零的个数较多，这类数据与离散选择模型涉及的数据特征不同，因此不应使用前面介绍的模型进行讨论。当被解释变量Y为计数数据，而解释变量多为定性变量时，通常考虑应用计数模型(count models)。在实际应用中，对于这一类数据，应用较广泛的是泊松回归模型(Poisson regression model)。

假设Y是计数变量，$\boldsymbol{X}$是一组解释变量，常见的建模方法是选用线性模型

$$Y=\boldsymbol{X}'\boldsymbol{\beta}+\varepsilon,\quad E(\varepsilon\mid\boldsymbol{X})=0 \tag{10.29}$$

于是有

$$E(Y\mid\boldsymbol{X})=\boldsymbol{X}'\boldsymbol{\beta} \tag{10.30}$$

由于$Y\geqslant 0$，$E(Y\mid\boldsymbol{X})$应该对所有$\boldsymbol{X}$都非负，但式(10.30)右端无限制，从而会产生矛盾。

若采用自然对数变换，即

$$\ln Y=\boldsymbol{X}'\boldsymbol{\beta}+\varepsilon \tag{10.31}$$

这样可以解决非负限制问题，但其在应用中难以实现，因为有相当数量的Y取 0 值。

当Y不受上界限制时，可以采用指数函数，即

$$E(Y\mid\boldsymbol{X})=\exp(\boldsymbol{X}'\boldsymbol{\beta}) \tag{10.32}$$

非线性最小二乘法(NLS)可以用来估计该计数模型，但效果不理想，NLS 估计量是无效的，除非$\mathrm{Var}(Y\mid\boldsymbol{X})$是常数。然而，现实中所有计数数据的标准分布都存在异方差。

综上所述，被解释变量Y的观测值具有非负整数特征，取值出现 0 和较小值的数据较多，具有很明显的离散特征，且模型呈现异方差性。由于数据呈现这些特征，因此有必要引入能够描述变量非负整数特征的概率分布以构建离散计数模型。

20 世纪 70 年代末以来，许多学者在计数数据处理方法方面做了大量工作，例如，吉尔伯

特(Gilbert)提出了泊松回归模型，豪斯曼、霍尔和格里利谢斯(Griliches)提出了负二项回归模型和面板方法等。其中，最早提出的泊松回归模型是基本模型，在计数数据分析中应用非常广泛。

10.6.2　计数过程与分布

1. 计数过程

定义 10.3　如果 $N(t)$ 表示时间 t 前已发生的事件总数，则称随机过程 $\{N(t), t\geqslant 0\}$ 为计数过程(counting process)。

由计数过程的定义可知，其具有以下性质：

(1) $N(t)\geqslant 0$；

(2) $N(t)$ 取整数值；

(3) 若 $s<t$，则 $N(s)\leqslant N(t)$；

(4) 当 $s<t$ 时，$N(t)-N(s)$ 等于区间 $(s,t]$ 中发生的事件的个数。

如果在不相交的时间区间中事件发生的个数是独立的，则称计数过程有独立增量。这意味着到时刻 t 已发生的事件个数必须独立于时刻 t 与 $t+s$ 之间所发生的事件数，即 $N(t)$ 与 $N(t+s)-N(t)$ 独立。

若在任一时间区间中发生的事件个数的分布只依赖于时间区间的长度，则称计数过程有平稳(stationary)增量。换言之，若对一切 $t_1<t_2$ 及 $s>0$，在区间 $(t_1+s, t_2+s]$ 中的事件个数[即 $N(t_2+s)-N(t_1+s)$]与区间 $(t_1, t_2]$ 中的事件个数[即 $N(t_2)-N(t_1)$]有相同的分布，则称过程有平稳增量。计数过程的平稳性意味着在任何时间区间上，事件发生数量的分布只由时间区间的长度决定，即

$$N(t_2+s)-N(t_1+s)\overset{d}{\sim}N(t_2)-N(t_1)$$

2. 单变量泊松过程

泊松过程(Poisson process)是计数过程的最重要的类型之一，其定义如下。

定义 10.4　计数过程 $\{N(t), t\geqslant 0\}$ 称为泊松过程，具有参数 $\lambda(\lambda>0)$，如果

(1) $N(0)=0$；

(2) 过程有独立增量；

(3) 在任一长度为 t 的区间中，事件的个数服从均值为 λt 的泊松分布，即对一切 $s, t\geqslant 0$，

$$P(N(t+s)-N(s)=k)=\frac{(\lambda t)^k}{k!}e^{-\lambda t},\quad k=0,1,2,\cdots \tag{10.33}$$

注意，从条件(3)可知，泊松过程有平稳增量且 $E[N(t)]=\lambda t$，这正是文献中称 λ 为此过程速率或强度的缘由，它是单位时间内事件发生的平均个数。

当条件(3)中的时间增量 $t=1$ 时，则可得到参数为 λ 的普通标准泊松分布，即

$$P(X=k)==\frac{\lambda^k}{k!}e^{-\lambda} \tag{10.34}$$

记为 $X\sim P(\lambda)$。该分布有一个重要特征，即均值与方差相同[$E(X)=\mathrm{Var}(X)=\lambda$]，故称为均等或均衡分散(equidispersion)。另外，泊松分布还有一个优良性质，即服从泊松分布的两个相互独立的随机变量之和依然服从泊松分布。

定理 10.3 设随机变量 $X \sim P(\lambda_1)$，$Y \sim P(\lambda_2)$，$Z = X + Y$，则 $Z \sim P(\lambda_1 + \lambda_2)$ 当且仅当 X 与 Y 独立。

泊松过程的另一定义方式如下：

定义 10.5 计数过程 $\{N(t), t \geqslant 0\}$ 称为泊松过程，具有参数 $\lambda(\lambda > 0)$，如果

(1) $N(0) = 0$；

(2)过程具有平稳和独立增量；

(3) $P(N(t+\Delta t) - N(t) = 1) = \lambda \Delta t + o(\Delta t)$；

(4) $P(N(t+\Delta t) - N(t) > 1) = o(\Delta t)$。

其中，$\lim\limits_{\Delta t \to 0} \dfrac{o(\Delta t)}{\Delta t} = 0$。

由条件(4)可以看出，在一个足够短的时间区间上，事件发生两次以上的概率趋近于0。

定理 10.4 定义10.4与定义10.5等价。具体证明见罗斯(Ross)的 *Stochastic Process* 一书。

3. 二项分布

如果计数过程的方差小于均值，则称为分散不足(underdispersion)，在这种情况下，计数过程不再服从泊松分布，一般服从二项分布(binomial distribution)。

对随机变量 X 来说，如果

$$P(X = k) = C_n^k p^k (1-p)^{n-k}, \quad 0 < p < 1, \quad k = 0, 1, 2, \cdots, n \tag{10.35}$$

则称 X 服从以 n 和 p 为参数的二项分布，记为 $X \sim B(n, p)$。

如果 $X \sim B(n, p)$，则容易得到其均值和方差分别为

$$E(X) = np, \quad \text{Var}(X) = np(1-p) \tag{10.36}$$

很显然有 $E(X) > \text{Var}(X)$。

4. 负二项分布

如果计数过程的方差大于均值，则称为过度分散(overdispersion)，在这种情况下，计数过程也不再服从泊松分布，一般服从负二项分布(negative binomial distribution)。

对随机变量 X 来说，如果

$$P(X = k) = \frac{\Gamma(\alpha + k)}{\Gamma(\alpha)\Gamma(k+1)} \left(\frac{1}{1+\theta}\right)^{\alpha} \left(\frac{\theta}{1+\theta}\right)^{k} \tag{10.37}$$

则称 X 服从以 α 和 θ 为参数的负二项分布，记为 $X \sim NB(\alpha, \theta)$。其中，$\alpha$ 为正实数，$0 < \theta < 1$，$\Gamma(r) = \int_0^{\infty} x^{r-1} \mathrm{e}^{-x} \mathrm{d}x$。

当 $X \sim NB(\alpha, \theta)$ 时，可以得到其均值和方差分别为

$$E(X) = \alpha(1-\theta)/\theta, \quad \text{Var}(X) = \alpha(1-\theta)/\theta^2 \tag{10.38}$$

很显然有 $E(X) < \text{Var}(X)$。

5. 对数分布

计数过程另一种有应用价值的分布是对数分布(logarithmic distribution)，即

$$P(X = k) = \alpha \theta^k / k \tag{10.39}$$

式中，$\alpha = -[\log(1-\theta)]^{-1}$。容易得到该分布的均值和方差分别为

$$E(X)=\alpha\theta(1-\theta)^{-1},\quad \mathrm{Var}(X)=\alpha\theta(1-\alpha\theta)(1-\theta)^{-2} \tag{10.40}$$

均值与方差的大小关系应根据参数估计结果进行确定。

6. Katz(卡茨)分布族

根据上分析发现，对于计数数据，若以泊松分布作为数据分布的参照标准，二项分布更集中于均值，而负二项分布更为分散。所有分布都向左侧倾斜(skewed to the left)，说明在计数数据分布中，数值较小的数据出现的概率较高。

计数过程的分布可以用递归概率比表示，即

$$\frac{P(X=k)}{P(X=k-1)}=\frac{p_k}{p_{k-1}}\triangleq f(k,\theta)$$

进一步，将递归概率比定义为

$$\frac{p_k}{p_{k-1}}=\frac{\omega+\gamma(k-1)}{k} \tag{10.41}$$

称为 Katz 分布族，其中 $\omega>0$，且当 $\gamma<0$ 时，$k\leqslant\omega/\gamma$。

由上可以得到

$$E(X)=\frac{\omega}{1-\gamma},\quad \mathrm{Var}(X)=\frac{\omega}{(1-\gamma)^2} \tag{10.42}$$

由此可见，当 $\omega=\lambda,\gamma=0$ 时，Katz 分布族变为泊松分布；当 $\omega=np/(1-p),\gamma=-p/(1-p)$ 时，分布变为二项分布；当 $\omega=\alpha(1+\theta)^{-1},\gamma=(1+\theta)^{-1}$ 时，分布表现为负二项分布；当 $\omega=0$，$\gamma=\theta$ 时，分布表现为对数分布。

10.6.3　泊松回归模型的估计与检验

1. 泊松回归模型

假设 Y 是计数变量，$\boldsymbol{X}$ 是一组解释变量，对其随机进行 n 次独立观测，观测值分别记为 Y_i 和 $\boldsymbol{x}_i(i=1,2,\cdots,n)$。设

$$P(Y_i=y_i\mid\boldsymbol{x}_i)=\frac{\lambda_i^{y_i}}{y_i!}\mathrm{e}^{-\lambda_i},\quad y_i=0,1,2,\cdots \tag{10.43}$$

式中，$\lambda_i>0$。为了使 $\lambda_i>0$，假设 Y 的条件期望函数为

$$E(Y_i\mid\boldsymbol{x}_i)=\lambda_i=\exp(\boldsymbol{x}_i'\boldsymbol{\beta}) \tag{10.44}$$

于是有

$$\ln\lambda_i=\boldsymbol{x}_i'\boldsymbol{\beta} \tag{10.45}$$

这个关于 λ_i 的方程是对数线性的。进一步，由式(10.44)可得

$$\frac{\partial}{\partial\boldsymbol{x}_i}E(Y_i\mid\boldsymbol{x}_i)=\lambda_i\boldsymbol{\beta}$$

这样一来，只要获得了参数 $\boldsymbol{\beta}$ 的估计量，我们就可容易地求出 λ_i，以及 Y_i 的预测值。

关于参数 $\boldsymbol{\beta}$ 的解释，注意 $\ln\lambda_i=\boldsymbol{x}_i'\boldsymbol{\beta}$，故有

$$\frac{\partial}{\partial x_k}\ln\lambda_i=\beta_k$$

式中，x_k 和 β_k 分别是 $\boldsymbol{x}$ 和 $\boldsymbol{\beta}$ 的分量。因此，β_k 不能解释为边际效应，可将其解释为半弹性，即 β_k 表示解释变量 x_k 增加一个很小量时，事件的平均发生次数将增加 β_k 个百分点。

另外，由于 $\lambda_i=\exp(\boldsymbol{x}_i'\boldsymbol{\beta})$，因此也可考虑计算 $\exp(\beta_k)$，称其为发生率比(incidence rate ratio，简称为 IRR)。让 x_k 增加 1 个单位变为 x_k+1，则

$$\frac{\exp[(x_k+1)\beta_k]}{\exp(x_k\beta_k)}=\exp(\beta_k)$$

因此，发生率比表示当 x_k 增加 1 个单位时，事件的平均发生次数是原来的 $\exp(\beta_k)$倍。

现实中，我们经常遇到不同个体的观测时间与空间规模大小不一的情况，如果观测时间变长或观测单位的空间规模变大，则事件发生的平均次数也应该同比例增多。例如，不同城市感染新型冠状病毒的人数与其城市人口数量有关。设个体 i 在单位时间内发生事件的平均次数为 λ_i^*，不同个体的观测时间或空间规模记为 T_i，称其为“暴露期”(exposure)，则该事件发生的平均次数应变为 $\lambda_i^*T_i$。在这种情况下，式(10.43)变为

$$P(Y_i=y_i\,|\,\boldsymbol{x}_i,T_i)=\frac{(\lambda_i^*T_i)^{y_i}}{y_i!}\mathrm{e}^{-\lambda_i^*T_i},\quad y_i=0,1,2,\cdots \tag{10.46}$$

继续假设 $\lambda_i^*=\exp(\boldsymbol{x}_i'\boldsymbol{\beta})$，并令 $\lambda_i=\lambda_i^*T_i$，则 $\ln\lambda_i=\boldsymbol{x}_i'\boldsymbol{\beta}+\ln T_i$。这说明，若不同的个体有不同暴露期，则应将 $\ln T_i$ 引入泊松回归模型，并令其系数为 1；若暴露期不随个体变化，则自动归于常数项，不必类此进行处理。

2. 泊松回归模型参数的估计

根据式(10.43)可写出样本似然函数为

$$L(\boldsymbol{\beta})=\frac{\prod_{i=1}^{n}\lambda_i^{y_i}}{\prod_{i=1}^{n}y_i!}\exp\left(-\sum_{i=1}^{n}\lambda_i\right) \tag{10.47}$$

其对数似然函数为

$$l(\boldsymbol{\beta})=\sum_{i=1}^{n}[-\lambda_i+y_i\ln\lambda_i-\ln(y_i!)]=\sum_{i=1}^{n}[-\exp(\boldsymbol{x}_i'\boldsymbol{\beta})+y_i\boldsymbol{x}_i'\boldsymbol{\beta}-\ln(y_i!)] \tag{10.48}$$

对上面的似然函数最大化，其一阶条件为

$$\frac{\partial l(\boldsymbol{\beta})}{\partial\boldsymbol{\beta}}=\sum_{i=1}^{n}[y_i-\exp(\boldsymbol{x}_i'\boldsymbol{\beta})]\boldsymbol{x}_i=\boldsymbol{0} \tag{10.49}$$

海塞矩阵为

$$\frac{\partial l(\boldsymbol{\beta})}{\partial\boldsymbol{\beta}\partial\boldsymbol{\beta}'}=-\sum_{i=1}^{n}\exp(\boldsymbol{x}_i'\boldsymbol{\beta})\boldsymbol{x}_i\boldsymbol{x}_i' \tag{10.50}$$

对数似然函数的海塞矩阵对任意 $\boldsymbol{X}$ 和 $\boldsymbol{\beta}$ 是负定矩阵，即对数似然函数在稳定点有最大值。应用数值计算方法可得 $\boldsymbol{\beta}$ 的极大似然估计量 $\hat{\boldsymbol{\beta}}_{\mathrm{ML}}$。

根据极大似然估计的性质，若条件均值函数被正确设定且条件分布为泊松分布，则极大似然估计量 $\hat{\boldsymbol{\beta}}_{\mathrm{ML}}$ 是一致的、有效的且服从渐近正态分布。事实上，即使似然函数未正确设定，由于泊松分布属于线性指数分布族，只要 $\lambda_i=\exp(\boldsymbol{x}_i'\boldsymbol{\beta})$正确，则准极大似然(QML)估计 $\hat{\boldsymbol{\beta}}_{\mathrm{QML}}$ 就是 $\boldsymbol{\beta}$ 的一致估计量。

关于估计的标准误，若似然函数未正确设定，则通常的标准误不是真实标准误的一致估计量，故基于常规标准误的 t 检验、F 检验均失效。在这种情况下，须采用基于准极大似然估计

(QMLE)计算的标准误,它对似然函数设定正确与否较为稳健。

在 Stata 中,实施泊松回归的命令为

```
poisson y x1 x2 x3,r,irr
poisson y x1 x2 x3,r exposure(x1)
poisson y x1 x2 x3,r offset(x1)
```

其中,选择项"r"表示采用稳健标准误差;选择项"irr"表示显示发生率比;选择项"exposure(x1)"表示将 ln(x1)作为解释变量,并令其系数为 1;选择项"offset(x1)"表示将 x1 作为解释变量,并令其系数为 1。

3. 泊松回归模型的拟合优度检验

由于泊松回归模型的

$$E(Y_i \mid \boldsymbol{x}_i) = \mathrm{Var}(Y_i \mid \boldsymbol{x}_i) = \lambda_i = \exp(\boldsymbol{x}_i'\boldsymbol{\beta})$$

即其条件均值具有非线性,且回归方程存在异方差性,所以经典线性回归模型中的 R^2 不适合度量模型的拟合程度,不过学者们提出了若干替代性度量统计量。

(1)R^2_{Pdeudo} 统计量。该统计量为

$$R^2_{\text{Pdeudo}} = \frac{\sum_{i=1}^{n}\left[Y_i \ln\left(\frac{\hat{\lambda}_i}{\overline{Y}}\right) - (\hat{\lambda}_i - \overline{Y})\right]}{\sum_{i=1}^{n}\left[Y_i \ln\left(\frac{Y_i}{\overline{Y}}\right)\right]} \tag{10.51}$$

统计软件常使用这个统计量,例如 EViews 等。观察式(10.51)可以看出,如果模型完全拟合,即 $\hat{\lambda}_i = Y_i$,则 $R^2_{\text{Pdeudo}} = 1$。因此,根据 R^2_{Pdeudo} 接近于 1 的程度可判断数据拟合模型的效果。

(2)R^2_p 统计量。该统计量为

$$R^2_p = 1 - \frac{\sum_{i=1}^{n}\left[\frac{Y_i - \hat{\lambda}_i}{\sqrt{\hat{\lambda}_i}}\right]^2}{\sum_{i=1}^{n}\left[\frac{Y_i - \overline{Y}}{\sqrt{\overline{Y}}}\right]^2} \tag{10.52}$$

这个统计量通过将泊松回归模型与只有一种观察值的模型进行比较,以考察模型的拟合优度,但这个统计量有时为负,而且会随变量的减少而变小。

(3)G^2 统计量。该统计量为

$$G^2 = \sum_{i=1}^{n} d_i = 2\sum_{i=1}^{n}[Y_i \ln(Y_i / \hat{\lambda}_i)] \tag{10.53}$$

这个统计量是各样本观测值的偏差之和,如果模型完全拟合,则该统计量为 0。

4. 泊松回归模型均值与方差相等的检验

泊松回归模型均值与方差相等,这是一个很强的假设条件。如果这一条件被拒绝,模型就被错误设定,许多学者都质疑这一假设,并提出了一些放松假设的新方法。实用中,检验这个假设是否成立的方法主要有两个,一是基于回归的检验方法,另一个是拉格朗日乘子检验法,具体过程见李子奈和叶阿忠的《高级应用计量经济学》一书。

10.6.4 负二项回归

泊松回归的局限是泊松分布的均值与方差相等，即均等分散。如果被解释变量的方差明显大于其均值，即过度分散，泊松分布不再适用。学者们发展了许多替代该模型的方法，其中应用最普遍的是负二项回归模型。一般的处理方法是在条件均值函数的对数表达式中加入一项 ε_i，该随机变量表示条件均值函数中不可观测部分或个体异质性，即

$$\ln \lambda_i = \boldsymbol{x}_i'\boldsymbol{\beta} + \varepsilon_i \tag{10.54}$$

由式(10.54)可得

$$\lambda_i = \exp(\boldsymbol{x}_i'\boldsymbol{\beta}) \cdot \exp(\varepsilon_i) = u_i \cdot V_i \tag{10.55}$$

式中，$u_i = \exp(\boldsymbol{x}_i'\boldsymbol{\beta})$ 是 $\boldsymbol{x}_i$ 的确定性函数；$V_i = \exp(\varepsilon_i) > 0$ 是随机变量。在 u_i 和 V_i 给定的条件下，Y_i 依然服从泊松分布，即

$$P(Y_i = y_i | \boldsymbol{x}_i, V_i) = \frac{(u_i V_i)^{y_i}}{y_i!} \mathrm{e}^{-u_i V_i}, \quad y_i = 0, 1, 2, \cdots \tag{10.56}$$

式中，因 ε_i 不可观测导致 V_i 也不可观测，故对式(10.56)无法进行估计。为此采取一种方法，它通过积分“过滤”掉 V_i。设 V_i 的概率密度函数为 $f(v_i)$，则 Y_i 的边缘密度函数为

$$P(Y_i = y_i | \boldsymbol{x}_i) = \int_0^{\infty} \frac{(u_i v_i)^{y_i}}{y_i!} \mathrm{e}^{-u_i v_i} f(v_i) \mathrm{d}v_i \tag{10.57}$$

由于 $V_i > 0$，故常选择伽马(Gamma)分布作为 V_i 服从的分布，特别地，假设

$$V_i \sim \mathrm{Gamma}(1/\alpha, \alpha), \quad \alpha > 0 \tag{10.58}$$

伽马分布有一些性质，例如对于 Gamma(a, b) 分布来说，其数学期望为 ab，方差为 ab^2。$E(V_i) = 1$，$\mathrm{Var}(V_i) = \alpha$（方差正好等于参数 α）。

将 Gamma$(1/\alpha, \alpha)$ 的密度函数代入式(10.57)，可得到负二项分布的密度函数，据此可写出样本的似然函数，进而进行极大似然估计。这就是负二项回归，因为它实际假设样本来自服从负二项分布的总体。

可以证明，负二项回归模型的条件均值和条件方差分别为

$$E(Y_i | \boldsymbol{x}_i) = u_i = \exp(\boldsymbol{x}_i'\boldsymbol{\beta}) \tag{10.59}$$

$$\mathrm{Var}(Y_i | \boldsymbol{x}_i) = u_i + \alpha u_i^2 \tag{10.60}$$

这说明负二项回归不影响条件均值，且条件方差大于条件均值。由于条件方差式(10.60)中包含有 u_i^2 项，故也称负二项回归模型为 NB2 模型。

进一步考虑式(10.60)，其关于参数 α 递增，故亦称 α 为过度分散参数。当 α 趋于 0 时，条件均值和条件方差接近相同，因此泊松回归实际上是负二项回归的特例。由此引出选择两种回归的一个检验，即在对负二项回归模型估计后，检验假设 $H_0: \alpha = 0$，根据检验结果进行判断。

Stata 中对此提供了一个 LR 检验，其原假设是 H_0：不存在过度分散，应使用泊松回归。在完成负二项回归估计后，Stata 自动输出检验结果“LR test of alpha＝0”，其中，过度分散参数“alpha＝0”对应泊松回归，若原假设“alpha＝0”成立，则可选择泊松回归。如果命令中使用了选择项“r”（稳健标准误），Stata 仅输出 alpha 的 95％的置信区间，据此同样可检验原假设“alpha＝0”。

关于负二项回归的另一个特例 NB1 模型及个体暴露期不同时的讨论见陈强的《高级计量

经济学及 Stata 应用》一书。综合而言，在计数数据回归中，负二项回归是一种常用模型，它具有条件均值和方差分别变化的优点。

10.7　多项离散选择模型的应用

【例 10.1】三值排序 probit 模型　式(10.24)的样本形式为

$$y_i^* = \boldsymbol{x}_i'\boldsymbol{\beta} + \varepsilon_i^*,\quad i=1,2,\cdots,n$$

式中，潜变量 y_i^* 不可观测，可观测的是 y_i，设 y_i 取 $M+1$ 个值，分别记为 $0,1,2,\cdots,M$。我们考虑 $M=2$ 时的排序 probit 模型，门槛值 $c_1=0, c_2=a$。

当 $M=2$ 时，y_i 有三种可能的选择，即

$$y_i=\begin{cases}0, & \text{如果 } y_i^*\leqslant 0\\ 1, & \text{如果 } 0<y_i^*\leqslant a\\ 2, & \text{如果 } y_i^*>a\end{cases}$$

当 ε_i^* 服从标准正态分布 $\Phi(t)$ 时，有

$$\begin{aligned}P(y_i=0|\boldsymbol{x}_i) &= P(y_i^*<0|\boldsymbol{x}_i)=P(\boldsymbol{x}_i'\boldsymbol{\beta}+\varepsilon_i^*<0|\boldsymbol{x}_i)\\ &=\Phi(-\boldsymbol{x}_i'\boldsymbol{\beta})=1-\Phi(\boldsymbol{x}_i'\boldsymbol{\beta})\\ P(y_i=1|\boldsymbol{x}_i) &= \Phi(a-\boldsymbol{x}_i'\boldsymbol{\beta})-\Phi(-\boldsymbol{x}_i'\boldsymbol{\beta})\\ &=\Phi(a-\boldsymbol{x}_i'\boldsymbol{\beta})+\Phi(\boldsymbol{x}_i'\boldsymbol{\beta})-1\\ P(y_i=2|\boldsymbol{x}_i) &= 1-P(y_i=1|\boldsymbol{x}_i)-P(y_i=0|\boldsymbol{x}_i)\\ &=1-\Phi(a-\boldsymbol{x}_i'\boldsymbol{\beta})\end{aligned}$$

这就是三值排序 probit 模型。

排序 probit 模型的边际效应为

$$\frac{\partial}{\partial \boldsymbol{x}_i}P(y_i=0|\boldsymbol{x}_i)=-\varphi(-\boldsymbol{x}_i'\boldsymbol{\beta})\cdot\boldsymbol{\beta}$$

$$\frac{\partial}{\partial \boldsymbol{x}_i}P(y_i=1|\boldsymbol{x}_i)=[\varphi(\boldsymbol{x}_i'\boldsymbol{\beta})-\varphi(a-\boldsymbol{x}_i'\boldsymbol{\beta})]\cdot\boldsymbol{\beta}$$

$$\frac{\partial}{\partial \boldsymbol{x}_i}P(y_i=2|\boldsymbol{x}_i)=\varphi(a-\boldsymbol{x}_i'\boldsymbol{\beta})\cdot\boldsymbol{\beta}$$

式中，$\varphi(\cdot)$ 为正态分布的密度函数。

【例 10.2】多项选择模型的应用与 IIA 假设检验　本例通过实例介绍使用 Stata 软件估计多项 logit 模型和多项 probit 模型，并对无关方案独立性进行检验。这里分析的是 337 名受访者对职业的选择，问卷调查中将受访者的职业分为 5 类(occupation，简记为 occ)，分别是服务人员(menial)、蓝领(blue collar)、工匠(craft)、白领(white collar)及专业人员(professional)，作为解释变量的个体特征因素有 3 个，分别为：是否白人(white，是取值 1，否取值 0)、受教育年限(years of education，简记为 ed)、工龄(years of work experience，简记为 exper)。本例改编自陈强的《高级计量经济学及 Stata 应用》一书，原例来自朗和弗里兹(Freese)，调查数据来自 1982 年美国综合社会调查(General Social Survey)，数据名记为“例 10.2-nomocc2. dta”。

1. 模型的选择与变量的描述性统计分析

本例的备选方案(职业分类)有 5 个，由于 3 个解释变量都随个体而变，与方案无关，故采

用多项 logit 模型或多项 probit 模型。

1)变量的描述性统计分析

在 Stata 中输入数据后，执行命令

```
.sum
```

输出如图 10.1 所示的结果。

Variable	Obs	Mean	Std. dev.	Min	Max
occ	337	3.397626	1.367913	1	5
white	337	.9169139	.2764227	0	1
ed	337	13.09496	2.946427	3	20
exper	337	20.50148	13.95936	2	66

图 10.1 变量整体信息

2)数据格式

通过前 7 个数据观察数据集的格式特征。执行命令

```
.list in 1/7
```

输出结果见图 10.2。

	occ	white	ed	exper
1.	Menial	1	11	3
2.	Menial	1	12	14
3.	Menial	1	12	44
4.	Menial	1	12	18
5.	Menial	0	14	24
6.	Menial	1	13	38
7.	Menial	0	14	8

图 10.2 数据集格式

由于数据集按照职业进行排序，因此前 7 名都从事服务业，其中 5 人是白人，受教育年限在 11 年至 14 年之间，工龄在 3 年至 44 年之间。该数据表中的每行对应一个个体，故数据格式为宽形。

3)变量与职业的关系

为了初步了解各解释变量与被解释变量(occ)之间的关系，我们以受教育年限(ed)为例，分别执行命令

```
.tabulate occ                        (计算各类职业包含的人数)
.table occ, statistic(mean ed)       (计算各类职业人员 ed 的均值)
.table occ, statistic(sd ed)         (计算各类职业人员 ed 的标准差)
```

输出结果分别见图 10.3 至图 10.5。

Occupation	Freq.	Percent	Cum.
Menial	31	9.20	9.20
BlueCol	69	20.47	29.67
Craft	84	24.93	54.60
WhiteCol	41	12.17	66.77
Prof	112	33.23	100.00
Total	337	100.00	

图 10.3　各类职业包含的人数

	Mean
Occupation	
Menial	11.77419
BlueCol	11.21739
Craft	11.96429
WhiteCol	13.17073
Prof	15.4375
Total	13.09496

图 10.4　各类职业 ed 的均值

	Standard deviation
Occupation	
Menial	2.186469
BlueCol	2.571733
Craft	2.119595
WhiteCol	2.096455
Prof	2.608998
Total	2.946427

图 10.5　各类职业 ed 的标准差

由图 10.3 可知，5 类职业中专业人员最多，占比达到了 33.23%；工匠类职业人员数次之，最少的是服务人员。从受教育年限来看，专业人员平均受教育年限最长，为 15.44 年；最短的是蓝领，平均受教育年限为 11.22 年。

2. 多项 logit 回归的估计

采用多项 logit 模型，执行命令

```
.mlogit occ white ed exper,nolog
```

输出结果见图 10.6。

由于在命令中没有指定基准方案，故 Stata 中的 mlogit 命令自动选择了具有最多观测值（人员数）的方案，即专业人员类作为基准方案。观察图 10.6 会发现：在 5%的显著水平上，当其他变量保持不变时，白人具有更大的可能程度不选择服务业或工匠，是否白人对选择蓝领或白领没有显著影响；受教育年限越长，不选择除专业人员以外的职业的可能程度越大。工龄越长越不可能选择服务业或蓝领，且工龄对于选择工匠或白领影响不显著。

Multinomial logistic regression					Number of obs =	337
					LR chi2(12)	= 166.09
					Prob > chi2	= 0.0000
Log likelihood = -426.80048					Pseudo R2	= 0.1629

occ	Coefficient	Std. err.	z	P>|z|	[95% conf.	interval]
Menial						
white	-1.774306	.7550543	-2.35	0.019	-3.254186	-.2944273
ed	-.7788519	.1146293	-6.79	0.000	-1.003521	-.5541826
exper	-.0356509	.018037	-1.98	0.048	-.0710028	-.000299
_cons	11.51833	1.849356	6.23	0.000	7.893659	15.143
BlueCol						
white	-.5378027	.7996033	-0.67	0.501	-2.104996	1.029391
ed	-.8782767	.1005446	-8.74	0.000	-1.07534	-.6812128
exper	-.0309296	.0144086	-2.15	0.032	-.05917	-.0026893
_cons	12.25956	1.668144	7.35	0.000	8.990061	15.52907
Craft						
white	-1.301963	.647416	-2.01	0.044	-2.570875	-.0330509
ed	-.6850365	.0892996	-7.67	0.000	-.8600605	-.5100126
exper	-.0079671	.0127055	-0.63	0.531	-.0328693	.0169351
_cons	10.42698	1.517943	6.87	0.000	7.451864	13.40209
WhiteCol						
white	-.2029212	.8693072	-0.23	0.815	-1.906732	1.50089
ed	-.4256943	.0922192	-4.62	0.000	-.6064407	-.2449479
exper	-.001055	.0143582	-0.07	0.941	-.0291967	.0270866
_cons	5.279722	1.684006	3.14	0.002	1.979132	8.580313
Prof	(base outcome)					

图 10.6　多项 logit 模型估计结果

3. 无关方案独立性假设检验

对于多元选择模型，需要检验无关方案独立性假设是否成立，采用豪斯曼检验方法。在 Stata 命令窗口输入命令

```
.mlogtest,hausman base
```

输出结果见图 10.7。

图 10.7 中表格部分上面四行给出的豪斯曼检验结果表明，在去掉四个非基准方案中的任何一个方案后都不会拒绝无关方案独立性假设。由于这里使用了选择项 base，因此表第五行的计算去掉了基准方案 Prof，而是以剩余方案中观测值最多的那个方案作为基准方案，检验结果也未拒绝无关方案独立性假设。需注意的是，在前文已经提到豪斯曼检验和 Small-Hsiao 检验缺乏好的小样性质，其结果仅具有参考价值。本例中至少没有发现不满足无关方案独立性的证据，这可能是由于关注的 5 类职业差异过大所致。

```
**** Hausman tests of IIA assumption

 Ho: Odds(Outcome-J vs Outcome-K) are independent of other alternatives.
You used the old syntax of hausman. Click here to learn about the new syntax.

(storing estimation results as _HAUSMAN)

 Omitted |      chi2   df   P>chi2   evidence
---------+------------------------------------
  Menial |     7.324   12    0.835   for Ho
 BlueCol |     0.320   12    1.000   for Ho
   Craft |   -14.436   12    1.000   for Ho
WhiteCol |    -5.541   11    1.000   for Ho
    Prof |    15.566   12    0.212   for Ho
----------------------------------------------
```

图 10.7　无关方案独立性假设检验结果

4. 基于多项 logit 模型估计的预测

根据图 10.6 中多项 logit 模型的估计结果，可以依据估计出的模型预测每个个体分别选择 5 类职业的可能性大小(概率)，其预测结果分别记为 occ1，occ2，occ3，occ4，occ5。

执行以下命令：

.predict occ1 occ2 occ3 occ4 occ5

(option pr assumed; predicted probabilities)

.list occ1-occ5 in 1/6

输出的前 6 个观测值的预测结果如图 10.8 所示。

	occ1	occ2	occ3	occ4	occ5
1.	.1681295	.4128002	.2760952	.085288	.0576871
2.	.1257816	.2945018	.3076293	.1328948	.1391926
3.	.0644456	.1738508	.3616529	.1922331	.2078175
4.	.1161744	.2771936	.3174044	.1409616	.148266
5.	.1691383	.0988214	.410424	.1063373	.215279
6.	.0564391	.1339926	.2946349	.1947332	.3202002

图 10.8　预测结果

5. 改变基准方案

我们也可以选择其他职业作为基准方案，例如，以服务业作为基准方案。执行命令

.mlogit occ white ed exper, base(1) nolog

输出结果见图 10.9。

将图 10.9 与图 10.6 的多项 logit 模型估计结果进行比较发现，模型系数参数的估计值不同，这说明系数的估计值与基准方案有关，当基准方案发生变化时，模型系数参数的估计值一般也会变化。

6. 多项 probit 回归的估计

采用多项 probit 模型，执行命令

```
Multinomial logistic regression                 Number of obs =     337
                                                LR chi2(12)   =  166.09
                                                Prob > chi2   =  0.0000
Log likelihood = -426.80048                     Pseudo R2     =  0.1629
```

occ	Coefficient	Std. err.	z	P>|z|	[95% conf.	interval]
Menial	(base outcome)					
BlueCol						
white	1.236504	.7244352	1.71	0.088	-.1833631	2.656371
ed	-.0994247	.1022812	-0.97	0.331	-.2998922	.1010428
exper	.0047212	.0173984	0.27	0.786	-.0293789	.0388214
_cons	.7412336	1.51954	0.49	0.626	-2.23701	3.719477
Craft						
white	.4723436	.6043097	0.78	0.434	-.7120817	1.656769
ed	.0938154	.097555	0.96	0.336	-.0973888	.2850197
exper	.0276838	.0166737	1.66	0.097	-.004996	.0603636
_cons	-1.091353	1.450218	-0.75	0.452	-3.933728	1.751022
WhiteCol						
white	1.571385	.9027216	1.74	0.082	-.1979166	3.340687
ed	.3531577	.1172786	3.01	0.003	.1232959	.5830194
exper	.0345959	.0188294	1.84	0.066	-.002309	.0715007
_cons	-6.238608	1.899094	-3.29	0.001	-9.960764	-2.516453
Prof						
white	1.774306	.7550543	2.35	0.019	.2944273	3.254186
ed	.7788519	.1146293	6.79	0.000	.5541826	1.003521
exper	.0356509	.018037	1.98	0.048	.000299	.0710028
_cons	-11.51833	1.849356	-6.23	0.000	-15.143	-7.893659

图 10.9 以服务业为基准方案的模型估计

```
.mprobit occ white ed exper,nolog
```

输出结果见图 10.10。

将图 10.10 的多项 probit 模型估计结果与图 10.6 的多项 logit 模型估计结果进行比较，发现两个模型系数的估计值不同，不过这说明不了什么，因为两个模型的系数不可比。但是，两个模型的预测概率是可比的。下面，采用多项 probit 模型预测选择各类职业的概率，分别记为 occ1p,occ2p,occ3p,occ4p 和 occ5p。使用的 Stata 命令为

```
.predict occ1p occ2p occ3p occ4p occ5p
(option pr assumed; predicted probabilities)
```

出于简便之考虑，这里略去输出结果。我们主要关注两个模型预测 5 种职业选择概率之间的相关程度，分别使用下面命令(执行上述命令后)，输出结果分别见图 10.11 中的(a)至(e)。

```
.corr occ1 occ1p
.corr occ2 occ2p
.corr occ3 occ3p
.corr occ4 occ4p
```

Multinomial probit regression					Number of obs =	337
					Wald chi2(12) =	105.61
Log likelihood = -429.31856					Prob > chi2 =	0.0000
occ	Coefficient	Std. err.	z	P>|z|	[95% conf.	interval]
Menial						
white	-1.144907	.5027501	-2.28	0.023	-2.130279	-.1595352
ed	-.5094985	.0698816	-7.29	0.000	-.6464639	-.3725331
exper	-.0234636	.0109546	-2.14	0.032	-.0449343	-.0019929
_cons	7.46242	1.145854	6.51	0.000	5.216587	9.708253
BlueCol						
white	-.392222	.5182974	-0.76	0.449	-1.408066	.6236222
ed	-.5845723	.063011	-9.28	0.000	-.7080715	-.461073
exper	-.0225903	.00984	-2.30	0.022	-.0418764	-.0033042
_cons	8.188586	1.069264	7.66	0.000	6.092867	10.28431
Craft						
white	-.8903573	.457069	-1.95	0.051	-1.786196	.0054814
ed	-.4718874	.0579237	-8.15	0.000	-.5854157	-.3583591
exper	-.0077824	.0090923	-0.86	0.392	-.025603	.0100382
_cons	7.140264	.9896954	7.21	0.000	5.200496	9.080031
WhiteCol						
white	-.1434167	.5530156	-0.26	0.795	-1.227307	.9404739
ed	-.3038566	.0576254	-5.27	0.000	-.4168003	-.1909129
exper	-.0039043	.0095574	-0.41	0.683	-.0226365	.0148279
_cons	3.76544	1.036649	3.63	0.000	1.733645	5.797234
Prof	(base outcome)					

图 10.10　多项 probit 模型估计结果

.corr occ5 occ5p

图 10.11 结果显示，多项 probit 模型与多项 logit 模型在预测职业选择概率方面具有高度的一致性，相关系数均在 0.99 以上。这说明两个模型在应用中并无多大差异，不过多项 probit 模型的计算时间较长，且缺乏从成败比（概率比）的角度对系数的估计值进行解释，故现实应用中通常推荐使用多项 logit 模型。

	occ1	occ1p
occ1	1.0000	
occ1p	0.9979	1.0000

(a)

	occ2	occ2p
occ2	1.0000	
occ2p	0.9985	1.0000

(b)

	occ3	occ3p
occ3	1.0000	
occ3p	0.9935	1.0000

(c)

	occ4	occ4p
occ4	1.0000	
occ4p	0.9929	1.0000

(e)

	occ5	occ5p
occ5	1.0000	
occ5p	0.9989	1.0000

(d)

图 10.11　两个模型预测 5 种职业概率的相关系数

【例 10.3】条件 logit 与混合 logit 模型的应用 设想有 152 个小旅游团,每个旅游团的交通工具可从火车(train)、大巴(bus)和自驾车(car)三种中选一种。这里的选择方案是交通方式(mode),与其有关的因素(变量)分别有总旅游时长(time)和交通成本(in-vehicle cost,记为 invc),这两个变量随交通方式(选择方案)的不同而变化;与交通方式(选择方案)无关的变量分别是家庭收入(household income,记为 hinc)和旅游团规模(party size,记为 psize),这两个变量不随方案变化;变量 choice 取 1(选择)和 0(不选)两个值。本例数据"例 10.3-travel2.dta"选自陈强的《高级计量经济学及 Stata 应用》一书,原来自 Long 和 Freese,数据集中 id 表示旅游人员编号(identification number)。

1. 数据格式查看

本例的备选方案(交通工具)有 3 个,有 2 个解释变量总旅游时长(time)和交通成本(invc)随方案变化,而有 2 个解释变量家庭收入(hinc)和旅游团规模(psize)不随方案变化,故分别采用条件 logit 模型与混合 logit 模型进行分析。

关于数据格式,通过前 9 个数据观察数据集的格式特征。执行命令

```
.list id mode train bus car time invc choice hinc psize in 1/9,sepby(id)
```

输出结果见图 10.12。

	id	mode	train	bus	car	time	invc	choice	hinc	psize
1.	1	Train	1	0	0	406	31	0	35	1
2.	1	Bus	0	1	0	452	25	0	35	1
3.	1	Car	0	0	1	180	10	1	35	1
4.	2	Train	1	0	0	398	31	0	30	2
5.	2	Bus	0	1	0	452	25	0	30	2
6.	2	Car	0	0	1	255	11	1	30	2
7.	3	Train	1	0	0	926	98	0	40	1
8.	3	Bus	0	1	0	917	53	0	40	1
9.	3	Car	0	0	1	720	23	1	40	1

图 10.12 **数据格式**

其中,命令中的选择项"sepby(id)"表示根据变量 id 的值进行分组,即绘制图中的横线,默认每隔 5 个观测值绘制一条横线。由图 10.12 可知,每个小旅游团(变量 id 值指定)对应 3 行数据,其中每一行分别对应 3 种交通工具,所以数据集为长形格式。虚拟变量 train=1 表示该行数据对应选择乘火车的方案,其他类似。同一小旅游团中,每类交通工具(选择方案)对应的总旅游时长(time)和交通成本(invc)不同,家庭收入(hinc)和旅游团规模(psize)不变。

数据集总样本容量为 456,每三行对应一个小旅游团,总共对应 152 个小旅游团。

2. 条件 logit 模型的估计

在 Stata 中,命令"clogit"只接受随方案变化的变量,因此这里考虑的解释变量仅涉及总旅游时长(time)、交通成本(invc),以及虚拟变量 train 和 bus,基准方案设为 car。对条件 logit 模型进行估计的命令为

```
.clogit choice train bus time invc, group(id) nolog
```

其中,"group(varname)"为分类变量 (matched group variable),本例"varname"是 id。执行上

述命令，输出结果见图 10.13。

Conditional (fixed-effects) logistic regression　　Number of obs = 456
LR chi2(4) = 172.06
Prob > chi2 = 0.0000
Log likelihood = -80.961135　　Pseudo R2 = 0.5152

choice	Coefficient	Std. err.	z	P>|z|	[95% conf.	interval]
train	2.671238	.4531611	5.89	0.000	1.783058	3.559417
bus	1.472335	.4007152	3.67	0.000	.6869474	2.257722
time	-.0191453	.0024509	-7.81	0.000	-.0239489	-.0143417
invc	-.0481658	.0119516	-4.03	0.000	-.0715905	-.0247411

图 10.13　条件 logit 模型的估计结果

根据图 10.13 中的结果可知，如果其他解释变量总旅游时长(time)、交通成本(invc)的取值分别相同时，小旅游团最有可能选择火车，其次选择大巴。一种交通工具总旅游时长(time)、交通成本(invc)越大，选择该交通工具的可能性越小。

3. 边际效应的计算

由于这个模型是非线性的，因此不易通过系数的估计值评价边际效应，故我们在上述命令中加入选择项“or”，以计算成败比(风险比率)。执行命令

```
.clogit choice train bus time invc, group(id) nolog or
```

输出结果见图 10.14。

根据图 10.14 中的结果可知，解释变量总旅游时长(time)的成败比约为 0.98，这意味着在其他变量不变的情况下，一种交通工具总旅游时长每增加 1 个单位，则选择该交通工具的概率将乘以 0.98，即选择概率变小。交通成本(invc)的成败比约为 0.95，可类此解释。虚拟变量 train 的成败比约为 14.46，这意味着如果各交通工具的 time、invc 的取值分别相同，则选择火车的概率是选择自驾车概率的约 14.46 倍；类似的，可解释选择大巴的概率是选择自驾车概率的约 4.36 倍。

Conditional (fixed-effects) logistic regression　　Number of obs = 456
LR chi2(4) = 172.06
Prob > chi2 = 0.0000
Log likelihood = -80.961135　　Pseudo R2 = 0.5152

choice	Odds ratio	Std. err.	z	P>|z|	[95% conf.	interval]
train	14.45786	6.551738	5.89	0.000	5.94802	35.14272
bus	4.359401	1.746879	3.67	0.000	1.987639	9.561286
time	.9810368	.0024044	-7.81	0.000	.9763356	.9857607
invc	.9529758	.0113896	-4.03	0.000	.930912	.9755624

图 10.14　成败比计算结果

4. 基于条件 logit 模型的预测概率

执行下面命令，并查看第 1 个和第 2 个小旅游团选择交通工具的概率。输出结果见图 10.15。

```
.predict prob
(option pc1 assumed; probability of success given one success within group)
.list id mode prob choice time invc in 1/6
```

	id	mode	prob	choice	time	invc
1.	1	Train	.0642477	0	406	31
2.	1	Bus	.0107205	0	452	25
3.	1	Car	.9250318	1	180	10
4.	2	Train	.2535607	0	398	31
5.	2	Bus	.0363011	0	452	25
6.	2	Car	.7101382	1	255	11

图 10.15　条件 logit 模型的预测概率

图 10.15 显示，这两个小旅游团选择自驾车的概率分别为 0.93 和 0.71，而事实上这两个团都选择了自驾车，这种方案的总旅游时长(time)与交通成本(invc)都最低。

5. 混合 logit 模型的估计

前面已说明命令“clogit”只接受随方案变化的变量，命令“asclogit”也可用于估计条件 logit 模型。但这个命令较“clogit”更有优势，例如它允许将仅随个体变化的解释变量通过选择项“casevars (varname)”引入模型。然而，“asclogit”虽可继续运行，但从 Stata 16 开始，它不再是 Stata 的官方程序，不再更新，因此某些链接可能不再工作。

首先，执行命令

```
.asclogit choice time invc, case(id) alternatives (mode) base(3) nolog
```

输出结果见图 10.16。将图 10.16 与图 10.13 进行比较发现，两个命令得到的系数估计值与标准差相同。

其次，将仅随个体变化的解释变量 hinc(家庭收入)和 psize(旅游团规模)引入，以对混合 logit 模型进行估计。执行命令

```
.asclogit choice time invc, case(id) alternatives (mode) base(3) casevars (hinc psize) nolog
```

输出结果见图 10.17。

由图 10.17 可以看出，在 5%的显著水平上，hinc(家庭收入)对选择火车影响显著，且家庭收入越高，越不可能选择火车。但是，家庭收入对选择大巴的影响不显著，psize(旅游团规模)对交通工具选择影响不显著。总旅游时长(time)、交通成本(invc)两个变量的系数估计值与条件 logit 模型的估计结果接近，且显著为负。但是图中未报告准 R^2，可以采取如下方法进行手工计算。

首先，估计仅包含常数项的模型，执行命令

```
.asclogit choice, case(id) alternatives (mode) base(3) nolog
```

```
Alternative-specific conditional logit         Number of obs      =        456
Case ID variable: id                           Number of cases    =        152

Alternatives variable: mode                    Alts per case: min =          3
                                                              avg =        3.0
                                                              max =          3

                                                  Wald chi2(2)    =      70.53
Log likelihood = -80.961135                       Prob > chi2     =     0.0000
```

choice	Coefficient	Std. err.	z	P>|z|	[95% conf.	interval]
mode						
time	-.0191453	.0024509	-7.81	0.000	-.0239489	-.0143417
invc	-.0481658	.0119516	-4.03	0.000	-.0715905	-.0247411
Train						
_cons	2.671238	.4531611	5.89	0.000	1.783058	3.559417
Bus						
_cons	1.472335	.4007152	3.67	0.000	.6869474	2.257722
Car	(base alternative)					

图 10.16　使用命令 asclogit 的估计结果

```
Alternative-specific conditional logit         Number of obs      =        456
Case ID variable: id                           Number of cases    =        152

Alternatives variable: mode                    Alts per case: min =          3
                                                              avg =        3.0
                                                              max =          3

                                                  Wald chi2(6)    =      69.09
Log likelihood = -77.504846                       Prob > chi2     =     0.0000
```

choice	Coefficient	Std. err.	z	P>|z|	[95% conf.	interval]
mode						
time	-.0185035	.0025035	-7.39	0.000	-.0234103	-.0135966
invc	-.0402791	.0134851	-2.99	0.003	-.0667095	-.0138488
Train						
hinc	-.0342841	.0158471	-2.16	0.031	-.0653438	-.0032243
psize	-.0038421	.3098075	-0.01	0.990	-.6110537	.6033695
_cons	3.499641	.7579665	4.62	0.000	2.014054	4.985228
Bus						
hinc	-.0080174	.0200322	-0.40	0.689	-.0472798	.031245
psize	-.5141037	.4007015	-1.28	0.199	-1.299464	.2712569
_cons	2.486465	.8803649	2.82	0.005	.7609815	4.211949
Car	(base alternative)					

图 10.17　混合 logit 模型的估计结果

输出结果见图 10.18。由图 10.18 可知，仅包含常数项的模型的对数似然函数为 −160.00172，由图 10.17 可知混合 logit 模型的对数似然函数为 −77.504846。

其次，计算准 R^2 为

$$(160.00172-77.504846)/160.00172\approx 0.5156$$

```
Alternative-specific conditional logit         Number of obs      =        456
Case ID variable: id                           Number of cases    =        152

Alternatives variable: mode                    Alts per case: min =          3
                                                              avg =        3.0
                                                              max =          3

                                                  Wald chi2(0)    =          .
Log likelihood = -160.00172                       Prob > chi2     =          .

      choice   Coefficient  Std. err.      z    P>|z|     [95% conf. interval]

Train
       _cons     .0655973   .1811689    0.36   0.717    -.2894872    .4206818

Bus
       _cons      -.67634   .2242376   -3.02   0.003    -1.115838   -.2368425

Car          (base alternative)
```

图 10.18　仅包含常数项模型的估计结果

【例 10.4】嵌套 logit 模型的应用　继续考虑例 10.3，将火车(train)和大巴(bus)归为一组，称为公共交通(public)；自驾车(car)为一组，记为 private；嵌套变量记为 type。

1. 树形结构

在 Stata 中，定义树形结构的命令为

.nlogitgen type=mode(public:Train |Bus, private:Car)

执行命令，输出结果如图 10.19 所示。

```
New variable type is generated with 2 groups
label list lb_type
lb_type:
           1 public
           2 private
```

图 10.19　定义树形结构

若要对此树形结构进行呈现，可执行命令

.nlogittree mode type

输出结果见图 10.20。

我们还可直观地观察变量 type 的取值情况，下面通过前 6 个观测值查看新生成的变量 type，命令为

.list id mode train bus time invc choice hinc type in 1/6, sepby(id)

输出结果见图 10.21。

观察图 10.21 发现，关于方案 train 和 bus，变量 type 取值为 public；关于方案 car，变量 type 取值为 private。

```
Tree structure specified for the nested logit model

 type       N        mode    N
 ----------------------------------
 public   304 ─┬─ Train   152
               └─ Bus     152
 private  152 ─── Car     152
 ----------------------------------
                  Total   456

N = number of observations at each level
```

图 10.20　树形结构

	id	mode	train	bus	time	invc	choice	hinc	type
1.	1	Train	1	0	406	31	0	35	public
2.	1	Bus	0	1	452	25	0	35	public
3.	1	Car	0	0	180	10	1	35	private
4.	2	Train	1	0	398	31	0	30	public
5.	2	Bus	0	1	452	25	0	30	public
6.	2	Car	0	0	255	11	1	30	private

图 10.21　变量 type 的取值

2. 嵌套 logit 模型的估计

在 10.3 节中，曾给出了 Stata 执行嵌套 logit 模型估计的命令为

. nlogit y x1 x2 x3 ||lev1_equation|| lev2_equation, case(varname) base(#) notree

其中，"x1 x2 x3"为随方案而变的变量，其系数相当于 $\boldsymbol{\beta}$[式(10.20)]，不随 j 和 k 变化；"lev1_equation"用于指定系数随树干(level1，组)而不随树枝(level2，方案)变化的解释变量，其系数相当于 $\boldsymbol{\gamma}_j$[式(10.20)]，仅随组 j 变化；"lev2_equation"用于指定系数既随树干(level1，组)又随树枝(level2，方案)变化的解释变量，其系数相当于 $\boldsymbol{\delta}_{jk}$[式(10.20)]。

本例中，被解释变量为 choice，随方案(交通方式)而变的解释变量有 2 个，分别为总旅游时长(time)和交通成本(invc)。在数据集中，解释变量 hinc(家庭收入)和 psize(旅游团规模)仅随个体变化，不随方案变化。出于演示之考虑，假定 psize(旅游团规模)的系数仅与 public 和 private 的两个分组(树干，level1)有关①。变量 hinc 的系数可随树枝方案而变，即对于方案 train、bus、car 各不相同(level2)。执行命令

. nlogit choice time invc || type: psize, base(private)||mode:hinc,base(3) case(id) nolog notree

输出结果见图 10.22。

① psize(旅游团规模)的系数也可设定随树枝方案变化。

```
RUM-consistent nested logit regression          Number of obs      =        456
Case variable: id                               Number of cases    =        152

Alternative variable: mode                      Alts per case: min =          3
                                                               avg =        3.0
                                                               max =          3

                                                   Wald chi2(5)    =      40.43
Log likelihood = -71.596852                        Prob > chi2     =     0.0000
```

choice	Coefficient	Std. err.	z	P>|z|	[95% conf.	interval]
mode						
time	-.0131087	.0025114	-5.22	0.000	-.018031	-.0081865
invc	-.023948	.0092615	-2.59	0.010	-.0421001	-.0057958
type equations						
public						
psize	-.2313273	.2475486	-0.93	0.350	-.7165136	.253859
private						
psize	0	(base)				
mode equations						
Train						
hinc	-.0357477	.0138416	-2.58	0.010	-.0628767	-.0086187
_cons	3.30122	.6493551	5.08	0.000	2.028507	4.573932
Bus						
hinc	-.0192798	.015093	-1.28	0.201	-.0488616	.0103019
_cons	2.431371	.658454	3.69	0.000	1.140825	3.721917
Car						
hinc	0	(base)				
_cons	0	(base)				
dissimilarity parameters						
/type						
public_tau	.3270838	.1057715			.1197755	.534392
private_tau	1	208669.8			-408984.4	408986.4

```
LR test for IIA (tau=1): chi2(2) = 13.95                   Prob > chi2 = 0.0009
```

图 10.22 嵌套 logit 模型的估计结果

嵌套 logit 模型通过将备选方案分组来规避不满足 IIA 假设的问题，它是将相似的方案进行归组，允许同组内的备选方案相互关联，但不同组的方案不相关。由图 10.22 最后一行 IIA 假设似然比检验结果可知，拒绝 IIA 假设，因此应使用嵌套 logit 模型。

图 10.22 中，变量 psize（旅游团规模）对选择公共交通（public）的影响不显著；变量 hinc（家庭收入）对选择火车的影响显著，家庭收入越高越不倾向选择火车，但该变量对选择大巴的

影响不显著。

继续观察嵌套 logit 模型中变量 time(总旅游时长)和 invc(交通成本)的系数估计,均显著为负,与条件 logit 模型和混合 logit 模型的估计结果一致(参考图 10.13 和图 10.17),但估计值大小有差异,图 10.22 中系数估计值的绝对值小于条件 logit 模型和混合 logit 模型中 time 和 invc 系数估计值的绝对值。这是由于后两个模型没有考虑公共交通组两个选择方案火车(train)和大巴(bus)之间的相关性,从而可能高估了 time 和 invc 的影响程度。另外,图 10.22 还给出了相异参数的估计值,公共交通(public)组的相异参数值为 0.3271。由于 private 组只有自驾车一个选择方案,故其相异参数标准化为 1。

【例 10.5】排序选择模型的应用　利用排序选择模型对债券评级数据进行分析,预测债券评级的概率。被解释变量为"评级",共分为 2～5 级,其中 5 表示最优评级,"评级"变量记为 rating83c(以表示是对 1983 的公司债券进行评级)。解释变量为收益-资产比率(income-to-asset 比率,记为 ia83)和收益-资产比率变化(记为 dia),它是收益-资产比率从 1982 年到 1983 年的变动值,即 dia=ia83−ia82。本例数据集见例 10.5-panel84extract. dta[①]。

Stata 软件中,对排序 probit 模型和排序 logit 模型进行估计的命令分别是"oprobit"和"ologit"。

1. 排序 probit 模型的估计

输入数据后,执行命令

```
.oprobit rating83c ia83 dia,nolog
```

输出结果见图 10.23。

```
Ordered probit regression                          Number of obs =      98
                                                   LR chi2(2)    =   10.33
                                                   Prob > chi2   =  0.0057
Log likelihood = -127.87756                        Pseudo R2     =  0.0388
```

rating83c	Coefficient	Std. err.	z	P>|z|	[95% conf.	interval]
ia83	.0512509	.0167257	3.06	0.002	.018469	.0840327
dia	-.0496082	.0254406	-1.95	0.051	-.0994709	.0002545
/cut1	-.1877442	.2048422			-.5892276	.2137392
/cut2	.6344613	.2156938			.2117092	1.057213
/cut3	1.064523	.2231881			.6270819	1.501963

图 10.23　排序 probit 模型的估计结果

图 10.23 中,cut1、cut2 和 cut3 为切割点(cutpoint)(门槛值)估计值。准 R^2 为 0.0388,这个值虽小,但收益-资产比率(ia83)和收益-资产比率变化(dia)2 个解释变量比较显著。基于模型估计结果,可以预测每个公司的评级概率,我们计算前 3 个公司的预测概率,命令为

```
.predict p2 p3 p4 p5
.list p2 p3 p4 p5 in 1/3
```

① 本例数据选自陈强的《高级计量经济学及 Stata 应用》和鲍姆(Baum)的 *An Introduction to Modern Econometrics Using Stata*。

执行命令，输出结果见图 10.24。

	p2	p3	p4	p5
1.	.2530799	.309446	.1590192	.2784549
2.	.3038519	.3174309	.1487372	.2299799
3.	.1802941	.2830393	.1689933	.3676733

图 10.24　基于排序 probit 评级预测概率

2. 排序 logit 模型的估计

执行命令

.ologit rating83c ia83 dia,nolog

输出结果见图 10.25。

```
Ordered logistic regression                         Number of obs =     98
                                                    LR chi2(2)    =  11.54
                                                    Prob > chi2   = 0.0031
Log likelihood = -127.27146                         Pseudo R2     = 0.0434
```

rating83c	Coefficient	Std. err.	z	P>|z|	[95% conf.	interval]
ia83	.0939166	.0296196	3.17	0.002	.0358633	.1519699
dia	-.0866925	.0449789	-1.93	0.054	-.1748496	.0014646
/cut1	-.1853053	.3571432			-.8852932	.5146826
/cut2	1.185726	.3882099			.4248488	1.946604
/cut3	1.908412	.4164896			1.092108	2.724717

图 10.25　排序 logit 模型的估计结果

基于图 10.25 模型估计结果，可以预测每个公司的评级概率，我们计算前 3 个公司的预测概率，命令为

.predict r2 r3 r4 r5

.list r2 r3 r4 r5 in 1/3

执行命令，输出结果见图 10.26。

将排序 probit 与排序 logit 两个模型的估计结果进行比较发现，模型解释变量系数与门槛值，亦称为切割点的估计值有差异(对比图 10.23 和图 10.25)，但它们对债券评级预测的概率却很一致(对比图 10.24 与图 10.26)。

	r2	r3	r4	r5
1.	.2532052	.3186541	.1615769	.2665637
2.	.31827	.3295106	.143388	.2088314
3.	.1796917	.2835234	.1767656	.3600194

图 10.26　基于排序 logit 评级预测概率

【例 10.6】计数模型的应用　利用计数模型分析犯罪情况，构建的模型为

$$\begin{aligned} narr86_i = & \beta_0 + \beta_1 pcnv_i + \beta_2 avgsen_i + \beta_3 tottime_i + \\ & \beta_4 ptime86_i + \beta_5 qemp86_i + \beta_6 inc86_i + \\ & \beta_7 black_i + \beta_8 hispan_i + \beta_9 born60_i + \varepsilon_i \\ & i = 1, 2, \cdots, 2725 \end{aligned}$$

式中，被解释变量为 narr86，表示个体 1986 年被捕次数。解释变量共有 9 个，分别为：pcnv 表示有前科比例，avgsen 表示平均判刑月数，tottime 表示 18 岁以后入狱次数，ptime86 表示 1986 年入狱月数，qemp86 表示 1986 年就业季度数，inc86 表示 1986 年合法收入，black 表示是否黑人（是取值 1，不是取值 0），hispan 表示是否拉丁裔（是取值 1，不是取值 0），born60 表示是否出生于 1960 年（是取值 1，不是取值 0）。本例数据“例 10.6-CRIME1.dta”选自陈强的《高级计量经济学及 Stata 应用》一书。

1. 被解释变量的描述性统计分析

为了解被解释变量 narr86 的分布情况，在 Stata 中导入数据后，执行命令

```
.tab narr86
```

输出结果见图 10.27。

# times arrested, 1986	Freq.	Percent	Cum.
0	1,970	72.29	72.29
1	559	20.51	92.81
2	121	4.44	97.25
3	42	1.54	98.79
4	12	0.44	99.23
5	13	0.48	99.71
6	4	0.15	99.85
7	1	0.04	99.89
9	1	0.04	99.93
10	1	0.04	99.96
12	1	0.04	100.00
Total	2,725	100.00	

图 10.27　被解释变量分布情况

由图 10.27 可知，本例数据集包含了 2725 人的观测值，观测年份（1986 年）未被捕的有 1970 人，有 1 人该年被捕 12 次，是最高被捕次数。为了直观呈现被解释变量的分布特征，绘制直方图，命令为

```
.histogram narr86, discrete frequency
```

注意，命令中的选择项“discrete”是指“narr86”为离散变量，“frequency”表示纵坐标为频数。执行命令，输出结果如图 10.28 所示。

从数据可以看出，被解释变量 narr86 离散取值，且取 0 值的次数最多，占比达到 72.29%，具有计数数据的特征，因此采用计数模型进行分析。

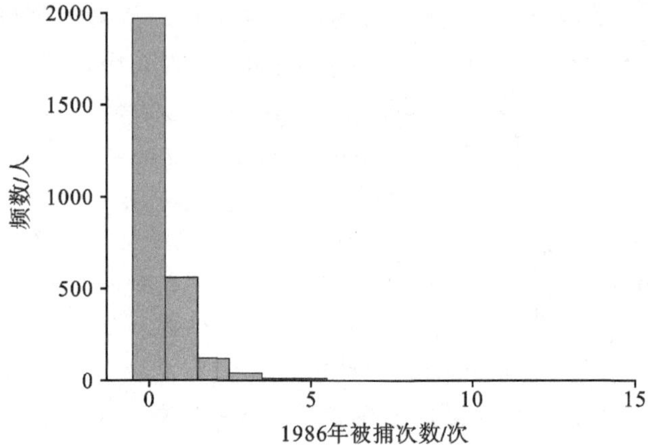

图 10.28　1986 年被捕次数(narr86)的直方图

2. 基于泊松回归模型的分析

(1)基于比较的考虑,虽然本例被解释变量为计数数据,我们还是先采用普通最小二乘法估计回归模型,命令为

.reg narr86 pcnv avgsen tottime ptime86 qemp86 inc86 black hispan born60,r

输出结果见图 10.29。

Linear regression　　Number of obs = 2,725
F(9, 2715) = 25.93
Prob > F = 0.0000
R-squared = 0.0725
Root MSE = .82873

narr86	Coefficient	Robust std. err.	t	P>|t|	[95% conf.	interval]
pcnv	-.131886	.0335876	-3.93	0.000	-.1977458	-.0660262
avgsen	-.0113316	.0141409	-0.80	0.423	-.0390595	.0163963
tottime	.0120693	.0131776	0.92	0.360	-.0137699	.0379084
ptime86	-.0408735	.0067985	-6.01	0.000	-.0542043	-.0275426
qemp86	-.0513099	.014205	-3.61	0.000	-.0791636	-.0234562
inc86	-.0014617	.0002289	-6.38	0.000	-.0019106	-.0010128
black	.3270097	.0584381	5.60	0.000	.2124221	.4415973
hispan	.1938094	.0401625	4.83	0.000	.1150572	.2725616
born60	-.022465	.032094	-0.70	0.484	-.0853961	.0404661
_cons	.576566	.0426021	13.53	0.000	.4930302	.6601019

图 10.29　基于 OLS 的估计

由图 10.29 可知,模型拟合的 R^2 为 0.0725,拟合程度很低,但除过 3 个解释变量 avgsen、tottime 和 born60 外,其余解释变量均显著。

(2)进行泊松回归,并采用稳健标准误差,命令为

.poisson narr86 pcnv avgsen tottime ptime86 qemp86 inc86 black hispan born60, r nolog

输出结果见图 10.30。

```
Poisson regression                                      Number of obs =  2,725
                                                        Wald chi2(9)  = 246.22
                                                        Prob > chi2   = 0.0000
Log pseudolikelihood = -2248.7611                       Pseudo R2     = 0.0791
```

narr86	Coefficient	Robust std. err.	z	P>|z|	[95% conf.	interval]
pcnv	-.4015713	.1011619	-3.97	0.000	-.5998449	-.2032976
avgsen	-.0237723	.0236078	-1.01	0.314	-.0700427	.0224981
tottime	.0244904	.0205023	1.19	0.232	-.0156934	.0646741
ptime86	-.0985584	.0223035	-4.42	0.000	-.1422724	-.0548445
qemp86	-.0380187	.0341509	-1.11	0.266	-.1049532	.0289158
inc86	-.0080807	.0012276	-6.58	0.000	-.0104867	-.0056747
black	.6608376	.0994572	6.64	0.000	.4659051	.85577
hispan	.4998133	.0923874	5.41	0.000	.3187374	.6808892
born60	-.0510286	.0811403	-0.63	0.529	-.2100606	.1080034
_cons	-.5995888	.0893463	-6.71	0.000	-.7747044	-.4244732

图 10.30　泊松回归模型的估计

比较图 10.29 与图 10.30 发现，两种方法估计的系数值差异很大，但两者并不可比，为了进行比较，计算泊松回归的平均边际效应。执行命令

```
. margins,dydx( * )
```

输出结果见图 10.31。

```
Average marginal effects                              Number of obs = 2,725
Model VCE: Robust

Expression: Predicted number of events, predict()
dy/dx wrt:  pcnv avgsen tottime ptime86 qemp86 inc86 black hispan born60
```

	dy/dx	Delta-method std. err.	z	P>|z|	[95% conf.	interval]
pcnv	-.1623969	.0404199	-4.02	0.000	-.2416184	-.0831754
avgsen	-.0096136	.0095756	-1.00	0.315	-.0283815	.0091543
tottime	.009904	.0083122	1.19	0.233	-.0063877	.0261957
ptime86	-.0398574	.0091649	-4.35	0.000	-.0578202	-.0218946
qemp86	-.0153749	.0139299	-1.10	0.270	-.0426771	.0119272
inc86	-.0032679	.0005148	-6.35	0.000	-.0042769	-.0022588
black	.2672451	.0420561	6.35	0.000	.1848168	.3496735
hispan	.2021263	.0382924	5.28	0.000	.1270745	.2771781
born60	-.0206361	.0328797	-0.63	0.530	-.0850793	.043807

图 10.31　泊松回归平均边际效应

对图 10.31 中边际效应值与图 10.29 中系数估计值进行比较会发现，泊松回归平均边际效应与 OLS 估计得到的系数估计值很接近。为了对系数进行解释，计算发生率比，命令为

```
.poisson narr86 pcnv avgsen tottime ptime86 qemp86 inc86 black hispan born60,r
irr nolog
```

输出结果见图 10.32。

```
Poisson regression                                      Number of obs =  2,725
                                                        Wald chi2(9)  = 246.22
                                                        Prob > chi2   = 0.0000
Log pseudolikelihood = -2248.7611                       Pseudo R2     = 0.0791

------------------------------------------------------------------------------
             |               Robust
      narr86 |        IRR   std. err.      z    P>|z|     [95% conf. interval]
-------------+----------------------------------------------------------------
        pcnv |   .6692676   .0677044    -3.97   0.000     .5488968    .8160353
      avgsen |    .976508   .0230532    -1.01   0.314      .932354    1.022753
     tottime |   1.024793   .0210106     1.19   0.232     .9844291    1.066811
     ptime86 |   .9061427   .0202101    -4.42   0.000     .8673849    .9466324
      qemp86 |   .9626949   .0328769    -1.11   0.266     .9003667    1.029338
       inc86 |   .9919519   .0012177    -6.58   0.000     .9895681    .9943414
       black |   1.936414   .1925902     6.64   0.000     1.593456    2.353186
      hispan |   1.648413   .1522926     5.41   0.000      1.37539    1.975634
      born60 |   .9502515   .0771037    -0.63   0.529     .8105351    1.114052
       _cons |   .5490374   .0490545    -6.71   0.000       .46084    .6541143
------------------------------------------------------------------------------
Note: _cons estimates baseline incidence rate.
```

图 10.32　泊松回归发生率计算结果

在 10.6.3 小节中，我们已经说明解释变量的系数 β_k 不能当作边际效应看待。事实上，由于 $\lambda_i=\exp(\boldsymbol{x}_i'\boldsymbol{\beta})$，所以有

$$\frac{\partial}{\partial x_k}\ln\lambda_i=\beta_k$$

即 β_k 表示解释变量 x_k 增加一个很小量时，事件的平均发生次数将增加 β_k 个百分点。另外，也可计算发生率比 $\exp(\beta_k)$，其意义是让变量 x_k 增加 1 个单位变为 x_k+1，则

$$\frac{\exp[(x_k+1)\beta_k]}{\exp(x_k\beta_k)}=\exp(\beta_k)$$

即平均发生次数是原来的 $\exp(\beta_k)$ 倍。

根据图 10.32 的估计结果，以变量 black 为例，其发生率比的估计值为 1.9364，这说明，在其他变量保持不变时，黑人被捕的平均次数是非黑人的 1.9364 倍，即黑人被捕的平均次数较非黑人高出 93.64%。与此类似，可对其他解释变量的边际效应进行解释。

3. 泊松回归模型使用的基本条件分析

服从泊松分布的随机变量，具有数学期望与其方差相等的特征，这是使用泊松回归的一个重要前提条件。因此，下面考虑被解释变量 narr86 的均值与方差。执行命令

```
.sum narr86,detail
```

输出结果见图 10.33。

图 10.33 显示，被解释变量 narr86 的样本均值为 0.4044，样本方差为 0.7380，后者是前者的 1.8 倍还多。这说明被解释变量不是均等分散而是过度分散，故泊松分布不再适用，因此

# times arrested, 1986				
	Percentiles	Smallest		
1%	0	0		
5%	0	0		
10%	0	0	Obs	2,725
25%	0	0	Sum of wgt.	2,725
50%	0		Mean	.4044037
		Largest	Std. dev.	.8590768
75%	1	7		
90%	1	9	Variance	.7380129
95%	2	10	Skewness	4.111134
99%	4	12	Kurtosis	32.66587

图 10.33　被解释变量 narr86 的统计特征

进行负二项回归(NB2)。

4. 负二项回归(NB2)模型的估计

执行命令

```
. nbreg narr86 pcnv avgsen tottime ptime86 qemp86 inc86 black hispan born60,
r nolog
```

输出结果见图 10.34。

根据图 10.34 可知，alpha(α 参数)的 95%的置信区间为(0.6977,1.2363)，因此在 5%的显著水平上拒绝“alpha=0”的原假设(对应泊松回归)，这说明应使用负二项回归。估计负二项回归(NB1)也可得到相同结论，留作习题请读者验证(练习题 11)。

```
Negative binomial regression                    Number of obs =  2,725
                                                Wald chi2(9)  = 246.07
Dispersion: mean                                Prob > chi2   = 0.0000
Log pseudolikelihood = -2157.628                Pseudo R2     = 0.0581
```

narr86	Coefficient	Robust std. err.	z	P>|z|	[95% conf.	interval]
pcnv	-.4770963	.1013889	-4.71	0.000	-.6758148	-.2783778
avgsen	-.0173385	.0243654	-0.71	0.477	-.0650939	.0304168
tottime	.0197394	.0201359	0.98	0.327	-.0197263	.0592051
ptime86	-.1073997	.0230838	-4.65	0.000	-.1526432	-.0621562
qemp86	-.0504884	.0355401	-1.42	0.155	-.1201457	.0191689
inc86	-.0077126	.0012147	-6.35	0.000	-.0100934	-.0053318
black	.6560406	.0980021	6.69	0.000	.4639601	.8481211
hispan	.5048465	.0923508	5.47	0.000	.3238422	.6858508
born60	-.046412	.0798343	-0.58	0.561	-.2028843	.1100603
_cons	-.5637368	.0929054	-6.07	0.000	-.7458281	-.3816455
/lnalpha	-.0738912	.1459399			-.3599282	.2121458
alpha	.9287728	.135545			.6977264	1.236328

图 10.34　负二项回归(NB2)的估计结果

练习题

1. 试述多项离散选择模型与二值选择模型检验的异同。

2. 试述无关方案独立性假设的意义与检验方法。

3. 嵌套 logit 模型如何规避无关方案独立性假设不被满足的情况？

4. 通常的多项离散模型为什么不能直接用来处理排序选择问题？

5. 试述计数数据的特征。

6. 试述泊松分布、二项分布、负二项分布数学期望与方差的关系特征。

7. 设

$$\boldsymbol{\delta}_j(\boldsymbol{x})=\frac{\partial}{\partial \boldsymbol{x}}P_j(\boldsymbol{x})=\frac{\partial}{\partial \boldsymbol{x}}\left[\exp(\boldsymbol{x}'\boldsymbol{\beta}_j)\Big/\sum_{l=1}^{M}\exp(\boldsymbol{x}'\boldsymbol{\beta}_l)\right],\quad j=1,2,\cdots,M$$

证明

$$\boldsymbol{\delta}_j(\boldsymbol{x})=\frac{\partial}{\partial \boldsymbol{x}}P_j(\boldsymbol{x})=P_j(\boldsymbol{x})\left[\boldsymbol{\beta}_j-\sum_{l=1}^{M}\boldsymbol{\beta}_l P_l(\boldsymbol{x})\right]$$

8. 在简单多项 logit 模型中，若假设方案 1 或方案 $j\neq1$ 必然发生，证明方案 j 发生的条件概率为

$$P(y=j\mid y=1\text{ 或 }j)=\frac{P(y=j)}{P(y=1)+P(y=j)}=\frac{\exp(\boldsymbol{x}'(\boldsymbol{\beta}_j-\boldsymbol{\beta}_1))}{1+\exp(\boldsymbol{x}'(\boldsymbol{\beta}_j-\boldsymbol{\beta}_1))}$$

9. 设式(10.24)的样本形式为

$$y_i^*=\boldsymbol{x}_i'\boldsymbol{\beta}+\varepsilon_i^*,\quad i=1,2,\cdots,n$$

式中，潜变量 y_i^* 不可观测，可观测的是 y_i，设 y_i 取三个值，分别记为 0,1,2($M=2$)，门槛值 $c_1=0$，$c_2=a$。试给出排序 logit 模型的数学表达式。

10. 证明定理 10.3。

11. 请对例 10.6 的数据采用负二项回归进行估计，验证不应使用泊松回归。

12. 请选择一个社会、经济的多项选择问题，收集数据并采用相关统计软件进行分析。

第 11 章　受限被解释变量模型

在实际中，我们经常会遇到因变量受到某种限制的情况，称为受限被解释变量(limited dependent variable，简称为 LDV)，其广义定义是一个取值范围受到限制的被解释变量。在这种情况下，获得的样本数据来自总体的一个子集，可能不能完全反映总体，分析这种类型数据的计量经济模型称为受限被解释变量或受限因变量模型。

11.1　截断数据与归并数据

1. 截断问题与数据

当不能从全部截面个体，而只能从其一部分个体中随机抽取被解释变量的样本观测值时，就产生了截断(truncation)问题。这个问题又分为两种情况。一种情况是抽取的部分个体的观测值大于或者小于某个确定值，出现"掐头"或者"去尾"的现象，与其他个体的观测值相比较，存在明显的"截断点"。例如，若以居民收入作为被解释变量建立居民收入模型，从理论上来看，居民收入数据应该从零到无穷大，但受客观条件限制，只能在收入处于某一范围时抽取得到样本观测值。例如 5000 元以上或者 10 万元以下，这样获得的被解释变量观测值处于一个区间之中。

另一种情况是所抽取得到的样本观测值来自具有某些特征的部分个体，但是样本观测值的大小与其他个体的观测值相比较，并不存在明显的"截断点"。例如，利用上市公司作为样本研究企业的效率，显然上市公司是全部企业的一个子集，但是上市公司的效率并不一定都大于或者小于非上市公司的效率。上市公司是全部企业的一个子集，而上市公司的效率数据并不能看作是全部企业效率数据的一个子集。

在有些情况下，被解释变量虽不存在明显确定的"截断点"，但其截断却与另一变量有关，称这种截断为"偶然截断"[①](incidental truncation)或"样本选择"(sample selection)[②]。例如，通常只能观测到参加工作人员的工资水平，即我们能否观察到一个人的工资与该人是否工作有关。决定一个人是否参加工作的变量称为选择变量，它既可能影响工资(如个人能力，该变量出现在工资方程中)，也可能不影响工资(如配偶是否工作，该变量不出现在工资方程中)。另一个例子是关于美国亚裔移民的能力，亚裔移民给人的整体印象是聪明能干，但美国的亚裔人口并不是全部非亚洲人口及具有代表性的样本，因为通常只有受过高等教育，或具有吃苦耐劳和敢于冒险才会"自我选择"(self selection)移民。此时，决定是否移民的变量就对被解释变量产生了截断作用。因此，样本选择将导致出现"选择性偏误"(selection bias)。

由于赫克曼(Heckman)的研究主要基于偶然截断分析样本选择问题，因此偶然截断与样本选择这两个术语在计量经济学研究中通常交替使用。事实上，产生样本选择问题的常见因

---

① 有的教科书中也翻译为"从属断尾"。

② 文献中也称为"Tobit Ⅱ"模型。

素既有偶然截断，也涉及对研究的设计。例如，同样是选择年龄在35岁至45岁之间的个体构成的样本来研究教育回报率问题，若研究者感兴趣的是35～45岁个体的教育回报率，则不存在样本选择问题；但若研究者感兴趣的是一般意义上的教育回报率时，基于35～45岁的个体构成的样本开展研究，则会出现样本选择的问题。

2. 归并问题与数据

当被解释变量处于某一范围的样本观测值都用一个相同的值替代的时候，就产生了"归并"问题。由于这类问题经常出现在检查和调查活动中，因此也称为"检查"(censoring)问题，有些文献也称为"删失"问题。为了大家更好地理解归并问题，现以商品需求分析为例进行说明。若欲构建某一商品的需求函数模型，以某地居民对该商品的需求量作为被解释变量，然而需求量不可观测，故一般采用实际购买量作为需求量的替代值。但现实中若这种商品供不应求出现限购，则得到的实际购买量值不能反映真正的需求量。例如，限制每户最多只能购买50千克面粉，那么得到的观测值处于0和50之间。对于购买量小于50千克的个体，有理由认为这个购买量代表了真实的需求量。而对需求量大于50千克的个体，这个购买量并不代表其真实需求量。换言之，当实际需求量大于50千克时都用50作为样本观测值，即对大于50的观测值进行了归并。这类问题在微观经济活动的调查中普遍存在，导致边界上的观测值出现堆积。

综上所述，无论是截断数据还是归并数据，都不再具有经典线性模型对被解释变量样本观测值的要求，故采用经典的方法对这类数据进行分析显然不可行，因此需要开发新的方法来处理这类数据。

11.2 截断回归

11.2.1 截断分布

对一个被解释变量来说，如果其样本观测值受到掐头或者去尾，则每一个样本观测值被抽到的概率及一组样本观测值被抽到的联合概率，一般与被解释变量样本观测值未受此限制时的概率不一样。但是，如果我们能够得到受限制被解释变量的分布，从而得到受限制时一组样本观测值被抽到的联合概率，则可写出似然函数，并通过极大化似然函数得到受限被解释变量关于相关解释变量回归(截断回归)的估计，这就是估计有明确截断点的截断回归模型的思路。

设连续型随机变量 Z 的概率密度函数为 $f(\xi)$，a 是该密度函数取值范围内的一个常数，随机变量 Z 在 a 处截断，即 $Z>a$，称此截断为左截断(left truncation)，于是截断随机变量的密度函数为

$$f(\xi \mid Z>a)=\frac{f(\xi)}{P(Z>a)} \tag{11.1}$$

例如，如果 Z 服从均匀分布 $U(a,b)$，但是它只能在 (c,b) 内取得样本观测值，那么取得每一个样本观测值的概率为

$$f(\xi|Z>c)=\frac{f(\xi)}{P(Z>c)}=\frac{1/(b-a)}{\int_c^b \frac{1}{b-a}\mathrm{d}\xi}=\frac{1}{b-c}$$

注意，原来随机变量 Z 的密度函数是 $1/(b-a)$，但截断随机变量 $(Z>c)$ 的密度函数为 $1/(b-$

c)。这样一来,随机变量 Z 在(c,b)区间抽到样本观测值的概率将大于其在区间(a,b)内抽到样本观测值的概率。

如果 Z 服从正态分布 $N(\mu,\sigma^2)$,则截断随机变量$(Z>a)$的密度函数为

$$f(\xi|Z>a)=\frac{f(\xi)}{P(Z>a)}$$

$$=\frac{(2\pi\sigma^2)^{-1/2}\mathrm{e}^{-(\xi-\mu)^2/(2\sigma^2)}}{1-\Phi\left(\dfrac{a-\mu}{\sigma}\right)}$$

$$=\frac{\dfrac{1}{\sigma}\phi\left(\dfrac{\xi-\mu}{\sigma}\right)}{1-\Phi\left(\dfrac{a-\mu}{\sigma}\right)} \tag{11.2}$$

式中,$\phi(\cdot)$是标准正态分布的概率密度函数;$\Phi(\cdot)$是标准正态分布的累积分布函数。当 $Z\sim N(0,1)$时,式(11.2)简化为

$$f(\xi|Z>a)=\frac{f(\xi)}{P(Z>a)}=\frac{\phi(\xi)}{1-\Phi(a)} \tag{11.3}$$

11.2.2　截断回归模型与其条件期望函数

截断回归模型的形式为

$$y_i=\boldsymbol{x}_i'\boldsymbol{\beta}+\varepsilon_i,\quad i=1,2,\cdots,n \tag{11.4}$$

式中,y_i 只能在 $\boldsymbol{x}_i'\boldsymbol{\beta}+\varepsilon_i>a$ 时获得样本观测值,a 为常数。

上面已说明截断随机变量的概率分布与原来的概率分布不同,因此截断分布的数学期望也发生了变化。由于回归的实质是估计条件期望函数,下面以左截断为例计算截断分布的条件期望函数①。

在最简单的情形,设随机变量 $Z\sim N(0,1)$,则由式(11.3)和数学期望的定义可以证明

$$E(Z|Z>a)=\frac{\phi(a)}{1-\Phi(a)} \tag{11.5}$$

当 a 变化时,令

$$\lambda(a)=\frac{\phi(a)}{1-\Phi(a)} \tag{11.6}$$

称其为反(逆)米尔斯比率(inverse Mill's ratio,简称为 IMR)(亦称为风险函数)。于是,$E(Z|Z>a)=\lambda(a)$。由定义可知,反米尔斯比率在 a 处的值,实际上是标准正态分布的密度函数 $\phi(a)$除以密度函数曲线下面超过 a 的部分之面积 $1-\Phi(a)$。

在一般情形,设随机变量 $y\sim N(\mu,\sigma^2)$,令 $Y=(y-\mu)/\sigma$,则 $Y\sim N(0,1)$,$y=\mu+\sigma Y$。于是有

$$\begin{aligned}E(y|y>a)&=E(\mu+\sigma Y|\mu+\sigma Y>a)\\&=E[\mu+\sigma Y|Y>(a-\mu)/\sigma]\\&=\mu+\sigma E[Y|Y>(a-\mu)/\sigma]\\&=\mu+\sigma\lambda[(a-\mu)/\sigma]\end{aligned} \tag{11.7}$$

---

① 右截断(right truncation)可类似计算条件期望函数。

对于回归模型 $y_i=\boldsymbol{x}_i'\boldsymbol{\beta}+\varepsilon_i$，假设 $\varepsilon_i|\boldsymbol{x}_i\sim N(0,\sigma^2)$，则 $y_i|\boldsymbol{x}_i\sim N(\boldsymbol{x}_i'\boldsymbol{\beta},\sigma^2)$。根据式(11.7)可得

$$E(y_i|y_i>a)=\boldsymbol{x}_i'\boldsymbol{\beta}+\sigma\lambda[(a-\boldsymbol{x}_i'\boldsymbol{\beta})/\sigma] \tag{11.8}$$

式中，$y_i>a$ 是可获得样本观测值的条件，由于式中右端第二项的存在，故若采用 OLS 对回归模型 $y_i=\boldsymbol{x}_i'\boldsymbol{\beta}+\varepsilon_i$ 进行估计，则忽略了非线性项 $\sigma\lambda[(a-\boldsymbol{x}_i'\boldsymbol{\beta})/\sigma]$，其被纳入误差项中。注意到忽略的非线性项是解释变量 $\boldsymbol{x}_i$ 的函数，因而导致误差项与解释变量 $\boldsymbol{x}_i$ 有关系，并且存在异方差性，故使得到的估计量出现偏误，从而不再具有一致性。

11.2.3 截断回归模型的估计

对于截断回归模型，仍然可以采用极大似然法估计模型的参数，只不过此时使用的是截断被解释变量的密度函数。

设回归模型为

$$y_i=\boldsymbol{x}_i'\boldsymbol{\beta}+\varepsilon_i,\ \varepsilon_i|\boldsymbol{x}_i\sim N(0,\sigma^2),\quad i=1,2,\cdots,n \tag{11.9}$$

则 $y_i|\boldsymbol{x}_i\sim N(\boldsymbol{x}_i'\boldsymbol{\beta},\sigma^2)$。假定 y_i 只能在大于 a 的范围内获得观测值($y_i>a$，左截断)，则由式(11.2)易得

$$f(y_i|y_i>a)=\frac{\frac{1}{\sigma}\phi((y_i-\boldsymbol{x}_i'\boldsymbol{\beta})/\sigma)}{1-\Phi((a-\boldsymbol{x}_i'\boldsymbol{\beta})/\sigma)} \tag{11.10}$$

于是对数似然函数为

$$\ln L=-\frac{n}{2}[\ln(2\pi)+\ln\sigma^2]-\frac{1}{2\sigma^2}\sum_{i=1}^{n}(y_i-\boldsymbol{x}_i'\boldsymbol{\beta})^2-\sum_{i=1}^{n}\ln[1-\Phi((a-\boldsymbol{x}_i'\boldsymbol{\beta})/\sigma)] \tag{11.11}$$

其一阶条件为

$$\frac{\partial\ln L}{\partial\begin{pmatrix}\boldsymbol{\beta}\\ \sigma^2\end{pmatrix}}=\sum_{i=1}^{n}\begin{bmatrix}\left(\frac{(y_i-\boldsymbol{x}_i'\boldsymbol{\beta})}{\sigma^2}-\frac{\lambda_i}{\sigma}\right)\boldsymbol{x}_i\\ -\frac{1}{2\sigma^2}+\frac{(y_i-\boldsymbol{x}_i'\boldsymbol{\beta})^2}{2\sigma^4}-\frac{\alpha_i\lambda_i}{2\sigma^2}\end{bmatrix}=\boldsymbol{0} \tag{11.12}$$

式中，$\alpha_i=(a-\boldsymbol{x}_i'\boldsymbol{\beta})/\sigma$；$\lambda_i=\phi(\alpha_i)/[1-\Phi(\alpha_i)]$。

求解该一阶极值条件，即可以得到模型参数的估计。这是一个复杂的非线性问题，需要采用迭代数值方法求解。

进一步，我们继续考虑式(11.11)，式中前两项是不考虑截断分布情况下的似然函数，与考虑截断分布情况下的似然函数相比较，后者比前者多了第三项。由于

$$\sum_{i=1}^{n}\ln[1-\Phi((a-\boldsymbol{x}_i'\boldsymbol{\beta})/\sigma)]<0$$

所以，考虑截断分布情况下的似然函数值一定大于不考虑截断分布情况下的似然函数值，而后者等价于 OLS 估计，因此，对截断样本而言，采用 OLS 方法估计参数，估计结果会出现偏差。

通过上面的估计过程可以看出，对于截断被解释变量的回归模型采用极大似然法进行估计，首先应得到截断分布，而得到截断分布的条件是能够事先确定“截断点”。但是，有些实际数据往往没有明显的“截断点”，例如 11.1 节中提到的上市公司问题。对于这类数据，其拟合

模型的估计需要采用赫克曼 1979 年提出的两步修正法，具体参考李子奈和叶阿忠的《高级应用计量经济学》一书。

在 Stata 中，截断回归的命令为

```
truncreg y x1 x2 x3,ll(#)ul(#)
```

其中，选择项“ll(#)”表示下限(lower limit)，即左截断；选择项“ul(#)”表示上限(upper limit)，即右截断；若同时使用这两个选项，则表示双边截断。

【例 11.1】 表 11.1 给出的是某地区 31 年城镇居民人均消费(cons，元)与人均可支配收入(income，元)的时间序列数据，下面针对不同的截断值进行分析。

表 11.1　城镇居民消费与收入数据

年份号	消费/元	收入/元	年份号	消费/元	收入/元	年份号	消费/元	收入/元
1	11123.84	13882.62	12	5064.340	6778.03	23	5759.210	7041.87
2	7867.530	10312.91	13	7356.260	9999.54	24	4948.980	6569.23
3	5439.770	7239.06	14	4914.550	6901.42	25	6023.560	7643.57
4	5105.380	7005.03	15	6069.350	8399.91	26	8045.340	8765.45
5	5419.140	7012.9	16	4941.600	6926.12	27	5666.540	6806.35
6	6077.920	7240.58	17	5963.250	7321.98	28	5298.910	6657.24
7	5492.100	7005.17	18	6082.620	7674.2	29	5400.240	6745.32
8	5015.190	6678.9	19	9636.270	12380.43	30	5330.340	6530.48
9	11040.34	14867.49	20	5763.500	7785.04	31	5540.610	7173.54
10	6708.580	9262.46	21	5502.430	7259.25			
11	9712.890	13179.53	22	7118.060	8093.67			

1. 基于 EViews 软件的分析

(1)若将被解释变量消费的观测数据在 4500 处左截断，采用 EViews 软件进行操作及输出，结果分别如图 11.1 和图 11.2 所示。

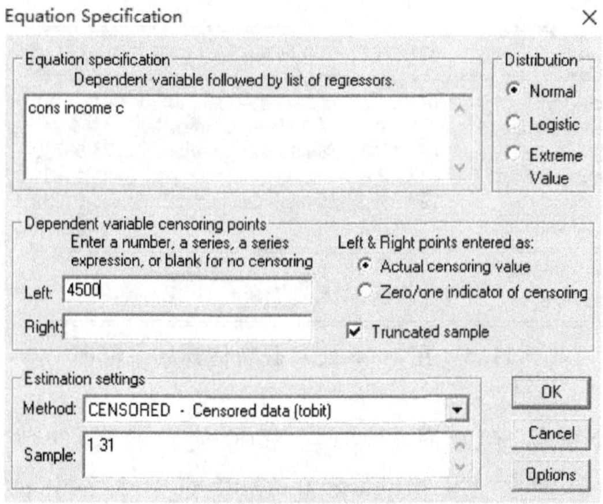

图 11.1　EViews 软件截断回归操作窗口截图

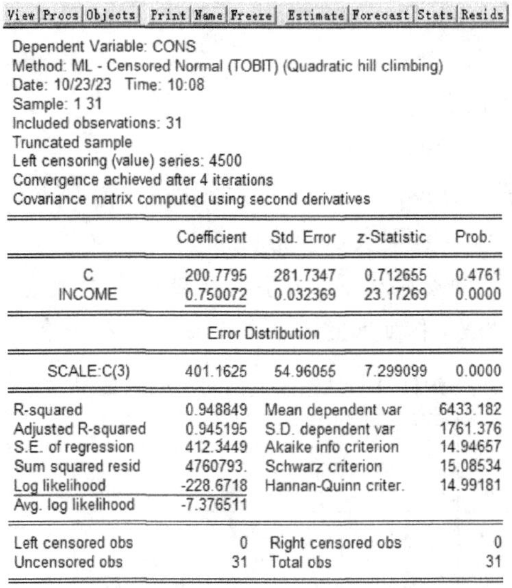

View | Procs | Objects | Print | Name | Freeze | Estimate | Forecast | Stats | Resids

Dependent Variable: CONS
Method: ML - Censored Normal (TOBIT) (Quadratic hill climbing)
Date: 10/23/23 Time: 10:08
Sample: 1 31
Included observations: 31
Truncated sample
Left censoring (value) series: 4500
Convergence achieved after 4 iterations
Covariance matrix computed using second derivatives

	Coefficient	Std. Error	z-Statistic	Prob.
C	200.7795	281.7347	0.712655	0.4761
INCOME	0.750072	0.032369	23.17269	0.0000
Error Distribution				
SCALE:C(3)	401.1625	54.96055	7.299099	0.0000

R-squared	0.948849	Mean dependent var	6433.182
Adjusted R-squared	0.945195	S.D. dependent var	1761.376
S.E. of regression	412.3449	Akaike info criterion	14.94657
Sum squared resid	4760793.	Schwarz criterion	15.08534
Log likelihood	-228.6718	Hannan-Quinn criter.	14.99181
Avg. log likelihood	-7.376511		

Left censored obs	0	Right censored obs	0
Uncensored obs	31	Total obs	31

图 11.2　在 4500 处左截断估计结果截图

(2)若将被解释变量消费的观测数据在 4000 处左截断，采用 EViews 软件进行操作，其输出结果如图 11.3 所示。

View | Procs | Objects | Print | Name | Freeze | Estimate | Forecast | Stats | Resids

Dependent Variable: CONS
Method: ML - Censored Normal (TOBIT) (Quadratic hill climbing)
Date: 10/23/23 Time: 10:30
Sample: 1 31
Included observations: 31
Truncated sample
Left censoring (value) series: 4000
Convergence achieved after 4 iterations
Covariance matrix computed using second derivatives

与 4500 左截断比较，系数估计值
发生变化，对数似然函数值变小。

	Coefficient	Std. Error	z-Statistic	Prob.
C	237.2529	267.6127	0.886553	0.3753
INCOME	0.746924	0.031111	24.00047	0.0000
Error Distribution				
SCALE:C(3)	391.2665	50.05760	7.816327	0.0000

R-squared	0.949144	Mean dependent var	6433.182
Adjusted R-squared	0.945511	S.D. dependent var	1761.376
S.E. of regression	411.1556	Akaike info criterion	14.96703
Sum squared resid	4733371.	Schwarz criterion	15.10581
Log likelihood	-228.9890	Hannan-Quinn criter.	15.01227
Avg. log likelihood	-7.386742		

Left censored obs	0	Right censored obs	0
Uncensored obs	31	Total obs	31

图 11.3　在 4000 处左截断估计结果截图

将图 11.2(在 4500 处左截断)与图 11.3(在 4000 处左截断)的估计结果进行比较发现，收入(income)变量系数的估计值发生了变化，由 0.7500 变为 0.7469；对数似然函数值变小，由 −228.6718 降低为 −228.9890。类似情况在下面的估计结果中也出现。

(3)若将被解释变量消费的观测数据在 4500 处左截断(≥4500)，在 11500 处右截断(≤

11500)，采用 EViews 软件进行操作，其输出结果如图 11.4 所示。

File　Edit　Objects　View　Procs　Quick　Options　Window　Help

View | Procs | Objects | Print | Name | Freeze | Estimate | Forecast | Stats | Resids

Dependent Variable: CONS
Method: ML - Censored Normal (TOBIT) (Quadratic hill climbing)
Date: 10/23/23　Time: 10:56
Sample: 1 31
Included observations: 31
Truncated sample
Left censoring (value) series: 4500
Right censoring (value) series: 11500
Convergence achieved after 5 iterations
Covariance matrix computed using second derivatives

思考：系数估计值与对数似然函数值怎么变化？

	Coefficient	Std. Error	z-Statistic	Prob.
C	99.92609	313.2679	0.318980	0.7497
INCOME	0.763322	0.036832	20.72442	0.0000
Error Distribution				
SCALE:C(3)	404.9458	56.52230	7.164355	0.0000

R-squared	0.949923	Mean dependent var	6433.182
Adjusted R-squared	0.946346	S.D. dependent var	1761.376
S.E. of regression	407.9931	Akaike info criterion	14.91250
Sum squared resid	4660834.	Schwarz criterion	15.05127
Log likelihood	-228.1437	Hannan-Quinn criter.	14.95773
Avg. log likelihood	-7.359475		

Left censored obs	0	Right censored obs	0
Uncensored obs	31	Total obs	31

图 11.4　在 4500 处左截断 11500 处右截断估计结果截图

(4)若将被解释变量消费的观测数据在 0 处左截断(≥0)，采用 EViews 软件进行操作后的输出结果如图 11.5 所示。

View | Procs | Objects | Print | Name | Freeze | Estimate | Forecast | Stats | Resids

Dependent Variable: CONS
Method: ML - Censored Normal (TOBIT) (Quadratic hill climbing)
Date: 10/23/23　Time: 11:10
Sample: 1 31
Included observations: 31
Truncated sample
Left censoring (value) at zero
Convergence achieved after 4 iterations
Covariance matrix computed using second derivatives

	Coefficient	Std. Error	z-Statistic	Prob.
C	238.4742	266.9254	0.893411	0.3716
INCOME	0.746817	0.031048	24.05391	0.0000
Error Distribution				
SCALE:C(3)	390.7451	49.62468	7.874008	0.0000

R-squared	0.949146	Mean dependent var	6433.182
Adjusted R-squared	0.945514	S.D. dependent var	1761.376
S.E. of regression	411.1454	Akaike info criterion	14.96754
Sum squared resid	4733134.	Schwarz criterion	15.10631
Log likelihood	-228.9968	Hannan-Quinn criter.	15.01277
Avg. log likelihood	-7.386994		

Left censored obs	0	Right censored obs	0
Uncensored obs	31	Total obs	31

图 11.5　在 0 处左截断估计结果截图

请读者将图 11.5 所示的估计结果与使用普通最小二乘法得到的估计结果进行比较，并思考：收入(income)变量系数的估计值及对数似然函数值怎样变化？在以上讨论的截断情况下，图 11.5 所示的对数似然函数值是否最小？

2. 基于 Stata 软件的分析

下面，采用 Stata 软件进行分析。

(1)若将被解释变量消费的观测数据在 4500 处左截断，采用 Stata 软件，执行截断回归的命令：

```
.import excel “C:\Users\YMY\Desktop\例 11.1 居民消费收入数据.xlsx”,
sheet(“Sheet1”) firstrow(2 vars, 31 obs)
.truncreg cons income,ll(4500)
```

输出结果如图 11.6 所示。

```
Truncated regression
Limit: Lower = 4500                             Number of obs     =        31
       Upper = +inf                             Wald chi2(1)      =    536.98
Log likelihood = -228.67185                     Prob > chi2       =    0.0000

------------------------------------------------------------------------------
        cons | Coefficient  Std. err.      z    P>|z|     [95% conf. interval]
-------------+----------------------------------------------------------------
      income |   .7500721   .0323688    23.17   0.000     .6866305    .8135137
       _cons |    200.779   281.7343     0.71   0.476    -351.4101    752.9682
-------------+----------------------------------------------------------------
      /sigma |   401.1619   54.96033     7.30   0.000     293.4416    508.8822
------------------------------------------------------------------------------
```

图 11.6　在 4500 处左截断的估计结果

(2)若将被解释变量消费的观测数据在 4000 处左截断，采用 Stata 软件，执行截断回归的命令：

```
.truncreg cons income,ll(4000)
```

输出结果如图 11.7 所示。

```
Truncated regression
Limit: Lower = 4000                             Number of obs     =        31
       Upper = +inf                             Wald chi2(1)      =    576.41
Log likelihood = -228.98901                     Prob > chi2       =    0.0000

------------------------------------------------------------------------------
        cons | Coefficient  Std. err.      z    P>|z|     [95% conf. interval]
-------------+----------------------------------------------------------------
      income |   .7469236   .0311108    24.01   0.000     .6859475    .8078998
       _cons |   237.2529   267.6127     0.89   0.375    -287.2584    761.7642
-------------+----------------------------------------------------------------
      /sigma |   391.2666    50.0576     7.82   0.000     293.1555    489.3777
------------------------------------------------------------------------------
```

图 11.7　在 4000 处左截断的估计结果

(3)若将被解释变量消费的观测数据在 4500 处左截断(≥4500),在 11500 处右截断(≤11500),采用 Stata 软件,执行截断回归的命令:

```
.truncreg cons income,ll(4500)ul(11500)
```

输出结果如图 11.8 所示。

Truncated regression
Limit: Lower = 4500　　　　Number of obs = 31
Upper = 11500　　　　Wald chi2(1) = 429.50
Log likelihood = -228.14371　　　　Prob > chi2 = 0.0000

cons	Coefficient	Std. err.	z	P>|z|	[95% conf.	interval]
income	.7633224	.036832	20.72	0.000	.6911329	.8355118
_cons	99.92605	313.2679	0.32	0.750	-514.0678	713.9199
/sigma	404.9458	56.52229	7.16	0.000	294.1642	515.7275

图 11.8　在 4500 处左截断 11500 处右截断的估计结果

(4)若将被解释变量消费的观测数据在 0 处左截断(≥0),采用 Stata 软件,执行截断回归的命令:

```
.truncreg cons income,ll(0)
```

输出结果如图 11.9 所示。

Truncated regression
Limit: Lower = 0　　　　Number of obs = 31
Upper = +inf　　　　Wald chi2(1) = 578.59
Log likelihood = -228.99681　　　　Prob > chi2 = 0.0000

cons	Coefficient	Std. err.	z	P>|z|	[95% conf.	interval]
income	.7468168	.0310476	24.05	0.000	.6859646	.807669
_cons	238.4742	266.9254	0.89	0.372	-284.69	761.6384
/sigma	390.7452	49.62469	7.87	0.000	293.4826	488.0078

图 11.9　在 0 处左截断的估计结果

上面分别使用了两种计量分析软件对不同截断情况下的计量经济模型进行了估计,从估计结果可以看出,随着截断区间范围的缩小,同一个体被抽到的概率变大,导致似然函数值增大。另外,对于截断回归模型,一般使用普通最小二乘法得到的参数估计与进行截断回归得到的估计不一样。

11.3　零截断泊松回归与负二项回归

在现实社会、经济生活中，离散数据也可能出现截断的情况，特别是计数数据，有时其样本观测值只出现正整数，不出现取值为 0 的观测值。例如，调查“十四五”时期脱贫村驻村第一书记每周入户访查的次数，在地铁上调查上班人员每周乘坐地铁的次数。这两个例子中被解释变量的观测值是计数数据，但都不为 0，故在 0 处存在左截断，被称为“零截断”(zero truncation)。

对于零截断计数模型，无论采用泊松回归还是负二项回归，若对其似然函数不进行适当调整，将得不到参数的一致估计量。设离散被解释变量 Y 的取值概率(函数)为

$$P(y)=P(Y=y),\quad y=1,2,\cdots$$

累积分布函数为 $F(y)=P(Y\leqslant y)$。于是，根据式(11.1)有

$$P(y\mid y\geqslant 1)=\frac{P(y)}{1-F(0)},\quad y=1,2,\cdots \tag{11.13}$$

当 Y 服从参数为 $\lambda(>0)$ 的泊松分布时，有

$$P(y\mid y\geqslant 1)=\frac{\lambda^{y}\mathrm{e}^{-\lambda}}{y!\ (1-\mathrm{e}^{-\lambda})},\quad y=1,2,\cdots \tag{11.14}$$

依据式(11.14)可写出似然函数，并进行极大似然估计，即可得到零截断泊松回归(zero-truncated Poisson regression)的估计。类似地，若离散被解释变量 Y 服从负二项分布(如 NB1 和 NB2 模型)，可进行零截断负二项回归(zero-truncated negative binomial regression)。

在 Stata 中，进行相应回归的命令如下：

零截断泊松回归 Stata 命令

```
ztp y x1 x2 x3,r
```

零截断负二项回归 Stata 命令(默认为 NB2 模型)

```
ztnb y x1 x2 x3,r
```

零截断负二项回归 Stata 命令(默认为 NB1 模型)

```
ztnb y x1 x2 x3,r didpersion(constant)
```

其中，选择项“r”表示采用稳健标准误。

11.4　偶然截断与样本选择

11.1 节解释了“偶然截断”，即被解释变量的截断与另一变量有关，而且“偶然截断”是样本选择的常见形式。例如，考虑妇女的劳动力供给，劳动时间模型为

$$\text{hours}=\alpha_0+\alpha_1\text{wage}+\alpha_2\text{children}+\alpha_3\text{marriage}+u$$

工资模型为

$$w^{(\mathrm{m})}-w^{(\mathrm{r})}=\beta_0+\beta_1\text{age}+\beta_2\text{education}+\beta_3\text{children}+\beta_4\text{location}+v$$

式中，hours 表示工作时间；wage 表示工资薪水；children 表示家庭孩子数；marriage 表示婚姻状态(已婚、未婚)；$w^{(\mathrm{m})}$ 表示市场提供的工资(offered wage)；$w^{(\mathrm{r})}$ 表示保留工资(reservation wage)；age 表示妇女年龄；education 表示受教育年限；location 表示居住位置。本例中，被解释变量 hours 可否被观测到与变量 $z=w^{(\mathrm{m})}-w^{(\mathrm{r})}$ 有关，当 $z<0$ 时，妇女将选择不工作，因而

无法观测到她的劳动时间 hours，从而导致劳动时间模型出现偶然截断与样本选择问题。

1. 样本选择产生的机制与选择性偏误

为了搞清楚样本选择产生的机制，明了为什么会出现选择性偏误，考虑正态随机变量 Y 和 Z，它们的数学期望分别为 $\mu_Y=E(Y)$ 和 $\mu_Z=E(Z)$，标准差分别为 σ_Y 和 σ_Z，相关系数为 ρ，联合密度函数记为 $f(y,z)$。如果以"选择变量 Z 大于常数 c"作为选择机制（selection mechanism），如上面的 $c=0$，则截断分布为

$$f(y,z\mid Z>c)=\frac{f(y,z)}{P(Z>c)} \tag{11.15}$$

可以证明，截断分布的条件数学期望为

$$E(Y\mid Z>c)=\mu_Y+\rho\sigma_Y\lambda[(c-\mu_Z)/\sigma_Z] \tag{11.16}$$

式(11.16)类似于式(11.7)，其中 $\lambda(\cdot)$ 是反(逆)米尔斯比率。

由式(11.16)可以看出，若 $\rho=0$，即随机变量 Y 与 Z 不相关，则 Z 的选择过程不影响 Y；若 $\rho\neq 0$，即随机变量 Y 与 Z 相关时，Z 的选择过程会影响 Y。当 Y 与 Z 正相关($\rho>0$)时，因 $\lambda(\cdot)>0$，故 $Z>c$ 的偶然截断结果是将 Y 的分布整体向右移，从而导致条件数学期望 $E(Y\mid Z>c)$ 超过无条件数学期望 $\mu_Y=E(Y)$。类似地，如果以"选择变量 $Z<c$"作为选择机制，也可得到截断分布的条件数学期望为

$$E(Y\mid Z<c)=\mu_Y-\rho\sigma_Y\lambda[(c-\mu_Z)/\sigma_Z]$$

下面，考虑线性回归模型

$$y_i=\boldsymbol{x}_i'\boldsymbol{\beta}+\varepsilon_i,\quad i=1,2,\cdots,n$$

式中，被解释变量 y_i 是否可观测与选择变量 z_i（取值 0 或 1）有关，即

$$y_i=\begin{cases}\text{可观测} & \text{若 } z_i=1\\ \text{不可观测} & \text{若 } z_i=0\end{cases} \tag{11.17}$$

变量 z_i 的取值取决于潜变量 z_i^*（不可观测），即

$$z_i=\begin{cases}1 & \text{若 } z_i^*>0\\ 0 & \text{若 } z_i^*\leqslant 0\end{cases} \tag{11.18}$$

式中，

$$z_i^*=\boldsymbol{w}_i'\boldsymbol{\gamma}+\varepsilon_i^* \tag{11.19}$$

如果 ε_i^* 服从正态分布，则 z_i 可用二值 probit 模型描述，因此有

$$P(z_i=1\mid \boldsymbol{w}_i)=\Phi(\boldsymbol{w}_i'\boldsymbol{\gamma})$$

于是，可观测样本的条件数学期望为

$$\begin{aligned}E(y_i\mid y_i\text{ 可观测})&=E(y_i\mid z_i^*>0)\\&=E(\boldsymbol{x}_i'\boldsymbol{\beta}+\varepsilon_i\mid \boldsymbol{w}_i'\boldsymbol{\gamma}+\varepsilon_i^*>0)\\&=E(\boldsymbol{x}_i'\boldsymbol{\beta}+\varepsilon_i\mid \varepsilon_i^*>-\boldsymbol{w}_i'\boldsymbol{\gamma})\\&=\boldsymbol{x}_i'\boldsymbol{\beta}+E(\varepsilon_i\mid \varepsilon_i^*>-\boldsymbol{w}_i'\boldsymbol{\gamma})\\&=\boldsymbol{x}_i'\boldsymbol{\beta}+\rho\sigma_\varepsilon\lambda(-\boldsymbol{w}_i'\boldsymbol{\gamma})\end{aligned} \tag{11.20}$$

式中，$E(\varepsilon_i)=E(\varepsilon_i^*)=0$，$\varepsilon_i^*$ 经过标准化的标准差 $\sigma_{\varepsilon^*}=1$。式(11.20)最后一个等式使用了式(11.16)的截断分布条件数学期望公式。

与普通线性回归比较，式(11.20)最后一式多出了非线性项 $\rho\sigma_\varepsilon\lambda(-\boldsymbol{w}_i'\boldsymbol{\gamma})$，若直接采用

OLS 进行估计，则忽略了这一项。一般情况下，$\boldsymbol{w}_i$ 与 $\boldsymbol{x}_i$ 相关，例如类似劳动时间模型和工资模型中包含共同的变量 children，故 OLS 估计不再具有一致性，除非 y_i 与 z_i 不相关，即 $\rho=0$。

进一步，根据式(11.20)的结果，可以得到解释变量 x_{ik} 的边际效应为

$$\frac{\partial}{\partial x_{ik}}E(y_i\mid z_i^*>0)=\beta_{ik}+\rho\sigma_\varepsilon\frac{\partial\lambda(-\boldsymbol{w}_i'\boldsymbol{\gamma})}{\partial x_{ik}} \tag{11.21}$$

式中，右边第一项描述了解释变量 x_{ik} 对 y_i 的直接影响；第二项则描述了被选个体进入样本可能性的变化产生的间接影响，即选择性偏误。

2. Heckman 两步估计法

由式(11.21)可以看出，若系数 $\boldsymbol{\gamma}$ 已知，则可得到 $\lambda(-\boldsymbol{w}_i'\boldsymbol{\gamma})$，这样就可以将其作为解释变量引入回归模型中。基于此想法，赫克曼提出了两步估计法(two-step estimation)①，文献中称其为 Heckman 两步估计法(Heckman's two-step estimation procedure)或"Heckit"。

第一步，采用 probit 模型估计 $P(z_i=1\mid\boldsymbol{w}_i)=\Phi(\boldsymbol{w}_i'\boldsymbol{\gamma})$，利用估计结果 $\hat{\boldsymbol{\gamma}}$ 计算 $\hat{\lambda}(-\boldsymbol{w}_i'\hat{\boldsymbol{\gamma}})$。

第二步，利用 OLS 估计 y_i 关于 $\boldsymbol{x}_i$ 和 $\hat{\lambda}(-\boldsymbol{w}_i'\hat{\boldsymbol{\gamma}})$ 的回归，得到估计值 $\hat{\boldsymbol{\beta}}$、$\hat{\rho}$ 和 $\hat{\sigma}_\varepsilon$。

由于 Heckman 两步估计法会将第一步的误差带入第二步，因此其估计效率不及另一种更有效率的方法，即采用极大似然法估计该模型。但是，Heckman 两步估计法的优点是操作简便，关于分布的假设也更弱，即使不假设服从正态分布也可能成立。

由式(11.20)或式(11.21)可知，是否存在选择性偏误取决于 y_i 与 z_i 的相关系数 ρ，为此构建假设 $H_0:\rho=0$，并使用似然比检验进行检验。但若使用 Heckman 两步估计法，则不能实施似然比检验。

3. 样本选择模型的 Stata 实现

在 Stata 中，关于样本选择模型的 Stata 命令有

heckman y x1 x2 x3, select(z1 z2)(默认采用 MLE，选择方程的被解释变量为 y)；

heckman y x1 x2 x3,select(z1 z2) twostep(两步法，选择方程的被解释变量为 y)；

heckman y x1 x2 x3, select(w=z1 z2)(默认采用 MLE，选择方程的被解释变量为 w)。

注意，对于没有观测值的 y_i，在 Stata 中应将其设为"缺失"(missing)，Stata 中将缺失的观测值记为"."。在对数据执行了以上相关命令后，Stata 软件会输出原回归方程与样本选择方程系数的估计值，并给出假设 $H_0:\rho=0$ 的似然比检验。

【例 11.2】 考虑妇女的就业问题。妇女所得的工资(wage)与其是否就业(work，就业取值 1，未就业取值 0)、年龄(age)、婚否(是取值 1，否取值 0)、子女数(children)、受教育年限(education)有关。收集了 2000 名妇女的相关变量数据，数据见"例 11.2-womenwk.dta"②。设工资的对数为被解释变量(lw)，但这个解释变量与妇女是否工作有关，即与 work 变量有关，若妇女工作，lw 就是其所获工资的对数，否则视为缺失值。显然，被解释变量 lw 受妇女受教育年限、年龄、子女数的影响，妇女是否工作也受年龄、婚否、子女数和受教育年限的影响，这样就产生了样本选择问题。

使用 Stata 进行样本选择的 MLE 回归，命令为

---

① 赫克曼因此获得了 2000 年诺贝尔经济学奖。

② 数据集选自陈强的《高级计量经济学及 Stata 应用》一书，原数据集来自 Baum 的 *An Introduction to Modern Econometrics Using Stata* 一书。

```
. heckman lw education age children,select(age married children education) nolog
```

输出结果见图 11.10。

```
Heckman selection model                         Number of obs     =      2,000
(regression model with sample selection)              Selected    =      1,343
                                                      Nonselected =        657

                                                Wald chi2(3)      =     454.78
Log likelihood = -1052.857                      Prob > chi2       =     0.0000

------------------------------------------------------------------------------
          lw | Coefficient  Std. err.      z    P>|z|     [95% conf. interval]
-------------+----------------------------------------------------------------
lw           |
   education |   .0397189   .0024525    16.20   0.000     .0349121    .0445256
         age |   .0075872   .0009748     7.78   0.000     .0056767    .0094977
    children |  -.0180477   .0064544    -2.80   0.005    -.0306981   -.0053973
       _cons |   2.305499   .0653024    35.30   0.000     2.177509     2.43349
-------------+----------------------------------------------------------------
select       |
         age |   .0350233   .0042344     8.27   0.000     .0267241    .0433225
     married |   .4547724   .0735876     6.18   0.000     .3105434    .5990014
    children |   .4538372   .0288398    15.74   0.000     .3973122    .5103621
   education |   .0565136   .0110025     5.14   0.000     .0349492    .0780781
       _cons |  -2.478055   .1927823   -12.85   0.000    -2.855901   -2.100208
-------------+----------------------------------------------------------------
     /athrho |   .3377674   .1152251     2.93   0.003     .1119304    .5636045
    /lnsigma |  -1.375543   .0246873   -55.72   0.000    -1.423929   -1.327156
-------------+----------------------------------------------------------------
         rho |   .3254828   .1030183                      .1114653    .5106469
       sigma |   .2527024   .0062385                      .2407662    .2652304
      lambda |   .0822503   .0273475                      .0286501    .1358505
------------------------------------------------------------------------------
LR test of indep. eqns. (rho = 0): chi2(1) = 5.53         Prob > chi2 = 0.0187
```

图 11.10 样本选择的 MLE 回归结果

在图 11.10 中，“/athrho”是指相关系数 ρ 的双曲反正切(hyperbolic arctangent)函数，即

$$\operatorname{arctanh}(\rho)=\frac{1}{2}\ln\left(\frac{1+\rho}{1-\rho}\right) \tag{11.22}$$

因为相关系数必须满足绝对值小于 1，故对进行极大似然估计带来不便，对其进行变换后，新的参数 arctanh(ρ)不受约束，因此可首先估计 arctanh(ρ)，再依据极大似然估计的不变性反求出 ρ 的估计值 $\hat{\rho}$。“/lnsigma”是指 $\ln\sigma_\varepsilon$，因 σ_ε 是标准差，需满足大于 0 的约束，经对数变换后不受任何约束，与上相同，先估计 $\ln\sigma_\varepsilon$，再反求出 $\hat{\sigma}_\varepsilon$。

另外，图 11.10 最下面一行给出了似然比检验，结果显示拒绝 $H_0:\rho=0$，即应该采用样本选择模型。

采用 Heckman 两步估计法，命令为

```
. heckman lw education age children,select(age married children education)
twostep nolog
```

输出结果见图 11.11。

```
Heckman selection model -- two-step estimates   Number of obs      =      2,000
(regression model with sample selection)              Selected      =      1,343
                                                       Nonselected   =        657

                                                Wald chi2(3)       =     405.68
                                                Prob > chi2        =     0.0000
```

lw	Coefficient	Std. err.	z	P>|z|	[95% conf.	interval]
lw						
education	.0427067	.003106	13.75	0.000	.0366191	.0487944
age	.009322	.0014343	6.50	0.000	.0065108	.0121333
children	-.0019549	.0115202	-0.17	0.865	-.0245341	.0206242
_cons	2.124787	.1249789	17.00	0.000	1.879833	2.369741
select						
age	.0347211	.0042293	8.21	0.000	.0264318	.0430105
married	.4308575	.074208	5.81	0.000	.2854125	.5763025
children	.4473249	.0287417	15.56	0.000	.3909922	.5036576
education	.0583645	.0109742	5.32	0.000	.0368555	.0798735
_cons	-2.467365	.1925635	-12.81	0.000	-2.844782	-2.089948
/mills						
lambda	.1822815	.0638285	2.86	0.004	.05718	.307383
rho	0.66698					
sigma	.27329216					

图 11.11 采用 Heckman 两步估计法的结果

观察图 11.10 与图 11.11 发现，两种方法的估计结果较为接近。

11.5 归并回归

归并回归(censored regression)用于分析被解释变量受到约束，其在特定范围内的部分被压缩在特定的点处(边界上)，或导致观测值堆积于边界上(pile-up of observations on a boundary)的数据，解释变量不受任何影响。这是受限被解释变量的另一种形式，这种特征的数据被称为归并数据(censored data)。归并数据与前面的截断数据不同，归并数据包含被解释变量的全部观测值，但被解释变量的某些(特定范围)观测值被压缩为一个点的值，因此被解释变量的分布是一个离散的点与连续分布构成的混合分布(mixed distribution)。而对截断数据来说，被解释变量在特定范围的观测值完全从样本中消失，其分布可看作是在归并数据的基础上进一步损失了解释变量的信息。

11.5.1 归并数据与模型

1. 归并数据及其分布

在经济应用中，被解释变量具有离散-连续混合分布是常见的一种情况，其中最常见的是观测值堆积的边界出现在 0。

【例 11.3】 考克斯(Cox)、汉森和希门尼斯(Jimenez)在研究私人转账对收入的影响的论文中，使用了 8685 户菲律宾城市家庭的数据集，见“例 11.3-CHJ2004.dta”[①]，该数据集包含了 23 个变量的观测值，其中 tabroad 表示家庭来自国外的汇款金额，单位为千菲律宾比索(Philippino peso)。

图 11.12 是基于变量 tabroad 数据绘制的菲律宾城市家庭收到国外汇款的密度分布情况，图中的 $f(y)$ 表示汇款金额大于 0(tabroad >0)的家庭分布密度函数。图 11.13 是对数据归并的一种展示。从图 11.12 可看到，对于 80％的家庭来说，变量 tabroad＝0，即 80％的变量 tabroad 观测值堆积于边界 0 处(或在 0 点被压缩)。对于 20％的家庭来说，tabroad 是正的，并且具有较厚的右尾部。因此，变量 tabroad 的分布是由一个离散点与连续分布构成的混合分布。当出现归并情况时，变量的观测值大量堆积在特定的点(如这里的 0 点)，但在堆积边界点(压缩点)外的变量观测值的分布未发生变化，这与截断情况不同，后者截断后的分布发生了变化。

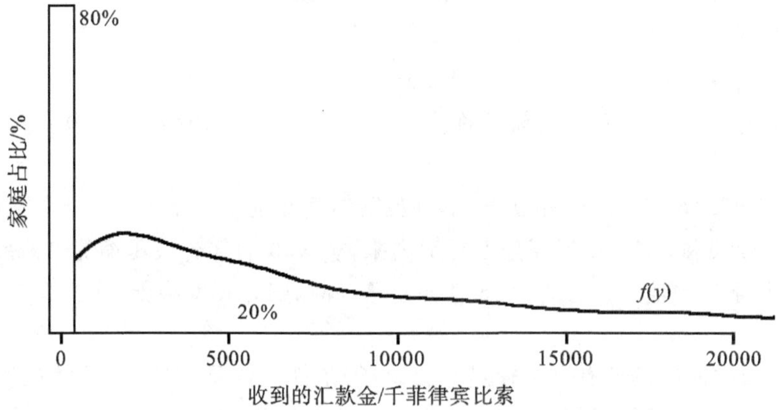

图 11.12　家庭收到国外汇款的分布

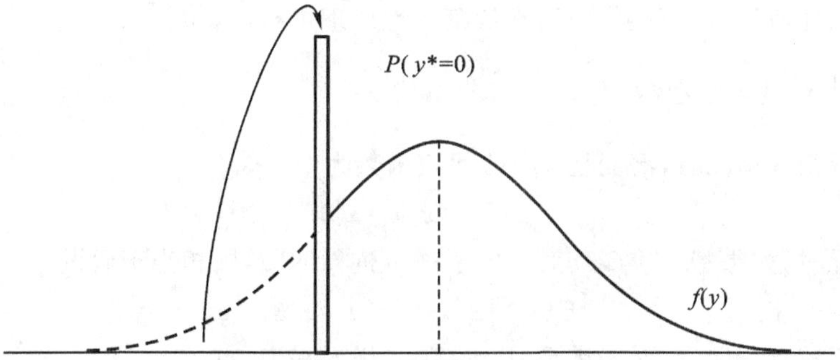

图 11.13　数据归并过程

对于这样的观测数据，如何进行回归分析？应该使用包括 0 在内的所有家庭的全样本，还是应该仅使用不包括 0 的子样本？还是有其他的解决方法？

2. 归并回归模型

为了解决上面的问题，需要建立一个统计模型，其经典框架是归并回归，它假设观察到的

① 该数据集选自 Hansen 的 *Econometrics* 一书。

变量是具有连续分布的潜在变量的归并。在不失一般性的情况下，我们主要考虑观测值堆积的边界出现在 0 的情况。

托宾(Tobin)于 1958 提出了归并回归模型，用其来解释家庭耐用品的消费情况。托宾观察到，在调查数据中，相当多的家庭的耐用品消费为零。他建议将观测结果看作是变量服从连续分布的一次(归并)实现。他给出的模型为

$$y_i^* = \boldsymbol{x}_i'\boldsymbol{\beta} + \varepsilon_i, \quad i=1,2,\cdots,n \tag{11.23}$$

$$\varepsilon_i | \boldsymbol{x}_i \sim N(0,\sigma^2) \tag{11.24}$$

式中，y_i^* 是不可观察的潜在变量；ε_i 是误差项；$\boldsymbol{x}_i=(x_{1i},x_{2i},\cdots,x_{ki})'$，$\boldsymbol{\beta}=(\beta_1,\beta_2,\cdots,\beta_k)'$；$n$ 是样本容量。可观测到的 y_i 与 y_i^* 的关系如下：

$$y_i = \begin{cases} y_i^*, & y_i^*>0 \\ 0, & y_i^* \leqslant 0 \end{cases} \tag{11.25}$$

或等价地写为

$$y_i = \max(y_i^*, 0) \tag{11.26}$$

由式(11.23)至式(11.25)所刻画的模型称为 Tobit 回归(Tobit regression)或归并回归，亦称为 type Ⅰ模型。

再次观察图 11.13 描述的归并过程，不可观察的潜变量 y_i^* 具有正态概率密度函数，其中心值(条件均值)是 $\boldsymbol{x}_i'\boldsymbol{\beta}$，$y_i^*>0$ 的部分可展示出来，$y_i^* \leqslant 0$ 的部分被压缩为 0。密度函数的位置和归并程度与条件均值 $\boldsymbol{x}_i'\boldsymbol{\beta}$ 有关，当 $\boldsymbol{x}_i'\boldsymbol{\beta}$ 向右移动时，归并程度降低，而当 $\boldsymbol{x}_i'\boldsymbol{\beta}$ 向左移动时，归并程度增大。

综上所述，归并回归模型有几个较强的假设：①条件均值是线性的；②随机误差项相互独立同方差；③随机误差项服从正态分布。线性假设并不重要，因为我们可以将 $\boldsymbol{x}_i'\boldsymbol{\beta}$ 解释为级数展开或类似的灵活近似。然而，独立性假设非常重要，因为违背它(例如异方差)会改变归并过程的性质。正态性假设也很重要，但很难从第一性原理进行解释判断。

11.5.2 归并回归函数

在没有出现归并情况时，潜变量 y_i^* 的回归函数为

$$E(y_i^* | \boldsymbol{x}_i) = \boldsymbol{x}_i'\boldsymbol{\beta}$$

当出现归并情况时，如果基于 $y_i>0$ 对应的子样本进行回归，则相当于假设

$$E(y_i^* | \boldsymbol{x}_i, y_i>0) = \boldsymbol{x}_i'\boldsymbol{\beta} \tag{11.27}$$

但这个式子并不成立。因为，对于满足 $y_i>0$ 的子样本来说，有

$$\begin{aligned} E(y_i | \boldsymbol{x}_i, y_i > 0) &= E(y_i^* | \boldsymbol{x}_i, y_i > 0) \\ &= E(\boldsymbol{x}_i'\boldsymbol{\beta} + \varepsilon_i | \boldsymbol{x}_i, y_i^* > 0) \\ &= \boldsymbol{x}_i'\boldsymbol{\beta} + E(\varepsilon_i | \boldsymbol{x}_i, \boldsymbol{x}_i'\boldsymbol{\beta} + \varepsilon_i > 0) \\ &= \boldsymbol{x}_i'\boldsymbol{\beta} + \sigma\lambda(-\boldsymbol{x}_i'\boldsymbol{\beta}/\sigma) \end{aligned} \tag{11.28}$$

最后一式的推出参见式(11.6)和式(11.8)。

比较式(11.27)和式(11.28)发现，使用 $y_i>0$ 对应的子样本，条件均值函数忽略了非线性项 $\sigma\lambda(-\boldsymbol{x}_i'\boldsymbol{\beta}/\sigma)$，将其纳入了误差项，导致误差项与解释变量 $\boldsymbol{x}_i$ 相关，从而 OLS 估计量不再具有一致性。

对于归并的整个样本，有

$$\begin{aligned} E(y_i|\boldsymbol{x}_i) &= 0 \cdot P(y_i=0|\boldsymbol{x}_i) + E(y_i|\boldsymbol{x}_i, y_i>0)\cdot P(y_i>0|\boldsymbol{x}_i) \\ &= E(y_i|\boldsymbol{x}_i, y_i>0)\cdot P(y_i>0|\boldsymbol{x}_i) \end{aligned} \tag{11.29}$$

其中，归并的条件概率为

$$P(y_i^*\leqslant 0\,|\,\boldsymbol{x}_i)=P(\varepsilon_i\leqslant -\boldsymbol{x}_i'\boldsymbol{\beta}\,|\,x_i)=\Phi\left(-\frac{\boldsymbol{x}_i'\boldsymbol{\beta}}{\sigma}\right) \tag{11.30}$$

$$P(y_i>0\,|\,\boldsymbol{x}_i)=P(y_i^*>0\,|\,\boldsymbol{x}_i)=1-P(y_i^*\leqslant 0\,|\,\boldsymbol{x}_i)=1-\Phi\left(-\frac{\boldsymbol{x}_i'\boldsymbol{\beta}}{\sigma}\right)=\Phi\left(\frac{\boldsymbol{x}_i'\boldsymbol{\beta}}{\sigma}\right) \tag{11.31}$$

于是

$$\begin{aligned} E(y_i|\boldsymbol{x}_i) &= E(y_i|\boldsymbol{x}_i, y_i>0)\cdot P(y_i>0|\boldsymbol{x}_i) \\ &= [\boldsymbol{x}_i'\boldsymbol{\beta}+\sigma\lambda(-\boldsymbol{x}_i'\boldsymbol{\beta}/\sigma)]\cdot\Phi\left(\frac{\boldsymbol{x}_i'\boldsymbol{\beta}}{\sigma}\right) \end{aligned} \tag{11.32}$$

由式(11.32)可知，当出现归并情况时，基于全样本的回归函数是解释变量的非线性函数，不能使用 OLS 估计法对参数进行估计，否则将出现不一致的估计。

11.5.3　归并回归的估计

Tobin 提出用极大似然法估计归并回归模型，归并变量的条件分布函数是离散-连续的混合分布。由于出现归并情况时，$y_i>0$ 时分布的条件概率密度函数保持不变，依然为

$$\frac{1}{\sigma}\phi\left(\frac{y_i-\boldsymbol{x}_i'\boldsymbol{\beta}}{\sigma}\right) \tag{11.33}$$

而 $y_i\leqslant 0$ 时的分布被压缩到点“$y_i=0$”处，因此由式(11.31)得

$$P(y_i=0\,|\,\boldsymbol{x}_i)=1-P(y_i>0\,|\,\boldsymbol{x}_i)=1-\Phi\left(\frac{\boldsymbol{x}_i'\boldsymbol{\beta}}{\sigma}\right) \tag{11.34}$$

于是，由式(11.33)和式(11.34)可得到该离散-连续混合分布的概率密度函数为

$$\left[1-\Phi\left(\frac{\boldsymbol{x}_i'\boldsymbol{\beta}}{\sigma}\right)\right]^{I(y_i=0)}\left[\frac{1}{\sigma}\phi\left(\frac{y_i-\boldsymbol{x}_i'\boldsymbol{\beta}}{\sigma}\right)\right]^{I(y_i>0)} \tag{11.35}$$

式中，$I(\cdot)$为示性函数。

由此可写出对数似然函数为

$$l(\boldsymbol{\beta},\sigma^2)=\sum_{y_i=0}\ln\left[1-\Phi\left(\frac{\boldsymbol{x}_i'\boldsymbol{\beta}}{\sigma}\right)\right]-\frac{1}{2}\sum_{y_i>0}\left[\ln(2\pi\sigma^2)+\frac{1}{\sigma^2}(y_i-\boldsymbol{x}_i'\boldsymbol{\beta})^2\right] \tag{11.36}$$

式中，第一项与 probit 模型中的对数似然函数相同，第二项与正态回归模型中的相同。极大似然估计量$(\hat{\boldsymbol{\beta}},\hat{\sigma}^2)$通过最大化 $l(\boldsymbol{\beta},\sigma^2)$得到，因为它与 probit 模型中的估计量有关联，戈尔德贝格尔(Goldberger)将该估计量称为“Tobit”估计量，雨宫健(Takeshi Amemiya)给出了它的渐近正态性。

在 Stata 中，归并回归的命令为

```
tobit y x1 x2 x3, ll(#) ul(#)
```

其中，选择项“ll(#)”表示下限(左归并)，选择项“ul(#)”表示上限(右归并)，在同时用这两个选择项时表示双边归并。如果将选择项“ll(#)”写为“ll”，Stata 则将样本中 y 的最小值作为左归并点；将“ul(#)”写为“ul”时，Stata 则将样本中 y 的最大值作为右归并点。

11.5.4 Tobit 模型正态性与同方差的检验

Tobit 模型关于误差项的假设很强，且依赖于分布，稳健性不够好。如果似然函数设定不正确，例如误差项不服从正态分布或存在异方差，则得到的极大似然估计量就不具有一致性，其缘由是由式(11.36)导出的一阶条件是参数复杂的非线性函数。因此，在使用 Tobit 模型时，需要对模型的正态性与同方差性进行检验。

1. 正态性检验

关于正态性的检验，可将 Tobit 模型极大似然函数的一阶条件当作一种矩条件，并基于此进行条件矩检验(conditional moment test)[斯基尔斯(Skeels)和韦拉(Vella)]。但是，德鲁克(Drukker)研究发现，条件矩统计量的真实分布与渐近分布差距相当大，会出现较严重的显著水平扭曲(size distortion)，故使用参数自助法获得校正的临界值。关于条件矩的检验，在 Stata 中可通过非官方命令“tobem”来实现，但该命令只适于做左归并，且左归并点是 0，当然这也是最常见的情形。

在 Stata 中，对正态性进行条件矩检验的命令为

```
net install tobem. pkg①
tobem, pbs
```

其中，选择项“pbs”表示采用参数自助法获取临界值。

2. 同方差性检验

关于同方差假设 $H_0:\sigma_i^2=\sigma^2$ 的检验方法，其思路首先是考虑备择假设 $H_1:\sigma_i^2=\exp(\boldsymbol{z}_i'\boldsymbol{\alpha})$，其中，$\boldsymbol{z}_i$ 通常表示解释变量，但也可以不同。其次，通过辅助回归构建 LM 统计量，对 $\boldsymbol{\alpha}=\mathbf{0}$ 进行检验。

11.5.5 归并最小绝对离差法

经过上面的检验，如果发现随机误差项不服从正态分布，或者存在异方差，则可使用更加稳健的归并最小绝对离差法(censored least absolute deviation，简称为 CLAD)[鲍威尔(Powell)]，其他解决方法有样本选择模型与跨栏模型(两部分模型)②等。

归并最小绝对离差法只要求随机误差独立同分布，即使其不服从正态分布或存在异方差，依然能够得到一致估计量，且在一定的正则条件下，估计量渐近服从正态分布。

在 Stata 中，欲实现 CLAD，首先需要下载和安装“clad”命令，然后执行命令

```
clad y x1 x2 x3, ll(#) ul(#)
```

其中，选择项“ll(#)”和“ul(#)”分别为左归并点和右归并点。

【例 11.4】 继续考虑例 11.2，被解释变量是工资的对数 lwf，妇女如果工作 lwf 就是工资的对数，妇女如果不工作 lwf 就是 0。解释变量分别为年龄(age)、婚否(married)、子女数(children)、受教育年限(education)。

1. 全样本的 OLS 回归

出于相互对照之考虑，首先使用 OLS 进行估计，输入数据，执行命令

---

① 或输入命令“findit tobem”搜索下载。

② 见 11.6 节。

```
.reg lwf age married children education,r
.estimates store ols
```

输出结果见图 11.14。

Linear regression						
			Number of obs	=	2,000	
			F(4, 1995)	=	197.56	
			Prob > F	=	0.0000	
			R-squared	=	0.2120	
			Root MSE	=	1.3218	

lwf	Coefficient	Robust std. err.	t	P>|t|	[95% conf.	interval]
age	.0363624	.0038582	9.42	0.000	.0287959	.0439288
married	.3188214	.0710831	4.49	0.000	.1794164	.4582263
children	.3305009	.0181054	18.25	0.000	.2949935	.3660084
education	.0843345	.010691	7.89	0.000	.0633677	.1053012
_cons	-1.077738	.1659689	-6.49	0.000	-1.403228	-.7522473

图 11.14　采用 OLS 的估计结果

2. 被解释变量的分布

绘制被解释变量的直方图，命令为

```
.hist lwf
```

输出结果见图 11.15。

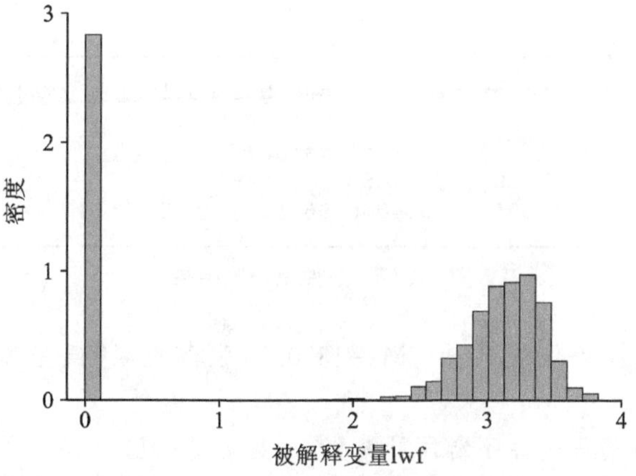

图 11.15　被解释变量 lwf 的直方图

图 11.15 显示，许多观测值堆积在 0 点，被解释变量 lwf 的取值为 0。因此，我们进行归并回归，并假设左归并点是 0。

3. 归并回归

执行命令

```
.tobit lwf age married children education,ll(0)
.estimates store tobit
```

输出结果见图 11.16。

```
Tobit regression                                 Number of obs     =  2,000
                                                        Uncensored =  1,343
Limits: Lower =     0                               Left-censored =    657
        Upper = +inf                               Right-censored =      0

                                                 LR chi2(4)        = 461.85
                                                 Prob > chi2       = 0.0000
Log likelihood = -3349.9685                      Pseudo R2         = 0.0645
```

lwf	Coefficient	Std. err.	t	P>|t|	[95% conf.	interval]
age	.052157	.0057457	9.08	0.000	.0408888	.0634252
married	.4841801	.1035191	4.68	0.000	.2811633	.687197
children	.4860021	.0317055	15.33	0.000	.4238228	.5481814
education	.1149492	.0150913	7.62	0.000	.0853528	.1445455
_cons	-2.807696	.2632573	-10.67	0.000	-3.323984	-2.291408
var(e.lwf)	3.507421	.1498785			3.225466	3.814024

图 11.16　Tobit 估计结果

4. 随机误差项正态性检验

执行命令

.tobcm, pbs

.estimates store tobit

输出结果见图 11.17。

```
Conditional moment test against the null of normal errors

                    critical values
   CM          %10        %5          %1
  1370.2     5.09800   6.4000196  10.832513
```

图 11.17　条件矩检验结果

由图 11.17 可知，条件矩统计量 CM＝1370.2，强烈拒绝“误差项服从正态分布”的原假设。

需说明的是，Stata 的命令库不断发展变化，尤其是对一些非官方命令，以前版本可执行，后面的版本在执行时经常报错。例如，本例 4～6 部分在 Stata15 以后的版本中不能执行，但在以前版本可执行，本书对 4～6 部分是利用 Stata15 做的，其他使用的是 Stata17。因此，在具体使用时，遇到命令执行出现问题，多借助软件帮助(help)寻找根源。

5. 归并最小绝对离差法估计

由于随机误差项不服从正态分布，因此采用归并最小绝对离差法进行估计。执行命令

.clad lwf age married children education,ll(0)

.estimates store tobit

输出结果见图 11.18。

Initial sample size = 2000
Final sample size = 2000
Pseudo R2 = .06322681

Bootstrap statistics

Variable	Reps	Observed	Bias	Std. Err.	[95% Conf.	Interval]	
age	100	.0268424	.0003174	.0064346	.0140747	.0396101	(N)
					.0187624	.0433038	(P)
					.0192398	.0543261	(BC)
married	100	.1567166	.0226354	.0829637	-.0079014	.3213345	(N)
					.0564136	.3886994	(P)
					.0231495	.3216732	(BC)
children	100	.1206152	.0013928	.0324912	.0561455	.1850848	(N)
					.0796558	.2061998	(P)
					.0821417	.2634814	(BC)
education	100	.0764499	.0003007	.0108888	.0548442	.0980556	(N)
					.0584478	.0984055	(P)
					.0584478	.0984055	(BC)
const	100	.4908203	-.051792	.4823848	-.4663357	1.447976	(N)
					-.8269369	1.087015	(P)
					-.8424885	1.080927	(BC)

N = normal, P = percentile, BC = bias-corrected

图 11.18　CLAD 估计结果

6. 三种方法估计结果比较

执行命令

```
.esttab ols tobit clad, mtitles se star
```

创建列表，对 OLS、Tobit 和 CLAD 的系数估计结果进行比较，输出结果见图 11.19。

由图 11.19 可知，关于 married 和 children 两个解释变量，CLAD 对系数的估计结果与 Tobit 的估计结果差异较大，但显著性一致。伍德里奇(Wooldridge)给出了解释，即如果 Tobit 模型正确设定，例如误差项服从正态分布，具有同方差性，则 CLAD 与 Tobit 的估计结果应差异不大。从这个意义来看，我们可基于 CLAD 与 Tobit 估计结果差异的大小对 Tobit 模型的设定进行检验。由于本例两种估计结果差异较大，可认定 Tobit 模型存在误设，故采用 CLAD 模型。

	(1) ols	(2) tobit	(3) clad
main			
age	0.0364***	0.0522***	0.0236***
	(0.00386)	(0.00575)	(0.00227)
married	0.319***	0.484***	0.255***
	(0.0711)	(0.104)	(0.0397)
children	0.331***	0.486***	0.141***
	(0.0181)	(0.0317)	(0.0124)
education	0.0843***	0.115***	0.0799***
	(0.0107)	(0.0151)	(0.00586)
_cons	-1.078***	-2.808***	0.433***
	(0.166)	(0.263)	(0.101)
sigma			
_cons		1.873***	
		(0.0400)	
N	2000	2000	2000

Standard errors in parentheses
* p<0.05, ** p<0.01, *** p<0.001

图 11.19　OLS、Tobit 和 CLAD 系数估计结果比较

11.6　归并跨栏模型

通过上面的分析，我们发现现实中归并回归的误差项往往不服从正态分布，也不具有同方差性，这就违背了 Tobit 回归的基本假设条件，从而导致 Tobit 的极大似然估计不再具有一致性。另外，Tobit 回归假设被解释变量取 0 值和正数值的机制相同，而这个假设不一定满足。现实中，有些决策过程可分为两个阶段，不同阶段可以有不同的机制。例如，第一阶段是参与决策(participation decision)，决定是否参加工作；第二阶段是量度决策(amount decision)，决定工作时间。类似问题还有扶贫项目开发，第一阶段决定是否开发扶贫项目，第二阶段决定扶贫项目开发资金额度。

针对这些问题，克拉格(Cragg)讨论了受限被解释变量的统计模型，并将其应用于耐用品的需求分析，提出了两部分模型(two-part model)，亦称为跨栏模型(hurdle model)，意指需要跨越第一阶段这个门槛，才能参与下一阶段的活动。设 d 为虚拟变量，$d=1$ 表示样本中的参与活动者，如工作者等；$d=0$ 表示样本中的未参与活动者。对于参与者，我们可得到观测 $y>0$，对于未参与者只得到观测 $y=0$。

从数据分布来看，对于未参与者只能考虑 $d=0$ 的概率 $P(d=0)$。对于参与者，在 $d=1$ 的条件下，记 y 的条件密度函数为

$$f(y\mid d=1)=P(d=1)\cdot f(y\mid \boldsymbol{x},d=1)$$

于是，关于 y 的跨栏模型(两部分模型)可写为

$$f(y\mid \boldsymbol{x})=\begin{cases}P(d=0\mid \boldsymbol{x}) & \text{如果 } y=0\\ p(d=1\mid \boldsymbol{x})\cdot f(y\mid \boldsymbol{x},d=1) & \text{如果 } y>0\end{cases}\tag{11.37}$$

由于对应参与者的 $y>0$，$f(y|\boldsymbol{x},d=1)$应是取正值的随机变量的密度函数，如对数正态分布。因此，应用中通常选择 $\ln y$ 作为第二阶段的被解释变量。关于第一阶段（部分）的模型构建，一般应用 probit 模型或 logit 模型，如果潜变量观测 $y_i^*=\boldsymbol{x}_i'\boldsymbol{\beta}+\varepsilon_i$ 大于 0，则 $d=1$。

关于跨栏模型一般假设两个阶段（两部分）相互独立，因而可分别对其进行估计，而当两个阶段（两部分）不相互独立时，应采用样本选择模型。在第一阶段，可以基于全样本估计 probit 模型或 logit 模型。在第二阶段，可基于由参与者构成的子样本对第二部分的模型进行 OLS 估计。

【例 11.5】 继续考虑例 11.4，首先进行第一阶段的估计，生成一个虚拟的被解释变量，继而基于全样本估计 probit 模型。其次，使用参加工作者构成的子样本对第二部分的模型进行 OLS 估计。

1. 第一阶段估计

在 Stata 中，导入数据，执行命令

```
.gen lwd=(lwf > 0)
.probit lwd age married children education,nolog
```

输出结果见图 11.20。由图 11.20 可知，5 个解释变量对参加工作概率的影响均显著，且产生正向影响。

Probit regression				Number of obs = 2,000		
				LR chi2(4) = 478.32		
				Prob > chi2 = 0.0000		
Log likelihood = -1027.0616				Pseudo R2 = 0.1889		
lwd	**Coefficient**	**Std. err.**	**z**	**P>|z|**	**[95% conf.**	**interval]**
age	.0347211	.0042293	8.21	0.000	.0264318	.0430105
age	0	(omitted)				
married	.4308575	.074208	5.81	0.000	.2854125	.5763025
children	.4473249	.0287417	15.56	0.000	.3909922	.5036576
education	.0583645	.0109742	5.32	0.000	.0368555	.0798735
_cons	-2.467365	.1925635	-12.81	0.000	-2.844782	-2.089948

图 11.20　第一阶段 probit 回归估计结果

2. 第二阶段估计

执行命令

```
.reg lwf age married children education if lwd>0,r
```

输出结果见图 11.21。

由图 11.21 可知，跨栏模型中 married 和 children 的系数估计与图 11.16 中的 Tobit 估计结果差异很大，这里显著为负。这说明虽然已婚与孩子数量能提高进入就业市场的概率，但却降低了进入就业市场后的工资水平。

3. 同方差与正态性检验

跨栏模型中的误差项是否服从正态分布或存在异方差，可以进行常规的异方差检验。执行命令

```
Linear regression                               Number of obs     =      1,343
                                                F(4, 1338)        =     123.87
                                                Prob > F          =     0.0000
                                                R-squared         =     0.2570
                                                Root MSE          =     .24733

------------------------------------------------------------------------------
             |               Robust
         lwf | Coefficient  std. err.      t    P>|t|     [95% conf. interval]
-------------+----------------------------------------------------------------
         age |   .0066617    .000873     7.63   0.000     .0049492    .0083743
     married |  -.0298994    .016201    -1.85   0.065    -.0616815    .0018826
    children |  -.0321762   .0048209    -6.67   0.000    -.0416336   -.0227188
   education |   .0380189   .0021444    17.73   0.000     .0338121    .0422257
       _cons |   2.448392   .0426429    57.42   0.000     2.364738    2.532046
------------------------------------------------------------------------------
```

图 11.21　第二阶段子样本 OLS 估计结果

```
.qui reg lwf age married children education if lwd>0,r
.estat imtest, white
```

输出结果见图 11.22。

```
White's test
H0: Homoskedasticity
Ha: Unrestricted heteroskedasticity

   chi2(13) =  45.78
Prob > chi2 = 0.0000

Cameron & Trivedi's decomposition of IM-test

--------------------------------------------------
              Source |       chi2     df      p
---------------------+----------------------------
  Heteroskedasticity |      45.78     13    0.0000
            Skewness |      37.56      4    0.0000
            Kurtosis |       6.75      1    0.0094
---------------------+----------------------------
               Total |      90.09     18    0.0000
--------------------------------------------------
```

图 11.22　误差项异方差检验结果

图 11.22 结果显示，模型存在异方差。下面检验误差项是否服从正态分布，首先生成残差，命令为

```
.predict lwf_resid, resid
.sktest lwf_resid
```

执行后输出结果见图 11.23。

Skewness and kurtosis tests for normality					
				——— Joint test ———	
Variable	Obs	Pr(skewness)	Pr(kurtosis)	Adj chi2(2)	Prob>chi2
lwf_resid	2,000	0.0000	.	.	.

图 11.23　残差检验

图 11.23 显示，拒绝误差项服从正态分布的原假设。我们还可绘制残差的核密度图，直观呈现残差的密度函数曲线。执行命令

```
.kdensity lwf_resid
```

输出图 11.24(kernel ＝ epanechnikov，bandwidth ＝ 0.2887)。

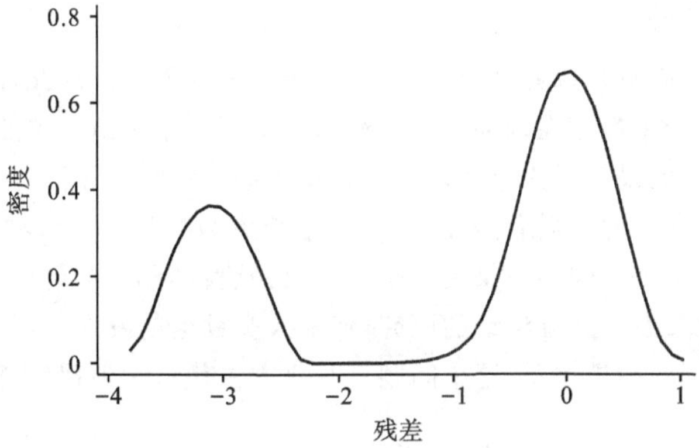

图 11.24　核密度估计

由图 11.24 容易看出，误差项的密度曲线出现双峰，与正态分布的密度函数图像差异极大。但是，对于线性回归模型来说，误差项的非正态性与异方差性并不影响系数估计的一致性与渐近正态性，只要使用异方差稳健标准误就可解决问题。

练习题

1. 试述截断数据及其分布特征。
2. 试述归并数据及其分布特征。
3. 请解释对截断回归模型为什么不能采用 OLS 方法估计系数参数。
4. 请给出零截断泊松回归模型参数估计的似然函数。
5. 请解释归并回归模型系数参数的 OLS 估计不具有一致性。
6. 考虑例 11.1 中不同截断情况下的对数似然函数值，请解释它们之间的关系。
7. 请选择一个社会、经济领域的截断或归并问题，收集数据并采用相关统计软件进行分析。

第 12 章　因果效应与实验方法

12.1　因果推断与研究框架

12.1.1　因果推断

物质世界是一个无限复杂、相互联系与相互依赖的统一整体。因此,因果联系是普遍存在的,无论自然界还是社会中都存在因果联系。没有一个现象不是由一定的原因引起的,因果联系是一种必然的联系。因果关系为事件之间的特定关系,在此关系下,一些事件的发生将导致另外一些事件的发生,前者称为后者的"原因"(通常简称为"因"),后者称为前者的"结果"(通常简称为"果")。探求事物之间的因果关系是哲学、自然科学和社会科学等众多研究所追求的目标,探索并发现因果关系及其方法论的研究,伴随人类社会的发展而不断深化。如何根据观测和试验探究事物之间的因果关系,这个问题自东西方古代哲学到现代科学,已经困惑了人类数千年。

1. 相关关系与因果关系

统计学将概率引入因果关系的分析中,从而可以测度因果效应,并将因果和统计学、计算机科学等相结合,取得了丰硕的应用成果。相关性和因果关系在人们对自然规律的认识体系中属于不同的认识层次,因果关系和相关关系是两个不同的概念,两个变量有相关关系未必存在因果关系。在大数据时代,研究中不仅要考虑事物之间的相关关系,更应该挖掘蕴藏在大数据中的因果关系。例如,有超市发现顾客购买尿布与购买啤酒的相关性很高,而实际上两者之间不存在因果关系。这种相关性产生的原因是产妇因照顾婴儿不便外出,故常让自己的丈夫去超市买婴儿尿布,丈夫购买尿布时会顺便买些啤酒。如果这些产妇改变购买尿布的途径,如自己在网上购买,则她们的丈夫将不会同时买啤酒了。

从研究的进展来看,19 世纪末,统计学家就已提出了多种度量相关关系的方法,其中最具代表性的是皮尔逊相关系数(Pearson correlation coefficient)。一个多世纪以来,统计学关于相关关系的研究取得了许多重要成果,但关于因果关系的研究却进展缓慢。2011 年图灵奖获得者朱迪亚·珀尔(Judea Pearl)甚至认为,过去的一个世纪中许多科学发现被推迟是由于缺少描述因果的数学语言。

2. 因果推断与研究主题

因果推断的统计方法是利用试验性研究和观察性研究得到的数据,评价变量之间的因果作用和挖掘多个变量之间的因果关系。斯科特·坎宁安(Scott Cunningham)将因果推断定义为:"因果推断是由理论和对制度细节的深入了解共同撬动的一个杠杆,通过这一手段,我们得以评估事件和选择对我们感兴趣的结果带来的影响。"在因果推断中,需要考虑的主要问题有两个，一是发现因果关系，二是评估因果效应。前者是分析感兴趣的变量之间是否存在因果关系，如果存在因果关系，那么谁是因谁是果；后者是对“因”的变化导致“果”的变化程度（效应）进行评估或测度。

近几十年来，因果推断一直是统计学、计算机科学、教育学、公共政策和经济学等许多领域的热点研究课题。探索因果关系的研究越来越激励着统计学者和计算机学者，统计领域对因果推断的兴趣正在复兴，计算机领域以珀尔为首的一批学者，基于因果图视角对因果关系进行了深入研究，取得了丰硕的成果。2008 年以来，国际机器学习大会组织了多次关于因果挑战的研讨会与专题论文。苗旺等对关于因果推断的统计方法及研究动态进行了较系统的介绍。

3. 因果推断的理论研究框架

为对因果推断进行研究，学者们提出了多种研究框架，其中有两个研究框架应用最为广泛，一个是结构因果模型（structural causal model，简称为 SCM），另一个是潜在结果框架（potential outcome framework）。潜在结果框架亦称为鲁宾因果模型（the Rubin causal model，简称为 RCM），或称为内曼-鲁宾（Neyman-Rubin）因果模型。这两种研究框架虽然分析视角不同，但本质是等价的，珀尔阐释了这两种研究框架的等价性。

从应用来看，结构因果模型结合了图形建模、结构方程、反事实和介入逻辑，以因果图的形式呈现和推导变量之间的因果关系。其优点是直观性强；在变量个数较少时，可以很好地描述变量之间的关系，且结果置信度高。但当变量较多且关系复杂时，模型构建困难。潜在结果框架（鲁宾因果模型）包括三个基本的构成要件，分别是潜在结果、稳定性假设和分配机制。该框架的优点是能够淡化变量之间的因果关系，聚焦于因果效应的评估；在变量个数较多的情况下，可降低分析的复杂度，使效应评估变得可行。但是，这个研究框架也存在缺陷，即对感兴趣变量之间是否存在因果关系缺乏系统性论证。

对因果推断进行研究的方法工具有两个，即实验性研究和观测性研究。实验性研究基于大量随机对照实验，实验中的控制变量也是随机指定的，但这种研究方法往往会涉及伦理问题，以及高昂的研究费用与过高的时间耗费等成本问题。观测性研究是基于已有观测到的数据对因果关系进行研究，简单高效且易于理解。

4. 应用经济学领域的因果推断

经典的计量经济模型针对的是随机试验数据，亦被称为理想的随机控制实验（an ideal randomized controlled experiment），或（完全）随机实验，而社会、经济等的实践活动是非随机化的自然实验，亦称为准实验。它是指对控制组或者实验过程几乎无法施加控制的实验。准实验与随机实验的最大区别在于准实验无法将个体随机分配，因此观测到的实验结果可能和个体某些不可观测的因素有关，即其实验结果并不能完全由实验干预变量来解释。而以往的经济学研究偏重理论建构和基于理论对经济现象的阐释，即便是基于证据的实证研究也由于方法上的局限性没有过多关注研究结论的内在效度（internal validity）①，从而导致不少学者对这类实证研究提出了批评，认为其研究结果令人难以信服。因此，经典的计量经济分析方法面临“可信性”挑战。安格里斯特和皮施克在其著作中指出：“使用数据回答特定因果关系的经验

① 内在效度是指基于样本数据分析得到的因果效应的统计推断对于研究的目标总体来说是有效的。这需要满足两个条件：其一是因果效应估计量应当是无偏、一致估计；其二是因果效应估计的假设检验应当具有要求的显著性水平。

研究最有价值。""在缺乏真实验(true experiment)时,我们寻求经过良好控制的对照组,或者说自然的'准实验'(quasi experiment),对政策或项目的效应进行评估。"近些年发展的几项计量经济学工具,例如工具变量法、双重差分法(difference-in-difference,简称为 DID)、匹配技术(matching technology)、断点回归(regression discontinuity,简称为 RD)等,使得在实证研究中做出令人信服的因果推断结论成为可能。

三十年来,发展经济学、劳动经济学、健康经济学、教育经济学、环境经济学等应用经济学科的研究中,引出了估计因果效应(causal effect)或进行因果推断(causal inference)的方法,并涌现了许多研究公共政策、经济政策,以及项目实施因果效应评估的学者和研究成果。最具代表性的人物有加州大学伯克利分校的戴维·卡德(David Card)教授、麻省理工学院的乔舒亚·安格里斯特教授,以及斯坦福大学的吉多·因本斯(Guido W. Imbens)教授。这三位经济学家于 2021 年获得了诺贝尔经济学奖,卡德教授的获奖理由是对劳动经济学实证研究的贡献,安格里斯特和因本斯的获奖理由是对因果关系分析方法的贡献。另外,2019 年诺贝尔经济学奖授予麻省理工学院的阿比吉特·班纳吉(Abhijit Banerjee)教授和埃丝特·迪弗洛教授,以及哈佛大学的迈克尔·克雷默教授,以表彰他们在减轻全球贫困方面的实验性做法。

12.1.2 基于潜在结果框架的因果效应测度

计量经济学分析的根本目标是揭示变量之间的因果关系。现实中,我们可能对决策、行动和政策的因果效应感兴趣,例如,一项针对脱贫地区的特色产业扶持政策对农户家庭人均纯收入的影响,班级规模对考试分数的影响,警费支出对犯罪率的影响,气候变化对经济活动的影响,受教育年限对工资的影响,制度结构对增长的影响,奖励对行为的有效性,医疗程序对健康产生的后果,或任何可能的因果关系。在每种情况下,我们的目标都是了解因输入 x 的变化对结果变量 y 的实际影响。

因果效应测度有两个固有的障碍,一是因果效应通常特定地针对个体,二是其不可观察。例如,考虑受教育程度对工资的影响。在其他因素保持不变时,如果我们能改变个体的受教育程度,那么因果效应就是个体获得工资的实际差异。这是针对每个个体的,因为在这两种截然不同的情况下,个体的就业结果具有个体特征。因果效应是不可观察的,因为我们能观察到的是他们的实际受教育程度和他们获得的实际工资,而观察不到他们受教育程度发生变化的反事实情况下的工资,即反事实工资。为了读者更好地理解,我们假设有张三和李四两个人,他们都有可能性选择高中毕业或大学毕业,但不同的选择会获得不同的工资。例如,假设张三高中毕业每年工资 10 万元,大学毕业每年工资 20 万元;李四高中毕业每年工资 8 万元,大学毕业每年工资 12 万元。在这个例子中,受教育的因果效应对张三而言是每年 10 万元,对李四而言是每年 4 万元,因此因果效应分别针对张三和李四两个个体,且都不可观察。

一般而言,一个解释变量 x_1 对被解释变量 y 的因果效应是指在其他解释变量保持不变的情况下,x_1 引起 y 的变化。为了精确地描述,引入数学表达式

$$y=h(x_1,\boldsymbol{x}_2,\boldsymbol{u}) \tag{12.1}$$

式中,x_1 和 $\boldsymbol{x}_2$ 是可观测的变量;$\boldsymbol{u}$ 是 $l\times1$ 不可观测的随机因素;h 是一个映射。这个描述框架被称为潜在结果框架,变量 x_1 的因果效应在这个框架下被定义为:在其他变量 $\boldsymbol{x}_2$ 和 $\boldsymbol{u}$ 不变时,x_1 的变化导致的 y 的变化。

定义 12.1 在模型 $y=h(x_1,\boldsymbol{x}_2,\boldsymbol{u})$ 中,x_1 对 y 的因果效应为

$$C(x_1, \boldsymbol{x}_2, \boldsymbol{u}) = \nabla_1 h(x_1, \boldsymbol{x}_2, \boldsymbol{u}) \tag{12.2}$$

即在其他变量 $\boldsymbol{x}_2$ 和 $\boldsymbol{u}$ 不变时，x_1 的变化导致 y 的变化。

为了理解因果效应这一概念，设想有一个人，以我们的结构模型而言，这个人可使用可观测的变量 x_1 和 $\boldsymbol{x}_2$，以及不可观测的 $\boldsymbol{u}$ 来刻画。例如，在教育与工资的回归中，个人不可观察的因素包括个人的能力、技能、职业道德、人际关系和偏好等。x_1（如教育）的因果效应是 x_1 的变化导致工资的变化，但需要所有其他可观测与不可观测的变量保持不变。

在有些情况下，一种易于理解的方式是用潜在结果的函数描述这种关系，即

$$y(x_1) = h(x_1, \boldsymbol{x}_2, \boldsymbol{u}) \tag{12.3}$$

式中，$y(x_1)$隐含着其他变量 $\boldsymbol{x}_2$ 和 $\boldsymbol{u}$ 保持不变。

在对处理效应（treatment effect）进行分析时，常用的例子是解释变量 x_1 为二值变量，$x_1=1$ 表示接受处理，$x_1=0$ 表示未接受处理，在这种情况下，$y(x_1)$可写为

$$y(0) = h(0, \boldsymbol{x}_2, \boldsymbol{u}) \tag{12.4}$$

$$y(1) = h(1, \boldsymbol{x}_2, \boldsymbol{u}) \tag{12.5}$$

在关于处理效应的文献中，$y(0)$和 $y(1)$分别通常被称为未接受处理和接受处理的潜在结果。例如，对于特定的一个人来说，$y(0)$表示他未接受治疗的健康水平，$y(1)$表示接受治疗的健康水平。这个人接受治疗的处理效应是治疗导致的健康水平变化，即在变量 $\boldsymbol{x}_2$ 和 $\boldsymbol{u}$ 不变时 y 的变化，可表示为

$$C(\boldsymbol{x}_2, \boldsymbol{u}) = y(1) - y(0) \tag{12.6}$$

这样一来，可以看出引入潜在结果概念的好处，它能使我们清晰且方便地定义处理效应。

因为两个潜在结果 $y(0)$和 $y(1)$对不同的个体有所不同，所以 $C(\boldsymbol{x}_2, \boldsymbol{u})$是随机的（$\boldsymbol{x}_2$ 和 $\boldsymbol{u}$ 的函数）。由于在一次样本观测中，我们不可能同时得到同一个体的两个值 $y(0)$和 $y(1)$，称不可观测到的那个值为反事实结果（counterfactual outcome）。因此，$C(\boldsymbol{x}_2, \boldsymbol{u})$无法识别。不能同时得到同一个体的两个值 $y(0)$和 $y(1)$被认为是因果识别面临的基本问题，其本质是数据缺失问题。

记个体的观测结果为

$$y = \begin{cases} y(0) & \text{当 } x_1 = 0 \\ y(1) & \text{当 } x_1 = 1 \end{cases} \tag{12.7}$$

由于因果效应随不同的个体会发生变化，且其在个体层面不可测算，因此我们将关注点转向综合因果效应（aggregate causal effects），特殊情况下关注所谓的“平均处理效应”（average treatment effect，简称为 ATE），亦称为“平均因果效应”（average causal effect，简称为 ACE）。基于条件 $\boldsymbol{x}_2$ 的 x_1 对 y 的平均处理效应定义为

$$\text{ATE}(x_1, \boldsymbol{x}) = E[C(x_1, \boldsymbol{x}_2, \boldsymbol{u}) | x_1, \boldsymbol{x}_2] = \int_{R^l} \nabla_1 h(x_1, \boldsymbol{x}_2, \boldsymbol{u}) f(\boldsymbol{u} | x_1, \boldsymbol{x}_2) \mathrm{d}\boldsymbol{u}$$

式中，$f(\boldsymbol{u} | x_1, \boldsymbol{x}_2)$是给定 x_1 和 $\boldsymbol{x}_2$ 的条件下 $\boldsymbol{u}$ 的条件密度函数。

我们可将平均处理效应 $\text{ATE}(x_1, \boldsymbol{x})$看作总体的平均效应，在上面张三和李四的例子中，假设总体中一半个体类似张三，一半个体类似李四，则大学的平均因果效应是$(10+4)/2=7$，即每年 7 万元。这不是个体的因果效应（上大学的处理效应），而是总体中所有个体因果效应的平均。

12.2　理想的随机实验与自然实验

12.1 节中已指出实验方法是进行因果推断的有效工具，在很多领域，如心理学和医学领

域,研究者普遍使用实验方法来估计因果效应。

1. 实验的种类

不同学科根据自身特点的不同通常采用不同的实验方法,但是大致可以分为以下四种。本节及后面的有关内容主要选自斯托克(Stock)和沃森(Watson)的《计量经济学》以及安格里斯特和皮施克的研究。为叙述清晰,设 x_1 和 $\boldsymbol{x}_2$ 涵盖了所有影响 y 的因素(变量)。

(1)控制实验(controlled experiment)。例如,在理想的物理实验中,控制除 x_1 之外的其他因素 $\boldsymbol{x}_2$(保持不变),仅让 x_1 变化,然后观察 y 的变化。

(2)随机(控制)实验(randomized controlled experiment)。随机实验是 20 世纪伟大的统计学大师罗纳德·费希尔(Ronald Fisher)提出的。在 20 世纪 30 年代,占统治地位的因果研究方法是控制法(也称匹配法),费希尔以前的科学家相信控制实验,即要证明因果关系,研究者必须精确地控制实验室的一切($\boldsymbol{x}_2$),如温度、湿度,乃至实验者的心理和情绪,其目的是让实验组和控制组尽可能地匹配,尽可能地“相似”,这样才能把观察到的结果差异归因于实验。但是,在现实中控制一切是不可能的,研究者即便能部分地控制,由此所需要的经济成本也会使实验变得不可操作。所以,费希尔认为与其控制一切,不如什么都不控制,即“纯随机”。具体是实验者把研究对象纯随机地分配到两个组,一组称为“实验组”或“处理组”(treatment group),一组称为“控制组”(controled group)或“对照组”,这样就会使“观察到的”和“未观察到的”干扰因素趋于平衡,即实验组和控制组通过随机而尽可能地相似。于是,在这种情景下研究者观察到的结果变量上的差异,可以归因于实验或干预,换言之,这种差异具有统计意义上的“显著性”。在经济学中,实验经济学所做的实验大多属于随机试验。

(3)自然实验或准实验(natural experiment or quasi experiment)。有些情况下,并非出于实验目的发生的事件,将对象仿佛随机地分配到处理组和对照组。例如,两个相邻的大城市中一个城市依据户籍出台住房限购政策,而另一个城市没有出台限购政策,从分析住房限购政策效果的角度来看,由于居民事先并不能预知哪个城市限购,短期内因户籍也不能自我选择城市,因此我们可近似认为居民被随机地分配到处理组和对照组,称这种情况为自然实验或准实验。

(4)思想实验(thought experiment)。思想实验是指使用想象力去进行的实验,所做的都是现实中无法做到(或显示未做到)的实验。思想实验并不能得到实验数据,只是理想情境下的逻辑推理。但是,思想实验并非是脱离现实的主观臆想,要有逻辑的推测和想象,才能达到实验的结果。例如,米尔顿·弗里德曼(Milton Friedman)曾经设想在一个与世隔绝的小岛上由直升机投放货币,然后考察这个岛宏观经济会发生怎样的变化。

2. 理想的随机实验与自然实验的联系与区别

在理想的随机实验(ideal randomized experiment)中,处理组与对照组的个体完全是随机分配的,例如可以通过掷硬币或产生随机数的方法来决定。研究设计中的随机分配能够使研究结论可信和有说服力,一个恰当和有名的案例是 Perry(佩里)学前计划,它是一个在 1962 年实施的随机实验,意在估计对密歇根州伊普西兰蒂(Ypsilanti,Michigan)的 123 个黑人学前儿童实施早期干预项目的效果。在 Perry 实验中,研究人员对处理组实施包括学前教育和家访在内的密集性干预措施。直到参与实验的被试已经 27 岁的 1993 年,Perry 实验已经产生了丰富的后续数据,该项实验的意义实在很难用言语描述。几十篇学术研究引用或者使用了

Perry 实验的发现，最重要的是，Perry 实验为大规模的入学提前教育（Head Start Preschool）提供了理论基础。另一个在社会科学史上堪称典范的案例是田纳西州的师生比例改进计划（Tennessee student teacher achievement ratio experiment，简称为 STAR），它在教育学研究中开创性地使用了随机实验方法。

虽然理想的随机实验会使研究具有较强的说服力，但其通常伴随着较高的成本。自然实验（准实验）自然发生，并非出于实验目的考虑而发生，因而几乎没有成本，且其说服力类似于随机实验，所以广受实证研究者青睐。但是，发现和构建一个自然实验需要一双明亮的慧眼。自然实验可分为两类：第一类自然实验中个体的分组或处理水平完全由自然实验确定，因果效应的估计可直接采用 OLS 法。第二类自然实验中个体的分组或处理水平仅部分地由自然实验确定，例如参军与否不但取决于自我选择，还与体检结果等有关。另一个例子是分析经济增长快慢对内战的影响，有研究采用外生的自然降雨量变化作为经济增长的工具变量（后者与前者有关，但不完全由前者确定）。自然实验可能存在不完美之处，它也存在与随机实验类似的问题，具体参见斯托克和沃森的《计量经济学》和陈强的《高级计量经济学及 Stata 应用》。

12.3　选择性偏误

12.3.1　选择性偏误的含义

在正式讨论实验在揭示因果关系中所起的作用之前，先来考虑另外一个问题。假设你对“如果……那么……”这种语句表述的某个因果关系感兴趣，例如医院能够让人变得更健康吗？就我们的常识而言，这个问题似乎有点隐喻在里面。我们设想正在研究一群贫穷的老年人，他们在医院的急诊室接受初级护理①，其中的一些人被医院接收。这种医疗方式比较昂贵，并且拥挤的医院也使得相应的治疗不太有效。另外，目睹和接触身体情况危险的重病患者对这些老年人的健康而言可能会产生负面影响。

在医院接受治疗除可能对健康状况有负面影响之外，被医院接收的那些人却能够得到很多医疗关怀和服务，所以对医院是否能够让人变得更健康这一问题的回答似乎应该是“是”。但是，情况真是这样吗？数据支持这个说法吗？对于实证研究者来说，自然而然的想法是比较去过医院和没去医院的人在健康状况上的差异。美国全民健康访问调查（National Health Interview Survey，简称为 NHIS）中包含了进行这种比较的信息，在这个调研中包含这样一个问题，即“在过去的 12 个月中，你是否曾因病在医院过夜？”我们可以用这个问题来识别最近去过医院的人。全民健康访问调查还设计了一个问题，即“总体而言，你觉得你的健康水平是极好、非常好、好、一般还是差？”表 12.1 给出了最近去过医院和没有去过医院的人的平均健康状况（对健康状况最差的人赋值 1，对健康状况最好的人赋值 5），该表改编自安格里斯特和皮施克。

---

① 根据安格里斯特和皮施克的 *Mostly Harmless Econometrics：An Empirical's Companion* 书中提供的参考文献，由于社区医疗机构和医疗器械的缺乏，美国人将原本用于对重伤或者有生命危险的患者进行治疗的急诊室用于初级护理。而且以这种方式进行初级护理的人往往是那些低收入、年老的人群，他们雇不起家庭医生，因此到医院进行初级护理。

表 12.1 去过医院和没有去过医院人的健康状况

组别	样本量/个	平均健康水平	标准差
去过医院	7774	3.21	0.014
没有去过医院	90049	3.93	0.003

由表 12.1 发现，去过医院和没有去过医院人的平均健康状况之间的平均差距是 0.72，没有去过医院的人健康状况更好，两者之差大且显著，经计算其 t 统计量的值是 58.9。这个结果意味着去医院会使人的健康状况变差。由于医院往往收治了各类重病患者，可能会使去医院的人受到感染，同时也可能受到具有危害性的医疗仪器和化学药剂的伤害，所以去医院会使人健康状况变差也可解释。但是，对这个结果不能只从表面上看，因为去医院的人可能本身健康水平就比较差，一般来看，那些到医院寻求治疗的人即使在医院接受过治疗，其健康水平可能还是不如没有去医院的人，也就是说对于去医院的那些人，他们不去医院只能使其健康状况变得更差，但去医院也未必能让他们的健康水平达到不去医院人的健康水平。

为了更加清晰和精确地描述这个问题，将接受医院治疗视为一个二值随机变量，$D_i=\{0,1\}$。所关注对象的结果——健康水平的度量记为 Y_i。我们的问题是：Y_i 是否受医疗的影响？为了回答这个问题，设想去了医院的人如果没有去医院将会发生什么，没有去医院的人如果去了医院将会发生什么，即反事实。因此，对于任何个体而言，他们的健康状况都有两种潜在结果，即

$$\text{潜在结果}=\begin{cases}Y_{1i} & \text{如果 } D_i=1\\ Y_{0i} & \text{如果 } D_i=0\end{cases} \tag{12.8}$$

式(12.8)表达了这样的意思，即假设一个人没有去医院，他的健康状况将是 Y_{0i}，而不论他事实上有没有去；假设一个人去医院接受了治疗，他的健康状况将是 Y_{1i}。我们想知道 Y_{0i} 和 Y_{1i} 之间的差距 $Y_{1i}-Y_{0i}$，这个差距可以解释为第 i 个人在医院接受治疗对其健康状况产生的影响。这就是我们希望得到的因果效应或处理效应，此处的“因”为是否去医院接受治疗，“果”是两种选择下不同的健康状况，因果效应或处理效应指的是两种健康状况之间的差异。

观察到的结果 Y_i 可以用潜在结果的线性组合表示为

$$Y_i=\begin{cases}Y_{1i} & \text{如果 } D_i=1\\ Y_{0i} & \text{如果 } D_i=0\end{cases}=Y_{0i}+(Y_{1i}-Y_{0i})D_i \tag{12.9}$$

一般来看，不同个体的因果效应 $Y_{1i}-Y_{0i}$ 可能不同，因此它具有随机性，可将 (Y_{0i},Y_{1i},D_i) 视为三维总体 (Y_0,Y_1,D) 的一个随机抽样。假设抽样独立同分布(i. i. d)，即对于任意的 $i\neq j$，(Y_{0i},Y_{1i},D_i) 与 (Y_{0j},Y_{1j},D_j) 独立且具有相同的分布，则个体 i 的选择不影响其他个体的选择，即不存在溢出效应，这个假设被称为“个体处理效应稳定假设”(stable unit treatment value assumption，简称为 SUTVA)。类似 12.1.2 小节中的分析，这里的因果效应(处理效应)$Y_{1i}-Y_{0i}$ 为随机变量，故我们对其均值(期望值)感兴趣，即平均处理效应或平均因果效应，具体为

$$\text{ATE}=E(Y_{1i}-Y_{0i})$$

由平均处理效应或平均因果效应定义的效应表示从总体中随机抽取某个体的平均处理效应，并未区分该个体是否属于处理组或控制组。有些学者对此提出了不同的看法，认为这种定

义过于宽泛，因为总体中的一些个体可能不满足或不符合成为处理组成员的条件，例如，未去医院或无资格参加项目培训（如亿万富豪）等。但平均处理效应或平均因果效应依然十分有用，因为可以通过对总体的重新定义而将不符合条件的排除在外，例如，给定成为处理组成员的具体条件（如将参加培训项目的个体限定在一定收入值之下）。

另外，Y_{1i} 和 Y_{0i} 在总体中都有相应的分布，因此对于不同的人，去医院接受治疗的因果效应是不一样的。但是，由于我们不可能同时看到某个人的两种潜在健康状况，所以我们必须比较同一类人去医院治疗（接受处理）和不去医院治疗（不接受处理）对其健康状况的影响。这就引出了“受处理者（参与者）的平均处理效应”（average treatment effect on the treated，简称为 ATT 或 ATET）和“受处理者（参与者）的处理效应”（treatment effect on the treated，简称为 TOT），其中

$$\mathrm{ATT}=E(Y_{1i}-Y_{0i}\mid D_i=1)$$

ATT 对于政策效应评估可能更为重要，研究者对其更感兴趣，因为它度量了被处理对象的效应，例如接受治疗的效果、受教育的收入、项目参与者的收益等。在特殊情况下，ATE 与 ATT 可能相等，但一般不等。

尽管在是否去医院接受治疗所带来的不同结果间进行简单比较是不合理的，但是这种简单的比较还是能告诉我们一些关于潜在结果的有用信息。下面，将去医院接受治疗与否带来的平均健康水平差异与我们感兴趣的平均意义上的因果效应联系起来。注意

$$\begin{aligned}\underbrace{E(Y_i\mid D_i=1)-E(Y_i\mid D_i=0)}_{\text{受处理者与未受处理者的平均差异}}&=E(Y_{1i}\mid D_i=1)-E(Y_{0i}\mid D_i=0)\\&=\underbrace{E(Y_{1i}\mid D_i=1)-E(Y_{0i}\mid D_i=1)}_{\text{受处理者的平均处理效应(ATT)}}+\underbrace{E(Y_{0i}\mid D_i=1)-E(Y_{0i}\mid D_i=0)}_{\text{选择性偏误}}\end{aligned}\qquad(12.10)$$

式中，

$$E(Y_{1i}\mid D_i=1)-E(Y_{0i}\mid D_i=1)=E(Y_{1i}-Y_{0i}\mid D_i=1)$$

是那些接受医院治疗的人（受处理者）因为在医院得到治疗而获得的平均因果（处理）效应；$E(Y_{1i}\mid D_i=1)$ 表示接受住院治疗的人的平均健康水平；$E(Y_{0i}\mid D_i=1)$ 表示如果接受住院治疗的人（假设）原本没有得到治疗时的平均健康水平。

由式（12.10）可知，我们能够观察到的健康状况的平均差异由两部分组成，第一部分是受处理者（参与者）的平均处理效应，即平均因果效应；第二部分是我们关心的因果效应之外剩下的那部分，称为选择性偏误，它是去医院接受治疗与不去医院接受治疗的人如果没有被治疗时健康状况的平均差异，这个问题亦称为选择难题（the selection problem）。由于患病者比健康人更加倾向于寻求治疗，所以那些接受住院治疗的人的初始健康水平 Y_{0i} 本身就比较低，从而选择性偏误为负。在这个例子中，选择性偏误的绝对值可能会很大，当它大过我们关心的因果效应时，就足以掩盖我们所要寻找的因果关系的符号，使得观察到的情况与真实情况相反。因此，经济学中大部分实证研究的目的就是剔除这种选择性偏误，从而估计某个变量带来的效果，例如这里的变量 D_i。

类似地，可以定义“未受处理者（非参与者）的平均处理效应”（average treatment effect on the untreated，简称为 ATU），即

$$\mathrm{ATU}=E(Y_{1i}-Y_{0i}\,|\,D_i=0)$$

需要说明的是,这里估计因果效应时出现的选择难题,与第 11 章的样本选择问题有所不同,后者考虑的是所获样本是否为总体的代表性样本,并未考虑处理(治疗或政策等)产生的效应。因此,个体间的差别在于其是否进入样本,而不是是否得到处理。个体是否能进入样本决定被解释变量 Y_i 是否可观测,通常 $D_i=1$ 意味着 Y_i 可观测,而 $D_i=0$ 则意味着 Y_i 不可观测;但在描述因果效应的模型中,无论 $D_i=1$ 或 0,结果变量 Y_i 均可观测。

12.3.2 基于随机分配解决选择性偏误

对 D_i 进行随机分配可以解决上面出现的选择性偏误,因为随机分配使得 D_i 独立于潜在的结果。为了理解这一点,再次考虑式(12.10)。若 Y_{0i} 与选择 D_i 独立,则有

$$E(Y_{0i}\,|\,D_i=1)=E(Y_{0i}\,|\,D_i=0) \tag{12.11}$$

于是,式(12.10)中的第二项选择性偏误便消除了。事实上,给定随机分配下 D_i 的独立性,还可以将因果效应继续简化为

$$E(Y_{1i}\,|\,D_i=1)-E(Y_{0i}\,|\,D_i=1)=E(Y_{1i}-Y_{0i}) \tag{12.12}$$

这说明对接受医院治疗的人考虑因果效应(处理效应)等同于随机分配患者进行治疗得到的因果效应。综上可知,随机分配 D_i 消除了选择性偏误。虽然这并不意味着随机分配本身不存在问题,但是它解决了在实证研究中遇到的最重要的问题。

上面关于医院治疗的例子,向我们说明了实验往往能够揭示一些基于简单比较难以发现的事实,另外相关的例证是对激素替代疗法(hormone replacement therapy,简称为 HRT)治疗效果的研究。HRT 是推荐给中年女性用以减少更年期症状的医学干预疗法,来自护士健康研究(Nurses' Health Study)①给出的证据指出 HRT 使用者拥有更高的健康水平。相比之下,另一项完全基于随机实验的结果指出 HRT 几乎没有什么效果。更为糟糕的是,随机实验还揭示出 HRT 有多项副作用,这些副作用在非随机实验中很不明显。

在劳动经济学中,一项标志性的研究是对政府补贴的培训计划的评估。培训计划是为那些长期失业、瘾君子和刑满释放人员等在就业市场上处于不利地位的人提供一系列的培训,培训项目包括课堂内指导和在职培训,培训项目旨在提高这类人的就业率和收入。但令人意想不到的是,有基于非实验的研究方法对项目参与者和非参与者进行比较后发现,培训者在培训后比相应的对照组赚得更少。因为受补贴的培训项目意在针对低收入人群,所以显然需要考虑其中是不是存在选择性偏误的问题。因此,对项目参与者和非参与者收入状况的简单比较往往可能显示出项目参与者会得到更低的收入。相比之下,一些对培训项目进行随机实验的研究发现,这些培训项目大都具有正向效果。

1. 基于随机实验的因果效应估计案例

与医学研究相比较,随机实验在社会科学研究中的应用较晚,但现在也被广泛应用。在教育领域,随机分配的重要性早在二十年前就已逐步得到提升。例如,2002 年获得美国国会通

① 一项大且颇有影响力的针对护士的非实验调研。

过的《教育科学改革法案》(*Education Sciences Reform Act of 2002*)正式规定,任何由联邦政府资助的教育学研究都必须使用严格的实验或者准实验研究方法。在教育学研究中开创性地使用随机化研究方法的是田纳西州的师生比例改进计划(STAR),该计划用以评估小学小班教学的效果。

劳动经济学家和其他的一些人一直希望构建课堂教学环境与学生学习成绩之间的因果关系,称这一研究领域为"教育生产"(education production),即将花钱打造各种课堂环境看作对教育的投入,将学生成绩看作教育的产出。在对教育生产进行研究的过程中出现的一个关键问题是,给定成本下哪种投入可以使学生成绩最大化。在学校投入中最昂贵的一笔投入就是课堂规模,因为只能通过雇用更多的教师才能将课堂规模降下来。因此,对昂贵的小班教学能否使学生获得好成绩的研究具有重要意义,STAR 实验就旨在回答这个问题。

很多对教育生产进行研究的文献都使用非实验数据,这些研究指出在课堂规模和学生成绩之间几乎没有联系。这样一来,学校在不降低教学质量的情况下,可以通过扩大课堂规模减少雇用教师来降低成本。因为较羸弱的学生往往被有意编入规模较小的班级,即运用非实验数据研究班级规模和学生成绩时,班级规模和学生的某些特点相联系,从而使得选择性偏误不为零,故不能只通过简单地比较观测数据来看待课堂规模和学生成绩之间的关系。随机实验可以帮助我们跨越这个障碍,保证我们是在用苹果比较苹果,也就是说分配给不同规模的班级中的学生是可比的。来自 STAR 实验的结果指出,小班教学有持久而强烈的回报。

STAR 实验研究花费了 1200 万美元,于 1985 年和 1986 年之间在一批幼儿园中开始实施,持续进行了四年,调查了 11600 名小孩子,直到最初还在幼儿园的孩子已经升入小学三年级为止。在 1985 年到 1986 年之间,田纳西州普通课堂的平均规模是 22.3。这项实验将学生分配至三个处理组:小班,课堂容量在 13 到 17 人之间;普通班级,课堂容量在 22 到 25 人之间并配备一位兼职助理教师(这是田纳西州对课堂规模的普遍设置);普通/助理班级,课堂容量在 22 到 25 人之间,配备一名全职助理教师。每个年级有三个以上班级的学校都参加了这项实验。

随机实验需要解决的第一个问题就是随机化是否成功地平衡了不同处理组间的各种特征。为了回答这个问题,往往需要比较处理之前的结果,或者在组间比较不受处理过程影响但影响被试的变量。不幸的是,STAR 实验没有包括任何处理前的测试分数,因此可能的办法就是考虑学生的个体特征,如种族、年龄等。表 12.2 可以帮助我们比较这些变量的平均值,该表选自安格里斯特和皮施克的研究,原始表来自克鲁格(Krueger),表中反映学生个体特征的变量分别是免费午餐、学生种族和学生年龄。免费午餐是对学生家庭收入的良好度量,因为只有贫穷的家庭才满足享受免费午餐的标准。表 12.2 按照不同的班级规模列出了在幼儿园参加 STAR 实验的学生在各个变量上的平均值,通过最后一列的 p 值可以知道三个组间变量均值的相等程度。免费午餐变量指的是学生中接受免费午餐的比例,百分位数成绩是基于三个斯坦福标准化试题的平均成绩得到的,损耗率(attrition rate)是指在完成三年级之前在随后年份中从样本中损失掉的学生比例。由表 12.2 中的数据可以看出,在三个类别中,上述变量之间的差距都很小,最后一列的 p 值显示特征变量的组间差距相同没有被拒绝,这意味着在这个实验中随机分配成立。

表 12.2 STAR 实验中处理组和控制组的比较

变量名称	课堂规模			关于组间等同性的 p 值
	小	普通	普通＋助理教师	
免费午餐	0.47	0.48	0.50	0.09
白人还是亚裔	0.68	0.67	0.66	0.26
在 1985 年时的年龄	5.44	5.43	5.42	0.32
损耗率	0.49	0.52	0.53	0.02
幼儿园中的班级规模	15.10	22.40	22.80	0.00
幼儿园时期百分位数成绩	54.70	48.90	50.00	0.00

表 12.2 还提供了平均班级规模、损耗率、以百分比估计的测验成绩信息。损耗率(没有出现在下一年样本中的学生)在幼儿园的小规模班级中更低。一般而言,这将是一个潜在的问题①。班级规模在有意分配为小班的组中显著地缩小,这意味着实验成功获得了研究所希望的班级规模的不同变化。如果很多孩子的家长通过游说老师和校长,成功使得他们的孩子进入小规模班级,那么班级规模的差距将会大大缩小。

由于随机化实验可以消除选择性偏误,因此各个处理组之间的不同就捕捉了班级规模不同产生的平均因果效应(相对于拥有兼职助理教师的普通班级,即将普通班级作为实验的对照组)。在实际中,可以通过将测验成绩关于标志每个处理组的虚拟变量进行回归,以得到处理组和对照组之间平均成绩的差异,后面章节将对此进行详细讨论。将被解释变量设为学生的斯坦福标准化测试百分位成绩,对收集的 5681 名学生的数据采用线性回归模型进行分析,系数参数估计结果如表 12.3 所示,其中圆括号中的数字为稳健标准误。观察表 12.3 发现,小班教学使考试成绩大概提高 5%(该表中其他行显示的系数都是控制变量的系数),小班教学的因果效应显著地不为零,但是普通/助理班级对学生成绩的影响则不显著。

表 12.3 班级规模影响考试成绩的估计结果

变量	(1)	(2)	(3)	(4)
班级规模	4.82	5.37	5.36	5.37
	(2.19)	(1.26)	(1.21)	(1.19)
普通＋助理教师	0.12	0.29	0.53	0.31
	(2.23)	(1.13)	(1.09)	(1.07)
白人还是亚裔	—	—	8.35	8.44
			(1.35)	(1.36)
女孩	—	—	4.48	4.39
			(0.63)	(0.63)
免费午餐	—	—	−13.15	−13.07
			(0.77)	(0.77)

① Krueger 花费相当篇幅讨论了损耗问题。不同组之间不同的损耗率可能导致较高年级的一部分学生不是随机分布的,对幼儿园的研究结果不受损耗率的影响,因此更加可信。

续表

变量	(1)	(2)	(3)	(4)
白人教师	—	—	—	−0.57
				(2.10)
教师经验	—	—	—	0.26
				(0.10)
院长学历	—	—	—	−0.51
				(1.06)
学校固定效应	No	Yes	Yes	Yes
R^2	0.01	0.25	0.31	0.31

STAR 研究是随机实验的一个范例，但同时也凸显了随机实验需要面对后勤保障、长持续时间和潜在高成本所带来的困难。在很多情况下，进行这样的随机实验都是不现实的。需要说明的是，随机实验也不是完美的，即使 STAR 也不例外，存在一些操作层面的问题。例如，重复出现或者跳级的小学生们被排除在实验之外；学生在参加实验的学校上过一年课后，会被加入实验从而随机地分配到一个班里；在普通班的学生家长会提出抗议，导致学生在幼儿园毕业后被重新分班，进入普通班或者有助理教师的普通班；有些学生在幼儿园毕业后出现中途转班；等等。但是，Krueger 的分析指出，上面提到的这些操作性问题都不会影响该研究的主要结论。

2. 基于自然实验(准实验)的因果效应估计案例

鉴于上面随机实验在成本和操作方面存在的问题，学者们做了很多研究尝试，期望发现和构建成本更低、易于操作的实验。例如，希望找到自然实验或者准实验，通过改变感兴趣变量来模仿一个随机实验，同时将其他因素保持住。对班级规模的准实验分析由安格里斯特和拉维(Lavy)完成，在他们的论文中给出了如何运用随机实验的思想分析非实验数据，其研究基于以色列班级规模的上限是 40 人的事实。因此，如果一个学生所在的五年级总共有 40 名学生，那么这些学生将被编排进入一个规模为 40 人的班级，但如果一个学生所在的五年级总共有 41 名学生，那么这些学生所在的班级规模就是 20.5(41 的一半)。因为一个年级的学生究竟是 40 人还是 41 人完全是随机的，所以不同规模的两个学生群体应该在诸如能力和家庭背景方面都比较相似，于是可以把年级规模为 40 和 41 的两个学生群体间学习成绩的差异归因于班级规模，也就是说 40 个学生和 41 个学生之间学习成绩的差异可以看作“就像随机分配出来的那样好”。

Angrist 和 Lavy 的研究以年级为单位，在没有真实实验的情况下，利用年级入学人数高于和低于官方班级规模上限的条件，估计出了班级规模减小产生的因果效应，而且这个因果效应是在很好地控制了各方面影响因素的条件下得到的。正如在 STAR 实验中得到的结果那样，Angrist 和 Lavy 得出的结论是班级规模和学生成绩之间有强烈的联系。这个结论与进行简单比较得到的结论形成鲜明对比。简单比较得出的结论是小规模班级中的孩子在标准化测试中表现更差，得出这个结论的方法缺陷与前面接受医院治疗对健康影响的分析一样，均存在选择性偏误。

12.4 实验数据的回归分析

无论使用的数据来自实验与否，回归都是研究因果关系的有用工具。假设因果效应对所有人都一样，即 $Y_{1i}-Y_{0i}=\rho$ 为常数。在这种情况下，式(12.9)可写为

$$Y_i=\underbrace{\alpha}_{E(Y_{0i})}+\underbrace{\rho}_{(Y_{1i}-Y_{0i})}D_i+\underbrace{\eta_i}_{Y_{0i}-E(Y_{0i})} \tag{12.13}$$

式中，η_i 是 Y_{0i} 的随机部分。根据处理状态(treatment status)①，对式(12.13)的两端求条件数学期望可得

$$E(Y_i|D_i=1)=\alpha+\rho+E(\eta_i|D_i=1) \tag{12.14}$$

$$E(Y_i|D_i=0)=\alpha+E(Y_i|D_i=0) \tag{12.15}$$

于是

$$E(Y_i|D_i=1)-E(Y_i|D_i=0)=\underbrace{\rho}_{\text{处理效应}}+\underbrace{E(\eta_i|D_i=1)-E(\eta_i|D_i=0)}_{\text{选择性偏误}} \tag{12.16}$$

因此，选择性偏误意味着回归误差项 η_i 与回归变量 D_i 之间的相关性。由于

$$E(\eta_i|D_i=1)-E(\eta_i|D_i=0)=E(Y_{0i}|D_i=1)-E(Y_{0i}|D_i=0) \tag{12.17}$$

故式(12.17)表述的是得到处理和没有得到处理的人的潜在结果差别。在医院治疗的例子中，得到医院治疗的人的健康状况要差于没有得到医院治疗的人，在 Angrist 和 Lavy 的研究中，在更小班级中的学生本身的测验分数就比较低。

在 STAR 实验中，D_i 是随机分配的，所以消除了选择性偏误项，Y_i 关于 D_i 的回归就估计出了我们感兴趣的因果效应 ρ。表 12.3 给出了使用不同回归模型得到的估计 $\hat{\rho}$，这些模型分别包含了变量 D_i 之外的控制变量。在用回归模型分析实验数据时使用控制变量有两个作用：首先，在 STAR 实验中使用了条件随机分配方法。具体而言，在同一学校内，将学生分配至不同的班级是随机的，但是在学校间，这种分配不是随机的(有些学生必然会在某个学校)。在不同类型的学校(比如城市的学校和农村的学校)接受教育可能会影响学生被分配进入小规模班级的可能性。表 12.3 中第(1)列没有考虑这一问题，因此这一列给出的参数估计值可能会受不同类型学校对学生成绩影响的干扰。为了进行调整，Krueger 在一些回归方程中包含了学校固定效应，也就是对每个进入 STAR 的学校估计一个截距项。但事实上，对学校固定效应的调整并没有对结果带来大的改变，但如果不这样做，就不会知道这个事实。

其次，在 Krueger 模型中的其他控制变量描述了学生的个体特征，这些特征包括种族、性别、是否享受免费午餐等。我们前面已知道这些个体特征在不同班级类型之间已经得到平衡，也就是说这些特点已经系统性地与将学生分配至哪种类型的班级无关了。记这些控制变量为 $\boldsymbol{X}_i$，它们与 D_i 不相关，因此也就不会影响对 ρ 的估计。换句话说，由回归模型

$$Y_i=\alpha+\rho D_i+\boldsymbol{X}_i'\gamma+\eta_i \tag{12.18}$$

估计出的 ρ 与由未引入控制变量的模型式(12.13)估计出的 ρ 将会很接近。

在上面的这个例子中，尽管将变量 $\boldsymbol{X}_i$ 引入回归方程并无必要，但是一般来说这种做法估计出的因果效应会更加精确。注意在表 12.3 中，第(3)列里估计出的因果效应对应的标准误

① 指对被试进行了何种处理。

要小于第(2)列对应的标准误。虽然控制变量 $\boldsymbol{X}_i$ 与 D_i 无关,但是它们对被解释变量 Y_i 有相当的解释力度。因此,将这些控制变量引进回归模型可以减少误差项的方差,从而降低回归的标准误。与此类似,因为学校固定效应对学生成绩变动也有一定的解释能力,所以将其纳入回归模型也可以减少 ρ 的估计标准误。表 12.3 最后一列加入了教师特征,因为教师也被随机地分配到各种类型的班级,所以教师特征对学生成绩没有影响,这表现在加入教师特征后小班效应的估计值和标准误并未出现大的变化。

综上所述,回归在经济学的实证研究中扮演着极为重要的角色,对实验数据采用回归的方法进行分析是很恰当的,在缺少随机分配的情况下利用回归还可以近似实验。

练习题

1. 试述因果推断的研究主题。

2. 试述因果推断常用的理论研究框架。

3. 请解释随机分配的作用。

4. 请解释理想的随机实验与自然实验的异同。

5. 证明:式(12.17)成立,即 $E(\eta_i|D_i=1)-E(\eta_i|D_i=0)=E(Y_{0i}|D_i=1)-E(Y_{0i}|D_i=0)$。

6. 请结合我国社会、经济领域的现实问题,分别给出随机实验与自然实验(准实验)的例子。

第 13 章　采用回归策略的因果分析

13.1　饱和模型和主效应有关知识回顾

我们往往用饱和(saturated)和主效应(main effect)这样的术语来讨论回归模型。这些术语起源于实验者使用回归模型讨论离散型处理变量的传统,如今已在包括应用计量经济学在内的很多领域得到广泛应用。本节对这些术语进行简单介绍。

饱和回归模型指的是具有离散解释变量的回归模型,对解释变量的每一个可能取值,该模型都存在一个参数与之相对应。例如,我们只研究单一的解释变量——表示个体是否大学毕业,那么当模型包含一个表示是否大学毕业的虚拟变量和一个常数项时,则称这个模型是饱和的。当解释变量取多个值时,我们同样可以将模型调整为饱和模型。考虑 $S_i=0,1,2,\cdots,\tau$,于是针对 S_i 的饱和模型为

$$Y_i=\alpha+\beta_1 d_{1i}+\beta_2 d_{2i}+\cdots+\beta_\tau d_{\tau i}+\varepsilon_i,\quad i=1,2,\cdots,n \tag{13.1}$$

式中,$d_{ji}=I(S_i=j)$是一个虚拟变量,表示个体是否接受了 j 年的教育,故 β_j 就是受教育水平为 j 年所带来的效应,且

$$\beta_j=E(Y_i\,|\,S_i=j)-E(Y_i\,|\,S_i=0)$$

式中,$\alpha=E(Y_i\,|\,S_i=0)$。实际上,我们可以将 S_i 的任何值取作参照组。

如果 $E(Y_i\,|\,S_i=j)$中 j 的每一个可能取值都有一个参数与之对应,这个模型就是饱和模型。饱和回归模型能够完美地拟合条件期望函数,因为用来构造饱和模型的虚拟变量所构成的条件期望函数本来就是线性的,这是线性条件期望函数的一个重要特例。

例如,如果模型中有两个解释变量,一个是用来表示是否大学毕业的虚拟变量,另一个是用来表示年龄的虚拟变量,那么通过包含这两个虚拟变量以及它们的乘积和常数项,该模型达到饱和。虚拟变量的系数被称为主效应,两个虚拟变量的乘积被称为交互项。但这并不是让参数饱和化的唯一方式;任何示性变量(虚拟变量)组成的集合,如果它们能识别出所有协变量的取值,那么它们就能构成一个饱和模型。

继续考虑上面的例子,还可由上面两个虚拟变量作为解释变量的模型去构建另外一个饱和模型,新构建的模型中包含标志男性大学毕业、男性非大学毕业、女性大学毕业和女性非大学毕业四个虚拟变量,但不包括截距项。为叙述更加清楚,令 x_{1i} 表示大学毕业,x_{2i} 表示女性。给定 x_{1i} 和 x_{2i},条件期望函数可以取四个值,即

$$E(Y_i\,|\,x_{1i}=0,x_{2i}=0)$$
$$E(Y_i\,|\,x_{1i}=1,x_{2i}=0)$$
$$E(Y_i\,|\,x_{1i}=0,x_{2i}=1)$$
$$E(Y_i\,|\,x_{1i}=1,x_{2i}=1)$$

我们将条件期望函数上面的四个取值以下面的方式进行表达:

$$E(Y_i \mid x_{1i}=0, x_{2i}=0)=\alpha$$
$$E(Y_i \mid x_{1i}=1, x_{2i}=0)=\alpha+\beta_1$$
$$E(Y_i \mid x_{1i}=0, x_{2i}=1)=\alpha+\gamma$$
$$E(Y_i \mid x_{1i}=1, x_{2i}=1)=\alpha+\beta_1+\gamma+\delta_1$$

由于上面的希腊字母有四个，而条件期望函数取四个值，因此上面的参数化过程并没有对条件期望函数施加什么限制。该式还可用希腊字母表示为

$$E(Y_i \mid x_{1i}, x_{2i})=\alpha+\beta_1 x_{1i}+\gamma x_{2i}+\delta_1(x_{1i}x_{2i})$$

这就是有两个主效应和一个交互项的参数化过程。于是，对于上面条件期望函数的饱和回归模型就变为

$$Y_i=\alpha+\beta_1 x_{1i}+\gamma x_{2i}+\delta_1(x_{1i}x_{2i})+\varepsilon_i$$

如果在模型中加入第三个虚拟变量 x_{3i}，那么饱和模型就包括三个主效应、三个二阶交互项 $\{x_{1i}x_{2i}, x_{1i}x_{3i}, x_{2i}x_{3i}\}$ 和一个三阶交互项 $x_{1i}x_{2i}x_{3i}$。

我们还可以将取多值的受教育水平变量 d_j 和性别变量 x_2 结合起来构建一个饱和模型，这个饱和模型有 τ 个教育的主效应、一个性别的主效应和 τ 个性别与教育的交互项，即

$$Y_i=\alpha+\sum_{j=1}^{\tau}\beta_j d_{ji}+\gamma x_{2i}+\sum_{j=1}^{\tau}\delta_j(d_{ji}x_{2i})+\varepsilon_i \tag{13.2}$$

交互项系数 δ_j 的意义是教育对不同性别的不同影响。在这个例子中，条件期望函数取 $2(\tau+1)$ 个值，通过回归也可以得到同样多的参数。

由上面的分析可以看出，随着模型包含的变量个数增多，饱和模型包含参数的个数也越来越多，这对建模方法提出了挑战。因为饱和模型可以完美地逼近条件期望函数，所以很自然地从饱和模型开始讨论。但是，从另一方面来看，饱和模型会产生很多交互项，我们对其中的大部分可能都不感兴趣，或者说很难对交互项的系数做出准确的估计。因此，可能会明智地选择将部分或者全部的交互项省略。当不包含交互项时，式(13.2)简化为只有主效应相加的模型。如果大学教育对男性和女性收入回报的影响大致相同，那么这个模型就可以很好地逼近条件期望函数。在表现为只有主效应相加的所有例子中，受教育水平前面的系数表达的都是两种性别的个体的教育回报的加权平均值。而估计一个只包含交互项但省略主效应的模型则显得十分古怪，例如，在教育回报这个例子中，仅包含交互项的模型为

$$Y_i=\alpha+\gamma x_{2i}+\sum_{j=1}^{\tau}\delta_j(d_{ji}x_{2i})+\varepsilon_i \tag{13.3}$$

这个模型相当于要求教育只会影响女性的工资，这是与事实相差甚远的假设。因此，很难对式(13.3)的估计结果进行解释。

最后，我们还应该注意到饱和模型可以完美地拟合条件期望函数，这个性质与 Y_i 的分布无关。当然，对于线性概率模型和受限被解释变量模型(如 $Y_i>0$)来说，这个性质也是成立的。

13.2　回归与因果的关系

在最小均方误差的意义下，线性回归是对条件期望函数的最佳线性逼近。但是，这个理解并没有回答我们感兴趣的更深层次的问题：何时可对回归赋予一个因果解释？何时可将回归

系数视为原本只在随机实验中出现的因果效应的近似？

13.2.1 条件独立假设

当条件期望函数可以近似因果关系时，相应的回归也具有因果性。但是，这个答案并未回答和解决我们上面提出的问题。因为回归可用来近似条件期望函数，并具有条件期望函数所具有的性质，所以上面的这个回答只是将问题上升到另外一个更高的层面。因果性意味着不同的人会做出不同的决策，但很多学科领域的研究人员都发现，第 12 章采用的潜在结果框架对刻画和分析因果关系非常有用。例如，这种方式考虑的是去医院的人如果不去医院会发生什么，个体去医院和不去医院带来的结果差别可被称为接受医院治疗的因果效应。如果对于给定的总体，条件期望函数刻画了平均潜在结果之间的不同，那么称这个条件期望函数具有因果性，或称为因果性条件期望函数。

由于因果性条件期望函数的概念有点抽象，出于简单明了解释的目的，以受教育水平为例进行讨论。教育和收入之间的因果关系可以定义为一个函数关系，这个函数描述的是如果给定个体接受不同的教育，他的收入会是多少。具体而言，我们可将人们做出接受不同水平教育的决策看作是能够从头再来的一次经历，在这段经历中人们可以做出这样或那样的决策。例如，你在上高中时思考你的人生规划：是努力考上大学，毕业后拿到文凭，然后去工作，还是继续努力考研深造。尽管事先并不清楚这些选择会为你带来怎样的结果，但不同的人生路径选择会给你带来不同结果，这一点似乎是无可争议的。

在经验研究中，受教育水平和收入之间的因果联系能够告诉我们，如果人们在一个完美的受控实验中改变他的受教育水平，那么平均而言他们会赚到多少钱；换言之，如果人们随机选择受教育水平，从而使他们在各方面都可比时，受教育水平的差异带来的收入水平有何不同。通过第 12 章的学习，我们知道实验保证了我们感兴趣变量与潜在结果无关，从而使得被比较的组别之间是真正可比的。在这里，将这一概念推广到因果变量取值超过两个，并且有一系列控制变量需要给定的更复杂的场合，以使得因果推断得以成立。这需要条件独立假设(conditional independence assumption，简称为 CIA)，这是能对回归赋予因果解释的核心假设。这个假设有时又被称为选择偏误来自可观察变量，因为这里假设：我们希望保持不变的那些协变量都是已知和可观察到的。因此，现在最大的问题在于这些协变量是什么以及应该是什么。我们会在后面对此进行简短说明，就现在考虑的问题而言，我们还是使用计量经济学的方式，将这些变量称为协变量 $\boldsymbol{X}_i$。随着对教育回报问题的深入讨论，我们会很自然地理解 $\boldsymbol{X}_i$ 是包含对能力和家庭背景进行度量的一个向量。

1. 简单情形——受教育水平两值选择

首先，考虑最简单的情况，即将受教育水平看作一个二值变量，记为虚拟变量 C_i。于是，可用第 12 章中的潜在结果方法刻画上大学和未来收入间的因果关系。设想有两个潜在的收入变量为

$$\text{潜在结果}=\begin{cases}Y_{1i} & \text{如果 } C_i=1\\ Y_{0i} & \text{如果 } C_i=0\end{cases}$$

式中，Y_{0i} 是第 i 个人不上大学的收入；Y_{1i} 是第 i 个人上大学的收入。我们想了解的是 Y_{0i} 和 Y_{1i} 之间的差别，它就是个体 i 上大学与不上大学带来的因果效应。如果我们能够回到过去，

让个体 i 选择不同的受教育水平，那么就可以度量这个因果效应。我们能够观察到的结果 Y_i 可由潜在结果的组合表示为

$$Y_i=Y_{0i}+(Y_{1i}-Y_{0i})C_i$$

由于只能得到 Y_{1i} 或 Y_{0i} 中的一个值，不可能同时得到这两个值，所以转为估计 $Y_{1i}-Y_{0i}$ 的平均值，或对某些特定集合估计 $Y_{1i}-Y_{0i}$ 平均值，例如那些实际上大学的人接受大学教育的因果效应，即 $E(Y_{1i}-Y_{0i}|C_i=1)$。

一般来说，接受过大学教育和没有接受过大学教育的个体间的收入差距很难准确度量接受大学教育带来的因果影响。类似第 12 章的思路可得到

$$\underbrace{E(Y_i|C_i=1)-E(Y_i|C_i=0)}_{\text{观察到的收入差距}}=\underbrace{E(Y_{1i}-Y_{0i}|C_i=1)}_{\text{处理的平均因果效应}}+\underbrace{E(Y_{0i}|C_i=1)-E(Y_{0i}|C_i=0)}_{\text{选择性偏误}} \tag{13.4}$$

如果上大学的那些人本来就可以赚得更多，那么这里出现的选择偏误就是正的。于是有

$$E(Y_i|C_i=1)-E(Y_i|C_i=0)>E(Y_{1i}-Y_{0i}|C_i=1) \tag{13.5}$$

这说明简单地考虑 $E(Y_i|C_i=1)-E(Y_i|C_i=0)$，一般会夸大接受大学教育带来的收益(因果效应)。

条件独立假设指的是给定可观察的协变量 $\boldsymbol{X}_i$，选择性偏误消失，其更正式的表示是

$$\{Y_{0i},Y_{0i}\}\perp C_i|\boldsymbol{X}_i \tag{13.6}$$

式中，符号“$\perp$”表示$\{Y_{0i},Y_{1i}\}$与 C_i 之间相互独立，竖线“|”右边的随机变量是协变量集合(向量)。在条件独立假设满足时，给定 $\boldsymbol{X}_i$，可以对不同受教育水平下平均工资差异赋予一个因果解释，即

$$E(Y_i|\boldsymbol{X}_i,C_i=1)-E(Y_i|\boldsymbol{X}_i,C_i=0)=E(Y_{1i}-Y_{0i}|\boldsymbol{X}_i)$$

2. 一般情形——受教育水平多值选择

现在，将条件独立假设拓展到处理变量可以取多个值的情况，例如受教育年限 S_i 就属于这类变量。由于受教育水平和收入之间的因果关系可能因人而异，所以引入个体的收入函数

$$Y_{si}=f_i(s)$$

来描述这一因果关系。这个函数表示个体 i 接受 s 年教育后获得的收入。如果 s 只取两个值 12 和 16，那么我们就回到了接受与不接受大学教育的二值情形，即

$$Y_{0i}=f_i(12),\quad Y_{1i}=f_i(16)$$

更一般地，函数 $f_i(s)$ 告诉我们任意的受教育水平 s 下个体 i 可能的收入，即 $f_i(s)$ 回答了“如果……，就会……”这样的一个因果性问题。在考虑人力资本和收入之间关系的理论模型中，$f_i(s)$ 的具体形式可能由个体行为的某个特征决定，也可能被市场力量决定，或者二者兼而有之。一般条件下，条件独立假设变为

$$Y_{si}\perp S_i|\boldsymbol{X}_i,\forall s \tag{13.7}$$

在许多随机实验中，因为 S_i 是在给定 $\boldsymbol{X}_i$ 下随机分配的，所以条件独立假设自然成立。例如，在田纳西的师生比例的实验中，在每个学校里小班是被随机分配的。在使用观察数据进行的研究中，条件独立假设意味着给定 $\boldsymbol{X}_i$ 下 S_i“就像被随机分配的那样好”。

给定 $\boldsymbol{X}_i$，多接受一年教育带来的平均因果效应就是 $E[f_i(s)-f_i(s-1)|\boldsymbol{X}_i]$，多接受四年教育带来的平均因果就是 $E[f_i(s)-f_i(s-4)|\boldsymbol{X}_i]$。数据只能告诉我们 $Y_i=f_i(s_i)$，也就是当 $s=s_i$ 时的 $f_i(s)$。但是，在给定条件独立假设和给定 $\boldsymbol{X}_i$ 时，不同受教育水平下平均收入

的差异就可解释为教育的因果效应，即

$$E(Y_i|\boldsymbol{X}_i,S_i=s)-E(Y_i|\boldsymbol{X}_i,S_i=s-1)=E[f_i(s)-f_i(s-1)|\boldsymbol{X}_i]$$

对任何的 s 都成立。例如，我们可以比较受教育水平为 11 年和 12 年的个体间平均收入的差异，以此来了解高中毕业带来的平均因果效应，其可表示为

$$E(Y_i|\boldsymbol{X}_i,S_i=12)-E(Y_i|\boldsymbol{X}_i,S_i=11)=E[f_i(12)|\boldsymbol{X}_i,S_i=12]-E[f_i(11)|\boldsymbol{X}_i,S_i=11]$$

当条件独立假设成立时，就可以对其赋予一个因果解释，这就是

$$E[f_i(12)|\boldsymbol{X}_i,S_i=12]-E[f_i(11)|\boldsymbol{X}_i,S_i=11]=E[f_i(12)-f_i(11)|\boldsymbol{X}_i,S_i=12]$$

这里，选择性偏误来自两类收入之间的差异，一类是高中毕业生如果在 11 年级时辍学，他能获得的收入；另一类是在 11 年级时确实选择辍学的学生所获得的收入。但是，给定条件独立假设，给定 $\boldsymbol{X}_i$，高中毕业与否和潜在收入没有关系，于是选择性偏误就消失了。在这个例子中还能看到，对于高中毕业生而言，高中毕业的因果效应等于在每个 $\boldsymbol{X}_i$ 的取值处，高中毕业带来的平均效应，即

$$E[f_i(12)-f_i(11)|\boldsymbol{X}_i,S_i=12]=E[f_i(12)-f_i(11)|\boldsymbol{X}_i]$$

这一点很重要，不过使用条件独立假设消除选择性偏误显得更为重要。

关于条件独立假设的作用大家已经看到，条件独立假设也称为“可忽略性”假设，这个概念由罗森鲍姆(Rosenbaum)和鲁宾(Rubin)提出。一般情况下，除了 Y_i 和 C_i 之外，还可以观测到个体 i 的一些特征(年龄、性别、培训前收入)，记为向量 $\boldsymbol{X}_i$(协变量，covariates)，于是可将总体表示为$(Y_0,Y_1,C,\boldsymbol{X})$。如果个体 i 对 C_i 的选择完全取决于可观测的 $\boldsymbol{X}_i$，称为“依可测变量选择”(selection on observables)[①]，则可以找到估计处理效应的合适方法(即使没有合适的工具变量)。如果个体对 C_i 的选择完全取决于 $\boldsymbol{X}_i$，则在给定 $\boldsymbol{X}_i$ 的情况下，潜在结果$(Y_{0i}-Y_{1i})$将独立于 $\boldsymbol{X}_i$。

假设 13.1 条件独立或可忽略性(ignorability)假设。给定 $\boldsymbol{X}_i$，则(Y_{0i},Y_{1i})独立于 C_i，记为$\{Y_{0i},Y_{1i}\}\perp C_i|\boldsymbol{X}_i$，其中“$\perp$”表示相互独立。

顾名思义，“可忽略性”的含义是指在给定 $\boldsymbol{X}_i$ 时，(Y_{0i},Y_{1i})对 C_i 的影响可以忽略。条件独立或可忽略性也称为“无混淆性”(unconfoundedness)[②]，或“依可测变量选择”。假设 13.1 意味着，给定 $\boldsymbol{X}_i$，则(Y_{0i},Y_{1i})在处理组与控制组的分布完全相同，即

$$F(Y_{0i},Y_{1i}|\boldsymbol{X}_i,D_i=1)=F(Y_{0i},Y_{1i}|\boldsymbol{X}_i,D_i=0)$$

式中，$F(\cdot)$表示分布函数。在很多情况下，只需要求更弱的均值独立假设。

假设 13.2 均值独立或均值可忽略性(ignorability in mean)假设。在给定 $\boldsymbol{X}_i$ 的情况下，Y_{0i} 与 Y_{1i} 都均值独立于 C_i，即 $E(Y_{0i}|\boldsymbol{X}_i,C_i)=E(Y_{0i}|\boldsymbol{X}_i)$，$E(Y_{1i}|\boldsymbol{X}_i,C_i)=E(Y_{1i}|\boldsymbol{X}_i)$。

3. 平均因果效应的计算

在上面的分析中，对 $\boldsymbol{X}_i$ 可取的每个值都构造了一个因果效应，这样做的结果是协变量 $\boldsymbol{X}_i$ 取多少值，就会有多少个因果效应，这样一来我们就有太多的因果效应。实证研究者发现用一个综合指标来汇总一系列估计值会十分有用。

由迭代期望律可得高中毕业的无条件因果效应为

---

① 这里并不要求 C_i 一定是 $\boldsymbol{X}_i$ 的确定性函数，允许 $\boldsymbol{X}_i$ 以外的随机因素对 C_i 产生影响，只要这些随机因素独立于(C_i,Y_{0i},Y_{1i})。

② 无混淆性是指只要把 $\boldsymbol{X}_i$ 包括在回归方程中，就能完全解决遗漏变量偏差，从而避免各变量间作用关系的混淆。

$$E[E(Y_i|\boldsymbol{X}_i, S_i=12)-E(Y_i|\boldsymbol{X}_i, S_i=11)] \tag{13.8}$$
$$=E\{E[f_i(12)-f_i(11)|\boldsymbol{X}_i]\}$$
$$=E[f_i(12)-f_i(11)] \tag{13.9}$$

这样一来,就可以用 $\boldsymbol{X}_i$ 的边际分布做权重,通过对 $\boldsymbol{X}_i$ 每个可能值对应的因果效应进行加权平均,以计算式(13.9)所表示的无条件因果效应。对于高中毕业生或者大学毕业生接受相应教育的因果效应而言,可以通过用 $\boldsymbol{X}_i$ 在相应集合中的分布得到的权重,进行加权平均来计算该值。在这个例子中,得到的都是匹配估计值:在具有相同协变量的那些个体之间比较不同受教育水平下的平均收入差异,然后以某种方式进行加权平均。

在实际中,运用匹配策略进行的研究需要考虑很多细节,我们在后面几节将对匹配的基本原理和相关内容进行详细讨论。这里需说明的是匹配方法的一个缺点是它不是自动执行的,而是需要分两步去做,即匹配和平均,而且如何从由此得到的残差中计算标准误也不那么明显。另一个需要考虑的问题是:本部分的核心是比较两种决策下的差别(高中毕业或者大学毕业的收入与辍学后的收入之间的比较),但是这种方法无法完全推广到我们真正考虑的问题上。因为 S_i 可取很多值,S_i 的每个可能取值带来的因果效应一般都不同,故需要想办法对不同的因果效应进行汇总①。因此,我们再次考虑回归。

回归为我们提供了一个简单易用的经验研究策略,它可以自动地将条件独立假设转化为需要估计的因果效应。这种转化可以通过两种方式来完成。一种方式是假设个体的收入函数 $f_i(s)$ 是受教育水平 s 的线性函数,除了与其相加的随机误差项因个体而异之外,其他部分对所有个体而言都是相同的。在此假设下,线性回归自然就是估计 $f_i(s)$ 的良好工具。另一种更为一般化的方式相对复杂,它认为 $f_i(s)$ 不一定是受教育水平 s 的线性函数,允许 $f_i(s)$ 因人而异且非线性。即使在这种情况下,回归还是为我们提供了一个估计特定个体因果效应 $f_i(s)-f_i(s-1)$ 的加权平均值的工具。事实上,可以将回归值看作一类特殊的匹配估计结果,它捕捉到的是类似于式(13.8)中描述的平均因果效应或处理效应。

4. 回归赋予因果解释的条件

下面讨论对回归能够赋予因果解释的条件。这里从上面提到的第一种方式出发,考虑线性常因果效应模型,即假设

$$f_i(s)=\alpha+\rho s+\eta_i \tag{13.10}$$

式中,除假设模型是线性之外,还假设我们关心的因果效应在不同个体之间是相同的。由于式(13.10)描述的是个体 i 在 s 的任意值下能够赚得的收入,而不是已观察到的受教育年限(最终实现的值)s_i,所以这里省略了 s_i 的下标 i。在这个模型中,我们同时还假设 $f_i(s)$ 中唯一因个体而异的部分是随机误差项 η_i,其均值为零,用以表示决定潜在收入水平的其他不可观测因素。

将表示个体 i 受教育年限年限变量 S_i 的观测值 s_i 代入式(13.10),可得

$$Y_i=\alpha+\rho s_i+\eta_i \tag{13.11}$$

① 例如,我们可能会用 S_i 的分布来构造 S 的平均影响。换言之,对于每一个 S,我们用匹配的方法估计 $E[f_i(s)-f_i(s-1)]$,然后计算平均意义上的因果效应,即 $\sum_{i=1}^{n} E[f_i(s)-f_i(s-1)]P(s)$。其中,$P(s)$ 是 S_i 的概率权重函数,这是对导数的平均值 $E[\mathrm{d}f_i(s)/\mathrm{d}s]$ 的一种离散化近似。

比较式(13.10)与式(13.11),前者将后者的参数解释为因果效应或处理效应。另外,式(13.11)看上去像一个二值回归模型,但更重要的是,因为式(13.10)是一个具有因果性的模型,所以 s_i 可能与潜在结果 $f_i(s)$ 相关,或者说在这个例子中与式(13.11)中的误差项 η_i 相关。

现在考虑给定一系列可观察的协变量 $\boldsymbol{X}_i$,且条件独立假设成立。为了与式(13.11)对潜在结果的函数形式的假设相一致,将潜在收入水平的随机项分解为可观察变量 $\boldsymbol{X}_i$ 和误差项 v_i 的线性函数,即

$$\eta_i=\boldsymbol{X}_i'\boldsymbol{\gamma}+v_i$$

式中,$\boldsymbol{\gamma}$ 是总体回归系数所构成的向量,假设其满足 $E(\eta_i|\boldsymbol{X}_i)=\boldsymbol{X}_i'\boldsymbol{\gamma}$。由于 $\boldsymbol{\gamma}$ 是 η_i 关于 $\boldsymbol{X}_i$ 回归的结果,所以误差项 v_i 与 $\boldsymbol{X}_i$ 不相关。进一步,由条件独立假设,有

$$E[f_i(s)|\boldsymbol{X}_i,S_i]=E[f_i(s)|\boldsymbol{X}_i]=\alpha+\rho s+E[\eta_i|\boldsymbol{X}_i]=\alpha+\rho s+\boldsymbol{X}_i'\boldsymbol{\gamma}$$

因此,在线性模型

$$Y_i=\alpha+\rho s_i+\boldsymbol{X}_i'\boldsymbol{\gamma}+v_i \tag{13.12}$$

中,误差项与解释变量 s_i 和 $\boldsymbol{X}_i$ 都不相关,回归系数 ρ 就是我们感兴趣的因果效应。

这里需要再次强调的是我们做出的关键假设是:可观察的变量 $\boldsymbol{X}_i$ 是导致 η_i 和 s_i[等同于说 η_i 和 $f(s)$之间]相关的唯一原因。这就是在四十多年前,巴诺(Barnow)、凯恩(Cain)和戈尔德贝格尔针对回归讨论过的选择性偏误来自可观察变量的假设(selection-on-observable assumption),它已成为经济学中绝大多数经验研究的基础。

13.2.2 控制变量对回归系数的影响

通过上面的分析,我们发现在模型中引入可观测的变量,会对回归系数(因果效应)产生影响。关于控制变量对因果效应的影响,可从遗漏变量的角度进行分析。遗漏变量偏误(omitted variable bias)描述的是当回归模型包含不同的控制变量时,回归的估计结果之间存在的关系。具体来说,可以对类似式(13.12)的包含控制变量的回归方程赋予一个因果解释,但无法对不含有控制变量的回归方程赋予一个因果解释。因此,在不含控制变量的回归模型(称为短模型)中,系数的估计结果就被认为是有偏的。事实上,无论我们是否可以对含有控制变量的回归模型(称为长模型)赋予一个因果解释,遗漏变量偏误公式都给出了长模型与短模型系数估计之间的关系。为方便起见,我们认为长模型中的系数和短模型中的系数由遗漏变量偏误公式决定。

出于简便明了之考虑,继续考虑教育回报问题,除对变量 S_i 感兴趣外,还可将一系列控制变量引入回归模型。假设其回归模型中控制变量可以简化为家庭背景、智力和动机所组成的控制变量集合,并将这些变量所构成的向量记为 $\boldsymbol{A}_i$,且简称为“能力”。在控制了能力后,工资关于受教育水平的回归模型可写为

$$Y_i=\alpha+\rho S_i+\boldsymbol{A}_i'\boldsymbol{\gamma}+\varepsilon_i \tag{13.13}$$

式中,α,ρ 和 $\boldsymbol{\gamma}$ 是回归系数;ε_i 是回归误差,根据定义它与所有的解释变量不相关。给定 $\boldsymbol{A}_i$,如果条件独立假设成立,那么这里的 ρ 就是式(13.10)中 ρ 所刻画的因果效应或处理效应,这里的 ε 是控制了 $\boldsymbol{A}_i$ 后潜在收入水平的随机误差部分。

然而,能力在实际中是很难度量的,例如美国当前人口调查资料,这是在微观经济学中被大量使用的大型数据集,也是美国政府计算失业率的数据来源,但它没有提供任何关于被访者

家庭背景、智商或者动机的信息。如果将能力排除在式(13.13)之外，会出现什么后果？

首先，考虑遗漏变量偏误的公式，即

$$\frac{\mathrm{Cov}(Y_i, S_i)}{\mathrm{Var}(S_i)} = \rho + \boldsymbol{\gamma}' \boldsymbol{\delta}_{AS} \tag{13.14}$$

式中，$\boldsymbol{\delta}_{AS}$ 是对 $\boldsymbol{A}_i$(遗漏变量)关于 S_i 进行回归得到的系数。式(13.14)给出了将能力排除在外的短模型中的参数与式(13.13)中的参数之间的关系，它指出：短回归参数等于长回归参数加上一个数[式(13.14)第二项]，这个数等于遗漏变量效应(系数)乘以遗漏变量关于被包含变量(S_i)的回归系数。

将长模型代入短模型的系数公式 $\mathrm{Cov}(Y_i, S_i)/\mathrm{Var}(S_i)$ 中，容易导出式(13.14)，遗漏变量公式告诉我们，当遗漏变量和引入回归模型的变量不相关时，由长模型和短模型得到的系数是相同的①。更多解释参考安格里斯特和皮施克的《基本无害的计量经济学：实证研究者指南》一书。

下面，使用遗漏变量偏误分析教育回报问题中遗漏表征能力的变量 $\boldsymbol{A}_i$ 后会产生什么后果。一方面，一般而言，能力变量 $\boldsymbol{A}_i$ 对工资有正的影响，而且很可能与受教育水平正相关。因此，对于我们想得到的那个因果效应，短模型的系数应该是偏大了。另一方面，受教育水平和能力之间的关系可能并不是很清晰，一些遗漏的能力变量可能与受教育水平是负相关的，于是短模型的系数又有可能偏小。一般接受过很高教育的人，更倾向于认为能力和受教育水平是正相关的，但这并不是一个可以先行预知的结论，对高能力的人而言，他们可能认为上学的机会成本太大了，所以有些人退学了，例如比尔·盖茨选择从哈佛退学，当然他也可能是一位非常幸运的大学辍学者。

【例 13.1】 表 13.1 是基于美国全国青年人纵向调研数据(简称为 NLSY)对相关长短模型系数的估计结果，原表见安格里斯特和皮施克的《基本无害的计量经济学：实证研究者指南》一书的表 3.1。调研中涉及的青年人出生于 1979 年，调研于 2002 年进行。样本只考虑了男性，并关于 NLSY 样本权重进行加权，样本量是 2434。表 13.1 是将对数工资关于受教育年限进行回归后的系数估计，以及相应的控制变量，括号里给出的是标准误。该表第二至四列[模型(1)、模型(2)、模型(3)]报告了将家庭背景(这里是父母的受教育年限)引入模型，同时纳入一些表征人口基本特征的控制变量(年龄、种族和统计口径下的居住地区)后，受教育水平变量系数估计结果的变化，由 0.132 下降至 0.114。为了进一步控制能力，用军方的资格测验②作为代理变量，这样受教育水平变量的系数估计值再降低至 0.087。遗漏变量偏误公式告诉我们，受教育水平变量系数估计值的不断下降是与工资和受教育水平都正相关的控制变量不断加入的结果③。

---

① 多变量情况下遗漏变量偏误公式的推广：记 $\boldsymbol{\beta}_1^s$ 为短模型中不存在其他解释变量时对 k_1 维列向量 $\boldsymbol{X}_{1i}$ 回归得到的参数，记 $\boldsymbol{\beta}_1^l$ 为包含了额外的 k_2 维列向量 $\boldsymbol{X}_{2i}$ 时(长模型)进行回归得到的参数，$\boldsymbol{\beta}_2^l$ 是额外的向量在长回归中的系数，则有 $\boldsymbol{\beta}_1^s = \boldsymbol{\beta}_1^l + E(\boldsymbol{X}_{1i}\boldsymbol{X}_{1i}')^{-1} E(\boldsymbol{X}_{1i}\boldsymbol{X}_{2i}')\boldsymbol{\beta}_2^l$。

② 这是指 armed forces qualification test(简称为 AFQT)，是军方用于挑选士兵的测验。

③ 大量经验研究文献也讨论了在教育方程中遗漏能力变量所导致的后果。

表 13.1 基于 NLSY 中男性样本估计的教育回报

控制变量	(1) 无	(2) 加入年龄的虚拟变量	(3) (2)中再加入额外的控制变量※	(4) (3)中再加入AFQT 分数	(5) (4)中再加入职业的虚拟变量
系数估计	0.132	0.131	0.114	0.087	0.066
标准误差	(0.007)	(0.007)	(0.007)	(0.009)	(0.010)

※注:额外的控制变量是父母的受教育年限,虚拟变量是种族和统计口径中的地区。

虽然遗漏变量偏误公式形式简单,但它是我们理解回归最重要的公式之一。遗漏变量偏误公式的重要性在于这样的事实:如果你认为回归中不存在遗漏变量偏误,那等于说你得到的回归就是你想要的那个,且你想要的回归往往可以赋予一个因果解释。换言之,你已经准备依靠条件独立假设来对长模型进行因果解释。

于是,接着需要考虑的问题就是在什么情况下或以什么方式,条件独立假设最有可能为经验研究提供一个可信的基础。第一种方式,也是最好的情况就是在某些实验(可能是自然实验)中给定 $\boldsymbol{X}_i$ 后对 S_i 进行随机分配。例如,在强制再培训项目是否成功地提高了失业工人工资的研究中,研究者发现:强制再培训项目的入选资格取决于个体的基本特征、过去的失业记录和工作历史。根据这些特征,工人被分入不同的组,从而给定导致工人被分配至不同组别的协变量,培训状况是随机分配的。因此,用标志工人是否参加培训的虚拟变量,以及表征个体特点、过去失业状况和就业历史的变量进行回归,就很可能得到工人接受培训的因果效应的可靠估计。

第二种方式是详细地考察决定 S_i 如何分配的机制背景。例如,Angrist 关于志愿兵役服务对士兵退役后收入影响的研究,其目的是想分析参加服役的男性后来的收入是否得到了显著提升。由于志愿兵役服役不是随机分配的,因此 Angrist 用匹配和回归的技巧来控制在服役和没有服役的个体之间观察到的差异。

13.2.3 控制变量的合格性

通过上面的分析发现,对协变量的控制会使条件独立假设更加可行,可以提高对回归估计值进行因果解释的可能性。但是,控制变量并非越多越好,有些变量不适合作为控制变量,也就是说是不合格的控制变量,虽将其引入回归模型可以导致回归系数发生变化,但实际上却不应该将其引入模型。

合格的控制变量是指在选定回归变量后,它的取值已经固定给出的那些变量。关于不合格的控制变量,我们可将经验研究想象为一个实验(常常也是这样),那些作为实验结果的变量就是不合格的控制变量,即不合格的控制变量本身可视为被解释变量。从本质上来看,不合格的控制变量带来的问题仍然是选择偏误,但这个问题可能比前面讨论过的那种选择偏误更加微妙。

1. 例解不合格的控制变量及其产生的问题

为了阐述清楚,假设我们关注大学教育对收入的影响,同时人们还可在白领和蓝领两种职业间进行选择。接受大学教育无疑为我们开启了通往高收入白领阶层的大门,但在使用受教育水平对收入进行回归时,职业是不是一个遗漏变量呢?由于职业选择和受教育水平、收入都高度相关，故可能最好的解决方法是在同一类职业中考察教育对收入的影响，如仅在白领中考察该影响。但是，这个解决方法存在问题，即一旦我们考虑受教育水平影响职业选择，那么即使受教育水平是随机分配的，同一职业内不同受教育水平下的工资差异也不再是可以相互比较的同类事物。

下面，分析不合格的控制变量对因果效应产生的影响。记 W_i 是表示个体 i 是否为白领的虚拟变量，该个体的收入水平为 Y_i。每个个体接受或不接受大学教育都带来收入水平和职业选择的两种不同的潜在结果，分别记为 $\{Y_{1i},Y_{0i}\}$ 和 $\{W_{1i},W_{0i}\}$。于是，收入水平 Y_i 和职业选择 W_i 都与是否大学毕业及潜在结果有关系，即

$$Y_i=C_iY_{1i}+(1-C_i)Y_{0i}$$
$$W_i=C_iW_{1i}+(1-C_i)W_{0i}$$

式中，$C_i=1$ 表示大学毕业水平，$C_i=0$ 表示其他。假设 C_i 是随机分配的，则它与所有潜在结果独立，由独立性可得到 C_i 对 Y_i 和 W_i 的因果效应为

$$E(Y_i|C_i=1)-E(Y_i|C_i=0)=E(Y_{1i}-Y_{0i})$$
$$E(W_i|C_i=1)-E(W_i|C_i=0)=E(W_{1i}-W_{0i})$$

在实际操作中，将 Y_i 和 W_i 分别关于 C_i 进行回归就可以得到平均因果效应。

不合格的控制变量意味着，在给定职业选择 W_i 后，无法对收入水平在不同组（群体）间的差异赋予一个因果解释。例如，给定白领职业（$W_i=1$），考虑大学毕业生和非大学毕业生两个群体的收入差距。一种方法是在包含 W_i 的回归模型中计算这个收入差距，另一种方法也可以在 $W_i=1$ 的所有个体中对 Y_i 关于 C_i 进行回归。后一种方法得到的估计值就是在 $W_i=1$ 时，C_i 分别取值为 0 和 1 时平均收入的差异，即

$$E(Y_i|W_i=1,C_i=1)-E(Y_i|W_i=1,C_i=0)=E(Y_{1i}|W_{1i}=1,C_i=1)-E(Y_{0i}|W_{0i}=1,C_i=0) \tag{13.15}$$

由 $\{Y_{1i},W_{1i},Y_{0i},W_{0i}\}$ 的联合分布与 C_i 相互独立，得

$$E(Y_{1i}|W_{1i}=1,C_i=1)-E(Y_{0i}|W_{0i}=1,C_i=0)=E(Y_{1i}|W_{1i}=1)-E(Y_{0i}|W_{0i}=1) \tag{13.16}$$

进一步，对式(13.16)进行分解，得

$$\begin{aligned}&E(Y_{1i}|W_{1i}=1)-E(Y_{0i}|W_{0i}=1)\\&=\underbrace{E(Y_{1i}-Y_{0i}|W_{1i}=1)}_{\text{因果效应}}+\underbrace{\{E(Y_{0i}|W_{1i}=1)-E(Y_{0i}|W_{0i}=1)\}}_{\text{选择性偏误}}\end{aligned} \tag{13.17}$$

式(13.17)说明了不合格控制变量 W_i 带来的问题，它导致相比较的差异不是我们想得到的因果效应。换言之，在给定所考虑的个体都是白领工人时，是否拥有大学学历造成的工资差异由以下两部分组成：一部分是大学文凭对 $W_{1i}=1$（获得大学文凭后会成为白领）的那些人带来的因果效应；另一部分是选择偏误项，这一偏误项反映的是大学文凭会改变白领组成这一事实。

在这个例子中，选择偏误项的符号不确定，它依赖于职业选择、是否上大学，以及潜在收入水平之间的关系。这里想表达的主要观点是：即使上大学对工资不具有因果效应（$Y_{1i}=Y_{0i}$），式(13.15)也无法指出这一点，对 Y_i 关于 W_i 和 C_i 进行回归也会出现同样的问题。与此同时，在给定职业选择下，我们也不能认为不同受教育水平下的收入差异捕捉了未被职业解释的那部分因果效应。事实上，即使模型更加精致，但若其缺乏将教育、职业和收入联系起来，则给

定职业选择结果后得到的不同受教育水平的收入差异并未告诉我们更多的信息。

在例 13.1 中，由表 13.1 可以看出，在回归模型中加入表示职业的虚拟变量后，确实降低了受教育水平变量前的系数，其值从 0.087 下降到 0.066。但是，我们很难解释是什么原因导致了这种下降，受教育水平的系数变小可能仅仅是选择偏误的一种表现。因此，最好选择不被受教育水平决定的变量作为控制变量。

2. 控制变量为代理变量的情况

当使用代理变量作为控制变量时，也可能会产生不合格的控制变量。换言之，纳入回归方程的变量可能部分地控制了遗漏变量，但是它本身又被我们感兴趣的变量影响。例如，假设我们对类似于式(13.13)的长回归模型感兴趣，模型为

$$Y_i=\alpha+\rho S_i+\boldsymbol{A}_i'\boldsymbol{\gamma}+\varepsilon_i$$

式中，ε_i 是回归误差，它与所有的解释变量不相关。

为了方便讨论，将控制变量向量 $\boldsymbol{A}_i$（表示能力）替换为数值变量 a_i，得

$$Y_i=\alpha+\rho S_i+\gamma a_i+\varepsilon_i \tag{13.18}$$

可以将这个数值变量 a_i 选为学生在八年级时的智力测验分数，用这个分数度量学生的天生能力，同时八年级又先于学生对接受任何教育进行决策之前（假设所有人都完成了八年的教育）。根据 ε_i 的定义，误差项 ε_i 满足 $E(S_i\varepsilon_i)=E(a_i\varepsilon_i)=0$。因为 a_i 在个体做出 S_i 决策之前已确定，即它的取值在选定变量 S_i 之前已经给出，所以它是个好的控制变量。

式(13.18)是我们感兴趣的回归模型，不幸的是关于 a_i 的数据不可得。但是，可能有另外一个度量能力的指标，这个指标是在个体接受完教育后得到的（如求职申请中用到的测试分数），不妨将这个能力称为后天能力，记为 a_i^*。一般而言，在先天能力的基础上，个体在接受教育后提高了他们的后天能力。具体而言，后天能力与先天能力、接受教育的选择有关系，或者个体的先天能力及受教育水平都助力其提高后天能力，用公式表示为

$$a_i^*=\pi_0+\pi_1 S_i+\pi_2 a_i \tag{13.19}$$

虽然度量能力时几乎一定会存在某些随机性，但用式(13.19)这样的确定性的方式进行度量会使讨论变得简单。

当仅用 S_i 对 Y_i 进行回归时，我们担心存在遗漏变量引起的偏误。既然完美的控制变量 a_i 不可得，那么我们自然想到用 S_i 和后天能力 a_i^* 对 Y_i 进行回归。将式(13.19)代入式(13.18)，便可得到 Y_i 关于 S_i 和 a_i^* 的回归模型为

$$Y_i=\left(\alpha-\gamma\frac{\pi_0}{\pi_2}\right)+\left(\rho-\gamma\frac{\pi_1}{\pi_2}\right)S_i+\frac{\gamma}{\pi_2}a_i^*+\varepsilon_i \tag{13.20}$$

在式(13.20)中，γ、π_1 和 π_2 预期都是正的，因此只有当 π_1 变得很小时，估计出的结果才能接近因果效应 ρ。换言之，把随受教育年限 S_i 的提高而提高的代理控制变量 a_i^* 引入回归模型，会使其系数的估计小于我们想得到的因果效应 ρ 的估计值。于是，我们就 a_i^* 关于 S_i 进行回归，如果其系数估计结果为零，那么可以有理由地假设式(13.19)中的 π_1 等于零。

综合上面的分析发现：若想在教育回报的研究中得到因果性的结果，则不要将职业作为控制变量引入回归模型，这种不合格的控制变量会导致出现选择性偏误。但是，将代理变量作为控制变量，至少出发点是对的，即使引入代理控制变量后，仍然没能得到我们感兴趣的回归系数参数（因果效应 ρ），但较之未引入该变量，回归系数估计结果得到了改进。为说明这一点，

观察式(13.18)。由遗漏变量偏误公式式(13.14)可知,当不存在控制变量时,Y_i 关于受教育水平 S_i 回归的系数是 $\rho+\gamma\delta_{as}$,其中 δ_{as} 是对 a_i 关于 S_i 进行回归得到的系数。相比之下,由式(13.20)得到的受教育水平 S_i 的系数为 $\rho-\gamma(\pi_1/\pi_2)$,由于这个系数是在考虑了能力变量 a_i 后的偏回归系数(净效应),因此较前者(没有控制变量 a_i 时的情况)更接近于因果效应 ρ。另外,如果假设 $\delta_{as}>0$,则可以断定我们感兴趣的因果效应 ρ 介于 $\rho-\gamma(\pi_1/\pi_2)$ 与 $\rho+\gamma\delta_{as}$ 之间,即真正的因果效应估计值处于模型无控制变量时的估计值与有代理控制变量时得到的估计值之间。

3. 控制变量的选择原则

对不合格控制变量和代理性控制变量都适用的判断原则是考虑控制变量被决定的时间。一般来说,在我们感兴趣的变量(如上面的受教育水平 S_i)产生(取值)之前已经被确定的变量都是好的控制变量。显然,在感兴趣的变量产生前已被决定的变量不可能是我们考虑的因果关系的产物。但是,有时会遇到控制变量被决定的时间不确定或未知的情况,在这种情况下,对因果关系的准确考量需要我们做出哪个变量的取值先被确定的假设,或者解释说明没有任何一个控制变量会受我们感兴趣变量的影响。

13.3　匹配估计量的原理与倾向得分匹配

13.3.1　匹配估计量的原理

匹配估计量的基本原理是:对处理组中的个体 i,在控制组中寻找某个体 j,使得个体 j 与个体 i 的可观测变量取值尽可能相似(匹配),即 $\boldsymbol{X}_i\approx\boldsymbol{X}_j$。基于可忽略性假设(或 CIA),个体 i 与个体 j 进入处理组的概率相近,具有可比性,故可将 Y_j 作为 Y_{0i} 的估计量,即 $\hat{Y}_{0i}=Y_j$。于是,可将个体 i 的处理效应使用 $Y_i-\hat{Y}_{0i}=Y_i-Y_j$ 进行度量。对处理组中的每个个体类似进行匹配,对控制组中的每个个体也类似进行匹配,然后对各个体的处理效应进行平均,即可得到匹配估计量(matching estimators)。

由于进行匹配时采用的技术方法有所不同,故会产生不同的匹配估计量。一是是否放回。如果采取不放回(no replacement)的方式,则每次都将匹配成功的个体(i,j)从样本中剔除掉,不再参与其余匹配;如果采取有放回(with replacement)的方式,则将匹配成功的个体(i,j)仍然保留在样本中,参与其余匹配,当然这种方式会导致一个个体可能与多个另外组的个体进行匹配。二是是否允许并列。例如,若对处理组中的个体 i,在控制组中有两个个体 j 和 k,它们的可观测变量取值都同样地接近,则在允许并列时,可将 Y_j 与 Y_k 的平均值作为 Y_{0i} 的估计量,即 $\hat{Y}_{0i}=(Y_j+Y_k)/2$;如果不允许并列,则计算机程序将根据数据排序选择个体 j 或 k。这种情况下的匹配结果可能与数据排序有关,故一般推荐先将样本随机排序[①],再进行匹配。

根据个体匹配的对象个体的数量,匹配可分为一对一(one-to-one)匹配和一对多匹配,上面介绍的匹配就是一对一匹配,一对多匹配是对每个个体找到多个不同组的个体进行匹配。

① 例如,产生服从均匀分布的一组随机数,然后根据此组随机数进行样本排序。须注意的是为了保证结果的可重复(复制),在产生随机数之前,应先设定随机数的"种子"值。

例如，一对四匹配，即针对各个体寻找四个不同组的最近个体进行匹配。根据匹配的个体可观测变量取值的接近程度，匹配可分为精确匹配（exact matching）和非精确匹配（inexact matching），前者是指对所有的匹配个体其可观测变量取值 $\boldsymbol{X}_i=\boldsymbol{X}_j$，后者是指对所有的匹配个体其可观测变量取值 $\boldsymbol{X}_i\approx\boldsymbol{X}_j$。一般来说，匹配估计量存在偏差①，除非是精确匹配，更为常见的是非精确匹配。在非精确匹配的情况下，如果进行一对一匹配，则偏差较小，但方差较大；而一对多匹配可降低方差（因为使用了更多信息），但代价是偏差增大（因为使用了更远的信息）。阿巴迪（Abadie）等建议进行一对四的匹配，这在一般情况下可最小化均方误差。

【例 13.2】 本例改编自阿巴迪等的研究，旨在对匹配的过程进行解释说明。设一个样本中包含 7 个个体，其中前 3 个个体属于控制组，后 4 个个体属于处理组。另外，假设可观测变量 $\boldsymbol{X}_i$ 中仅包含一个变量 X_i，相关变量的数据和匹配结果见表 13.2。我们采取有放回的方式进行一对一匹配，并允许并列。

表 13.2　匹配过程示例

i	D_i	X_i	Y_i	匹配结果	$\hat{Y}_{0i}$	$\hat{Y}_{1i}$
1	0	2	7	{5}	7	8
2	0	4	8	{4,6}	8	7.5
3	0	5	6	{4,6}	6	7.5
4	1	3	9	{1,2}	7.5	9
5	1	2	8	{1}	7	8
6	1	3	6	{1,2}	7.5	6
7	1	1	5	{1}	7	5

第一，考虑个体 1 的匹配。由于个体 1 属于控制组（$D_1=0$），故在处理组中的个体{4,5,6,7}中寻找最佳匹配。由于 $X_1=2$，而 $X_5=2$，故匹配个体 1 的是处理组中的个体 5，记为{5}。于是，$\hat{Y}_{01}=Y_1=7$，而 $\hat{Y}_{11}=Y_5=8$。

第二，考虑个体 2 的匹配。由于 $X_2=4$，在处理组中没有完全相同的匹配，而最近匹配为 $X_4=X_6=3$，故个体 2 的匹配结果为{4,6}。于是，$\hat{Y}_{02}=Y_2=8$，而 $\hat{Y}_{12}=(Y_4+Y_6)/2=7.5$。类似地，可得到个体 3 的匹配结果也是{4,6}。

第三，考虑个体 4 的匹配。由于个体 4 属于处理组（$D_4=1$），故在控制理组中的个体{1,2,3}中寻找最佳匹配。由于 $X_4=3$，在控制组中没有完全相同的匹配，而最近匹配为 $X_1=2$ 与 $X_2=4$，故个体 4 的匹配结果为{1,2}。于是，$\hat{Y}_{04}=(Y_1+Y_2)/2=7.5$，而 $\hat{Y}_{14}=Y_4=9$。类似地，可以得到个体 5、6、7 的匹配结果，如表 13.2 所示。

在 Stata 中，可分别计算 ATE（考虑处理组和控制组所有个体的匹配结果）、ATT（仅考虑处理组个体的匹配结果），以及 ATU（仅考虑控制组个体的匹配结果）。由于本例很简单，故可手工计算。

```
.dis "ATE="((8-7)+(7.5-8)+(7.5-6)+(9-7.5)+(8-7)+(6-7.5)+(5-7))/7
ATE=.14285714
```

① 如同非参数估计一般存在偏差，因为它使用了附近领域的信息，参见陈强《高级计量经济学及 Stata 应用》一书的第 27 章。

```
.dis "ATT="((9-7.5)+(8-7)+(6-7.5)+(5-7))/4
ATT=-.25
.dis "ATU="((8-7)+(7.5-8)+(7.5-6))/3
ATU=.66666667
```

13.3.2　倾向得分匹配

一般情况下，可观测变量会有多个，设其构成了 $K=k+1$ 维的列向量 $\boldsymbol{X}$。此时，如果直接使用 $\boldsymbol{X}$ 的样本观测进行匹配，实际是在高维度空间进行匹配，可能会出现数据稀疏的问题，即难以找到与个体 $\boldsymbol{X}_i$ 的观测值相近的 $\boldsymbol{X}_j$ 与之匹配。于是，采用某种函数 $f(\boldsymbol{x})$，将 K 维向量 $\boldsymbol{X}$ 的信息进行压缩，进而根据 $f(\boldsymbol{x})$ 进行匹配。匹配的方法可分为最近邻匹配法和整体匹配法。最近邻匹配法包括马氏距离法和倾向得分匹配(propensity score matching，简称为 PSM)，具体方法有 k 近邻匹配(k-nearest neighbor matching)、卡尺匹配(caliper matching)或半径匹配(radius matching)、卡尺内最近邻匹配(nearest-neighbor matching within caliper)；整体匹配法有核匹配(kernel matching)、局部线性回归匹配(local linear regression matching)、样条匹配(spline matching)。

1. 马氏匹配

马氏匹配(Mahalanobis matching)是使用马哈拉诺比斯距离(简称为马氏距离)进行匹配。马氏距离是定义在向量空间(vector space)上的距离函数，是一种统计距离，它将 $\boldsymbol{X}$ 的随机观察(个体) $\boldsymbol{X}_i$ 与 $\boldsymbol{X}_j$ 之间的相似度定义为统计距离，即

$$d(i,j)=(\boldsymbol{X}_i-\boldsymbol{X}_j)'\hat{\boldsymbol{\Sigma}}^{-1}(\boldsymbol{X}_i-\boldsymbol{X}_j) \tag{13.21}$$

式中，$\boldsymbol{\Sigma}$ 为 $\boldsymbol{X}$ 的协方差矩阵，当 $\boldsymbol{\Sigma}$ 为单位矩阵时，马氏距离退化为欧氏距离，马氏距离是对欧氏距离的改进，更多介绍见严明义的《实用多元统计分析》一书。这种基于协变量的某个距离函数进行的匹配，统称为“协变量匹配”(covariate matching)。

马氏匹配也存在缺陷，如果 $\boldsymbol{X}$ 包括的变量较多(维度高)或样本容量不大时，则不容易找到相应的匹配，例如，个体 j 与个体 i 的(相对)马氏距离可能最小，但其绝对距离可能很大。鉴于此，统计学家罗森鲍姆和鲁宾提出使用“倾向得分”(propensity score，简称为 p-score)对相似性或距离进行度量。

2. 倾向得分与匹配假设

定义 13.1　个体 i 的倾向得分定义为给定 $\boldsymbol{X}=\boldsymbol{X}_i$ 的情况下，个体 i 进入处理组的条件概率，即 $p(\boldsymbol{X}_i)=P(D_i=1|\boldsymbol{X}=\boldsymbol{X}_i)$，一般记为 $p(\boldsymbol{X})$，表示一般意义上的得分(省略下标 i)。

关于 $p(\boldsymbol{X})$ 的估计，可供采用的方法有参数估计法(如 probit 或 logit)和非参数估计法，最流行的方法为 logit。采用倾向得分度量个体之间相似程度的优势一是它是一维变量，二是取值介于[0,1]。例如，即使 $\boldsymbol{X}_i$ 与 $\boldsymbol{X}_j$ 相距甚远，但仍可能有 $p(\boldsymbol{X}_i)\approx p(\boldsymbol{X}_j)$。

这种将倾向得分作为 $\boldsymbol{X}$ 的函数进行的匹配，称为“倾向得分匹配”。该方法的理论依据是：如果条件独立假设或可忽略性假设成立，则只需在给定 $p(\boldsymbol{X})$ 的情况下，有 (Y_{0i},Y_{1i}) 独立于 D_i。

定理 13.1[倾向得分定理]　若 $(Y_0,Y_1)\perp D|\boldsymbol{X}$ 成立，则有 $(Y_0,Y_1)\perp D|p(\boldsymbol{X})$。

证明：由于 D 为虚拟变量，故只需证明 $P[D=1|Y_0,Y_1,p(\boldsymbol{X})]$ 与 Y_0,Y_1 无关即可。

$$
\begin{aligned}
P[D=1|Y_0,Y_1,p(\boldsymbol{X})] &= E[D|Y_0,Y_1,p(\boldsymbol{X})] \\
&= E_{Y_0,Y_1,\boldsymbol{X}}[E(D|Y_0,Y_1,\boldsymbol{X})|Y_0,Y_1,p(\boldsymbol{X})] \quad \text{(应用迭代期望律)} \\
&= E_{Y_0,Y_1,\boldsymbol{X}}[E(D|\boldsymbol{X})|Y_0,Y_1,p(\boldsymbol{X})] \text{(应用条件独立假设)} \\
&= E_{Y_0,Y_1,\boldsymbol{X}}[p(\boldsymbol{X})|Y_0,Y_1,p(\boldsymbol{X})] \\
&= p(\boldsymbol{X})
\end{aligned} \tag{13.22}
$$

注意,式(13.22)中倒数第二个等式使用了以下关系式:

$$E(D|\boldsymbol{X})=1\cdot P(D=1|\boldsymbol{X})+0\cdot P(D=0|\boldsymbol{X})=p(\boldsymbol{X}) \tag{13.23}$$

当然,为了能够进行匹配,需要在 $\boldsymbol{X}$ 的每个可能取值上都同时存在处理组和控制组的个体。这就是下面的“重叠假设”(overlap assumption)或“匹配假设”(matching assumption)。

假设 13.3[重叠假设] 对于 $\boldsymbol{X}$ 的任何可能取值,都有 $0<p(\boldsymbol{X})<1$。

该假设要求处理组与控制组这两个子样本存在重叠,故称为“重叠假设”;另外,它又是进行匹配的前提,故亦称为“匹配假设”。它使处理组和控制组的倾向得分取值范围存在相同的部分(common support),即有共同的取值范围,如图 13.1 所示。如果假设 13.3 不成立,则意味着可能存在某些 $\boldsymbol{X}$,使得 $p(\boldsymbol{X})=1$,即这些个体都属于处理组,无法找到与之匹配的控制组个体;也可能存在某些 $\boldsymbol{X}$,使得 $p(\boldsymbol{X})=0$,即这些个体都属于控制组,无法找到与其匹配的处理组个体。

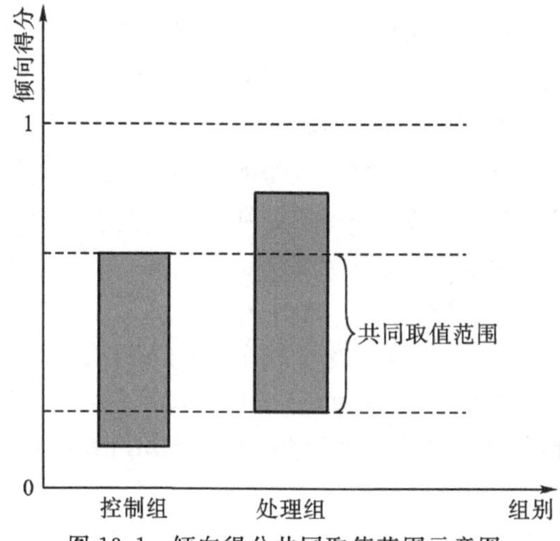

图 13.1 倾向得分共同取值范围示意图

在进行匹配时,为了提高匹配质量,通常仅保留倾向得分重叠部分的个体(尽管这样做会损失样本容量)。具体来说,如果属于处理组的个体,其倾向得分高于控制组所有个体倾向得分的最大值,或低于控制组所有个体倾向得分的最小值,则剔除处理组中的这个个体,若使用 Stata 中的命令“psmatch2”,可用选择项“common”来实现。如果控制组和处理组的倾向得分的共同取值范围过小,则会导致出现偏差。

3. 倾向得分匹配与处理效应的估计

通过倾向得分匹配计算平均处理效应的一般步骤如下:

第一步,协变量(可观测)$\boldsymbol{X}_i$ 的选择。尽可能地将影响(Y_{0i},Y_{1i})与 D_i 的相关变量引入,以使条件独立假设或可忽略性假设得到满足。因为不合适的协变量 $\boldsymbol{X}_i$(选择不当或个数太少)将会导致条件独立假设不成立,从而导致出现偏差。

第二步,倾向得分的估计。估计一般使用 logit 回归。罗森鲍姆和鲁宾建议使用形式灵活的 logit 模型,可在模型中引入变量的高次项与交叉项。

第三步,倾向得分匹配。较准确的倾向得分估计应使可观测的协变量在匹配后的处理组与控制组之间的分布均匀,例如,使匹配后的处理组均值 $\overline{\boldsymbol{X}}_{\text{treat}}$ 与控制组均值 $\overline{\boldsymbol{X}}_{\text{control}}$ 较接近,统计学中将这个过程称为"数据平衡"(data balancing)。但是,$\overline{\boldsymbol{X}}_{\text{treat}}$ 与 $\overline{\boldsymbol{X}}_{\text{control}}$ 的接近程度(差距大小)与量纲有关,故一般对每个协变量($\boldsymbol{X}$ 的分量)x 考虑下面的"标准化差距"(standardized differences)或"标准化偏差"(standardized bias),即

$$\frac{|\overline{x}_{\text{treat}}-\overline{x}_{\text{control}}|}{\sqrt{(s_{x,\text{treat}}^2+s_{x,\text{control}}^2)/2} \tag{13.24}$$

式中,$s_{x,\text{treat}}^2$ 与 $s_{x,\text{control}}^2$ 分别为变量 x 在处理组与控制组的样本方差。一般要求此标准化差距不超过 10%;若超过,则应回到第二步,甚至回到第一步,对倾向得分重新进行估计,或者改变具体的匹配方法。

第四步,处理效应的计算。基于匹配后的样本(matched sample),分别计算受处理者(参与者)的平均处理效应(ATT)、未受处理者(未参与者)的平均处理效应(ATU),以及平均处理效应(ATE)。

受处理者(参与者)的平均处理效应估计量的一般表达式为

$$\widehat{\text{ATT}}=\frac{1}{N_1}\sum_{i:D_i=1}(Y_i-\hat{Y}_{0i}) \tag{13.25}$$

式中,$N_1=\sum\limits_i D_i$,为处理组包含的个体数;$\sum\limits_{i:D_i=1}$ 表示仅对处理组中的个体进行加总。

类似地,也可为控制组中的每个个体 j 在处理组中寻找相应的匹配,未受处理者(未参与者)的平均处理效应估计量的一般表达式为

$$\widehat{\text{ATU}}=\frac{1}{N_0}\sum_{j:D_j=0}(\hat{Y}_{1j}-Y_j) \tag{13.26}$$

式中,$N_0=\sum\limits_j(1-D_j)$,为控制组包含的个体数;$\sum\limits_{j:D_j=0}$ 表示仅对控制组中的个体进行加总。

整个样本(包括处理组和控制组所有个体,即包含参与者与未参与者)的平均处理效应估计量的一般表达式为

$$\widehat{\text{ATE}}=\frac{1}{N}\sum_{i=1}^{N}(\hat{Y}_{1j}-\hat{Y}_{0j}) \tag{13.27}$$

式中,$N=N_0+N_1$,为样本容量;如果 $D_i=1$,则 $\hat{Y}_{1i}=Y_i$;如果 $D_i=0$,则 $\hat{Y}_{0i}=Y_i$。

4. 最近邻匹配法

最近邻匹配法有以下几种:

(1)k 近邻匹配。这个匹配法是对关注的个体,在另外的组中寻找 k 个倾向得分最近的个体。如果 $k=1$,则为"一对一匹配"。但是,即使"最近邻居"也可能相差甚远,因而不具有可比性。为解决这个问题,可采用下面的方法。

(2)卡尺匹配或半径匹配。这个匹配法是通过限制倾向得分的绝对距离进行匹配,设个体 i 和个体 j 的倾向得分分别为 $p(\boldsymbol{X}_i)$ 和 $p(\boldsymbol{X}_j)$,要求 $|p(\boldsymbol{X}_i)-p(\boldsymbol{X}_j)|\leqslant\varepsilon$。一般建议 $\varepsilon\leqslant$

$0.25\hat{\sigma}_{\text{p-score}}$，其中 $\hat{\sigma}_{\text{p-score}}$ 为倾向得分的样本标准差。

(3)卡尺内最近邻匹配。这个匹配法是在给定的卡尺 ε 的范围寻找最近匹配，是较为流行的一种匹配方法。

5. 整体匹配法

以上三种方法的本质是最近匹配，其匹配结果是寻找与其最近的那些个体，然后对这些个体进行简单的算术平均。整体匹配法将每个个体与另外一组的所有个体进行匹配，即将另外一组的所有个体作为关注个体的匹配结果。但匹配时通常剔除共同取值范围之外的个体(参考图 13.1)，并根据另一组个体与关注个体的距离赋予不同的权重，一般赋予距离小者以较大的权重，距离大者以较小的权重，对超出一定范围个体赋予 0 权重。例如，在使用式(13.25)估计 ATT 时，$\hat{Y}_{0i}$ 的估计量为

$$\hat{Y}_{0i}=\sum_{j:D_j=0} w(i,j)Y_j \tag{13.28}$$

式中，$w(i,j)$为赋予匹配(i,j)的权重。

在采用整体匹配法进行匹配时，根据权重的不同获取方法，其可分为核匹配、局部线性回归匹配、样条匹配三种。

(1)核匹配。这个匹配法是使用核函数计算权重 $w(i,j)$，故称为核匹配(Heckman 等)，权重 $w(i,j)$的计算公式为

$$w(i,j)=\frac{K[(\boldsymbol{X}_j-\boldsymbol{X}_i)/h]}{\sum\limits_{k:D_k=0} K[(\boldsymbol{X}_k-\boldsymbol{X}_i)/h]} \tag{13.29}$$

式中，$K(\cdot)$为核函数；h 为给定的带宽(bandwidth)。将式(13.29)代入式(13.28)可得到 $\hat{Y}_{0i}$，其可被视为核回归估计量(kernel regression estimator)，具体参见陈强《高级计量经济学及 Stata 应用》一书的第 27 章。

(2)局部线性回归匹配。这个匹配法不进行核回归，而使用局部线性回归来估计 $w(i,j)$，故称为局部线性回归匹配。为解释局部线性回归，考虑一元非参数回归模型 $y_i=m(x_i)+\varepsilon_i$，其中 $i=1,2,\cdots,n$，ε_i 独立同分布，均值为 0，方差为 σ^2。假设函数 $m(x_i)$在 x_0 的某邻域内为线性函数，即 $m(x_i)=\alpha+\beta(x_i-x_0)$，则使用加权最小二乘法估计这个线性函数，即

$$\min\sum_{i=1}^{n} K[(x_i-x_0)/h]\cdot[y_i-\alpha-\beta(x_i-x_0)]^2 \tag{13.30}$$

式中，权重函数为核函数 $K(\cdot)$，与 x_0 越近赋予的权重越大。当使用均匀核时，赋予的权重都一样，式(13.30)变为 OLS。因此，在 x_0 的邻域内，估计方程为 $\hat{m}(x_i)=\hat{\alpha}+\hat{\beta}(x_i-x_0)$。局部线性回归也被称为范回归(Fan-regression)，该方法具有优良的性质，较核回归更有效率，适用的数据类型也更广泛。

(3)样条匹配。这个匹配法采用更为光滑的三次样条(cubic spline)估计 $w(i,j)$，故称为样条匹配。

6. 匹配方法选择与 PSM 方法的局限性

在实际进行匹配时，究竟使用以上哪种具体方法或参数，如 k 近邻匹配中 k 的取值、是否放回、如何处理并列等，目前文献尚无明确的指导。一般认为，不存在适用于一切情形的最好方法，只能根据具体数据来选择匹配方法。例如，若控制组中包含的个体较少，即 N_0 较小，则

应进行有放回的匹配；若控制组包含的个体较多且具有可比性，则可考虑一对多匹配或核匹配，以提高匹配效率。

在实践中，一般建议尝试使用不同的匹配方法，然后对其结果进行比较。如果不同方法得到的结果相近，则说明匹配结果是稳健的，不依赖于具体方法；反之，如果不同方法得到的结果存在较大差异，则应思考造成此差异的缘由。

在某种意义上，匹配可视为一种重复抽样方法。因此，从方法论来看，倾向得分匹配试图通过匹配再抽样的方法，使观测数据尽可能地接近随机实验数据，其思想可以追溯到费舍尔提出的随机实验设计。然而，尽管 PSM 方法可能在很大程度上减少观测数据的偏差，但它本身也具有如下局限性：

(1)基于 PSM 方法的高质量的匹配通常需要较大的样本量。

(2)PSM 方法要求处理组与控制组的倾向得分有较大的共同取值范围；否则，将丢失较多的观测值，导致剩余样本的代表性较差。

(3)PSM 方法只控制了可观测变量的影响，如果存在依不可观测变量的选择(selection on unobservable)，则会带来“隐性偏差”(hidden bias)。

13.4 基于 Stata 的 PSM 实例分析

13.4.1 Stata 实施 PSM 的命令

在 Stata 中，PSM 可通过下载非官方命令“psmatch2”来实现，其命令为

```
ssc install psmatch2,replace
```

其中，选择项“replace”表示用该命令的最新版本替代计算机软件中可能已有的旧版命令。由于该命令不断更新，故建议使用选择项“replace”。

实施 PSM 的命令格式为

```
psmatch2 D x1 x2 x3,outcome(y) logit ties ate common odds pscore (varname) quietly
```

其中，“D”表示处理变量(treatment variable)，“x1 x2 x3”表示协变量，“outcome(y)”用来指定变量“y”为结果变量(outcome variable)。选择项“logit”表示使用 logit 估计倾向得分，默认方法为 probit；选择项“ties”表示包括所有倾向得分相同的并列个体，默认按照数据排序选择其中一个个体；选择项“ate”表示同时汇报 ATE、ATU 和 ATT，默认仅汇报 ATT；选择项“common”表示仅对共同取值范围内的个体进行匹配，默认对所有个体进行匹配；选择项“odds”表示使用概率比[即 $p/(1-p)$]进行匹配，默认使用倾向得分 p 进行匹配；选择项“pscore (varname)”用来指定某变量作为倾向得分，默认通过“x1 x2 x3”来估计倾向得分；选择项“quietly”表示不汇报对倾向得分的估计过程。

对于 13.3 节中所述的不同匹配方法，命令“psmatch2”还提供了一系列针对性选择项。

(1)k 近邻匹配的命令。

```
psmatch2 D x1 x2 x3,outcome(y) neighbor(k) noreplacement
```

其中，选择项“neighbor(k)”表示进行 k 近邻匹配(k 为正整数)，默认 $k=1$，即一对一匹配。选择项“noreplacement”表示无放回匹配，默认为有放回；该选项只能用于一对一匹配。

(2)卡尺匹配或半径匹配的命令。

```
psmatch2 D x1 x2 x3,outcome(y) radius caliper(real)
```

其中,选择项“radius”表示进行半径匹配(亦是卡尺匹配),其中“caliper(real)”用来指定卡尺 ε,必须为正实数。

(3)卡尺内最近邻匹配的命令。

```
psmatch2 D x1 x2 x3,outcome(y) neighbor(k) caliper(real)
```

其中,选择项“neighbor(k)”与“caliper(real)”表示进行卡尺内的 k 近邻匹配。

(4)核匹配的命令。

```
psmatch2 D x1 x2 x3,outcome(y) kernel kerneltype(type) bwidth(real)
```

其中,选择项“kernel”表示进行核匹配;“kerneltype(type)”用来指定核函数,默认使用二次核(epan kernel);“bwidth(real)”用来指定带宽,默认带宽为 0.06。二次核也称为叶帕涅奇尼科夫核(Epanechnikov),核函数的数学形式为

$$K(z)=\frac{3}{4}(1-z^2)\cdot I(|z|<1)$$

(5)局部线性回归匹配的命令。

```
psmatch2 D x1 x2 x3,outcome(y) llr kerneltype(type) bwidth(real)
```

其中,选择项“llr”表示进行局部线性回归匹配;“kerneltype(type)”用来指定核函数,默认使用三三核(tricubic kernel);“bwidth(real)”用来指定带宽,默认带宽为 0.8。三三核的数学形式为

$$K(z)=\frac{70}{81}(1-|z|^3)^3\cdot I(|z|<1)$$

(6)样条匹配的命令。

```
psmatch2 D x1 x2 x3,outcome(y) spline
```

其中,选择项“spline”表示进行样条匹配。

(7)马氏匹配的命令。

```
psmatch2 D x1 x2 x3,outcome(y) mahal(varlist) ai(m)
```

其中,选择项“mahal(varlist)”表示进行马氏匹配,并指定用于计算马氏距离的协变量。选择项“ai(m)”表示使用由阿巴迪和因本斯提出的异方差稳健标准误,该选项仅适用于使用马氏距离的 k 近邻匹配,括号里的 m 须为正整数,表示用于计算稳健标准误的近邻个数(一般可让 $m=k$)。使用此命令进行马氏匹配时,不能使用选择项“ties”或“common”。

命令“psmatch2”还带有两个“估计后命令”(post-estimation commands),分别用来检验匹配后的数据是否平衡,以及通过绘制图形呈现倾向得分的共同取值范围。命令

```
pstest x1 x2 x3,both graph
```

会显示变量“x1 x2 x3”在匹配后是否平衡。其中,选择项“both”表示同时显示匹配前的数据平衡情况,默认仅显示匹配后的情况;选择项“graph”表示对各变量匹配前后的平衡情况进行图形展示。

命令

```
psgragh,bin(#)
```

是指绘制直方图,显示倾向得分的共同取值范围,其中选择项“bin(#)”用来指定直方图的分组数,默认为 20 组(处理组与控制组各 10 组)。

13.4.2　实例分析

【例 13.3】　考虑就业培训对收入的影响。这里的处理变量 t 表示是否参加就业培训，结果变量为 re(年实际收入)，协变量分别为 age(年龄)、educ(教育年限)、black(是否为黑人)、hisp(是否拉丁裔)、married(是否已婚)、u(是否失业)。该例数据见例 13.3-ldw_exper.dta，相关数据选自陈强的《高级计量经济学及 Stata 应用》一书，原始数据来自拉隆德(Lalonde)的研究，其中 re78 表示 1978 年实际收入，re74 表示 1974 年实际收入，re75 表示 1975 年实际收入，u74 表示 1974 年是否失业，u75 表示 1975 年是否失业。

在 Stata17 中导入该数据集，命令为

```
.use "C:\例 13.3-ldw_exper.dta"
```

1. 结果变量 re78 关于处理变量 t 的一元线性回归

执行命令

```
.reg re78 t,r
```

输出结果见图 13.2。

```
Linear regression                               Number of obs     =        445
                                                F(1, 443)         =       7.15
                                                Prob > F          =     0.0078
                                                R-squared         =     0.0178
                                                Root MSE          =     6.5795

------------------------------------------------------------------------------
             |               Robust
        re78 | Coefficient  std. err.      t    P>|t|     [95% conf. interval]
-------------+----------------------------------------------------------------
           t |   1.794343   .6708247     2.67   0.008      .475949    3.112737
       _cons |   4.554802   .3402038    13.39   0.000     3.886188    5.223416
------------------------------------------------------------------------------
```

图 13.2　结果变量 re78 对处理变量 t 的一元回归结果

图 13.2 显示，在未控制任何协变量的情况下，平均处理效应约为 1.794，即参加就业培训平均使 1978 年实际收入增加 1794 美元(变量 re78 的单位为千美元)，且在 1%的水平上显著。由于可能存在选择偏差，此结果并不可信，且该模型的 $R^2=0.0178$ 很小，即是否参加就业培训仅能解释 1978 年实际收入 1.78%的变动。鉴于此，对协变量进行控制，进行下一步的多元线性回归。

2. 控制协变量后结果变量 re78 关于处理变量 t 的多元线性回归

执行命令

```
.reg re78 t age educ black hisp married re74 re75 u74 u75,r
```

输出结果见图 13.3。图 13.3 显示，在控制了协变量后，平均处理效应减小为 1.672(变化不大)，p 值为 0.012，接近 1%的显著性水平。协变量 educ(教育年限)和 black(是否黑人)在 5%水平上显著，其余协变量均不显著。

```
Linear regression                               Number of obs     =        445
                                                F(10, 434)        =       2.53
                                                Prob > F          =     0.0057
                                                R-squared         =     0.0582
                                                Root MSE          =     6.5093

------------------------------------------------------------------------------
             |               Robust
        re78 | Coefficient  std. err.      t    P>|t|     [95% conf. interval]
-------------+----------------------------------------------------------------
           t |   1.672042   .6617972     2.53   0.012     .3713161    2.972768
         age |   .0536677    .040388     1.33   0.185    -.0257127     .133048
        educ |   .4029471   .1610925     2.50   0.013     .0863287    .7195655
       black |  -2.039466   1.038581    -1.96   0.050    -4.080739    .0018068
        hisp |   .4246486   1.427471     0.30   0.766    -2.380968    3.230265
     married |  -.1466618   .8640396    -0.17   0.865    -1.844884    1.551561
        re74 |   .1235727    .127147     0.97   0.332    -.1263278    .3734731
        re75 |   .0194585     .14063     0.14   0.890    -.2569421    .2958591
         u74 |   1.380999   1.554643     0.89   0.375    -1.674566    4.436564
         u75 |  -1.071817   1.408301    -0.76   0.447    -3.839755    1.696121
       _cons |   .2214288   2.824293     0.08   0.938    -5.329565    5.772422
------------------------------------------------------------------------------
```

图 13.3 控制协变量后结果变量 re78 对处理变量 t 的回归结果

3. 倾向得分匹配

为了进行倾向得分匹配，首先将数据随机排序。

```
. set seed 10101
. gen ranorder = runiform()
. sort ranorder
```

其次，进行一对一匹配。由于本例样本容量为 445，并不十分大，故进行有放回匹配，且允许并列（如果进行无放回匹配，将损失约 1/5 样本）。如果没有事先下载命令“psmatch2”，执行命令

```
. ssc install psmatch2,replace
```

下载。然后执行命令

```
. psmatch2 t age educ black hisp married re74 re75 u74 u75, outcome(re78) n(1) ate ties logit common
```

输出结果见图 13.4。

从上到下观察图 13.4，其上面部分给出了 logit 回归的结果，中间部分给出了 ATT 估计值约为 1.411，对应的 t 值为 1.68，小于 1.96 的临界值，故不显著。ATE 与 ATU 的估计值与 ATT 类似，但不汇报标准误。其中，“Unmatched”汇报匹配前样本估计的结果，与图 13.2 一元回归的结果完全一样。图 13.4 下面部分汇报了观测值是否在共同取值范围中，在总计 445 个观测值中，共有 13 个观测值不在共同取值范围中，其中控制组中有 11 个不在共同取值范围中，处理组中有 2 个不在共同取值范围中，其余 432 个观测值均在共同取值范围中。

```
Logistic regression                                     Number of obs =    445
                                                        LR chi2(9)    =  11.70
                                                        Prob > chi2   = 0.2308
Log likelihood = -296.25026                             Pseudo R2     = 0.0194

------------------------------------------------------------------------------
           t | Coefficient  Std. err.      z    P>|z|     [95% conf. interval]
-------------+----------------------------------------------------------------
         age |   .0142619   .0142116     1.00   0.316    -.0135923    .0421162
        educ |   .0499776   .0564116     0.89   0.376     -.060587    .1605423
       black |   -.347664   .3606532    -0.96   0.335    -1.054531    .3592032
        hisp |   -.928485     .50661    -1.83   0.067    -1.921422    .0644523
     married |   .1760431   .2748817     0.64   0.522    -.3627151    .7148012
        re74 |  -.0339278   .0292559    -1.16   0.246    -.0912683    .0234127
        re75 |     .01221   .0471351     0.26   0.796    -.0801731    .1045932
         u74 |  -.1516037   .3716369    -0.41   0.683    -.8799987    .5767913
         u75 |  -.3719486    .317728    -1.17   0.242    -.9946841    .2507869
       _cons |  -.4736308   .8244205    -0.57   0.566    -2.089465    1.142204
------------------------------------------------------------------------------

----------------------------------------------------------------------------------------
        Variable     Sample |    Treated     Controls   Difference         S.E.   T-stat
----------------------------+-----------------------------------------------------------
            re78  Unmatched | 6.34914538   4.55480228   1.79434311   .632853552     2.84
                        ATT | 6.40495818   4.99436488    1.4105933   .839875971     1.68
                        ATU | 4.52683013   6.15618973    1.6293596            .        .
                        ATE |                           1.53668776            .        .
----------------------------+-----------------------------------------------------------
Note: S.E. does not take into account that the propensity score is estimated.

 psmatch2: |   psmatch2: Common
 Treatment |        support
assignment | Off suppo  On suppor |     Total
-----------+----------------------+----------
 Untreated |        11        249 |       260
   Treated |         2        183 |       185
-----------+----------------------+----------
     Total |        13        432 |       445
```

图 13.4 一对一匹配结果

4. 自助标准误的计算

图 13.4 中间部分的 Note 是指所汇报的标准误并未考虑倾向得分为估计所得的事实(即假设倾向得分为真实值,然后推导标准误);此标准误的另一假设为同方差,也可能不成立。为此,可以考虑使用自助法来得到标准误,尽管自助标准误也未必正确。执行命令

```
. set seed 10101
. bootstrap r(att) r(atu) r(ate),reps(500): psmatch2 t age educ black hisp married re74 re75 u74 u75,outcome(re78) n(1) ate ties logit common
```

输出结果见图 13.5。观察图 13.5 发现,ATT 的自助标准误为 0.885。该图还给出了图 13.4 未给出的 ATU 与 ATE 的标准误。根据这些自助标准误可知,ATE 的 p 值为 0.037,其在 5%的水平上显著;ATU 的 p 值为 0.084,其在 10%水平上显著;但 ATT 在 10%水平上并不显著。

```
Bootstrap results                                   Number of obs = 445
                                                    Replications  = 500

      Command: psmatch2 t age educ black hisp married re74 re75 u74 u75, outcome(re78) n(1)
                   ate ties logit common
        _bs_1: r(att)
        _bs_2: r(atu)
        _bs_3: r(ate)
```

	Observed coefficient	Bootstrap std. err.	z	P>|z|	Normal-based [95% conf.	interval]
_bs_1	1.410593	.8849862	1.59	0.111	-.3239478	3.145134
_bs_2	1.62936	.9416177	1.73	0.084	-.2161772	3.474896
_bs_3	1.536688	.7358839	2.09	0.037	.0943818	2.978994

图 13.5 自助法输出结果

5. 匹配结果的平衡性分析

下面，使用命令“pstest”来考察此匹配结果是否较好地平衡了数据。执行命令

.quietly psmatch2 t age educ black hisp married re74 re75 u74 u75, outcome(re78) n(1) ate ties logit common

.pstest age educ black hisp married re74 re75 u74 u75,both graph

输出结果见图 13.6。

Variable	Unmatched Matched	Mean Treated	Mean Control	%bias	%reduct |bias|	t-test t	t-test p>|t|	V(T)/ V(C)
age	U	25.816	25.054	10.7		1.12	0.265	1.03
	M	25.781	25.383	5.6	47.7	0.52	0.604	0.91
educ	U	10.346	10.088	14.1		1.50	0.135	1.55*
	M	10.322	10.415	-5.1	63.9	-0.49	0.627	1.52*
black	U	.84324	.82692	4.4		0.45	0.649	.
	M	.85246	.86339	-2.9	33.0	-0.30	0.765	.
hisp	U	.05946	.10769	-17.5		-1.78	0.076	.
	M	.06011	.04372	5.9	66.0	0.71	0.481	.
married	U	.18919	.15385	9.4		0.98	0.327	.
	M	.18579	.19126	-1.4	84.5	-0.13	0.894	.
re74	U	2.0956	2.107	-0.2		-0.02	0.982	0.74*
	M	2.0672	1.9222	2.7	-1166.6	0.27	0.784	0.88
re75	U	1.5321	1.2669	8.4		0.87	0.382	1.08
	M	1.5299	1.6446	-3.6	56.7	-0.32	0.748	0.82
u74	U	.70811	.75	-9.4		-0.98	0.326	.
	M	.71038	.75956	-11.1	-17.4	-1.06	0.288	.
u75	U	.6	.68462	-17.7		-1.85	0.065	.
	M	.60656	.63388	-5.7	67.7	-0.54	0.591	.

* if variance ratio outside [0.75; 1.34] for U and [0.75; 1.34] for M

图 13.6 匹配后的标准化偏差

图 13.6 显示，匹配后大多数变量的标准化偏差小于 10%，只是变量 u74 的偏差为 11.1%，似乎可以接受；而且 t 检验的结果不拒绝处理组与控制组无系统差异的原假设。与匹配前的结果相比较，大多数变量的标准化偏差均大幅减少，但变量 re74 与 u74 的偏差反而有所增加。

图 13.7 呈现了各变量标准化偏差在匹配前后的变化情况，我们可直观看到大多数变量的标准化偏差在匹配后缩小了。

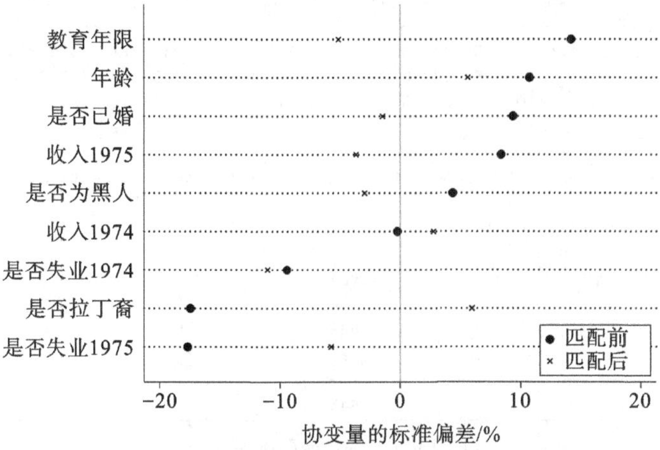

图 13.7 各变量标准化偏差匹配前后的变化情况

6. 倾向得分共同取值范围的图形绘制

下面，通过绘制条形图展示倾向得分的共同取值范围。执行命令

```
.psgraph
```

输出结果见图 13.8。

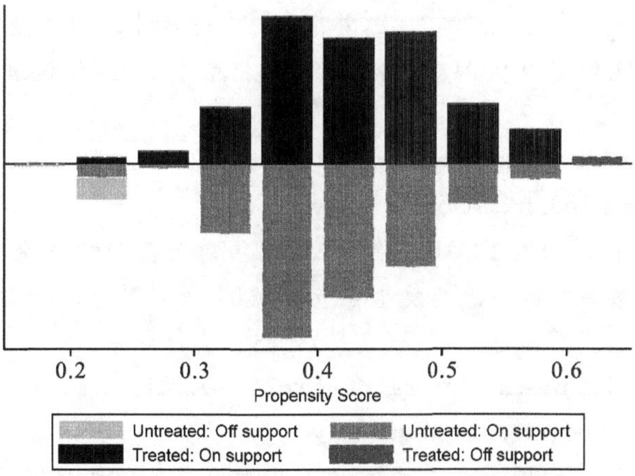

图 13.8 倾向得分共同取值范围情况

由图 13.8 可以看出，大多数观测值均在共同取值范围内，故在进行倾向得分匹配时仅会损失少量样本。

7. 基于不同匹配方法的匹配结果

(1)k 近邻匹配。令 $k=4$，出于节省空间之考虑，使用选择项“quietly”略去对倾向得分估

计结果的汇报。执行命令

.psmatch2 t age educ black hisp married re74 re75 u74 u75, outcome(re78) n(4) ate ties logit common quietly

输出结果见图 13.9。

Variable	Sample	Treated	Controls	Difference	S.E.	T-stat
re78	Unmatched	6.34914538	4.55480228	1.79434311	.632853552	2.84
	ATT	6.40495818	4.3883555	2.01660267	.727464025	2.77
	ATU	4.52683013	5.74351061	1.21668048	.	.
	ATE			1.55553641	.	.

Note: S.E. does not take into account that the propensity score is estimated.

psmatch2: Treatment assignment	psmatch2: Common support Off suppo	On suppor	Total
Untreated	11	249	260
Treated	2	183	185
Total	13	432	445

图 13.9 一对四匹配结果

由图 13.9 可看到，一对四匹配的结果与一对一匹配(见图 13.4)类似，只是 ATT 的估计值有较大差异(这里约为 2.017，图 13.4 中约为 1.411)，且在 5%水平上显著。

(2)卡尺内一对四匹配。陈强首先计算倾向得分(由 Stata 自动生成并记录于变量_pscore)的标准差，然后乘以 0.25，即执行命令

.dis 0.25 * r(sd)

得到 01979237，由此可知 $0.25\hat{\sigma}_{\text{p-score}} \approx 0.02$，其中 $\hat{\sigma}_{\text{p-score}}$ 表示计算的是倾向得分的标准差。为了保守起见，将卡尺范围确定为 0.01，即对倾向得分相差 1%的观测值进行一对四匹配。执行命令

.psmatch2 t age educ black hisp married re74 re75 u74 u75, outcome(re78) n(4) cal(0.01) ate ties logit common quietly

输出结果见图 13.10。由图 13.10 可知，卡尺内一对四匹配的结果与简单的一对四匹配比较接近，这说明大多数一对四匹配均发生在卡尺 0.01 的范围内，不存在太远的“近邻”。

(3)半径(卡尺)匹配。下面进行半径(卡尺)匹配。执行命令

.psmatch2 t age educ black hisp married re74 re75 u74 u75, outcome(re78) radius cal(0.01) ate ties logit common quietly

输出结果见图 13.11。由图 13.11 可知，该匹配结果与上依然类似。

Variable	Sample	Treated	Controls	Difference	S.E.	T-stat
re78	Unmatched	6.34914538	4.55480228	1.79434311	.632853552	2.84
	ATT	6.40495818	4.35102383	2.05393435	.729511502	2.82
	ATU	4.51395698	5.63458891	1.12063193	.	.
	ATE			1.52061868	.	.

Note: S.E. does not take into account that the propensity score is estimated.

psmatch2: Treatment assignment	psmatch2: Common support Off suppo	On suppor	Total
Untreated	16	244	260
Treated	2	183	185
Total	18	427	445

图 13.10　卡尺内一对四匹配结果

Variable	Sample	Treated	Controls	Difference	S.E.	T-stat
re78	Unmatched	6.34914538	4.55480228	1.79434311	.632853552	2.84
	ATT	6.40495818	4.54598746	1.85897071	.704721737	2.64
	ATU	4.51395698	6.14730708	1.63335009	.	.
	ATE			1.73004464	.	.

Note: S.E. does not take into account that the propensity score is estimated.

psmatch2: Treatment assignment	psmatch2: Common support Off suppo	On suppor	Total
Untreated	16	244	260
Treated	2	183	185
Total	18	427	445

图 13.11　半径(卡尺)匹配结果

(4)核匹配。下面使用默认的核函数与带宽进行核匹配。执行命令

.psmatch2 t age educ black hisp married re74 re75 u74 u75, outcome(re78) kernel ate ties logit common quietly

输出结果见图 13.12。由图 13.12 可知,核匹配结果与上依然类似。

(5)局部线性回归匹配。下面使用默认的核函数与带宽进行局部线性回归匹配。执行命令

.psmatch2 t age educ black hisp married re74 re75 u74 u75, outcome(re78) llr ate ties logit common quietly

输出结果见图 13.13。由图 13.13 可知,局部线性回归匹配结果与上依然类似。

图 13.13 汇报的 ATT 标准误约为 0.84(使用的是 Stata17),旧版本的 Stata 未汇报此标准误(如 Stata12),可使用自助法计算自助标准误,但费时相对较长。执行命令

.set seed 10102

.bootstrap r(att) r(atu) r(ate),reps(500): psmatch2 t age educ black hisp married re74 re75 u74 u75,outcome(re78) llr ate ties logit common quietly

输出结果见图13.14。根据图13.14中三种处理效应估计的自助标准误值可知，平均处理效应的三种度量均在5%的水平上显著。

Variable	Sample	Treated	Controls	Difference	S.E.	T-stat
re78	Unmatched	6.34914538	4.55480228	1.79434311	.632853552	2.84
	ATT	6.40495818	4.58467178	1.82028639	.685942087	2.65
	ATU	4.52683013	6.13018214	1.603352	.	.
	ATE			1.69524782	.	.

Note: S.E. does not take into account that the propensity score is estimated.

psmatch2: Treatment assignment	psmatch2: Common support Off suppo	On suppor	Total
Untreated	11	249	260
Treated	2	183	185
Total	13	432	445

图13.12 核匹配结果

Variable	Sample	Treated	Controls	Difference	S.E.	T-stat
re78	Unmatched	6.34914538	4.55480228	1.79434311	.632853552	2.84
	ATT	6.40495818	4.71399307	1.69096511	.839875971	2.01
	ATU	4.52683013	6.20121299	1.67438286	.	.
	ATE			1.68140728	.	.

Note: S.E. does not take into account that the propensity score is estimated.

psmatch2: Treatment assignment	psmatch2: Common support Off suppo	On suppor	Total
Untreated	11	249	260
Treated	2	183	185
Total	13	432	445

图13.13 局部线性回归匹配结果

(6)样条匹配。进行样条匹配需要先安装一个非官方命令spline，使用自助法计算标准误。执行命令

. net install snp7_1.pkg //下载安装命令spline①

. set seed 10102

. bootstrap r(att) r(atu) r(ate),reps(500): psmatch2 t age educ black hisp married re74 re75 u74 u75, outcome(re78) spline ate ties logit common quietly

输出结果见图13.15。根据图13.15中三种处理效应的估计结果可知，结果仍然类似。

① 或输入命令“findit snp7_1”寻找下载地址。

```
Bootstrap results                                   Number of obs = 445
                                                    Replications  = 500

      Command: psmatch2 t age educ black hisp married re74 re75 u74 u75, outcome(re78)
                  llr ate ties logit common quietly
        _bs_1: r(att)
        _bs_2: r(atu)
        _bs_3: r(ate)
```

	Observed coefficient	Bootstrap std. err.	z	P>|z|	Normal-based [95% conf.	interval]
_bs_1	1.690965	.6995985	2.42	0.016	.3197772	3.062153
_bs_2	1.674383	.7020163	2.39	0.017	.2984563	3.050309
_bs_3	1.681407	.6687252	2.51	0.012	.37073	2.992085

图 13.14　局部线性回归匹配自助标准误计算结果

```
Bootstrap results                                   Number of obs = 445
                                                    Replications  = 500

      Command: psmatch2 t age educ black hisp married re74 re75 u74 u75, outcome(re78)
                  spline ate ties logit common quietly
        _bs_1: r(att)
        _bs_2: r(atu)
        _bs_3: r(ate)
```

	Observed coefficient	Bootstrap std. err.	z	P>|z|	Normal-based [95% conf.	interval]
_bs_1	1.74968	.6993663	2.50	0.012	.3789476	3.120413
_bs_2	1.576453	.6911989	2.28	0.023	.2217283	2.931178
_bs_3	1.649834	.659362	2.50	0.012	.3575085	2.94216

图 13.15　样条匹配与自助标准误计算结果

总而言之，以上各种倾向得分匹配的结果表明，参加就业培训的平均处理效应为正，平均可使参与培训者 1978 年实际收入增加近 1900 美元，经济效果好，且在统计上显著(大多数在 5%的水平上显著)。

(7)马氏匹配。下面进行马氏匹配，并使用阿巴迪和因本斯提供的异方差稳健标准误。

```
.psmatch2 t, outcome(re78) mahal(age educ black hisp married re74 re75 u74 u75)
n(4) ai(4) ate
```

输出结果见图 13.16。由图 13.16 可知，三种处理效应的估计值均在 5%的水平上具有显著性，且马氏匹配的结果与倾向得分匹配类似，说明以上结果具有稳健性。

Variable	Sample	Treated	Controls	Difference	S.E.	T-stat
re78	Unmatched	6.34914538	4.55480228	1.79434311	.632853552	2.84
	ATT	6.34914538	4.48522368	1.86392171	.711987368	2.62
	ATU	4.55480228	6.55609322	2.00129094	.907666958	2.20
	ATE			1.94418238	.790190237	2.46

Note: Sample S.E.

psmatch2: Treatment assignment	psmatch2: Common support On suppor	Total
Untreated	260	260
Treated	185	185
Total	445	445

图 13.16　马氏匹配结果

13.5　处理效应的偏差校正匹配估计

倾向得分的计算因方法选择的不同会产生不同的结果，例如可选择使用 probit、logit 或非参数估计，即使确定采用 logit，模型的具体设定也与研究者的个人选择有关，因此导致匹配的第一阶段对倾向得分的估计结果出现不确定性。阿巴迪和因本斯重新关注较简单的马氏距离，进行有放回且允许并列的 k 近邻匹配。这样一来，匹配估计量的计算受研究者主观因素的影响相对较少。

另一个更需要关注的是非精确匹配一般会产生偏差问题，为解决这个问题，阿巴迪和因本斯提出了偏差校正估计(bias corrected matching estimation)方法，其采用回归的方法估计偏差，然后获得“偏差校正匹配估计量”(bias-corrected matching estimator)。另外，阿巴迪和因本斯还通过在处理组或控制组内部进行二次匹配，得到了在异方差条件下也成立的稳健标准误。

在 Stata 中，偏差校正匹配估计量可通过下载并安装非官方命令“nnmatch”来实现，其下载命令为

```
ssc install nnmatch,replace
```

该命令的基本语句格式为

```
nnmatch y D x1 x2 x3 ,metric(maha) tc(att) tc(atc) m(k) robust(#) biasadj (bias|varlist) pop
```

其中，选择项“metric(maha)”表示使用马氏距离，其中权重矩阵为样本协方差矩阵的逆矩阵；默认的权重矩阵是各变量的样本方差构成的对角矩阵之逆矩阵，称为 inverse variance。选择项“tc(att)”表示估计 ATT，选择项“tc(atc)”表示估计 ATU(这里的 c 表示 control，是 untreated 的同义词)，默认值为 tc(ate)，即估计 ATE。选择项“m(k)”表示进行 k 近邻匹配，默认值为 $k=1$。选择项“robust(#)”表示计算异方差稳健标准误，其中 # 须为正整数，表示用于计算稳健标准误的近邻个数(一般可设定 # $=k$)。选择项“biasadj (bias)”表示根据原来的协变量进行偏差校正，默认不进行偏差校正；也可以通过选择项“biasadj (varlist)”来指定用

于偏差校正的变量名单。选择项“pop”表示估计“总体平均处理效应”(population average treatment effects,简称为 PATE),其估计值与一般的“样本平均处理效应”(sample average treatment effects,简称为 SATE)相同,只是标准误略微不同;默认估计为 SATE。

【例 13.4】 继续考虑例 13.3。首先,通过一对四匹配来估计 ATT,并使用异方差稳健标准误,但不做偏差校正。其次,进行偏差校正,然后观察输出结果的变化情况。

1. 未做偏差校正时的情况

在 Stata 中导入例 13.3-ldw_exper.dta 数据,并下载安装命令“nnmatch”,然后执行命令

```
.nnmatch re78 t age educ black hisp married re74 re75 u74 u75, tc(att) m(4) robust(4)
```

输出结果见图 13.17。由图 13.17 可知,权重矩阵是默认的 inverse variance。ATT 的估计值约为 1.995,且在 1%的水平上显著。

```
Matching estimator:  Average Treatment Effect for the Treated

Weighting matrix: inverse variance          Number of obs          =       445
                                            Number of matches  (m) =         4
                                            Number of matches,
                                              robust std. err. (h) =         4
```

re78	Coefficient	Std. err.	z	P>|z|	[95% conf.	interval]
SATT	1.994622	.7526339	2.65	0.008	.5194864	3.469757

```
Matching variables:  age educ black hisp married re74 re75 u74 u75
```

图 13.17　未做偏差校正时的计算结果

2. 偏差校正后的情况

执行命令(注意权重矩阵未变,进行偏差校正)

```
.nnmatch re78 t age educ black hisp married re74 re75 u74 u75 ,tc(att) m(4)
robust(4) bias(bias)
```

输出结果见图 13.18。

```
Matching estimator:  Average Treatment Effect for the Treated

Weighting matrix: inverse variance          Number of obs          =       445
                                            Number of matches  (m) =         4
                                            Number of matches,
                                              robust std. err. (h) =         4
```

re78	Coefficient	Std. err.	z	P>|z|	[95% conf.	interval]
SATT	1.838424	.7526339	2.44	0.015	.363289	3.31356

```
Matching variables:  age educ black hisp married re74 re75 u74 u75
Bias-adj variables:  age educ black hisp married re74 re75 u74 u75
```

图 13.18　偏差校正后的计算结果

由图 13.18 可知，同样使用默认的权重矩阵 inverse variance，经过偏差校正后，ATT 的估计值约减少为 1.838，且仅在 5%的水平上显著(p 值为 0.015)。

3. 权重矩阵变化对偏差校正估计结果的影响

下面，我们以样本协方差矩阵的逆矩阵为权重矩阵，使用马氏距离进行匹配，观察权重矩阵变化对输出结果的影响。执行命令

```
.nnmatch re78 t age educ black hisp married re74 re75 u74 u75,tc(att) m(4) robust(4)
bias(bias) metric(maha)
```

输出结果见图 13.19。

```
Matching estimator:  Average Treatment Effect for the Treated

Weighting matrix: Mahalanobis                Number of obs             =       445
                                             Number of matches    (m) =         4
                                             Number of matches,
                                               robust std. err. (h) =         4
```

re78	Coefficient	Std. err.	z	P>|z|	[95% conf. interval]	
SATT	1.796419	.7489237	2.40	0.016	.3285557	3.264283

```
Matching variables:  age educ black hisp married re74 re75 u74 u75
Bias-adj variables:  age educ black hisp married re74 re75 u74 u75
```

图 13.19 权重矩阵改变后偏差校正的计算结果

由图 13.19 可知，改变权重矩阵对估计结果影响不大，ATT 的估计值由 1.838(见图 13.18)变为 1.796，p 值由 0.015 变为 0.016。

13.6 回归与匹配

在 13.2 节中，我们对因果效应或处理效应的讨论是在条件期望函数是线性的条件下进行的，将线性因果模型与条件独立假设相结合，并对线性条件期望函数赋予因果解释。但实际上，并不需要假设条件期望函数是线性的，也可以对回归结果赋予一个因果解释，因为无论条件期望函数的具体形式怎样，我们都可以将 Y_i 关于 $\boldsymbol{X}_i$ 和 S_i 的线性回归看作是对相应的条件期望函数的最佳线性近似。因此，如果条件期望函数具有因果性，那么回归可以逼近(近似)条件期望函数这一事实使得回归系数也具有了某种意义上的因果性。但是，这种表述不够精确，我们还需要对回归和条件期望函数之间的联系进一步进行分析，通过分析可让我们理解：回归是一种匹配估计量，并且由其提供的计算匹配估计量的方法具有良好的性质。

13.6.1 回归与匹配的联系与区别

在过去的几十年间，匹配逐渐成为一类经验研究工具并受研究者青睐。例如，安格里斯特使用匹配法估计了志愿服兵役对之后收入的影响。给定军方在挑选士兵时所考虑的各种个体特征(如年龄、受教育水平和考试分数)，基于申请者能否成为士兵与其潜在收入水平无关的假

设，安格里斯特对用匹配法得到的估计值赋予了一个因果解释。

由 13.3 节至 13.5 节关于匹配知识的介绍，读者应能够体会到匹配策略的诱人之处，即它可以让我们清楚地看到，只有保证条件独立假设或可忽略性假设成立才能为匹配估计结果赋予一个因果解释。在 13.2 节中已经看到条件独立假设也是对回归系数赋予一个因果解释需要的假设，因此回归和匹配都是用来控制协变量的研究策略。既然在这两种研究策略下，相应的因果推断都需要相同的核心假设，那么我们就有必要搞清楚回归与匹配的差别程度有多大。安格里斯特和皮施克认为：匹配和回归都是因果解释中用于控制其他因素的一种策略，回归可看作是一种特殊的匹配估计量，即它是特定类型的一种加权后的匹配估计量。

下面，利用数学语言对安格里斯特和皮施克的上述观点进行推证和分析。由于在离散协变量下最容易看清匹配的作用机制，所以我们以志愿服兵役对之后收入的影响为例进行说明，其中虚拟变量 D_i 表示个体 i 是否参军。由于处理变量只取两个值，故用 Y_{1i} 和 Y_{0i} 表示潜在结果。这里感兴趣的主要是处理组的平均处理效果 $E(Y_{1i}-Y_{0i}|D_i=1)$，即士兵的平均收入 $E(Y_{1i}|D_i=1)$（可观察的量）与这些士兵如果没有参军将会得到的收入 $E(Y_{0i}|D_i=1)$之间的差异。除非刻画是否参军的变量 D_i 与 Y_{0i} 相互独立，否则简单地比较自愿参军和未参军者之间的收入差距，得到的处理效果可能是有偏的。具体而言，就是

$$\begin{aligned}&E(Y_i|D_i=1)-E(Y_i|D_i=0)\\&=E(Y_{1i}-Y_{0i}|D_i=1)+[E(Y_{0i}|D_i=1)-E(Y_{0i}|D_i=0)]\end{aligned}$$

即观察到的收入差别等于参军的平均处理效应加上选择性偏误。

在这里，条件独立假设是指

$$\{Y_{0i},Y_{1i}\}\perp D_i|\boldsymbol{X}_i$$

如果条件独立假设成立，则在给定 $\boldsymbol{X}_i$ 下，选择性偏误消失。因此，可以通过对 $\boldsymbol{X}_i$ 使用迭代期望律，计算得到受处理者（参与者）的平均处理效应，记为 δ_{ATT}。

$$\begin{aligned}\delta_{\text{ATT}}&=E(Y_{1i}-Y_{0i}|D_i=1)\\&=E\{[E(Y_{1i}-Y_{0i}|D_i=1)]|D_i=1\}\\&=E\{[E(Y_{1i}|D_i=1)-E(Y_{0i}|D_i=1)]|D_i=1\}\\&=E\{[E(Y_{1i}|\boldsymbol{X}_i,D_i=1)-E(Y_{0i}|\boldsymbol{X}_i,D_i=1)]|D_i=1\}\ \text{（条件独立假设）}\end{aligned}\tag{13.31}$$

由于 $E(Y_{0i}|\boldsymbol{X}_i,D_i=1)$并非真实存在，再次由条件独立假设得

$$[E(Y_{0i}|\boldsymbol{X}_i,D_i=1)=E(Y_{0i}|\boldsymbol{X}_i,D_i=0)$$

于是式(13.31)最后一行变为

$$\delta_{\text{ATT}}=E\{[E(Y_{1i}|\boldsymbol{X}_i,D_i=1)-E(Y_{0i}|\boldsymbol{X}_i,D_i=0)]|D_i=1\}$$

令

$$\delta_{\boldsymbol{X}}=E(Y_{1i}|\boldsymbol{X}_i,D_i=1)-E(Y_{0i}|\boldsymbol{X}_i,D_i=0)\tag{13.32}$$

故有

$$\delta_{\text{ATT}}=E(\delta_{\boldsymbol{X}}|D_i=1)\tag{13.33}$$

式中，$\delta_{\boldsymbol{X}}$ 表示在 $\boldsymbol{X}_i$ 的每个特定值决定的个体中因是否参军而带来的收入的平均差距。对于 $\boldsymbol{X}_i$ 的每个特定值 $\boldsymbol{X}_i=\boldsymbol{x}$，记收入的平均差距为 $\delta_{\boldsymbol{x}}$。

安格里斯特使用了协变量 $\boldsymbol{X}_i$ 离散的这一事实，构造了式(13.33)右端的样本估计值。在离散情况下，匹配估计量可写为

$$E(Y_{1i}-Y_{0i}|D_i=1)\sum_{\boldsymbol{x}}\delta_{\boldsymbol{x}}P(\boldsymbol{X}_i=\boldsymbol{x}|D_i=1)\tag{13.34}$$

式中，$P(\boldsymbol{X}_i=\boldsymbol{x}|D_i=1)$是给定 $D_i=1$ 下 $\boldsymbol{X}_i$ 的条件概率函数①。在这个例子中，$\boldsymbol{X}_i$ 的取值是出生年份、考试分数、向军方递交申请所在年份、申请年份中申请者受教育程度这四个变量的所有可能组合。这里的考试分数来自 AFQT，它是军方用于区分申请者智力能力的测试，在例 13.1 的后续分析中将这个变量作为控制变量引入回归模型。安格里斯特的研究中用由每个协变量可取值组合确定的个体中参军和非参军人士的平均收入差距作为 δ_x，然后用协变量在参军者中的分布来计算处理效应的加权平均值。

我们还可以很方便地构造无条件平均处理效应，记为 δ_{ATE}。

$$\begin{aligned}\delta_{\text{ATE}}&=E[E(Y_{1i}|\boldsymbol{X}_i,D_i=1)-E(Y_{0i}|\boldsymbol{X}_i,D_i=0)]\\&=\sum_x\delta_x P(\boldsymbol{X}_i=\boldsymbol{x})=E(Y_{1i}-Y_{0i})\end{aligned}\tag{13.35}$$

这是用 $\boldsymbol{X}_i$ 的(边际)分布计算得到 δ_x 的加权期望值，而不是用受处理者($D_i=1$)中 $\boldsymbol{X}_i$ 的分布计算的期望值(平均值)。与 ATT 和 ATE(ACE)的意义一样，δ_{ATT} 给出的是参军对士兵(个体 i)带来的收入变化，而 δ_{ATE} 给出的是申请参军者收入的变化(在安格里斯特的研究中，总体由所有申请者构成)。

军队招募士兵是有严格要求的，在大多数情况下只招募那些考试分数分布在前 50%的高中毕业生。因此，不能简单地比较参军者和非参军者之间的收入差距，否则受军方挑选参军申请人的具体过程影响就会产生正的选择偏误。这一点可以从表 13.3 清楚地看到，该表报告了 1979 年至 1982 年间申请参军的男性因其在军队服役所导致的退役后收入的差距，这里的个人收入数据来源于 1988 年到 1991 年社保账户中纳税收入水平(social security-taxable earnings)。为了进行比较，该表分别报告了依平均差距(differences-in-means)、匹配，以及回归的方法计算出的差距，其中匹配估计值的计算类似于式(13.34)。

表 13.3　分别采用无控制变量、匹配和回归方法计算的参军者收入效应

种族	在 1988 年到 1991 年之间的平均收入/美元	是否参军带来的平均收入差距/美元	匹配估计值/美元	回归估计值/美元	回归估计值与匹配估计值之差/美元
	(1)	(2)	(3)	(4)	(5)
白人	14537	1233.4	−197.2	−88.8	108.4
		(60.3)	(70.5)	(62.5)	(28.5)
非白人	11664	2449.1	839.7	1074.4	234.7
		(47.4)	(62.7)	(50.7)	(32.5)

注：估计结果下面括号中给出的是标准误；匹配和回归估计值都是在控制了申请人的出生年份、申请时的受教育水平，以及 AFQT 考分后得到的；样本中共有 128968 名白人和 175262 名非白人。

由表 13.3 可以看到，尽管白人退伍军人退役后的收入比白人非参军者平均高 1233.4 美元[见列(2)]，但将个体在协变量上的差异进行控制(匹配)，这种由军队服役造成的收入差距变为负值(−197.2 美元)。与此类似，由表中非白人一行数据可以看出，非白人退伍军人退役后的收入比非白人中的未服役者平均高 2449.1 美元[见列(2)]，但在控制协变量后这个差距下降到了 839.7 美元。

① 鲁宾也讨论了这个匹配估计量，卡德和沙利文(Sullivan)运用它估计了受补贴的培训项目对个体就业状况的影响。

将构造匹配估计值时用到的那些协变量进行控制，使用回归估计志愿服役对收入的影响，回归估计结果见表 13.3 中的列(4)。回归模型为

$$Y_i = \sum_{x} d_{ix}\alpha_x + \delta_R D_i + \varepsilon_i \tag{13.36}$$

式中，$d_{ix} = I(\boldsymbol{X}_i = \boldsymbol{x})$是一个虚拟变量，当 $\boldsymbol{X}_i = \boldsymbol{x}$ 时，其取值为 1，否则取值为 0；α_x 表示回归方程中 $\boldsymbol{X}_i = \boldsymbol{x}$ 带来的影响；δ_R 表示志愿服役对收入的影响，是回归模型中的待估参数，δ_R 的估计结果见表 13.3 中的列(4)。

关于回归模型式(13.36)，由于该模型中每一组协变量都对应一个不同的参数，因此可以认为该模型关于 $\boldsymbol{X}_i$ 饱和，它包含了 $\boldsymbol{X}_i$ 的每一个取值对应的参数。但这个模型并不完全饱和，因为对 D_i 来说只有单一的加法效应，没有考虑交互项 $D_i \cdot \boldsymbol{X}_i$。另外需要注意的是，本例虽然在进行匹配和回归时都控制了相同的诸多变量，但对效应的回归估计值大于匹配策略下的相应估计值，参见表中的列(5)数据。

13.6.2　回归与匹配中效应估计的权重

表 13.3 反映了这样的事实，一是匹配和回归策略下得到的估计结果之间的差异在统计上是显著的，二是两种方法得到的服兵役对收入的影响表现出大致相同的趋势。回归和匹配策略下得到的结果之所以类似，是因为可将回归看作一种匹配估计值，回归和匹配的差别仅在于将处理效应 δ_X 加权平均到一个总体平均处理效应时使用的权重不同。具体而言，匹配策略中进行加权平均时使用的权重是处理组中协变量的分布，而回归结果使用的权重则是方差。

为了看清楚这一点，首先用解构回归的公式(regression anatomy formula)写出对 Y_i 关于 $\boldsymbol{X}_i$ 和 D_i 进行回归后得到的系数，即

$$\begin{aligned}\delta_R &= \frac{\operatorname{Cov}(Y_i, \widetilde{D}_i)}{V(\widetilde{D}_i)} \\ &= \frac{E\{[D_i - E(D_i \mid \boldsymbol{X}_i)]Y_i\}}{E[D_i - E(D_i \mid \boldsymbol{X}_i)]^2} \\ &= \frac{E\{[D_i - E(D_i \mid \boldsymbol{X}_i)] \cdot E(Y_i \mid D_i, \boldsymbol{X}_i)\}}{E[D_i - E(D_i \mid \boldsymbol{X}_i)]^2}\end{aligned} \tag{13.37}$$

第二个等式使用了这样的事实：模型关于 $\boldsymbol{X}_i$ 是饱和的意味着 $E(D_i \mid \boldsymbol{X}_i)$是线性的(参见 13.1 节)。因此，根据对 $\widetilde{D}_i$ 的定义，它是 $D_i - E(D_i \mid \boldsymbol{X}_i)$。第三个等式使用了这样的事实：对 Y_i 关于 $\boldsymbol{X}_i$ 和 D_i 进行回归等价于对 Y_i 关于 $E(Y_i \mid D_i, \boldsymbol{X}_i)$做回归，参见安格里斯特和皮施克《基本无害的计量经济学：实证研究者指南》一书的定理 3.1.6。

为了更进一步简化，根据式(13.32)

$$\delta_{\boldsymbol{X}} = E(Y_{1i} \mid \boldsymbol{X}_i, D_i = 1) - E(Y_{0i} \mid \boldsymbol{X}_i, D_i = 0)$$

可将条件期望函数 $E(Y_i \mid D_i, \boldsymbol{X}_i)$分解为

$$E(Y_i \mid D_i, \boldsymbol{X}_i) = E(Y_i \mid D_i = 0, \boldsymbol{X}_i) + \delta_{\boldsymbol{X}} D_i$$

将这个结果代入式(13.37)的分子，得

$$\begin{aligned}&E\{[D_i - E(D_i \mid \boldsymbol{X}_i)]E(Y_i \mid D_i, \boldsymbol{X}_i)\} \\ &= E\{[D_i - E(D_i \mid \boldsymbol{X}_i)]E(Y_i \mid D_i = 0, \boldsymbol{X}_i)\} + E\{[D_i - E(D_i \mid \boldsymbol{X}_i)]D_i\delta_{\boldsymbol{X}}\}\end{aligned} \tag{13.38}$$

因为 $E(Y_i \mid D_i = 0, \boldsymbol{X}_i)$只是 $\boldsymbol{X}_i$ 的函数，而 $D_i - E(D_i \mid \boldsymbol{X}_i)$与 $\boldsymbol{X}_i$ 的任何函数都不相关，所以

式(13.38)等号右边的第一项为零。类似的理由，由 $E(D_i|\boldsymbol{X}_i)$ 和 $\delta_{\boldsymbol{X}}$ 都是 $\boldsymbol{X}_i$ 的函数，从而也与 $D_i-E(D_i|\boldsymbol{X}_i)$ 不相关，可得

$$E\{[D_i-E(D_i|\boldsymbol{X}_i)]\cdot E(D_i|\boldsymbol{X}_i)\delta_{\boldsymbol{X}}\}=0$$

于是有

$$\begin{aligned}&E\{[D_i-E(D_i|\boldsymbol{X}_i)]D_i\delta_{\boldsymbol{X}}\}\\=&E\{[D_i-E(D_i|\boldsymbol{X}_i)]D_i\delta_{\boldsymbol{X}}\}-E\{[D_i-E(D_i|\boldsymbol{X}_i)]E(D_i|\boldsymbol{X}_i)\delta_{\boldsymbol{X}}\}\\=&E\{[D_i-E(D_i|\boldsymbol{X}_i)]D_i\delta_{\boldsymbol{X}}-[D_i-E(D_i|\boldsymbol{X}_i)]E(D_i|\boldsymbol{X}_i)\delta_{\boldsymbol{X}}\}\\=&E\{[D_i-E(D_i|\boldsymbol{X}_i)]\cdot[D_i\delta_{\boldsymbol{X}}-E(D_i|\boldsymbol{X}_i)\delta_{\boldsymbol{X}}]\}\\=&E\{[D_i-E(D_i|\boldsymbol{X}_i)]^2\delta_{\boldsymbol{X}}\}\end{aligned}$$

将上述结果代入式(13.37)得到

$$\begin{aligned}\delta_R&=\frac{E\{[D_i-E(D_i|\boldsymbol{X}_i)]^2\delta_{\boldsymbol{X}}\}}{E[D_i-E(D_i|\boldsymbol{X}_i)]^2}\\&=\frac{E\left\{E\{[D_i-E(D_i|\boldsymbol{X}_i)]^2|\boldsymbol{X}_i\}\cdot\delta_{\boldsymbol{X}}\right\}}{E\left\{E\{[D_i-E(D_i|\boldsymbol{X}_i)]^2|\boldsymbol{X}_i\}\right\}}\\&=\frac{E[\sigma_D^2(\boldsymbol{X}_i)\delta_{\boldsymbol{X}}]}{E[\sigma_D^2(\boldsymbol{X}_i)]}\end{aligned}\tag{13.39}$$

式中，

$$\sigma_D^2(\boldsymbol{X}_i)=E\{[D_i-E(D_i|\boldsymbol{X}_i)]^2|\boldsymbol{X}_i\}$$

为给定 $\boldsymbol{X}_i$ 时 D_i 的条件方差。

由此可知，由回归模型式(13.36)得到的处理效应是对匹配参数 $\delta_{\boldsymbol{X}}$ 的一个加权平均，权重是给定 $\boldsymbol{X}_i$ 下 D_i 的条件方差。由于我们感兴趣的处理变量 D_i 是虚拟变量，所以 $\sigma_D^2(\boldsymbol{X}_i)=P(D_i=1|\boldsymbol{X}_i)[1-P(D_i=1|\boldsymbol{X}_i)]$，故在离散情况下有

$$\delta_R=\frac{\sum_x\delta_x\cdot\{P(D_i=1|\boldsymbol{X}_i=x)[1-P(D_i=1|\boldsymbol{X}_i=x)]\}P(\boldsymbol{X}_i=\boldsymbol{x})}{\sum_x\{P(D_i=1|\boldsymbol{X}_i=x)[1-P(D_i=1|\boldsymbol{X}_i=x)]\}P(\boldsymbol{X}_i=\boldsymbol{x})}\tag{13.40}$$

这说明回归估计值是将每个特定协变量下的处理效应进行加权平均，其权重是 $P(D_i=1|\boldsymbol{X}_i=\boldsymbol{x})[1-P(D_i=1|\boldsymbol{X}_i=\boldsymbol{x})]P(\boldsymbol{X}_i=\boldsymbol{x})$。

根据条件概率的计算公式

$$P(A|B)=\frac{P(AB)}{P(B)}=\frac{P(B|A)\cdot P(A)}{P(B)}$$

可得

$$P(\boldsymbol{X}_i=\boldsymbol{x}|D_i=1)=\frac{P(D_i=1|\boldsymbol{X}_i=\boldsymbol{x})\cdot P(\boldsymbol{X}_i=\boldsymbol{x})}{P(D_i=1)}$$

于是，针对处理者的处理效应进行计算得到的匹配估计值(式 13.34)可写为

$$\begin{aligned}E(Y_{1i}-Y_{0i}|D_i=1)&=\sum_x\delta_xP(\boldsymbol{X}_i=\boldsymbol{x}|D_i=1)\\&=\frac{\sum_x\delta_x\cdot P(D_i=1|\boldsymbol{X}_i=\boldsymbol{x})P(\boldsymbol{X}_i=\boldsymbol{x})}{\sum_xP(D_i=1|\boldsymbol{X}_i=\boldsymbol{x})P(\boldsymbol{X}_i=\boldsymbol{x})}\end{aligned}\tag{13.41}$$

故用来计算 $E(Y_{1i}-Y_{0i}|D_i=1)$ 的权重与协变量取任何特定值时所对应的处理概率成正比。

对 δ_R 和 $E(Y_{1i}-Y_{0i}|D_i=1)$ 的表达式进行比较发现，当对个体进行的处理与协变量无关时，采用回归方法和匹配方法得到的结果才能一致，否则两种结果总有差别。

练习题

1. 试述饱和回归模型。

2. 试述主效应的概念。

3. 请解释条件独立假设。

4. 请举例说明回归赋予因果解释的条件。

5. 请根据遗漏变量偏误公式，解释在回归模型中引入遗漏变量后对原有变量系数估计结果的影响。

6. 不合格的控制变量会对因果效应带来什么影响？

7. 试述倾向得分与匹配的重叠假设。

8. 试述倾向得分匹配的局限性。

9. 请分析匹配和回归策略下得到的估计结果出现差异的原因。

10. 请选择我国社会、经济领域的现实问题，收集数据，并选择计量软件使用 PSM 方法进行分析。

第14章 双重差分法

因果推断的关键是对干扰因果关系的可观察因素进行控制，如果那些对因果关系会产生重要影响的干扰因素不可观测，我们可能要尝试使用工具变量(IV)的方法，但工具变量法有其局限性，一般很难找到有效的工具变量，因为选择的工具变量既要影响个体选择(处理变量) D_i，又必须与潜在结果(Y_{0i},Y_{1i})无关。因为良好的工具变量一般不易得到，所以需要发展别的方法来处理这些不可观测的干扰因素，这些方法是在工具变量不易得的情况下，对不可观测的干扰因素的处理策略。

在政策效应的评估中，最常用的一个方法是双重差分法，亦称为“倍差法”或“差中差”，它将刻画政策的指标作为解释变量进行双向面板数据回归(two-way panel data regression)，在推断中通常推荐使用聚类方差估计。

通过本章学习，大家要了解双重差分法的关键性假设是共同趋势假设(common trends)，也称为平行趋势假设。双重差分的估计结果能够解释为一个有效的因果效应或处理效应，换言之，估计量为因果效应或处理效应需要三个充分条件：第一，估计的回归是正确的条件均值，特别要考虑恰当地将所有趋势项和交互项纳入模型；第二，政策是外生的，它满足条件独立性；第三，不存在与政策变化相关却未纳入模型的因素。

14.1 个体固定效应

14.1.1 固定效应模型

在劳动经济学中较早讨论的一个问题是工会会员身份与工资之间的关系。工资由集体议价确定的工人赚得更多，仅仅是因为他们是工会会员，还是因其他因素所致，例如加入工会的工人本来就具有更丰富的经验和更熟练的技能。为分析这个问题，令 Y_{it} 表示工人 i 在时间 t 的工资，D_i 表示是否具有工会身份。于是，可观测到的工资 Y_{it} 要么是工人 i 为工会会员的工资 Y_{1it}，要么是非工会会员的工资 Y_{0it}。进一步，设 $\boldsymbol{X}_{it}$ 为可观测的协变量构成的列向量，其随时间变化；$\boldsymbol{A}_i$ 为不可观测但固定的干扰因素构成的列向量，其不随时间变化，反映工人的能力。假设在能力 $\boldsymbol{A}_i$ 一定的情况下，给定可观测的类似工人年龄、受教育水平、居住地等变量，工会会员身份(选择)像随机分配的一样好。于是有

$$E(Y_{0it}|\boldsymbol{A}_i,\boldsymbol{X}_{it},t,D_{it})=E(Y_{0it}|\boldsymbol{A}_i,\boldsymbol{X}_{it},t)$$

固定效应(fixed-effects)估计的关键是假设不可观测的 $\boldsymbol{A}_i$ 不随时间变化，且能够以线性形式表达 $E(Y_{0it}|\boldsymbol{A}_i,\boldsymbol{X}_{it},t)$，即设

$$E(Y_{0it}|\boldsymbol{A}_i,\boldsymbol{X}_{it},t)=\boldsymbol{A}_i'\boldsymbol{\gamma}+\boldsymbol{X}_{it}'\boldsymbol{\beta}+\alpha+v_t \tag{14.1}$$

与此同时，假设工会会员身份带来的因果效应(处理效应)保持不变且可加，即

$$E(Y_{1it}|\boldsymbol{A}_i,\boldsymbol{X}_{it},t)=E(Y_{0it}|\boldsymbol{A}_i,\boldsymbol{X}_{it},t)+\rho \tag{14.2}$$

将式(14.1)和式(14.2)相结合,可得

$$E(Y_{it}\mid \boldsymbol{A}_i,\boldsymbol{X}_{it},t,D_{it})=\rho D_{it}+\boldsymbol{A}_i'\boldsymbol{\gamma}+\boldsymbol{X}_{it}'\boldsymbol{\beta}+\alpha+v_t \tag{14.3}$$

式中,ρ 就是我们感兴趣的因果效应或处理效应。在有些情况下,我们可考虑异质处理效应(heterogeneous treatment effects),即 $E(Y_{1it}-Y_{0it}\mid \boldsymbol{A}_i,\boldsymbol{X}_{it},t)=\rho_i$。参考伍德里奇的研究,他讨论了 ρ_i 平均值的估计量。

大家应该看到,这里对均值函数施加了线性、可加的数学形式,较前面章节的回归模型约束更大,这主要是在没有工具变量可供使用的情况下,基于面板数据解决不可观测的干扰(混淆)因素产生的问题。

由回归恒等式,式(14.3)可写为

$$Y_{it}=\rho D_{it}+\boldsymbol{X}_{it}'\boldsymbol{\beta}+\alpha_i+v_t+\varepsilon_{it} \tag{14.4}$$

式中,

$$\alpha_i=\boldsymbol{A}_i'\boldsymbol{\gamma}+\alpha$$

这就是固定效应模型(fixed-effects model)。在获得了面板数据,即对个体进行重复观测后得到的数据,可将固定效应 α_i 看作是一个待估计的参数,这样就可使用回归方法估计出工人的工会身份对其工资的因果效应 ρ。类似的,我们也可将时间(年份)效应 v_t 看作是待估计的参数。当针对不同个体和年份设定虚拟变量后,这些变量前面的系数就表示了不可观察的个体效应和时间效应。

我们继续考虑式(14.4),当面板数据中的个体数量较大时,固定效应模型中待估计参数的数量会非常大。例如,一个包含 5000 名城镇居民 20 年的收入数据集经常遇到,如果基于这个数据集进行固定效应回归,大概会有 5000 个固定效应。当然,实际中并不是这样做的,我们采用另一种思路,通过采用个体对均值的偏离,将固定效应模型进行变换,这样就可消除固定效应 α_i。首先计算个体在时间维度的均值,即

$$\overline{Y}_i=\rho\overline{D}_i+\overline{\boldsymbol{X}}_i'\boldsymbol{\beta}+\alpha_i+\overline{v}+\overline{\varepsilon}_i \tag{14.5}$$

将式(14.4)与式(14.5)左右两端对应相减,得

$$Y_{it}-\overline{Y}_i=\rho(D_{it}-\overline{D}_i)+(\boldsymbol{X}_{it}-\overline{\boldsymbol{X}}_i)'\boldsymbol{\beta}+(v_t-\overline{v})+(\varepsilon_{it}-\overline{\varepsilon}_i) \tag{14.6}$$

由式(14.6)可知,当采用个体对均值的偏离程度对固定效应模型进行改写后,不可观察的固定效应 α_i 消失了。

另一种对固定效应模型进行变化的思路是采用差分法,即估计

$$\Delta Y_{it}=\rho\Delta D_{it}+\Delta\boldsymbol{X}_{it}'\boldsymbol{\beta}+\Delta v_t+\Delta\varepsilon_{it} \tag{14.7}$$

式中,符号 Δ 表示变量在相邻年份(时间)之间的变化,例如 $\Delta Y_{it}=Y_{it}-Y_{i(t-1)}$,其余类此。如果模型中变量的时期(年份)仅涉及两期,则式(14.7)与式(14.6)从代数形式看是相同的,反之不成立。

以上两种对固定效应模型进行变换的方法都可以使用,但在同方差及 ε_{it} 不存在序列相关性,且考虑的时期多于两期的情况下,式(14.6)会更有效率。但差分易于手工计算,不过由于差分误差项存在序列相关,在使用差分模型时其标准误的计算需要调整。关于固定效应估计量与其协方差矩阵的估计详见 Hansen 的 *Econometrics* 一书。

一些回归软件会自动给出式(14.6)的估计,并计算合适的标准误,它们在计算标准误时,已经考虑了计算均值时损失的自由度。当误差项满足同方差且序列不相关时,这样的做法会得到正确的标准误。采用式(14.6)得到的估计量称为“内部估计量”(within estimator)或“协

方差分析”(analysis of covariance)。这种基于个体偏离均值思路进行估计的方式称为“吞并固定效应”(absorbing the fixed effects)。

14.1.2 基于 Stata 的固定效应估计

Stata 软件给出了几种计算固定效应估计量的方法。

第一个方法是虚拟变量回归,命令为“regress”。例如,命令

```
reg y x i.id, cluster(id)
```

其中,“id”为组(个体)标识符。在大多数情况下,因为这个命令需要过多的计算机内存且计算缓慢,所以不推荐使用。如果执行了此命令,对显示系数估计值的完整列表进行限制可能有用,这可通过在命令“quietly reg y x i. id, cluster(id)”后面执行命令“estimates table, keep(x _cons) be se”,仅报告关于“x”的系数,而不报告关于标识变量“id”的系数。

第二个方法是专门针对面板数据的程序“xtreg fe”。这个方法采用局部剔除法(partialling-out approach),默认的协方差矩阵估计量是经典的协方差矩阵,若选择聚类稳健协方差矩阵(cluster-robust covariance matrix)则使用选择项“vce(robust)”或“r”。

第三个方法是使用命令“areg absorb(id)”。这个命令是可供选择的一个局部剔除回归命令,默认的协方差矩阵估计量是经典的协方差矩阵,若选择聚类稳健协方差矩阵则使用选择项“cluster(id)”。若选择“vce(robust)”或“r”则可计算异方差稳健协方差矩阵(heteroskedasticity robust covariance matrix),但不推荐使用,除非时期数很大。

命令“xtreg”和“areg”之间的一个重要区别是它们估计聚类稳健协方差矩阵依据的公式不一样。另一个区别是它们对模型 R^2 的报告,这种差异可能非常大,其缘由是对 R^2 的界定不同。在当前的计量经济学应用中,“xtreg”和“areg”两个命令都被使用,但“areg”似乎更受欢迎。由于“areg”通常会得到更高的 R^2 值,因此应对报告的 R^2 值持怀疑态度,除非作者记录了其计算方法。

14.2 双重差分及其回归模型

14.2.1 双重差分——以新泽西最低工资政策为例

双重差分法最著名的应用是卡德和克鲁格研究新泽西州(简称为 NJ)1992 年将最低时薪(小时工资)从 4.25 美元提高到 5.05 美元后产生的影响。经典经济学认为,提高最低工资将导致就业减少和物价上涨。为了研究这种影响的程度,卡德和克鲁格在最低工资提高之前的 1992 年 2 月 15 日至 1992 年 4 月 3 日期间,以及最低工资提高之后的 1992 年 11 月 5 日至 1992 年 12 月 31 日期间,分别调查了新泽西州的 331 家快餐店。他们选择快餐店作为调查对象,是因为这些快餐店是最低工资员工的主要雇主(在最低工资调整之前,大约 30%的样本对象的最低工资是 4.25 美元)。表 14.1 给出了最低工资提高前后新泽西州和宾夕法尼亚州(简称为 PA)快餐店平均就业人数及其变化情况。

表 14.1　快餐店的平均就业人数　　单位：人

项目	新泽西州	宾夕法尼亚州	差值
提高前	20.43	23.38	−2.95
提高后	20.90	21.10	0.20
差值	0.47	−2.28	2.75

表 14.1 的相关结果由数据集计算得到，数据集见 14.3-CK1994，该数据集选自 Hansen 的 *Econometrics* 一书，原数据文件 CK1994 是从卡德-克鲁格原始的数据集中提取的。表 14.1 第二列给出了在最低工资提升前后新泽西州快餐店全职同类员工①的平均人数②。在最低工资提高之前，平均人数为 20.43 人，最低工资提高后平均人数为 20.90 人，每家餐馆员工人数平均增加 0.47 人。这与经典理论的预期相悖，就业人数略有增加而不是减少。

这种关于员工人数变化的估计可以称为差分估计(difference estimator)，是随着政策变化的就业变化。但是，这个估计值的获取方式存在问题，即其将所有的就业变化都归因于该政策，而没有给出反事实的(counterfactual)直接证据，即如果最低工资没有提高情况会怎么样。

双重差分法可以对这个差分估计进行改进，它是通过将处理组样本中的变化与控制组(对照组)样本中的变化进行比较来改进差分估计。卡德和克鲁格选择宾夕法尼亚州东部的快餐店作为对照组样本，他们这样选择的理由是：在 1992 年，宾夕法尼亚州的最低小时工资一直是 4.25 美元，这两个州的快餐店的起薪非常相似；另外，这两个地区(新泽西州和宾夕法尼亚州东部)还有很多相似之处，任何影响一个州的趋势或经济冲击都可能影响到两个州。因此，卡德和克鲁格认为将宾夕法尼亚州东部作为对照组是合适的。这意味着，在最低工资没有增加的情况下(反事实)，他们预判新泽西州和宾夕法尼亚州东部就业率的变化趋势或模式是相同的。这是一个关键性假设，即新泽西州如果没有受到处理(没有增加最低工资)，那么就业率在接受处理的新泽西州和对照组宾夕法尼亚州两个组中的变化趋势是相同的，这就是共同趋势假设，也称为平行趋势假设。关于这个假设的更多解释见安格里斯特和皮施克《基本无害的计量经济学：实证研究者指南》一书的 5.2 部分，以及陈诗一和陈登科《高级计量经济学》的 4.2 部分。

卡德和克鲁格调查了宾夕法尼亚州东部的 79 家快餐店，同时也调查了新泽西州的快餐店，表 14.1 中的第三列给出了宾夕法尼亚州东部全职同类员工的平均人数。在最低工资提高之前(政策实施前)，平均就业人数为 23.38 人。在最低工资提高之后(政策实施后)，平均就业人数为 21.10 人。因此，宾夕法尼亚州每家快餐店的平均就业人数减少了 2.28 人。

以宾夕法尼亚州作为对照是指将新泽西州的就业变化(0.47)与宾夕法尼亚州的就业变化(−2.28)进行比较，其差值 2.75 就是最低工资提高对就业产生的效应，这个值称为双重差分估计值。与经典经济理论的预判完全相反，这一估计值表明最低工资提高的政策使就业人数增加了而不是减少了。这种情况出人意料，在经济学家和大众媒体中引起了广泛讨论③。

① 根据卡德和克鲁格的界定，全职同类员工的定义是：全职员工人数与经理和助理经理人数，以及兼职员工人数的二分之一之和。

② 在计算中，如果餐厅在两项调查中均未计入全职同类型的正式员工人数，则剔除该餐厅。

③ 大多数经济学家并不真正认可这个结论，他们不认为提高最低工资会导致就业增加，而是将其解释为最低工资的微小变化可能只对就业水平产生轻微影响的一个证据。

14.2.2 双重差分的回归模型解释

为了进一步理解表 14.1 中的估计值，下面采用回归的方式对其进行解释。设 Y_{it} 表示时间 t 时第 i 快餐店的就业人数；state_i 为表示州的虚拟变量，$\text{state}_i=1$ 表示新泽西州，$\text{state}_i=0$ 表示宾夕法尼亚州；time_t 为表示时间段的虚拟变量，$\text{time}_t=0$ 表示政策实施之前的时间段，$\text{time}_t=1$ 表示政策实施之后的时间段；D_{it} 为表示干预的虚拟变量，如果最低工资是 5.05 美元，则 $D_{it}=1$，如果最低工资是 4.25 美元，则 $D_{it}=0$；$\text{state}_i\,\text{time}_t$ 为交互虚拟变量，其表示政策对不同州的不同影响。

表 14.1 是两个虚拟变量的饱和回归模型的结果，其回归方程为

$$Y_{it}=\beta_0+\beta_1\,\text{state}_i+\beta_2\,\text{time}_t+\theta D_{it}+\varepsilon_{it} \tag{14.8}$$

上面模型中的系数可以用类似表 14.1 的形式表示，其对应关系如表 14.2 所示。观察表 14.2 可以看到，式(14.8)中的系数对应于可解释的差值和双重差分估计。β_1 是在政策变化之前的时期新泽西州相对宾夕法尼亚州影响的差值估计，β_2 是控制州中时间效应的差值估计，θ 是双重差分估计——新泽西州就业相对于宾夕法尼亚州的变化。图 14.1 绘制了双重差分示意图，请关注共同趋势假设的作用(图中的平行线)。

表 14.2 基于回归模型系数表示的就业变化

项目	新泽西州	宾夕法尼亚州	差值
提升前	$\beta_0+\beta_1$	β_0	β_1
提升后	$\beta_0+\beta_1+\beta_2+\theta$	$\beta_0+\beta_2$	$\beta_0+\theta$
差值	$\beta_2+\theta$	β_2	θ

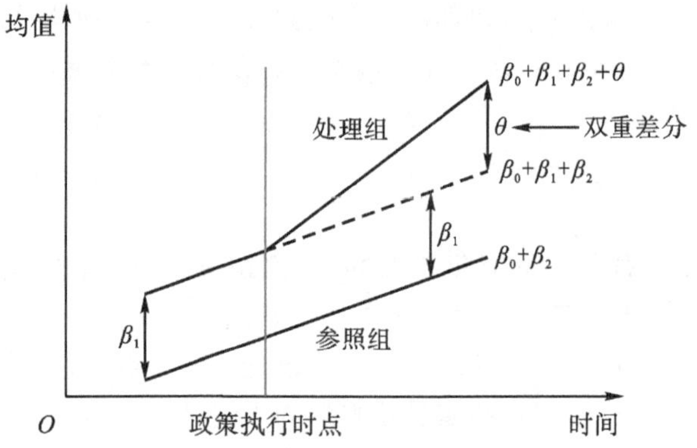

图 14.1 双重差分示意图

事实上，双重差分法也是一种固定效应估计法，只不过使用的是汇总(加总)数据(aggregate data)。为了看清楚这一点，设 Y_{1ist} 表示时间 t 时执行 5.05 美元最低工资的州 s 其第 i 家快餐店的就业人数，Y_{0ist} 表示时间 t 时执行 4.25 美元最低工资的州 s 其第 i 家快餐店的就业人数。显然，这两个变量都是潜在变量，实际中只能观测到各州 Y_{1ist} 和 Y_{0ist} 其中一个的值。双重差分法的核心是假设参照组(未接受处理，这里是宾夕法尼亚州)的潜在结果 Y_{0ist} 具有可加的数学形式，特别地，假设

$$E(Y_{0ist}|s,t)=\gamma_s+v_t$$

若 $E(Y_{1ist}-Y_{0ist}|s,t)$ 为常数，记为 τ_{DID}，则时间 t 时 s 州第 i 快餐店的就业人数 Y_{ist} 可表示为

$$Y_{ist}=\tau_{\mathrm{DID}}D_{st}+\gamma_s+v_t+\varepsilon_{ist} \tag{14.9}$$

式中，D_{st} 为虚拟变量，$D_{st}=1$ 表示第 t 期执行 5.05 美元(较高)最低工资的州(本例为新泽西州)；$E(\varepsilon_{ist}|s,t)=0$。于是有

$$\begin{aligned}&E(Y_{ist}|s=\mathrm{PA},t=\text{提升后})=\gamma_s+v_{\text{提升后}}\\&E(Y_{ist}|s=\mathrm{PA},t=\text{提升前})=\gamma_s+v_{\text{提升前}}\\&E(Y_{ist}|s=\mathrm{NJ},t=\text{提升后})=\tau_{\mathrm{DID}}+\gamma_s+v_{\text{提升后}}\\&E(Y_{ist}|s=\mathrm{NJ},t=\text{提升前})=\gamma_s+v_{\text{提升前}}\end{aligned} \tag{14.10}$$

由此可得

$$E(Y_{ist}|s=\mathrm{PA},t=\text{提升后})-E(Y_{ist}|s=\mathrm{PA},t=\text{提升前})=v_{\text{提升后}}-v_{\text{提升前}} \tag{14.11}$$

$$E(Y_{ist}|s=\mathrm{NJ},t=\text{提升后})-E(Y_{ist}|s=\mathrm{NJ},t=\text{提升前})=\tau_{\mathrm{DID}}+v_{\text{提升后}}-v_{\text{提升前}} \tag{14.12}$$

式(14.12)和式(14.11)再次相减，得

$$\begin{aligned}&[E(Y_{ist}|s=\mathrm{NJ},t=\text{提升后})-E(Y_{ist}|s=\mathrm{NJ},t=\text{提升前})]-\\&[E(Y_{ist}|s=\mathrm{PA},t=\text{提升后})-E(Y_{ist}|s=\mathrm{PA},t=\text{提升前})]\\&=(\tau_{\mathrm{DID}}+v_{\text{提升后}}-v_{\text{提升前}})-(v_{\text{提升后}}-v_{\text{提升前}})\\&=\tau_{\mathrm{DID}}\end{aligned}$$

这就是关于总体的两次差分，其结果为我们关心的因果效应，采用总体均值的样本形式即可对其进行估计。

利用数据可得到回归模型式(14.8)的估计方程为(参见 14.3 节中的图 14.3)

$$\underset{(1.38)}{\hat{Y}_{it}=23.38}\ \underset{(1.48)}{-2.95\mathrm{state}_i}\ \underset{(1.25)}{-2.28\mathrm{time}_t}\ \underset{(1.34)}{+2.75D_{it}} \tag{14.13}$$

括号里是标准误，其是按快餐店聚类(集群)计算的稳健标准误。与预期的一样，处理变量的系数 θ 的估计值 2.75 与表 14.1 中的双重差分估计值精确对应。新泽西州和宾夕法尼亚州之间员工人数在最低工资提高前的差异估计是 -2.95，估计的时间效应是 -2.28，时间效应在 5% 的显著水平下不显著，但 2.75 的双重差分估计在 5% 的显著水平下是显著的(参见 14.3 节中的图 14.3)。

由于样本对象被分为 $\mathrm{state}_i=0$ 和 $\mathrm{state}_i=1$，且 time_t 相当于一个时间指标，因此，这个回归与 Y_{it} 对 D_{it} 在州和时间固定效应上的双向固定效应回归是一致的。另外，由于在州内的个体之间，解释变量 D_{it} 不变，如果模型包含快餐店层级(水平)的固定效应而不是州固定效应，则此固定效应回归将保持不变。因此，上述的回归与双向固定效应回归从代数上看完全相同，即

$$Y_{it}=\theta D_{it}+u_i+v_t+\varepsilon_{it} \tag{14.14}$$

式中，u_i 是快餐店固定效应；v_t 是时间固定效应。实现这一点的最简单方法是使用含有时间虚拟变量的单向固定效应回归模型，其估计方程为(参见 14.3 节中的图 14.5)

$$\hat{Y}_{it}=21.01\underset{(1.34)}{+2.75D_{it}}\ \underset{(1.25)}{-2.28\mathrm{time}_t} \tag{14.15}$$

这个结果与之前 θ 的估计完全相同，标准误的计算是选择聚类稳健协方差矩阵。

式(14.14)是基本的双重差分模型，它是被解释变量 Y_{it} 关于二值政策变量 D_{it}(处理变量)的双向固定效应回归。系数 θ 对应于样本均值的两次(轮)差值，可以解释为 D 对 Y 的政策影响(因果效应或处理效应)。这里讨论的与卡德和克鲁格的例子一样，都是关注州的两种

状态和时间的两个状态的基本情况。回归模型式(14.14)易于被拓展,它可以很容易地被推广到多个州和多个时期,这样做可以为确定政策效应提供更有说服力的证据。另外,模型式(14.14)还可以通过改变趋势设定和使用连续处理变量进行推广。

另一个常见的推广是在基准模型中引入控制变量 $\boldsymbol{X}_{it}$ 以增强模型的解释力,例如,采用下面的模型形式:

$$Y_{it}=\theta D_{it}+\boldsymbol{X}_{it}'\boldsymbol{\beta}+u_i+v_t+\varepsilon_{it} \tag{14.16}$$

许多实证研究都报告了基准模型和包含控制变量的回归模型的估计结果。例如,我们可以在模型式(14.14)中引入变量 hoursopen,即快餐店每天营业的小时数,估计结果为(参见14.3节中的图14.6)

$$\underset{(1.31)}{Y_{it}=2.84D_{it}}-\underset{(1.21)}{2.18\text{time}_t}+\underset{(0.36)}{1.17\text{hoursopen}_{it}}+u_i+\varepsilon_{it}$$

营业时间长的快餐店往往会雇用更多的员工,估计结果显示快餐店每多营业1个小时就多雇用大约1.2名员工,且这个结果在统计上是显著的;处理效应的估计值并没有产生有意义的变化。

14.2.3　因果效应识别的条件

考虑双重差分模型

$$Y_{it}=\theta D_{it}+\boldsymbol{X}_{it}'\boldsymbol{\beta}+u_i+v_t+\varepsilon_{it}$$

式中,$i=1,\cdots,N$ 且 $t=1,\cdots,T$。我们对什么条件下系数 θ 能够表示处理变量 D_{it} 对结果 Y_{it} 的因果效应感兴趣。根据条件独立假设,Hansen 在其 *Econometrics* 一书的2.30节中对此进行了讨论。

在潜在因果框架下,结果可由处理变量、控制变量和不可观察变量的函数来表示。因此,结果 Y(例如一家快餐店雇用的员工人数)可被表示为 $Y=h(D,\boldsymbol{X},\boldsymbol{\varepsilon})$,其中 D 是处理变量(最低工资政策),$\boldsymbol{X}$ 是控制变量,$\boldsymbol{\varepsilon}$ 是由不可观察的因素构成的向量。双重差分模型将 $h(D,\boldsymbol{X},\boldsymbol{\varepsilon})$ 设定为是可分离的和线性的,不可观测的部分由特定于个体的和特殊的因素效应组成。

下面给出系数 θ 可以被解释为因果效应的充分条件。出于易于解释之考虑,首先给出双向内部变换(two-way within transformation)的定义。对于变量 Y_{it},定义变量时间维度的均值为

$$\overline{Y}_t=N_t^{-1}\sum_{t\in S_t}Y_{it}$$

式中,S_t 表示 t 时包含于样本中的所有个体构成的集合;N_t 表示 S_t 中个体的数量。当数据集为平衡面板数据时,双向内部变换定义为

$$\ddot{y}_{it}=Y_{it}-\overline{Y}_i-\overline{Y}_t+\overline{Y} \tag{14.17}$$

式中,

$$\overline{Y}=(NT)^{-1}\sum_{i=1}^{N}\sum_{t=1}^{T}Y_{it}$$

类似上面的技术处理,设 $\ddot{\boldsymbol{z}}_{it}=(\ddot{D}_{it},\ddot{\boldsymbol{x}}_{it}')'$。

定理 14.1　假设下列条件满足:

(1) $Y_{it}=\theta D_{it}+\boldsymbol{X}_{it}'\boldsymbol{\beta}+u_i+v_t+\varepsilon_{it}$;

(2)$E(\ddot{\boldsymbol{z}}_{it}\ddot{\boldsymbol{z}}_{it}')>0$；

(3)对所有 t 和 s $E(\boldsymbol{X}_{it}\varepsilon_{is})=\boldsymbol{0}$ 成立；

(4)在 $\boldsymbol{X}_{i1},\boldsymbol{X}_{i2},\cdots,\boldsymbol{X}_{iT}$ 给定的条件下，对任意的 t 和 s，随机变量 D_{it} 和 ε_{is} 相互独立，则 $Y_{it}=\theta D_{it}+\boldsymbol{X}_{it}'\boldsymbol{\beta}+u_i+v_t+\varepsilon_{it}$ 中的系数 θ 是控制变量 $\boldsymbol{X}$ 给定条件下 D 对 Y 的平均因果效应。

定理中的条件(1)假设结果变量方程为线性回归模型，该模型关于可观测变量、个体效应和时间效应具有可加性且可分离；条件(2)假设双向内部变换的回归变量具有非奇异的设计矩阵，即要求 D_{it} 和 $\boldsymbol{X}_{it}$ 的所有元素随着时间和个体的改变而变化；条件(3)是固定效应模型中回归变量常用的外生性假设；条件(4)是指处理变量与随机误差项条件独立(时间维度)，这是固定效应回归的条件独立性假设。

证明：将双向内部变换式(14.17)应用到双重差分模型

$$Y_{it}=\theta D_{it}+\boldsymbol{X}_{it}'\boldsymbol{\beta}+u_i+v_t+\varepsilon_{it}$$

得到

$$\ddot{y}_{it}=\theta\ddot{D}_{it}+\ddot{\boldsymbol{x}}_{it}'\boldsymbol{\beta}+\ddot{\varepsilon}_{it}$$

当条件(2)成立时，系数$(\theta,\boldsymbol{\beta})$是唯一确定的，且它们在条件(3)和条件(4)满足时等于线性回归系数。因此，θ 是回归函数关于处理变量 D 的导数。

利用条件(4)可以得到：在 $\ddot{\boldsymbol{x}}_{it}$ 给定的条件下，随机变量 $\ddot{D}_{it}$ 和 $\ddot{\varepsilon}_{it}$ 在统计上是独立的。由 Hansen 的 *Econometrics* 一书的 2.30 节中的定理 2.12 可知，这意味着回归函数的导数 θ 等于我们考虑的平均因果效应。

假设 D 和 ε 相互独立是基本的外生性假设。在模型 $Y_{it}=\theta D_{it}+\boldsymbol{X}_{it}'\boldsymbol{\beta}+u_i+v_i+\varepsilon_{it}$ 中，将 D 看作干预(处理)，而不是简单地看作一个交互的(时间和州)虚拟变量，对将 θ 解释为干预效应来说很重要。在这个模型的表达式中，误差项 ε_{it} 包含了模型未包括的所有其他变量和效应，因此如果新泽西州快餐店的就业还受其他与最低工资增长有关的变量的影响，则 D 和 ε 独立的假设意味着这些变量的变化与 ε 独立，不影响就业，这是一个很强的假设。如果这一假设不成立，则使用双重差分回归就不能得到干预(处理)的因果效应。

类似工具变量回归中工具变量的外生性，这里很难确定处理变量 D 的外生性假设是否合理，因此基于双重差分的实证研究，需要对 D 的外生性明确地进行解释，这一点与工具变量回归相似。

在卡德和克鲁格的案例中，他们认为该项政策是外生的，因为它是在生效前两年通过的。在立法阶段经济处于扩张状态，但在通过时经济已陷入衰退。这表明它是可信的假设，即 1990 年的政策没有受到 1992 年的就业水平影响。此外，由于担心在经济衰退时提高最低工资会带来影响，故在第一次调查时对是否会实施最低工资政策进行了认真的讨论。因此，似乎可信的是，当时的就业决定不是在预估最低工资将提高的情况下做出的。

然而，卡德和克鲁格没有讨论 1992 年新泽西州或宾夕法尼亚州经济中是否有其他与就业有关的事件，其可能对这两个州的就业产生不同影响。这样的事件似乎很有可能会发生，这似乎是他们论点中最大的缺陷。

在因果效应的识别条件中也要求回归模型被正确设定，即真实模型关于变量是线性的，并且包含所有交互项。由于基本的 2×2 设定是一个饱和的虚拟变量模型，它必然是一个条件均值，因此是正确模型。如果考虑的州或时期在两个以上，则这种情况不一定成立，因此分析时需要仔细考虑模型的设定形式。

14.2.4 多群体情形

基本的双重差分模型[见式(14.14)]考虑的是两个群体或单元(如14.2.1小节中的两个州)和两个时期,如果有多个群体或单元的资料,则可以获得更多的信息。下面主要讨论模型包含多个群体的情况,其中可能有多个处理群体、多个控制单元或两者兼有。在这一节中,假设时期的数量是$T=2$;$N_1\geqslant 1$为未接受处理的群体数量(控制组),$N_2\geqslant 1$是接受处理的群体数量,$N=N_1+N_2$。

对基本回归模型

$$Y_{it}=\theta D_{it}+u_i+v_t+\varepsilon_{it}$$

施加两个约束条件:第一,所有群体都同等受到时间的影响,即v_t对所有i都一样。第二,对所有处理群体来说处理效应θ都相同,称为"齐次处理效应"(homogeneous treatment effect)。

卡德和克鲁格的数据集(见数据集14.3-CK1994)只包含来自两个州的观察结果,但他们记录了反映州中位置区域的变量。他们将新泽西州分为北部、中部和南部三个区域,将宾夕法尼亚州东部分为两个区域,即费城东北部郊区和其余地区。

表14.3给出了最低工资增加前后按区域计算的全职同类员工的平均人数(具体计算见14.3节中的图14.7),其中NJ表示新泽西州,PA表示宾夕法尼亚州,PA1和PA2分别表示宾夕法尼亚州东部的两个区域。

表14.3 不同区域快餐店的平均就业人数

项目	NJ南部	NJ中部	NJ北部	PA1	PA2
提升前	16.6	22.0	22.0	24.8	22.2
提升后	17.3	21.4	22.7	21.0	21.2
差值	0.7	−0.6	0.7	−3.8	−1.0

观察表14.3发现,最低工资提升前后,新泽西州的三个区域中有两个区域的就业变化几乎相同,三个区域就业的变化都很小;宾夕法尼亚州的两个区域的就业都有所下降,但下降幅度不同。

下面,通过回归排除检验(regression exclusion test)来检验同等处理效应θ的假设,这可以通过在回归模型中添加交互虚拟项,并对其显著性进行检验。由于新泽西州被分为三个干预(处理)区域,故选择三个区域中的任意两个区域(例如NJ南部和NJ北部),并将表示这两个区域的虚拟变量与时间变量的交互作用引入模型。一般来说,这样的交互项有N_2-1项,其系数度量了处理效应区域间的差异。对这两个系数为0进行检验,得到的p值为0.60,未通过显著性检验(参见14.3节中的图14.8)。因此,接受原假设,即新泽西州三个区域的处理效应θ是相同的。这个检验在Stata中可使用命令"testparm i.a i.b",意指联合检验a和b指标上的所有系数均等于0。

与上不同,当处理效应θ随群体(单元)变化时,我们称其为"非齐次处理效应"(heterogeneous treatment effect)或"异质处理效应"。这种情况并未违背处理效应框架,但具体分析要复杂得多。如果对一个模型错误地施加了齐次处理效应,则模型存在设定错误,并导致估计量不具有一致性。

控制效应是指效应在控制(参照)组群体(单元)间的变化。如果参照组的控制效应存在非齐次性,则会产生更加严重的问题。表 14.3 细分了宾夕法尼亚州两个区域的控制效应的估计效果,虽然这两个估计值都是负的(−3.8 和−1.0),但它们之间稍有差异,不同的效应可能导致控制效应的齐次性得不到满足,我们可以通过回归排除检验对控制效应的齐次性假设进行检验。由于宾夕法尼亚州东部被分为两个区域群体,将其中一个区域(例如 PA1)与时间的交互影响纳入模型,这样的项一般情况下有 N_1-1 项,其系数衡量了控制(参照)区域之间控制效应的差异。对这个系数为 0 进行检验,得到的 t 统计量值约为−1.2,p 值为 0.23(参见 14.3 节中的图 14.9),这说明不能拒绝控制效应相同的假设。这个检验在 Stata 中可使用命令"testparm i.a",意指联合检验 a 指标上的所有系数等于 0。

如果控制效应是非齐次的,那么双重差分估计策略会被错误设定,故该估计方法依赖于识别可信的控制组样本的能力。如果检验拒绝了齐次控制效应假设,则可将其视为否定将双重差分参数解释为处理效应的证据。

14.3　最低工资效应双重差分估计的 Stata 命令与计算

本节对 14.2 节中关于最低工资政策效应的相关结论利用 Stata 软件进行计算,以使大家更好地理解双重差分,并熟悉其 Stata 计算命令。

输入数据,执行命令为

```
.use 14.3-CK1994.dta, clear
```

1. 计算快餐店的平均就业人数

执行命令:

```
.gen fte = empft + emppt/2 + nmgrs
.drop if fte == .
.bys store: gen nperiods = [_N]
.keep if nperiods == 2
*************************************
*** state=1 表示新泽西州(NJ),state=0 表示宾夕法尼亚州(PA),
***time=1 表示最低工资提高后,time=0 表示最低工资提高前。
*************************************
.summarize fte if state==1 & time==0
.summarize fte if state==1 & time==1
.summarize fte if state==0 & time==0
.summarize fte if state==0 & time==1
```

输出结果见图 14.2。由图 14.2 的数据可得到 14.2 节中表 14.1 的结果。

2. 输出式(14.13)的估计方程

$$\hat{Y}_{it}=\underset{(1.38)}{23.38}-\underset{(1.48)}{2.95}\text{state}_i-\underset{(1.25)}{2.28}\text{time}_t+\underset{(1.34)}{2.75}D_{it}$$

继续执行命令

```
. summarize fte if state==1 & time==0

    Variable |        Obs        Mean    Std. dev.       Min        Max
-------------+---------------------------------------------------------
         fte |        309    20.43058    9.212827          5         85

. summarize fte if state==1 & time==1

    Variable |        Obs        Mean    Std. dev.       Min        Max
-------------+---------------------------------------------------------
         fte |        309    20.89725    9.381489          0       60.5

. summarize fte if state==0 & time==0

    Variable |        Obs        Mean    Std. dev.       Min        Max
-------------+---------------------------------------------------------
         fte |         75       23.38    12.01044        7.5       70.5

. summarize fte if state==0 & time==1

    Variable |        Obs        Mean    Std. dev.       Min        Max
-------------+---------------------------------------------------------
         fte |         75    21.09667    8.375872          0       43.5
```

图 14.2 快餐店平均就业人数统计输出结果

```
.gen treatment = time * state
.reg fte state time treatment, cluster(store)
```

输出结果见图 14.3。

```
Linear regression                               Number of obs     =        768
                                                F(3, 383)         =       1.66
                                                Prob > F          =     0.1763
                                                R-squared         =     0.0076
                                                Root MSE          =     9.5113

                               (Std. err. adjusted for 384 clusters in store)
------------------------------------------------------------------------------
             |               Robust
         fte | Coefficient  std. err.      t    P>|t|     [95% conf. interval]
-------------+----------------------------------------------------------------
       state |  -2.949417   1.478414    -1.99   0.047    -5.856241   -.0425943
        time |  -2.283333   1.248955    -1.83   0.068       -4.739    .1723333
   treatment |       2.75   1.338598     2.05   0.041     .1180787    5.381921
       _cons |      23.38   1.382072    16.92   0.000      20.6626     26.0974
------------------------------------------------------------------------------
```

图 14.3 输出的式(14.13)估计结果

3. 输出式(14.15)的估计方程

* *

* * * 对双向固定效应回归模型式(14.14)

* * * $Y_{it}=\theta D_{it}+u_i+v_t+\varepsilon_{it}$ 进行估计，以得到

* * * $\hat{Y}_{it}=21.01+2.75D_{it}-2.28\text{time}_t$

$$\qquad\qquad(1.34)\qquad(1.25)$$

* *

继续执行命令

```
.xtset state
.xtreg fte treatment time, fe
```

输出结果见图 14.4。注意,这里默认的协方差矩阵估计量是经典的协方差矩阵。执行命令

```
.xtset store
.xtreg fte treatment time, fe vce(robust)
```

输出结果见图 14.5。注意,这里选择了聚类稳健协方差矩阵。与图 14.4 相比较,系数估计结果相同,但标准误有差别。

```
Fixed-effects (within) regression               Number of obs     =        768
Group variable: state                           Number of groups  =          2

R-squared:                                      Obs per group:
     Within  = 0.0033                                         min =        150
     Between = 1.0000                                         avg =      384.0
     Overall = 0.0000                                         max =        618

                                                F(2,764)          =       1.27
corr(u_i, Xb) = -0.7064                         Prob > F          =     0.2824

------------------------------------------------------------------------------
         fte | Coefficient  Std. err.      t    P>|t|     [95% conf. interval]
-------------+----------------------------------------------------------------
   treatment |       2.75    1.73146     1.59   0.113    -.6489834    6.148983
        time |  -2.283333   1.553195    -1.47   0.142     -5.33237    .7657035
       _cons |   21.00664   .4853735    43.28   0.000     20.05382    21.95946
-------------+----------------------------------------------------------------
     sigma_u |  2.0855531
     sigma_e |   9.511339
         rho |  .04587383   (fraction of variance due to u_i)
------------------------------------------------------------------------------
F test that all u_i=0: F(1, 764) = 5.80                      Prob > F = 0.0162
```

图 14.4　输出的式(14.15)估计结果(经典的标准误)

```
Fixed-effects (within) regression               Number of obs     =        768
Group variable: store                           Number of groups  =        384

R-squared:                                      Obs per group:
     Within  = 0.0147                                         min =          2
     Between = 0.0055                                         avg =        2.0
     Overall = 0.0000                                         max =          2

                                                F(2,383)          =       2.14
corr(u_i, Xb) = -0.0978                         Prob > F          =     0.1187

                              (Std. err. adjusted for 384 clusters in store)
------------------------------------------------------------------------------
             |               Robust
         fte | Coefficient  std. err.      t    P>|t|     [95% conf. interval]
-------------+----------------------------------------------------------------
   treatment |       2.75   1.337723     2.06   0.040     .1197995    5.380201
        time |  -2.283333   1.248138    -1.83   0.068    -4.737394    .1707278
       _cons |   21.00664   .2288166    91.81   0.000     20.55675    21.45653
-------------+----------------------------------------------------------------
     sigma_u |  8.4585732
     sigma_e |  6.3411612
         rho |  .64020113   (fraction of variance due to u_i)
------------------------------------------------------------------------------
```

图 14.5　输出的式(14.15)估计结果(稳健标准误)

4. 引入变量 hoursopen 的估计

* *

* * * 引入变量 hoursopen，估计式(14.16)$Y_{it}=\theta D_{it}+\boldsymbol{X}'_{it}\boldsymbol{\beta}+u_i+v_t+\varepsilon_{it}$。

* *

继续执行命令

```
.xtreg fte treatment time hoursopen, fe vce(robust)
```

输出结果见图 14.6。

```
Fixed-effects (within) regression               Number of obs     =        761
Group variable: store                           Number of groups  =        384

R-squared:                                      Obs per group:
     Within  = 0.0321                                         min =          1
     Between = 0.3312                                         avg =        2.0
     Overall = 0.2655                                         max =          2

                                                F(3,383)          =       5.19
corr(u_i, Xb) = 0.2114                          Prob > F          =     0.0016

                                (Std. err. adjusted for 384 clusters in store)
------------------------------------------------------------------------------
             |               Robust
         fte | Coefficient  std. err.      t    P>|t|     [95% conf. interval]
-------------+----------------------------------------------------------------
   treatment |   2.839666    1.30783     2.17   0.031     .2682414    5.411091
        time |  -2.183173   1.214196    -1.80   0.073    -4.570498    .2041522
   hoursopen |   1.173974   .3569305     3.29   0.001     .4721854    1.875762
       _cons |   4.138959   5.181578     0.80   0.425    -6.048942    14.32686
-------------+----------------------------------------------------------------
     sigma_u |  6.9213214
     sigma_e |  6.2520474
         rho |  .55067428   (fraction of variance due to u_i)
------------------------------------------------------------------------------
```

图 14.6　引入变量 hoursopen 的估计结果

5. 计算不同区域快餐店的平均就业人数(对应表 14.3)

继续执行命令

```
.summarize fte if southj==1 & time==0
.summarize fte if southj==1 & time==1
.summarize fte if centralj==1 & time==0
.summarize fte if centralj==1 & time==1
.summarize fte if northj==1 & time==0
.summarize fte if northj==1 & time==1
.summarize fte if pa1==1 & time==0
.summarize fte if pa1==1 & time==1
.summarize fte if pa2==1 & time==0
.summarize fte if pa2==1 & time==1
```

输出结果见图 14.7，整理后可得表 14.3 中的结果。

```
. summarize fte if southj==1 & time==0
```

Variable	Obs	Mean	Std. dev.	Min	Max
fte	89	16.58708	7.175073	5	48

```
. summarize fte if southj==1 & time==1
```

Variable	Obs	Mean	Std. dev.	Min	Max
fte	89	17.29494	8.518326	0	47.5

```
. summarize fte if centralj==1 & time==0
```

Variable	Obs	Mean	Std. dev.	Min	Max
fte	58	21.97414	11.88622	5	85

```
. summarize fte if centralj==1 & time==1
```

Variable	Obs	Mean	Std. dev.	Min	Max
fte	58	21.35776	9.912901	0	59

```
. summarize fte if northj==1 & time==0
```

Variable	Obs	Mean	Std. dev.	Min	Max
fte	162	21.98951	8.528996	5.5	50

```
. summarize fte if northj==1 & time==1
```

Variable	Obs	Mean	Std. dev.	Min	Max
fte	162	22.71142	9.130123	0	60.5

```
. summarize fte if pa1==1 & time==0
```

Variable	Obs	Mean	Std. dev.	Min	Max
fte	34	24.83824	11.82349	7.5	52.5

```
. summarize fte if pa1==1 & time==1
```

Variable	Obs	Mean	Std. dev.	Min	Max
fte	34	20.97059	7.250853	8.5	37.5

```
. summarize fte if pa2==1 & time==0
```

Variable	Obs	Mean	Std. dev.	Min	Max
fte	41	22.17073	12.17483	8.5	70.5

```
. summarize fte if pa2==1 & time==1
```

Variable	Obs	Mean	Std. dev.	Min	Max
fte	41	21.20122	9.294525	0	43.5

图 14.7　不同区域快餐店平均就业人数统计输出结果

6. 处理效应的齐次性(同质性)检验

采用回归排除检验法,对同等处理效应假设进行检验。继续执行命令

```
.gen treat_northj = time * northj
```

```
.gen treat_pal = time * pal
.xtreg fte treatment time treat_southj treat_northj, fe vce(robust)
.testparm treat_southj treat_northj
```

输出结果分别见图 14.8 和图 14.9。

```
. testparm treat_southj treat_northj

 ( 1)  treat_southj = 0
 ( 2)  treat_northj = 0

       F(  2,   383) =    0.51
            Prob > F =    0.6035
```

图 14.8　新泽西州三个区域处理效应的检验结果

```
. testparm treat_pa1

 ( 1)  treat_pa1 = 0

       F(  1,   383) =    1.45
            Prob > F =    0.2293
```

图 14.9　宾夕法尼亚州两个区域控制效应的检验结果

14.4　基于外生性事件的双重差分应用

14.4.1　实例分析——街道可见警力对减少犯罪的效应

迪泰拉(Di Tella)和舍格罗德斯基(Schargrodsky)使用双重差分法研究在街道布置更多被居民可见的警力是否减少了汽车偷窃量。理性犯罪模型认为,由于一个地区可见的警力具有威慑作用,故其将降低犯罪率,但是其因果效应很难衡量,因为警力多寡不是外生(外源)分配的,而是基于对安全预判的需要进行分配的。差分估计量需要一个外生性事件,它能够改变警力的分配。他们研究的创新之处体现在将警方对恐怖袭击的反应作为外生变量(外源变异)。

1994 年 7 月,阿根廷的布宜诺斯艾利斯遭到恐怖袭击,为此联邦政府对当地的建筑提供了两周的警察保护。迪泰拉和舍格罗德斯基提出假设,即虽然联邦政府配置警察的主要目的是阻止恐怖袭击或报复攻击,但其同时也威慑了诸如汽车偷窃等其他街头犯罪,这些本应该是当地警察的任务。他们收集了布宜诺斯艾利斯 1994 年 4—12 月汽车盗窃的详细信息,得到了当地 876 个城市街区的面板数据。他们假设恐怖袭击与政府的反应对汽车盗窃来说是外生的,因此是一个有效的干预(处理)。他们认为对任何受到保护的街区来说,警力的威慑效果都是最强的,潜在的盗车者会担心被抓而不敢实施行窃,但随着街区远离受保护的街区,威慑效果预期将会减弱。因此,他们根据恐怖袭击前后每个街区平均汽车偷窃数,以及受与未受保护的城市街区(遭到与未遭到恐怖袭击)之间的平均汽车偷窃数,构建了一个双重差分估计量。

收集的数据包含 37 个遭到恐怖袭击的街区(处理组样本),839 个未遭到恐怖袭击的街区(参照组或控制组样本),具体见数据集 14.4-DS2004,该数据集选自 Hansen 的 *Econometrics* 一书,是迪泰拉和舍格罗德斯基的 AER 复制文件的一个简单修改版本。

表 14.4 分别给出了 1994 年 7 月袭击前和袭击后的几个月,以及 7 月下旬开始受到警察保护的街区与其他街区的平均汽车偷窃数,由于袭击发生在 7 月份,其数据收集的只是前半个月的汽车偷窃数,故在计算时未予考虑。由表 14.4 可以看到,在受保护的街区(遭到恐怖袭击),汽车偷窃的平均数量急剧下降,从每月 0.112 下降到 0.035,而在不受保护的街区,汽车偷窃的平均数量几乎不变,从 0.095 上升到 0.105。通过双重差分发现警力对汽车偷窃的影响减少了 0.087,平均降低量为 0.087/0.112≈78%。表 14.4 中的数据计算过程见 14.4.2 小节。

表 14.4　城市街区汽车偷窃平均数量　　单位:辆

时间	受保护街区	未受保护街区	差值
4—6 月(恐怖袭击前)	0.112	0.095	−0.017
8—12 月(恐怖袭击后)	0.035	0.105	0.070
差值	−0.077	0.010	−0.087

这里估计双重差分的一般方法是采用回归模型式(14.14),即

$$Y_{it}=\theta D_{it}+u_i+v_t+\varepsilon_{it}$$

式中,Y_{it} 是街区 i 在 t 月的汽车偷窃数量;u_i 和 v_t 分别是街区与月份的固定效应(个体与时间)。由于得到的是平衡面板数据且没有引入控制变量,因此该回归的估计值都是 0.087(参见图 14.11)。

上面的模型在应用时有一个很强的假设,处理效应要具有齐次性,即在五个干预(处理)月内,处理效应为常数。表 14.5 对这一假设进行了分析,该表按月给出了街区汽车偷窃平均数量。对于参照组(控制组)样本(未受保护街区),汽车偷窃的平均数量在五个月内几乎相同。在恐怖袭击前后的八个月中,未受保护街区的汽车偷窃平均数量有七个月在 0.099 到 0.111 之间,只有一个月(6 月份)略低,是 0.076。

表 14.5　城市街区月汽车偷窃平均数量　　单位:辆

时间		受保护街区	未受保护街区	差值
恐怖袭击前	4 月	0.112	0.110	−0.012
	5 月	0.088	0.100	0.012
	6 月	0.128	0.076	−0.052
恐怖袭击后	8 月	0.047	0.111	0.064
	9 月	0.014	0.099	0.085
	10 月	0.061	0.108	0.047
	11 月	0.027	0.100	0.073
	12 月	0.027	0.106	0.079

对于处理组样本,恐怖袭击前三个月街区的平均盗窃数与对照样本中的平均数相近。但

在袭击发生后的五个月里,偷车事件的数量都下降了,平均值在 0.014 至 0.061 之间。在袭击发生后的五个月里,参照组每个月的平均盗窃数较高,平均值从 0.099 至 0.111 不等,处理效应(差值)在 0.047 至 0.085 之间。对于只有 37 个遭到恐怖袭击的街区(处理组样本容量相对很小),这个结果是额外的警力保护对威慑犯罪具有因果效应的有力证据。

我们可以对处理效应是否具有齐次性(同质性)进行检验,其方法是在模型中引入 4 个虚拟变量,分别表示袭击发生后的四个月(例如 8—11 月)与处理样本的交互影响,然后检验排除这些变量的情况。对这 4 个虚拟变量的系数为 0 进行检验,得到检验的 p 值为 0.806(具体计算见图 14.14),显著程度很低。因此,没有理由怀疑数据中隐含的同质性假设。

我们的目的是估计被居民可见的警力威慑犯罪的因果效应,下面对这个问题做进一步解释。首先,将恐怖袭击事件看作外生似乎是合理的,政府的反应似乎也是外生的,两者都与汽车偷窃率没有合理的关联性。其次,表 14.4 和表 14.5 中的数据表明,在恐怖袭击前处理组和参照组的平均汽车偷窃数量相近,因此提供额外的警力保护似乎是防止恐怖袭击,而不是出于预防犯罪的目的。但是,恐怖袭击本身并没有降低汽车的偷窃,因为袭击对处理组之外的样本似乎没有产生明显的影响。而从未受保护街区汽车偷窃在几个月存在的同质性来看,受保护街区增大的可见警力对降低汽车偷窃具有可信的因果效应。最后,迪泰拉和舍格罗德斯基的论文中虽然没有明确讨论 1994 年 7 月份是否存在可能影响这些城市街区的其他偶合事件,但很难想象对这么大的效应有什么其他可替代的解释。因此,被居民可见的警力大大降低了汽车偷窃的发生率,其论据非常充分。

但是,对这个结论进行外拓,即认为警察的存在更广泛地阻止了犯罪则比较牵强,因为该论文并未提供这个论断的直接证据,论断虽然看似合理,但在没有支撑证据的情况下,我们对给出的结论还是应该斟酌。

总而言之,迪泰拉和舍格罗德斯基的研究是一个很好的范例,它清晰可信地给出了一项重要政策效果的双重差分估计。

14.4.2 实例分析的 Stata 命令与输出结果

本部分对 14.4.1 小节中的相关数据利用 Stata 软件进行计算。首先,输入数据,执行命令为

```
.use 14.4-DS2004.dta, clear
*************************************
***剔除 7 月份汽车偷窃数据
*************************************
```

执行命令

```
.drop if month==7
```

1. 计算表 14.4 中的数据

```
*************************************
***本部分计算城市街区汽车偷窃平均数量,以获得表 14.4 中的数据结果。
***samebloc=1 表示受保护街区,samebloc=0 表示不受保护街区,
*** after =1 表示恐怖袭击后,after =0 表示恐怖袭击前。
*************************************
```

继续执行命令

```
.gen after = (month>7)
.gen treatment = sameblock * after
.summarize thefts if after==0 & sameblock==1
.summarize thefts if after==1 & sameblock==1
.summarize thefts if after==0 & sameblock==0
.summarize thefts if after==1 & sameblock==0
```

输出结果见图 14.10。注意，Stata 输出结果与表 14.4 基本一致，一些差异因考虑舍入误差所致。

. summarize thefts if after==0 & sameblock==1

Variable	Obs	Mean	Std. dev.	Min	Max
thefts	111	.1126126	.289472	0	1.75

. summarize thefts if after==1 & sameblock==1

Variable	Obs	Mean	Std. dev.	Min	Max
thefts	185	.0351351	.1358672	0	1.25

. summarize thefts if after==0 & sameblock==0

Variable	Obs	Mean	Std. dev.	Min	Max
thefts	2,517	.095153	.2356458	0	2

. summarize thefts if after==1 & sameblock==0

Variable	Obs	Mean	Std. dev.	Min	Max
thefts	4,195	.104708	.2603689	0	2.5

图 14.10　汽车偷窃平均数量统计输出结果

2. 估计双重差分

*

* * * 采用回归模型式(14.14)，即 $Y_{it}=\theta D_{it}+u_i+v_t+\varepsilon_{it}$，估计警力对汽车偷窃的影响。

*

继续执行命令

```
.xtset block
.xtreg thefts treatment i.month, fe vce(robust)
```

输出结果见图 14.11。

```
Fixed-effects (within) regression               Number of obs     =      7,008
Group variable: block                           Number of groups  =        876

R-squared:                                      Obs per group:
     Within  = 0.0033                                         min =          8
     Between = 0.0042                                         avg =        8.0
     Overall = 0.0034                                         max =          8

                                                F(8,875)          =       2.85
corr(u_i, Xb) = -0.0200                         Prob > F          =     0.0040

                               (Std. err. adjusted for 876 clusters in block)
------------------------------------------------------------------------------
             |               Robust
      thefts | Coefficient  std. err.      t    P>|t|     [95% conf. interval]
-------------+----------------------------------------------------------------
   treatment |  -.0870325   .0302242    -2.88   0.004     -.146353    -.027712
             |
       month |
          5  |  -.0114155   .0113288    -1.01   0.314    -.0336502    .0108192
          6  |  -.0322489   .0113224    -2.85   0.004    -.0544712   -.0100265
          8  |   .0013929   .0122349     0.11   0.909    -.0226202     .025406
          9  |  -.0117349   .0119668    -0.98   0.327    -.0352219     .011752
         10  |  -.0008902   .0122977    -0.07   0.942    -.0250265    .0232462
         11  |  -.0094518   .0121659    -0.78   0.437    -.0333297     .014426
         12  |  -.0043148   .0125685    -0.34   0.731    -.0289828    .0203531
             |
       _cons |   .1104452   .0083264    13.26   0.000     .0941031    .1267873
-------------+----------------------------------------------------------------
     sigma_u |  .11424357
     sigma_e |  .23728029
         rho |  .18818931   (fraction of variance due to u_i)
------------------------------------------------------------------------------
```

图 14.11 双重差分模型估计结果

3. 计算表 14.5 中的数据

下面计算受保护街区各月份汽车偷窃数值。继续执行命令

```
.summarize thefts if month==4 & sameblock==1
.summarize thefts if month==5 & sameblock==1
.summarize thefts if month==6 & sameblock==1
.summarize thefts if month==8 & sameblock==1
.summarize thefts if month==9 & sameblock==1
.summarize thefts if month==10 & sameblock==1
.summarize thefts if month==11 & sameblock==1
.summarize thefts if month==12 & sameblock==1
```

输出结果见图 14.12。

```
. summarize thefts if month==4 & sameblock==1

    Variable |        Obs        Mean    Std. dev.       Min        Max
-------------+---------------------------------------------------------
      thefts |         37    .1216216    .3614286          0       1.75

. summarize thefts if month==5 & sameblock==1

    Variable |        Obs        Mean    Std. dev.       Min        Max
-------------+---------------------------------------------------------
      thefts |         37    .0878378    .2059549          0          1

. summarize thefts if month==6 & sameblock==1

    Variable |        Obs        Mean    Std. dev.       Min        Max
-------------+---------------------------------------------------------
      thefts |         37    .1283784    .2863905          0          1

. summarize thefts if month==8 & sameblock==1

    Variable |        Obs        Mean    Std. dev.       Min        Max
-------------+---------------------------------------------------------
      thefts |         37    .0472973    .1751769          0          1

. summarize thefts if month==9 & sameblock==1

    Variable |        Obs        Mean    Std. dev.       Min        Max
-------------+---------------------------------------------------------
      thefts |         37    .0135135    .0573109          0        .25

. summarize thefts if month==10 & sameblock==1

    Variable |        Obs        Mean    Std. dev.       Min        Max
-------------+---------------------------------------------------------
      thefts |         37    .0608108    .2157465          0       1.25

. summarize thefts if month==11 & sameblock==1

    Variable |        Obs        Mean    Std. dev.       Min        Max
-------------+---------------------------------------------------------
      thefts |         37     .027027       .0787          0        .25

. summarize thefts if month==12 & sameblock==1

    Variable |        Obs        Mean    Std. dev.       Min        Max
-------------+---------------------------------------------------------
      thefts |         37     .027027       .0787          0        .25
```

图 14.12　受保护街区各月份汽车偷窃平均数量统计输出结果

计算未受保护街区各月份汽车偷窃数值,继续执行命令

```
.summarize thefts if month==4 & sameblock==0
.summarize thefts if month==5 & sameblock==0
.summarize thefts if month==6 & sameblock==0
.summarize thefts if month==8 & sameblock==0
.summarize thefts if month==9 & sameblock==0
.summarize thefts if month==10 & sameblock==0
.summarize thefts if month==11 & sameblock==0
```

```
.summarize thefts if month==12 & sameblock==0
```

输出结果见图 14.13。根据图 14.12 和图 14.13 的结果可得到表 14.5 中的数据。

```
. summarize thefts if month==4 & sameblock==0

    Variable |        Obs        Mean    Std. dev.       Min        Max
-------------+---------------------------------------------------------
      thefts |        839    .1099523    .2698988          0          2

. summarize thefts if month==5 & sameblock==0

    Variable |        Obs        Mean    Std. dev.       Min        Max
-------------+---------------------------------------------------------
      thefts |        839    .0995232    .2331808          0        1.5

. summarize thefts if month==6 & sameblock==0

    Variable |        Obs        Mean    Std. dev.       Min        Max
-------------+---------------------------------------------------------
      thefts |        839    .0759833    .1972168          0       1.25

. summarize thefts if month==8 & sameblock==0

    Variable |        Obs        Mean    Std. dev.       Min        Max
-------------+---------------------------------------------------------
      thefts |        839    .1108462    .2810467          0        2.5

. summarize thefts if month==9 & sameblock==0

    Variable |        Obs        Mean    Std. dev.       Min        Max
-------------+---------------------------------------------------------
      thefts |        839    .0986293    .2579891          0          2

. summarize thefts if month==10 & sameblock==0

    Variable |        Obs        Mean    Std. dev.       Min        Max
-------------+---------------------------------------------------------
      thefts |        839    .1078665    .2581906          0          2

. summarize thefts if month==11 & sameblock==0

    Variable |        Obs        Mean    Std. dev.       Min        Max
-------------+---------------------------------------------------------
      thefts |        839    .1004172    .2445159          0          2

. summarize thefts if month==12 & sameblock==0

    Variable |        Obs        Mean    Std. dev.       Min        Max
-------------+---------------------------------------------------------
      thefts |        839    .1057807    .2591971          0       1.75
```

图 14.13　未受保护街区各月份汽车偷窃平均数量统计输出结果

4. 处理效应的齐次性(同质性)检验

下面对处理效应是否具有齐次性(同质性)进行检验。执行命令

```
.gen treatment4 = sameblock*(month==4)
.gen treatment8 = sameblock*(month==8)
.gen treatment9 = sameblock*(month==9)
```

```
.gen treatment10 = sameblock * (month==10)
.gen treatment11 = sameblock * (month==11)
.xtreg thefts treatment treatment8 treatment9 treatment10 treatment11 i.month,
fe vce(robust)
.testparm treatment8 treatment9 treatment10 treatment11
```

输出结果见图 14.14。检验统计量值的 p 值为 0.806,不能拒绝处理效应齐次性或同质性假设。

```
( 1)  treatment8 = 0
( 2)  treatment9 = 0
( 3)  treatment10 = 0
( 4)  treatment11 = 0

      F(  4,   875) =    0.40
           Prob > F =    0.8060
```

图 14.14　处理效应齐次性检验结果

14.5　双重差分中趋势的处理方法与应用

14.5.1　趋势的识别与处理

本章前面分析的例子中,数据时间期较短,即期数较小,在这种情况下,考虑的变量不会出现趋势性变化。但在有些情况下,数据的时间期较长,可能跨越了几年,甚或几十年,在这种情况下变量可能呈现趋势性,例如出现长期增长、商业周期效应、消费倾向变化、技术进步等。当出现这种情况时,如果在模型中未引入反映趋势特征的变量,则模型就存在误设定,且因存在省略变量偏差,导致估计的政策效应将不具有一致性。

考虑双重差分模型

$$Y_{it}=\theta D_{it}+\boldsymbol{X}_{it}'\boldsymbol{\beta}+u_i+v_t+\varepsilon_{it}$$

该模型需要一个强有力的假设,即 Y_{it} 中蕴含的趋势完全由控制变量 $\boldsymbol{X}_{it}$ 和共同的不可测的时间成分 v_t 解释,因此这个假设具有很大的限制性,现实中往往会出现趋势变化,并且可观测的控制变量并未捕捉到这种趋势。

我们可以从过度识别(overidentification)的角度来看待这个问题。为简单起见,假设没有控制变量,面板数据是均衡的,因而有 NT 个观测值。政策效应的双向模型有 $N+T$ 个系数,除非 $N=T=2$,否则这个模型就是过度识别的。除了考虑异质性的处理效应外,自然应考虑异质性的趋势。

对双重差分模型的一种拓展是考虑线性时间趋势与控制变量的交互作用,模型形式为

$$Y_{it}=\theta D_{it}+\boldsymbol{X}_{it}'\boldsymbol{\beta}+\boldsymbol{Z}_i'\boldsymbol{\delta}t+u_i+v_t+\varepsilon_{it}$$

这个模型刻画了 Y_{it} 中蕴含的趋势随单元的变化与控制变量 $\boldsymbol{Z}_i$ 有关。

对双重差分模型的一种更广泛的拓展是在模型中引入描述特定单位线性时间趋势,即

$$Y_{it}=\theta D_{it}+\boldsymbol{X}_{it}'\boldsymbol{\beta}+u_i+v_t+tw_i+\varepsilon_{it} \tag{14.18}$$

在这个模型中,w_i 是一个时间趋势固定效应,它随单元而变化。如果不存在控制变量,则此模

型具有 $2N+T$ 个系数,并且只要 $T\geqslant 4$ 就可识别。

关于式(14.18)的估计方法有三种。如果 N 较小(例如,应用州层级的数据),则可以使用显式虚拟变量方法来估计回归。设 d_i 和 S_t 是分别表示第 i 个(个体)单元和第 t 时期的虚拟变量,令 $d_{it}=d_it$,表示个体虚拟变量与时间趋势的交叉项。通过 Y_{it} 对 D_{it}、$\boldsymbol{X}_{it}$、d_i、S_t 和 d_{it} 进行回归,即可估计该模型。等价地,还可对变量 D_{it}、$\boldsymbol{X}_{it}$、S_t 和 d_{it} 使用单向固定效应回归模型进行估计。

当 N 很大时,一个更有计算效率的方法是使用残差回归。对每一个体单元 i,针对每个变量 Y_{it}、D_{it}、$\boldsymbol{X}_{it}$ 和 S_t 估计一个时间趋势模型。换言之,对每一个 i,估计

$$Y_{it}=\hat{\alpha}_0+\hat{\alpha}_1 t+\dot{Y}_{it}$$

这是一个广义内变换,用残差值 $\dot{Y}_{it}$ 来代替原始观测值,进而 $\dot{Y}_{it}$ 关于 $\dot{D}_{it}$、$\dot{\boldsymbol{X}}_{it}$、$\dot{S}_t$ 做回归即可得到式(14.18)的估计。

趋势固定效应 v_t 的相关性可以通过显著性检验进行评估。具体来说,可使用标准的排除检验方法,对时期虚拟变量的系数为 0 的假设进行检验,类似地也可使用该方法对趋势交叉项的显著性进行检验。如果检验在统计上显著,则表明这些变量的引入对模型的正确设定有作用。但不幸的是,当协方差矩阵在单元层级上聚类时,锚定单元的线性时间趋势无法进行显著性检验。这类似于用单个的观测检验虚拟变量的显著性问题,若要实现对锚定单元的线性时间趋势进行显著性检验,协方差矩阵只能在更低层级(更小单位)的水平上聚类,否则估计的协方差矩阵是奇异的(退化矩阵),且向下有偏(biased downwards),普通的检验会夸大显著性。

14.5.2 案例分析——蓝色法规会影响酒销售吗

历史上,美国许多州禁止或限制在星期日销售含有酒精的饮料,并被称为"蓝色法规"(blue laws)。前些年,这些法规已经放宽限制,试问法规的变化是否会导致酒精饮料消费增大?伯恩海姆(Bernheim)、梅尔(Meer)和诺瓦柔(Novarro)利用关于酒精消费和销售时间的翔实面板数据研究了这个问题。与法规变化相一致的可观测变化有可能反映了潜在的趋势,不同的州在不同的年份改变了自己法规的事实,提示我们可以采用双重差分的方法识别处理效应。

伯恩海姆、梅尔和诺瓦柔在论文中重点关注蒸馏酒的销售,但数据中也包含了葡萄酒和啤酒的销售。本例数据集 14.5-BMN2016 来自 Hansen 的 *Econometrics* 一书,是伯恩海姆、梅尔和诺瓦柔数据资料的缩减版。白酒是以人均加仑纯乙醇当量来衡量的,这些数据是美国 47 个州 1970 年至 2007 年的州级非均衡面板数据,共有 1722 个观测值。

作者详实地收集了周日允许销售白酒的时间信息,并将场外销售 (酒类专卖店、超市)与场内销售 (餐馆、酒吧)进行了区分。让 Y_{it} 表示第 i 州第 t 年人均酒类销售额的自然对数。基本模型的一个简化版本为(具体估计参见图 14.16)

$$\begin{aligned}Y_{it}=\ &\underset{(0.003)}{0.011}\,\text{OnHours}_{it}+\underset{(0.003)}{0.003}\text{OffHours}_{it}-\underset{(0.004)}{0.012}\text{UR}_{it}+\\ &\underset{(0.008)}{0.029}\text{OnOutFlows}_{it}-\underset{(0.010)}{0.000}\text{OffOutFlows}_{it}+u_i+v_t+\varepsilon_{it}\end{aligned}\tag{14.19}$$

式中,OnHours 和 OffHours 分别表示允许周日在场内和场外销售的小时数;UR 表示周失业率;OnOutFlows(OffOutFlows)表示场内(外)销售小时数少于相邻州的加权数。将这些变量

引入是为了调整可能的跨境交易。式(14.19)包含了州和年度固定效应，标准误按州进行聚类，括弧中为估计的标准误。注意，这里出于模型简明之考虑，变量的记号与数据集略有差异，其中 OnHours = liqonsun，OffHours = liqoffsun，UR = unempw，OnOutFlows = liqOnOutflows，OffOutFlows＝liqOffOutflows。

估计结果表明，增加场内销售小时数 OnHours 将导致酒类销售少量增加，这与酒类是社交场合(餐厅和酒吧)的互补品特征相一致；OffHours 的系数小且不显著(t 值为 1.01，p 值为 0.316)，这表明增加场外销售时长不会使酒类销售增加；这与理性消费者的行为相吻合，他们会将购买酒类商品的时间调整在规定允许的时间；失业率 UR 的负向影响意味着酒类销售是顺应经济周期的。

出于谨慎之考虑，作者对模型的设定和交叉影响尝试使用了其他方法，以获得对动态性和趋势的正确识别。关于趋势问题，图 14.15 是加利福尼亚(California)、爱荷华(Iowa)、纽约(New York)三个州的人均酒类销售额对数的时间序列图。从图 14.15 可以看到，这三个州人均酒类销售额对数均呈现下降趋势(1970 年至 1995 年)，然后又呈上升趋势。然而，这三种趋势的斜率并不相同，这表明趋势中既含有对各州而言共同的成分，也有体现各州局部特征的成分。

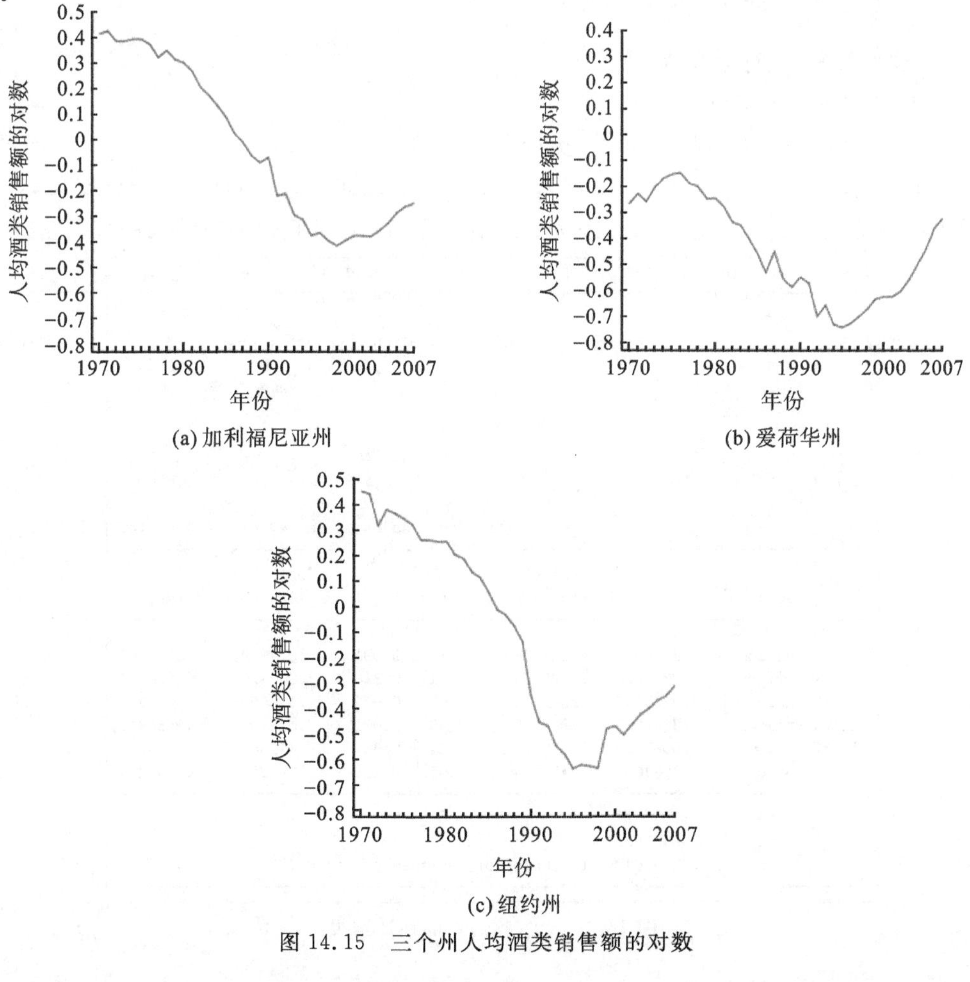

图 14.15　三个州人均酒类销售额的对数

基于以上分析,对式(14.19)进行拓展,将锚定州(state-specific)的线性趋势引入基本模型,结果为(具体估计见图 14.17)

$$\underset{}{Y_{it}} = \underset{(0.002)}{0.000}\,\text{OnHours}_{it} + \underset{(0.002)}{0.002}\text{OffHours}_{it} - \underset{(0.003)}{0.015}\text{UR}_{it} +$$

$$\underset{(0.005)}{0.005}\text{OnOutFlows}_{it} + \underset{(0.005)}{0.006}\text{OffOutFlows}_{it} + tw_i + u_i + v_t + \varepsilon_{it} \qquad (14.20)$$

与式(14.19)相比较,OnHours 的系数估计值下降到零并且变得不显著(t 值为 0.08,p 值为 0.934),其他估计值未发生有意义的变化。作者仅在论文脚注中讨论了这个回归,指出将锚定州的线性趋势添加到模型,“需要大量的数据,留下太少的变化以识别感兴趣的效应”。这个说法值得商榷,因为实际上标准误已经减少,而不是增加,故表明较好地识别了效应。这里烦人的是,允许周日在场内和场外销售的小时数(OnHours 和 OffHours)具有趋势性,且随州而不同,这意味着这些变量与州-趋势的交互作用相关联,忽略趋势的作用会导致出现变量偏差,这就解释了为什么当趋势设定改变时,系数的估计值会发生变化。

伯恩海姆、梅尔和诺瓦柔的研究是一个值得称赞的范例,他们精心的实证分析工作关注了细节,给出了分离处理效应的策略,也解释了趋势设定对结果的影响。

14.5.3 案例结果的 Stata 输出

首先,输入数据,执行命令为

```
.use 14.5-BMN2016.dta, clear
```

其次,获得式(14.19)的估计结果。执行命令

```
.xtreg logliq i.year liqonsun liqoffsun unempw liqOnOutflows liqOffOutflows, r fe
```

输出结果见图 14.16。注意,出于简洁之考虑,图 14.16 对原始输出结果进行了缩减。

```
Fixed-effects (within) regression               Number of obs     =      1,722
Group variable: id                              Number of groups  =         47

R-squared:                                      Obs per group:
     Within  = 0.8679                                         min =         15
     Between = 0.1329                                         avg =       36.6
     Overall = 0.3635                                         max =         38

                                                F(42,46)          =     336.59
corr(u_i, Xb) = -0.1947                         Prob > F          =     0.0000

                                   (Std. err. adjusted for 47 clusters in id)
-------------------------------------------------------------------------------
               |               Robust
        logliq | Coefficient  std. err.      t    P>|t|     [95% conf. interval]
---------------+---------------------------------------------------------------
      liqonsun |   .0108946   .0029585     3.68   0.001     .0049394    .0168497
     liqoffsun |   .0025626   .0025253     1.01   0.316    -.0025206    .0076459
        unempw |  -.0123187   .0041441    -2.97   0.005    -.0206603    -.003977
 liqOnOutflows |   .0287525   .0082728     3.48   0.001     .0121002    .0454049
liqOffOutflows |  -.0004189   .0095724    -0.04   0.965    -.0196872    .0188493
         _cons |   .0683609   .0452884     1.51   0.138       -.0228    .1595218
---------------+---------------------------------------------------------------
       sigma_u |  .30031577
       sigma_e |  .08552862
           rho |  .92497649   (fraction of variance due to u_i)
-------------------------------------------------------------------------------
```

图 14.16 式(14.19)的估计结果

最后，获得式(14.20)的估计结果。执行命令

```
.xtreg logliq i.year id#c.year liqonsun liqoffsun unempw liqOnOutflows
liqOffOutflows, r fe
```

输出结果见图 14.17。注意，出于简洁之考虑，图 14.17 对原始输出结果进行了缩减。

```
Fixed-effects (within) regression               Number of obs     =      1,722
Group variable: id                              Number of groups  =         47

R-squared:                                      Obs per group:
     Within  = 0.9406                                         min =         15
     Between = 0.0892                                         avg =       36.6
     Overall = 0.0648                                         max =         38

                                                F(42,46)          =          .
corr(u_i, Xb) = -0.9996                         Prob > F          =          .

                                     (Std. err. adjusted for 47 clusters in id)
-------------------------------------------------------------------------------
              |               Robust
       logliq | Coefficient  std. err.      t    P>|t|     [95% conf. interval]
--------------+----------------------------------------------------------------
     liqonsun |   .0001685   .0020293     0.08   0.934    -.0039164    .0042533
    liqoffsun |   .0015786   .0024416     0.65   0.521     -.003336    .0064933
       unempw |  -.0153383   .0033878    -4.53   0.000    -.0221577    -.008519
liqOnOutflows |   .0054462   .0053724     1.01   0.316    -.0053679    .0162603
liqOffOutflows|   .0055336   .0051563     1.07   0.289    -.0048455    .0159127
        _cons |    11.2216   1.479202     7.59   0.000      8.24412    14.19908
--------------+----------------------------------------------------------------
      sigma_u |  13.746469
      sigma_e |  .05815709
          rho |   .9999821   (fraction of variance due to u_i)
-------------------------------------------------------------------------------
```

图 14.17　式(14.20)的估计结果

14.6　聚类方差估计与集群数量

当研究者感兴趣的是集群层面政策效应的变化情况时，双重差分应用中使用的是高集群或聚集数据(如省层级、州层级等)，因此最近的文献中常用聚类方法计算标准误，其聚类应用在高层级的集群上。

为了使大家易于理解这一做法的动机，首先回顾通常的聚类方差估计的相关知识(参见 8.4.1 节)。设误差项 e_{ig} 是集群(或类)g 中个体 i 的误差，它与回归中的解释变量不相关，其方差为 σ^2，集群内个体之间的相关系数为 ρ。如果每个集群中个体的数量都是 N，式(8.14)给出了最小二乘估计量正确的协方差矩阵，即

$$\boldsymbol{V}_{\hat{\boldsymbol{\beta}}} = (\boldsymbol{X}'\boldsymbol{X})^{-1}\sigma^2[1+\rho(N-1)]$$

这说明通常的方差按因子$[1+\rho(N-1)]$进行膨胀，即使 ρ 很小，如果 N 很大，那么这个膨胀因子也会很大。

聚类方差估计量未对集群内的条件方差和相关性施加任何结构性限制，允许存在任意的关系，其优点是由此得到的方差估计量对宽泛的相关性结构具有稳健性，缺点是估计量可能不太精确。为易于理解这一点，将聚类方差估计看作是根据集群(或类)的数量构建的。例如，如果你与许多应用研究一样使用美国的州作为集群，那么集群的数量(最多)为 51，这意味着你使用 51 个观测估计协方差矩阵，而不考虑样本中的个体观测数量。这蕴含着：若你估计的系

数超过 51 个，样本协方差矩阵的估计将出现不满秩的情况，这会使有关的推断方法失效。

应用聚类标准误令人信服且有影响力的一篇论文是伯特兰(Bertrand)、迪弗洛和穆莱纳桑(Mullainathan)撰写的。他们通过使用著名的 CPS 数据集，然后添加随机生成的回归解释变量进行论证，研究发现：如果使用非聚类方差估计量，估计的标准误会很小，研究者会不恰当地得出结论——在回归中这些随机产生的"变量"影响显著，这种情况可通过使用聚类标准误(在州层级的聚类)来消除。基于论文的建议，经济领域研究现在惯常在州层级进行集群处理。

然而，这种论点也有局限性。以前面介绍的卡德和克鲁格的研究为例，他们的研究只涉及新泽西和宾夕法尼亚两个州，如果标准误在州层级聚类，那么只有两个有效的观测值可用于标准误的计算。因此，对这项研究来说，集群在州层级是不可能的。从这个意义上讲，对研究中只涉及少数几个州的研究结论应谨慎对待。如果不能排除聚类的依赖结构，且因州数量过少不能使用聚类方法，那么信赖报告的标准误就不合适了。

另一个挑战是处理组($D_{it}=1$)只包含少数的个体观测，最极端的情况是只有一个处理单元，例如只有一个州或省份采取某项政策(干预)时，我们欲分析其效应，这种情形值得特别注意，它类似于具有稀疏虚拟变量的稳健协方差矩阵的估计问题。参考 Hansen 的 *Econometrics* 一书的 4.18 部分的论述，在只有单个处理单元的极端情况下，稳健协方差矩阵估计量是奇异的，并且高度偏向于零，其缘由是子群体的方差基于单个观测值进行估计。

练习题

1. 请解释应用面板数据如何消除不可观察的固定效应 α_i。

2. 请说明共同趋势假设在解释双重差分估计为因果效应(或处理效应)中的作用。

3. 在 $T=2$ 和 $N=2$ 的回归模型式(14.8)中，即 $Y_{it}=\beta_0+\beta_1\text{state}_i+\beta_2\text{time}_t+\theta D_{it}+\varepsilon_{it}$，假设遗漏时间变量，模型变为

$$y_{it}=\beta_0+\beta_1\text{state}_i+\theta D_{it}+\varepsilon_{it}$$

式中，$D_{it}=\text{state}_i\text{time}_t$。

(1)给出求最小二乘估计量 $\hat{\theta}$ 的数学表达式；

(2)解释 $\hat{\theta}$ 仅是处理组样本的函数，而不是参照组样本的函数；

(3)$\hat{\theta}$ 是双重差分估计量吗？

(4)在什么条件下，$\hat{\theta}$ 可被解释为合适的因果效应估计？

4. 证明：利用 $E(Y_i|D_i=1)-E(Y_i|D_i=0)$ 识别因果效应等同于对 Y_i 关于 D_i 进行回归得到的系数。

5. 请解释齐次处理效应的检验原理。

6. 请从集群(或类)的数量视角解释聚类方差估计量应用的局限性。

7. 请选择我国社会、经济领域的一项政策，收集政策执行前后的面板数据，使用本章方法对政策效应进行分析。

第 15 章　断点回归设计

关于断点回归设计(regression discontinuity design,简称为 RDD)的研究,最早可追溯到西斯尔思韦特(Thistlethwaite)和坎贝尔(Campbell)的论文《断点回归分析:一种替代事后实验的方法》,该文分析了奖学金资助对学生未来学业表现的影响。学生能否获得奖学金基于他们“以往的成绩”是否超过一定的标准(成绩门槛值),这里称“以往的成绩”为“分配变量”或“参考变量”(assignment variable, forcing variable 或 running variable),称门槛值为断点(discontinuity point)。断点回归设计识别处理效应有一个基本假设,即除能否获得奖学金资助外,成绩位于门槛值两侧的学生其特征(平均值)相同,于是可以认为能否获得奖学金资助是导致学生未来学业表现产生差异的唯一原因。这样一来,断点回归设计等价于在门槛值附近实施了学生能否获得奖学金的随机实验。哈恩(Hahn)等在理论上给出了断点回归设计的基本假设、估计方法和估计量的大样本性质,李(Lee)和勒米厄(Lemieux)进一步对断点回归设计进行了推广,重要的回归文献见卡塔内奥(Cattaneo)、尹绰波(Idrobo)和特忒优尼克(Titiunik)的著作。断点回归设计是目前常用的处理效应识别策略,其本质是断点处的随机试验,故该方法识别的是断点处的平均处理效应。根据个体是否接受处理的规则,断点回归设计可分为清晰(精确)断点回归设计(sharp regression discontinuity design,简称为 S-RDD)和模糊断点回归设计(fuzzy regression discontinuity design,简称为 F-RDD)两类。精确断点回归设计中,个体是否接受处理完全由分配变量是否超过门槛值确定;而模糊断点回归设计中,个体是否接受处理除与分配变量是否超过门槛值有关外,还受其他因素的影响。

15.1　断点回归的原理

当处理变量 D_i 的状态是分配变量 x_i(协变量)的确定的、不连续的函数时,在清晰断点回归设计中,处理变量 D_i 与分配变量 x_i 的关系为

$$D_i=\begin{cases}1 & \text{如果 } x_i\geqslant c\\ 0 & \text{如果 } x_i<c\end{cases}\tag{15.1}$$

式中,c 是已知的阈值或门槛值(threshold or cutoff)。由式(15.1)可知,我们一旦知道 x_i 的取值,继而就知道了 D_i 的取值,所以上面给出的分配处理状态规则是 x_i 的确定函数。由于无论 x_i 有多么靠近 c,除非 $x_i=c$,否则处理状态不发生变化,所以上面给出的规则关于 x_i 不连续。

例如,考察上大学对工资收入(Y)的影响,并假设上大学与否(D_i)完全取决于高考成绩 x_i 是否超过 $c=500$ 分,即

$$D_i=\begin{cases}1 & \text{若 } x_i\geqslant 500\\ 0 & \text{若 } x_i<500\end{cases}\tag{15.2}$$

设未上大学与上大学的两种潜在结果分别为(Y_{0i},Y_{1i})。由于 D_i 是 x_i 的确定性函数,故

在给定 x_i 的情况下，可视 D_i 为常数，其与任何其他变量没有关系，因此 D_i 与(Y_{0i},Y_{1i})独立，满足条件独立(可忽略性)假设。但是，由于对所有处理组个体来说都有 $x_i \geqslant 500$，而对所有参照组个体来说都有 $x_i < 500$，故两者不存在共同取值范围，因此不满足重叠假设(假设13.3)，这种情况下倾向得分匹配法不能使用，需另辟蹊径。从这一点也可理解因本斯和勒米厄强调的断点回归的一个有趣且重要的特征，即不可能在处理组和参照组中看到分配变量取值相同的情况。

记处理变量 D_i 与分配变量 x_i(协变量)的关系为 $D(x_i)$，由于函数 $D(x_i)$在 $c=500$ 处存在一个断点，这提供了估计 D_i 对 Y_i 因果效应的可能。对于高考成绩为498分、499分、500分或501分的考生，可以认为他们在各方面(包括可观测变量与不可观测变量)都不存在系统差异，其成绩的细微差异只是由于“上帝之手”随机抽样的结果(考试成绩本身含随机因素)①，导致成绩为500分或501分的考生上大学(进入处理组)，而成绩为498分或499分的考生落榜(进入参照组)。因此，由于规则制度原因，仿佛对高考成绩在小邻域$[500-\varepsilon, 500+\varepsilon]$的考生进行了随机分组，故可视为准实验。由于存在随机分组，故可一致地估计 $c=500$ 附近的局部平均处理效应(local average treatment effect，简称为LATE)②，即

$$
\begin{aligned}
&\text{LATE } E(Y_{1i}-Y_{0i} \mid x_i=500) \\
&=E(Y_{1i} \mid x_i=500)-E(Y_{0i} \mid x_i=500) \\
&=\lim_{x \downarrow 500} E(Y_{1i} \mid x_i)-\lim_{x \uparrow 500} E(Y_{0i} \mid x_i)
\end{aligned} \tag{15.3}
$$

式中，$\lim\limits_{x \downarrow 500}$ 与 $\lim\limits_{x \uparrow 500}$ 分别表示从500的右侧与左侧取极限，即右极限与左极限。式(15.3)在最后一步推导中，假设了条件期望函数 $E(Y_{1i} \mid x)$与 $E(Y_{0i} \mid x)$为连续函数③，故其极限值等于函数取值。这个连续性假设是断点回归设计识别LATE的关键假设，其可正式表示如下。

假设15.1 $E(Y_{1i} \mid x_i)$和 $E(Y_{0i} \mid x_i)$在 $x_i=c$ 处是 x_i 的连续函数，即

$$
\lim_{\Delta \to 0} E(Y_{1i} \mid x_i=c+\Delta)=\lim_{\Delta \to 0} E(Y_{1i} \mid x_i=c-\Delta)=E(Y_{1i} \mid x_i=c)
$$

$$
\lim_{\Delta \to 0} E(Y_{0i} \mid x_i=c+\Delta)=\lim_{\Delta \to 0} E(Y_{0i} \mid x_i=c-\Delta)=E(Y_{0i} \mid x_i=c)
$$

式中，Δ 为任意小的正数。

一般地，对任意的断点 c，分配规则为

$$
D_i=\begin{cases}1 & \text{若 } x_i \geqslant c \\ 0 & \text{若 } x_i < c\end{cases}
$$

假设在实验前结果变量 Y_i 与 x_i 之间的关系为

$$
Y_i=\alpha+\beta x_i+\varepsilon_i, \quad i=1, \cdots, n \tag{15.4}
$$

不失一般性，假设 $D_i=I(x_i \geqslant c)$的处理效应为正，则 Y_i 与 x_i 之间的线性关系在 $x=c$ 处存在一个向上跳跃(jump)的断点，参见图15.1。由于在 $x=c$ 附近，个体在各方面均无系统性差异，故造成条件期望函数 $E(Y_i \mid x)$在此跳跃的唯一原因只可能是 D_i 的处理效应。因此，可将此跳跃视为在 $x=c$ 处 D_i 对 Y_i 的因果效应。

在线性回归模型中，大家已经知道若将虚拟变量引入，其效果相当于在不同的子样本中使

---

① 如果考生能够完全控制分配变量 x_i 的取值(如通过自身努力)，则断点回归将失效。但在一般情况下，考生无法精确地控制成绩。因此，在断点附近的考生，形成局部的随机分组(local randomization)。

② 此处的LATE不同于因本斯和安格里斯特基于工具变量所定义的LATE。

③ 严格来说，只需要在 $x=c$ 处连续即可。

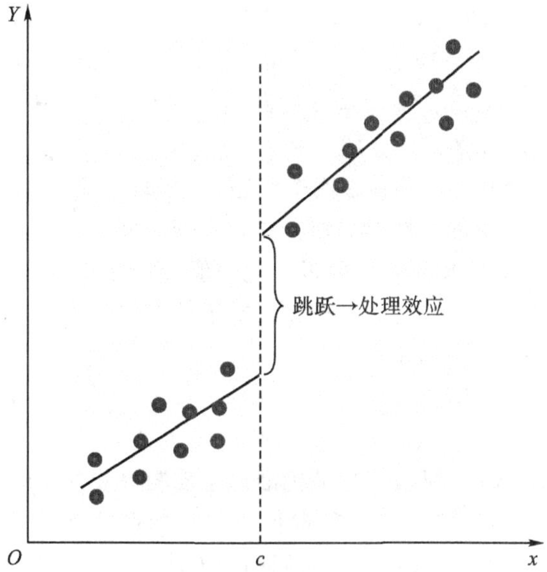

图 15.1　断点回归示意图

用了不同的截距项，而同时将虚拟变量以及虚拟变量与解释变量的交互项引入，其效果相当于在不同的子样本中使用了不同的截距项和斜率。为了考虑这里 $x=c$ 处的跳跃，将式(15.4)改写为

$$Y_i=\alpha+\beta(x_i-c)+\delta D_i+\gamma(x_i-c)D_i+\varepsilon_i \tag{15.5}$$

式中，引入变量 (x_i-c) 使得其断点变为 0，引入交互项 $(x_i-c)D_i$ 后允许断点两侧回归线的斜率可以不同①。对式(15.5)使用 OLS 进行回归，所得的估计量 $\hat{\delta}$ 就是 $x=c$ 处的局部平均处理效应的估计。由于该回归模型存在一个断点，故称其为"断点回归"(regression discontinuity，简称为 RD)或"断点回归设计"(RDD)。需要注意的是，在模型存在交互项 $(x_i-c)D_i$ 时，如果在式(15.5)使用的是 x_i 而不是 (x_i-c)，则 $\hat{\delta}$ 虽然度量断点两侧回归线的截距之差，但并不等于这两条回归线在 $x=c$ 处的跳跃距离②。

由于在断点附近仿佛存在随机分组(配)，故一般认为断点回归是内部有效性比较强的一种准实验。从某种意义来看，断点回归可视为"局部随机实验"(local randomized experiment)，且可基于协变量在断点两侧的分布是否存在显著差异对此随机性进行检验。另外，断点回归仅推断了断点处的因果效应，并不一定能外推到断点邻域外的其他样本数据，故其外部有效性受到限制。

15.2　清晰断点回归

断点回归可分为两种类型，其中一种类型就是 15.1 节介绍的"清晰断点回归"(sharp

---

① 式(15.5)等价于使用断点两侧的数据分别进行回归，然后计算两侧截距项之差。如果断点两侧的回归线斜率不同，但未包括交互项，即相当于强迫两侧的斜率相同。这会导致断点右(左)侧的观测值影响对左(右)侧截距项的估计(我们不希望有此影响)，从而引起偏差。

② 存在交互项意味着，断点两侧的回归线斜率不同，并非平行线，故在断点处的跳跃距离并不等于二者的截距项之差。

regression discontinuity，简称为 SRD)，其特征是在断点 $x=c$ 处，个体得到处理的概率从 0 跳跃为 1。另一种类型为“模糊断点回归”(fuzzy regression discontinuity，简称为 FRD)，其特征是在断点 $x=c$ 处，个体得到处理的概率从 a 跳跃为 b，其中 $0<a<b<1$。本节介绍清晰断点回归，关于模糊断点回归在 15.3 节中介绍。

基于式(15.5)估计清晰断点回归存在两个问题，一是如果回归模型中本包含高次项，例如二次项 $(x-c)^2$，而仅使用变量的线性形式则会导致出现遗漏变量偏差；二是既然断点回归是局部的随机实验，则原则上只应使用断点附近的观测值，但式(15.5)却使用了全样本数据。为了解决这两个问题，可在式(15.5)中引入高次项，出于简单之考虑引入二次项，并将分配变量 x 的取值范围限定在 $(c-h,c+h)$，于是有

$$Y_i=\alpha+\beta_1(x_i-c)+\delta D_i+\gamma_1(x_i-c)D_i+\beta_2(x_i-c)^2+\gamma_2(x_i-c)^2D_i+\varepsilon_i \quad (15.6)$$
$$c-h<x<c+h$$

式中，$\hat{\delta}$ 为对 LATE 的估计量，并可使用稳健标准误来控制可能存在的异方差。

但是，式(15.6)并未给出如何确定 x 的取值范围 h 的取值(带宽)，且其与具体的函数形式有关。鉴于此，研究者开始转向使用非参数回归的方法。与上面关注的参数性回归相比较，非参数回归的优点是其不依赖于具体的函数形式，且可基于最小化均方误差选择最优的带宽 h。直观来看，h 越小，则偏差越小，但距离 $x=c$ 很近的点可能很少，从而导致方差变大；反之，h 越大，则方差越小，但包含了离 $x=c$ 较远的点，从而导致偏差变大。

一种最简单的非参数方法是比较 Y 在两个区间 $(c-h,c)$ 与 $[c,c+h)$ 的均值，但这种方法缺乏效率，且要求两个区间包含较多的观测数据。另一种非参数方法是核回归，即采用核函数计算权重，对带宽 h 范围内的观测值进行加权平均(参见陈强的《高级计量经济学及 Stata 应用》一书第 27 章)，但核回归的边界性质并不理想，而我们关心的却恰恰是回归函数在端点处的取值。因此，一般推荐使用局部线性回归(local linear regression)，对下面的目标函数最小化，即

$$\min_{\alpha,\beta,\delta,\gamma}\sum_{i=1}^{n}K[(x_i-c)/h][Y_i-\alpha-\beta(x_i-c)-\delta D_i-\gamma(x_i-c)D_i]^2 \quad (15.7)$$

式中，$K(\cdot)$ 为核函数。局部线性回归的实质是在一个小邻域 $(c-h,c+h)$ 内，实施加权最小二乘估计，权重基于核函数进行计算，离断点 c 越近的点赋予的权重越大。针对断点回归，较常选用的核函数为三角核(triangular kernel)与矩形核(rectangular kernel，即均匀核)。如果使用矩形核，则变为标准的 OLS 回归，等价于前面的参数回归。此估计量也被称为“局部沃尔德估计量”(local Wald estimator)。

下面讨论最优带宽的选择问题。设 Y_1 和 Y_0 分别为受处理与未受处理的结果变量，且

$$m_1(x)=E(Y_1|x),\quad m_0(x)=E(Y_0|x)$$

则

$$\delta=m_1(c)-m_0(c),\quad \hat{\delta}=\hat{m}_1(c)-\hat{m}_0(c)$$

因本斯和卡里也纳热曼(Kalyanaraman)提出通过最小化两个回归函数在断点处的均方误差获得最优带宽，即

$$\min_h E\{[\hat{m}_1(c)-m_1(c)]^2+[\hat{m}_0(c)-m_0(c)]^2\} \quad (15.8)$$

我们也可在式(15.6)或式(15.7)中加入影响结果变量 Y_i 的其他协变量 $\boldsymbol{w}_i$，具体计算可通过 Stata 命令“rd”的选择项“cov(varlist)”来实现。由于断点回归可看作局部随机实验，故

模型中是否包括协变量 $\boldsymbol{w}_i$ 并不影响断点回归估计量的一致性。在模型中添加协变量 $\boldsymbol{w}_i$ 的优点在于，如果这些协变量对被解释变量 Y_i 有解释力，则可以减少扰动项的方差，使估计更加准确。但是，如果添加的协变量具有内生性，与扰动项相关，则反而会影响对局部平均处理效应的估计。

另外，如果协变量 $\boldsymbol{w}_i$ 在 $x=c$ 处的条件密度函数也存在跳跃，则不宜将估计出的 $\hat{\delta}$ 当作准确的处理效应。事实上，断点回归的一个隐含假设是，协变量 $\boldsymbol{w}_i$ 的条件密度在 $x=c$ 处连续。为了检验此假设，可将 $\boldsymbol{w}_i$ 中的每个变量作为被解释变量，进行断点回归，考察其分布是否在 $x=c$ 处有跳跃，这个过程可通过 Stata 命令“rd”的选择项“x(varlist)”来实现。

在进行断点回归时，还应注意可能存在的“内生分组”(endogenous sorting)问题。它是指如果个体事先知道分组规则，并可通过自身努力而完全控制分配变量，则可自我选择进入处理组或参照组，导致在断点附近出现内生分组，而不是随机分组，从而导致断点回归失效。另外，如果个体事先不清楚分组规则，或只能部分地控制分配变量，则一般不必对此担忧。关于内生分组的可能性，既可从理论上进行讨论，也可基于样本数据进行检验：如果存在内生分组，则个体进入断点哪一侧可自行选择，故导致其在断点两侧的分布不均匀，即分配变量 x 的密度函数 $f(x)$ 在断点 $x=c$ 处不连续，出现左极限与右极限不相同的情况。基于此逻辑，麦凯拉里(McCrary)构建了下面的假设：

$$H_0:\theta=\ln[\lim_{x\downarrow c}f(x)]-\ln[\lim_{x\uparrow c}f(x)]\triangleq\ln f^{+}-\ln f^{-}=0 \tag{15.9}$$

并通过计算 $\hat{\theta}$ 及其标准误，即可对密度函数 $f(x)$ 是否在 $x=c$ 处连续进行检验。另外，根据同样的逻辑，内生分组也可能导致协变量 $\boldsymbol{w}_i$ 在 $x=c$ 两侧分布不均匀，故检验协变量 $\boldsymbol{w}_i$ 的条件密度在 $x=c$ 处是否连续也对分析有帮助。

由于断点回归在操作上存在不同选择，因此在应用中一般建议同时汇报以下各种分析结果，以保证结果的稳健性：

(1)分别汇报三角核与矩形核的局部线性回归结果，后者等价于线性参数回归；

(2)分别汇报使用不同带宽的结果，例如，最优带宽或其 0.5 倍、2 倍带宽；

(3)分别汇报包含协变量与不包含协变量的情况；

(4)进行模型设定检验，包括检验分配变量与协变量的条件密度是否在断点处连续。

关于运用断点回归设计进行研究的必要环节和流程步骤的更多讨论，请阅读 Lee 和 Lemieux 的 Regression discontinuity designs in economics 一文。

15.3 模糊断点回归

清晰断点回归要求断点能够完美地区分处理与非处理，而模糊断点回归在断点不能完美地区分处理与非处理。换言之，个体在断点 $x=c$ 处得到处理的概率是区分清晰断点回归和模糊断点回归的重要特征，前者在断点的概率从 0 跳跃为 1，后者在断点的概率从 a 跳跃为 b，其中 $0<a<b<1$，如图 15.2 所示。这意味着，即使 $x>c$，也不一定得到处理，只不过得到处理的概率在 $x=c$ 处有一个不连续的跳跃。显然，所谓“模糊断点回归”，其断点并不模糊(断点很明确地在 $x=c$ 处)，只不过分配变量 x 跨过断点 c 的后果并非泾渭分明，只是得到处理的概率存在跳跃。在某种意义上，精确断点回归可视为模糊断点回归的特例或极限情形。

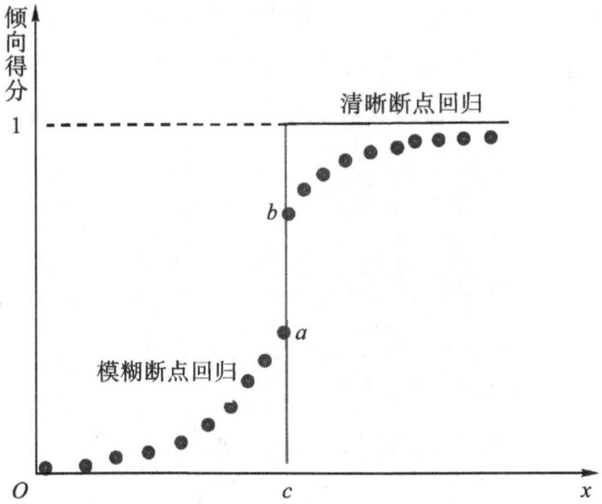

图 15.2 模糊断点回归示意图

继续考虑考生高考录取的例子。一方面来看，高考成绩上线并不能完全保证考生上大学，因为能否上大学还取决于考生填报的志愿，甚至有些上线考生放弃上大学的机会；另一方面来看，高考成绩并未上线，但考生具有某种特长因而可能得到加分，从而获得上大学的机会。这些情况表明，分数线并不完全决定上大学(得到处理)。然而，上大学(得到处理)的概率在分数线的位置上确实显现有一个不连续的跳跃。

根据以上分析，我们发现在模糊断点情形，处理变量 D 并不完全由分配变量 x 所决定。一般来说，影响处理变量 D 的其他因素也会影响结果变量 Y，导致在式(15.5)或式(15.6)中处理变量 D 与扰动项 ε 相关，故 OLS 估计量不一致。例如，虽然考生成绩超过录取线但却因其所填志愿不适合未被录取，且这些落榜考生大多有较强的实力，而这种不可观测的实力对高考成绩(结果变量)Y 会产生影响。

1. 模糊断点情形局部平均处理效应的估计

我们继续在潜在结果框架下展开讨论，设 Y_0 和 Y_1 分别为未受处理($D=0$)和受处理($D=1$)的结果。在模糊断点情形，为了能够对平均处理效应进行识别，需要下面的条件独立假设。

假设 15.2 在给定 x 的条件下，(Y_1-Y_0)独立于 D，即$(Y_{1i}-Y_{0i})\perp D_i|x_i$。

这个假设蕴含着，在给定分配变量 x 的情况下，D 可以与 Y_0 相关，但不能与处理的结果(例如参与项目的收益)$(Y_{1i}-Y_{0i})$相关。由于 $Y=Y_0+D(Y_1-Y_0)$，故

$$E(Y|x)=E(Y_0|x)+E[D(Y_1-Y_0)|x]=E(Y_0|x)+E(D|x)\cdot E[(Y_1-Y_0)|x] \tag{15.10}$$

式中，$E[(Y_1-Y_0)|x]$是我们想要估计的平均处理效应；$E(D|x)$为倾向得分。注意，式(15.10)推导的第二步使用了上面的条件独立假设。

对式(15.10)两边从 c 的右边取极限可得

$$\lim_{x\downarrow c}E(Y|x)=\lim_{x\downarrow c}E(Y_0|x)+\lim_{x\downarrow c}E(D|x)\cdot\lim_{x\downarrow c}E[(Y_1-Y_0)|x] \tag{15.11}$$

同理，对式(15.10)两边从 c 的左边取极限可得

$$\lim_{x\uparrow c}E(Y|x)=\lim_{x\uparrow c}E(Y_0|x)+\lim_{x\uparrow c}E(D|x)\cdot\lim_{x\uparrow c}E[(Y_1-Y_0)|x] \tag{15.12}$$

如果函数 $E(D|x)$、$E(Y_0|x)$ 与 $E(Y_1|x)$ 在 $x=c$ 处连续，则其左极限与右极限相同，且等于其在 $x=c$ 处函数值，即有

$$\lim_{x\downarrow c}E(Y_0|x)=\lim_{x\uparrow c}E(Y_0|x)$$

$$\lim_{x\downarrow c}E[(Y_1-Y_0)|x]=\lim_{x\uparrow c}E[(Y_1-Y_0)|x]=E[(Y_1-Y_0)|x=c]$$

基于这个结论，式(15.11)减(15.12)可得

$$\lim_{x\downarrow c}E(Y|x)-\lim_{x\uparrow c}E(Y|x)=[\lim_{x\downarrow c}E(D|x)-\lim_{x\uparrow c}E(D|x)]\cdot E[(Y_1-Y_0)|x=c] \tag{15.13}$$

根据模糊断点回归的特征可知，$\lim_{x\downarrow c}E(D|x)-\lim_{x\uparrow c}E(D|x)=b-a\neq 0$，故有

$$\text{LATE}=E[(Y_1-Y_0)|x=c]=\frac{\lim_{x\downarrow c}E(Y|x)-\lim_{x\uparrow c}E(Y|x)}{\lim_{x\downarrow c}E(D|x)-\lim_{x\uparrow c}E(D|x)} \tag{15.14}$$

式(15.14)的分子显然就是清晰断点回归的局部平均处理效应，分母为得到处理的概率(即倾向得分)在断点 c 处的跳跃($b-a$)。在清晰断点的情况下，$b-a=1$，将其代入式(15.14)并取 $c=500$，即可得到式(15.3)。因此，模糊断点回归局部平均处理效应的计算公式是清晰断点回归局部平均处理效应的推广。

由于式(15.14)的分子是清晰断点回归的局部平均处理效应，故可用清晰断点回归(如局部线性回归)对分子项进行估计。因分母在形式上与分子完全一样，故也可用清晰断点回归对其进行估计，只需将结果变量 Y 替换为处理变量 D 即可。

2. 模糊断点情形局部平均处理效应的工具变量法估计

对模糊断点回归进行估计的另一种方法是工具变量法。定义 $Z_i=I(x_i\geqslant c)$，则 Z_i 显然与处理变量 D_i 相关，满足相关性。另一方面，$Z_i=I(x_i\geqslant c)$ 在断点 c 附近相当于局部随机实验，故只通过 D_i 影响结果变量 Y_i，与误差项 ε_i 不相关，满足外生性。因此，Z_i 为 D_i 的有效工具变量，可使用两阶段最小二乘法(2SLS)进行估计。可以证明，如果使用相同的带宽 h，则此 2SLS 估计量在数值上正好等于使用矩形核的局部线性回归估计量。安格里斯特和皮施克认为模糊断点回归设计很自然地为我们带来了一个简单的工具变量估计策略，更多讨论和实例分析见其著作 6.2 部分。

3. 非随机断点设计

前面讨论的断点回归都假设断点附近仿佛存在局部随机分组，但若分配变量为具有年龄、时间或地理区域，则这种解释一般不成立。例如，以年龄 65 岁为限，年满 65 岁即可获得退休金，在这种情况下，分配变量为时间，是个确定性过程，个体无法控制。但也可能存在以下几种可能性：一是年满 65 岁是否使得个体有资格继续其他选择，从而通过其他渠道影响结果变量；二是虽然年满 65 岁即可获得退休金，但退休金的效应可能在几年后才能体现，即可能存在动态效应；三是由于个体可以预见 65 岁以后将得到退休金，故可能在 65 岁之前就调整其经济行为。在分析退休金的效应时，对于可能出现的这些情况都应进行具体分析，以能得到令人信服的结论。Lee 和 Lemieux 将这种类型的断点设计称为非随机断点设计(nonrandomized discontinuity design)。

另一种非随机断点设计是使用地理区域作为分配变量，以某种区域分界线作为断点，进行“地理断点回归”(geographic RD)。例如，布莱克(Black)通过比较学区分界线两侧的房价，以

测算居民对高质量小学教育的支付意愿(willingness to pay)。由于居民住在学区分界线的哪一侧一般可以自我选择,故很难将这种情形视为局部随机分组。另外,需要说明的是,在分界线两侧,除处理变量不同外(一侧的学生去一所学校,而另一侧的学生去另一所学校),在其他方面几乎没有差别。为了保证分界线两侧的可比性,布莱克在分析中剔除了分界线为主要街道或高速公路的部分分界线,因为主要街道或高速公路两侧的社区尽管距离很近,但差别可能较大。

另一个例子是关于强制矿工制度的长期经济影响的研究,德尔(Dell)分析了 1573—1812 年间,西班牙殖民者在秘鲁与玻利维亚实行的一种称为"mining mita"的强制矿工征用制度对经济的长期影响。该制度规定,在离矿山较近的一定区域内,每个土著社区须提供其成年男性人口的七分之一作为强制矿工。在研究此制度的长期经济影响时,她使用断点回归方法,比较此区域分界线两侧当代家庭消费与儿童发育不良比例,为使分界线两侧个体具有可比性,研究中剔除了分界线一侧为平原而另一侧为安第斯山脉的部分分界线。

15.4 断点回归的应用

15.4.1 断点回归的 Stata 命令与案例演示

1. 断点回归的 Stata 命令

在 Stata 软件中,断点回归可通过其非官方命令"rd"来实现,下载命令为

```
ssc install rd, replace   //下载安装命令 rd
```

该命令使用局部线性回归来估计断点回归模型,其基本句格式为

```
rd y D x,z0(real)strineq mbw(numlist) graph bdep oxline kernel (rectangle)
cov(varlist) x(varlist)
```

其中,"y"表示结果变量;"D"表示处理变量;"x"表示分配(组)变量。选择项"z0(real)"用来指定断点位置,默认值为"z0(0)",即断点为原点。如果省略处理变量 D,则默认为清晰断点回归,并根据分组变量 x 来计算处理变量,即如果 x 大于或等于断点 z_0,则 D 取值为 1;反之,D 取值为 0。选择项"strineq"标识根据严格不等式(strong inequality)来计算处理变量,即如果 x 大于断点 z_0,则 D 取值为 1;反之,D 取值为 0。选择项"mbw(numlist)"用来指定最优带宽的倍数,默认值为"mbw(50 100 200)",即根据最优带宽的 0.5、1 与 2 倍进行局部线性回归,其中 100 对应于根据因本斯和卡里也纳热曼计算的最优带宽;选择项"graph"表示根据所选的每一带宽,绘制其局部线性回归图;选择项"bdep"表示通过绘制图形观察断点回归估计量对带宽的依赖性,其后的选择项"oxline"表示在此图形的默认带宽(即最优带宽)上画一条直线,以便识别;选择项"kernel(rectangle)"表示使用矩形核(即均匀核),默认使用三角核;选择项"cov(varlist)"用来指定加入局部线性回归的协变量;选择项"x(varlist)"表示检验这些协变量是否在断点处有跳跃(估计跳跃值及其显著性)。

2. 断点回归 Stata 演示案例

演示案例是分析美国国会选区一名民主党众议员(如果有)对该选区联邦支出(federal expenditure within a congressional district)的影响。传统上,民主党倾向于大政府,故一个选

区如果有民主党众议员，则该议员可能会为该选区争取更多的联邦支出。对于这个问题，如果采用普通回归模型对两者进行分析，则可能存在遗漏变量或双向因果关系问题。鉴于此，我们使用断点回归法，以民主党候选人的选票比例作为分配(组)变量，以 0.5 作为断点(因为在两党政治中，得票比例大于或等于 0.5 则当选，否则落选)。本例数据集见 15.4-votex.dta，其包含了 19 个变量的 349 个观测数据，该数据集选自陈强的《高级计量经济学及 Stata 应用》一书，原数据集为 Stata 命令"rd"自带的数据集 votex.dta。该例中结果变量为 ln e，表示选区联邦开支的对数；分配(组)变量为 d，表示民主党候选人得票比例减去 0.5；处理变量为 win，表示民主党候选人当选；其他主要的协变量名和变量标签见数据打开文件或数据集说明。

(1)输入数据，若要查看数据文件中的变量，可执行命令

```
.d
```

这个命令是对数据文件进行描述(describe data in memory or in file)。输出结果见图 15.3。

```
Contains data from C:\Users\YMY\Desktop\15.4-votex.dta
 Observations:          349                 102nd Congress
    Variables:           19                 4 Feb 2013 15:33

Variable      Storage   Display    Value
    name         type    format    label      Variable label

fips            byte    %8.0g      fips       State code
district        byte    %8.0g                 Congr district
d               double  %10.0g                Dem vote share minus .5
win             byte    %9.0g                 Dem Won Race
lne             float   %9.0g                 Log fed expenditure in district
i               byte    %9.0g                 Incumbent
votingpop       long    %12.0g                Voting Age Population
votpop          double  %10.0g                Voting Age Population Share
populatn        long    %12.0g                Population
black           double  %12.0g                Black Population Share
blucllr         double  %12.0g                Blue-collar Population Share
farmer          double  %12.0g                Farmer Population Share
fedwrkr         double  %12.0g                Fed Worker Population Share
forborn         double  %12.0g                Foreign Born Population Share
manuf           double  %12.0g                Manufactur Population Share
unemplyd        double  %12.0g                Unemp Population Share
union           float   %9.0g                 Unionized Population Share
urban           double  %12.0g                Urban Population Share
veterans        double  %12.0g                Veteran Population Share

Sorted by: fips  district
```

图 15.3　数据文件的描述

(2)进行清晰断点回归。

①使用最优带宽与默认的三角核进行清晰断点回归(未引入协变量)，并绘制图。首先下载安装命令"rd"，命令为

```
.ssc install rd, replace
```

然后，执行命令

```
.rd lne d,gr mbw(100)
```

输出结果见图 15.4 和图 15.5(带宽为 0.2928777592534901)。

```
Two variables specified; treatment is
assumed to jump from zero to one at Z=0.

 Assignment variable Z is d
 Treatment variable X_T unspecified
 Outcome variable y is lne

Command used for graph: lpoly; Kernel used: triangle (default)
Bandwidth: .29287776; loc Wald Estimate: -.07739553
Estimating for bandwidth .2928777592534901
```

lne	Coefficient	Std. err.	z	P>|z|	[95% conf.	interval]
lwald	-.0773955	.1056062	-0.73	0.464	-.28438	.1295889

图 15.4　使用最优带宽与默认的核函数时的断点回归估计结果

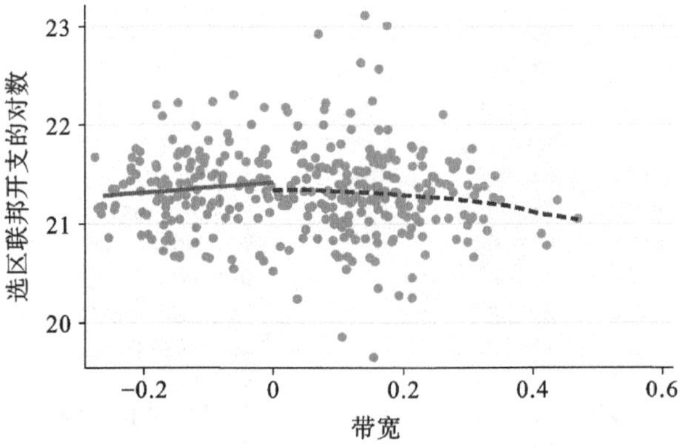

图 15.5　局部线性回归图

从图 15.4 可知,局部沃尔德估计值为负值,且不显著(p 值为 0.464),这说明有民主党众议员的选区并未争取到更多的联邦支出。由图 15.5 可知,条件期望函数 $E(\ln e|d)$在断点 $d=0$ 处稍微向下跳跃。

②在模型中引入协变量,重复(1)中的估计。注意,这里略去了绘图命令。

```
.rd lne d,mbw(100) cov(i votpop black blucllr farmer fedwrkr forborn manuf
unemplyd union urban veterans)
```

执行上面的命令,输出结果见图 15.6。

由图 15.6 可以看到,LATE 的估计值(lwald 的系数)在这里变为正值,但其 p 值为 0.555,仍然不显著。

③考察估计值对带宽的依赖性。这一步剔除协变量,但同时对三种带宽下的 LATE 进行估计,并绘制三种带宽与估计值的图形,以分析估计值对带宽的依赖性。执行命令

```
.rd lne d,gr bdep oxline
```

输出结果见图 15.7 和图 15.8。

```
Two variables specified; treatment is
assumed to jump from zero to one at Z=0.

 Assignment variable Z is d
 Treatment variable X_T unspecified
 Outcome variable y is lne

Estimating for bandwidth .2928777592534901
```

lne	Coefficient	Std. err.	z	P>|z|	[95% conf.	interval]
lwald	.0543733	.0921634	0.59	0.555	-.1262636	.2350102

图 15.6 引入协变量时的断点回归估计结果

```
Two variables specified; treatment is
assumed to jump from zero to one at Z=0.

 Assignment variable Z is d
 Treatment variable X_T unspecified
 Outcome variable y is lne

Command used for graph: lpoly; Kernel used: triangle (default)
Bandwidth: .29287776; loc Wald Estimate: -.07739553
Bandwidth: .14643888; loc Wald Estimate: -.09491495
Bandwidth: .58575552; loc Wald Estimate: -.0543086
Estimating for bandwidth .2928777592534901
Estimating for bandwidth .146438879626745
Estimating for bandwidth .5857555185069802
```

lne	Coefficient	Std. err.	z	P>|z|	[95% conf.	interval]
lwald	-.0773955	.1056062	-0.73	0.464	-.28438	.1295889
lwald50	-.0949149	.1454442	-0.65	0.514	-.3799804	.1901505
lwald200	-.0543086	.0911788	-0.60	0.551	-.2330157	.1243985

图 15.7 对应三种带宽的 LATE 估计结果

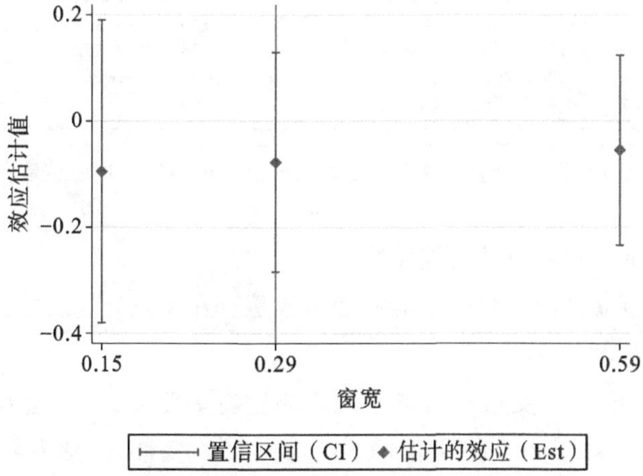

图 15.8 三种带宽下的 LATE 估计值与置信区间示意图

由图 15.7 可知，当带宽变化时，对应的 LATE 估计值也发生了变化，这说明带宽选择对 LATE 的估计值有一定影响，但这里的三个估计值均为负值，且都不显著。进一步观察图 15.8，该图中的竖线从左到右分别对应 0.5 倍、1 倍和 2 倍的最优带宽，以及相应的局部处理效应估计值与置信区间，由图可以看出 LATE 估计值与带宽的依赖性似乎不强。

(3)进行模型设定检验，以检验模型是否存在内生分组问题，这需要检验分配(组)变量与协变量的条件密度函数是否在断点处连续，或是否存在跳跃。

①检验协变量的条件密度函数在断点处的连续性。执行命令

```
.rd lne d,mbw(100) x(i votpop black blucllr farmer fedwrkr forborn manuf unemplyd
union urban veterans)
```

输出结果见图 15.9。由图中结果可以看出，变量 farmer(农民占人口比例)的 p 值为 0.036，拒绝接受原假设，故该协变量的条件密度函数在断点处不连续。但除协变量 farmer 外，其余协变量的条件密度函数在断点处连续的假设未被拒绝。

```
Two variables specified; treatment is
assumed to jump from zero to one at Z=0.

 Assignment variable Z is d
 Treatment variable X_T unspecified
 Outcome variable y is lne

Estimating for bandwidth .2928777592534901
```

lne	Coefficient	Std. err.	z	P>|z|	[95% conf.	interval]
i	-.0044941	.1208008	-0.04	0.970	-.2412592	.2322711
votpop	-.0082128	.0062347	-1.32	0.188	-.0204326	.0040071
black	-.0036113	.020048	-0.18	0.857	-.0429046	.0356821
blucllr	.0026193	.0057316	0.46	0.648	-.0086144	.013853
farmer	-.0078737	.0037566	-2.10	0.036	-.0152366	-.0005109
fedwrkr	.0001617	.0037584	0.04	0.966	-.0072046	.0075281
forborn	-.015235	.0120682	-1.26	0.207	-.0388882	.0084183
manuf	.0147223	.0100352	1.47	0.142	-.0049463	.0343908
unemplyd	-.0007393	.0019069	-0.39	0.698	-.0044769	.0029982
union	-2.25e-06	3.66e-06	-0.61	0.540	-9.43e-06	4.94e-06
urban	.0370978	.0559882	0.66	0.508	-.072637	.1468326
veterans	.0015796	.0036205	0.44	0.663	-.0055164	.0086756
lwald	-.0773955	.1056062	-0.73	0.464	-.28438	.1295889

图 15.9 协变量条件密度函数在断点处的连续性检验结果

②检验分配(组)变量在断点处的连续性。

麦凯拉里给出了检验分配(组)变量的密度函数是否在断点处连续的方法。麦凯拉里的检验方法分为两个步骤：

第一步，尽量将分配(组)变量在断点 c 的两侧进行等距离细分，绘制极不光滑的直方图(very undersmoothed histogram)。设组距(bin size)为 b，变量 X_j 表示各组的中心位置，即

$$X_j=\left\{\cdots,c-\frac{3b}{2},c-\frac{b}{2},c+\frac{b}{2},c+\frac{3b}{2},\cdots\right\}$$

进而计算各组的标准化频率(normalized cell size)，即频数除以 nb(n 为样本容量)，并记为 Y_j。

第二步，使用三角核，对 Y_j 关于 X_j 进行局部线性回归。首先，对分配(组)变量的取值

$$r_0=\{\cdots,c-2b,c-b,c+b,c+2b,\cdots\}$$

获得其密度函数的估计值 $\hat{f}(r_0)$(记为 fhat)与标准误 SE$[\hat{f}(r_0)]$(记为 se_fhat)。其次，基于式(15.9)计算 $\hat{\theta}=\ln\hat{f}^{+}-\ln\hat{f}^{-}$，称为“对数高度差”(log difference in height)，据此检验密度函数是否在 c 处连续。

关于麦凯拉里检验的操作可通过非官方 Stata 命令 DCdensity 来进行，其中 DC 表示 Discontinuity，具体下载地址为 http://emlab.berkeley.edu/~jmccrary/DCdensity/。将该网页的“DCdensity.ado”文件下载到文件夹\\ado\\plus 即可。如果操作中还存在 DCdensity 不识别的问题，可在 Stata 中输入命令 sysdir 显示此文件夹的位置。例如显示

```
STATA:C:\Program Files\Stata17\
BASE:C:\Program Files\Stata17\ado\base\
SITE:C:\Program Files\Stata17\ado\site\
PLUS:c:\ado\plus\
```

然后将下载的“DCdensity.ado”文件(15.4-votex.dta 数据集中给出了已下载的文件)放入路径 c:\ado\plus\的文件夹中。注意，具体根据电脑 Stata 软件存放位置调整。

命令 DCdensity 的基本句格式为

```
.DCdensity assign_var,breakpoint(#)generate(Xj Yj r0 fhat se_fhat)
graphname(filename)
```

其中，“assign_var”指分配(组)变量；必选项“breakpoint(#)”指定断点位置；必选项“generate(Xj Yj r0 fhat se_fhat)”用来指定输出变量名；选择项“graphname(filename)”用来指定密度函数图的文件名。

下面，将该命令应用于本例数据集，“assign_var”为分组变量 d。执行命令

```
.DCdensity d,breakpoint(0) generate (Xj Yj r0 fhat se_fhat) graphname(rd.eps)
```

输出结果见图 15.10 和图 15.11。

```
Using default bin size calculation, bin size = .017174107
Using default bandwidth calculation, bandwidth = .10514868

Discontinuity estimate (log difference in height): -.429396753
                                                    (.444361558)
Performing LLR smoothing.
45 iterations will be performed
....
Exporting graph as rd.eps
(file rd.eps not found)
file rd.eps saved as EPS format
```

图 15.10　对数高度差 $\hat{\theta}$ 的估计结果

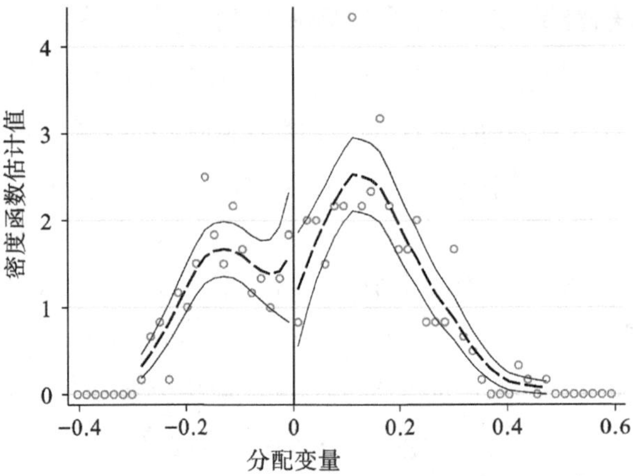

图 15.11　分配变量密度函数断点处连续性示意图

由图 15.10 可知，估计出的对数高度差 $\hat{\theta}=-0.430$，标准误为 0.444，故可接受密度函数在断点 c 处连续的原假设。观察图 15.11 也可看出，密度函数估计值在断点两侧的置信区间重叠部分很大，故断点两侧的密度函数不存在显著差异。

(4)模糊断点回归。上面对清晰断点回归进行了演示，下面对模糊断点回归进行演示。首先，随机生成一个新的处理变量 ranwin，该变量不能由分配(组)变量 d 完全决定，但与原来的处理变量 win 高度相关(win 完全由 d 决定)。执行的命令为

```
.set seed 10101
.gen ranwin=cond(uniform()<.1,1-win,win)
```

其中，“uniform()”表示生成一个在[0,1)区间服从均匀分布的随机变量；“cond()”命令“cond(uniform()<.1,1-win,win)”表示：如果生成的随机变量小于 0.1，则变量 ranwin=1-win，否则，变量 ranwin=win。因此，变量 ranwin 是虚拟变量，且与 win 高度相关。

为了考察新的处理变量 ranwin 与原处理变量 win 的分布情况，执行命令

```
.tab ranwin win
```

输出结果见图 15.12。观察图 15.12 可知，在大多数情况下，新的处理变量 ranwin 与原处理变量 win 的取值相同。

	Dem Won Race		
ranwin	0	1	Total
0	111	29	140
1	20	189	209
Total	131	218	349

图 15.12　处理变量 ranwin 与 win 的取值情况

下一步，我们使用最优带宽与默认的三角核进行模糊断点回归。执行命令

```
.rd lne ranwin d,mbw(100)
```

输出结果见图 15.13。图 15.13 显示，LATE 的估计值(lwald 的系数)为−0.1005，其 p 值为 0.468，仍然不显著。

```
Three variables specified; jump in treatment
at Z=0 will be estimated. Local Wald Estimate
is the ratio of jump in outcome to jump in treatment.

 Assignment variable Z is d
 Treatment variable X_T is ranwin
 Outcome variable y is lne

Estimating for bandwidth .2928777592534901
```

lne	Coefficient	Std. err.	z	P>|z|	[95% conf.	interval]
numer	-.0773955	.1051192	-0.74	0.462	-.2834254	.1286343
denom	.7702612	.0832099	9.26	0.000	.6071729	.9333496
lwald	-.1004796	.1384045	-0.73	0.468	-.3717474	.1707882

图 15.13　模糊断点回归估计结果

15.4.2　模糊断点回归的应用

李芳华、张阳阳和郑新业基于贫困人口微观追踪数据对中国精准扶贫政策的效果进行了评估，具体是基于贫困人口微观追踪数据库，采用模糊断点回归设计方法评估“十三五”精准扶贫新政策对贫困户劳动收入和劳动供给的短期影响。通过对相关研究文献的梳理，发现相关研究方法可分为两类：第一类是基于随机控制实验(RCT)对扶贫政策效果进行评估，该类研究很好地规避了因果识别过程中存在的内生性偏差，但实验结果的外部有效性，即能否大规模推广到全球其他国家或地区还值得商榷；第二类是基于匹配处理效应、断点回归、双重差分、工具变量等非实验研究方法进行分析，此类方法需要基于一系列研究假设，且对数据的质量要求较高。

1. 数据库质量分析

现有研究使用的数据库主要是微观调查数据库，不可避免地存在小样本估计偏差和跨地区分析中不可观测的遗漏变量偏误问题，致使得到的研究结论在可靠性上会大打折扣。为了弥补数据存在的不足，李芳华、张阳阳和郑新业基于一个贫困县的贫困人口登记注册系统，构建了高质量的贫困人口微观追踪数据库。与一般的抽样调查数据相比较，他们构建的数据库具体有两个优点：一是该数据覆盖了全县所有贫困人口的信息，样本量大而全面，克服了调查数据信息不精准、测量误差和随机性问题；二是以一个县的数据进行估计，能够确保样本的各种不可观察因素（如环境、文化风俗、对女性的工作态度等）相似，避免了大面积抽样调查数据难以完全克服的异质性问题。

关于高质量贫困人口微观追踪数据库的构建，该研究首先采用《全国地市县统计资料汇编》、最新人口普查数据、中国家庭金融调查(CHFS) 数据库，对样本县（记为 X）的一般性和代表性进行了细致的分析，发现无论是县级层面、家庭层面还是个人层面的指标，均与各类数据库的统计值没有显著差异，这为研究结论的一般性提供了保障。构建的贫困人口微观追踪数据库覆盖了 2013—2018 年 1.2 万户 4.3 万人的贫困数据，全面统计了贫困人口的基本人口特征、收入、土地林地等自然资产、教育和致贫原因等信息。

2. 模糊断点回归的设计

考虑到精准扶贫政策实践中，地方政府在贫困标准的基础上还会综合考虑“两不愁三保障”[①]以及是否容易返贫等因素，收入高于贫困线的家庭也有可能被纳入贫困系统中并享受到精准扶贫新政策。因此，在这种情况下，个体是否得到处理在断点处并非是从0到1的直接变动，而是概率上的跳跃，故应采用模糊断点回归检验精准扶贫新政策对贫困户劳动收入和劳动供给的影响。

该研究使用半参数回归，即

$$Y_{it}=\tau D_i+f(S_i)+\delta X_{it}+\varepsilon_{it} \tag{15.15}$$

式中，Y_{it} 为关注的结果变量，重点关注建档立卡户的劳动收入，即工资性收入。这是因为在建档立卡户的四类收入（工资性收入、经营性收入、财产性收入和转移性收入）中，工资性收入的占比一般较大，例如数据显示，2015年建档立卡户的工资性收入占比平均为72.64%，是其收入的主要来源。同时以该县所在省2015年的居民消费价格为基期，对劳动收入变量进行调整，用家庭 i 在第 t 年的人均实际工资收入表示。

D_i 为处理变量，$D_i=1$ 表示家庭 i 在2015年底尚未脱贫，即为享受精准扶贫政策的农户从而进入处理组，否则进入对照组（$D_i=0$）。根据当时的扶贫标准，2015年的脱贫指导线为2855元。以此为断点，绘制了不同收入下家庭脱贫，以及享受易地搬迁、产业扶贫和光伏扶贫新政策的分布图，如图15.14所示，该图及本部分其他图表来自李芳华、张阳阳和郑新业的论文。图15.14中的竖直虚线表示人均纯收入2855元，为模糊断点估计所使用的人均收入断点。观察图发现在截断点处均存在跳跃，即收入在截断点以下且靠近截断点的贫困户更容易脱贫和享受这三类政策，这说明精准扶贫新政策的实施存在选择性和倾斜性。

S_i 为分配（组）变量，表示家庭 i 在第 t 年的收入与断点值之差，$f(S_i)$ 为分配（组）变量 S_i 的多项式函数。在模糊断点回归模型中，可将 S_i 视为处理变量 D_i 的有效工具变量，通过两阶段最小二乘法进行估计。然后，估计出参数 τ，即精准扶贫新政策对结果变量影响的局部平均处理效应。

X_{it} 为控制变量。该研究主要控制的变量与选择依据是：第一，家庭成员的人力资本变量。在人力资本对收入影响的文献中，受教育程度和健康是备受关注的关键变量。一方面，在劳动力市场上，个体受教育程度的高低往往释放出其劳动技能高低的信号，直接影响其就业机会及其从事职业的类型和报酬；另一方面，农户主要以体力劳动为主，其健康状况直接影响其能否参与劳动以及劳动生产率，进而对其收入水平产生影响，该研究用家庭成员的平均受教育程度、是否有患病成员和残疾人刻画家庭成员的人力资本。第二，家庭照料成本变量。儿童看护和老人照料是影响劳动力决策和供给的重要因素，因而研究中控制了家庭五岁及以下学前儿童和抚养比变量。第三，道路基础设施可获得性变量。从已有的研究来看，道路基础设施对农户劳动收入影响的渠道有三个：一是降低农户的交通成本，促进劳动力转移，增加其工资收入；二是降低农民获取种子、化肥等农业生产资料成本，提高农业生产率；三是降低物流成本，吸引企业入驻，增加农户的就业机会。因此，采用家庭住址到村主干道的距离刻画道路基础设施的可获得性。

---

① “两不愁”是指稳定实现农村贫困人口不愁吃、不愁穿；“三保障”是指其义务教育、基本医疗和住房安全有保障，与贫困农户家庭人均纯收入达标一起构成了中国精准扶贫阶段农村贫困人口脱贫的标准，政策文件和文献中称为“现行标准”，是精准脱贫的基本要求和核心指标。

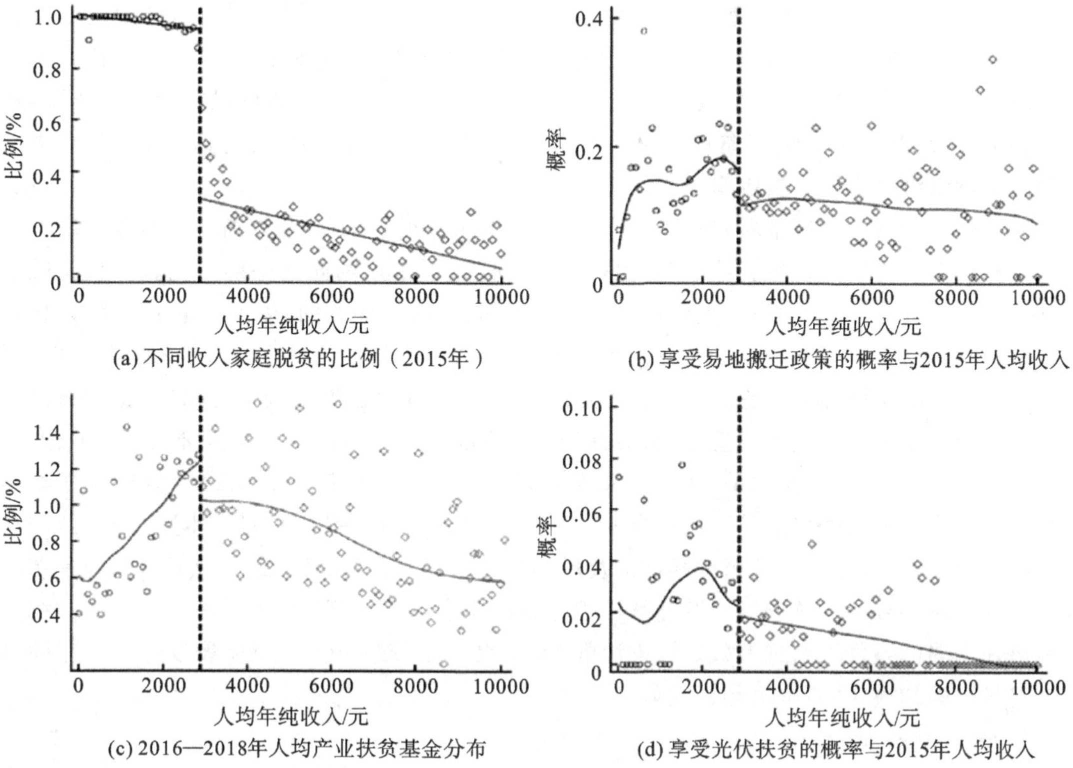

图 15.14　不同收入家庭脱贫和享受政策分布

3. 断点有效性检验

断点有效需要满足两个条件：一个条件是分配(组)变量不存在测量误差；另一个条件是不存在内生分组问题，即个体无法精确地操纵分配(组)变量以进入处理组或控制组。关于第一个条件，从计量角度来看，分配(组)变量存在测量误差的情况很常见，尤见于基于调查数据开展的研究中，其使用的变量常会出现自我报告引发的测量误差问题，最常见的是使用收入变量来研究某一转移支付的影响。这类研究使用的收入调查数据都不可避免地产生测量误差问题，使利用断点回归设计进行因果识别面临极大挑战。李芳华、张阳阳和郑新业使用的收入数据虽然也是自我报告，但与一般的调查数据有所不同，其由政府直接采集而得，并被政府直接用于判断是否应该脱贫，他们认为并不存在测量误差问题①。

关于第二个条件，李芳华、张阳阳和郑新业从四个方面论证了个体(家庭)无法通过操纵收入变量以获得“贫困户”的资格，从而改变断点两侧分布。第一，精准扶贫最关键的一点在于“精准”，即通过帮扶人制度和村民大会投票使真正贫困的家庭得到帮扶。在这一制度下，居民收入不再是居民的私人信息，而是部分地被频繁入户的帮扶人观察到，且中国农村是人情社会，农户彼此可以部分地观察到彼此的收入。由于贫困户是通过召开村民大会、群众自评和互评的方式产生的，在信息接近完整的条件下，农户难以通过谎报收入来获得扶贫资源。第二，从基层官员的角度来看，每年的脱贫数量是当年政绩的重要衡量标准，官员有激励得到居民的

① 事实上，尽管这样的数据由政府主导采集，但在实际操作中依然存在数据质量问题，特别是收入数据，只不过误差可能相对小些。(编著者注)

真实收入。第三，从激励角度来看，政府对于已经脱贫的居民会在数据系统标识“脱贫”，但脱贫不撤档，即这部分居民仍旧能够享受“已经享受”的福利政策，如低保、医保、教育补助等政策。对贫困户而言，是否脱贫从表面上看并没有任何损失，因此并无激励谎报收入。第四，从事后角度来看，2015 年已经脱贫的居民并不知道 2016 年后的新政策，故他们并没有激励来操纵收入变量以维持自己的贫困身份。

如果仅从数据的角度来看，可以发现每年的确有大量的人脱贫，以及脱贫与否在政府设置的判断标准上产生断点现象。鉴于此，他们进一步进行了断点两侧的平滑性检验。常用的平滑性检验有三种方法，分别是分配（组）变量的直方图、核密度曲线图，以及构造 g 阶统计量直接进行检验。图 15.15 和图 15.16 分别是基于 2015 年收入绘制的直方图与核密度曲线图，图 15.15 直方图显示断点两侧并没有显著的跳跃，而图 15.16 核密度曲线则显示较明显的跳跃，且置信区间的重叠区域很小。但是，该方法有一个明显的缺点，即其带宽并非 CCT 方法[①]计算的最优值，因此他们根据比尼（Bugni）和卡奈（Canay）的研究，使用 g 阶统计量进行样本非随机检验。这一方法的优点是可以根据 CCT 方法设置的最优带宽，且对样本数量没有限制，因为在估计过程中，不涉及核密度函数以及局部多项式的问题，能够有效地克服断点处局部小样本的因素所导致的对于密度函数连续性检验的影响，且易于实现，较直方图与核密度曲线方法能够在更弱的条件下渐进有效。该方法的 Stata 命令是“rdcont”，是计算密度连续性非随机近似符号检验的模块，基本语句格式为

```
rdcont running_var [if] [in], [options]
```

其中，选择项“running_var”指定分配变量；“options”选项中“alpha()”指定用于计算最佳带宽的临界值（critical value），“threshold()”指定检验的断点值（cutoff value），“qband()”指定最接近断点的观测数据个数。“rdcont”可通过执行命令

```
ssc install rdcont, replace
```

进行下载安装。

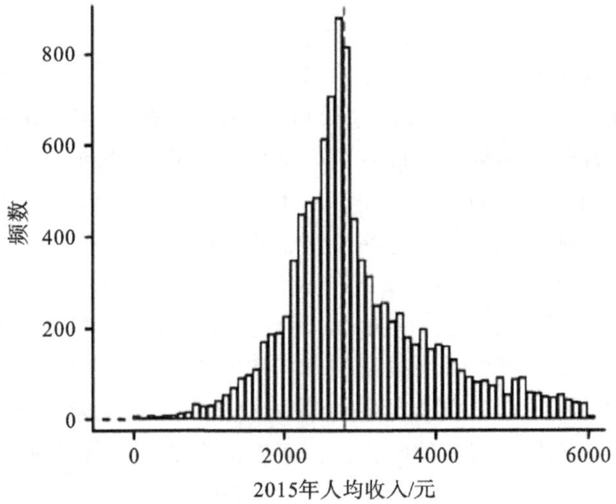

图 15.15　2015 年收入分布直方图

① CCT 方法以卡罗尼克（Calonico）、卡塔内奥（Cattaneo）和蒂蒂乌尼克（Titiunik）三个人命名。

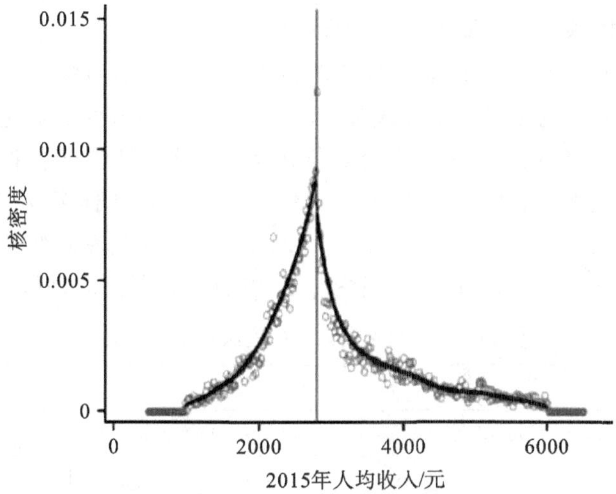

图 15.16　2015 年收入核密度曲线图

他们通过检验,发现 p 值为 0.166,因此可以拒绝原假设,即不存在人为干预。综合以上分析,无论是通过实践情况分析还是数据检验,该研究使用的断点满足有效性需要的两个条件,故可将断点处的跳跃视为精准扶贫新政策对贫困户脱贫的因果效应。

4. 变量的描述性统计分析

李芳华、张阳阳和郑新业在研究中对相关变量进行了描述性统计分析,相关结果见表 15.1。观察发现 2015—2018 年间家庭的年人均纯收入、人均实际工资、工作时间以及月人均工资均呈现出上升趋势。从家庭特征看,家庭成员的平均受教育程度在 2.65 左右,处于中小学学历水平;平均每十户有一个小于 5 岁的孩子;人口抚养比约为 0.32;平均约 43%的家庭有患病成员;平均约 24.5%的家庭有残疾人;家庭距离公路主干道的平均距离为 0. 57 公里左右。需说明表中受教育程度的赋值:文盲=1,小学及以下=2,中学=3,高中=4,大学=5,研究生及以上=6;11750、12130、12212 和 12179 为样本量。2018 年末人数有所减少,是因为精准扶贫系统调整,有一些稳定脱贫户从系统中被彻底删除。

表 15.1　变量的描述性统计

变量	变量定义	2015 年 11750	2016 年 12130	2017 年 12212	2018 年 12179
Net annual income	年人均纯收入/元	3554.22	5199.69	7676.33	9804.77
Wage	人均实际工资/元	2421.16	3555.94	5735.93	7314.65
Month	工作时间/月	2.89	3.29	4.11	5.15
Average monthly wage	月人均工资/元	983.84	1210.81	1589.81	2417. 25
Education	受教育程度	2.64	2.64	2.65	2.69
No. of Kids≤5	小于 5 岁孩子的数量	0.09	0.10	0.11	0.11
Dependency	抚养比	0.32	0.32	0.32	0.32
Diseases	家有患病成员=1	0.44	0.46	0.40	0.41
Disability	家有残疾人=1	0.25	0.26	0.24	0.23
Main road	离村主干道距离/公里	0.6	0.58	0.55	0.55

5. 变量在断点处的连续性检验——平衡性检验

在精准扶贫政策效果的研究中，如果家庭特征变量在断点处的条件密度函数存在跳跃，则不能将处理效应全部归因为精准扶贫新政策，因此这里一个隐含的假设是家庭特征变量在断点处是连续的。表 15.2 使用不同的标准误对控制变量的连续性进行了平衡性检验，结果显示收入对家庭特征变量均无显著影响。进一步，他们绘制了受教育程度、小于 5 岁的孩子数量、离村主干道距离、抚养比、家中是否有患病成员和残疾人等六个控制变量在不同收入下的分布，观察发现所有控制变量在断点前后未出现明显的跳跃，满足连续性假设①。

表 15.2　变量在断点处的连续性检验结果

指标	变量					
	Education	No. of Kids≤5	Main road	Dependency	Disease	Disability
conventional	1.766 (1.127)	−1.992 (5.515)	0.0487 (0.199)	−0.464 (0.504)	−0.200 (0.142)	0.0919 (0.0876)
bias-corrected	1.716 (1.127)	−3.981 (5.515)	0.0318 (0.199)	−0.601 (0.504)	−0.199 (0.142)	0.116 (0.0876)
robust	1.716 (1.191)	−3.981 (5.933)	0.0318 (0.208)	−0.601 (0.530)	−0.199 (0.155)	0.116 (0.102)
observations	7789	1348	8728	8728	10629	10629

注：括号内为标准误差；***、**、* 分别表示在 1%、5%和 10%的显著性水平下通过检验；conventional 为通常的标准误，即 OLS 标准误；bias-corrected 为纠偏稳健标准误；robust 为稳健标准误。下面表格中的意义与此相同。

6. 精准扶贫新政策的劳动收入效应的实证分析

断点回归参数对带宽的设置非常敏感，估计结果往往缺乏稳健性。因本斯和卡里也纳热曼给出了通过最小化两个函数在断点处的期望均方误差来选择最优带宽的方法[见式(15.8)，为方便计称为 IK 标准]。但是，卡塔内奥等认为该标准产生的带宽对所调用的分布近似值来说太大，导致 RDD 的估计值有偏，因此他们用两种方式修正了 IK 标准，即重新估计参数和标准误以校正渐近偏差，进而选择较小的带宽(为方便计称为 CCT 标准)。为此，李芳华、张阳阳和郑新业在实证中使用了 CCT 标准进行估计，并采用该标准附近不同带宽进行敏感性分析。

表 15.3 报告了 2016—2018 年的政策效应，报告中的被解释变量为家庭人均实际工资(Wage)。第(1)和(4)列显示 2016 年精准扶贫新政策显著提高了贫困户的人均劳动收入。考虑到部分家庭的主要收入来源是转移性收入或经营性收入，他们进一步将样本限制为 2015—2016 年连续两年有工资收入的家庭，结果仍然显著为正(注：子样本回归结果未予报告，感兴趣的读者可以向原作者索要)。

① 这个结果作者在正文中未予报告，感兴趣的读者可以向作者索要。

表 15.3　精准扶贫政策对贫困户劳动收入(Wage)的影响效应

指标	采用 CCT 标准计算的最优带宽			采用断点附近的不同带宽		
	2016	2017	2018	2016	2017	2018
	(1)	(2)	(3)	(4)	(5)	(6)
conventional	1848.9**	4709.7**	3397.2	1472.8**	4831.4***	3539.2
	(865.44)	(2167.2)	(2080)	(693. 37)	(1683.6)	(2292.2)
bias-corrected	1799.6**	4317.2**	4158**	1590.8**	5015.5***	4575.9**
	(865.44)	(2167.2)	(2080)	(693.37)	(1683.6)	(2292.2)
robust	1799.6**	4317.2*	4158*	1590.8**	5015.5***	4575.9*
	(904.18)	(2336.1)	(2248)	(735.75)	(1910.6)	(2458.2)
observations	8660	8532	9075	8660	8532	9075

表 15.3 第(2)和(5)列显示 2017 年的收入效应明显大于 2016 年。第(3)和(6)列结果显示在常规标准误下，2018 年精准扶贫新政策的劳动收入效应不显著，而在纠偏标准误和稳健标准误下，其收入效应略低于 2017 年，其原因是光伏扶贫政策的正式实施。事实上，2018 年，X 县开始领取光伏发电收益，并以分红的形式发放给贫困户，其实施方式与传统的现金转移支付没有本质区别，贫困户不用付出劳动即可获得收入，从而他们认为缺乏劳动供给的激励使得脱贫效果较弱甚至起反作用。进一步，他们对回归结果进行可视化展示①，发现 2016 和 2017 年农户人均劳动收入在截断点前后有一个明显的跳跃，但 2018 年没有明显跳跃。

7. 稳健性检验

1)不同带宽下的半参数检验

表 15.4 报告了不同带宽下 2016 年精准扶贫新政策对贫困户劳动收入的影响，报告中的被解释变量为家庭人均实际工资(Wage)。在稳健标准误和纠偏稳健标准误下，与 CCT 标准下的最优带宽相比，使用 0.75 倍 CCT 标准下的带宽得到的估计系数增大为 5025 元；使用 1.25 倍 CCT 和 1.5 倍 CCT 标准下的带宽得到的估计系数减小，分别为 2182 元和 1875 元。这说明 RDD 的估计参数对带宽选择具有敏感性，但不同带宽下精准扶贫新政策对人均劳动收入的影响均显著为正，结论保持一致。

表 15.4　不同带宽下精准扶贫政策(2016 年)的影响效应

指标	0.75CCT	1.25CCT	1.5CCT
	(1)	(2)	(3)
conventional	2503	1962***	2207***
	(1983)	(685.1)	(595.7)
bias-corrected	5025**	2182***	1875***
	(1983)	(685.1)	(595.7)
robust	5025	2182**	1875**
	(3098)	(1050)	(901.7)
observations	8660	8660	8660

① 感兴趣的读者可查看李芳华、张阳阳和郑新业的《精准扶贫政策效果评估：基于贫困人员微观追踪数据》图 3。

2)安慰剂检验

李芳华、张阳阳和郑新业在研究中通过变化收入水平的断点,以检验精准扶贫新政策是否显著增加贫困户的劳动收入。他们分别在 2015 年收入断点(2855 元)的基础上分别增加和减少 250 元作为两个新断点,即 2605 元和 3105 元,并考察人均劳动收入变量在断点前后是否存在显著的差异。检验结果见表 15.5,由表中数据可以看出,在新断点附近,2016—2018 年精准扶贫新政策对贫困户劳动收入没有显著影响,这进一步表明研究结论的稳健性。

表 15.5 安慰剂检验结果

指标	断点+250			断点−250		
	2016	2017	2018	2016	2017	2018
	(1)	(2)	(3)	(4)	(5)	(6)
conventional	−2562 (2298)	2273 (4018)	27828 (48914)	−1238 (5558)	22752 (42523)	2168 (2446)
bias-corrected	−2552 (2298)	2444 (4018)	27254 (48914)	−910.7 (5558)	−24419 (42523)	1687 (2446)
robust	−2552 (2426)	2444 (4300)	27254 (57004)	−910.7 (5881)	−24419 (46653)	1687 (2695)
observations	8660	8532	11097	8660	8532	11097

练习题

1. 请解释清晰断点回归与模糊断点回归的联系与区别。

2. 请解释断点回归设计本质上是断点处的拟自然实验。

3. 请基于图形说明当个体在断点附近存在自选择时,往往导致连续性假设不成立。

4. 请使用 15 章习题数据-rdrobust_rdsenate.dta,分别应用直方图、核密度曲线方法、g 阶统计量,对分配(组)变量 margin 在断点 0 处的连续性进行检验。执行的相关命令分别如下:

下载安装命令

```
.ssc install rdcont, replace
```

直方图(histogram)方法命令

```
.histogram margin
```

核密度曲线方法命令

```
.DCdensity margin, breakpoint(0) gen(Xj Yj r0 fhat se_fhat)
.return list
```

g 阶统计量方法命令

```
.rdcont margin, threshold(0)
```

(1)请执行相关命令,输出相应的结果;

(2)请根据输出的结果进行分析,判断分配变量 margin 在断点 0 处的连续性。

第 16 章　函数性线性模型

16.1　引言

前面章节介绍的回归模型中的被解释变量(因变量,响应变量)与解释变量(自变量,协变量)都是标量型变量,这一章介绍的线性模型涉及的是函数性变量,其样本观测数据是函数性数据,这种模型与前面介绍的模型的最大区别是被解释变量、解释变量中存在函数性变量,这种模型被称为函数性线性模型(functional linear model)。拉姆赛(Ramsay)和西尔弗曼(Silverman)在其专著《函数型数据分析》的第 12～17 章对这类模型进行了详细的介绍与讨论。关于函数性线性模型的研究是近二十年,特别是近十年国际统计学界研究的一个热点方向,国内外学者做了不少研究,取得了大量有价值的研究成果。由于内容较多,本章仅对函数性线性模型的研究进行概括性介绍,以抛砖引玉,为感兴趣的读者提供一个分析经济函数性数据的方法和研究方向。

函数性线性模型中的"函数性"可以两种方式体现,一种是被解释变量或响应变量为函数性变量,另一种是解释变量或协变量中的一个或多个为函数性变量。这样一来,依据被解释变量和解释变量是否为函数性变量(或标量型变量),可将函数性线性模型分为以下四种类型:

(1)被解释变量为函数性变量,而解释变量为标量型变量;

(2)被解释变量为函数性变量,解释变量也为函数性变量;

(3)被解释变量为标量型变量,而解释变量为函数性变量;

(4)被解释变量为标量型变量,而解释变量为混合变量。

事实上,(4)可以看作对(3)的一种拓展。

为了读者易于理解,考虑拉姆塞和西尔弗曼给出的加拿大气象数据分析的一个实例。

【例 16.1】 在加拿大各地有 35 个气象观测站,分别记录了每天的温度与降雨量数据,也可以得到月均温度及降雨量数据。将 t 时的降雨量记为 $\mathrm{Prec}(t)$,在时刻 s 测出的温度记为 $\mathrm{Temp}(s)$。拉姆赛和西尔弗曼还将加拿大 35 个气象观测站分为四个气象区域(带),分别是大西洋(Atlantic)区域、太平洋(Pacific)区域、大陆(Continental)区域和北极(Arctic)区域。这里降雨量 $\mathrm{Prec}(t)$ 是函数性变量,而解释变量存在两种情况:一种是气象观测站归属四个气象区域(带)的哪一个会影响 $\mathrm{Prec}(t)$,作为解释变量它是一个分类变量(标量型);另一种是温度 $\mathrm{Temp}(t)$ 会影响 $\mathrm{Prec}(t)$,作为解释变量它是一个函数性变量。

16.2　函数性被解释变量和标量型解释变量模型

在函数性线性模型中，一种类型是被解释变量为函数性变量，而解释变量为标量型变量，这种刻画函数性被解释变量与一组标量型解释变量关系的模型亦称为函数性多元回归。较特殊的一种情况是解释变量为分类变量，如取值为 0 或 1 等。如果考虑模型的样本形式，其设计矩阵仅由大量的 0 和 1 构成，此模型称为函数性方差分析模型，也称为函数性方差分析(functional analysis of variance，简称为 FANOVA)。

在经济研究中，研究者经常需要对感兴趣对象在某些方面的差异进行分析，如国内生产总值(GDP)的区域差异、收入水平的行业差异、不同类别拍卖中竞买者的出价行为差异、不同区域或群体的生活质量差异等。因此，有必要将传统统计分析中方差分析的方法进行扩展，使其适应于函数性数据的分析。

16.2.1　函数性方差分析

1. 函数性方差分析模型

设在分析中已经依据区域、行业、拍卖类别、群体等将研究的对象划分为若干个类别：G_1，G_2，…，G_L，其中 L 表示类别的个数，每一个类别由诸多个体(样品)组成，假设第 g 个类别中包含 L_g 个个体，个体的总数目为 N，$N=\sum_{g=1}^{L} L_g$。第 g 个类别中第 k 个个体的某项指标的数据记为 Y_{kg}，其数学模型为

$$Y_{kg}(t)=\mu(t)+\alpha_g(t)+\varepsilon_{kg}(t),\quad g=1,2,\cdots,L,\quad k=1,2,\cdots,L_g \tag{16.1}$$

式中，函数 μ 是均值函数，表示指标的总体平均；α_g 表示类别 g 中指标的特殊效应，为了识别的唯一性，它们须对所有的 t 满足 $\sum_g \alpha_g(t)=0$；误差函数 ε_{kg} 表示类别 g 中第 k 个个体独有的不能被解释的量。

定义一个 $N\times(L+1)$阶的设计矩阵 $\boldsymbol{Z}$，每一个个体对应着矩阵 $\boldsymbol{Z}$ 的一行。标记(k,g)所指的行对应类别 g 中的第 k 个个体，这一行的第一个和第 $g+1$ 个位置上的元素为 1，其余位置上的元素为零。例如，一个 35×5 阶的设计矩阵 $\boldsymbol{Z}_{35\times5}$ 具有如下的结构，每一个个体对应着矩阵 $\boldsymbol{Z}_{35\times5}$ 的一行。

$$\boldsymbol{Z}'_{35\times5}=\begin{pmatrix} 1\,1 & \cdots & 1\,1\,1 & \cdots & 1\,1\,1 & \cdots & 1\,1\,1 & \cdots & 1 \\ 1\,1 & \cdots & 1\,0\,0 & \cdots & 0\,0\,0 & \cdots & 0\,0\,0 & \cdots & 0 \\ 0\,0 & \cdots & 0\,1\,1 & \cdots & 1\,0\,0 & \cdots & 0\,0\,0 & \cdots & 0 \\ 0\,0 & \cdots & 0\,0\,0 & \cdots & 0\,1\,1 & \cdots & 1\,0\,0 & \cdots & 0 \\ 0\,0 & \cdots & 0\,0\,0 & \cdots & 0\,0\,0 & \cdots & 0\,1\,1 & \cdots & 1 \end{pmatrix}$$

若用 $\boldsymbol{z}_{(k,g)}$ 表示矩阵 $\boldsymbol{Z}$ 中(k,g)所在的行的转置向量，令 $\beta_1=\mu$，$\beta_2=\alpha_1$，…，$\beta_{L+1}=\alpha_L$，于是上面的数学模型式(16.1)可被等价地表示为

$$Y_{kg}(t)=\sum_{j=1}^{L+1} \boldsymbol{z}_{(k,g)j}\beta_j(t)+\varepsilon_{kg}(t) \tag{16.2}$$

其矩阵表达式为

$$\boldsymbol{Y}=\boldsymbol{Z\beta}+\boldsymbol{\varepsilon} \tag{16.3}$$

式中，$\boldsymbol{Y}$ 表示由 N 个个体的函数数据构成的列向量；$\boldsymbol{\varepsilon}$ 是由 N 个误差函数构成的列向量；$\boldsymbol{\beta}$ 是由 $L+1$ 个参数函数构成的 $L+1$ 维参数函数向量，即 $\boldsymbol{\beta}=(\beta_1,\beta_2,\cdots,\beta_{L+1})'$。

2. 模型参数的估计

如果式(16.3)是标准的线性模型，则通常的 LS 准则选择的 $\boldsymbol{\beta}$ 应使残差平方和达到最小，即使$(\boldsymbol{Y}-\boldsymbol{Z\beta})'(\boldsymbol{Y}-\boldsymbol{Z\beta})$(文献中也表示为 $\|\boldsymbol{Y}-\boldsymbol{Z\beta}\|^2$，称为平方范数)达到最小。为了将 LS 的原理向函数场合推广，需要对平方范数进行解释。这里的 $\boldsymbol{Y}-\boldsymbol{Z\beta}$ 是函数向量，$\boldsymbol{Z\beta}$ 的分量是个体预报，即 $\boldsymbol{z}_{(k,g)}$ 与 $\boldsymbol{\beta}(t)$ 的内积，记为$\langle \boldsymbol{z}_{(k,g)},\boldsymbol{\beta}(t)\rangle$，于是函数性数据场合的 LS 拟合准则自然就变为

$$\mathrm{FVASSE}=\sum_g\sum_k\int[Y_{kg}(t)-\langle \boldsymbol{z}_{(k,g)},\boldsymbol{\beta}(t)\rangle]^2\mathrm{d}t \tag{16.4}$$

或等价地写为

$$\mathrm{FVASSE}=\sum_g\sum_k\int\left[Y_{kg}(t)-\sum_{j=1}^{L+1}z_{(k,g)j}\beta_j(t)\right]^2\mathrm{d}t \tag{16.5}$$

式中，$z_{(k,g)j}$ 表示 $\boldsymbol{z}_{(k,g)}$ 中的第 j 个分量。

在约束 $\sum\limits_{j=2}^{L+1}\beta_j=0$(等价于 $\sum\limits_{g=1}^{L}\alpha_g=0$)下，通过最小化式(16.5)就可得到函数参数向量 $\boldsymbol{\beta}$ 的估计函数 $\hat{\boldsymbol{\beta}}$，即 μ 和诸 α_g 的 LS 估计 $\hat{\mu}$ 和 $\hat{\alpha}_g$。

3. 模型拟合的评估

在函数性数据分析中，不但要确定类别的特殊效应是否非零，还要考虑这些效应是否在特殊的时间 t 处是显著的。与普通的方差分析一样，将这些问题融于误差平方和函数 FVASSE、平方复相关函数 $R^2(t)$和 F 比率函数 $F(t)$之中。但是，由于这些量与时间 t 有关，因此分析的方法与标准多元统计场合的情况不一样。设

$$\mathrm{SSE}(t)=\sum_{k,g}[Y_{kg}(t)-(\boldsymbol{Z}\hat{\boldsymbol{\beta}})_{kg}(t)]^2 \tag{16.6}$$

$$\mathrm{SSY}(t)=\sum_{k,g}[Y_{kg}(t)-\hat{\mu}(t)]^2 \tag{16.7}$$

$$\mathrm{MSE}=\mathrm{SSE}/\mathrm{df}(\text{误差}) \tag{16.8}$$

$$\mathrm{MSR}(t)=[\mathrm{SSY}(t)-\mathrm{SSE}(t)]/\mathrm{df}(\text{模型}) \tag{16.9}$$

式中，df(误差)表示误差的自由度，此处为 $N-L$，df(模型)$=L-1$。于是，定义平方复相关函数 $R^2(t)$和 F 比率函数 $F(t)$如下：

$$R^2(t)=[\mathrm{SSY}(t)-\mathrm{SSE}(t)]/SSY(t) \tag{16.10}$$

$$F(t)=\mathrm{MSR}/\mathrm{MSE} \tag{16.11}$$

计算 $R^2(t)$和 $F(t)$两个函数的值并绘出函数曲线，就可以由 $R^2(t)$看出模型与数据拟合

的好坏。一般地,平方复相关函数 $R^2(t)$ 取值较大才好;由 F 比率函数的大小以及给出的显著水平,就可以确定诸个体之间是否存在类别差异。

【例 16.2】 在例 16.1 气象观测站的例子中,区域 g 中第 k 个气象观测站的温度函数 $\text{Temp}_{kg}(t)$ 是被解释变量,它与区域 g 的特殊温度效应 α_g 的关系为

$$\text{Temp}_{kg}(t)=\mu(t)+\alpha_g(t)+\varepsilon_{kg}(t) \tag{16.12}$$

式中,函数 μ 是均值函数,表示加拿大的平均温度;误差函数 ε_{kg} 表示不能被区域 g 中第 k 个气象观测站解释的温度变化。本例中,$g=1,2,\cdots,4,N=35$。为了识别的唯一性,特殊温度效应 α_g 须对所有的 t 满足 $\sum_{g=1}^{4}\alpha_g(t)=0$。

拉姆赛和西尔弗曼采用 MATLAB(或 R)软件估计和绘制了四个气象带区域效应 α_g 的估计结果,如图 16.1 所示。图 16.2 给出了合成效应 $\mu+\alpha_g$ 的轮廓图,图中实线表示采用温度函数的方差分析模型估计的气象带温度 $\mu+\alpha_g$ 轮廓,虚线表示加拿大平均温度。图示结果显示区域效应很复杂,与人们期望的常数效应或正弦效应相去甚远。

观察图 16.1 发现,大西洋区域的气象站得到的温度似乎超过加拿大平均气温 5 ℃;太平洋区域的气象站得到的夏天温度接近于加拿大平均气温,却在冬季偏高;大陆区域的气象站得到的温度在夏天略高于平均气温,却在冬季偏低大约 5 ℃;北极区域的气象站得到的温度自然低于平均气温,但 3 月的气温更低于 1 月的气温。

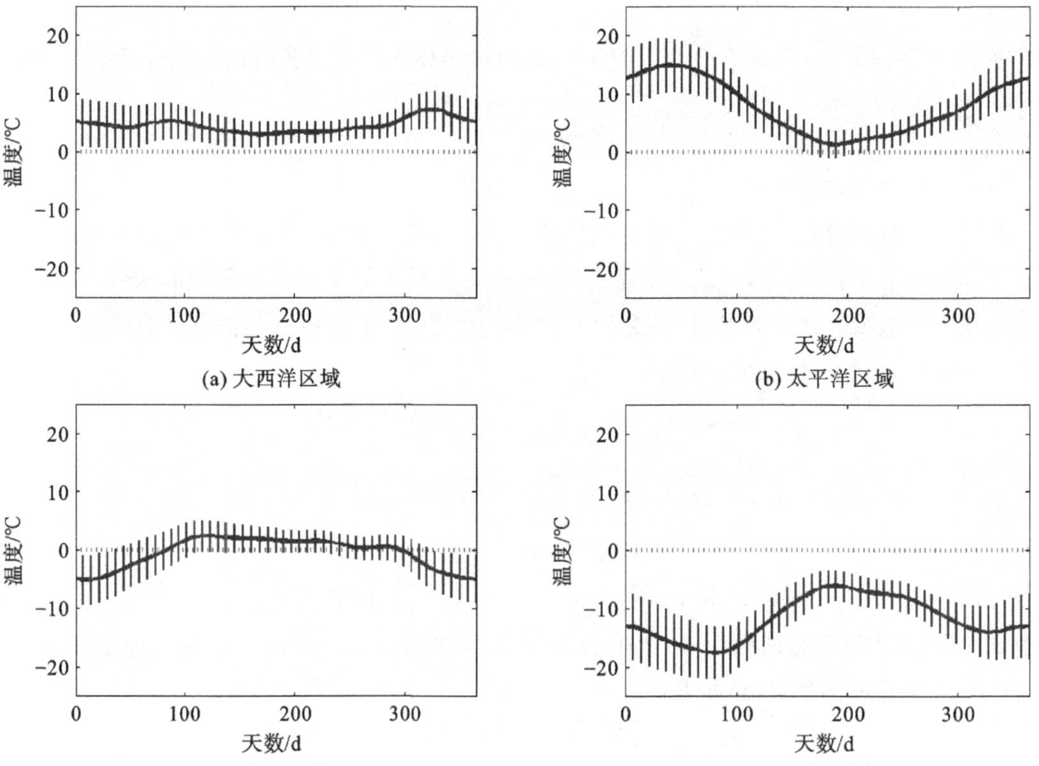

(a) 大西洋区域　(b) 太平洋区域

(c) 大陆区域　(d) 北极区域

图 16.1　使用日度数据的四个气象带的区域效应(α_g)

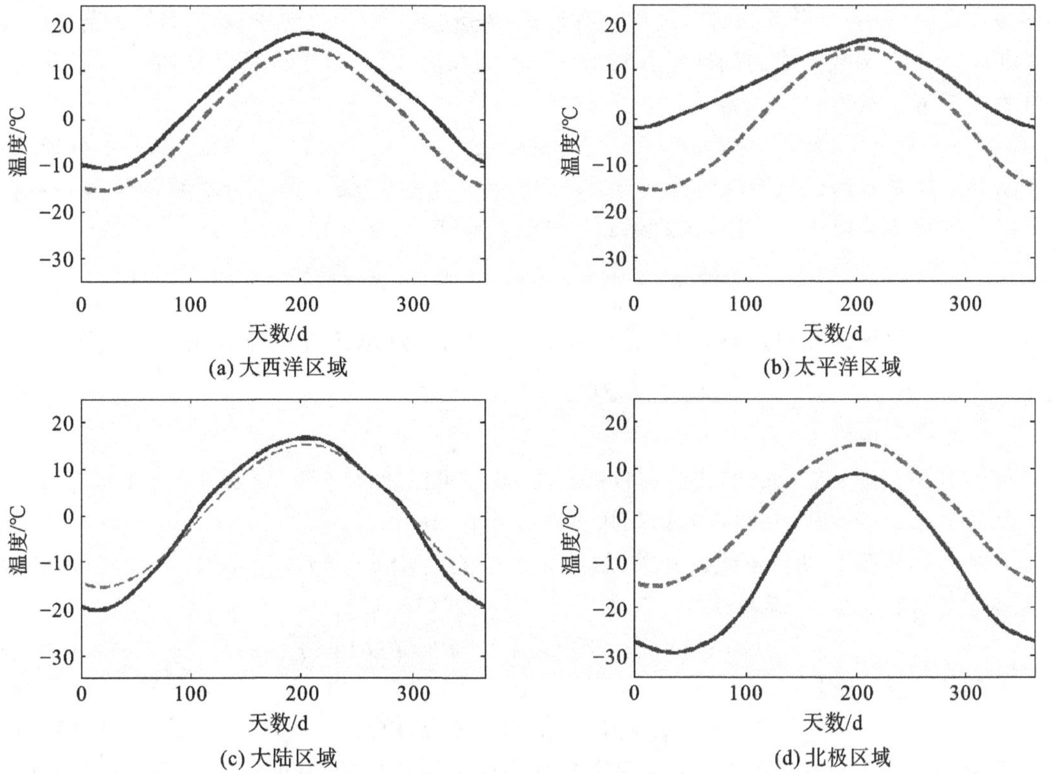

(a) 大西洋区域　(b) 太平洋区域
(c) 大陆区域　(d) 北极区域

图 16.2　使用日度数据的四个气象带的合成效应($\mu+\alpha_g$)

图 16.3 给出了基于温度月度数据计算得到的平方复相关函数 $R^2(t)$和 F 比率函数 $F(t)$及绘制的图形。由图 16.3 可以看出,平方复相关函数 $R^2(t)$取值相对较大,F 比率函数明显地高于 5%的显著水平对应的值 2.92。值得注意的一个有趣现象是:四个区域在春秋两个季节的差异非常大,而在夏冬两个季节的差异如预期的一样小。

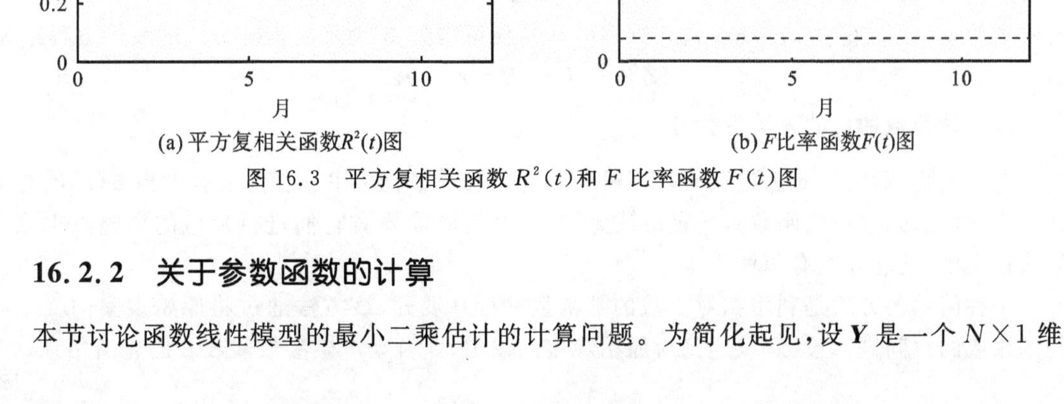

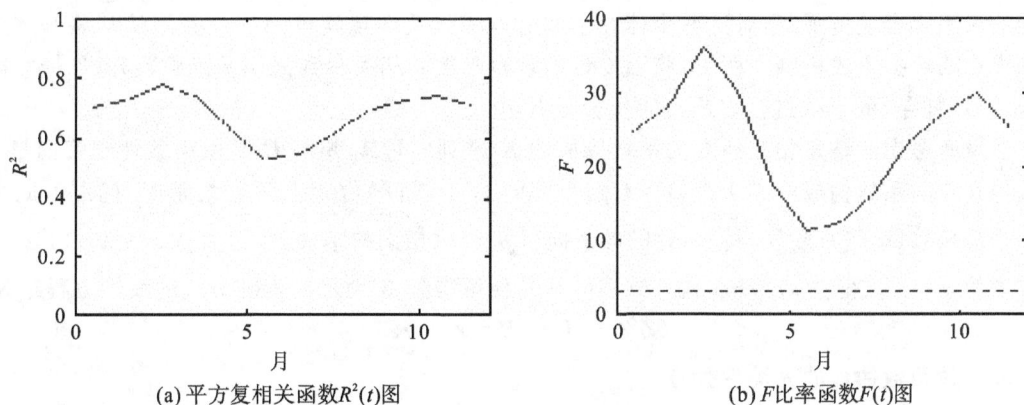

(a) 平方复相关函数$R^2(t)$图　(b) F比率函数$F(t)$图

图 16.3　平方复相关函数 $R^2(t)$和 F 比率函数 $F(t)$图

16.2.2　关于参数函数的计算

本节讨论函数线性模型的最小二乘估计的计算问题。为简化起见,设 $\boldsymbol{Y}$ 是一个 $N\times 1$ 维的函数性观测，每一个分量都有合适的函数形式；$\boldsymbol{\beta}$ 是 $q\times 1$ 维参数向量；$\boldsymbol{Z}$ 为 $N\times q$ 设计矩阵；$\boldsymbol{\varepsilon}$ 是由 N 个误差函数构成的列向量。对每一个 t 的取值，$\boldsymbol{Y}(t)$的数学期望为 $\boldsymbol{Z\beta}(t)$，于是函数性线性模型可表示为

$$\boldsymbol{Y}=\boldsymbol{Z\beta}+\boldsymbol{\varepsilon} \tag{16.13}$$

对参数向量 $\boldsymbol{\beta}$ 的任何线性约束可表示为 $\boldsymbol{L\beta}=0$，其中 $\boldsymbol{L}$ 是一个适合运算的矩阵，具有 q 列。我们的目的是使式(16.14)在约束 $\boldsymbol{L\beta}=0$ 时达到最小，即

$$\text{LMSSE}(\boldsymbol{\beta})=\int[\boldsymbol{Y}-\boldsymbol{Z\beta}(t)]'[\boldsymbol{Y}-\boldsymbol{Z\beta}(t)]\mathrm{d}t \tag{16.14}$$

假设约束能够保证参数可识别，用线性代数的语言来说，这意味着矩阵 $\boldsymbol{Z}$ 的行与矩阵 $\boldsymbol{L}$ 的行不线性相关，而且增广矩阵$(\boldsymbol{Z}',\boldsymbol{L}')'$是列满秩的，秩为 q。

1. 逐点最小化法

因为对 $\boldsymbol{\beta}(t)$随 t 变化的形式没有特殊限制，所以可以通过对每一 t 最小化 $\|\boldsymbol{Y}-\boldsymbol{Z\beta}(t)\|^2$ 来达到最小化 LMSSE($\boldsymbol{\beta}$)的目的，即采用逐点最小化(pointwise minimization)方法。又由于矩阵 $\boldsymbol{Z}$ 的行与矩阵 $\boldsymbol{L}$ 的行不线性相关，故计算受限的 LMSSE($\boldsymbol{\beta}$)的最小值，可代之求无限制的残差平方和的最小值，即对任意合适的 $\lambda>0$，求解式(16.15)：

$$\min\{\|\boldsymbol{Y}(t)-\boldsymbol{Z\beta}(t)\|^2+\lambda\|\boldsymbol{L\beta}(t)\|^2\} \tag{16.15}$$

于是，通过解方程

$$(\boldsymbol{Z}'\boldsymbol{Z}+\lambda\boldsymbol{L}'\boldsymbol{L})\hat{\boldsymbol{\beta}}(t)=\boldsymbol{Z}'(t)\boldsymbol{Y}(t) \tag{16.16}$$

可求得 $\hat{\boldsymbol{\beta}}(t)$。由于对任意的 $\lambda>0$，它只影响最小化表达式中的惩罚项(第二项)，而 $\boldsymbol{L\beta}(t)=0$，所以 $\hat{\boldsymbol{\beta}}(t)$与 λ 的具体取值无关。通常取 $\lambda=1$，如果遇到数值稳定性问题，它会有所变化。

寻找函数 $\hat{\boldsymbol{\beta}}(t)$的一个直接方法是对合适格子上的 t 值，由式(16.15)求出 $\hat{\boldsymbol{\beta}}(t)$，然后对这些值之间的值利用插值法求得。

2. 利用基展开式的函数线性模型参数的估计

因为有些函数可用较少数量的基函数展开式来近似，还有一种可能就是不同的函数是在不同的时间集合上被观测，对这些个体在不同时点的函数性观测可用一个共同的基展开式来复制潜在的数据生成机制。所以，将因变量的观察函数和相关参数采用基函数展开(如傅立叶级数或 B-样条)的形式进行表示有时候会很有用。

假设所考虑的基是相互独立的函数构成的 K 维列向量 $\boldsymbol{\phi}$，矩阵 $\boldsymbol{C}$ 是由函数性观察向量 $\boldsymbol{Y}$ 的基展开式的系数构成的。于是，$\boldsymbol{Y}=\boldsymbol{C\phi}$，矩阵 $\boldsymbol{C}$ 处于(j,k)位置上的元素是 Y_j 的展开式中第k 个基函数 ϕ_k 前的系数。将估计的参数向量 $\hat{\boldsymbol{\beta}}(t)$以相同的基展开，记为 $\hat{\boldsymbol{\beta}}(t)=\boldsymbol{B\phi}$，其中 $\boldsymbol{B}$ 的阶数为 $q\times K$。将 $\hat{\boldsymbol{\beta}}(t)=\boldsymbol{B\phi}$ 代入式(16.16)，便可得到 $\boldsymbol{B}$ 满足的矩阵形式的线性方程组为

$$(\boldsymbol{Z}'\boldsymbol{Z}+\lambda\boldsymbol{L}'\boldsymbol{L})\boldsymbol{B}=\boldsymbol{Z}'(t)\boldsymbol{C} \tag{16.17}$$

3. 参数函数估计的光滑性处理

迄今为止，我们仅对函数线性模型进行拟合以获得最佳的 $\hat{\boldsymbol{\beta}}(t)$，但没有考虑 $\hat{\boldsymbol{\beta}}(t)$的光滑性。当我们遇到的观察函数是粗糙的或急剧变化时，就需要对它们进行相应的调整以拟合函数线性模型，处理方法有两种。

一种简单的方法是利用相对少数的基函数进行基展开，该方法通过将原始观察向受限制的基张成的空间进行投影，以达到对原始观察的修匀，并自动产生参数函数 $\boldsymbol{\beta}$ 的光滑估计。

另一种方法是将粗糙惩罚引入 LMSSE 的拟合优度的度量中。例如，定义

$$\mathrm{PEN}_2(\boldsymbol{\beta})=\sum\nolimits_j \mathrm{PEN}_2(\beta_j)=\sum\nolimits_j \int (D^2\beta_j)\mathrm{d}t \tag{16.18}$$

式中，$D^2(\cdot)$表示二阶导函数。设 $\lambda>0$ 为修匀参数，定义

$$\mathrm{LMSSE}_\lambda(\boldsymbol{\beta})=\mathrm{LMSSE}(\boldsymbol{\beta})+\lambda\,\mathrm{PEN}_2(\boldsymbol{\beta}) \tag{16.19}$$

在约束 $\boldsymbol{L\beta}(t)=0$ 的条件下，最小化式(16.19)就可得到参数函数 $\boldsymbol{\beta}$ 的光滑估计。

在计算方面，可以利用基展开直接进行调整。设有基 $\boldsymbol{\phi}$，矩阵 $\boldsymbol{R}=\int (D^2\boldsymbol{\phi})(D^2\boldsymbol{\phi})'\mathrm{d}t$，矩阵 $\boldsymbol{J}=\langle\boldsymbol{\phi},\boldsymbol{\phi}'\rangle$。类似前面的做法，将 $\boldsymbol{\beta}$ 和 $\boldsymbol{Y}$ 表示为 $\boldsymbol{\beta}(t)=\boldsymbol{B\phi}$，$\boldsymbol{Y}=\boldsymbol{C\phi}$(对于合适的系数矩阵 $\boldsymbol{B}$ 和 $\boldsymbol{C}$)。于是有

$$\mathrm{LMSSE}_\lambda(\boldsymbol{\beta})=\mathrm{tr}[(\boldsymbol{C}-\boldsymbol{ZB})\boldsymbol{J}(\boldsymbol{C}-\boldsymbol{ZB})']+\lambda\,\mathrm{tr}(\boldsymbol{BRB}') \tag{16.20}$$

如果 $\boldsymbol{\beta}$ 无任何限制，则 $\boldsymbol{B}$ 满足方程

$$(\boldsymbol{Z}'\boldsymbol{JZ}+\lambda\boldsymbol{R})\boldsymbol{B}=\boldsymbol{Z}'\boldsymbol{JY} \tag{16.21}$$

如果对 $\boldsymbol{\beta}$ 有限制，将矩阵 $\boldsymbol{\beta}$ 写为 $\boldsymbol{CA}$，其中 $\boldsymbol{A}$ 为一个未知矩阵。代入式(16.20)得

$$(\boldsymbol{C}'\boldsymbol{Z}'\boldsymbol{JZC}+\lambda\boldsymbol{C}'\boldsymbol{RC})\boldsymbol{A}=\boldsymbol{C}'\boldsymbol{J}'\boldsymbol{JY} \tag{16.22}$$

16.3　函数性被解释变量和函数性解释变量模型

进一步考虑例 16.1 和例 16.2 中的降雨量 Prec(t)和温度 Temp(t)，研究者可能关心在特定的时间点 t，函数性解释变量 Temp(t)如何影响函数性被解释变量 Prec(t)的问题。

如果研究者对现时的降雨量 Prec(t)如何受现时温度 Temp(t)的影响感兴趣，即在相同的时间点 t 处考虑降雨量 Prec(t)与温度 Temp(t)之间的关系，则模型可设定为

$$\mathrm{Prec}_i(t)=\alpha(t)+\mathrm{Temp}_i(t)\beta(t)+\varepsilon_i(t) \tag{16.23}$$

这种模型由于被解释变量和解释变量的取值时间相同，即具有同时性(concurrent)或逐点性(point-wise)，故称为并发模型(concurrent model)。这种模型虽早有研究，如黑斯蒂(Hastie)和蒂伯沙拉，但当时是当作变系数模型(varying coefficient model)进行研究的，拉姆赛和西尔弗曼对其进行了较详细的分析，部分原因是所有函数线性模型都可以简化为这个形式。

研究者可能还想了解全年的温度如何影响降雨量 Prec(t)，这时可将上面的模型进行扩展，即将模型设定为

$$\mathrm{Prec}_i(t)=\alpha(t)+\int_0^{365}\mathrm{Temp}_i(s)\beta(s,t)\mathrm{d}s+\varepsilon_i(t) \tag{16.24}$$

这个模型中的回归系数函数 $\beta(s,t)$变得复杂了，受两个量的影响，$\beta(s,t)$的值反映了时间 s 的温度对 t 时降雨量的影响。

如果想分析短期前馈(short-term feed-forward)影响，例如 t 时前一小段时间温度下降的累积效应(cumulative effects)是否对降雨量 Prec(t)产生影响，上面的模型可拓展为

$$\mathrm{Prec}_i(t)=\alpha(t)+\int_{t-\delta}^{t}\mathrm{Temp}_i(s)\beta(s,t)\mathrm{d}s+\varepsilon_i(t) \tag{16.25}$$

式中，δ 是时间滞后；$\beta(s,t)$中时间的取值区域相对复杂了，变为 $t\in[0,365]$，$t-\delta\leqslant s\leqslant t$。

进一步，设想时间 t 处于仲夏(middle of the summer)时段，温度可能迅速下降后立即迅速上升，如雷暴天气，因此可能短时间内出现大的降雨量。在类似这种情况下，时间 s 处于与

时间 t 有关的一个区域，记为集合 Ω_t，此时模型可设为

$$\mathrm{Prec}_i(t)=\alpha(t)+\int_{\Omega_t}\mathrm{Temp}_i(s)\beta(s,t)\mathrm{d}s+\varepsilon_i(t) \tag{16.26}$$

这个模型中，$\beta(s,t)$的定义域复杂了，对计算带来了挑战。

通过上面的模型变化，读者应看到了函数线性模型的复杂性。事实上，没有理由说明解释变量可能不是时间 s 和 t 的函数。一个气象观测站通过整合空间和时间信息预测降雨量，但往往会受到限制。例如，在加拿大大草原上，夏季的降水往往是对流性的，即雷雨、冰雹和龙卷风，这些现象具有空间局域特征，并遵循曲线轨迹。关于此类模型参数函数的估计、计算与置信区间的讨论详见拉姆赛和西尔弗曼的《函数型数据分析》一书。

16.4 标量型被解释变量和函数性解释变量模型

1. 标量型被解释变量的函数性线性回归模型

关于被解释变量为标量型变量，解释变量为函数性变量的模型中，最经典的是函数性线性回归模型，拉姆赛和西尔弗曼较详细讨论了这类模型，丁辉对这类模型的研究进行了回顾。模型的形式为

$$E(Y|X)=\alpha+\int_{\Gamma}\beta(t)X(t)\mathrm{d}t \tag{16.27}$$

或写为

$$Y=\alpha+\int_{\Gamma}\beta(t)X(t)\mathrm{d}t+\varepsilon \tag{16.28}$$

式中，Y 为标量型被解释变量；α 为截距项；$X(t)$为定义在紧区间 Γ 上的函数性解释变量；$\beta(t)$为未知的参数函数；ε 为随机误差项且具有 0 均值和有限方差。迄今为止，许多学者对函数性线性模型进行了研究，例如蔡(Cai)和霍尔、卡多特(Cardot)等、德莱格勒(Delaigle)和霍尔、霍尔和霍洛威茨、霍尔和杨(Yang)分别使用样条、主成分估计、偏最小二乘估计等工具研究了函数性线性模型的估计与预测问题，贡(Kong)、苏(Su)等使用函数性主成分分析(FPCA)方法对斜率函数的假设检验问题进行了研究；蔡和袁(Yuan)使用惩罚估计研究了函数型线性模型的估计与预测问题；李(Lee)和帕克(Park)弥补了主成分回归只用前面几个主成分的缺陷(被解释变量有可能与后面的主成分相关)，提出对主成分进行变量选择，并从理论上研究了变量选择的大样本性质。

在应用中，出于方便之考虑，可对 $X(t)$进行中心化处理。若记 $\mu_Y=E(Y)$，$\mu_X(t)=E[X(t)]$，令 $\widetilde{X}(t)=X(t)-\mu_X(t)$，则式(16.28)可写为

$$Y=\mu_Y+\int_{\Gamma}\beta(t)\widetilde{X}(t)\mathrm{d}t+\varepsilon \tag{16.29}$$

例如，Y 为某区域的年均降雨量，$X(t)$为第 t 天的温度，$t=1,2,\cdots,365$。

关于函数性线性回归模型式(16.28)的估计可采用基函数的方法，如对 $X(t)$和 $\beta(t)$进行基函数展开，可选择的基函数有 B-样条(B-spline)基、傅里叶基、小波(wavelets)基、函数性主成分基等。假设选择的基函数系统为$\{\phi_1(t),\phi_2(t),\cdots\}$，其中基函数正交，则 $X(t)$和 $\beta(t)$可表示为

$$X(t)=\sum_{k=1}^{\infty}\zeta_k\phi_k(t)$$

$$\beta(t)=\sum_{k=1}^{\infty}b_k\phi_k(t)$$

式中，$\{\zeta_k\}$和$\{b_k\}$分别为 $X(t)$和 $\beta(t)$基展开式的系数。公式中待估计的参数有无穷多个，而我们的样本量有限，故无法对这些参数进行估计，一般对上面的表达式进行截断处理，选择有限多个基函数，然后进行估计。

2. 函数性广义线性模型

当被解释变量为离散型变量时，詹姆斯(James)将式(16.28)进行了推广，给出了函数性广义线性模型，其形式为

$$\eta=\alpha+\int_{\Gamma}\beta(t)X(t)\mathrm{d}t \tag{16.30}$$

$$g^{-1}(\eta)=E(Y|X)=\mu$$

$$\mathrm{Var}(Y|X)=V(\mu)$$

式中，$g(\cdot)$为连接函数；V 为方差函数。除詹姆斯外，道等、杜(Du)和王(Wang)、尚(Shang)和程(Cheng)分别使用不同的方法研究了广义线性模型的估计与应用问题。

式(16.30)的一个具体特例是函数性 logistic 回归，它可用来分析分类问题。

3. 函数性多项式模型

在标量型被解释变量的函数性线性回归模型中，解释变量为函数性变量的常用模型还有函数性多项式模型，该模型假设被解释变量和解释变量之间存在某种多项式关系，其形式可设为

$$\begin{aligned}Y=\beta_0&+\int_{\Gamma}\beta(t)X(t)\mathrm{d}t+\int_{\Gamma^2}\gamma_2(t_1,t_2)X(t_1)X(t_2)\mathrm{d}t_1\mathrm{d}t_2+\\&\int_{\Gamma^3}\gamma_3(t_1,t_2,t_3)X(t_1)X(t_2)X(t_3)\mathrm{d}t_1\mathrm{d}t_2\mathrm{d}t_3+\cdots+\\&\int_{\Gamma^p}\gamma_p(t_1,\cdots,t_p)X(t_1)\cdots X(t_p)\mathrm{d}t_1\cdots\mathrm{d}t_p+\varepsilon\end{aligned} \tag{16.31}$$

式中，β_0 为截距项，$\beta(t)$，$\gamma_2(t_1,t_2)$，$\gamma_3(t_1,t_2,t_3)$，$\cdots$，$\gamma_p(t_1,\cdots,t_p)$是未知的回归系数。该模型描述了标量型被解释变量与解释变量之间的非线性关系，具有较强的适用性。姚(Yao)和穆勒(Müller)使用主成分分析与光滑技术相结合的方法给出了模型估计与模型预测的收敛速度。

4. 函数性单指标与多指标模型

虽然函数性线性模型在许多领域得到了广泛的应用，但该模型假设函数性解释变量和被解释变量之间满足线性关系，实际中这个线性假设可能不成立。为此，陈(Chen)等提出了函数性单指标模型(functional single-index model)，其形式为

$$Y=g\left(\int_{\Gamma}\beta(t)X(t)\mathrm{d}t\right)+\varepsilon \tag{16.32}$$

式中，$g(\cdot)$是未知的光滑函数。陈等使用最小二乘准则与局部常数或者局部线性光滑技术相结合的方法，对该模型的连接函数 $g(\cdot)$和斜率函数 $\beta(t)$进行了估计，并证明了该方法可使对被解释变量的预测达到多项式的收敛速度。马(Ma)基于最小二乘准则的 B-样条近似方法

给出了模型的估计。陈等还把单指标模型推广为多指标模型(multiple index functional model),并采用回切法给出了模型的估计。模型的形式为

$$Y = g\left(\int_{\Gamma}\beta_1(t)X(t)\mathrm{d}t, \cdots, \int_{\Gamma}\beta_p(t)X(t)\mathrm{d}t\right) + \varepsilon \tag{16.33}$$

式中,$g(\cdot)$是未知的连接函数。

5. 函数性部分线性模型

函数性单指标模型式(16.32)中只考虑了一个函数性解释变量 $X(t)$,仅用其来对标量型被解释变量 Y 的变化进行解释可能不充分。现实中,经常会遇到标量型被解释变量与两个函数性解释变量 $X(t)$和 $Z(t)$之间存在相依关系,例如,粮食的平均产量不仅与生长温度有关,也与降雨量有关。为此,有很多学者尝试提出一些模型来描述一个标量型被解释变量与两个函数性解释变量的关系,其中较有影响力的是练恒提出的函数性部分线性模型(functional partial linear model)。从模型形式来看,函数性部分线性模型与费拉蒂(Ferraty)和维厄(Vieu)提出的函数性非参数模型形式一致,其形式为

$$Y = \int_{\Gamma}\beta(t)Z(t)\mathrm{d}t + g(X(t)) + \varepsilon \tag{16.34}$$

式中,$X(t)$是取值在半度空间上的函数性解释变量;$g(\cdot)$是未知的光滑函数。他们利用泛函分析工具和核估计对模型进行了估计。

6. 函数性部分线性单指标模型

函数性部分线性模型比较灵活且适应性较高,如果能找到合适的函数性解释变量的半距离,连接函数的收敛速度相对较快。但是,在实际中并不知道如何选择函数性解释变量的半距离,一旦出现半距离选择不当,则会产生类似非参数回归中的“维数祸根”现象。鉴于此,丁辉提出了函数性部分线性单指标模型,其形式为

$$Y = g\left(\int_{I_1}\alpha(t)X(t)\mathrm{d}t\right) + \int_{I_2}\beta(t)Z(t)\mathrm{d}t + \varepsilon \tag{16.35}$$

式中,$X(t)$和 $Z(t)$分别是定义在紧区间 I_1 和 I_2 上的函数性解释变量;$\alpha(t)$和 $\beta(t)$是未知的斜率函数。

关于解释变量为函数性变量的函数性回归模型的研究成果相对不甚丰富,从适应角度看,函数性部分线性单指标模型的适应性较强,它是函数性线性模型的一种推广,丁辉对此模型进行了讨论,提出了剖面最小二乘与局部常数光滑技术结合的方法,并得到了模型斜率函数和连接函数的估计。该模型有两个优点,一是有效避免了“维数祸根”现象,二是保持了非参数模型的灵活性。丁辉主要关注了模型的预测问题,统计模拟显示其提出的估计方法在有限样本下表现良好,关于燕麦平均每公顷产量的自然对数(Y)与温度[$X(t)$]和降雨量的自然对数[$Z(t)$]的实例数据分析显示,函数性部分线性单指标模型较之用于比较的其他三个模型具有优势。

16.5 标量型被解释变量和混合解释变量模型

在实际中,我们经常会遇到有些解释变量是函数性变量,而有些解释变量是标量型变量的情况,即解释变量出现函数性与标量型混合的情况,这对数据分析带来了挑战。例如,小孩在

15 岁的身高与其 10 岁之前第 t 年的身高 $X(t)$ 有关系，而且也与性别 Z（男孩取值 1，女孩取值 0）有关系。

1. 混合解释变量的函数性部分线性模型

混合解释变量的函数性回归模型的常见形式是函数性部分线性模型，模型形式为

$$Y=\boldsymbol{Z}'\boldsymbol{\beta}+\int_{\Gamma}\alpha(t)X(t)\mathrm{d}t+\varepsilon \tag{16.36}$$

式中，Y 为标量型被解释变量；$\boldsymbol{Z}$ 为 p 维列向量；$\boldsymbol{\beta}=(\beta_1,\beta_2,\cdots,\beta_p)'$ 是系数向量；$X(t)$ 为定义在紧区间 Γ 上的函数性解释变量；$\alpha(t)$ 为斜率参数函数；ε 为随机误差项，其数学期望为 0，具有有限的方差，且与 $\boldsymbol{Z}$ 及 $X(t)$ 独立。希恩(Shin)、希恩和李分别使用基于函数性主成分分析(FPCA)的最小二乘方法和岭回归方法，研究了该模型的估计和预测问题，并证明了在一定的条件下斜率函数 $\alpha(t)$ 的估计能达到最优收敛速度，$\boldsymbol{\beta}$ 的估计量具有渐近正态性。

但是，函数性解释变量与被解释变量之间的线性关系在实际中不一定满足。因此，王国长等提出了混合解释变量的函数性部分线性单指标模型(functional partial linear single-index model)，即

$$Y=\boldsymbol{Z}'\boldsymbol{\beta}+g\left(\int_{\Gamma}\alpha(t)X(t)\mathrm{d}t\right)+\varepsilon \tag{16.37}$$

式中，$g(\cdot)$ 是未知的函数。他们使用两步估计方法对该模型进行了估计，并给出了估计的收敛速度。

2. 半函数性部分线性模型

在混合解释变量回归模型中，另一类也比较重要的模型是半函数性部分线性模型，其形式为

$$Y=m[X(t)]+\boldsymbol{Z}'\boldsymbol{\beta}+\varepsilon \tag{16.38}$$

式中，$X(t)$ 为在半度量空间上取值的函数性解释变量；$m(\cdot)$ 是未知的光滑函数；$\boldsymbol{Z}$ 为 p 维标量型解释变量；$\boldsymbol{\beta}=(\beta_1,\beta_2,\cdots,\beta_p)'$ 为 $\boldsymbol{Z}$ 的系数向量；ε 为随机误差项。凌能祥等给出了半函数性部分线性模型的估计及其渐近性质。

3. 半函数性部分线性分位数模型

由于混合解释变量的函数性回归模型的估计基本都采用均值回归，而均值回归对异常值非常敏感，因此一种合理的选择是采用分位数回归，因为分位数回归相对于均值回归更加稳健，甚至当误差项方差为无穷大时估计效果仍然较好。另外，如第 7 章所述，分位数回归可以提供关于被解释变量分布更为细化且全面的信息。

卡多特等基于样条方法给出了函数性线性模型的分位数估计，并证明了估计的渐近性质；陈和穆勒研究了函数性广义线性模型的分位数估计方法。卡托(Kato)基于函数性主成分给出了函数性线性模型的分位数估计，并且证明了斜率函数的估计达到最优收敛速度；卢(Lu)等、唐庆国和程龙生分别使用分位数估计方法讨论了函数性部分线性模型，并给出了估计的渐近性质。丁辉研究了半函数性部分线性分位数回归模型，其形式为

$$Y=m_{\tau}(X)+\boldsymbol{Z}'\boldsymbol{\beta}_{\tau}+\beta_{\tau} \tag{16.39}$$

式中，$\tau\in(0,1)$ 为分位数水平；$X(t)$ 为在半度量空间上取值的函数性解释变量；$m_{\tau}(\cdot)$ 是未知的光滑函数；$\boldsymbol{Z}$ 为 p 维标量型解释变量；$\boldsymbol{\beta}_{\tau}=(\beta_{1\tau},\beta_{2\tau},\cdots,\beta_{p\tau})'$ 为 $\boldsymbol{Z}$ 的系数向量；ε_{τ} 为随机误差项且关于$(\boldsymbol{Z},X)$的条件 τ 分位数为 0。

练习题

1.请解释函数性线性模型及其类型。

2.请解释函数性方差分析模型中设计矩阵的特征。

3.请收集经济领域的函数性数据,分别给出采用四种类型的函数性线性模型进行分析的实例。

参考文献

[1] ANGRIST J D, AZOULAY P, ELLISON G, et al. Economic research evolves: fields and styles[J]. American Economic Review, 2017, 107(5): 293-297.

[2] 洪永淼，汪寿阳，任之光，等."十四五"经济科学发展战略研究背景与论证思路[J]. 管理科学学报，2021(2): 1-13.

[3] 陈国进，方颖，傅十和，等.中国经济科学研究范式的发展趋势[J].厦门大学王亚南经济研究院工作论文，2020.

[4] 库恩.科学革命的结构[M].金吾伦，胡新和，译.北京：北京大学出版社，2003.

[5] HANSEN B E. Econometrics[M]. https://users.ssc.wisc.edu/~bhansen/econometrics/. 2021.

[6] 严明义.函数性数据的分析方法与经济应用[M].北京：中国财政经济出版社，2014.

[7] 严明义.实用多元统计分析[M].北京：清华大学出版社，2023.

[8] 李雪松.高级经济计量学[M].北京：中国社会科学出版社，2008.

[9] 洪永淼.高级计量经济学[M].赵西亮，吴吉林，译.北京：高等教育出版社，2011.

[10] DUFLO E, DUPAS P, KREMER M. Peer effects, teacher incentives, and the impact of tracking: evidence from a randomized evaluation in Kenya[J]. American Economic Review, 2011, 101, 1739-1774.

[11] KOENKER R, BASSETT G. Regression quantiles[J]. Econometrica, 1978, 46(11): 33-50.

[12] KOENKER R. Quantile regression[M]. Cambridge: Cambridge University Press, 2005.

[13] BUCHINSKY M. Recent advances in quantile regression models: a practical guide for empirical research[J]. Journal of Human Resources, 1998, 33: 88-126.

[14] EFRON B. Bootstrap methods: another look at the jackknife[J]. Annals of Statistics, 1979, 7(11): 1-26.

[15] EFRON B. The jackknife, the bootstrap, and other resampling plans[M]. Philadelphia: Society for Industrial and Applied Mathematics, 1982.

[16] EFRON B. Better bootstrap confidence intervals (with discussion)[J]. Journal of the American Statistical Association, 1987, 82: 171-200.

[17] 安格里斯特，皮施克. 基本无害的计量经济学：实证研究者指南[M].郎金焕，李井奎，译.上海：格致出版社，2012.

[18] POWELL J L. Censored regression quantiles[J]. Journal of Econometrics, 1986, 32: 143-155.

[19] BUCHINSKY M. Changes in the U. S. wage structure 1963-1987: application of quantile regression[J]. Econometrica, 1994, 62: 405-458.

[20] ANGRIST J D, CHERNOZHUKOV V, FERNÁNDEZ-VAL I. Quantile regression under misspecification, with an application to the U. S. wage structure[J]. Econometrica, 2006, 74(2):539 - 563.

[21] MOULTON B R. An illustration of a pitfall in estimating the effects of aggregate variables on micro units [J]. Review of Economics and Statistics,1990, 72: 334 - 338.

[22] ARELLANO M. Computing standard errors for robust within-groups estimators [J]. Oxford Bulletin of Economics and Statistics, 1987, 49(4): 431 - 434.

[23] HANSEN B E. Least squares model averaging[J]. Econometrica,2007, 75: 1175 - 1189.

[24] EFRON B, TIBSHIRANI R J. An introduction to the bootstrap[M]. New York: Chapman & Hall,1993.

[25] HALL P. The bootstrap and edgeworth expansion [M]. New York: Springer-Verlag,1992.

[26] HALL P. Methodology and theory for the bootstrap[M]// ENGLE R F,MCFADDEN D L. Handbook of econometrics volume 4. New York:North-Holland,1994.

[27] SHAO J, TU D S. The jackknife and bootstrap[M]. New York:Springer,1995.

[28] DAVISON A C, HINKLEY D V. Bootstrap methods and their application[M]. Cambridge: Cambridge University Press,1997.

[29] HOROWITZ J L. The bootstrap[M]// HECKMAN J J,LEAMER E E. Handbook of econometrics volume 5. New York: Elsevier,2001:3159 - 3228.

[30] CAMERON A C,TRIVEDI P K. Microeconometrics using Stata[M]. revised edition. College Station:Stata Press,2010.

[31] 李子奈,叶阿忠. 高级应用计量经济学[M]. 北京:清华大学出版社,2012.

[32] 陈强. 高级计量经济学及 Stata 应用[M]. 北京:高等教育出版社,2014.

[33] KOTZ S, NADARAJAH S. Extreme value distributions: theory and applications[M]. London:Imperial College Press, 2000.

[34] MCFADDEN D. Econometric models of probabilistic choice [M]// MANSKI C, MCFADDEN D. Structural analysis of discrete data with econometric applications. Cambridge:MIT Press ,1981:198 - 272.

[35] MCFADDEN D. Modeling the choice of residential location[M]// KARLGVIST A. Spatial interaction theory and residential location. Amsterdam: North-Holland, 1978: 75 - 96.

[36] SMALL K,HSIAO C. Multinomial logit specification tests[J]. International Economic Review, 1985,26:619 - 627.

[37] CHENG S, LONG J S. Testing for IIA in the multinomial logit model [J]. Sociological Methods & Research, 2007, 35(4):583 - 600.

[38] HAUSMAN J, HALL B, GRILICHES Z. Econometric models for count data with an application to the patents-R&D relationship[J]. Econometrica, 1984, 52(4):909 - 938.

[39] GILBERT C. Econometric models for discrete economic processes[C]// Athens: The

Econometric Society European Meeting, 1979.

[40] LONG J S, FREESE J. Regression models for categorical dependence variable using Stata [M]. 2nd Edition . College Station: State Press, 2006.

[41] LUCE R D. Individual choice behavior: a theoretical analysis [M]. Hoboken: Wiley, 1959.

[42] ROSS S M. Stochastic process[M]. Hoboken:John Wiley & Sons, 1983.

[43] HECKMAN J J. Sample selection bias as a specification error[J]. Econometrica,1979, 47 (1): 153 - 161.

[44] BAUM C F. An introduction to modern econometrics using Stata[M]. College Station: Stata Press, 2006.

[45] COX D,HANSEN B E, JIMENEZ E. How responsive are private transfers to income? Evidence from a laissez-faire economy[J]. Journal of Public Economics, 2004,88(9 - 10): 2193 - 2219.

[46] TOBIN J. Estimation of relationships for limited dependent variables[J]. Econometrica, 1958, 26: 24 - 36.

[47] AMEMIYA T. Regression analysis when the dependent variable is truncated normal [J]. Econometrica, 1973, 41:997 - 1016.

[48] SKEELS C L, VELLA F. A monte carlo investigation of the sampling behavior of conditional moment tests in Tobit and probit models[J]. Journal of Econometrics, 1999, 92:275 - 294.

[49] DRUKKER D M. Bootstrapping a conditional moment tests for normality after Tobit estimation[J]. The Stata Journal, 2002, 2(2):125 - 139.

[50] POWELL J L. Least absolute deviations estimation for the censored regression model [J]. Journal of Econometrics. 1986, 25(3): 303 - 325.

[51] WOOLDRIDGE J M. Econometric analysis of cross section and panel data[M]. 2nd edition. Cambridge :MIT Press, 2010.

[52] CRAGG J G. Some statistical models for limited dependent variables with application to the demand for durable goods[J]. Econometrica, 1971(5),39:829 - 844.

[53] 坎宁安.因果推断[M].李井奎,译.北京:中国人民大学出版社,2023.

[54] 苗旺,刘春辰,耿直.因果推断的统计方法[J].中国科学:数学,2018, 48(12):1753 - 1778.

[55] PEARL J. Causality: models, reasoning, and inference[M]. Cambridge:Cambridge University Press,2000.

[56] 斯托克,沃森.计量经济学[M].王立勇,译.北京:机械工业出版社,2018.

[57] ANGRIST J D, PISCHKE J. Mostly harmless econometrics: an empirical's companion [M]. Princeton: Princeton University Press, 2009.

[58] ANGRIST J D. American education research changes track[J]. Oxford Review of Economic Policy, 2004(20):198 - 212.

[59] KRUEGER A B. Experimental estimates of education production functions[J]. The

Quarterly Journal of Economics,1999,114(2):497 - 532.

[60] ANGRIST J D, LAVY V. Using Maimonides' rule to estimate the effect of class size on scholastic achievement[J]. The Quarterly Journal of Economics, 1999(114):533 - 575.

[61] BARNOW B S, CAIN C G, GOLDBERGER A. Selection on observables[J]. Evaluation Studies Review Annual, 1981(5):43 - 59.

[62] ANGRIST J D. Estimating the labor market impact on voluntary military service using social security data on military applicants[J]. Econometrica, 1998, 66:249 - 288.

[63] ABADIE A,DRUKKER D,HERR J L,et al. Implementing matching estimators for average treatment effects in Stata[J]. The Stata Journal, 2004,4(3):290 - 311.

[64] ROSENBAUM P R, RUBIN D B. The Central Role of the Propensity Score in Observational Studies for Causal Effects[J]. Biometrica, 1983,70(1): 41 - 55.

[65] ROSENBAUM P R,RUBIN D B. Constructing a control group using multivariate matched sampling methods that incorporate the propensity score[J]. The American Statistician, 1985, 39(1):33 - 38.

[66] HECKMAN J J, ICHIMURA H, TODD P E. Matching as an econometric evaluation estimator[J]. Review of Economic Studies , 1998, 65(2):261 - 294.

[67] LALONDE R J. Evaluating the econometric evaluations of training programs[J]. American Economic Review, 1986, 76(4): 604 - 620.

[68] ADABIE A, IMBENS G W. Large sample properties of matching estimation for average treatment effects[J]. Econometrica, 2006, 74(1): 235 - 267.

[69] ADABIE A, IMBENS G W. Bias Corrected matching estimation for average treatment effects[J]. Journal of Business and Economic Statistics, 2011, 29: 1 - 11.

[70] RUBIN D B. Matching to Remove Bias in Observational Studies[J]. Biometrics, 1973, 29:159 - 183.

[71] CARD D E, SULLIVAN D. Measuring the Effect of Subsidized Training on Movements in and out of Employment[J]. Econometrica, 1988,56(3):497 - 530.

[72] WOOLDRIDGE J. Fixed-effects and related estimators for correlated random-coefficient and treatment-effect panel data models[J]. The Review of Economics and Statistics, 2005, 87(2): 385 - 390.

[73] CARD D,KRUEGER A B. Minimum wages and employment: a case study of the fast food industry in New Jersey and Pennsylvania[J]. The American Economic Review, 1994, 84(4):772 - 784.

[74] 陈诗一,陈登科.高级计量经济学[M].北京:高等教育出版社,2022.

[75] DI TELLA R, SCHARGRODSKY E. Do police reduce crime? Estimates using the allocation of police forces after a terrorist attack[J]. The American Economic Review, 2004, 94(1): 115 - 138.

[76] BERNHEIM B D, MEER J,NOVARRO N K. Do consumers exploit commitment opportunities? Evidence from natural experiments involving liquor consumption[J].

American Economic Journal: Economic Policy, 2016, 8(4): 41 - 69.

[77] BERTRAND M, DUFLO E, MULLAINATHAN S. How much should we trust differences-in-differences estimates? [J]. The Quarterly Journal of Economics, 2004, 119(1): 249 - 275.

[78] THISTLETHWAITE D L, CAMPBELL D T. Regression-discontinuity analysis: an alternative to the ex post facto experiment[J]. Journal of Educational Psychology, 1960, 51(6):309 - 317.

[79] HAHN J, TODD P, VAN DER KLAAUW W. Identification and estimation of treatment effects with a regression-discontinuity design[J]. Econometrica, 2001, 69(1): 201 - 209.

[80] LEE D S, LEMIEUX T. Regression discontinuity designs in economics[J]. Journal of Economic Literature, 2010, 48: 281 - 355.

[81] CATTANEO M D, IDROBO N, TITIUNIK R. A practical introduction to regression discontinuity designs: foundations [M]. Cambridge: Cambridge University Press, 2020.

[82] CATTANEO M D, IDROBO N, TITIUNIK R. A practical introduction to regression discontinuity designs: extensions[M]. Cambridge :Cambridge University Press, 2021.

[83] IMBENS G, LEMIEUX T. Regression discontinuity designs: a guide to practice[J]. Journal of Econometrics, 2008, 142(2): 615 - 635.

[84] IMBENS G, KALYANARAMAN K. Optimal bandwidth choice for the regression discontinuity estimator[J]. The Review of Economic Studies, 2012,79(3):933 - 959.

[85] MCCRARY J. Manipulation of running variable in the regression discontinuity designs: a density test[J]. Journal of Econometrics, 2008, 142: 698 - 714.

[86] BLACK S E. Do better schools matter? Parental valuation of elementary education[J]. The Quarterly Journal Economics, 1999, 114(2): 577 - 599.

[87] DELL M. The persistent effects of Peru's mining mita[J]. Econometrica, 2010, 78: 1053 - 1062.

[88] 张征宇,林丽花,曹思力,等. 双重差分设计下固定效应估计量何时可信?:若干有用的建议[J]. 管理世界,2024(1): 196 - 211.

[89] 李芳华,张阳阳,郑新业. 精准扶贫政策效果评估:基于贫困人口微观追踪数据[J]. 经济研究,2020,55(8):171 - 186.

[90] CALONICO S, CATTANEO M, FARRELL M H, et al. Regression discontinuity designs using covariates[J]. The Review of Economics and Statistics, 2019, 101(3): 442 - 451.

[91] BUGNI F A, CANAY I A. Testing continuity of a density via g-order statistics in the regression discontinuity design[J]. Journal of Econometrics, 2021, 221(1): 138 - 159.

[92] LEE D S. Randomized experiments from non-random selection in US House elections [J]. Journal of Econometrics, 2008, 142(2): 675 - 697.

[93] HASTIE T, TIBSHIRANI R. Varying-coefficient models[J]. Journal of the Royal Statistical Society, Series B, 1993, 55(4): 757 - 796.

[94] RAMSAY J O, SILVERMAN B W. 函数型数据分析 [M]. 2 版. 北京:科学出版

社,2006.
[95] 丁辉.函数型回归模型的若干研究[D].上海:华东师范大学,2018.
[96] CAI T T, HALL P. Prediction in functional linear regression[J]. The Annals of Statistics, 2006, 34(5): 2159-2179.
[97] CARDOT H, FERRATY F, SARDA P. Functional linear model[J]. Statistics & Probability Letters, 1999, 45: 11-22.
[98] CARDOT H, FERRATY F, SARDA P. Spline estimators for the functional linear model[J]. Statistica Sinica, 2003, 13(3):571-591.
[99] DELAIGLE A, HALL P. Methodology and theory for partial least squares applied to functional data[J]. The Annals of Statistics, 2012, 40(1): 322-352.
[100] HALL P, HOROWITZ J L. Methodology and convergence rates for functional linear regression[J]. The Annals of Statistics. 2007, 35(1): 70-91.
[101] HALL P, YANG Y J. Ordering and selecting components in multivariate or functional data linear prediction[J]. Journal of the Royal Statistical Society, Series B, 2010, 72(1): 93-110.
[102] KONG D, STAICU A M, MAITY A. Classical testing in functional linear models [J]. Journal of Nonparametric Statistics, 2016, 28: 813-838.
[103] SU Y R, DI C Z, HSU L. Hypothesis testing in functional linear models[J]. Biometrics, 2017, 73: 551-561.
[104] CAI T T, YUAN M. Minimax and adaptive prediction for functional linear regression [J]. Journal of the American Statistical Association , 2012, 107(499): 1201-1216.
[105] YUAN M, CAI T T. A reproducing kernel Hilbert space approach to functional linear regression[J]. The Annals of Statistics, 2010, 38(6): 3412-3444.
[106] LEE E R, PARK B U. Sparse estimation in functional linear regression[J]. Journal of Multivariate Analysis, 2012, 105(1): 1-17.
[107] JAMES G M. Generalized linear models with functional predictors[J]. Journal of the Royal Statistical Society,Series B, 2002, 64(3): 411-432.
[108] DOU W W, POLLARD D, ZHOU H H. Estimation in functional regression for general exponential families[J]. The Annals of Statistics, 2012, 40(5): 2421-2451.
[109] DU P, WANG X. Penalized likelihood functional regression [J]. Statistica Sinica, 2014, 24: 1017-1041.
[110] SHANG Z F, CHENG G. Nonparametric inference in generalized functional linear models [J]. The Annals of Statistics, 2015, 43(4): 1742-1773.
[111] YAO F, MÜLLER H G. Functional quadratic regression[J]. Biometrika, 2010, 97(1): 49-64.
[112] CHEN D, HALL P, MÜLLER H G. Single and multiple index functional regression models with nonparametric link[J]. The Annals of Statistics, 2011, 39(3): 1720-1747.
[113] MA S. Estimation and inference in functional single-index models[J]. Annals of the

Institute of Statistical Mathematics, 2016, 68: 181 - 208.

[114] LIAN H. Functional partial linear model[J]. Journal of Nonparametric Statistics, 2011, 23(1): 115 - 128.

[115] FERRATY F, VIEU P. The functional nonparametric model and application to spectrometric data[J]. Computational Statistics, 2002, 17(4): 545 - 564.

[116] FERRATY F, VIEU P. Nonparametric functional data analysis: theory and practice [M]. New York: Springer Science & Business Media, 2006.

[117] SHIN H. Partial functional linear regression[J]. Journal of Statistical Planning and Inference, 2009, 139(10): 3405 - 3418.

[118] WANG G C, FENG X N, CHEN M. Functional partial linear single-index model[J]. Scandinavian Journal of Statistics, 2016, 43(1): 261 - 274.

[119] LING N X, ANEIROS G, VIEU P. κNN estimation in functional partial linear modeling [J]. Statistical Papers, 2020, 61(1): 423 - 444.

[120] CARDOT H, CRAMBES C, SARDA P. Quantile regression when the covariates are functions[J]. Journal of Nonparametric Statistics, 2005, 17(7): 841 - 856.

[121] CHEN K, MÜLLER H G. Conditional quantile analysis when covariates are functions, with application to growth data[J]. Journal of the Royal Statistical Society, Series B (Statistical Methodology), 2012, 74: 67 - 89.

[122] KATO K. Estimation in functional linear quantile regression[J]. The Annals of Statistics, 2012, 40(6): 3108 - 3136.

[123] LU Y, DU J, SUN Z M. Functional partially linear quantile regression model[J]. Metrika, 2013, 77: 317 - 332.

[124] TANG Q G, CHENG L S. Partial functional linear quantile regression[J]. Science China Mathematics, 2014(12): 2589 - 2608.

[125] CARDOT H, SARDA P. Varying-coefficient functional linear regression models[J]. Communications in Statistics: Theory and Methods, 2008, 37: 3186 - 3203.